K&B PUBLISHERS

元祖 ディープ・コリア

本家 観光鯨狩りガイド

NYF

Main Drowings
Takashi Nemoto

Main Writings
Manabu Yuasa

Main Photos
Hideo Funabashi

元祖ディープ・コリア

【目次】

公式ディープ・コリア(ン)宣言……3
船橋による根本インタビュー……6

1994年青林堂刊（1987年ナユタ出版会刊「ディープ・コリア 観光鯨狩りガイド」を合体）
「定本ディープ・コリア」……9

イントロダクション……16
1984~87年の大韓民国(第1部)…29
下関…30、釜関フェリー…37、釜山…42、大邸/東大邸…67、南原…72、順天…92、光州…96、木浦…106、全州…112、群山…123、長項…128、大川…134、道高温泉…140、鳥致院…144、扶余…154、大田/西大田…162、儒城温泉…166、慶州…168、浦項…172、鬱陵島…178、清州…208、水原民俗村…212、ソウル…218、金浦空港…248
1988~94年の大韓民国(第2部)………257
釜関フェリー…266、釜山…268、チャガルチ市場…270、虚心廊…272、釜谷ハワイ…276、済州島…282、江陵…288、原州…294、東海…296、珍島…300、麗水…309、光州…311、麗光の原発…314、ソウルオリンピック…258、大田EXPO…350、ポンチャックDisco…324、犬事情…316、清涼里…340

2002年ブルース・インターアクションズ刊
「豪定本ザ・ディープ・コリア（デイブコリヤ）」……365
まえがき…368、下関/博多…373、釜山…376、亀浦…382、昌原…385、巨済島…391、馬山…396、高霊…400、薬山温泉…404、水安保温泉…408、舎北…411、温陽温泉キャバレー…418、公州…422、亀尾~金烏山…424、牙山温泉…434、平澤…438、烏山…444、木浦…454、ポンチャック(重要)…458、老人ディスコ…476、ホモ・バー…482、場外馬券場…486、戦争記念館…489、横山剣の日韓相互鑑賞…491、キャバレー金馬車…520、申重鉉先生ニム…526、見張り塔からずっと…530、あとがき…533

ディープ・コリア（W杯前から後ろからウフフンの巻）
〈初出「Quick Japan No.44」 2002年8月太田出版刊〉……538
ダヨン、ダヨーン…544、弥阿里(ミアリ)…550、原発発言…553、時計仕掛けの朝鮮人参…558、場外乱闘…559、死をもって償うオッサンとジイサン…564、即席麺帝国主義打倒!…565、動物園in動物園…575

公式ディープ・コリア（ン）宣言

いささか旧聞に属しますが、2010年11月にソウルで開催されたG20（20か国・地域首脳及び財務大臣、中央銀行総裁会議）は傑作でした。大統領就任以来、一流先進国家入りを標榜していたイ・ミョンバクさんは、並々ならぬ意気込みで臨みました。

内外PRにフィギュアスケートのキム・ヨナ、サッカーのパク・チソン、女性歌手グループのKARA、少女時代など国民的アイドルを総動員。

「1910年の日韓併合で国を失い、朝鮮戦争で荒廃し、世界の最貧国にまで疲弊してしまった我が国が、併合100年目の節目にG20を開催するに至ったことは、世界史上類例のない奇蹟」とマスコミもこぞって熱狂。

そして、政府と市民団体が協議の末、国家の品格を高めて世界の中心へというビジョンを実現させるため〝五大推進道〟を掲げました。それは——

○**秩序を守る基本姿勢**
○**譲り合い助け合う温かい人情**
○**伝統と未来が融合した文化・技術立国**
○**透明な競争原理が働く産業システム**
○**世界と共にあり、尊敬を受ける国**

小学校の校則じみたものあり抽象的でわかりづらいものあり、ですが、さらに細かく枝分かれした〝80推進課題〟を策定。たとえば——

○**多文化家族の定着支援**
○**グローバル市民意識の涵養**
○**世界最高技術／デザイン／ブランドの広報**
○**社会参加と奉仕の精神の醸成**
○**ODA拡大、発展**
○**知的財産権の保護強化**

他人事と庶民はそっぽを向きそう。それを見越してか政府は具体的でわかりやすいガイド、イラスト入りのパンフレット〈四大実践運動〉を配布しました。内容はといえば——

○**自動車の割り込み、路肩走行、飲酒運転の禁止**
○**公共の場所での会話や携帯電話では小声で**
○**タバコの吸殻やゴミのポイ捨て禁止＝清潔な通りと美しい看板の維持**
○**違法ダウンロードや誹謗中傷の禁止＝礼節遵守のインターネット利用**

思わず膝を打ちました。公式のディープ・コリア（ン）宣言だもの。この卑近な四例で国民像の一端が鮮やかに立ち上ります。腐るほど見聞きし、いやというほど体験させられた韓国及び韓国人のあれやこれやの特性をまとめて上梓した我らが『ディープ・コリア』の正当性が、ほかでもない韓国政府によって保証されました。大統領の御墨付きをいただいたのです。まっこと慶賀すべきでありましょう。

はっきりいって日本人だってろくなもんじゃない、五十歩百歩。しかし官民あげての矯正プログラム作成やキャンペ

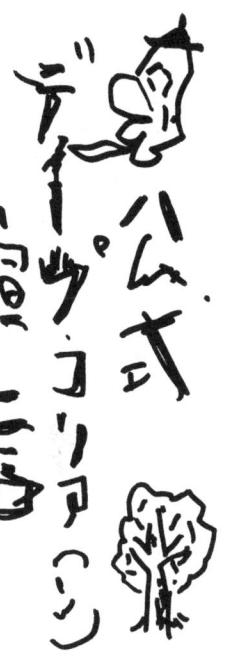

ーンなんてあり得ない。日本列島人改造計画なんてやりたくてもやれないよ。そういったコトはせいぜい市町村レベルで条例でもこさえて地道に行なうものであって、国家戦略として大々的に打ち出す筋合いではないでしょう。憲法にいくつも抵触するんじゃない？

　自国の醜態を白日の下にさらすことを顧みずに旗を振る大統領に心が洗われる思いです。そのバカ正直さ、マヌケ指導ぶりは、独裁体制国家は別として、他国にはちょっと真似ができないでしょう。おそろしく大韓民国的。庶民が庶民ならトップもトップだね。イ・ミョンバクさんを名誉ディープ・コリア（ン）としてここに表彰させていただきたく存じます。マンセー！

　ソウルG20記念ソング『ヤヤヤ　コリア』（作詞パク・インホ、作曲／歌ソ・ヒ）なるものまで存在するから驚き。ざっと以下のような内容。

「東方の小さな貧しい国　戦争の残酷な灰の中で　世界を導く一等国になったよ　年収2万ドル　科学技術サイコー（中略）ワールドカップ４強　行け行けG20も４強　世界のVIPだー！」

　また、「世界は見ています。11月のG20開催期間中は生ゴミの排出を控えてください」と書かれたポスターが全国いたるところに貼り出された。京畿道高陽市にあるゴミ処理施設は、生ゴミの悪臭が漂うという理由で操業が一時停止に。そこは仁川国際空港からソウルへ向かう道の途中に建っているため、入国したG20の各国首脳に悪い印象を与えると考えたらしい。文字通り臭いものに蓋。ホント、皮相なやり口だよなぁ。さんざんえらそうなことのたまったたって結局この程度、その場しのぎのご都合主義。本末転倒も甚だしい。けどね、だからダメだとは思わない。恥を知れ、己が頭の蝿を追えなんぞとは口が裂けても言わない。イイんだ、そのどうしようもなさに底の浅さに引き込まれるんだよ。政府はダメ押しともいえる「品格高き大韓民国を礼節と秩序でつくりましょう」と銘打たれた広報パンフレットを配布した。

　ソウル五輪、日韓W杯のときも韓国は国を挙げての国民意識改革を図った経緯がある。スポーツでも政治でも「国際」や「世界」が冠せられた大会では、自国開催ならなおさら、いいとこ見せようというナショナリズムが異様にスパークする。２０１２年ロンドン五輪ではあまり目立たず、さびしさを感じていた。洗脳が思想的人工透析が効き始めたかと危惧していた。そんなところに知人の黒髭男爵氏よりタイミングばっちりなメールが届いた——

▲「世界は見ています」だってさ。どう見られているかまったくわかってない〈生ゴミへらせポスター〉。

「先日イタリアで開催された『剣道世界選手権』の韓国チームはスゴかったです。審判に文句を言うのは当たり前。判定を認めずダダをこねて試合再開を頑に拒んだり、試合後の礼をしなかったり、表彰式をボイコットしようとしたり…。応援に駆けつけたお客も、W杯でおなじみの大韓民国コールやブーイングを繰り返し、場内アナウンスで『いいかげんにしてください』と叱られる始末。チーム観客一丸となって、もうやりたい放題です…。いま挙げたうちのどれかひとつでも日本国内の試合でやらかそうもんなら、超こわい先生にド叱られたうえで、しばらく出禁となりますが、かれらはどの試合でも、ほぼすべての項目をいちいちクリアしていましたwww 高段者、すなわち人格者であるハズの監督、コーチ陣も一緒になって怒り狂っていましたので、選手をいさめる役が一人もおらず、審判団も運営側もオロオロするばかり。世界剣道連盟の面目は丸ツブレでした（ちなみに、韓国が優勝した台湾大会以外は、毎回必ずこうなるそうです）!!! 個人的には、『剣道は人間形成の道である』なんつって、ふだんエラソーなことを言ってる先生方の弱腰ぶりにも口あんぐりでしたが、そんなマヌケな援護射撃もあり、韓国チームのワイルドぶりを心ゆくまで堪能できる大会でした!!!」（原文ママ）

うんうん、そうだろうそうだろう、そうこなくっちゃと悦に入る。GOGO大韓民国、STOP小韓民国、FUCK非韓民国。これにて擱筆ならめでたしめでたしなのだけれど、悲しい後日談が舞い込んできたのだった。隠しだてはするまい。卑怯もの呼ばわりはされたくない（誰に?）。

件の大会（2012年5月開催）の団体戦に出場し、優勝に貢献した神奈川県警第2機動隊巡査部長（31歳）が、児童買春・児童ポルノ禁止法違反容疑で逮捕されたのである。前年10月16日、インターネットの掲示板で知り合った高校2年の女子生徒（当時16歳）に、携帯メールで裸の写真3枚を送信させたんだって。被害者は剣道ファンで、知り合って以降、電話などでやりとりをし、「君が好きだから裸の写真を送って」と持ちかけられ、応じてしまったそうな。

容疑者は2008年に全日本剣道選手権で初優勝。剣道日本代表チームのメンバー入りして活躍。将来を嘱望される名剣士とか。新聞に掲載された、竹刀を上段に構えた黒い稽古着姿の白皙の彼、めっちゃ素敵なの。凛々しい二枚目で、武道で陶冶した人格者の面影も帯びる。しかし、しかしだよ、いかなる人物にも色の罠が忍び寄る、どこにだって猥事の落とし穴が待ち受ける。ころっと負けちゃうことがままあるんだよ。

裸の写メを送らせたのは悪手なれど、真剣だったにちがいない。くわしいことはわからないが、女の子に突いて突いて突きまくったわけではなさそう。ならば大目に見てほしいな。心がささくれ、しなだれ、ひとりの若き剣豪を失うのは日本にとって痛手ゆえに。警棒を取りあげても竹刀だけはずっと握らせてあげて。試合に出させてあげて。切に望みます。

嗚呼、それにつけても新聞の彼が立派すぎてマヌケ美が際立つ。見事に一本とられた。世界選手権の神聖な試合会場で暴れた韓国チームの面々よ、笑わば笑え。明日は我が身と心得よ。エロこそは全人類共通の難敵、克服すべき課題の一つなのだから。

船橋による根本インタビュー

平成24年7月某日某デニーズ。狂暑。炎熱。日除けのロールカーテンを下ろしても吹き出す汗を止められない西側の奥まったテーブル席。

注文したランチセットを見た瞬間、韓国への望郷の念が湧いた。西大田や東大邱のレストランでよく食べた洋食のたたずまいにそっくりだから。大皿の真ん中に頼りなげに載る、薄くてちっちゃい5、6枚の牛ステーキと何の変哲もない一枚のコロッケ。フレンチを意識した盛り付けなのだろうか、皿の余白が大きすぎるのがマヌケだ。どうせなら焼きや揚げの油はごま油に、つけ合わせのボイルしたきざみキャベツはキムチにしてほしかった。

ひとりはコーラを、ひとりはアイスコーヒーを頼む。ストローでひと口、アイスコーヒーににがい顔の前者。片割れが飲む前にすぐ取りかえた矢先、ウェイトレスがやってきて「すみません、まちがえました」と微笑みまじりに謝ってグラスを置きかえ元に戻して下がる。当然こちとら再び交換、気を取り直してすすってみれば、アイスコーヒーだった。中身の液体は似たような褐色とはいえ、両方とも炭酸の泡つぶがまったくないのだから運ぶ前に……と不平不満を述べてもしようがない。

かような逆サービス、要らぬセッティング、ディープ・コリア仕事で集まってることを知っているが如きムード作りの演出は、むしろない方が不自然なのである。

根本　このようなささいなことがすごくディープ・コリア的なんだな。不備ね。帳尻が合わないことで全体が整っている。

船橋　いちいち念が入っている、マヌケ美の。

根本　あの国は朝鮮じゃなくて不備鮮。静かな朝の国じゃなくて不備の国。不備に宿るケンチャナヨ精神、その場しのぎの合理主義の体系化が確立

▲北はコッピか南はコルラか。コッピが西向きやコルラは東。テーブルに38度線はない。

されている。

船橋　話変わるけど、今、ものすごい韓流ブームじゃん。昔では考えられない事態。KARAと少女時代の見分けつく?

根本　一応つくけど。……並べれば。数の多い方が少女時代。少女時代、北朝鮮なら処女時節って、全く余談。で?

船橋　みんないい脚してるよね。SKDならぬKKDって趣。『ミニスカ大図鑑』(日本出版)の同盟の連載、家賃仕事が生きていれば特集組むところなんだけどなぁ。これまた余談。とにかくズラーッと美脚をむきだしにされると弱いよ。

根本　うん。むこうへ行ったらDVD買いたい。しかし韓流ブームの歌とかテレビドラマとか、歌手、俳優って韓国人の提示した、理想化された韓国人像にすぎなくて、そこに日本側が乗っかる、乗っかってやる事で成り立っている。ま、どうあれ日帝36年あれやこれやの解決とか決着とは全然別種のものだ。そもそもさ、本来あいつら、自分達が不幸じゃなきゃだめなんだよ、もんのすごい不幸が大前提で、現実として、民族的無意識として、時にイデアとしてまずあって物事が動くというか。

船橋　恨五百年。

根本　そうした韓国人気質を象徴する事件だと思うのが、大邱の列車放火事件(注・2003年2月18日、9時53分頃、大邱広域市で起こった地下鉄列車への放火事件。地下鉄公社1号線の中央路駅構内、地下3階のホームに到着した第1079列車の車内で、男が飲料用ペットボトルに入れておいたガソリンを振りまき火をつける。火災は、進入してきた対向列車に延焼、死亡192人、負傷148人の大惨事となった)。

船橋　根本のマンガだよ。原作根本だよ。初期の作品にあったじゃない、ボーボー燃えちゃうやつ、見開き2ページで。

根本　現実に発生するのが韓国、現実にやっちゃうのが韓国人なんだよ。日本じゃまずあり得ないな、日本人じゃできないと思う。たとえばさ、オウムの組織ぐるみのテロ、地下鉄サリン事件だって、単純に死亡者の数からすれば、たかだか10人ちょっとだろ? かなわないよ。大邱の犯人は一人だぜ。

船橋　単独犯で死者200人近くかぁ……。

根本　たしかタクシー運転手で、バカにされたとかなんとかが動機だよ。自殺願望を募らせた挙句ぶっぱなした、と。ホント、スケールがちがう。

船橋　振れ幅が凄まじい。0か1か。そういえば韓国の自殺率は非常に高いよね。

根本　ノ・ムヒョンも自宅の裏山からピョーンと。

船橋　なにも死ぬこたァないよな。たかが収賄くらいで。ケンチャナヨのいい加減精神とともに恐るべき単純さも併せ持つね。

根本　そう。で、山に入るってパターンが多い。行き詰まって思い悩んで山に籠る、と。

船橋　そのまま帰らないとか悟って、悟った気になって下りてくるとか。また話変わるけど、改めて振り返ると、とんでもない旅をしてきたよな。地名で行くところ決めてたんだから、我々。

根本　釜関フェリーで渡って、ターミナルで無料の地図もらって広げて「さて、どこ行こうか」。

船橋　すごろく作りながらの旅。

根本　あがりがないんだ。

船橋　無目的、無指向のオリエンテーションというか旅行術のダダというか。

根本　鬱陵島、原州、霊光、高霊、薬山、鳥山、みんなそう。字を見て『におうぞ、何かありそうだ』。

船橋　行き当たりばったり、出たとこ勝負、いや、勝敗なき勝負か。もろもろの事情で同盟での訪韓はしばらく途絶えてるけど、ひとりでも行ってるじゃない。最近の出来事で何かない？

根本　釜山プラザ・ホテルっていう日本円で1泊1万円くらいのホテルに泊まったんだけどさ、そこ、インターネット回線完備がウリでね。

船橋　1万円とはまたすごい、高級ホテルだな。

根本　料金からいえばね。で、肝腎のインターネットだけど、使えないのよ。3部屋代わってもダメ。でね、修理業者になりすましたホテルマンが…。

船橋　なりすました⁉

根本　そう、いちいちそんなことやる。で、ガチャガチャいじって「やっぱり使えない。あきらめてくれ。ほんじゃー」。

船橋　「ほんじゃー」って釜山のユンさんじゃないんだから。ちょっと待ってよって言いたくなるな。

根本　「前回は使えましたが」だって。相変わらずだよ。業者に化けるってどうしようもない。みえみえなんだもん。

船橋　思うに、その種のしわざっておもてなし。むこうに、やらかす本人にそんな意識は毛頭ないはずだけど。「召し上がれ」「お楽しみください」って差し出される感じがあるんだな。「ほらよっ」とぶっきらぼうに放ってくスタイルで。韓流おもてなし、ことごとく下らなくてどーしよーもないんだけど、ほとんどの日本人は呆れたり嫌ったり怒ったりするんだろうけど、KポップやKドラマ、グルメにショッピングより上等というか本流、本筋、本質だね。やっぱり〝修理業者なりすましホテルマン〟、これだよ。

根本　一応結論めいた事をいうと……。こうなりたい、ありたい、そういう大韓民国ないし民族像が…個人レベルも含めてだけど、まあとにかく、実現したら、恨は終わり。韓流にハッピーエンドはない。但し、「大韓的」にはスットコドッコイという笑って済まされる落ちはあるけど、喜劇的な。

▶『豚小屋発犬小屋行き』（青林工藝舎刊）所収『果実の生活』より

定本

ディープ・コリア

〈韓国旅行記〉

DEEP KOREA

主画●根本 敬　主文●湯浅 学　主撮●船橋英雄

1994年 青林堂刊（1987年ナユタ出版会刊「ディープ・コリア 観光鯨狩りガイド」を合体。

青林堂

まえがき

大韓民国とは

大韓民国を旅することは戦いである。しかもその戦いは、勝敗なき勝負である。だが、引き分けはない。

こちら側も、何度も持っている尺度をこわされる。だから何度でも海を渡らざるをえない。また次なる相対化のための尺度に目盛りを刻みつけるために。そしてともすればさまよいがちな我等の魂は玄海灘の上でこうつぶやく。

「はたしてあのとき韓国はほんとうにあったのかどうか。それにしても、地球は何故まわるのか」と。

と、ナユタ版『ディープ・コリア』のあとがきに記したのは87年秋だった。

あれから7年の月日が流れた。

7年間で戦いはどうなったか。もちろん決着はいまだについていない。大韓民国は、といえばいまでも幻のようなわけのわからぬことを繰りかえしながら、あそこにある。と我々には思えるが、北韓同様はたして、ほんとうに、あるのかどうかはいまだに誰にも断定できはしない。

大韓民国はアトランティスかもしれない。

我々の心を引き裂き土足で踏みつけにしておきながら、実は、あると思った者だけに見えて体験できる幻なのかもしれない。そう思えてならないときは、今でもよくある。

常識などはどうでもいいし、知性などもどうでもいい。信じられるもの、それはチンコとマンコだけ。

大韓民国はそう教えてくれる。

みそ汁の中にごはんをドボドボぶち落としスプーンでぐちゃぐちゃにそれをまぜあわせて、わしゃわしゃ食う。大韓民国の食には、赤からこげ茶色の間の色味しかない。うんこに近い色味が食をおおいつくしている。ちょっと明るいかな、と思っても食うときにまぜこくって食うので、結局どの食味の色もみな、うす茶からこげ茶の間に落ち着いていい気になっている。左手をおわんにそえたり、左手でおわんを持って食ってはいけない。それでいて、めん類を食うとき音を立てるのは無作法だという。

日本人は臭い、という大韓人は少なくない。大韓人のほうがワキガ率は極めて低いことは確かである。しかしニンニクとゴマ油のまじり合った大韓人臭は確かに存在する。それはつまり、体臭ではなく民族臭なのである。

日本人は英語の発音が悪い、と大韓人はいう。確かにそうだろう。しかし日本人は、BATMANをベトメンとはいわない。MANがメンならMENはどうなるのだ。ミョンにでもなるというのか。ハンバーガーといっても大韓民国のマクドナルド（大韓ではメクデーネル）では通じない。ハンバーガーはヘンボゴというのだ。チーズのズは大韓人の最も不得意とする、ザジズゼゾのひとつだが、大韓でチーズ・ハンバーガーを注文するとき、我々は「サザエさん」のタラちゃんにならなければならない。

チーズ・ハンバーガー、それは、チージュ・ヘンボゴである。

エンジニアはエンジニオ、ゲーリー・ムーアはゲリ・モー、マライア・キャリーはモライオ・コリー、モザイクはモジャイク、オニオン・リングはオニオリ、トラックはトゥロク、スーパーマーケットはシュポマケ、マナーはメノ、ラグビーはロッピである。それにコピーはカピーでコーヒーはコッピでありファンはペンなのである。しかも興味深いことに、マッカーサーはメガドというのである。やはりマッカーサーは青い目のメカドであったか。

なぜこのような発音になるのかと大韓人にたずねたところ「アメリカ人やイギリス人はそのように発音しているではないか」と一笑に付されてしまいました。

しかし、それでいて、大韓人はTO

MATOをトマトといい、MADONNAをマドンナといい、ナイト・ゲームをナイターと平気でいうのだ。なぜトメイトやマダーナではないのだ。トマトやマドンナはれっきとした、日本語（外来日本語）である。

　日本人の先祖は大韓朝鮮人であり、日本文化は朝鮮半島から伝わったものであり、大韓民国は日本にとって兄である。それなのに日本人は大韓人を敬う気持が足りないのではないか、と大韓人は思う。六百年前に日本に来た朝鮮人の末裔と日韓併合時に日本に連行されてきた朝鮮人の息子とを、同列に在日韓国人として大韓人は扱う。どちらも日本人に虐げられた者として扱う。六百年やそこらでは日本人にはなれない、のではなく、一度流れた血は四千年でも薄まらない、というのである。

　ならば、大韓人よ、諸君が真に敬わねばならないのはアフリカ人である。

　人類の起源は、アウストラロピテクスではないか。大韓人がもし人類ならば、まさに家系図の頂点には、アウストラロピテクスをこそ書き記すべきである。それこそが人類愛というものであろう。

　しかし大韓人は、大韓民国、韓半島人が、太古より今の地に発生したものであると考えているので、アフリカよりもさらに古い起源の韓原人がいた、と心の真ん中で信じているのである。

　90年代の大韓ポップ・シーンに大改革を起こしたラップ・グループ＝ソ・テイジ・ワ・アイドゥルのソ・テイジくんも「韓民族はどこかからやってきたのではなく、この地で誕生し育ったものです」と、述べていた。韓原人対アフリカ原人の勝敗なき勝負もまた、果てしなくつづく。

　知性やイデオロギー、政治や経済で大韓民国を語ろうとするのは自由である。思い入れによって詩情を豊かにするのもいいだろう。しかし、気取って朝鮮を語ることほど、おろかなことはない。ムーディに大韓人を語る奴ほど愚かな奴はいない。そんなことでは朝鮮問題の本質を見あやまってしまう。

　なぜなら、朝鮮・韓国はくだらないからである。

　筋が通らず、ばかばかしいと思えるからこそ尊いのだ。私は、ばかばかしくない、くだらなくない、本当の私は価値がある、今の大韓民国は本当の大韓民国ではない、パリやニューヨークのように、スマートでチャラチャラして国際人がたくさん暮らすようになるのよ。というような大韓人は、人間の本質を踏み外している。西洋人や東京人のまねなんかするな。我々もソウル人のまねなんかしない。プリチンでいいじゃないか。

　大韓人は我々に教えてくれた。人間にとって成熟とは何か、と。成熟と善意とを安直に結びつけてはならない、と。ものさしの目盛などつけて何になるんだ、と。
　くだらない波動が我々を押しつぶそうとする。大韓幻魔大戦の中で、加害妄想と被害妄想とが戯れあっている。だが我々は、さらに前へ進むため、あえて「おまえは馬鹿だ」と言わざるをえないのである。

コリア大賞決定

日本の中の38度線を粉砕せよ!!

杏ヘン

↓川西さくの

←調布市つつじが丘駅前広場で挙行された金子まつりでの勇姿。渡来人金子十郎家忠に扮す

叶ってオリ・ピックは成功

朝鮮・韓国・日本はもとよりひとつの民族である、という中立の立場で、イデオロギーや私利私欲を抜きに、人類融和、皆で仲良く生きる差別のない世界の達成をめざし、全身全霊で戦っている信念の闘士。それが川西杏だ。豊富な音楽の才を十二分に活かして、自らの被差別体験、倫理道徳の乱れ、反差別、自然保護を歌であえて訴えて止まない。歴史を偽る者たちに鉄槌を下す、行動派・在日朝鮮韓国人＝川西杏さんこそ、この賞を受けるにふさわしい、この世で唯一の人である。

→内田裕也、矢沢永吉と並ぶ真のロッカー川西杏の全て↓を収めたビデオ。お問い合わせは←

↓青林堂 03-3291-9556

第一回在日ディープ

選定・幻の名盤解放同盟

川西チョンソ

↓「幻の大本営」より。
代表曲"軍事境界線"
のショット

調布市の住民が調布市の住民の
チマ・チョゴリを切って逮捕!!
吉尾勝征市長 謝罪せよ!!
〈その理由〉

←日本の中の朝鮮問題
にも人一倍敏感だ(自作のびら)

↑第1回金子
まつりはクリス
マスということもあ
って、サンタクロースの恰好
でチャンゴを叩く

朝鮮顔面半島図

金日成が4千4百万人いるのが大韓民国であり、二人しかいないのが北朝鮮なのである。

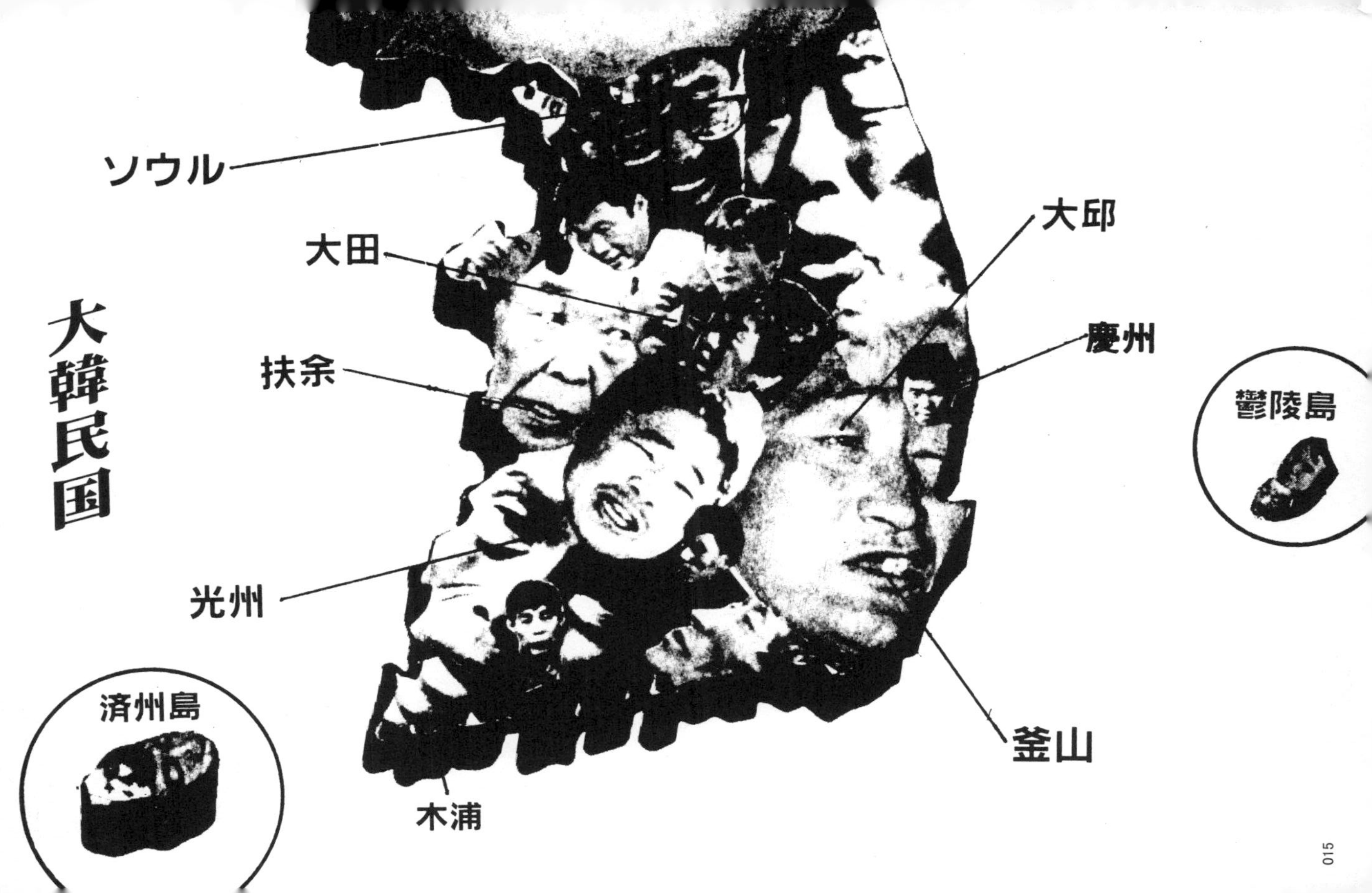
大韓民国
ソウル
大田
扶余
光州
木浦
大邱
慶州
釜山
済州島
鬱陵島

日帝36年許すまじ

日帝36年と居丈高に言われると、たいていの日本人は、贖罪意識をちょっと刺激され、「まぁ韓国に対してはあまり強い事言えないな」と思う。「どうもすいません」とまず言わねばならぬ、と思う。しかし、「日帝36年」とは枕詞であるから、そんなに気にする必要はない。ある音楽関係の人の所に、向こうの音楽研究家から手紙が来たときのこと。もう書き出しからいきなり「日帝36年、鑑みれば我が国は……」と書いてある。日韓関係が延々便箋4枚に渡って論じられている。しかしてその手紙が最終的にどんな用件だったかといえば、結局「来月日本に行くんだけど、安い宿を紹介してほしい」ということを伝えるものであった。

大韓民国の人気ヘヴィメタグループ＝シナウィのレコードのプレス・リリース用のライナーノーツが、いきなり「日帝36年、鑑みれば……」から始まっていた。ヘヴィメタのレコードだが。特に近代史へのなにがしかの提言がそのアルバムやそのグループにあるわけでもなんでもないのだが。

93年のサッカーのワールドカップ予選で大韓民国は、日本に1対0で負けた。韓国の新聞にはでっかく「日帝36年以来の屈辱」と出た。ものすごくでっかく。しかし日本はイラク戦で引き分けてワールド・カップへは大韓民国が行った。それもこれもイラクが引き分けてくれたからからである。イラクの選手が韓国で表彰されたのだった。韓国のイラク大使館にも御礼の電話が殺到した。電話がパンク状態、「よくやってくれた」と、大韓全土から感謝の嵐だった。たぶん日本戦の後、韓国で死んだ人がいたであろうことは容易に想像がつく。怒って。「怒死」した人が絶対いる。さらに日本対イラク戦で喜んで死んだ奴もいるだろう。「喜死」。喜怒哀楽が死に結び付くのである。「怒死」があれば「喜死」もある。感動に打ち震えている、のかと思ったら死んでいた、というのも決してめずらしい話ではない。

時間調整にも日帝36年が使われる事がある。日本人ミュージシャンのTさんが、韓国で韓国人の友達の家に泊まっていて、朝から盛り場に出たときのこと。「午後にならなきゃ店が開かないから」と、その友人が言う。店っていうのはキャバレーなんだけども、「それまで酒飲んでよう」とその友人が言うので、そこで断るわけにゃいかないし、でもって朝っぱらから酒飲まされつづけたわけである。その間ずっと日帝36年、日本に対する恨み辛みを言われつづけていた。そして午後。時間になったら「ぼちぼち行くか」って、キャバレー行って「あの姉ちゃんはどうだ、あれはいいぞ」って。それで夜中までお姉ちゃんと盛り上がって（その友人が）その日を終えた。時間潰し、間が持たないから「日帝36年」。あるのである。ちょくちょく。

10年ほど前、あるTVの撮影隊が全羅南道に取材に行って、地元の農夫の爺ィと出会っていきなり、「お前ら日帝36年、日本が朝鮮に何したか知ってんのか、謝れ！」って言われて土下座させられた。んで土下座したら、ご馳走が出ておもてなしを受けたというお話。「まぁよく来たな」って。一度謝ると、今度は人情攻撃が凄いのだ。しかしその人情てんこ盛りのおもてなし攻撃を受け入れないと倍にして怒られてしまうから、どんどん出てくるものを受け入れないと、いけないのだ。日帝36年。日韓の枕言葉。

ミニコラム

とある雑居ビルのトイレで、ドアを開けっぱなしでウンコをしている爺ィがいた。扉があるのに。中で威張って煙草吸いながら「何だお前らどこから来た、日本か、日本人昔朝鮮に何したか知ってるか!?」と怒鳴りながらちゃんとウンコをしていた。

海水浴でなごむ大韓人の夏
平和はありがたや

全斗煥元大統領の汚職が発覚した時に、韓国全土で「怒死者」が出たという。そのニュースを聞いて怒りのあまり死んだのである。怒り死に。野球でも出るし、オリンピックでも出るし、怒って死ぬ人は多い。血圧高いから。動物性蛋白の塊だから。

辛い精力増強料理ばかり食べているせいである。その全斗煥にしても、TVに出て「ミヤナンニダ〜（ごめんなさい）」と一言言ったら「まぁ謝ってんだから許してやっか」となってしまう。アグネス・チャンとの論争で廃刊になった雑誌「デイズ・ジャパン」に全斗煥が山籠りしている時のインタビューが載っていたが、もう花鳥風月の世界だった。禅問答みたいになって、風流の人になっているのであった。凄く抽象的な事が具体的になる。観念とか好きだから。国民のほとんどが山頭火みたいな人なのである。都市型の詩人、キムチ食ってるボードレールみたいな奴が一杯いるのである。皆が自然を愛し、人間の粋っていうんですか、そういうのをたしなんでいるのである。

山籠り

「山に籠る」っていうことにもひとつある。ロックミュージシャンでも山籠りするし。別に武道家とかそういう問題ではない。大体何かやってる人で行き詰まると必ず山に籠る。ロックミュージシャンだったら、雷の音を聞いて新しいギターのフレーズを思い付いたり、せんずりこいたり、山籠りの時に知り合った別のミュージシャンとバンドを組んで韓国一のトップスターになったり、色々イイ話がある。歌手なんかも自然環境の中で鍛えるのが正統派、とされている。趙容弼もそうだった。「釜山港へ帰れ」でデビューしてマリファナで失脚して、何したかっていうと山に籠って、パンソリの唱法をマスターして帰って来て不動のトップスターになった。どうやって鍛えるかというと、雪の中で海岸に向かって「ア〜〜〜〜」とやったりお腹の上に石のっけて「ア〜〜〜〜」とやるとか、太い木に縛り付けられて声出したりとか、そういう事を繰り返さないとなかなか真髄まではたどり着けない。「鍛える」という事は「自然の中に入る」事だから。映画『外人球団』でもさ、野球チームが、選手を鍛えるのに、離れ小島の無人島みたいなところへ行って野球を全然やらない。海の中に重り付けて叩き込まれたり、崖をよじ登っていくとそこにコーチがいて叩き落されたり、獅子じゃねえって。そういう意味では国中が戸塚ヨットスクールみたいなものである。あれは韓国では正しい。『外人球団』の中でいいなと思ったのは、それだけ鍛えたんだからと、島からソウルの球場に帰るのに走ってくるんだよ。車とか列車など使わないのだ。監督なんてビッコになってるのに、一緒になって走っている。それがギャグとかではない。当然の事として描写されている。しかし一般的にああいうものだから、オーバーじゃなくて。野球の訓練で重り付けて海に落されて訓練になるのか、と思うが。だから山に籠るのが好き、という事になると娯楽もそれに付随したものになっていくから、大韓人の多くは凄いキャンプ好きなのである。とにかくすぐ籠るのだ。山とか島に籠ったり、時には赤線に籠って充電したり。自殺するのだって、飛び降りとか焼身自殺とかあるが、自分から部屋の中を全部目張りして戸も開かないようにして中で餓死した奴もいる。その理由は「彼女にフラれた」というもの。理由は可愛い、「神田川」の世界。しかし餓死とは凄い精神力である。素手で虎と闘う奴がいる国ならではである。

アリラン印刷著

日本人のカメラマンの人が、大韓民国で写真集を出すことになった。写真を選び、レイアウトも考え、持ち込んだところが、その本の版元や周辺の人々があれこれと口出しをいちいちして来る。さらに印刷屋までもが「こっちの写真を大きくしたほうがいい」と言い出して来る始末。版元、デザイン事務所、印刷屋が三つ巴担って、著者であるはずのカメラマンを放っぽり出してもめまくった。そのカメラマン氏は面倒臭くなったのと飽きれたのとで「もう勝手にしてくれ」と、大韓もめごと隊の手にゆだねてしまった。このときはこの人も、大韓人に少なからぬ敬意を払っていたわけだし。

というわけで出来上がって来た本は、当初の思惑とはカケはずれたものになっていた。それはともかく（当然のこととして）、ぎょっとしたのは、印刷屋の名が著者名よりもでっかく載っかっていたことであった。

これは、大工の吉田佐吉が村田の家を建てて「俺が建てたんで、お前が建てたんじゃねえべ!!」と言っているような、表札にでっかく「吉田佐吉・作」と書いてあるようなものである。

なにかにつけて口出し、いらぬ口を差しはさむ、というのはよく出くわすことである。飯屋での味かげん、レコード屋での買物でも「なんでそんなもん買うんだ、こっち買え」とか。それがこの場合印刷屋で行なわれてしまったというお話である。

印刷屋だってそれだけ口出すんだから、さぞ腕のほうは、といえばこれがまた、版ズレ多発、発色ヘロヘロ、ゴミ多数なものが実に多い、というもの。総じて大韓の印刷物の版ズレは大豊作である。発色は最近大幅によくなったが、以前は、ポジ・フィルムを一度版下の実寸にプリントし、それを反射原稿として分解していたがゆえに、くすんでいるのが当たり前だった。くすんでいるのに手間も金もかかっているくせに「いや、うちのやり方はこうだ」って譲らないし威張ってらっしゃるの。最近は世代が下がったんでおとなしい青年が多くなりましたが。印刷屋は刷るのが商売だが、デザインにまで口出しするのが当たり前なのである。

ところで、どんなに威張った印刷物や、えらい人の本、学者先生の書物でも、かならずどこかが版ズレしている。版ズレのないものは大韓の印刷物だとは、我々はもはや認めない。版ズレは刻印である。版ズレはエコーであり、ファズである。版ズレ美が、大韓の業を立体化するとき、虎が泣く。

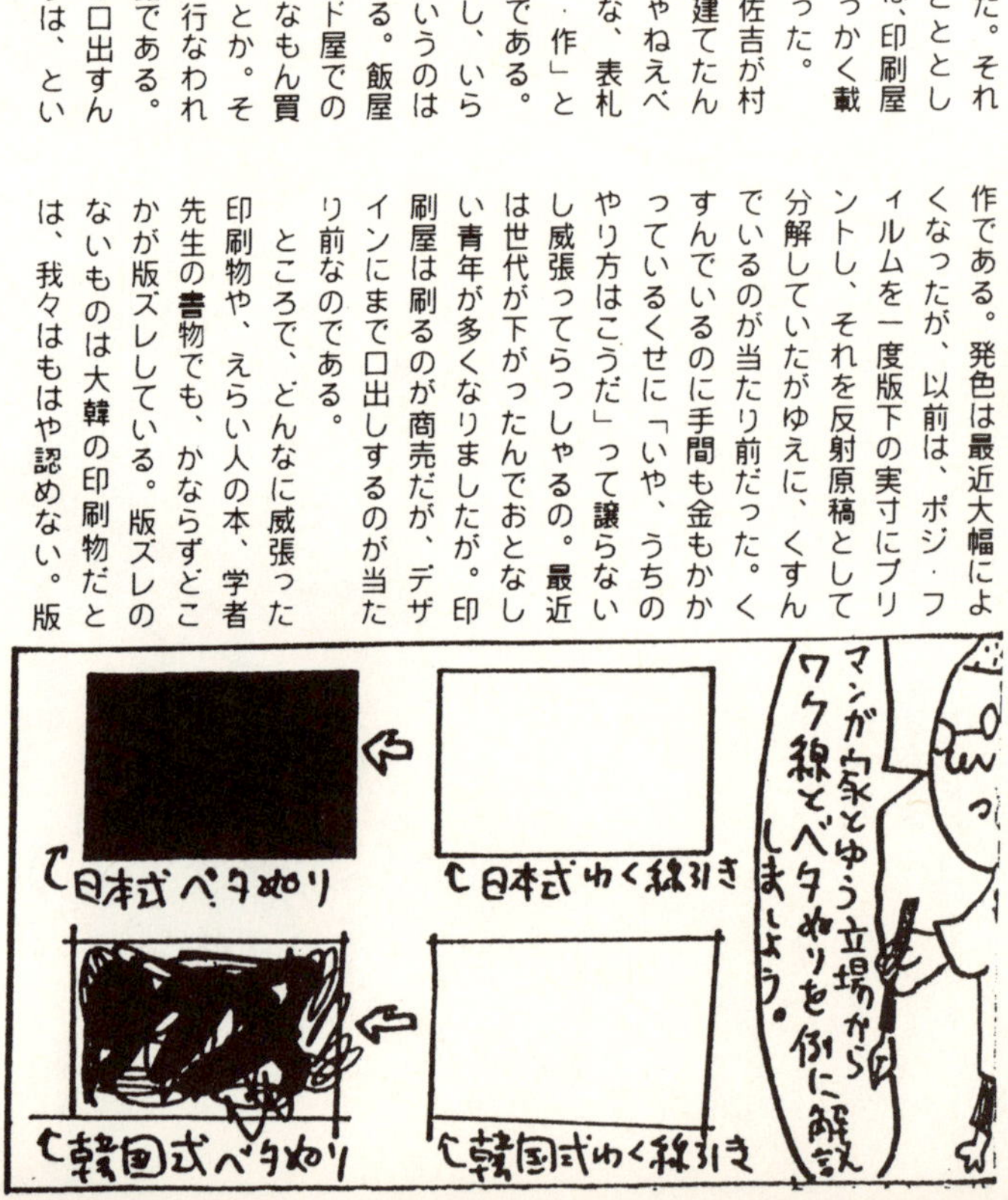

我が社のナンバー1

日本でいうとSONYみたいな超一流の電気関係の大企業で、「我が社のナンバー1」っていう自慢イベントが大々的に行なわれた。何でもいいからナンバー1になる気持ちを持って、会社の繁栄というのはそういう風に他人に誇れるものをひとつでも自分で持つ事が大事だ、って。何でもいいから「ナンバー1取れ!」って社長が言った。その結果生まれたナンバー1とは、まず「名刺を持ってるナンバー1」。社内で一番名刺を持ってる。引きだし開けると全部名刺。「こんなに名刺を持ってます」って。「名刺の数なら私がナンバー1!」って威張っている。それから、「お金を使わないナンバー1」。その人は会社に来るのも歩いて来る、ご飯は弁当、定時に終わって自宅にすぐ帰る。つまり寄り道しない。それで、お金一杯溜めてるわけ。貯金高ナンバー1。あと「会社の階段駆け上がるのが速いナンバー1」。何でもいいから一番になれ、っていうんで社員のみなさんが各々ナンバー1を発明するのである。確か早食いもあった。もちろん無遅刻無欠勤もあった。あと会社に早く来るナンバー1。そのナンバー1を破ったりしたら大変なんだろう、きっと。同じ大学出身の後輩か何かが破ったりしたら殺されるであろう。朝会社に入ってったら後輩が来てて、「おはようござ…」まで言ったらいきなり廻し蹴りで。

そのナンバー1も、会社のコマーシャルのために始めたんだけど、結局それがメインの「仕事」になっちゃったやつもいた。仕事そっちのけで関係ないやつの名刺集めまくったりするんのであった。名刺目当てにスリやったりして。「こいつは偉そうだからきっと名刺一杯持ってるな」とか。財布そっちのけで名刺入れだけ取ったりして。

日本語や英語でものを考えるエリートさん達

ウリナラへの嘆き

今までは、大韓人でありながら日本生活が長くて日本語でものを考えてしまう大韓人が自分の国を改めて見るにつけ、「何てひどい国なんだ、あいつら馬鹿だ」と言うのに我々は何百回も対面してきた。ところが、そういう帰国大韓人を見て、その言動を真似する大韓人がオリンピック以後出てきた。そういう姿勢が進んでる、と思ってのことか。「あの人の言う事ももっともだ。我々の目指しているものはこんなものじゃない。私たちは間違っていた」というのを真似して、こじゃれた日本人の真似してしまうとか。ウリナラへの嘆きは色々な形である。戦前の人の中には、「あの時は本当は大韓人も馬鹿だった。日帝36年はいい事じゃないけれども、大韓人も馬鹿だった。ああいう目に会っても仕方がなかった」って言う爺さんも確かにいる。尹さん以外にも。最終的に「韓国人は馬鹿です。だめです、このままじゃ」と言う人に、これまで何人逢ったか知れない。「我々の近代化民主化はしょせん囲の中の蛙だ」とか「こんな状態で慢心しているしている場合ではない」とか「日本は嫌な国だが、見ならう点は多い」とか「欧米に較べれば我々は後進国だ」とか、国外から大韓民国を見て、「大韓人のアイデンティティ」について漠然と思い至った人々は、在日韓人以外にもたくさんいる。しかし、そう言ってる人がいたよ、って日本人である我々が言うと、「それは日本人の見方だ。都合のいいことをいうな、この侵略者め」って批判されるのだ。大韓国内にあるそうした自己批判の声を知りながら言っているのかどうかは解らない。まあ、基本的には人の意見は聴かないわけだから。それにしても彼らはなぜあれほど強く激しく「韓国人は馬鹿だから！」と何度も我々にいったのであろう。韓国人の口から日本語でそれを聴くとは。日本が戦争に負けた時、韓国で何万人もの人が「万歳！」とやったが、その陰で日本が負けて本当に口惜しがった人や、日本に肩入れしていたおかげで大韓人朝鮮人に家族を殺されて、大韓人や朝鮮人を恨んでいる人もやはりいたわけである。「日本が勝ってれば私は今頃は日本国ハワイ県の知事でした」と。アメリカに行ってる大韓人は一杯いるが、たまたま長距離バスで一緒になったおばさんと話したら「韓国はダメですよ」ってしみじみ言われて、落ち込まれちゃったこともあった。「日本はやっぱりいいですよね」などと羨ましがられたりして返答に困った。ニューヨークで成功して、大韓民国、日本、アメリカの間で貿易もやっているという大韓老紳士とソウルからニューヨークへ行く飛行機で隣に乗り合わせたとき、彼は戦前の朝鮮に対する批判を、自己批判をまじえて語った。光復後、これで大韓民国も民主国家、資本主義国家として発達していけると思った、という。しかし結局は大韓国内でのねたみそねみ、古い因習はそのまま生き残り、足の引っぱり合いに終始するばかりだった。「だから私はアメリカで商売しようと思った」とその老紳士は語った。毎年大韓民国に帰るが、そのたびに失

→根本著「因果鉄道の旅」(KKベストセラーズ)参照

望は増すという。彼は「このままじゃだめですよ」と淋しくボソッとつぶやいた。最初のうちは「韓国はそんな事ない」と思って出て行っても、半年ぐらいすると「やっぱ韓国って駄目だ」と思う。そこから改めて自分の道を開拓するのがエリートなのだ。大韓民国でさえそうなんだから、まして北朝鮮のやつが外へ出たら大変だ。もっと激しい揺り返しに遭いまくるのだ。やってられないよな。「何だこれ」の連続だ。それでも韓国は国になっているが、北朝鮮は国ではない。よく言ゃぁ集合体、家族だ。北と南、同じ金玉の中の二つの睾丸である。今金玉がよじれているのである。そのよじれをほぐすのが統一、って事なのである。

　そういえば「白頭山」という凄い大韓へヴィメタ・バンドがあったんだが、アクションもサウンドも派手でギャーとやるんだが、歌っている内容は「白頭山はみんなのもの〜」『大切にしよう〜』『我が民族は白頭山で統一される〜」というようなものだった。

　そうかと思えば、大韓ロックの父・申重鉉の作品で、大韓民国ではいろんな人にカヴァーされてる名曲で、凄く長くて、サイケで、大作なのだが内容が「美しい川や山がある〜」という花鳥風月のものもある。「大韓ロックの名曲」と言われる曲でも、お国自慢や、道徳を歌うものはけっこうある。「煙草をやめよう」とか「女が煙草を吸うのはよくない」とか。「食事の前には手を洗おう」とか「歯を磨こう」とか、そういう事を、ギュインギュインと、ババンババンバンバンがヘヴィメタになっただけだ。ヘヴィメタ・ドリフターズ。「飯食ったか!」ギュイ〜ン、「顔洗ったか!」ウィ〜ン、「宿題やったか!」ギャワンギャワ〜ン、と。

日本人目あてのカラオケとお姉ちゃんのお店
아름다운 강산 (美しい江山)
アルムダウンカンサン!
カラオケ・オシン
イイコイルヨ
今はお前に従うが、いつか我国は日本を追い越すぜ
国中で日本を追い抜くのも意識してる
日本人パンチ
幾らだ?
カラオケ オシン
日本人とみるとはなさない

体の隅々までビッシリ詰まったニンニクと唐辛子とゴマ油が過熱されて燃え上がるので、大韓人はすぐ激昂するが、大韓プロ野球では、試合中に観客が暴れて、グラウンドに物を投げたり、乱入して選手や審判をポッカンポッカンぶん殴ったりする騒動が日常化して社会問題になった。

88年には死者も出た。郷土意識の強い韓国では、周知の通りプロ野球では、地元出身の選手は地元のチームへ入るように定められているなど完全なフランチャイズ制で、ビジターのチームは100パーセントの観客を敵にまわす。釜山で行われた地元ロッテ・ジャイアンツ対光州のヘテ・タイガース戦の熱狂は同じジャイアンツとタイガースでも巨人阪神戦の比ではない。それは単に釜山と光州とゆうふたつの都市の単純な対抗意識からではなく、実はもっと深い所に根差している。その昔、釜山のある慶尚道は新羅、光州のある全羅道は百済だったが、20世紀もあと数年という今もなお、慶尚、全羅の人間は顔を合わすと、お互い1500年前の、片や百済、片や新羅としての記憶が甦えるのだとゆう。だから、新羅《ジャイアンツ》VS百済《タイガース》の試合は選手も観客も自ずとボルテージが上がり、試合は野球とゆうより、ボールとバットによる歴史戦争という様相を呈してくる。

その死亡事件は、地元新羅《ジャイアンツ》が8対9で敗れると、例のごとく釜山の観客たちは激昂し、おびただしい空き瓶、空き缶、カップラーメン他がグラウンドに投げ込まれ、大混乱。12人の人間が重軽傷を負い病院へ運ばれたが、その時スタンド最前列の親父がバタンと倒れ、死亡した。死因は瓶が頭に当たったとかゆうんじゃなくて、興奮のあまりのショック死（憤死）だという

宮城、おまえ
金投手の体の中
には韓国人の血が
流れている
宮城の写真

のだから、さすがである。

で、事態を重くみた体育省がKBO（韓国野球委員会）に対策を早急に立てるよう指示。で、KBOはあくる日の朝鮮日報に次のような声明を発表した。

ファンがまた暴れたら――、

①ホームチームと全く関係のない第三球団の球場で試合を行う。

②無期限、競技を中断する。

③観客を入場させずにゲームを実施する。

以上だが、③を読むに、じゃあプロ野球って何なんだろうと考えさせられますね。

その後、大韓プロ野球では、球場内での酒類、ビン入り飲料水、カップラーメンの販売を禁止し、警備（軍隊も導入）もたいへん強化し、フェンスを高くするなどの設備をほどこした。しかしそれはファンの激昂癖を改めることとは何の関係もない。その後も乱入乱闘は相つぎ、敗けた監督がベンチから引きずり出されて、マウンド上で土下座させられたり、敗け試合後監督が選手をぶんなぐり怒った選手がチームの他選手8人と連れ立って、チームを脱退し、制裁問題に発展するなどという事件もあった。集団脱走とはまるで戸塚ヨットスクールである。

ところで、大韓プロ野球には日本人選手の入団が禁止されている。ところが5年ぐらい前、元ヤクルト（横浜商業出身。父親がラーメン屋）の宮城投手が、ある日突然韓国名＝金弘明となって（たぶん）ヘッテ・タイガースに入団した。宮城は在日韓国人ではなかったはずだが。間に入ったのは（たぶん）張本勲氏である。宮城の父は

「うちは代々日本人だ。息子が野球をやりてえ気持ちはわかるが、なにも韓国へ行くこたあねえじゃねえか」と立腹半分。ところが、それに対して球団のえらい肩書のおやじ（もちろんイイ顔）が大えばりでこういった。

「いや、そんなことはない。宮城いや金投手には、まちがいなく韓国人の血が流れている」

まちがいなく流れている、その血とはいったいいつの時代の血なのか。四千年の歴史を常に持ち歩いている大韓人である。しかし、ということは日本人なら誰でも入れるってことなんですね。

写真術

アクション・カメラ
混沌イイ顔だ!!

親切にされたら感謝の意を表して頭をさげよう。
イイ顔にでくわしたらピース・サインで撮影だ。
前面は背景、本質は二本指の奥にあり

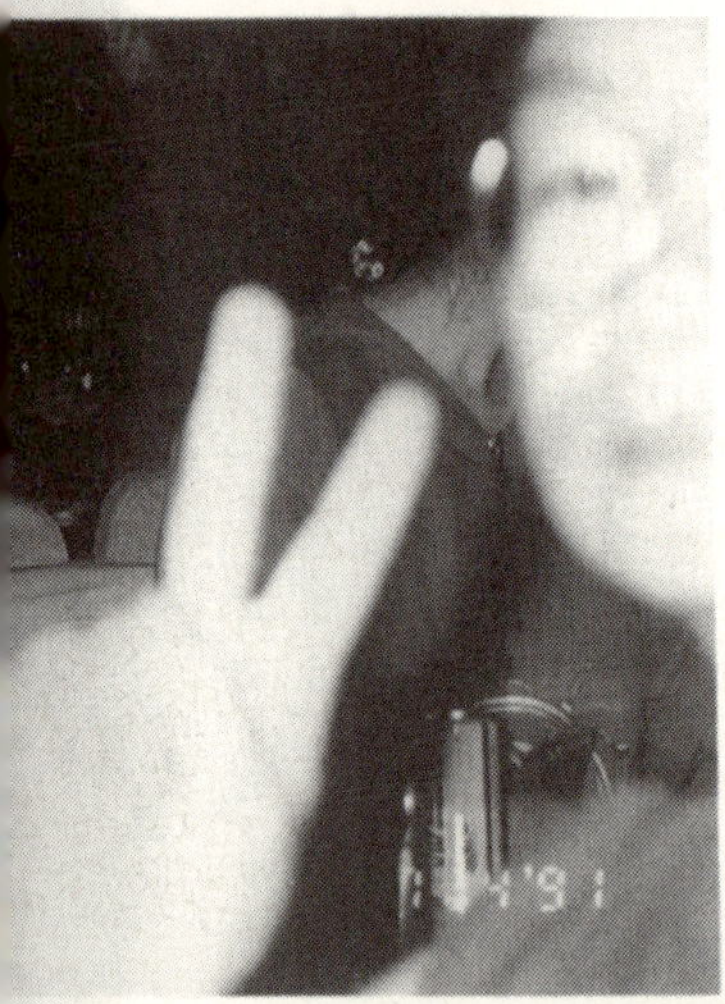

焦点が見事にVの先に定まっている

相手が殺し屋ゆえビビったか。
ピースはもっと上に!

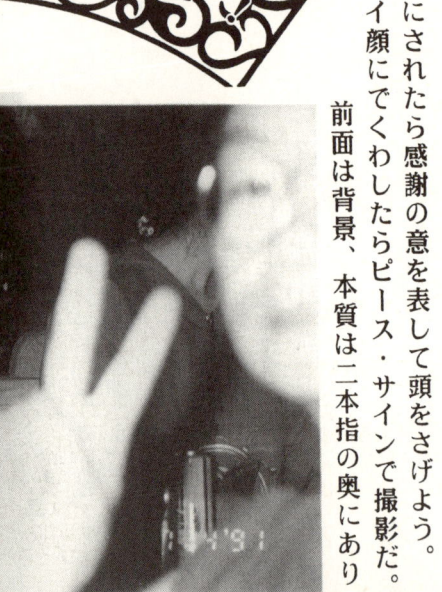

DK

ディープコリア

平和《ピース》のVの先は

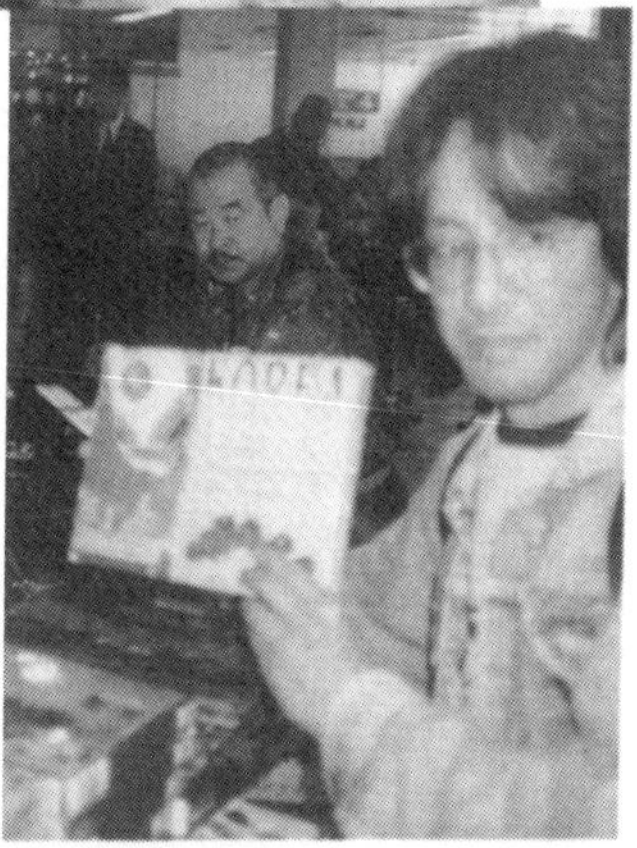

金浦空港の免税店にて。緊迫した臨場感を伝えるナイス・ショット。Vの代わりに小物も利用しよう

アテ馬が主役を食ってしまった反DK写真。エビスじゃ……

主《チュ》体《チェ》思想とは？

自分が肉好きなら相手も好きに決まっている。そう思うのが大韓人のスタンダードである。自分の好きな肉なのだ、客人に食わせるならそれしかない。客人の好みなどもちろんどうでもいい。そうなりゃ一週間毎日毎食肉である。しかしさすがに5日目の朝ぐらいに「もう肉はいいです」などと言おうものなら「肉は嫌いですか」と言ってうなだれて真暗になられてしまうので、大韓民国に来ているのはこっちだし、ごちそうしていただいてるんだから、また食べなきゃならない。自分が辛いもの好きなら相手も好きだと思うし、自分が甘いもの好きなら相手も甘いもの好きだと思うし、自分が腐ってるもの好きなら相手も好き、自分が女より男が好きなら相手も…って、万事その調子である。つきあいなんだけど「相手」はいない。自分ひとりで相撲取ってるだけだから。しかしそういうところを考えるならば韓国は民主主義の国である、一応。4千万人が、それぞれ1人相撲を取り合っていることで国が前進してしまう。しかし、国のまとまりに思いをはせるなら小っちゃいのを一杯おくよりも、金日成みたいなのを一人置いておいた方がこういう場合はまとまるのである。北みたいに。金日成が4千4百万人いるのが大韓民国であり、二人しかいないのが北朝鮮なのである。両国とも基本はまったく変わらない。主体思想なんて本当に笑えます。共産主義でも何でもない。むちゃくちゃな解釈で、最終的には金親子を大切にしよう、ってんだから。日本にも日本人の金日成主義者ってのがいるが、そいつらは日本人の本当の首領は金日成だけ、と言うのである。そいつらと勝新太郎原理主義者同盟と対決させたいものであるが、実は言わんとするところは同じだったりして。意気投合したりして。かつて日本には多くの毛沢東主義者がいた。今もいる。しかしそれよりさらにもっとめちゃくちゃなのが、主体思想なのである。要するにマルクスレーニンの真似した毛沢東のひ孫引き、やしゃご引きみたいなものだ。大韓民国は「氾濫する孫引きならぬやしゃご引き、オリジンというものを追求しない姿勢」である。が、それが国内・国民に氾濫してなくて、二人で結晶化したままなのが北なのである。

街角の
オットセイのエキス会社
社長
精力
増強
ハクセイ

ディープコリア第1部（ナユタ版）

1984年〜1987年

はじまり、はじまり。

HOTELの灯りが
HOTLLに……
こんな些細な事が
この国の総てを象徴して
たりして…

下関《シモノセキ》 시모너세키

関釜にしろ釜関にしろ、土曜を除く毎日、下関からフェリーが海峡を渡っている。出港午後5時。その前に、午後2時までにフェリー・ターミナル窓口にて出国手続をとらねばならない。

たとえば、そのためには東京から飛行機を使わず、前日に下関近辺に宿泊しないならば、午前6時ちょうど発の新幹線に乗り、小郡でこだまに乗りかえて、新下関へという道をとる以外にない。

午後12時40分ごろ新下関へ至るまでの車内のあまりにも白い空気と旅に馳せる思いと、緊張とも弛緩ともつかぬ思いで身体が浮遊しているように感じたりする。

しかし、そこは港町・下関。改札を出てタクシーに乗り込む頃には、すでに韓国へのたしかな第一歩を踏んでいることを実感させる重たげな大気がそこにある。さらにタイミングが海峡のむこうへと同調すれば、タクシー運転手の貴重でディープな会話を堪能しながら下関フェリー・ターミナルへ移送してもらうこともできる。

たとえば、こうだ。

運転手　大阪？　東京？

——東京です。

運転手　あ、東京。皆さん独身？

——ええ。

運転手　うらやましいねえ、給料みな使えますなあ。いやあ最近私思うに、年間12カ月ありますけど、1カ月でいいから好き放題やってみたいですわ。でも帰ったらヒヨコが口あけて待ってますし……。

——じゃあ韓国旅行どころじゃないですね。

——下関の人は韓国へはよく行かれるんでしょう。

運転手　タクシーの運転手もよく行きますよ。最初に行って、2度目から要領がわかって、むこうにカアちゃんつくる。しかし安月給のタクシーの運転手じゃ、ちょくちょくは行けませんね。私、子供が3人おるんです。一番上が中学1年、そして小学6年、2年と。

——へえ、3人もいるんですか。

運転手　3人もってあんた、あんたたちもしっかりして下さいよ。これから子供が少なくなるでしょう。将来扶養してもらうためには1人だと厚生年金の負担とかいろいろきついんですわ。それに子供1人だと死ぬ確率が結構高い。私の知ってる人で、ひとり息子がやっと大学出たと思ったら死んじゃった、というのがおりますよ。たくさんだと意外に長生きする。おたくらもたくさんつくった方がいい。

——ハハハ……。

鶯の谷渡りやったんですわ

運転手　今年中学へ入った長男が「お父さん、これからは頭で勝負するから塾行かせて下さい」ちゅうから「お前アホか、勝負つうのはやっぱ、健康でするもんや。ところでなんぼかかる」って聞いたら「月に一万かかる」だと。「バカタレ！　一万あったらワシ飲みに行く」

――　ハハハ……。

運転手　私なんか好きな人いるけどね、カアちゃんが別のところにね。来いといって連れてきてもいいんですけど、でも不幸にするようで、不倫……。

――　はやりみたいですけど現実問題はなかなか……。

運転手　やっぱ、ほら……カワイイ人ですよ、へへ。

――　ハハハ……。

運転手　私、昔、船に乗ってたんです、広島で。次男でね。で、オヤジの仕事手伝うんでこっちに戻ってきた。またすぐ出ていっちゃうんじゃないかと親は思ったんでしょう。親戚が連れてきた女を嫁にさせられちゃった。惚れるも何もありゃしません。自分が惚れた女房じゃない、つうのがあるんですねえ。

あんたら、長女だけはやめときんさいよ。養子にいくならいいけど。私なんか長女で……「あんた、あまりいい男じゃない」なんてことぬかすから「出てけ！」となる。

家でゴタゴタがあると他の女がよく見える。きれいなのがいくらでもいますからな。でもね、顔がきれいだからベッピンというんじゃない。女は顔がきれいより気持ちがきれいなのがいいですね。映画女優でいうたら、八千草薫っていうのがおるでしょう。今ベッピンつうのとはちがいますけど。

私、笑ったら歯ぐきが出る人が好きなんですわ。そんで、いいなあと思っていた女からバレンタインのチョコでももろうたら、フラフラ〜〜となりますがな。でも会ってどうするということはないんです、私マジメだから。

―― いやいや、若い頃は相当遊ばれたんじゃないですか？

運転手 トラックを運転してた19年前、22歳の頃は給料13万もらってたから、それ行けってなもんですわ。シロウトじゃなく、もっぱらクロウト相手でね。行きつけの旅館でおねえちゃんが「もう1人呼んでいい？」っていうから「1人でも2人でも呼んでこい！」といって、そいでまあ、あの、うぐいすの谷わたりしようということになった。興味シンシンでね。でも私いいかげん酔ってたから、あっちフラフラ、こっちフラフラになっちゃって……。

それがこっちきたら給料少ない。船乗りのオヤジの借金が一番かさんでいた時で、5万円くらいしか手に入らない。オヤジに人生つぶされたとはいいません。自分がいけないんです。ちゃんと何かやればよかったんですから。

トラック乗ってた頃に株に手出したことがあるんです。どうも山師的性格がありましてね。中学出てすぐ就職。メガネ屋に奉公したんですが、その頃アメリカでコンビニエンス・ストアが流行しだして、そのことを知って自分もやってみたいなあと思いましたが、若造にポンと金を貸してくれるわけがありません。

もう少し勉強して頭がよかったら、今頃タクシーなんか乗ってませんよ。しかし、下関のタクシーの運転手はまずナマケモノが多いね。ひまだから余計そうなる。私は根ががめついから人より働く。人と同じというのがイヤなんですわ。今、28日出てます。1日最低12時間。それでもこうして生きてますよ。

―― ははあ、すごいですね。

運転手 やっぱ、なんちゅうんですかな、好きな女性ができると楽しいですな、人生も。

―― そりゃそうでしょうねえ。

運転手 むこうもうすうすわかっ

玄界灘は下関、釜山を結ぶヘソの緒だ

てて言うてこんし、こっちもね。あの人はたしか32言うとりましたな。結婚する歳の差ですけどな、一つ歳上は谷間の割れ目捜してでも持てというでしょう、あれウソですな。やっぱり7歳ぐらい離れてるのがいい。わしなんか、おカアちゃん逃げちゃった。

——うまくいきませんかねえ。

運転手　女房とですか？　子供のためには働きますけど、女房のために働く気はないですね。出ていくならサヨナラ、黙ってついてくるなら別れる気はないですけど。

——そんな生活なさってて、こんなこと言っちゃなんですが、夜の生活の方はどうなんですか？

運転手　おカアちゃんとはないですな。

——盆と正月ですか？

運転手　盆と正月ちゅうことはないですけども、どうしても本気になれませんな。気持ちがないですからなあ。

——でも奥さんの方は女盛りじ

裏へと入ってみれば、そこはパチンコ屋とサラ金の森林。下パチンくれれば、こっちも大手振ってできるんですがね。

——ハハハ……。

運転手　私は今度生まれてくる時はまた男に生まれて、好きな人と一緒になりたいですな。やっぱね、惚れた人だと少々のことはガマンできますわな。かえって可愛さあまって憎さ百倍なんてこと申しますわなあ、困るかもわかりませんけど、私の性格ならガマンできますよ。あんた方も絶対惚れた人と一緒になって下さいな、見合いはダメですよォ。

——気をつけます。

——肝に銘じときます。

運転手　おたくらだったら30ぐらいで結婚するんじゃないかな、東京の人は。女だったら22〜3くらいでしょうかね。うらやましいね、こりゃ。

——ハハハ、いやあ、おもしろい話をどうも。

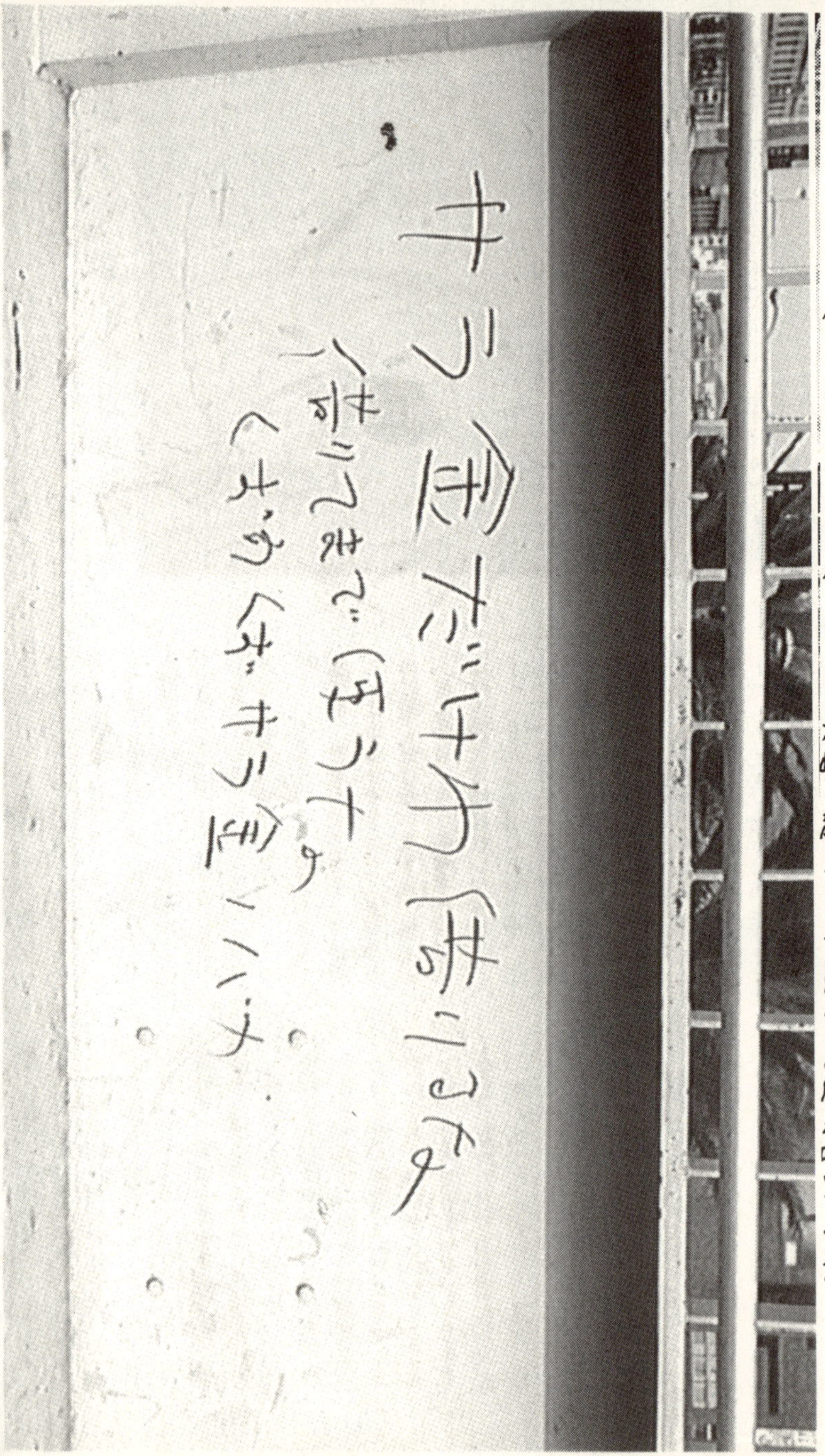

つらい人情のふきだまり。今日もまた海峡を越えて半島からの風が吹いてくる……

――ありがとうございました。

運転手　今度おたくらといつ会うかしらんけども、ひょっとして会うことがあったら、おカアちゃん変わってたりして。

――ハハハ……。

――ちなみに運転手さん、お名前は？

運転手　私、タテイシです。

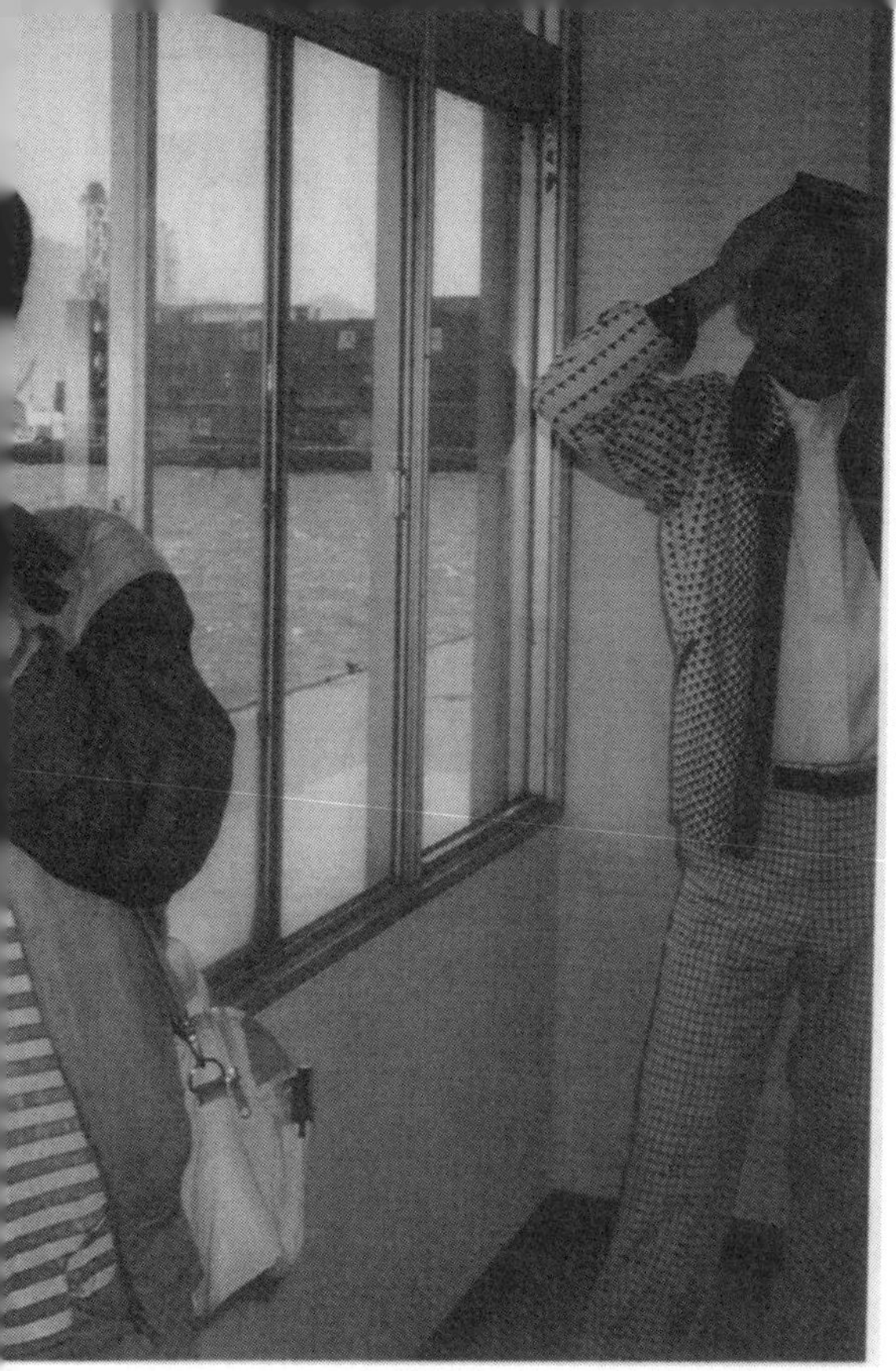

上半身日本、下半身韓国といった趣のある下関のフェリー乗船手続き所にて。ここは体の真ン中にあたる

★

入国手続をすませたら乗船まで3時間強の時間がある。

ＪＲ下関駅までは、ターミナルから5、6分。散策にはよい。大きな郵便局もあるので、さっと旅の第一報を友人にしたためるのもよいだろう。しかし、いったん駅裏へと入ってみれば、そこはパチンコ屋とサラ金の森林。下パチンコ上サラ金というビルが、いやというほど建ち並ぶ。中にはパチンコ店頭にサラ金屋の看板を並べて何軒分もかかげ、チマチョゴリの人形をわきに並べた店もある。

歩道橋には、つたない黒マジック・インキのなぐり書きがあった。

「サラ金わ地獄」

この町で旅費を借りて調達、あわてて海を渡る者も多いと聞く。

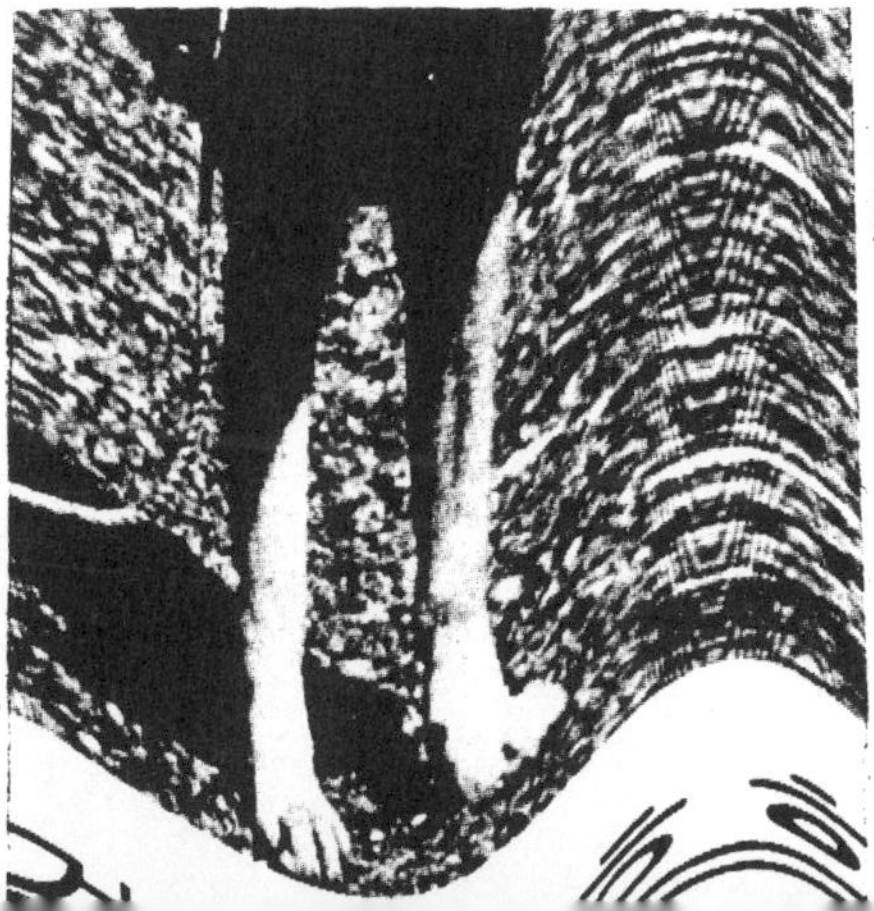

あるタクシー会社で班ごとに別け、業務成績を競わせ年間トップの班にはゴホービをくれるということになった
MVPとってみィ そうすりゃゴホービってんで会社金出してよ
んが？
カンコクよ、カンコク！
ヒヒヒ
そこの運ちゃん達がホントにこうゆう会話してた。

ナント リアルで生々しい「日韓関係」だろうか。

釜関フェリー

必ず"釜関"フェリーで行くべし。1日トクする

ゲートをくぐってしまえば、通路であろうと、そこはすでに韓国なのである。そうでなければ、わざわざ関釜ではなく〝釜関〟フェリーを選んだ甲斐がないし、いやそう思えないなら、こうした旅行をするうえでの熱が下がってしまうというものではないか。

　下関と釜山を結ぶフェリーには韓国人クルーによる釜関と日本人船員による関釜があり、釜関が月水金、関釜が日火木、それぞれ下関から釜山港をめざして出航している。

　海を渡る。

　これが、どれほど人を感傷的にさせるものかは乗り込んで即座にわかる。さらに船が海に乗り出せばなおさらである。

　里帰り、行商、観光、その他、さまざまな人がゴロゴロと横になる畳敷きの2等船室のだだっぴろい冷々とした空間には、さまざまな人生がやはりあってあたり前である。

万感こもごも至る重く、おし黙った顔…

釜関を行きかう行商、通称担ぎ屋のおばさんたちのたくましさは、乗船前のゲートに並んでいる様子

船員も異国情緒を漂わせる

からして、たいしたものだ。船室に乗り込もうものならさらにたいへんなもので、あっという間に持参したキムチやナムルやごはんにお菓子を開陳して車座になって、花札がはじまってしまうのである。それがまたけたたましい。声はでかいし、動作も激しい。

担ぎ屋は、日本製品をたくみに韓国に持ち込んでは売りさばいている、主に在日韓国人のおばさんたちだが、その韓国内での評判はすこぶる悪い。〝つらよごし〟とまで言う人だっている。

そのほかに目立つのは、釜山をはじめとして数々のナイトクラブに出演する予定なのであろう、フィリピン人のバンドの人々。彼らはバンドマンではあるが、一様におとなしい人ばかりで、ただゴロゴロしているばかり。

そうかと思うと、このところ比較的目立つのが、アウトドアライフ派かとおぼしき米国人のカップル。彼らは一様に男はヒゲ、女はノーメイクで、すぐにゴロリと横になって毛布でスペースを確保、本などをふたりして読みはじめる。

ある時、我々のところに一人の小学生の男の子が、遊びに来た。元気にそこらを駆けまわったり、枕の山をけとばしたりしている。話を聴くと親子3人でおばあさんのところへ行くのだという。名前をたずねると、彼は言った。

「松原勲!」

★

二等客室がベスト・チョイス。思わぬミクロ・コスモスを遊泳できる

フェリーの中は、すでに、韓国である。夕食には、OBビールを飲みつつ、ユッケジャンを食され

ドアール化粧品 ①
担ぎ屋のアジマに頼まれた。
お兄ちゃんたち、悪いけどコレあづかって税関出て丁だい。おれいはするから
は？
は？…
ジョニ黒
コーヒー
化粧品
薬品
衣類
“おれい”の食券
そして通関後
ハーイ どーもね
ハイコレ
あっイケネ化粧品が5本も残ってる
えっ
ドアールだって？
きいたことないな？
化粧水
ドアール化粧品
フーン
つづく

ることをおすすめする。まちがっても、トンカツなどを頼まないように。

また、時々、担ぎ屋のおばさんとおぼしき人が近寄ってきて、すまないが化粧品と服を持って税関を出てくれないか、などと頼まれることもあるだろう。この程度なら別に害はないから、快くひきうけてあげるべきだ。

夜になると、左右を黒い海原に囲まれる。甲板に出てみよう。風が気持ちのよい時間がそこに
ウォークマンを持っていっ
こで、チョー・ヨンピルの「
港に帰れ」を聴く。夜がじ
と我々の肩に重くおりてくる。

ユッケジャン。辛いが、負けるもんかと念じながら胃に流し込め。
が完全な料理のリードのもとに始められる。気ばって つい

2等マス席できき耳をたててると…

里帰りのアジョシ（おじさん）やアジュマ（おばさん）たち、出航してすぐは日本語で喋るが
わたしゃ京都にいた頃
メッキ工場やっとりましたがありゃアダメですのう
あー、儲かりまへんな
洋上へ出て、釜山が次第に近づくにつれ、日本語と韓国語のチャンポンで話すようになり
天気予報じゃア 의하면 주말은
ススス
좋은で すごしやすそうですな
いやアホントに 내일은 흐린 답고 한다
釜山港へ入る頃には完全に韓国語オンリーで喋るようになるのだった。
비가 올것 같습니다
비가 내리지 않으면 좋습니다
지금 몇시 입니까?

時々、天候によっては、揺れることもあるが、おおむね快適な船旅ができるであろう。

　じわじわと異国に近づいて行く。この感傷は、もちろん飛行機では味わえない。おのずとそこには思想しなければいけないような時間が存在するような気すらしてくるのだった。

釜山港間近。いつのまにか、顔が、言葉がまったく変わっている人々が甲板にあふれている

じわじわと他国の港に入っていくのは、セックスに似た快感（女の）ではないかしらん

釜山《プサン》 부산

フェリーは、実は真夜中午前2時頃には釜山の沖に着いている。そこから明け方5時頃よりじわじわと釜山港へと入って行くのである。

うまく眠れれば、目が覚めた時には釜山港内に停泊中ということになるだろう。

まず甲板に出てみよう。

風景は、出発前の九州とどこか似ていることに気づくだろう。やはりと思うか、なぜだと思うか、それは自由だ。

8時、船は接岸される。

つまり税関がひらくのを待っていたということである。

税関は、きびしいと言えばきびしいし、楽といえば楽、平にならせば、ズサンと言ってよいかもしれない。

たとえば「平凡パンチ」や「女性自身」を没収するかと思うと、ドエロ本の「官能旋風」が通ってしまったりすることもある。このへんは、どこの税関も似たりよったりかもしれないが……。

要は係官の顔色ひとつだから。

とはいえ、何でもないカセットテープが取られてしまうこともある。

キーワードは、

「これは、インナンなものですか」

である。インナンとはなんだ?と考えているうちに、あいまいな返答をしていると、どんどん取り上げられてしまう

インナン＝淫乱である。

「ちがいます」と言うに限るわけだ。そのへんは、乳首はダメ、尻の割れ目が写れば「絶対成人映画」に指定されるという国情を忘れないように。それから、カメラの交換レンズは、パスポートに一本一本記入しておいてもらったほうが無難である。係官が面倒くさがっても、出国の際それがもとで、あらぬ苦労をすることがある。

通関の軽い緊張感から解放されたら次は換金だ。

87年10月現在、レートは1円＝5・6ウォンである。

韓国内では、1万ウォンが、だいたい日本の800円ぐらいの使い出、物価金銭感覚だ。

5万をさし出す。戻ってくるのは、万ウォン札が28枚。これはもう札束だ。こんなにいただいてしまっていいのかと思ってしまうのが、正直なところである。

さて、札束をしまったら、いよいよフェリー・ターミナルから釜山の町へ、大韓民国への第一歩だ。

ターミナル出口を左へむかう。

序々に町が近づいてくる。まず渡る木製の歩道橋。そこの上から町をながめてみるのもよいだろう。

朝の8時半頃のせいもあって思ったよりひっそりした印象を持つかもしれない。しかし、歩道橋を渡って、ビルの谷間の歪んだ食堂

いいヤツが出てきた。泊まってるホテルということもあり、記念撮影に打って出る

の並ぶ路地を通れば、そこから漂ってくるすえた臭いに、いきなり異文化と対面せざるをえない。

いよいよ来た。

★

何度めかの渡韓の時、知り合った釜山在住のフリーの観光ガイドの尹さんにまた行く由知らせたところ、出発3日前に返事が来た。

それには「訪韓の際持ち込み、市場でさばけば儲かります。旅費ぐらいは楽に出るでしょう」として、「儲かる品物リスト」が付記されていた。

①ナショナル・ドライアイロン（ヘア・ドライヤーのこと）1200ボルト1個

②ジョニ・ウォーカ　ウイスキー1個

③ソニー　ひげそり1個

④銀円カオル　若干（意味不明）

⑤化粧品　東京資生堂製品　(A)ローション2本　(B)スキーン2本（これはコンドームのことではなくスキン・クリームのことである

いいヤツが上ってきた。みはらしがいいこともあり試し撮りに打って出た

ことが後に判明） (C)ファンデイション2本 (D)口紅ピンク色
⑥パラソル　1本
※以上原文のままカッコ内筆者注
「韓国人は一般に反日感情を持ちながら、その実日本製品を好いている」ので高く売れるというのだ。釜山のアメ横にあたる、国際市場には日本製品のみを扱う店が軒を並べた一帯があり、そこへ行って売るのだ。「私の顔で普通より高値で買って貰えるようにします」と尹さんは記している。

通の旅行者は皆そうやって旅費を稼いでいるというが、あまり大量に持ち込むと「担ぎ屋」の一味と思われ、税関でしょっぴかれることもある。「とにかくぬかりなくやって下さい」と尹さんは結んでいたが、果たせるかな、我々は別に儲かりなどしなかった。もとより儲けることではなく、その市場がどういうものか、そこで尹さんがどう動くかにしか興味はない。

尹さんの「親切」の手前、ジョニ黒2本、ドライヤー1個、花王の乳液やコンドームなど、ただ単に日本製というだけの製品を3人でほんのおざなりに持って行っただけなのだから儲けなど出るはずはなかった。

「なんだ、度胸がないんですねえみなさん」と尹さんにあきれられてしまったくらいだ。

韓国の、とりわけ釜山には日本人観光客と見るとまとわりついてくる人種が多い。大別すると以下の3タイプに分けられる。

①繁華な街角で「イイ娘イマス。紹介。イリマセンカ」と言って寄ってくる、吐く息の臭い男たち。つまり単なるポン引きだ。

②主に空港やフェリー・ターミナルに出没する、日本人の持ち込んだ日本製品が目当ての者たち。品物を安く買い取り、市場でさばくのが彼らの仕事。尹さんによれば「彼奴等は泥棒と同じ」だそうだから、注意が必要だろう。

③これはほとんどが日帝時代を生

釜山名物の新聞売り。
彼に逢わないと釜山に来た気がしない。
マストアイテムのキャラクター

き抜いた日本語ペラペラの老人たち。道に迷ったとおぼしき日本人観光客を見かけると積極的に案内役を買って出る。釜山滞在中、へたをすれば韓国旅行中は、否が応でもまとわりついて離れない。

彼らは表向きはあくまでも「親切」で、案内役を務めているという自覚が強いので、直接的には金品を要求してきたりしない。しかし「今日は家にサイフを忘れてきた」「女房が急に倒れたが、家が貧しいので医者にみてもらえない」など、何かと理由をつけては無心するのだ。とはいえ無心と言っても日本円にしてせいぜい500円から1500円ぐらい。被害というようなものではない。それよりも、この③タイプの老人たちからは、興味深い話がいろいろと聞けるので、そちらのほうに注目、傾聴すべきである。

★

人口350万、韓国第2の都市釜山は市の70%が丘陵地帯である。朝鮮海峡にひらいた港は、おそらく生きのよさではアジア一かもしれない。市の象徴として立っている釜山タワーや、韓国の英雄李舜《リスン》臣《シン》将軍の像が有名だ。竜頭山《ヨンドウサン》公園は素朴な色を出した小高い公園だ。その近くに広がる光復洞《クァンボクドン》には老弱男女が群らがっている。もちろんポン引きやフリーのガイドのメッカでもある。

ここと、これより海沿いの南浦《ナムポ》洞《ドン》、さらに海岸沿いにある市場は、ワサワサ汚れているのにエネルギーだけはとにかく感じる。街のいきおいは、一日中そこにひたっているだけで、十分楽しめる。

ただ、ぐるぐると街を歩きまわっているうちに、たとえ訪韓第一日目であっても、心の底のほうでこの街が自分に近いところにあるような錯覚におちいる。そんざいだから安心できる、というやつだ。オツにすまして、見ためばかりが追いまわされている東京みたいなところとはだいぶちがう。

あせってためミス。(何にあせったのか?!)

ソウルが急速にTOKYO化していこうとするのに比べれば、釜山は、やっと地下鉄が予定の半分開通したというところだ。街のいたるところで大がかりな工事が行われているが、どうも工事の進行が街の生活リズムを狂わせているように思える。〝死〟にきわめて近い情熱的な運転のタクシーやバスの行く手を工事が邪魔して、さらに乗せてもらうこちらの身に恐怖をつのらせてくれるのだった。

もともと釜山は平地が少なく、海岸からすぐに丘になってしまうし、さらに、その平地もきわめて地盤がゆるい。そのため地下鉄工事が、なかなかやっかいなのである。

2年ほど前には、あまりにも掘ることに邁進しすぎたあげく、地上の道路が大陥没。さらにそこへ

この人がアラン・ドロンよりクリント・イーストウッドにそっくりな尹松淑氏

金三達氏。尹さんよりしっかり者で遠慮なくボル。しかし人間的なスケールが小さい

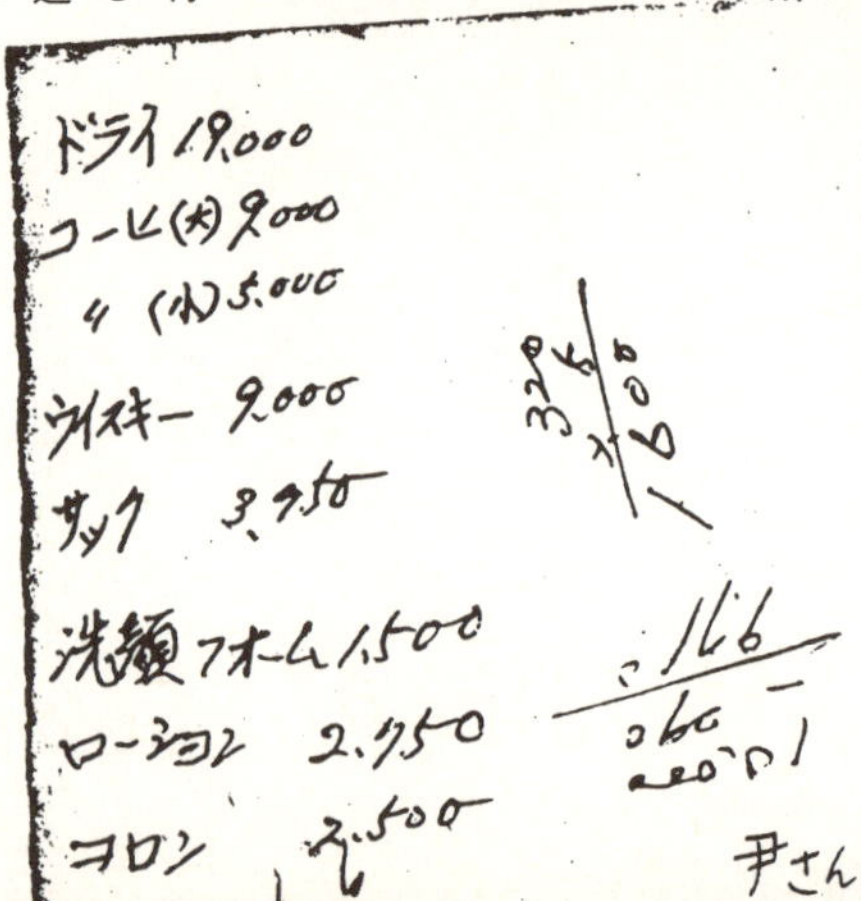

ドライ 19,000
コーヒ(大) 9,000
〃 (小) 5,000
ウイスキー 9,000
サック 3,750
洗顔フォーム 1,500
ローション 2,750
コロン 3,500

尹さん直筆のメモ。皮算用の跡が可愛い

原始的な生の躍動感に魅せられ1枚目をパチリ

周辺に立っていたビルが2つ倒れ込んで、その陥没した穴を埋めてしまったという、豪快な事故がくりひろげられてしまったこともあった。

とはいえ、それしきのことは、「ケンチャナヨ（気にすんな）」だったにちがいない。

それも穴を掘っていた側が、倒してしまったビルの持ち主に向って言うのだ。韓国では、そういうものだ。

姉妹。同じ顔。ケンチャナヨ

よく知られたたとえ話では、茶房で、ウエイトレスが客にコップの水をひっかけてしまったとすると、ウエイトレスが客に向って「ケンチャナヨ」と言うのだ。

別にいなおっているのではない。「気にするほどのことじゃないでしょう」と威張っているのでもない。「すいません。気にしないでくださいね」という気持ちが凝縮されて、それが日本人にはぞんざいに聞こえてしまうだけなのだろう。

韓国語だと、響きが日本人にはどうも乱暴に聞こえてしまうことは、あまりにも多い。というより、粗暴な語感がほとんどなのだ。それが、韓国人は乱暴者だ、というイメージを拡大させている原因のひとつかもしれない。たしかにぞんざいなことは多いが、平均して、みな心根は素朴で生まじめだと思う。だからたぶん、すまなかったという気持ちがはっきりと告げられすぎて、強い響きになってしまうのだろう。

それに類することでは、歩行者用信号の、「歩け」と「止まれ」の青と赤に描かれている人の型がある。日本では「歩け」も「止まれ」

人間が多くても光るヤツは光るのだ

フリー・ガイドとの出会い①
金三達《キムサムタル》の場合
韓国初メテデスカ?
今朝つきましたフェリーで
日本トコカラ来タデスカ?
東京です

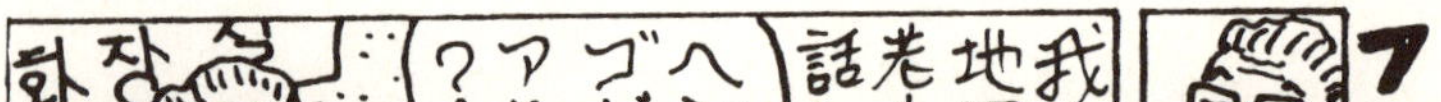
フリー・ガイドとの出会い②
尹《ゆん》松《そん》淑《すく》の場合
我々がデパート内のベンチに腰かけ地図を開いていると老人が韓国語で話しかけてきた
ヘジャゴゲアラヨ?
え?
韓国
観光地図
서울

しばらくすると突然我々に電話がかかった
日本ノ人デス
え?
ハ、ハイもしもし
あー、私は金というモンだが、今日は仕事が休みなのでアンタらを案内するから、これから行く。ちょっとそこで待ってなさい。
ハッこれは日本の方でおられましたか、これはご無礼つかまつりました
ササッ
ホントははじめからわかってた
では、私が皆さんをご案内いたしましょう
さぁ〜まいりましょう
いや、でも

尹《ユン》老人の「茶房《タバン》って、こんなとこ」
韓国の喫茶店にいるカワイコちゃんはね
ホラ、こうしてさわってもかまわないんですよ
キャン キャン
それにあーいうてこの女そのは皆、給料安いから、交渉すればオマンコのアルバイトもやりよるです

視線が合う。次の瞬間、
彼はゆっくりと自己主張を
はじめる。ミヤンハムニダ。

も肩巾のない棒のような自然体のシルエットで表現されているが、韓国のものは、どちらも肩巾の広い体育会系のがっちりした成人男子だ。胸をはって、地面にめり込んでいるような第一歩を印している「歩く」だし、「止まれ」も、西郷隆盛のようにドッシリと待ちかまえているような威風堂々とした静止状態が浮き彫りにされている。

　おそらく、日本のシルエットのような〝なんとなく〟の待ちの姿勢では、いつ飛び込んでくるかわからないひたむきで力強い走りの車を、いざというときにかわすのは無理だろうし、場合によっては、そうした突進を受けとめることなど不可能だ。車に負けない歩行者としての心がまえを持て、という教えがこめられている。

理由はない。ただ彼（の顔）が好きだ

　夜になっても釜山のざわめきは消えない。むしろ光復洞にたむろする人々の主張は、酒のいきおいもあろうが、声高になる一方だ。数々の屋台や汚なくワイルドな飲み屋にわさわさと人々が出入りする。躍動しているのだ。

ごめく野性味と場末の酒場の持つ一本気な活気がある。

　なかのひとつへ入ってみると、とてつもなく暗いが、細いキャンドルや、2、3本のスポットライトに照らされて数々の男女が踊っている。曲は、アバやアラベスク、時折りチョン・ヨンロクなどの韓国の歌謡ディスコソングがかかる。

　よく状況がのみ込めぬ間に、店のマダム（45歳ぐらい）がやって来て、どっかりと我々の横に腰をおろす。我々が韓国人でないことがわかると、

「フヤ・デジュ・カン・フロン？」と聞かれた。イルボン（日本）と答えると嘆声をあげ、何事かを早口でまくしたてはじめた。よくわからない。どぎまぎしていると、ため息まじりに話をやめ、みんな

　ディスコも盛り上がっている。六本木、西麻布あたりのオシャレさや上品さはないが、暗い中でう

踊れと我々をせきたてる。これも旅の一部だからと、のそのそと踊

フリー・ガイドの話題①
尹松淑の場合
初体験告白など、主にエロ話である。
私しゃハタチまで童貞だったけど、下宿のおかみさんが来て入ってね
!?
ある晩のこと…

フリー・ガイドの話題②
金三達の場合
日本製衣品をヤミでさばいて儲ける話に夢中になり
その上
アンタがたなんか今度来る時なんか、品物持ってくれればねえ私が協力してねえ…
と、我々を儲け話にのせようとする。

下半身の凹凸をこすりつけ合ってチーク。彼らの間に日韓の多くの壁はない。経営者と客のドライな、あるいは男と女のウェットな関係が存在するのみ

る。2曲ほど踊って席に戻る。

店内にアナウンスがあって、曲がスローになる。やれやれと思っていると、またもマダムがやって来る。我々のひとりが強引にひっぱり出され、マダムとチークを踊らされてしまった。しかし、曲はスタイリスティックスでもデルフォニクスでもなく、民謡歌謡メドレーのカラオケであった。しかも、1曲目はどっかのババアがマイクを取って歌ったのだ。それも途中で何度も針がとぶ、ジャリジャリのやつだ。

5、6分ほどして、マダムと我々のひとりが戻ってくる。またしても、マダムは一生懸命話しはじめる。中におおさか、ときょう、なごやという単語がまざっている。すると、おもむろにマダムは席を立ち、ひょろりとした河村要助に似た男をつれてきた。男は言った。

「自分は日本語、話せます。あなたがた、どこから来ました?」

「東京です」

「そうですか。自分の弟、目黒で店やっとります。自分も東京にいました」

「そうだったんですか」

「はい。それで、マダムが言うとるのはな、自分が昔、名古屋にいた言うとるんです」

「おお、なごや、とうきょう」

とマダムは大声で言う。もう御機嫌だ。河村要助似の男が言う。

「こういう店は、安い。ビール1本でおつまみついて、3000ウォン。安いでしょう。またくる、いいです」

とはいえ、我々にはここに飲みに来た覚えはなかったが……。

マダムは名古屋にいたというが、やっぱり金津園あたりで働いていたのであろうか。

曲は、アリラン・メドレーにかわっていた。工員風の男たちがはげしく輪になって踊っているので、針は何度もとんでいた。

釜山での常宿、愛隣ユースホステルで偶然同室になった金さんは、ソウルから単身赴任してきて2ヶ月だと言う。

「お仕事は何ですか」

「電信柱を作る会社です」

とても55歳には見えない若々しい色つやの金さんは、日本語教育で幼年期を過ごしたから、今でも日本語が話せるのだという。名刺を見ると肩書きは「会長」になっている。会長が2ヶ月単身で、仕事のためにユースホステルの段々ベッドの下段に滞在するというのもめずらしい話だ。

「あなたのお父さんの仕事はなん

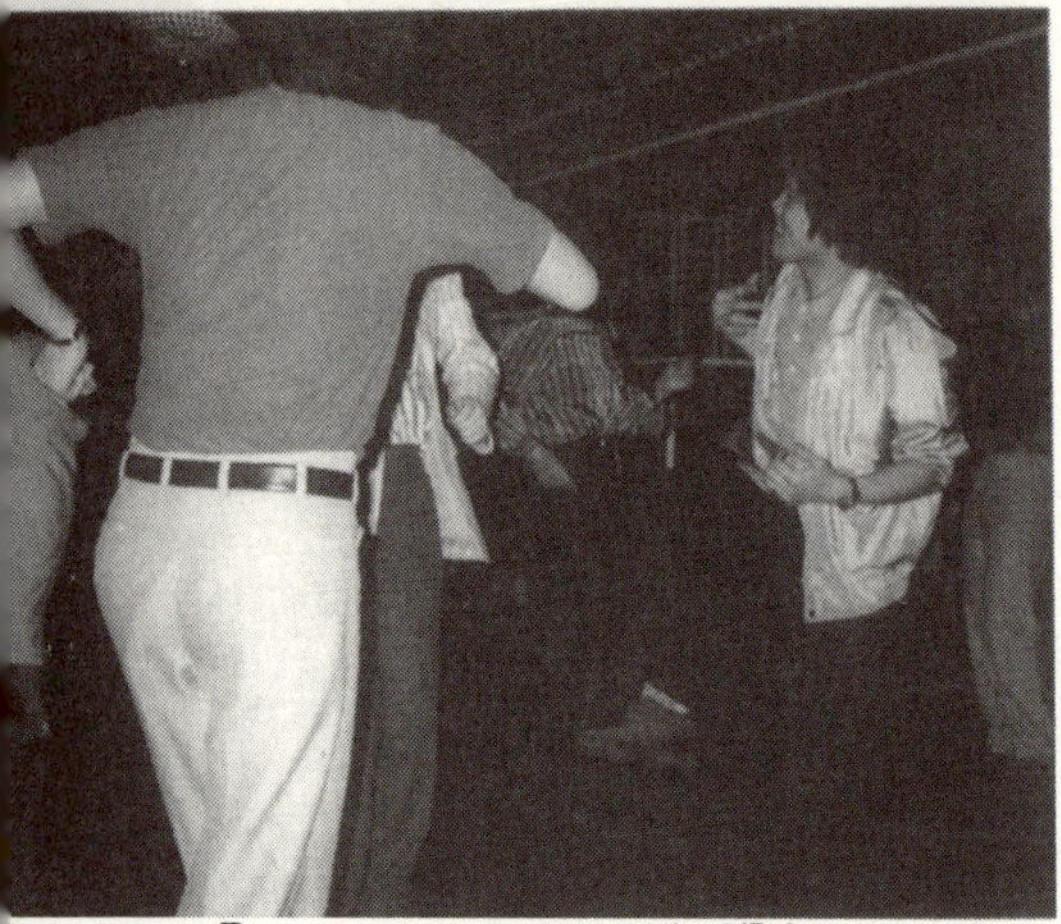

歌声喫茶？どんな曲でも踊り狂う陽気な人たち

ですか」と金さんは聞いてきた。

我々のうちのひとりが、父親が設計技師であることを告げた。

「そうですか。それは私と同じ仕事ですね」

　家と電信柱のどこが同じなのかなかなかむずかしい論理である。どちらも地面の上に立っているということでは同様じゃないか、と金さんはいうのだ。家とは電信柱が太くなったものだ、と金さんは考えているようである。しかし、電信柱に住んでいる人などいない。

　強引ということでは、この国の人たちは、時としてすさまじい一直線さを発揮する。

　例のフリーのガイドの尹さんに一日つきあえば、そのへんはじゅうぶん満喫できる。バスに乗って海雲台《ヘウンデ》に連れていかれたり、汚い食堂でトンカス（トンカツのこと）を食わされたりとこちらに有無を言わせない。

　そのトンカスについて言えば、かたい豚肉を厚さ2ミリにたたきのばしたような、きわめて歯ごたえのある薄いピッグ・ジャーキーのフライのようなもの。それにライスと、小麦粉を湯にといて塩と胡椒をまぜた「クリームスープ」

タクシーの中からタクシーの運転手をパチリ。油断なんねえ

オオマンコ
オオマンコ
尹さんが、言葉が解らないのをいいことにあんまり「オマンコ」を、連呼するので、ー
尹さんの吐いたツバ
(バスの中)
韓国では何というのか尋ねてみた
どおいうんです？
すると尹さんは
今、書いてあげましょう
とりり、下のメモがそれです。
MEMO
おまんこ→보지
ちんぽ→자지
おまんこ→ボジ
ちんぽ→ザジ
あなたは美人ですね、僕はほれました→ダンシン イポヨ ナヌン バンヘッソ。
おまんこしましょう→ボジ ハザ

ババア(客)の唄う演歌《カラオケ》(ノムハムニダ)で、
チークを踊る
カップル。
…それにしても
なんてムードが
ないのだろうか。
(釜山のディスコで)
化粧室
당《タン》신《シ》은《ヌ》
너《ノ》무《ム》합《ハム》니다《ダー》~
TOM
FUN

がついてなんと1000ウォンという安さである。
このクリームスープは洋食屋では必ずと言っていいほどついてくるのだが、なかなかやっかいで、

식당

自己主張の激しいホオボネ。とても男っぽいグッド・マスク

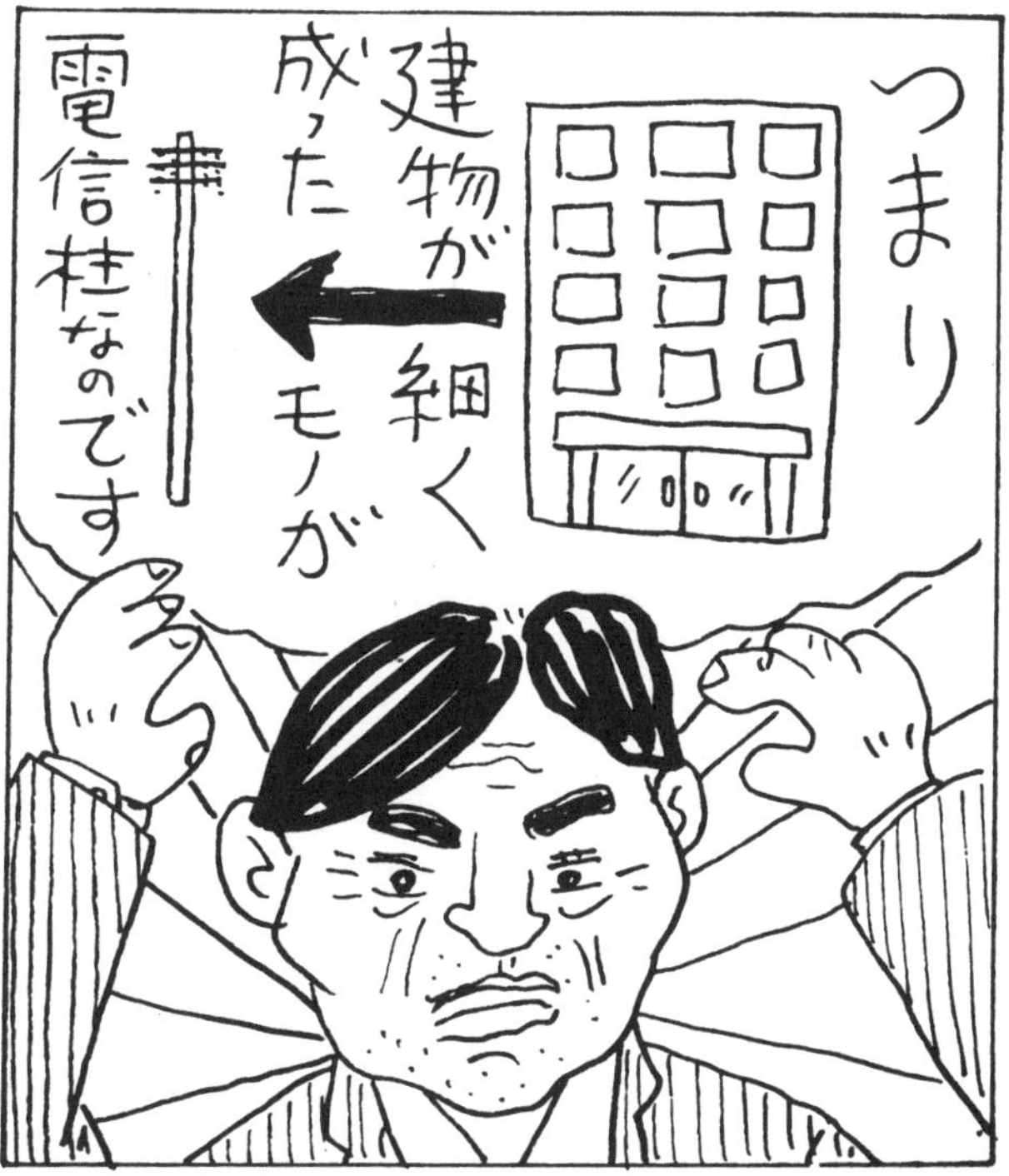
つまり
建物が
細く
成った
モノが
電信柱なのです

結構これがしぶとく腹にたまる。あとで湯とき小麦粉のゲップが出ることもしばしば。こうなると、味はどうでもよくなる。とにかく、この食事を早く終えてしまいたい。

次の行動に移りたい。そればかりだ。もちろんそんなものが、うまいわけはない。総じて、洋食はまずい。これはソウルでも地方でも同じだ。まあ、日本の食事はべ

フリーガイドとの食事①
尹松淑の場合
ここも高い。ダナ。
尹さん、もうどこでもいいですよ
ササササー
「日本の方を案内した時は、いつも松島《ソンド》で刺身を食べるんです」と云う尹。しかしどうせ自分で払わないのに足を棒にして一番安い店を捜して歩かる憎めない尹。

フリーガイドとの食事②
金三達の場合
勝手に高級な料亭へ我々を連れ込み
こんな高い所とても私らには
敷居をまたげないね
ーなどと、ヌケヌケと云う三達。

※勿論、金は我々が払う

撮ってる写真はダメ。撮らされた写真がいい、写真（自画自賛させた肩ごしのニクイ奴）

ースが味の素だからうまく感じるという説もあることはあるが……。

また、さしみで有名な松島《ソンド》へ尹さんと行ってみたことがある。

ここでも尹さんは、我々を見て好意でそうしてくれたのだろう。何十軒も立ち並ぶ店の中でも、やっているのか休んでいるのか、わからないような、きわめて汚い一軒に案内してくれた。そこで一番安いあなごのさしみを食べたのだが、これがまた、ただでさえ骨っぽいのに、どこで獲ってきたのか、噛むのが大儀なしろものだった。野性的な食作法を身上とする尹さんはガツガツ、クチャクチャと口の中で噛みくだいては、口中に残った骨をペッペ、ペッペと床下に吐き捨てていた。なかなか手強いさしみに圧倒された我々は、いっしょに出ていた白菜のキムチでしのごうと思った。

ところが、これがまたさらにまずい。この世のものとは思われぬまずさなのである。小便臭く、にがくて酸っぱくてそこはかとなく辛く、口の中にごみのような印象が残る。その土地土地でキムチは必ず食べるし、ずいぶん試しているが、これほどのまずさは、特筆ものだ。どんなにまずいハンバーグ・ステーキでもビビンバでも、キムチだけは味の緩衝地帯として、さわやかな辛さを常にもたらしてくれるものなのにだ。

一般的に韓国は食べものが安くてうまいと言われるが、それでもそれ相応の金銭との交換によってもたらされた話なのである。

有名な海水浴場ヘウンデ

いい人間が立つと背景もはえる

我々は尹さんに案内してもらった、この松島のさしみ屋を一生忘れない。韓国の食べ物にうらみはないが、したり顔で「韓国って食べ物のおいしい国ですよね」と言ってはばからない日本人には、なにはともあれ、まずここへ行ってから物を言えと言っておく。

たまたままずかったんだろうと思われるかも知れないが、実のところ、まずいキムチ（辛いだけというのではなく、古いというのでもない）というのには、ずいぶんとお目にかかっているのだ。同様に、まずいプルコギというのも何回となく食べた。もちろん、とてつもなくうまい料理の数々も体験させてもらっているが、むしろ韓国での食体験から学んだことの第一は、

「まずさにも種類がある」

ということである。さわやかなまずさ、体力を消耗させられるまずさ、肉体に恐怖をおぼえるまずさ、胃が逆流するまずさ、唾液が引っ込んでしまうまずさ、舌がしびれるまずさ、歯が溶けそうなまずさ。食事の種類は数々あるが、そこに浮浪者のように横たわるまずさの数々。これこそ食のダイナミズムだ。

しかし、ほんわかとした海岸風景が広がる松島、いかにも海水浴場という海雲台、釜山には風景だけでもずいぶん楽しめるところが多い。

海雲台の海岸、砂浜沿いの道には午後になるとさまざまな屋台や個人経営の路上商人が顔を見せる。風船やおみやげ、貝がらやアンドーナツといろいろなものを売る。夕暮れになればまた続々と飲み屋の屋台が並ぶ。弾き語りカラオケ付き屋台というのもあるほどだ。

なかでも我々の印象に残ったのは、十姉妹《じゅうしまつ》のオミクジ屋だった。

おっさんがボーと、ひとりで鳥カゴひとつでやっている商売だ。日本では、模型の神社の祠を開けて、中のオミクジを四十雀《しじゅうから》が取っ

身をよける気づかいをしない方が やっぱりいい顔なんだよな

てくるというのがあるが、それの至極簡略化されたやつだ。一〇〇ウォンをカゴの中の小銭箱に入れると止まり木の上の十姉妹が、カゴの床に落ちているオミクジをついばんで拾うという、ただそれだけのもので、鳥の芸としてもC級のやつだ。

　おっさんは、そうしたあまりにも単純な商売ゆえか、別段客を引こうともせずに、ボケーと海をながめたり目の前を通りすぎる人々を見たりしているのみ。言うなれば、十姉妹のヒモのようなものだ。

この男、十姉妹とやってるかし。

潮風でベタベタの体を寄せ合うキスは甘いかしょっぱいか

ビッグウェンズデイを見にきたトリオ

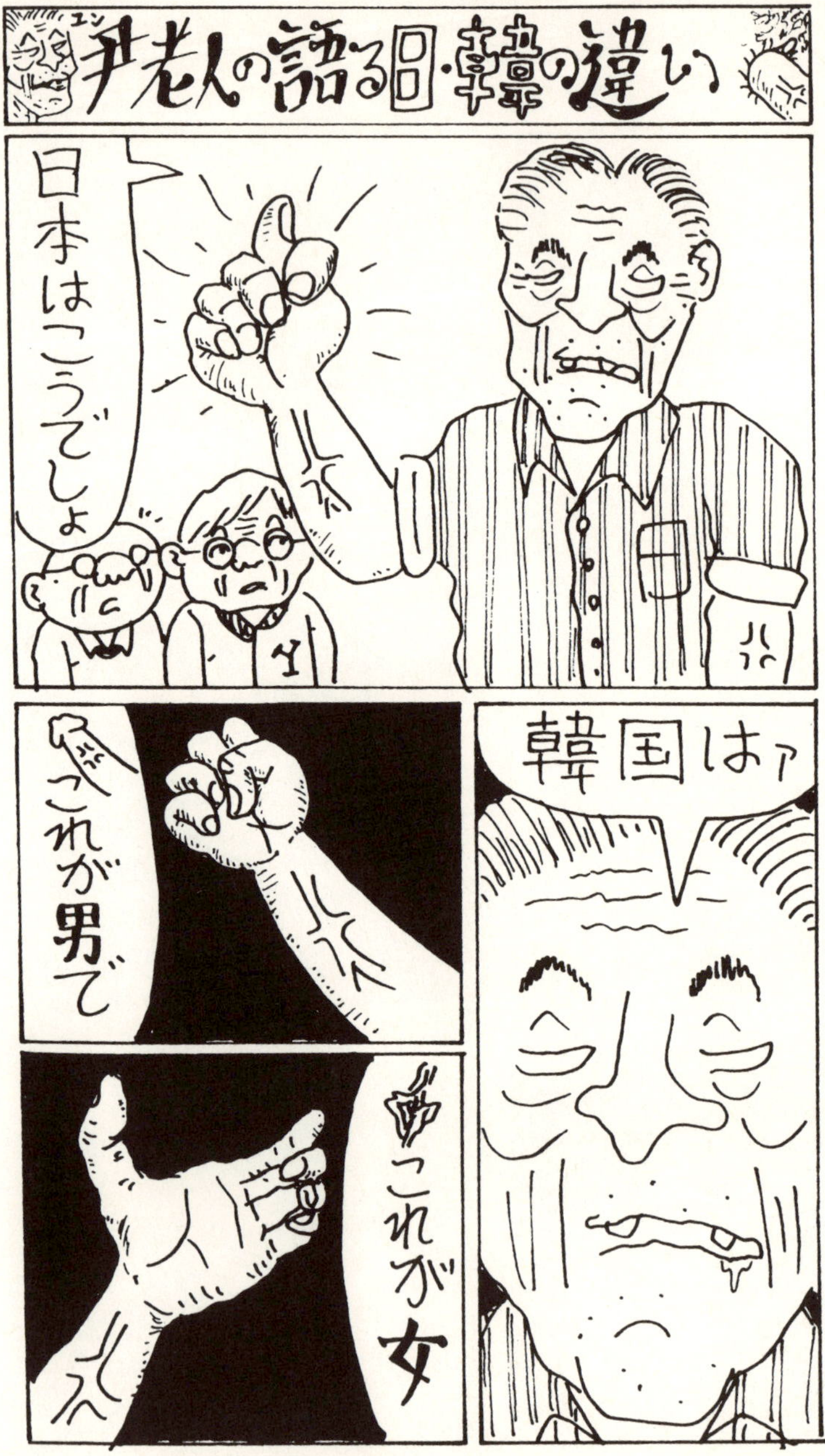
尹《ユン》老人の語る日・韓の違い
日本はこうでしょ
韓国はァ
これが男で
これが女

ほんでぇ……
エイ！
スパーン！
へっへへへ
こうやるんです
なるほど

★

晴れた日には、丘に登れば、対馬も見えるという釜山であるから、手軽さも手伝って関西九州地方からだけではなく、多くの日本人がやってくる。もちろん、その中の多くの男たちは自ら望んだり、魔がさしたりで、これまたそれを待ちうける多くの女たちと交わってゆく。

　尹さんが、社会勉強をしましょうと言って売春街を見に連れて行ってくれた。中心部のややはずれの丘の中腹にある通称ミドリ町がそれだ。

「日本人だとわかると、バハアどもが腕をつかんではなさない。私が韓国語で話しかけるから、みなさんは、それにネー（ハイ）と言って答えていなさい」

　という尹さんの注意を守って我々はその通りを抜けた。50メートルほど続く通りには、両側にずらりと店が並び、中には「LOVE　HOUSE」などと標示しているところもある。尹さんの言う

数多くのコーマンとチンポをさばいてきたカンロクの笑顔

いかにもいかがわしい

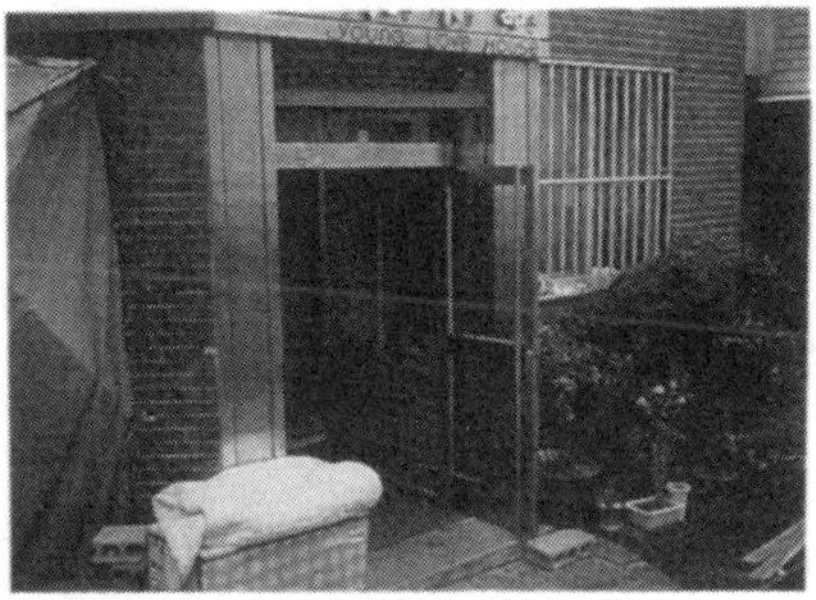

看板にLOVE HOUSEの文字が

ように我々が通るとババアどもが
「あなた、こんばんわ」

と日本語で話しかけながら近づいてくる。英語でくるやつもいる。店をのぞき見ると、道に面したガラスばりの待合い室には、ずらりと女の子たちが並んでおり、時間つぶしにテレビを見たり、ツメを切ったりしている。電飾も赤ありピンクありブラック・ライトありで、いかにもにしてあるところは、商売気たっぷりだ。

何人もの日本人とおぼしき男たちのグループとすれちがう。一様ににやにさがりながらババアと交渉している。

「ピル飲んでるから、平気だってよぉ」

すれちがった青年が、仲間に告げていた。

一般的に、料金は5万ウォンぐらいで、一晩中OKということだ。希望によってはホテルに連れかえることも可能で、もちろんその時には、1～20000ウォンほどを上のせする。

「日本人が値をつり上げたようなもんです。以前は1晩1万ウォンでやれました」

とは、尹さんのお言葉。

このミドリ町は、釜山でも有名な地帯でどちらかといえば高級観光的売春街というところだ。その他にも市内各所の路地にもっと安いところが点在している。

釜山駅の次の駅、釜山鎮駅の近くなどだと、夜が更けるにつれて、大通りの歩道橋の下や四ツ角に、次々とやりてババアが立ち、それとなく客を引いている。大通りから2本ぐらい入った路地のつれ込み宿を本拠地にしているのである。ここらあたりだと、安いのは1発3000ウォンからあるというから、日本円にしたら560円弱ということになってしまう。もっぱら地元の学生やサラリーマンなどが利用する、ドメスティックな地域である。

フェリーなら下関から片道98

子供の泣き声、母親のヒステリックな怒号が真っ昼間の静寂を引き裂く。夜は夜でまた妙なる声があちこちから……

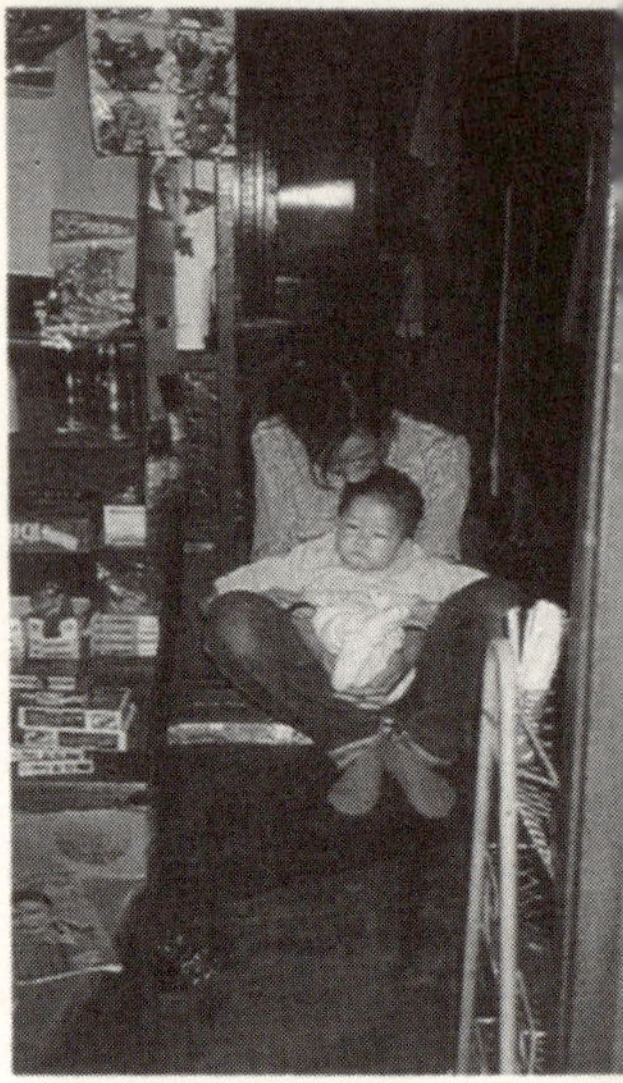

00円。せちがらい、ソープやホテトルへ行くことを考えれば安いと思うのは当然だろう。ましてや親切で情が深いということでは韓国の女性は、世界に誇れるのだから。深みにはまる日本の男どもが続出する、それも無理からぬことと、社会は見るかもしれないではないか。

しかし我々にとって、釜山はさらなるディープな旅の玄関だ。ここは常にワイルドな風情をたたえて我々を迎えてくれる埃だらけの出発点なのである。

かくの如き空間の乱暴な埋め方は

韓国の雑誌によくあるし

ゴースト・タウンにあらず
女郎街なり

テグ駅からテグ市東方面をのぞむ。
テニス・コートと住宅地の間はきわめてオールド・スタイルの集落

大邱《テグ》 대구 東大邱《トンテグ》 동대구

慶尚北道の道庁所在地大邱《テグ》は、韓国第3の都市。リンゴの名産地でもある。

釜山からは、特急で1時間半、セマウル号で1時間20分ほど。本数も多く、普通列車でも2時間半、山あいをのんびり行くのもよい。高速バスだと2時間。ソウルからでもセマウルで3時間半、高速バスで3時間50分。

ただし、どこから行くにしてもセマウル、特急、高速バスともに大邱《テグ》駅ではなく東大邱《トンテグ》駅に着く。

東大邱は大邱からタクシーで7分ほどの町で、小ぎれいな家が建ち並ぶ新興住宅地。駅もできたてのような新しく立派なもの。一方大邱駅のほうは、駅の北側に古びた家屋がきしみあい、南側は、いかにも地方といったロータリーのある埃っぽい駅前である。

とはいえ、おもむき、人の息吹きはやはり大邱のほうに多く感じられるものである。

駅前からまっすぐにのびるポプラ並木のメインストリート。それに平行して裏側に走る商店街のにぎわいは、想像以上におとなしいものだった。さすがに地方の都会だ。釜山のような港町特有の生ぐさい血の流れのようなものがない。

このところ急速にどの町にも増えつつある、ハンバーガーや菓子パンのファースト・フードの店が、目立つ。中の一軒に入ってみる。どう見てもハンバーガー屋なのだが、そこにはビビンバもオムライ

トンテグ駅正面は新しい

スもハンバーグ・ライスもあった。ファースト・フードをよそおった大衆食堂だったのである。

我々は、いつものように、目的地もなく、まず荷物を背負ったまま宿をさがしながら町を散策し、人々の顔を追う。

「ROYAL・HOTEL」を見つけたのも偶然である。

駅から歩いても、7分という距離もよかった。他の地ではいわゆる連れ込み風旅館ばかりだったので、たまには中級ぐらいのホテルもよさそうだと思えたのだ。

「いくらですか?」

「1泊9000ウォン」

「1人ですか?」

「いいえ、1部屋9000ウォンです」

フロントは丸顔の30代なかばの男。日本語をやや話せる。

6階の部屋へ行こうとすると、すぐさまボーイがかばんをつかみ、エレベーターへ乗り込む。

「日本、とこから、です?」

「東京です」

という会話をしながら、ボーイが部屋に案内してくれる。

カーテンを引き、窓をあけ、トイレの電気をたしかめる。

それで任務はおわり、のはずだが、そのボーイは、何を思ったのか、我々と向かいあうかたちでソファーに腰をおろしてしまった。

「タンベ、ありますか?」

我々は、持っていたキャビン・マイルドを彼にさし出した。

大きく煙を吸い込みながら、彼は我々の荷物をなめまわすように見て、また向きなおると笑顔で言った。

「韓国、はじめて、です?」

「いいえ、ちがいます」

「ほか、どこ行きました?」

あそことここと、ざっと話してやると、彼はニコヤカに言った。

「日本、女の人、カワイイです?」

「そうでもないです。韓国の女の人は、きれいですね」

「そうです」

彼は我々を見まわしながら、口の端をゆがめて笑っていた。また、キャビン・マイルドを深く吸い込んで、ゆっくりと煙を吐き出した。

数分の沈黙がやってきた。

水洗のトイレから、強いニンニク臭がしてきた。

「あなた、結婚してます?」

「いいえ、チョンガーです」

「ははは。わたしもです。みなチョンガー」

うす笑いが部屋に立ちのぼった。

「どうです。女」

ロイヤル・ホテルのオンドルの一室

「え？」

「女、紹介しましょ？」

　彼は、やっと目的に到達したのだ。

　あわてて、かぶりをふって、我々は丁寧におことわり申し上げた。所在なげに笑みを浮かべると、キャビン・マイルドをもみ消して、

「さよなら」

　とポツリと言い放って彼は出て行った。

★

　その夜、我々の斜め向かいの部屋をはげしく2人の女がノックしていた。

　韓国の女性がわめきちらすと、きわめて猛々しい響きを伴う。

　どうやら、斜め向かいの部屋の男が娼婦2人を呼んでしまい、その片方が、あたしの立場はどうなるのよぉ、と主張してもめているようであった。

　しばらく押し問答が続き、20分ほどして1人が商売にありつくという形で一度は騒ぎも収まったかに思えたが、さらに5分ほどして、はみ出た女が戻ってきて、またもやノックの嵐。どしゃぶりの口論が戦わされた。韓国人はよくしゃべるから、一度もめるとたいへんだなあ、などと興味しんしん我々は聴き耳をたてていた。

　やがてドアがしめられ、女が1人帰っていった。

　さらに30分ほどたった。今後は部屋からせつない声がもれはじめた。足音をしのばせて、我々は斜め前のそのドアの前で耳をそば立ててみた。

　満足げによがり声を時々上げる女に対し、男はまるで細川俊之のように、甘く語りかけるのであった。そのタイミングと語る音色のよさに、しばし我々は没入してしまった。

　スケベーな気持ちではなく、それまでのいざこざ、経過がないまぜになって、女のもだえと男の語りが、我々の脳の中でドラマとして醸造されたのである。

もしかすると男だって決して甘い内容を語っているのではないかもしれない。

「よう、どうだい、ねえちゃん」

と細川俊之だって言うことがあるかもしれないではないか。しかし、その時の我々は、おそらく性交をしているであろう彼らに、なぜか壁を通してめぐりあえた交歓の情を感じていたのだ。

いったいどれくらい我々が壁に耳をつけていたのか、それは定かではない。

突然エレベーターの扉がひらき、中から懐中電灯をたずさえたボーイが我々のほうをめがけて、やってきた。とっさに我にかえり、すばやく部屋に戻ってしっかり鍵をかけた。

見まわりのボーイは、後を追ってきて、我々のドアを何度もノックした。

斜め前の部屋の男女との交歓の幕切れであった。

翌日、チェック・アウトするた

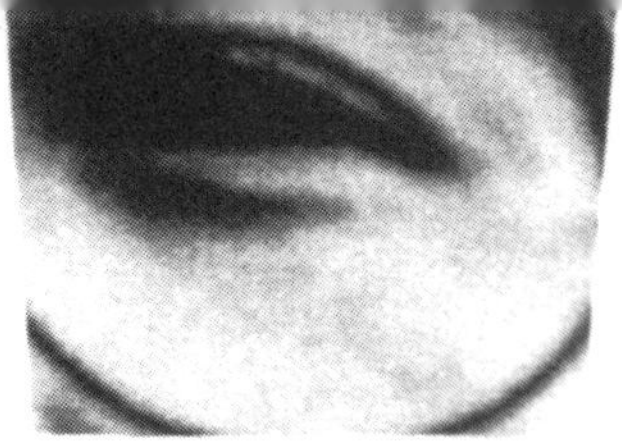

これが問題のロイヤル・ホテル

めカウンターへ行くと「女紹介」のボーイが、またにやりと笑って我々を見ていた。昨日の丸顔のフロントはいなかった。

「いくらですか?」

「2人で2万ウォンです」

「え? 9000ウォンじゃないんですか」

「オンドルの部屋高いです。2人で2万です」

急にそいつは態度をかたくして言い放った。

「昨日、丸顔の人は、1部屋9000、言いました」とは、言わせねえという強さを彼は見せていた。

しかたなく、キャッシャーに2万ウォンを払った。


キャッシャーの女の子は我々の金を受けとるという業務は遂行していたが、なぜかシクシクと涙を流して泣いていた。またしても、見えないドラマの尾がそこにはあった。

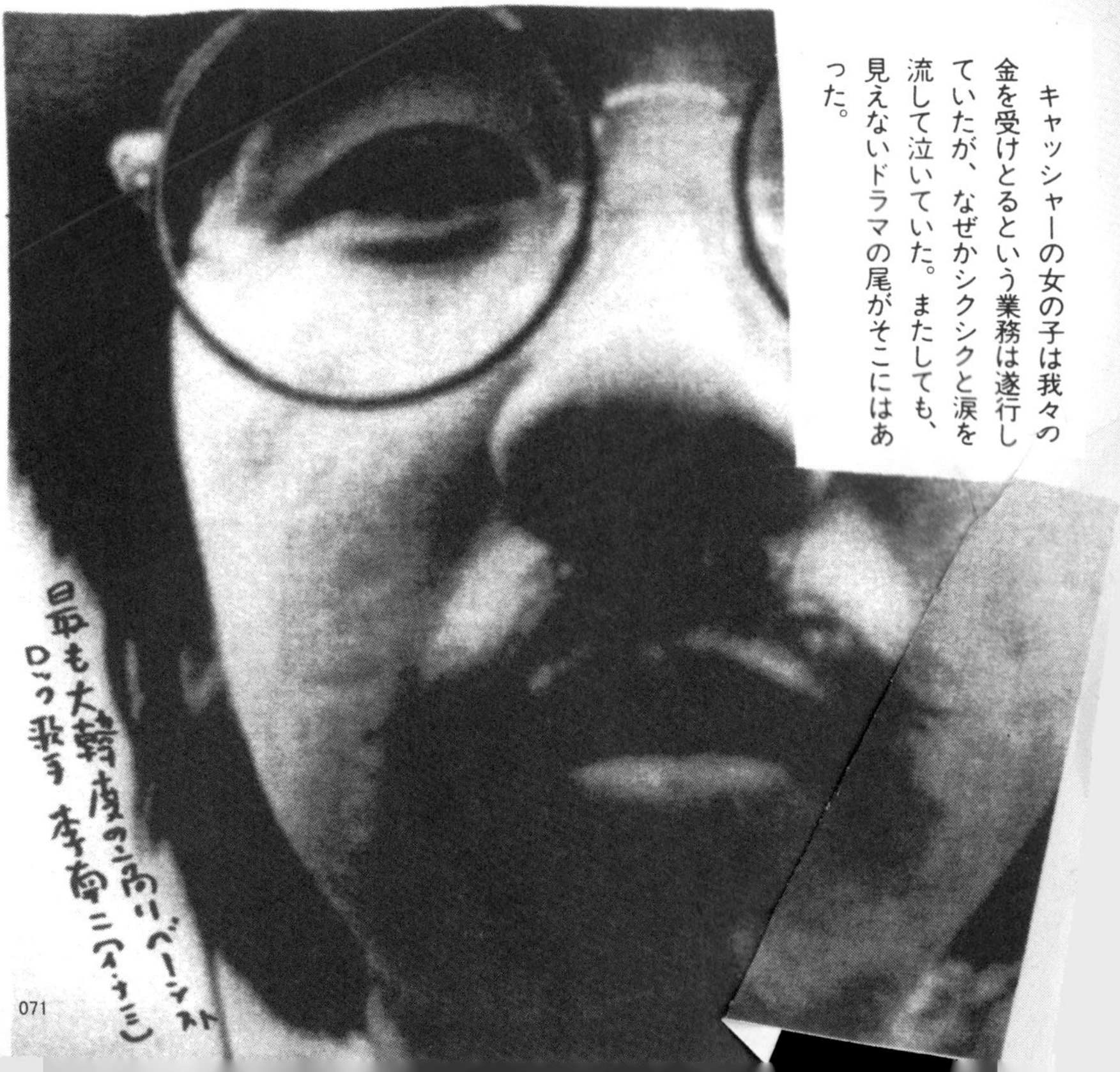

最も大韓度の高いベーシスト
ロック歌手 李南二（イ・ナミ）

南原《ナムウォン》

남원

こぢんまりとしたたたずまいの町並みを眺めながら歩いている時に襲われた感情、それは親しかった旧友と不意に出会ったような懐かしさであった。

ナムウォン駅キオスク前はナイス・ガイたちの憩いの場

駅のトイレは宿のそれよりはるかにキレイ

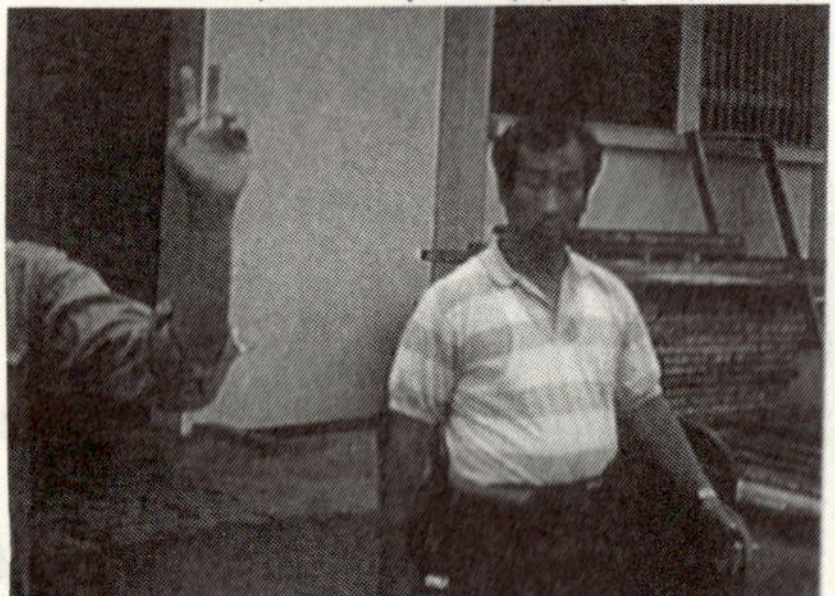

角のタバコ屋では何度もソルや亀甲船を買ったし、はす向かいの本屋では中学生の時に『週刊京郷』のグラビア、女の水着姿を飽かず眺めていて店の主人に注意されたことがあったし、2軒先の文房具屋では小学生の頃、盗みをはたらいてつかまったことがあった……、こんな具合に昔からここに住んでいるような錯覚に陥いってしまったが、それは長続きしない。人の顔を見ると……やっぱりちがう、異国の地にいる現実に引き戻しまうのだ。

デジャヴ…った。何というこ…もない一夜を過ごした翌朝、主人の招待を受けた。

眼光はするどく永遠《とわ》に

風雲急を告げる顔と空

雨が傘を呼ぶ!

居間には夫妻と歳の頃なら22か23という娘が並んで坐っていた。3人とも柔和な表情で我々を迎えてくれた。

まず、しることもココアともつかぬ得体の知れない飲みものをごちそうになった。あまりの甘ったるさに内心閉口しつつも、我々はおいしいという韓国語を念仏のように唱えながら飲み干した。

あとで判明したことだが、これは、麦芽飲料であった。

次はコーヒーだ。娘が銀色のポットを持ってついでくれた。だんなは始終笑みを絶やさず、彼女の手を握ったり、腰を抱いたり、太ももをさすったり、ずいぶん仲のよい親子である。きっとひとり娘なのだろう、そう思った。

コーヒーはクセだらけで飲みにくい。しかし、我々はひと口すするたびに軽くうなずき、またもや「マッシタ(おいしい)」という言

傘があっても雨宿

南《ナム》原《ウォン》コッピ
ナンバーワン！
ドロドロの、ぬるい
インスタント・コーヒー
すら、韓国一だと
誇らずにおれない
余りに強い郷土愛
リッパだ。

葉を連発。

「ナムウォン・コッピ・ナンバー・ワン！」

だんなは右手の親指を突き立てて力強く叫んだ。上機嫌の彼は母国語で何やら話しだしたが、我々は全く理解できない。こちらの困惑の様子を見てとった彼は名刺を差し出した。

氏名は金三洙、肩書は在郷軍人であった。「ははあ」と言って我々はかしこまる。金さんは土地の名士なのであった。彼はメモ用紙とサインペンを取り出した。

〝打倒北朝鮮〟〝共産主義打破〟〝蘇《ソビ》聯《エト》太平洋防止〟などといったイデオロギッシュな文句が次々とメモ用紙に書かれてゆく。ひとつ書き終わるたびに同意を求められヘキエキした。

ゴリゴリの愛国主義者の金さんが天下国家を論じている間、妻と娘はじっと黙ったまま。長幼の序を重んじ、男尊女卑の風潮が今もって根強い韓国の横顔を垣間見た

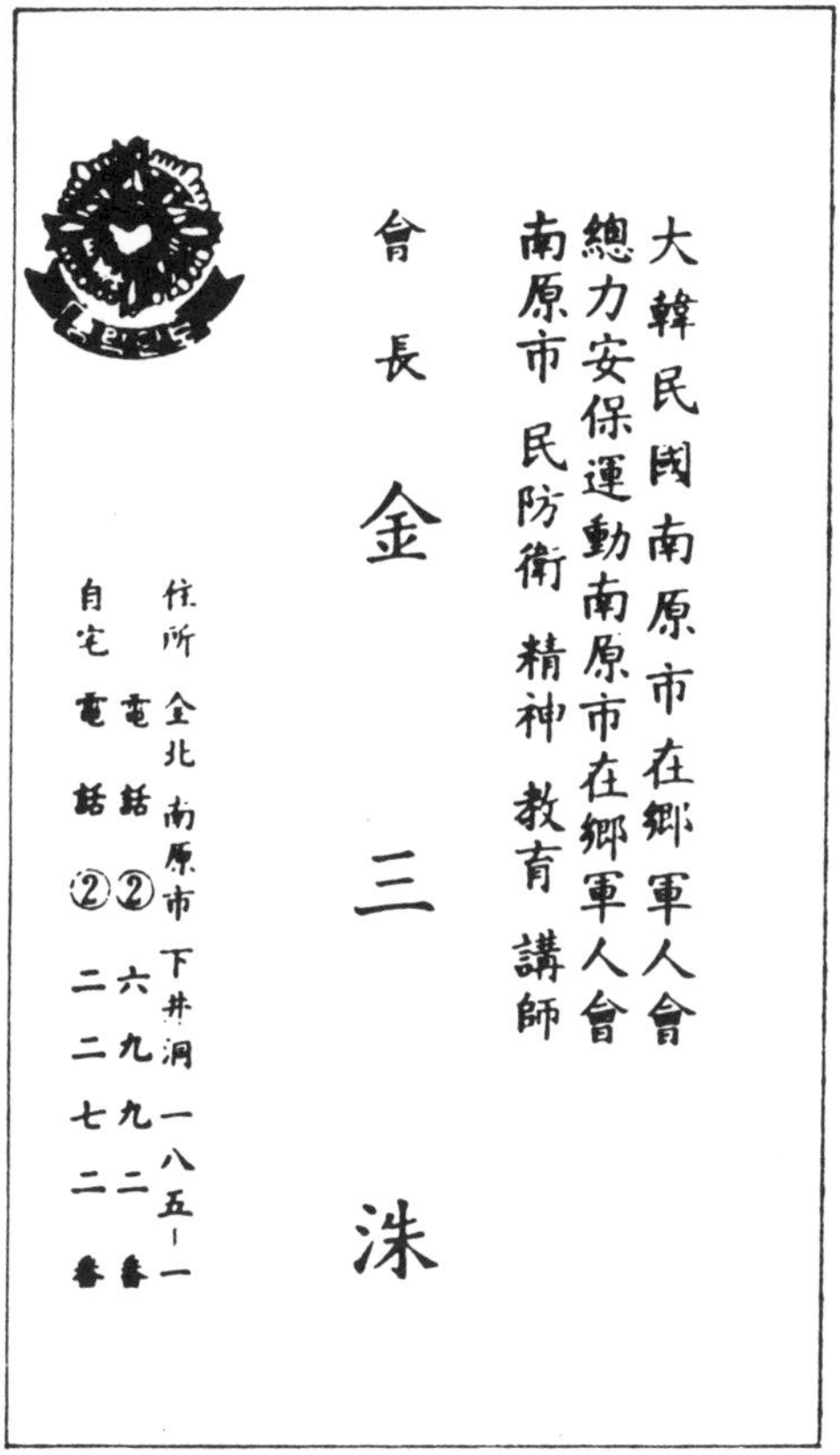
大韓民國南原市在郷軍人會
總力安保運動南原市在郷軍人會
南原市 民防衛 精神 教育 講師
會長 金 三 洙
住所 全北 南原市 下井洞 一八五ー一
電話 ②六九九二番
自宅 電話 ②二二七二番

青春に乾杯、スマッシュ・ヒット！

気がした。
話が一段落したのを見届けるが早いか、娘は皆のコーヒー・カップを片づけはじめた。その手際の良さに厳しいしつけのあとがうかがえる。妙なことに、彼女は外に出て行き、そのまま戻ってこなかった。金さんのボディ・タッチを許していた彼女は、実は、茶房《タバン》のアガシ（姉ちゃん）なのであった。
金さんはサイドボードの上を指さした。そこにはトロフィーが2個飾ってあった。ひとつは射撃大

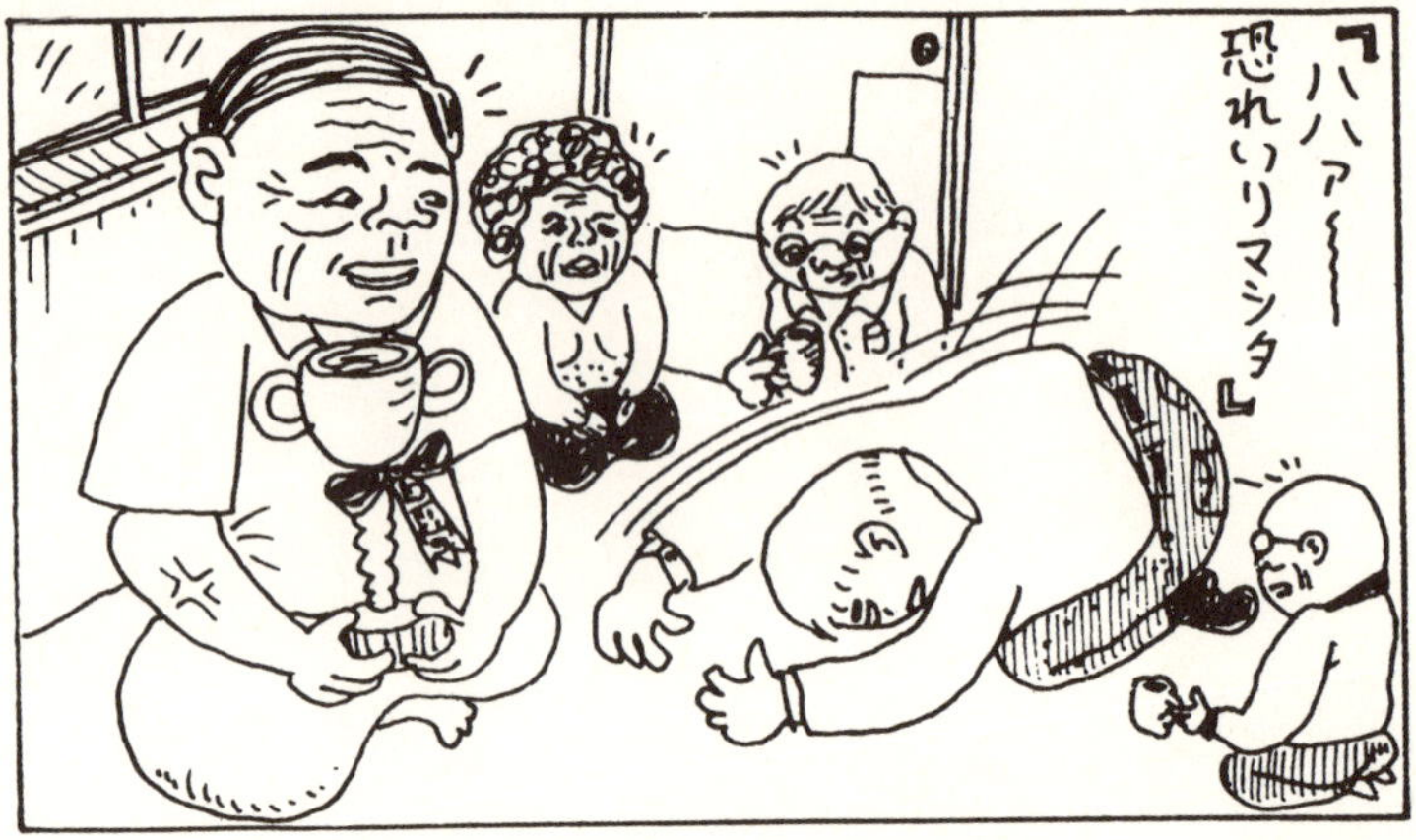

会優勝、もうひとつはテニス大会準優勝、いずれも全国大会に出場して獲得したもので、スポーツマンだった若かりし頃の金さんがしのばれる。

国家問題から個人の自慢話へという推移はいかにも自然、いかにもありがちと、我々も大歓迎。両手を合わせて前に突き出し深々とお辞儀（目上の者に対する韓国の礼儀作法のひとつ）をし、まいりましたという意志表示をすると、金さんは心底嬉しそうに笑って、こいつぅってな感じで我々のホホをなでてくれた。

汽車を待ち、町ちへ行くのかナイス・ガイ

ゲストのこっちが会話ではホスト役に徹する、自分のことしかしゃべらない人間が多いこの国では、それが円滑なコミュニケーションを生むための基本姿勢と言えよう。

おはよう在郷軍人夫妻

ピョンソはよごれてもかまわない

ポプラ並木がナイス・ガイを誘う

地球はなぜ回るのか

★

できれば、こんな町で仕事ができたらなあ、という親しみ深さとは裏ハラに、日がくれるにしたがって遠くに来たんだなあと言うような、寂寥感が静かに降りてくる。南原の街並みには、そんな一面がある。

開店は朝6時

ふと立ちよったレコード屋。他の街、釜山やソウルといった都会では、ちょっとお目にかかれないようなめずらしい盤も見つけることができた。金を払って店主とカタコトにもならない韓国語英語で会話をかわした。そのなかで彼は、ほこらしげにこう言った。

「この店は、朝の6時からやっているんですよ」

虚空に向かって呟くパルチザン

朝食前に散歩がてらレコードを買いに来る人が、この町には、いるのだろう。

宿での善意や、さまざまな思いが交差した町並み。なにか、この南原全体が我々に生きることに対する根源的な問いかけをしてきたような、そんな思いにとらわれながら次の町へ向かうため駅へ向った。

しかし、前日まで古びたおもかげをたたえていた駅舎が、どこにも見当たらない。一瞬我々の足もとから地面が消えたようだった。

まさか、南原駅がこの路線から

予定調和にたやすく裂け目を作るヤツ

日本一のディープ漫画家
根本敬の代表作
生きる
生きる2
A5判
¥850
青林堂刊
(TEL/03-291-9556)

廃止になったのでは……、などとあらぬ考えもよぎったがなんのことはない、駅前整備で、駅舎を建て直すために壊しただけだった。しかし、たった一夜にしてあとかたもなく消し去るとは……。

傘があっても雨やどり. ふたたび

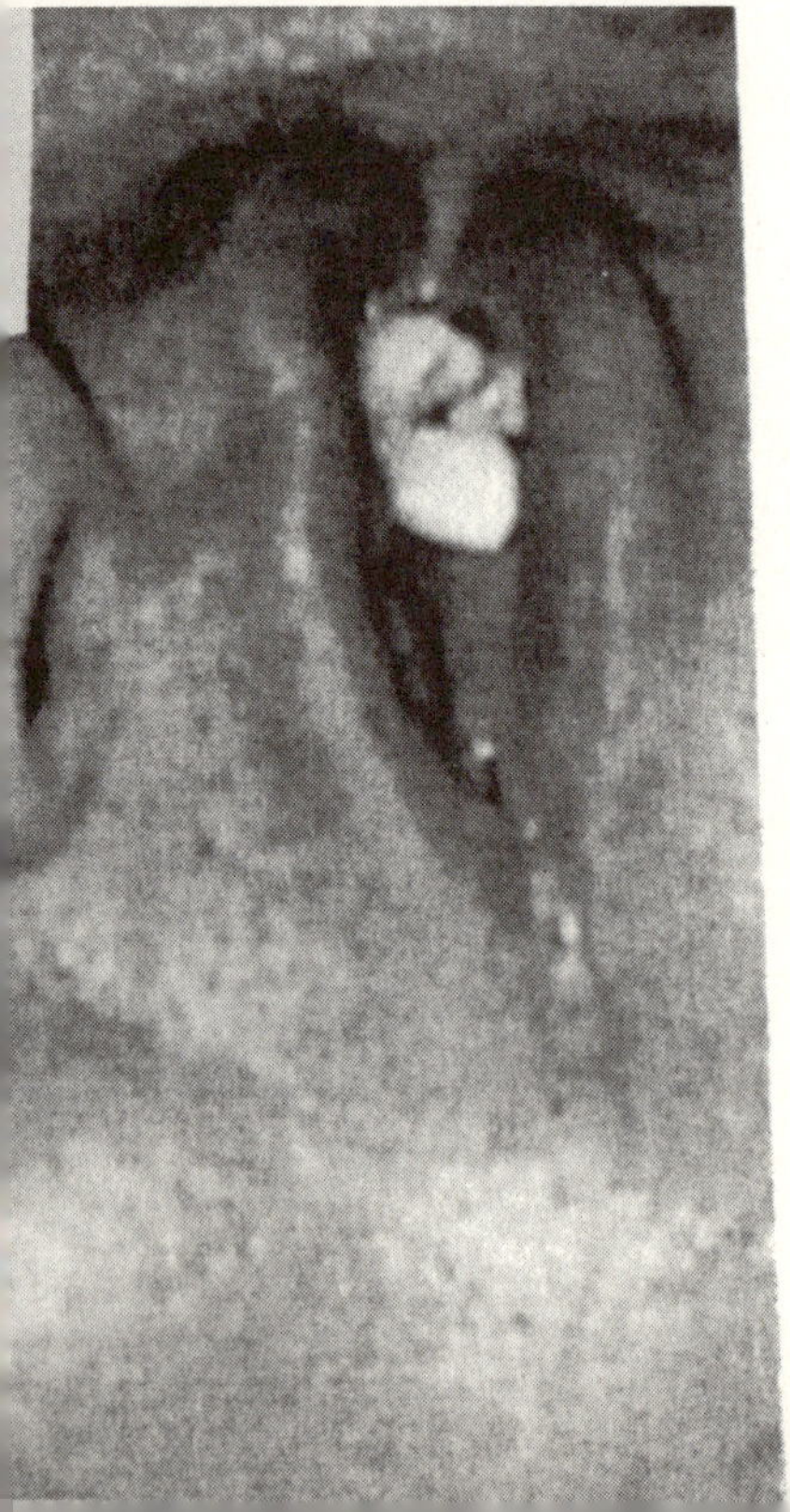

駅舎は一夜にして崩壊

君が道路に現れて

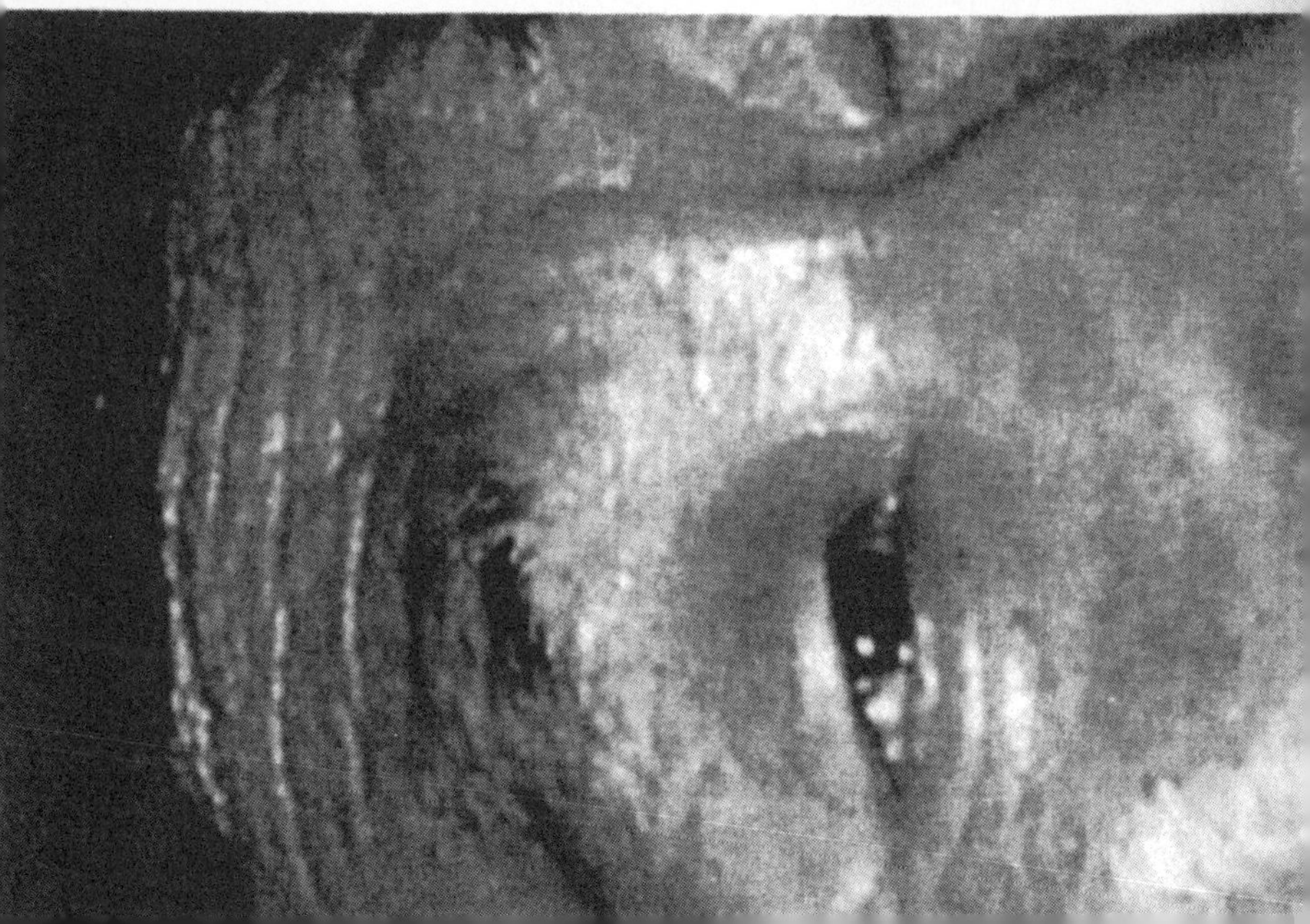

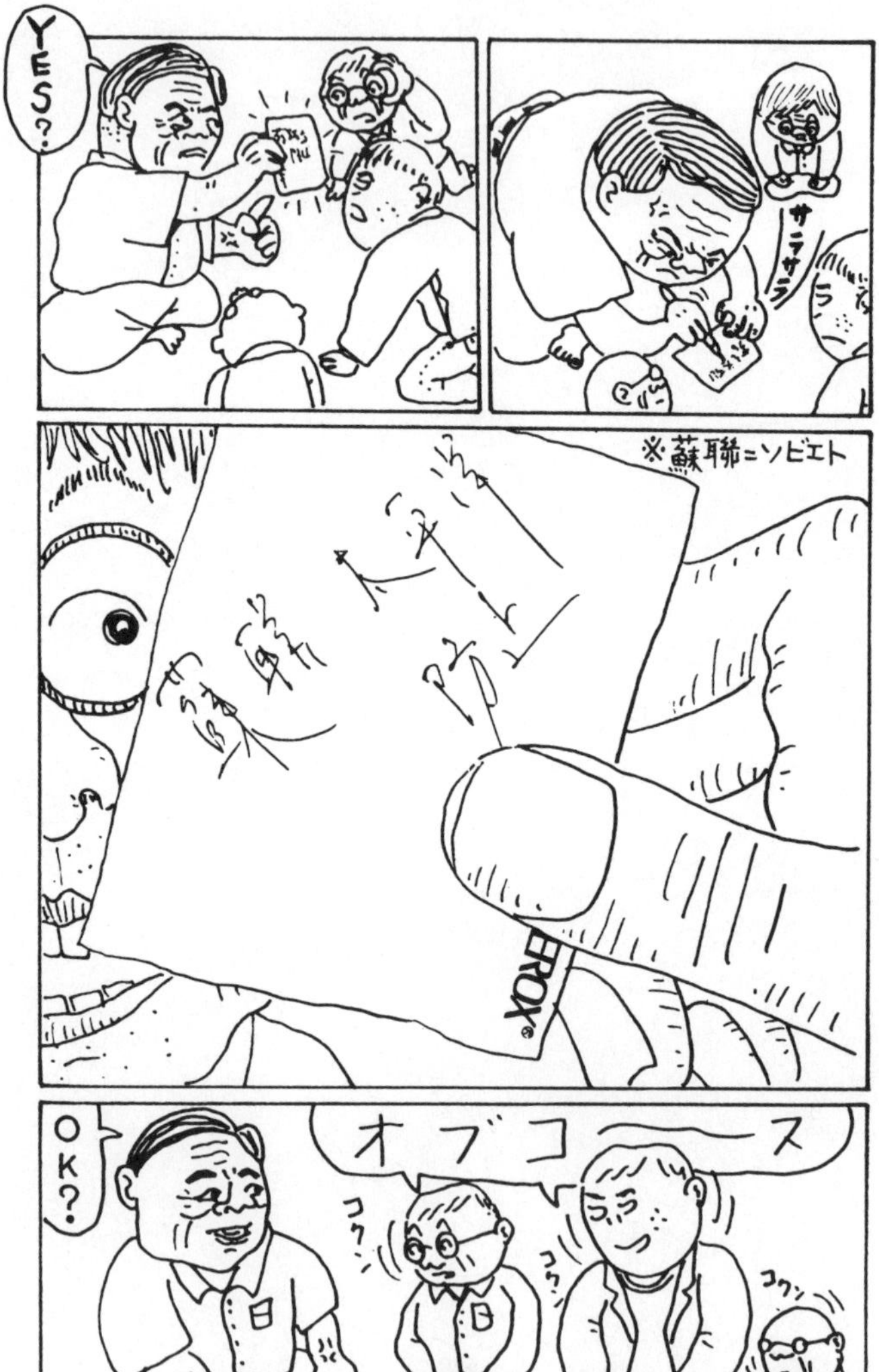

サラサラ
YES?
※蘇聯＝ソビエト
OK?
オブコ――ス
コクン
コクン
コクン

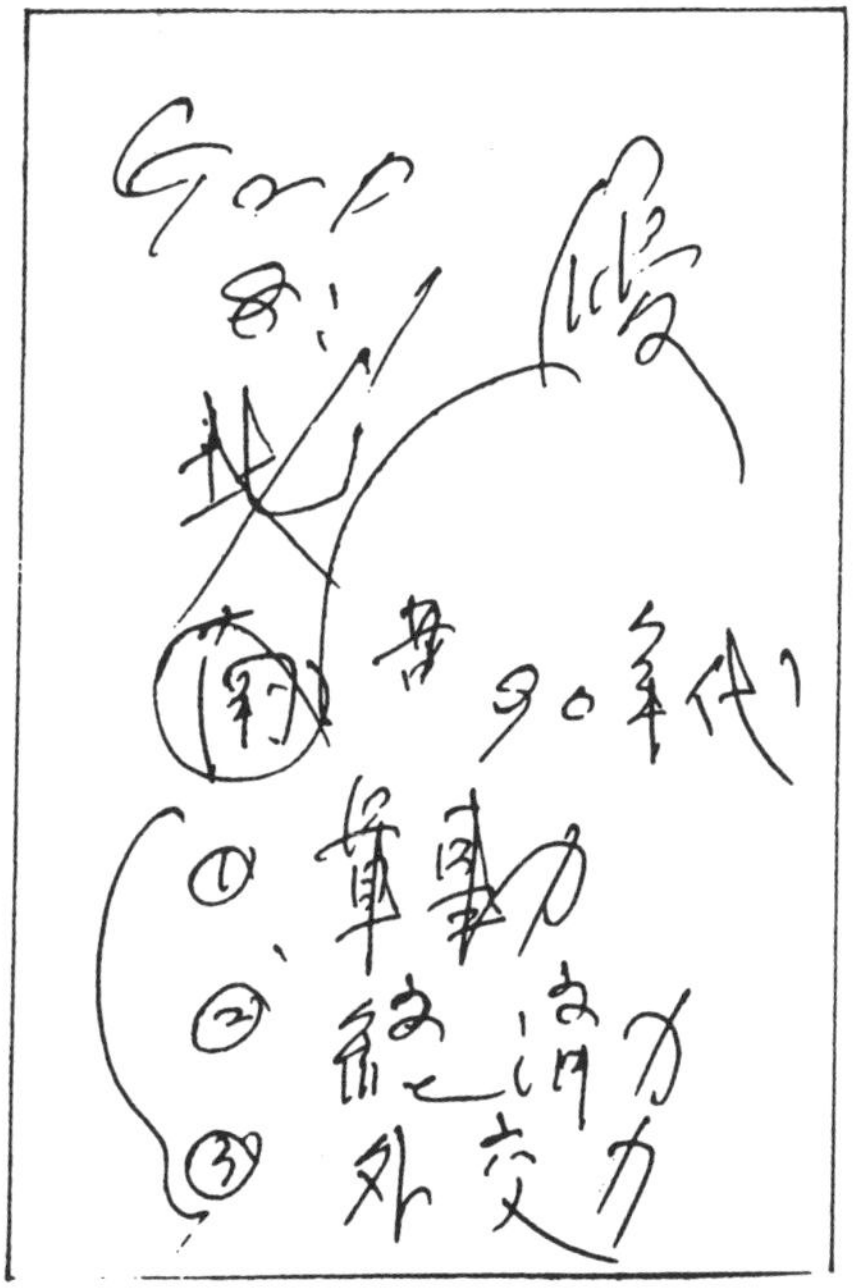

来たるべき1990年代には我が大韓民国は大躍進を遂げ、宿敵北朝鮮を①軍事力②経済力③外交力をはじめあらゆる点で圧倒することは決定的である。その結果GNPの比は南対北は8対1と大きく差がつくのだ。我が大韓民国は未来に向けて雄々しく動いているのであるからして、もはや北の共産主義者どもがどうあがいたところでどうしようもないものなのだ。

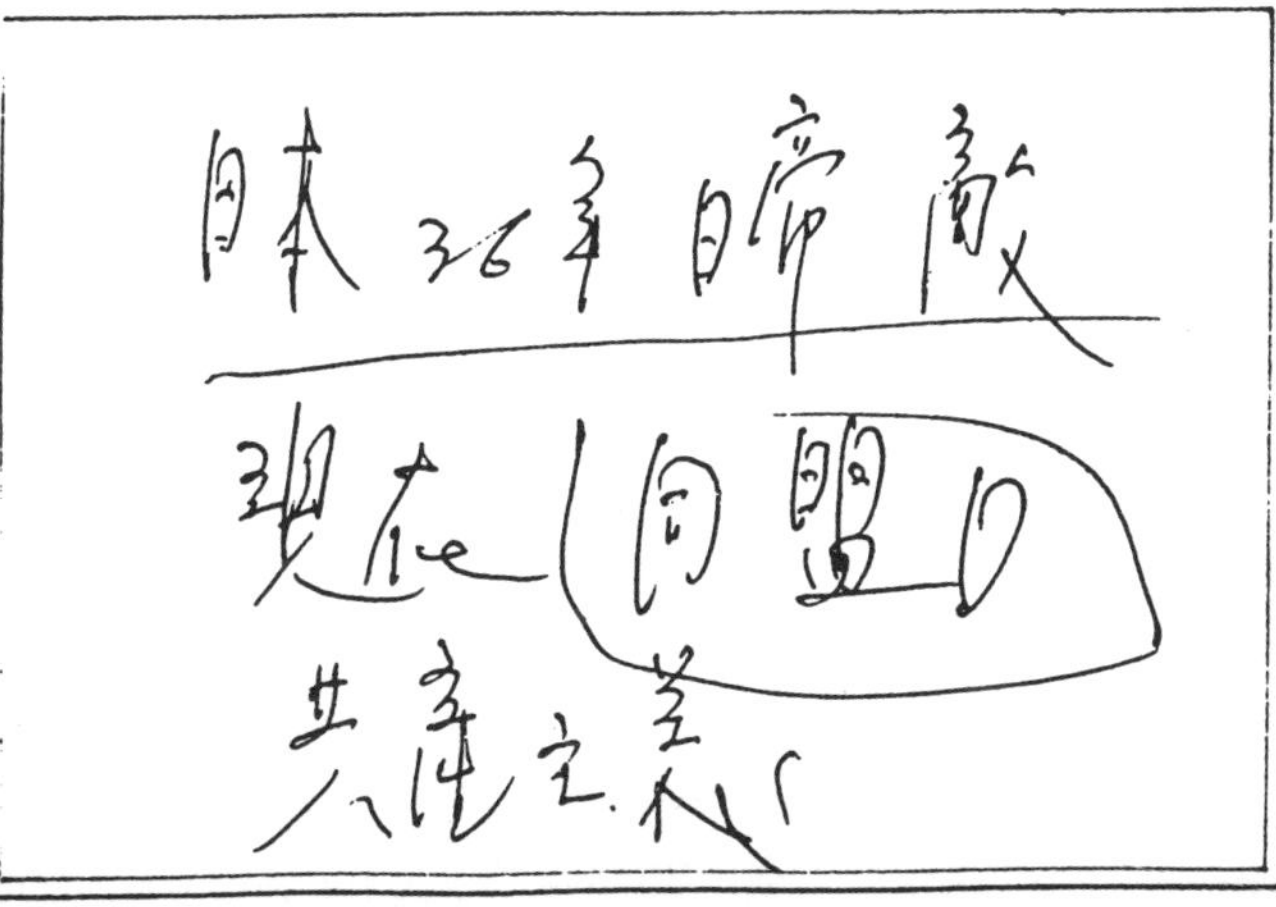

かつて日本は帝国主義時代36年間もの間我が大韓民国を支配した敵だった。が現在は共に共産主義と戦っている同盟国に他ならない。

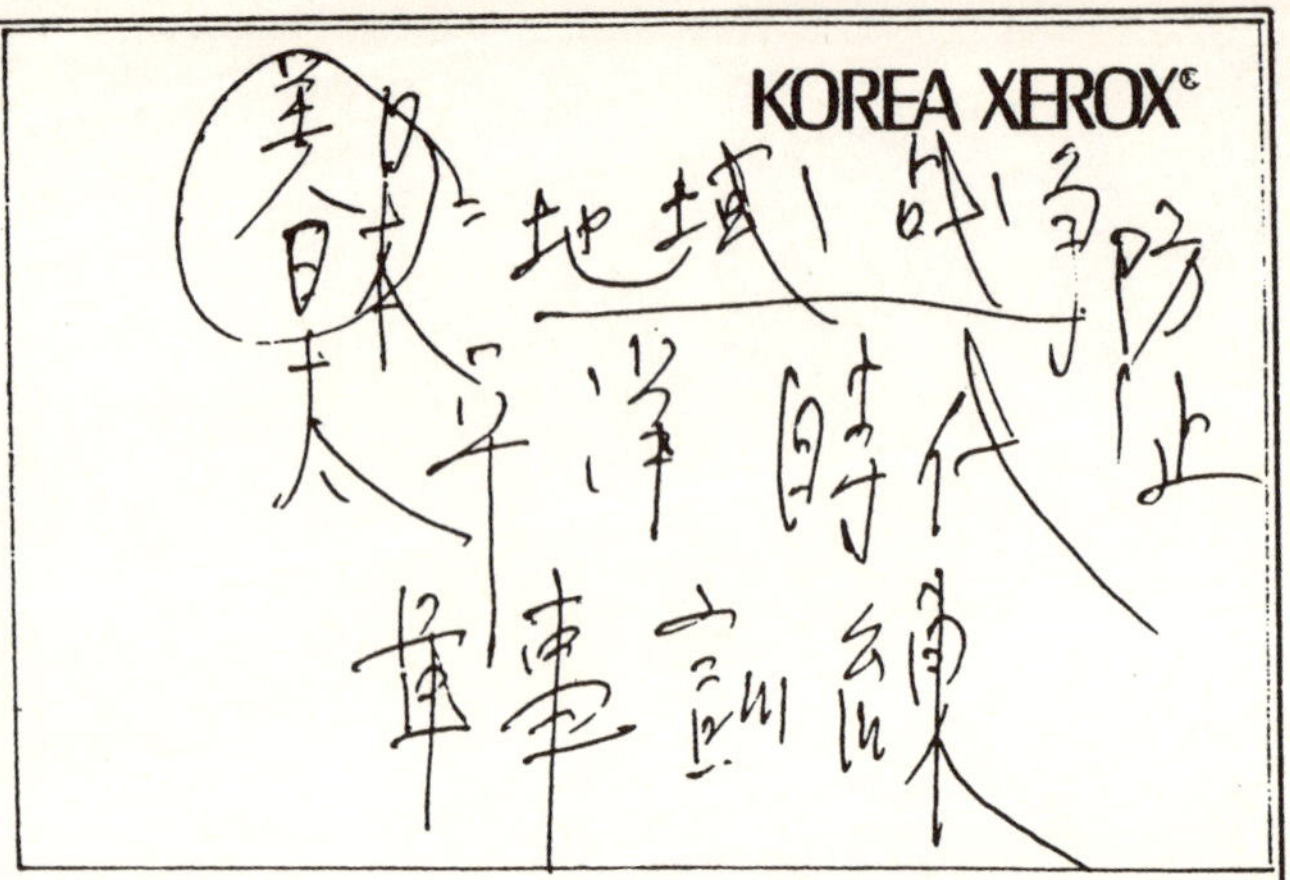

アメリカと日本は我が大韓民国と協力して地域戦争防止に努めなければならない。なぜならこれからはこの3国による太平洋時代が来るからだ。3国合同軍事訓練が絶対必要だ。

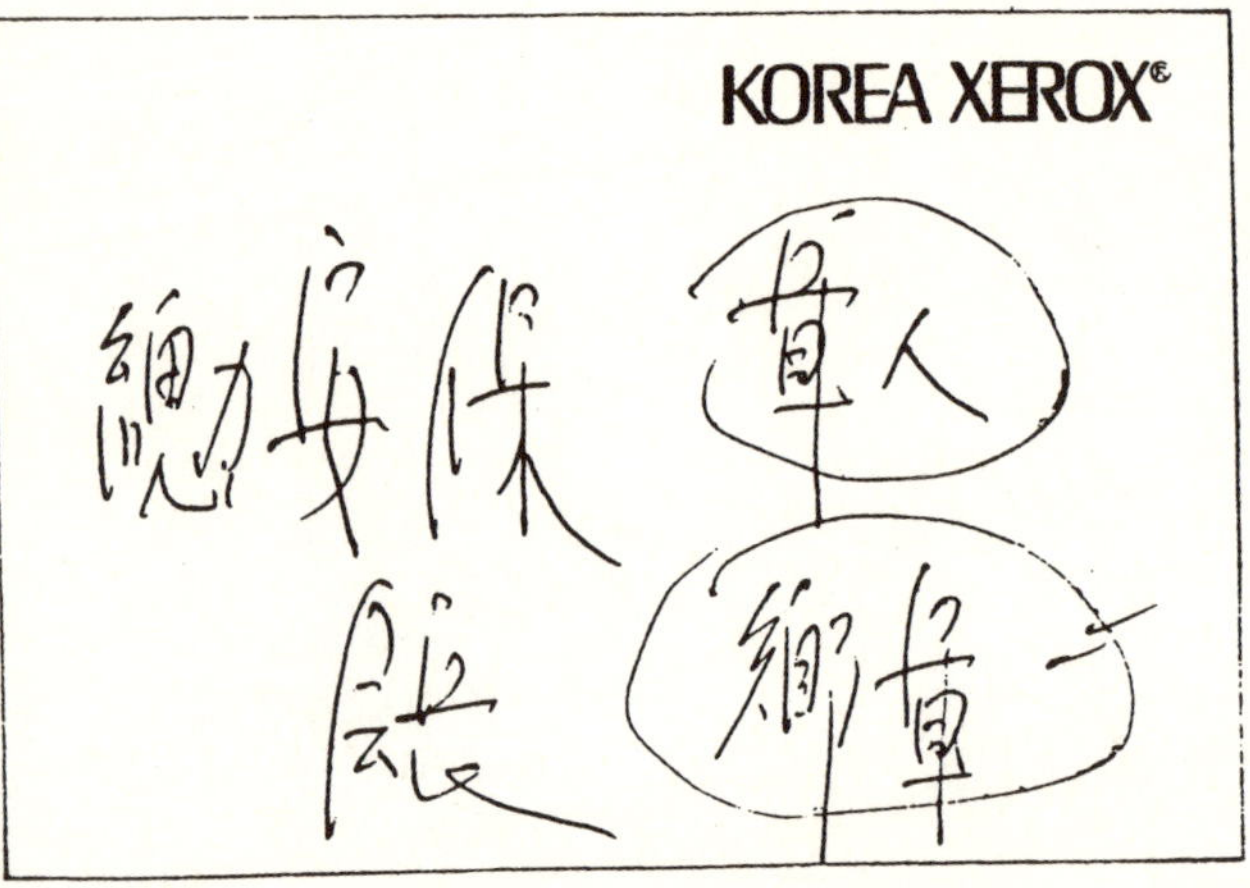

挙国一致相互理解によって総力をあげて安全保安にこれ努めるのが国民の義務であるから私は軍人を志した。現在は現役を退いて在郷軍人会会長として郷土の保安に努めている。

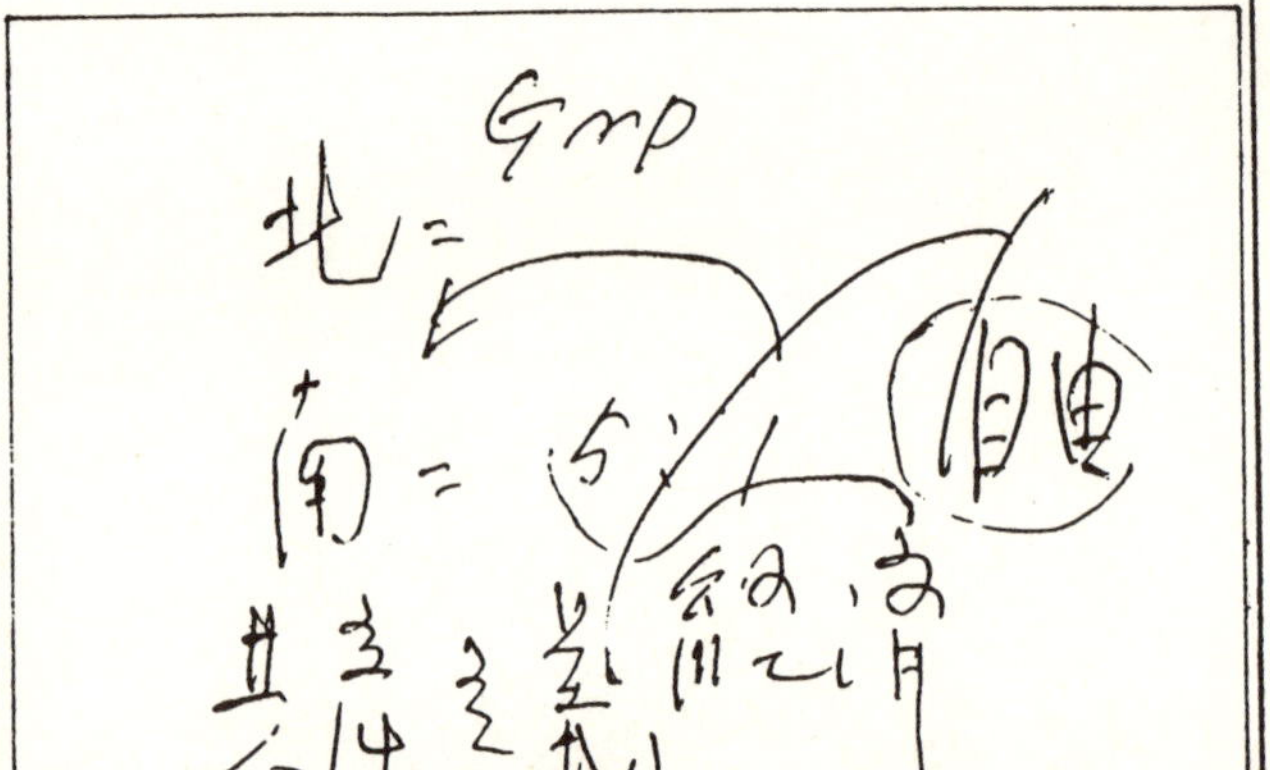

87年現在自由主義国家の我が大韓民国は共産主義国家である宿敵北朝鮮をGNP比で5対1と陵駕している。これを鑑みても共産主義は自由主義に劣ることは明らかなのである。

アンダスタン?
アンダーースタン
コクン
コクン
ユーノオ?
ウェル ウェル…
サラサラ
KOREA XEROX

ホワットイズジース？
？
わしがな？
射撃大会で優勝した時の点数が、97の最高点だったのじゃ
ギャフン
天下国家を語っても、最後はてめえの自慢話でしめくくれる
ハズさないね、さすが

仕事を終えれば勝敗なき家路

ゲップ

ドライヴ・イン

高速バス《こっそくぼす》は、臭いの入り混った走る大韓民国である。

スルメやお菓子がよく似合う。

リムジンなどという、わけのわからぬ名称をつけている日本の大型バスにはない、走りたいという気迫がある。

実際に、「こっそく・ぼす」と発音してみよう。

リムジンという個有名詞がいかに浮わついたものか、体感できるはずだ。


〝こっそく〟という響き。

地面にタイヤが重々しく着いている音《おと》である。

〝こーそく〟という、ただ速ければよいという軽味をおびた日本語につきまとう、バスの中が外気と

遮蔽された傍観者的なものが拒否されているのだ。

　土地ごと移動しているような、血の流れを感じさせるのである。

　1時間も2時間も、時には5時間も大韓民国をこの乗り物で走り抜けていると、序々に自分たちがアジア人でよかったとさえ思うことすらある。

　とりわけ、後に席をとった人が靴をぬいでくつろいだりすると、そこから漂ってくる、足の異臭がさらにこの乗り物での旅に深みをあたえてくれる。

　連れの女の体にあちこちと触って、愛をむじゃきに確認しあう中年夫婦や、何度も何度も車掌の娘を呼びつける中年男性など、アーシーなノリがあふれている。

　乗ってから目的地につくまで何時間もしゃべり通しの4人組の商売人風の、けたたましくゴーカイな韓国語を子守唄に窓の外を流れる素朴な風景をながめながら、ま

どろむのも、ゴージャスなものである。

なにかにつけてかたくなに自説を押し通そうとしたり、なかなかこちらの言うことを聞き入れてくれなかったりといった、日本人から見た韓国人の特性について考えてみたりするのも、こうしたバスによる移動の時間中であったりする。

もしも、彼らが強い自己主張をそのつど認めあっていたとしたらとてもじゃないが、国というものは、成立しなくなってしまうのではないか。主張をする人間として

の存在は、もちろん認めるが、その主張は主張として一応聞きつつも、内容は、実は認めていないのではないか。そこでなんとかバランスをとっているのではないか。

つまり、互いの自己主張を認めないということで、心の底から主

張しあうことによって生まれる爽快感をかてに国を成り立たせているのではないか、といった風にである。
　途中の休憩で立ち寄るドライブ・インには、立ち食いのウドンがある。韓国でも、うどんはウドンである。言うまでもなく日帝時代に日本人が持ち込んだものだ。

　これは、薄口で、いわゆる関西風だ。軽く腹におさめて、〝こっそく・ぼす〟内での思索に活を入れることをおすすめする。
　また、ドライブ・インは、各地各路線の人々が集まるので、さまざまな顔が混在する興味深いチェックポイントでもある。

　その後は、また車内に戻って、地面を掘りおこすように疾駆する力強い乗り物に身をまかせよう。
〝こっそく・ぼす〟それは断じて〝高速《こーそく》バス〟なんかじゃない。

雨の順天に立つ

順天《スンチョン》

순천

釜山《プサン》から高速バスに乗って各地へ向う。それは、もちろん、ソウルから各地方をめざすのとは別のおもむきと感情に支配されているものだ。

特に全羅南・北道の山野にかいま見える古い家屋の傾きや、川沿いで草をむしるように食べている黒山羊を見ている時に訪れるしっとりとした感情をなんと表現すればよいだろう。

まして雨だったりすれば、少しぐらいはメランコリックに、なったりすることもあろうというものだ。

6月下旬の順天へ向うバスはほぼ満員で、車内はニンニク臭でいっぱいだった。

例によって釜山の高速バスのターミナルで、行く先をハングルで紙に書いて右往左往したあげく、なんとか切符を手にすることができた。が、ウロウロする我々にいずこからともなく近づいて来たポン引きがひとり。口臭がはげしい。

「どこからきた?」

「いるぼん」

「おう、しゃぺんか。いい娘、いるよ」

「いえ、けっこうです」

「なんだ。これから、どこ、いぐ」

「順天」

そこで、ポン引き氏はさっと我々から顔をそむけて、犬を追いやるように、右手で「いけいけ」と指示した。

以前、同じこの釜山の高速バスターミナルから全羅南道の道庁所在地＝光州《クァンジュ》へ行こうとした時にも、別のポン引き氏が同様の反応を示したことがあった。

ソウルの友人は「全羅道の人は気が荒いし、一本気だ。特に光州

さらに雨の順天に立つ

などには、光州だけでまとまって、その中だけでやっているようなところがある」と言う。

服がぬれるのはかまわない

そうかも知れぬ、と思いあたるふしはある。くわしくは光州の項を参照してもらうとしよう。

韓国を旅していると、この国がまぎれもない農業国だということにいやがおうでも思い至る。

たまたま、高速バスや列車が農地を突っきるように通っているだけかもしれないが。いや、そうではない。ソウル、釜山、大邱などの都市だって中心地から30分もいけば、すぐに農地に突入するのだから、やはり国土の大部分は農作地なのだ。

車窓の外を流れる緑の大地。稲やニンニクが波のように風とたわむれている。

そんな風景が何時間も続き、時おり小さな集落や、水田の波の中にポツリと古い家が顔を見せる。

我々を乗せたバスは、途中ドライブ・インで10分ほど休んで、釜山を出て2時間半、雨の中を順天へと近づいて行った。

走行中ずっと音楽を流していた車内放送で、ふと、サヌリムの『フィサン』がかかった。

旅路のはてに自分を発見する、できすぎのようなこの選曲に、我々が秘かによろこんだのはいうまでもない。

さて、なにもないただの地方都市というのが正直な順天の描写であろう。

人々がにこやかなのが印象的だ。降りそそぐ雨の中を走りまわる子供たちや、大きな荷を頭にのせた

買い物帰りのおばさん、どこにでもある町の風景だ。
それだけで、旅の途中の疲れをいやすには十分と言うところ。
バス・ターミナルから中心部と全羅線順天駅を結ぶ、比較的横広がりの町だ。
ゆっくり歩きまわっても一日あれば、小さな幸福や不幸がそこかしこに見うけられるだろう。

なお雨の順天に立つ

待ち汽車来たりて顔も来る

カップ・ラーメンと順天の似合う歌手ペ・ジョルスウ（ソンゴルメ）

人には立つべき場所がある

光州《クァンジュ》

광주

駅前はだだっ広く、脇には軍のトラックが止まり兵士4人が街に向ってにらみをきかせている。前の交差点には、しかし信号がない。日曜日の午後、人通りはきわめて少なかった。

釜山から高速バスで4時間。全羅南道の道庁所在地で、市街戦で荒れた80年の光州事件でも知られている。またこの全羅南道の人々は韓国内でもワイルドな独得の気風を持っていると評されている。

高速バスターミナルには、埃が舞っていた。あたりには色あせた旅館が何軒かと歪んだ民家がさまざまな角度で地面からはえたように建ち並んでいた。

宿をさがさねばならなかった。地図もなにもない。まず、高速バスターミナルから、鉄道の光州駅までの位置関係をたしかめるために付近を歩く。人があまり見当たらなかった。駅までは歩いて6分ほど。次の予定も考えて、駅の近くの宿をさがす。しかも、最も安そうなところを。つまりそれは最も汚ないところを意味していた。

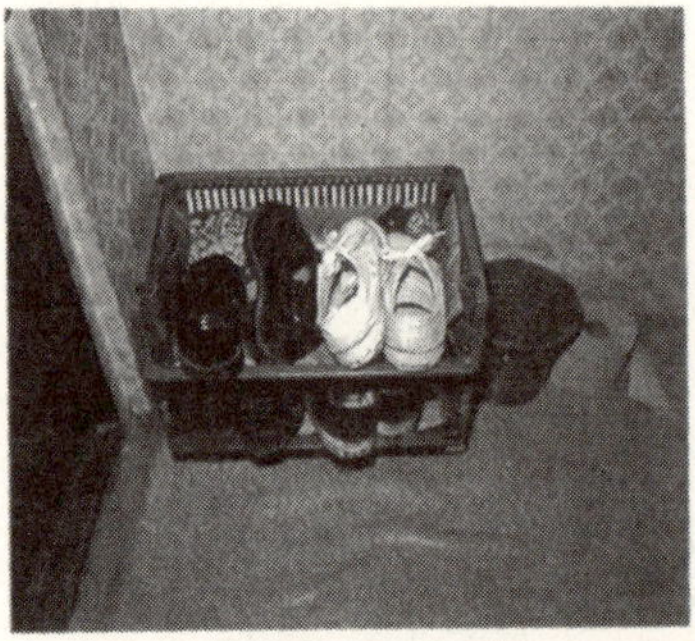
たそがれのクツ棚

天井は190センチほどで団地サイズの4畳半弱。一応オンドルだが、床と壁が同じ模様の壁紙で貼りめぐらされている。小さな窓がひとつある。トイレの横のきわめて臭い部屋。鍵は宿のものが持っているだけ。風呂場らしきものがトイレの隣りにあるが湯舟のかわりに大きなカメが置いてあるだけだった。これで、ひと部屋8000ウォンだ。

それにしてもどこか、他の街とはちがう空気におおわれているように思えてならない。駅前の茶房に入ってみたが、店員は我々の席にコッピ(コップ)を置くとそそくさとレジの奥に戻って、小声で

使うものなきカメ

何事かをささやきあっている。さらにそのコップはぬるく、溶けきらぬインスタント・コーヒーとミルクの粉がいくつも浮いていた。そんなのがうまいはずがない。しかし我々は飲む。

　駅前の一画にはテントとスチールのイスと丸テーブルをそなえた休憩所兼売店があり、老人や家族連れが押し黙ってジュースやサイダーを飲んでいる。我々も、この

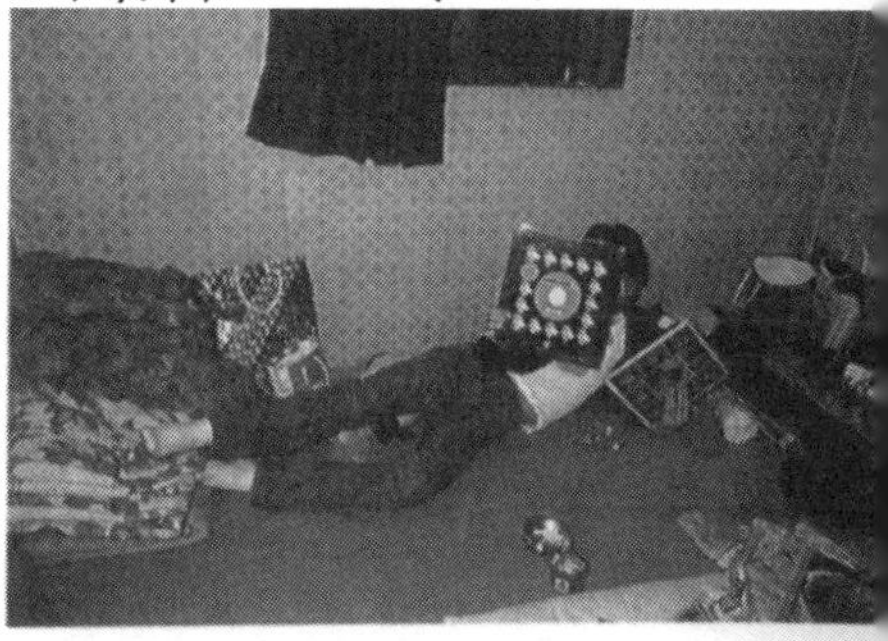
リーズナブル・プライス、ひとり400円

街の重苦しさに、しばし腰を休めていたところ、ETのキャラクター付ベルトをしめた、埃まみれの6歳ぐらいの少年がやってきて、ニコニコしながら、我々の食べていたパンや菓子を無心して来た。鼻汁がじゅるじゅるとテーブルにたれた。パンを2つにカッパエビセンをプレゼントした。

我々に親しみを感じたのか、少年は、なれなれしくしなだれかかってきたり、手を引っぱったりしてきた。もちろんその手はまっ黒だった。

★

まさか駅周辺だけが光州ではないだろう。方向も定かでないが、我々は殺伐とした集落を抜けて行った。

——何かが決定的にちがう。肩に何かがのしかかっているようだ。いつもなら町に入って1時間もすれば20カットぐらいは写しているであろう写真が容易に撮れないのだ。

光州風コッピのいれ方
これはまずい!
インスタント・コーヒーは大味な外国産だと尚よろしい
①薄い麦茶を鍋にいれ、インスタント・コーヒーと砂糖をドバーッとあける。
②そしてグツグツと煮込む。これでもか、これでもか、と煮込む。

カツアゲに打って出た愛嬌のいい小学生、平日昼下がり

③途中、煮つまったら、麦茶を足す。
④その際、シナモンをふりかける。
⑤そして、嫌な臭いが台所に充満してきたら、火を止めて生ぬるくさましてからカップにあけてチョつゞも飲む。
ウッ
←カップはスープ用の浅いヤツで趣味の悪いガラがあると尚よろしい

我々が歩いて行くと、遊んでいる子供らが動きを止めてしまう。家の前でくりひろげられていたアジュマたちの井戸端会議も終わってしまう。重苦しい空気が漂よってしまう。

何だろう、この感じは。その想いを抱きながら歩いて行く。目つきのするどいいかつい男とすれちがう。しばらくして振りかえって見ると、その男も立ち止まり、振りかえってこちらを見ていた。彼だけではない。その道ですれちがった光州の人々が皆、我々を見ていたのである。いったい我々が何者だというのだろうか。

20分ほど歩いただろうか。序々にあたりはにぎやかになっていった。やっと中心部にたどりついたのである。

大通りにはビルが建ち並び、放射線状にさまざまな商店街が広がっている。この中心街の要になっているのは、にぎやかなローカル

容易にシャッターをきれないオーラの重い街

こういち〱ニラまれたり立ち止まられたりしては写真も撮れやしない
光州の住宅街を歩く

駅前の売店横は思索の場であった

・バスターミナルだった。ただ、他の街とあきらかにちがうのは、人々の声がたいそう大きいことである。にぎにぎしいのではなく荒々しい。人々の顔も日本で言えば労働者風。首が赤く、顔や腕は浅黒いのだった。男性はもちろん、女性、特にアジュマたちのたくましさもかなりのものである。

　夕食をとるために入った、プルコギ屋（焼き肉屋）は、ガタガタの2階建てで、床には割りばしの袋や紙ナプキン、肉片やサンチュウの葉切れ、コップや皿、はしまでが散らばっている。豪快な店であった。

　プルコギは3人前で、ほぼ日本で出てくる6人分に相当する。もちろんその他に数々のキムチ類、おかわり自由のご飯などといったレギュラー品もつく。とても、これは食べ切れるものではない。しかし、それでいいのだ。全部たいらげてしまうのは韓国ではかえって失礼にあたるのである。

　我々の隣りで食べていた家族連れの中心人物＝父親は、背も高く、ピシリとハゲ上がった頭が食べるほどに赤くつややかになっていく。大声でおこったり笑ったり、忙しい人だった。音がガツガツとほんとうにしてくるのだから、その食いっぷりの太々しさには、猛獣なみの野性があふれている。

　その男は、大ナベに最後に残った肉片と肉汁の中にキムチとご飯をぶち込み、スプーンを握りしめて入念にかきまぜた。シャツのそでをまくり直して、ナベに顔を近づけて、一気にその赤茶色の肉ご飯をかっ込んだのである。さらに彼は、食べながら大声でしゃべるので、口から飯つぶが飛び散るのだった。韓国オトコの絶倫ぶりの一端を見せられた思いがした。

　そこのプルコギはまずくなかった。どちらかと言えばうまかった。そこでたらふく食べて街にまた出たが、空気はわずかに軽くなっただけだった。もう夜になっていた。

思索は続く

光州は暗かった。他のどこよりも暗かった。外灯がきわめて少ないのである。中心街から、駅近くの獄舎のような宿へ戻るのもなかなかたいへんなほど足もとは暗闇だった。

だが、人々はその闇の中で大股に行きかっている。

おぼつかぬ足どりで暗がりを歩いていくと、角から出てくるいきおいのいい人々にぶつかりそうになったりする。よく見れば、昼も夜も人々の速度は変わらずにうごめいているのである。

闇の中の人口密度が高い街だ。つまり、または電力の低い街だ。

次の日、列車の待ち時間に駅前にしゃがみ込んで、街に向って我々は、ウォークマンで白竜の『光州CITY（KITIY KL0001）』を聴いた。

旅のBGMとして、釜関フェリー上でチョー・ヨンピルの『釜山港へ帰れ』を聴いたように味わってみようと思って持ってきていたのである。

しかし、白竜の歌声は脳の中になにものも残さずに消えていった。まっ白な単なるロックの曲でしかなかった。実物の光州は、白竜のイディアとしての街などではなかったのだ。イデオロギーをにおわせたことで、すでにリアリティは薄まってしまっている。イメージとしての市街戦など、日常的な人々の営みの中では絵に描いたプルコギだ。

しかも白竜は光州に行ったことも行けるはずもない。ハナから街を歌ったものではなく、観念の素材として扱っただけなのだ。なぜなら、白竜は在日韓国人ではなく、在日朝鮮人だからだ。左側からの攻撃でしかなかったのだ。

光州の重々しい空気。それは、反政府的な姿勢や心構えが生み出したものではない。重なる土地の年輪、そこにしがみつく、地縛霊のなせるわざなのである。

だからこそ、ロックである『光

미안합니다
最底限
これだけはおさえたい韓国語
ミヤナンニダ（ごめんなさい）
てめえ！
グイ
おめえは何なんだ？
ナヌン・イルボンサラン
カンガンゲ（私は日本人観光客です）
ハングシマウ チャウ
モウケッス[redacted]ニダ
（韓国語よく解りません）
ミヤメンニダ

ディープな旅を志す者は、アンニョンハシムニカより
まず、ミヤ[redacted]ンニダをおさえたい。

州ＣＩＴＹ』は、光州駅前の茶房のぬるくて麦の味のする一杯のコッピ、そのまずさに負けたのである。

街灯と横断歩道のない駅前

木浦《モッポ》 목포

『雨の湖南線』『木浦の涙』『大田《テジョン》ブルース』などを初め、多くの韓国歌謡の中で木浦は歌われているが、大半がもの悲しい旋律を奏でているのだ。曲から受ける印象はそのまま木浦のイメージにだぶる。暗くうら寂しい港町——これが木浦に対して抱いていたイメージであった。

予備知識なしの白紙の状態で出会うものから、新鮮な感動を得るというのも旅の興趣であろうが、勝手に作り上げられたイメージが次々に壊されてゆくというのもまたオツなものである。

好天だったことにもよるが、木浦は雨、涙、憂鬱などといったマイナーなイメージがおよそ似つかわしくない清明な町であった。駅前の様子は日本の伊豆を彷彿とさせるが、伊豆ほど俗悪ではない。

海産物販売業の社長たち

海岸もまた然り。観光地化という人工の匂いがないのである。陽光も町も人も、ほったらかしにされた野放図な明るさを放っている。白痴美ならぬ白痴陽気とでも呼びたくなってしまう。

カミュの『異邦人』の主人公は殺人を太陽のせいにしたが、木浦の太陽は人に何もする気を起こさせないように見受けられた。エトランゼにとっては、旅の疲れをいやす絶好の地といえよう。

木浦の光に屈託はない

強い陽ざしをよけるようにして、空腹の我々が、とりあえずの昼食をとろうとふらふらと入った駅の脇にある食堂。

いつものことながら、壁に張り出されたメニューを解読するのにひと苦労。そこへ現われたのが食堂の娘。

18、19といったところか。よく見ると堀ちえみが頭痛になったような顔をしていて、親しみが沸く。

駅前パラソルの似合うニクイ奴

親しみ……そういえば、韓国料理として日本人にもポピュラーなものを頼めばよいのだ、とふと思い立つ。もちろん、昼の日中からプルコギ＝焼肉というわけにはいかない。

ビビンバだ。

なんのへんてつもない、しかし日本のそれよりはるかに赤い、それが運ばれてくる。辛さを予想してちぢこまるスプーンで、おそるおそる口へ。コチュジャン＝唐子みその赤味どうりのヒリリとする辛さが広がったと思ったら、他の内容物の混ざりあった味がゆっくりとくりひろげられる。これは大丈夫である。

市場に並ぶ顔、カオ、かお

韓国の場合、(日本でもある程度そうだが) 特に、店ごとの味の違いというのがかなりある。プルコギは平均的に量も質もよいが、なかにはガムのごときものもあったし、やや古すぎるものに出くわしたこともある。この木浦のビビンバのように単なる場末のお好み食堂で、普通であることのうまさに出くわすのはうれしいものだ。

食べ終わってひといきついていると、先ほどの頭痛のちえみが白い小犬を胸にだいている。可愛い

タコで暮らすアジュマ

釜山から全羅南道へ向かう高速バスの中で、前の席のオヤジ（朝鮮ハゲ）が見事な6連続ゲップ決めてくれた。
ゲップ
ゲップ
ゲップ
ゲップ
ゲップ
ゲップ
OB
P-FUNK

犬である。思わずカタコトの韓国語で「犬の名まえはなんですか」と聞いた。娘は答えた。

「サラン」

犬の名は〝愛〟であった。

★

ここ木浦の名物はタコの踊り食い。ぐにょぐにょと動いているタコの切り身をマッコリで流し込みながら食す、という野蛮なものだが、ひるまずにトライする。

見事にうごめくタコのブツ切り

アルコールはダメと、タコだけ食べるのは危険。タコは生きているため、ノドにひっついてしまうのだ。タコを食べたら必ずマッコリを飲むことだ。しかしながら、この踊り食いの醍醐味は、タコがノドにペタッとくっついた感触を

ゲップ

アレ、向か窓の下て…？
おっ動いてるぞ

窓の外には海に向かって座る人

スタ
スタ
韓国語でセンズリのことを、タルタリだと我々に教えてくれたのはロック歌手の金《キム》賢植《ヒョンシク》氏※であった。
日本語《イルボンマル》センズリ
韓国語《ハングンマル》タルタリ
ところで木浦の独身男子《チョンガー》の多くは、踊るタコでのタルタリを経験しているのではなかろうか。
グニョ
グニョ
※・今は故人（代表曲「春、夏、秋、冬」など）

味わう点にあるので、急いでマッコリを飲んだり、あごが疲れるほど細かくかんでしまうことは無粋というものである。

　ノドがつまって窒息死した客の数は、長い踊り食い史上、8指(!?)に満たないというから安心していい。生きてるタコをほお張って生きた心地がしなかった、なんていかすではないか。などと悠長な思いを抱きながら宿に戻った我々を待ちうけていたのは、他ならぬ、下痢であった。

　調子にのって、生ダコだ、アワビだ、マッコリもうまいぞ、などとやっているうちに下腹はどんどん冷えていたというわけだ。

　おまけに、安宿のせいか水洗がこわれている。しかたなく各々空部屋をそっと見つけて、何度も下ったのである。

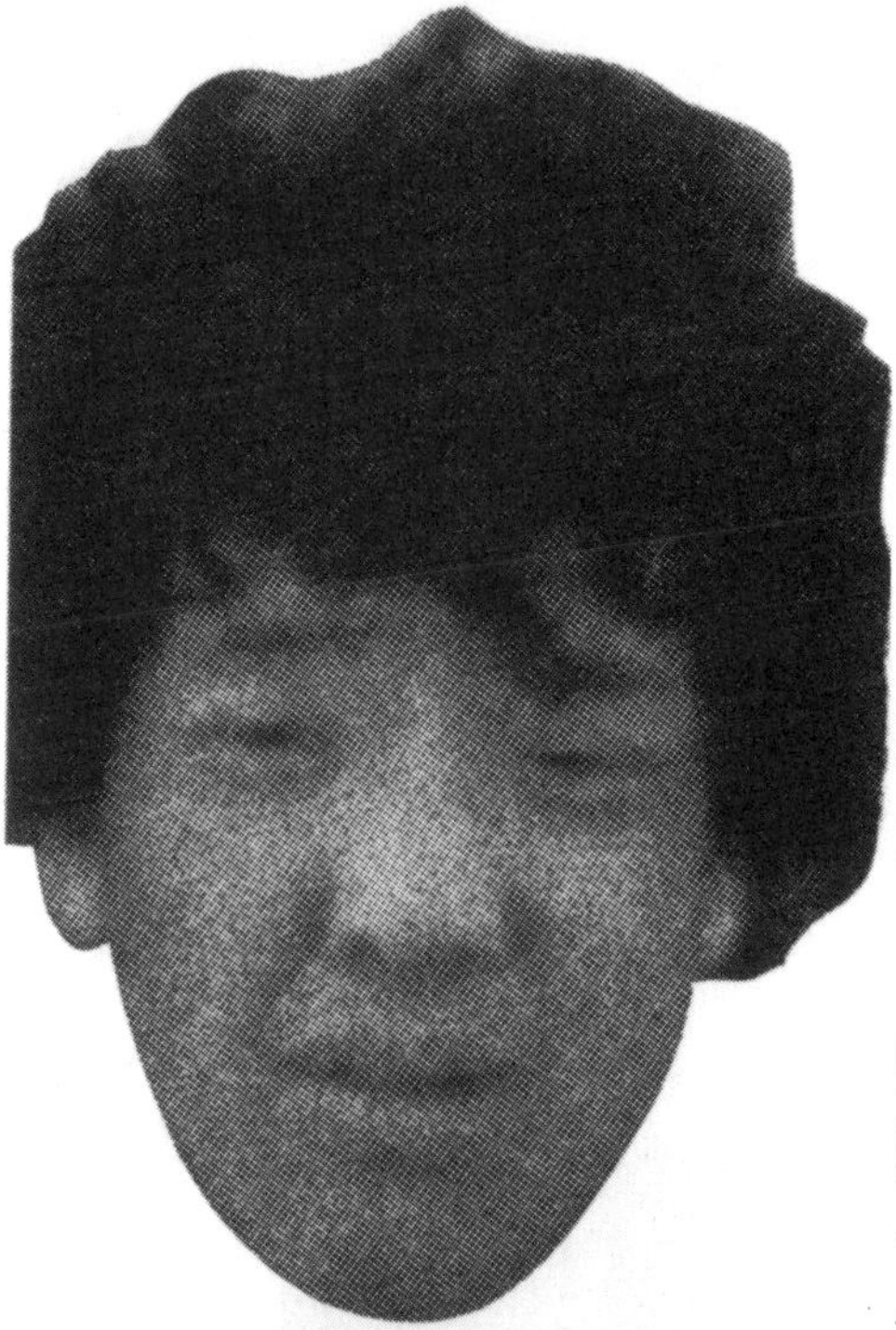

顔が江夏（阪神↓南海↓広島↓日ハム↓西武
(平)マュジアの（現解説者←
になって欲しい

全《チョン》州《ジュ》 전주

ここの名物は、ビビンバである。実際うまい。普通のただまぜるやつも、もちろんだが、厚手の石の器を熱して、ご飯と具をやや焦がしたものの香ばしさは格別だ。

ほかの都市と同じように、全州の駅もまた町はずれの造成途中の空地にポツンという感じで立っている。

ソウルから全羅線特急で4時間、高速バスで3時間。ほぼ3000ウォン。なにしろ全羅北道の道庁所在地だから、駅舎はむしろ立派といえるが、ポツネンとした瓦ぶきの古風な駅というのもかなり奇妙なおもむきがあって楽しめる。

駅から車で10分ほどのところにある中心街は広々とした盆地といった印象が強い。李朝の遺跡である豊南《プンナム》門がドンと立っている裏に、飲み屋やその手の店が寄り集まっている。またそれも奇妙なバランスである。

やけにいかつい造りの駅舎

この豊南門近くにある豊南ホテルは、おすすめできる。新しくはないが落ちついた親切な宿で、1部屋オンドルで1泊1万5000ウォンと安価なわりにはWCも臭くないし、お湯もちゃんと出る。しかも向かい側に大韓航空の支店があるのも大いに役立ったものだ。

光州などとちがったおおらかさにすぐ親しんだ我々は、しばしバラバラに探索することにし、新装されたコア・デパートの前の広場で落ち合うことにした。午後の3時に集合だ。

それぞれに街の輪郭をつかんで広場へ戻り、一休みしていたところ、枯れ草色の上着にサンダルばきのボサボサ頭の男がのそのそと

バックの女性は妊婦。チョゴリは最高のマタニティ・ドレスでもある

シガッン
え？
じ、時間、きっと
ああ
グイ
トボ
トボ

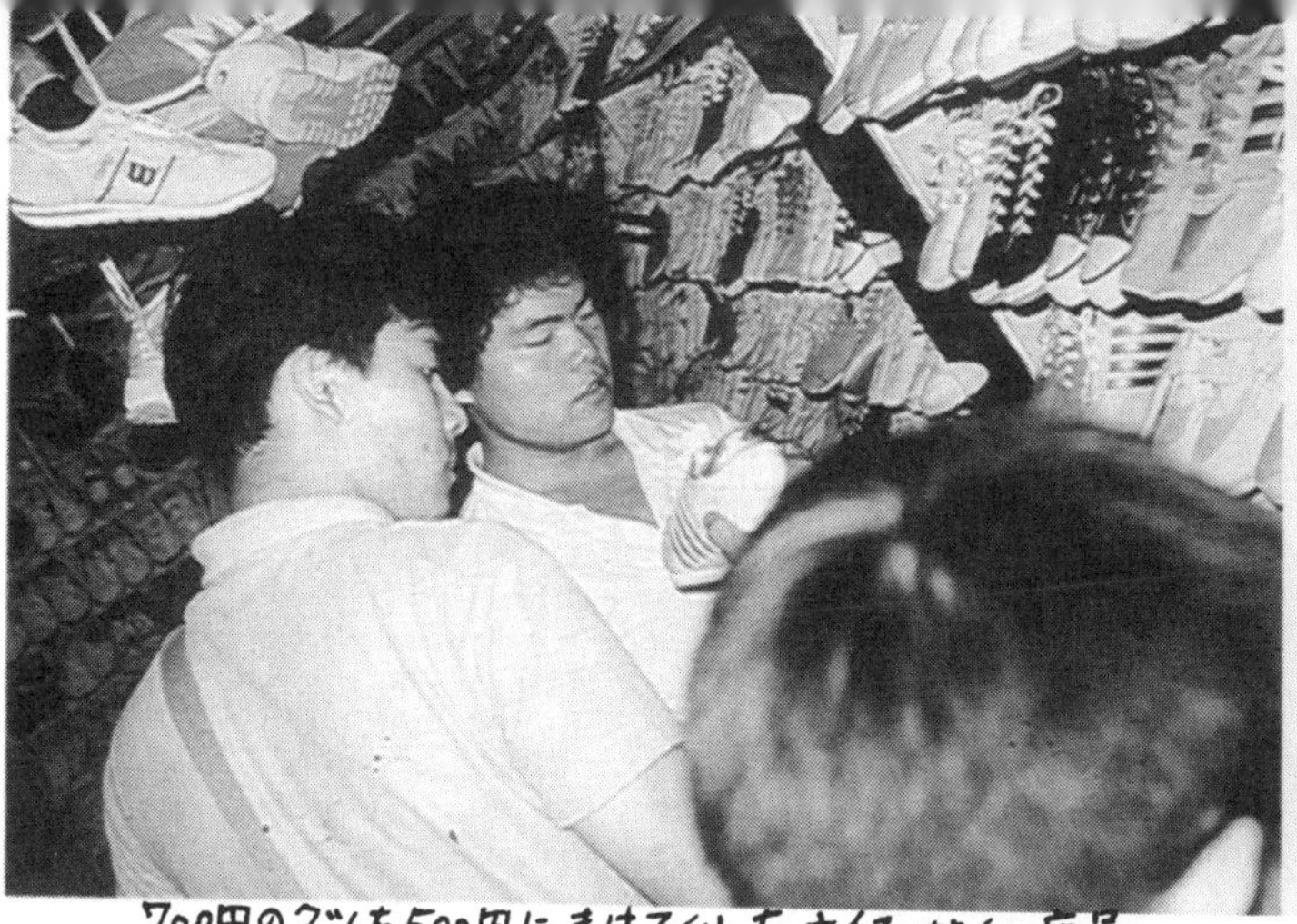

700円のクツを500円にまけてくれたナイス・ガイの店員

我々に近づいてきて、おもむろに言った。

「しが〜ん」

一瞬頭が空白になる。低くよどんだ言葉だった。30秒後、彼は無言で腕時計を指さした。そこでやっと我々は、彼が時間《しがん》を尋ねているのだと思い至った。しかし我々には朝鮮語で何時何分と告げる能力がない。やむをえず、腕時計を直接彼に見せた。

いつまでも立ち続ける男

ところが、彼は頭をかしげて、時計を見たが、また我々の顔をなめるように見て「しがん」と言う。そう言われてもそれ以上どうすることもできず、ボーとそこに立って時計を見せるだけだった。数秒後、彼は無念の表情で口惜しげに、引きずるようにそこを立ち去っていった。

なんとなく割り切れぬものを感じながら、なにげなく我々はその時立っていた場所にあった10メートルほどの塔を見上げた。すると、なんとその塔の上部には大きな時計がついていたのだ。

時計台の下で人に時間を尋ねる男とは？　彼は時計を読むことができない人だったのだ。

さらに街の方々を歩く。

人通りの多い通りで立ち小便をしている、見るからに浮浪者の堂々とした行為などから、あまり可愛い娘の見あたらぬ街かと思ったら、ロッテリアには白いスリムのジーンズがよく似合う女子大生や黄色いワンピースがほがらかな女子高生などが見うけられ、ことのほか印象的であった。

レコード店も比較的多く、青年ふたりで商っている一軒では親切

威圧的ポーズで決めてくれた彼、いうまでもなくツッパリ

にいろいろと教えてくれた。さらに、その店主が自分で作ったという韓国ポップスのテープまでサービスしてくれた。お礼に我々は、持っていた矢沢永吉のテープをプレゼントした。

ペコちゃんから色気を抜いたような女店員

　ちょっと大通りを入り込んだところにある別の一軒では、父と娘、親子がにこやかに応対してくれた。そこの主人は、日本語が話せる。親しげに彼は語った。

「私は、サッカーやっています。今はちがいますが、前は全羅道の会長でした。私、いくつに見えますか」

「そうですね。45歳ぐらいですか」

「はっはっはっは、ほんとうの歳61です。」

　これは、おせじではなく彼ははつらつとした健康的な〝おじさん〟で、とてもその年齢には見えなかった。

「私思いますは、日本人、よく働くキンケン（勤倹のことだろう）な国民です。だけど、日本人、人情ないのは、宗教がない。よく働く、だけど人情がない。日本は朝鮮侵略しました。それは戦争だから、しかたない。日本も原爆でやられました。でも、すごく働いて、キンケンで今は国豊かになった。すぐれた国民で、キンケンです。

人情至上主義者の李さんを囲んで

フラッシュに素早く反応、好感度オヤジ

生きている瞬間

でも、人情がない。宗教がない。韓国は、まだ日本までなっていないですが、人情あって、これからキンケン見ならって豊かなります。日本、立派です。でも人情がない。あなたたち若い人、これから人情、あるようになってください。私の言っていること、わかります?」

「はい。いいお話です」

「(笑)あなたたち、まるで私の子供のような気します」

「はい。また全州に来たら寄りますから」

「ああ、そうしなさい」

・・・キンケンと人情のリフレインにいささかとまどったが、「キリスト教徒の彼は、店の前でいつまでもいつまでも去っていく我々に手を振っていた。

★

全州では大雨にも出くわした。そんな中をタクシーを拾って郵便局へむかった。ちょうど正午をちょっとまわった頃だっただろう。豊南ホテルから7、8分走ったところで、車は急に脇道へそれて行って、食堂の建ち並ぶところで止まってしまった。運転手は我々に降りてくれという。見ぶり手ぶりで必死に解説する。全く唐突な申し出だった。面くらいながら、やっと理解できた。

運転手氏は、ここの食堂で昼食をとりたいのであった。だから、ここまでだというのだ。ここから先は別のタクシーで行ってくれというのだ。

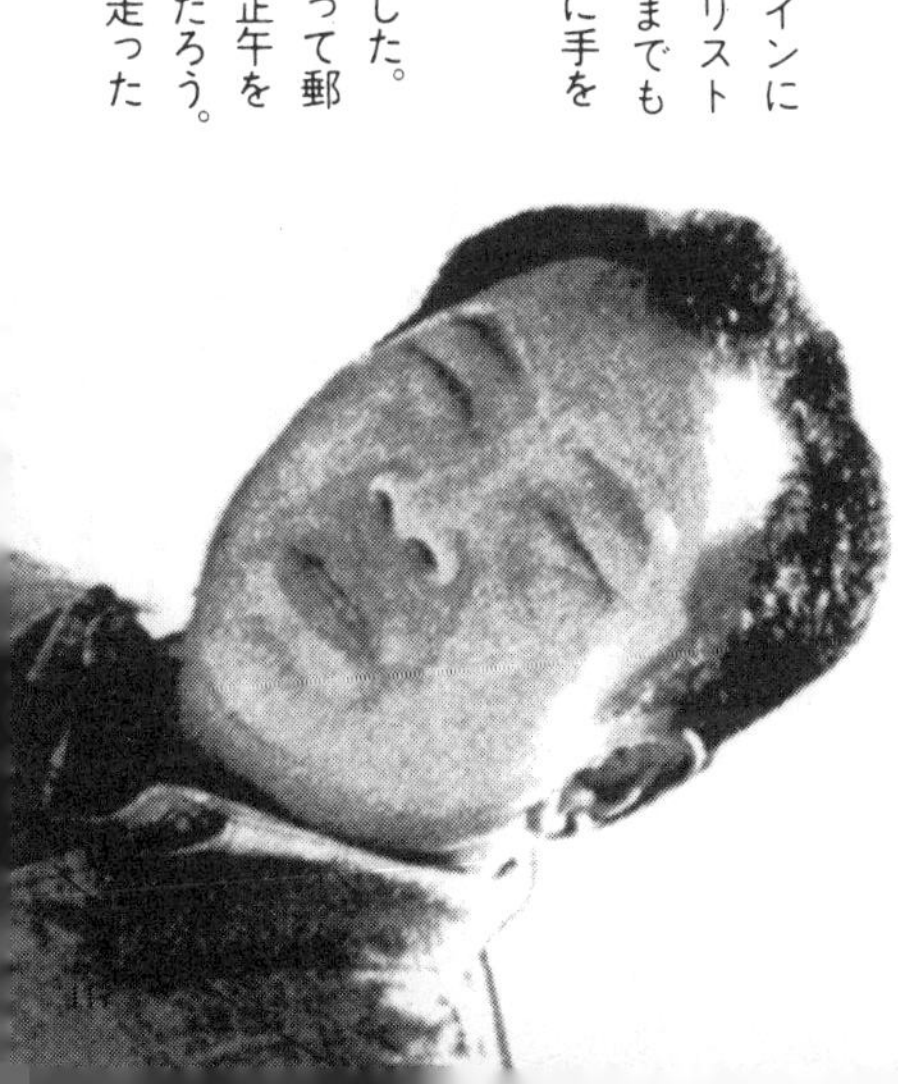

俺ァ腹がへったがらァ
ここの食堂で
ビビンバ喰うごどにしただ
だがら、おめら降りちくれ
※そのクセ取る物(金)は取った。
식당
냉방
김밥
맥주

わがままというか、おおらかというか、時々このようなできごとに遭遇する。

　ドシャ降りの中、我々は別のタクシーを拾うしかなかった。

　さらに、全州を後に次の目的地だった扶余へバスで行こうとしたバスターミナルでのことだった。

　バスは2時20分発である。雨と荷物の多さで、切符売り場についたのは、2時18分頃、いそいで切符を買う。窓口に金を出した時、すでに20分。

　もう売ってくれないかもしれないと思ったが、おそらく1、2分は大丈夫なのだろうと判断して乗り場へ行ったが、バスはすでに出たあとであった。それなら売らなければいいのに。窓口には時計がないのか。

　しかたなく、その切符を払い戻し（払い戻しは手数料1割を引かれる）、次のバス。4時まで待つために、近くの茶房で時間をつぶす。歳のいったアガシが、ヒゲの濃

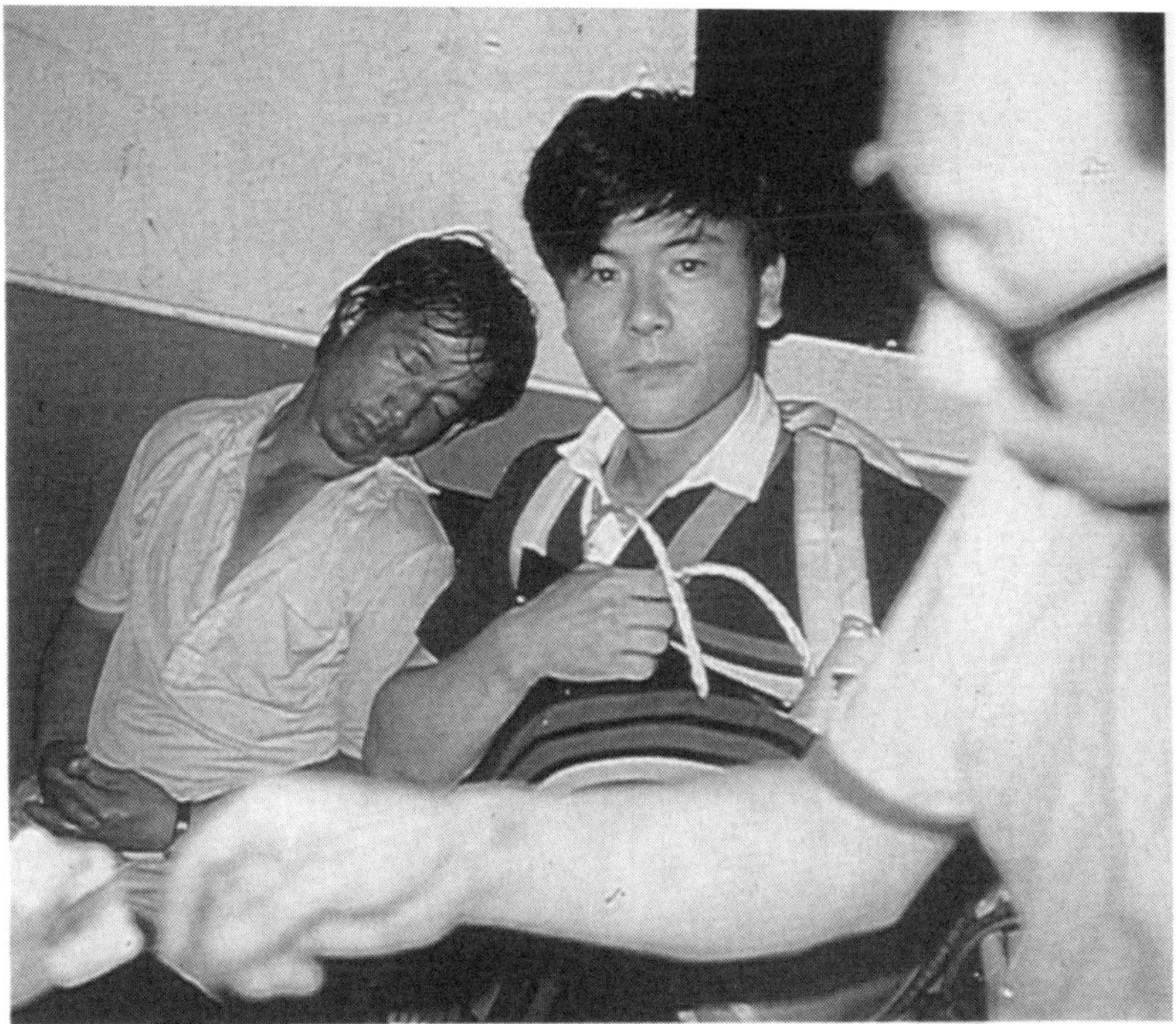

すったもんだの我々をよそに夢路につく男。眠ったヤツの勝ちだ

い腕のがん太いハゲのおやじの客からヤクルトをおごってもらっている。茶房では気に入った女給に客が飲みものをふるまうことは一般的である。ヤクルトの小さな(日本と同じだ)容器に長く太いストローを2本つき立て、にこやかにすすりあっていた。
時間が来た。今度は10分前に行ってみた。しかし、バスは来ていなかった。雨のせいだろうと思った。4時になった。まだバスは来ない。結局4時20分になっても来やしなかった。
ここで待っていろと言った案内

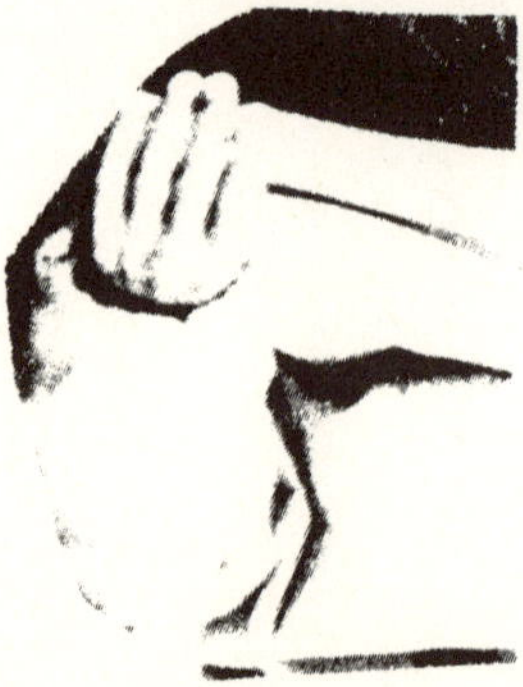

のおっさんに聞いてみたが、全く事情はわからない。しかたなく紙に漢字で、遅滞、欠便と書いてどちらかにマルをしてもらおうとしたが、そのおっさんは紙をひったくると、ハングルで何事かなぐり書きすると、あっちへ行けというふうに我々を追い払った。結局大雨でバスは欠便だったらしい。

またしても一割とられて切符を払い戻し、なんとかタクシーを拾って全州駅へ向った。扶余には鉄道は通じていない。今夜はいったいどこに泊ろうか。考えのまとまらぬまま、我々は駅の切符売り場へむかった。

扶養《プヨ》行きの버스《バス》は「運休」？
それとも「遅着」ですか？
부여 가지 18:30
運休
遅着
부여
サラサラ
BUS
한국
논산밖에 없음
18:30
365일
정선

※メモは実物也。

待てど暮らせどバスは出ない。それでも待ち続ける男……

群山《クンサン》

군산

のどかな舟つき場

裡里というなんの変哲もない町から、群山線というなかば傾いた3両編成の列車に乗る。

夕日が田園のむこうがわへ消えて行くのを追いかけるかたちで、列車は西へ西へと進む。

ここが終点かと、ゆっくりと列車を降りると、ススけた町が現われる。

群山というところにかぎらず、韓国では、列車の駅周辺はバス・ターミナルに比べるとひなびている。交通の要がバスであり、国中を道路網で整備して、なんとか近代化をめざそうということであろう。

とはいえ、駅、バス・ターミナル、どちらもその周辺が屋台で満ちているということでは変わりはないのだが。

大学生とおぼしき若者が特に目につくが、これといって投石しているわけでもビラをまいているわけでもアジ演説をしているわけでもない。和気あいあい、笑顔がそこかしこにある、まるで中古の青山通りがススけたうえに雨ざらしになってしまったような、背後に海をかかえているふうな涼風感をもっている街並みである。

群山を地図で見つけて、行ってみようと思い描いた薄暗そうなイメージとは、相当差があったことはたしかである。

やたらと多いレンタル・ビデオ屋。それにファースト・フードふうのパン屋。ファンシー・ショップふうの文房具屋。それに比べて、ほとんどないに等しいレコード屋。6車線の道路が美しく街の中央を通っているが、ちょっと脇にそれると埃だらけの路地と、傾いてきしみあった家々だ。

歴史・風土の一面がクッキリと

税米集散地で
して栄えた地でも
さびれた工業地か
ト地開発を推進
路を見い出
混在した
都市の典型と
・バーともつかな
『ハート』の2
点されたロ
、じわじ
きた。
リーヘアの
ポロシャツにニ
クスをはいた青年が
、ココアを飲んで
イ・ム
ガーフ
明日に架ける橋』や
ン・パーディン
らずにはいられな
店員によって流され

古くは韓国最大の税米集散地であり、貿易港として栄えた地でもあるが、今は、さびれた工業地から、沿岸にリゾート地開発を推進して、観光地として活路を見い出そうとしているようだ。

新しいのか古いのか、混在したところが韓国の地方都市の典型といえないこともない。

極暗いカフェ・バーともつかないレストラン茶房『ハート』の2階で、テーブルの上に点されたローソクの焔を見ていると、じわじわと体側にかゆみが走ってきた。我々の隣席では、カーリーヘアの女子大生と黄緑のポロシャツにニットのスラックスをはいた青年が額を寄せ合って、ココアを飲んでいるのであった。

店内にはイ・ガンチョやイ・ムンセに混って、サイモンとガーファンクルの『明日に架ける橋』やエンゲルベルト・フンパーディンクの『好きにならずにはいられない』などが、店員によって流されていた。

カナダラ（日本で言えばいろはに……に相当する意）という名の食堂で、辛すぎてなんの料理だったのかわからなかった中華風いためものを食べ、中華小学校という、おそらく黄海に面している港町だからであろう、華僑の子供たちの通う学校の門をながめたり、たよりない渡し舟が浮かぶ桟橋を見たりといったとりとめのない散策をせざるをえなかった。

★

名所旧跡があるわけでも特産物があるわけでもない。旅館に戻ってきて残ったのは、けだるさだけだった。

蒲団をかぶって寝るに限る。テレビが置いてあるので、スイッチをひねってみた。アジア大会での韓国の活躍ぶりが写った。テッコンドー金メダル！　ジュードー金メダル！　イルボン敗れる！　嬉々としてハングルがはじけ飛ぶ。メダル獲得数で韓国は中国に次ぎ2位に踊り出たのだ。

もはやアジア大会ではない。いかに日本に勝つかをテーマにした対日競技会である。おまえらには負けたくない＝負けない、という熱気と殺気のうず巻いた画面が次々に送り出される。

チャンネルを回す。ニュース番組だ。ほっとする。が、それも束の間、その日のトップのニュースは「中学3年生男子の平均身長が日本を追い抜いた」というものだった。これでは競技外アジア大会ではないか。そのニュースも、あっという間に終わり、またしてもすぐさま、アジア大会ハイライトがおっぱじまった。

今さっき見たのと同じシーンが画面に映し出された。少し気がめいる。またチャンネルを回してみる。またアジア大会での韓国選手の勇姿が登場した。ガチャガチャガチャ、ブラウン管はすべてアジア大会一色で塗りつぶされていた。

前日東京に電話した時、ソ連の原子力潜水艦がアメリカ領海内で沈没したという事件を友人から聞いたのだが、たしか……。オリンピ

韓国の中学3年男子の平均身長が日本の中学3年生男子の平均身長を破りましたでゴスミダ
韓国
日本
SAMSUNG
MILK
우유

ックがはじまったらどうなるんだろうと考えながら、ぼんやりとテレビを見続けた。

そんなところへドアをノックする音。5センチほど開けるや否や、若い男子従業員がドタドタと部屋に入ってきて、テレビを指差し、ニコニコしながら言った。

「ビデオ・サービス、ビデオ・サービス！」

けげんな表情の我々の前をよこ

親しみのもてる顔も多い

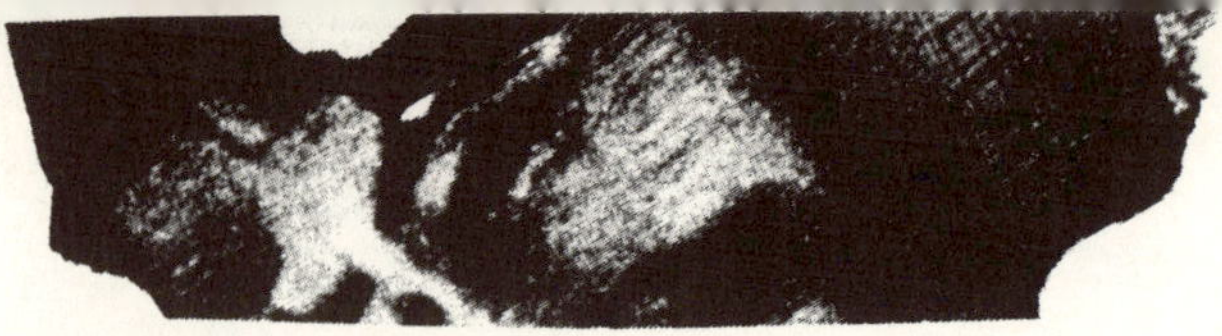

ぎって、彼はテレビに近づいた。

簡単な操作の後に画面は急変し、なんと『スウェディッシュ・エロチカ』(アメリカのノーカットのポルノ)が現れた。彼は得意げに笑った。

「カムサハムニダ」(ありがとう)

我々は部屋を出てゆく彼の背中に向かってこう唱和した。

成人映画でも女の乳首を拝めない、『平凡パンチ』や『告白チャンネル』が法にふれる裏本となってしまう——性の後進国でロンダ・ジョー・ペティのポジやジャミー・ギリスのジャジにお目にかかろうとは……。

なんでもありの お好み食堂、全方位商い

立ったら哀しい。立つまいと思いながら観るのはもっと哀しい。ああ、スウェディッシュ・エロチカ・イン・クンサン

我々3人は四畳半ほどのオンドル部屋で川の字にねころんで、画面を見つめていた。

それにしても、なんという従業員だろう。旅情は人情に出会った時にも感ずるが、この時、彼が気

男心を知りぬいたサービスがウリの旅館

をくばってくれたのは、セックスへの欲望だった。話す言葉はちがっても、男同士、ある種の共通分母で結ばれていることを実感せよとでもいうのだろうが、我々の心はまっ白だった。

長項《チャンハン》
장항

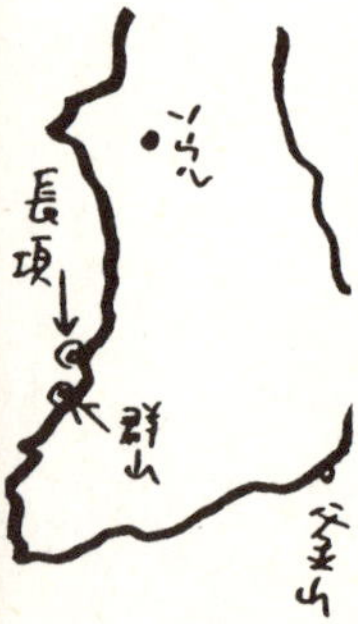

川の向こう岸は異国の趣き

ナウなのか辺境なのか、学生の街なのか、港野郎の寝座なのか、よくコンセプトの見えない町群山から、2挺連結の渡し舟に乗り込む。

　バイクや自転車持ち込みの人も多数いる。舟がドドドクドク……とさびれたエンジン音をたてはじめたころ、船内にいたおっさんがひとり、おもむろに立ち上がり、持っていた紙袋からガムテープとセロテープを手にとって、朗々と口上を述べはじめた。街頭ならぬ船頭販売の、セロ・ガムテープ屋社長だったのである。

　川は多摩川の河口ぐらいの幅でものの10分もすると対岸に着いてしまった。

　そこが長項《チャンハン》であった。

　静かなところである。


　今まで訪れたどの土地よりもひっそりと、しかし湿った暗さがなく積極的に聴いてくれたその母親。特に他の町の人々と、どこかがちがうというわけではないのに。

　対岸の町群山が、ちぐはぐでだらしないが故に都会に思えてしまうのと対照的に、長項はのんびりとなだらかな町だ。

　列車待ちの時間をつぶすために入った駅前の茶房は、ヤニちゃけたソファと苔だらけの水槽の中に泳ぐ金魚が、あまりにも静かであった。

　しかし、そこの奥では首筋の赤黒い屈強な中年男が、頑丈そうな足をしたウエイトレスとたわむれながら、アジア大会をテレビで見ている最中であった。

　韓国は、またしても、テッコンドーで金メダルを取っていた。

　リプレイで続々と写し出される勝者のキックに、男は何べんもくりかえし感嘆の声をあげていた。

ほんの数分歩くと眼前に大陸的な風景が広が

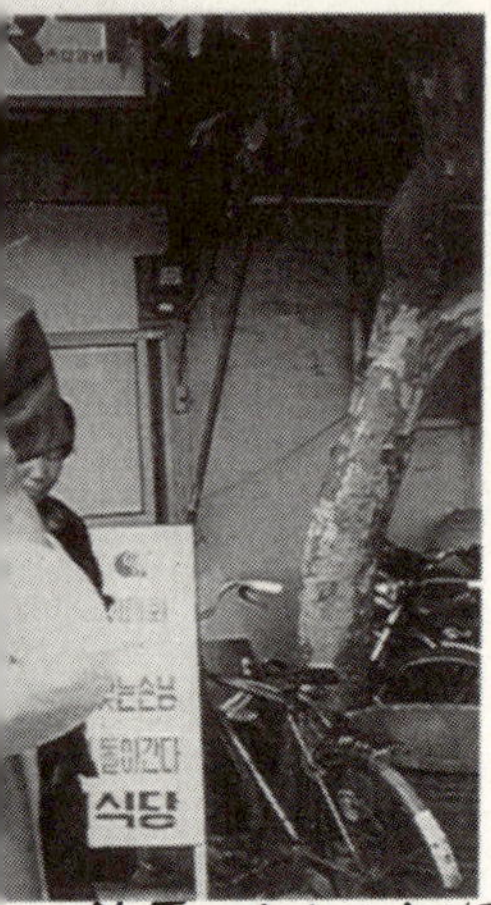

前面の大きな被写体が背景である

ぼんやりと、粉クリームと砂糖の入ったインスタント・コーヒーをすすりながら、我々は彼らを見ていた。

『風吹くよき日』のポスター

なんだか、遠くまで休日を過しに来た気分だった。

そんなことは、韓国を旅していてこれまでただの一度も感じたことのない感情だった。

時間が来た。

コーヒー代を払いにレジのところへ行き「オルマイムニカ（いくらですか）」とたずねる。と、とたんにテレビに見入っていた男が我々にとがった視線を向けた。しかし、一息、床に向ってつばを吐き出すと、またテレビ画面へと戻って行った。

外へ出ると、顔に当たる風が快かった。レンガの赤の前で草がゆれていた。空は青かった。

その時、我々は、朝鮮半島にやってきているのだ、と強く感じたのである。

異常な親切者と過剰な被親切者、納まる

T.G-0855
국육백
계
밥장반

GATON P

田舎から出てザセツする三人。
風吹く良き日の最も感動的な記念
撮影のワンシーン。真ン中は
このあと軍隊へ
左は人を刺し
刑務所へ
右はボクサー
とめだしてラムへ。
オッチョマン
ハナァ
ナドオオ
トゥゲ
黄色い黒人映画だ。
この場面でブルースを
唄ってるのもやはり
黄色い黒い人、キム・ドヒョン
安聖基《アンソンギ》
（有名）

ポ뽕ンチャ짝ックディスコとは何か!?
ポンチャック 뽕짝(ポンチャック・ディスコ)界が生んだ生えぬきの大スターは
この世界りで珍らしい大学出の李博士こと李ヨンソク
チャラ チャラ チャラ チャラ チャッチャ
パンパパンパ スーチャラチャ
ズッポコ ズッポコ

射される精子の数ほどあるといわれている。

チープなテクノで歌がもりもり、しかもディスコ、といったら、こりゃもうハウスである。

しかしその泥臭さといったら、ホコリだらけのバスの中や万物の異臭まじわる市場の喧騒、体臭渦巻く駅の待合室、屋台ひしめく路地裏などがよく似合うほどのもの。日本の女性誌をバイブルに、洗練をめざしてあがいている近頃のソウル在住ねえちゃんたちからは「ゲッ、サイテー」と罵られ最も敬遠されている音楽である。

もともと大韓民国では、トロットを基調とした歌謡曲が最もドメスティックな大衆音楽であり、それをとなえてポンチャックといった。それが '60年代に登場したエレクトーンによる“電子音楽”と結びつき、さらに '70年代中頃の世界的「スターズ・オン」ブームとまぐわってメドレー・ディスコ歌謡と化した。ディスコといってもリズム・パターンは元来のポンチャックが早くなっただけだが。これが大当たりし、ここ10数年来の量産体制が現出されるところとなったのである。

若者に誇られ、TV、ラジオでもオン・エアされることのないポンチャック・ディスコ。しかし、タクシーやトラック、バスの運ちゃん、肉体労働者の方々には絶大なる支持を得ている。それは、土とニンニクの香ただよう汗にまみれた、大韓民国の基本ともいうべき、人情に溢れた豪放なグルーヴの素なのである。

デラックス、ゴージャス、てんこ盛り、というのは大韓人にとってはたいへん喜ばしいことである。絢爛より豪華を優先する気質なのである。どちらかというと、質よりも量に満足感を覚えやすいのが大韓人体質ではなかろうか。

　ということを音楽として如実に力強く体現しているのが、通称「ポンチャック・ディスコ」である。

　新旧懐メロから、民謡、世界のヒット・メロディまで、ゴッタ煮の選曲のもとに、すべてをリズム・ボックス（リズム・マシンというにはあまりにもチープ）を中心にした簡素な電子楽器で、16ビートにアレンジしてメドレー化したものである。

　レコード盤ではなく、そのほとんど（98%）がカセットによって流通している。46分テープの片面に20曲前後、両面で40曲ほどが入っているのだから、こいつはデラックスというもんだ。ほとんどのレーベルが、このポンチャック・ディスコ専門に制作しているインディーズである。歌ものインストもの半々ぐらいだが、そこに登場する歌手もポンチャック・ディスコ業界専門という独立独歩の強者揃いである。

　なにしろ、楽器屋の店頭でやっているエレクトーンの模範演奏にサックスやギターを加えて、それに歌をつけたようなものだ。

「おっ、こりゃ簡単、これなら俺にもすぐに安く作れるわい」と、小金持ちのおっさんが近所の若者だかなんだかに声かけて毎日作っているのではないか、と想像させられるほど、そのリリース点数は多い。一回に発

ピュフュフュフュフュ
カシオ(偽)トーンの打ち込みにGtやSAXが一品重なるが時には指笛吹きが入る事もある。
ポンチャックテープ会社社長(株)兼演奏者のオヤジ
一年間に発売されるポンチャックテープは精子の数ほど多い!!
KASIO TONE

ディスク・ガイドは後半にあり

大《テ》川《チョン》

대천

郷愁に誘われる風景が多い

その時、その食堂のおやじにとっては、我々はどこの国の人間でもよかったにちがいない。とどのつまりは、怪しい奴でさえあれば。

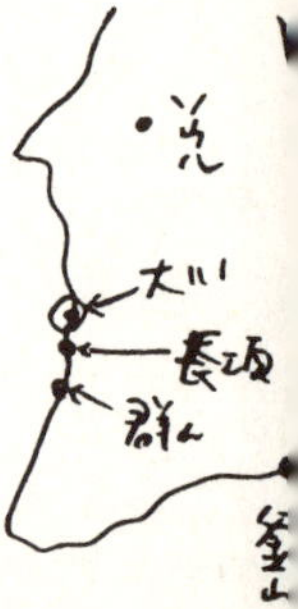

大川《テチョン》に着いたのは午後1時頃だったろうか。

その日の夜は道高温泉へ泊まろうと決めて、なんとなく、下車してみた町であった。黄海に面した海辺の町という漠然とした予想は持っていたが。

河がゆるやかに流れる比較的にぎやかな町である。

海水浴場へは、駅からバスで10分ほどらしい。

長項線という、海に沿った農村地帯を進む鉄道にゆられて、長項から2時間ほど。駅前の中華ソバ屋でウドンを食べ、(韓国では中華のなかまに入っている)そこの店に荷物をあずけて、2時間ほど散策に出てみたのだ。

河口が近いことを物語る静かな流れが交差する。子供たちが歩きまわるのどかな午後が全面展開されている。

この犬を撮った後にスパイ嫌疑が……。

ふと通りかかった食堂の店先にチワワとマルチーズがまざりあったような小型のヘンな犬がこちらを向いて、舌を出している。

「この犬は、なんという種がベーシックになっているのだろう」という素朴な観光者的好奇心がわきおこった。シャッターを切った。

それだけだった。

そこから河に沿って駅周辺をウ

ロウロし、あーでもない、こーでもないと我々は思想しあった。

たとえば、町には河があるかないかだけで、そのめざすところが変わるものだ、とか。サム・クックの「ア・チェンジ・イズ・ゴナ・カム」の主人公もまた、河のそばで生まれたと歌っている。河をめぐる人生というのは、それだけで、物語にちがいない、とか。

しばらく行くうちに、我々は、誰かがつけている気配を感じはじめていた。そういえば、あの犬を撮ってから、その店の前でおっさんが、こちらをずっとにらみ続けていた。

そう思い至って、ふいに後をふりかえると、そのおやじが、建物の影にすばやく身をかくした。おかしな奴だと思った時、ふと、韓国の公衆電話には、警察、消防ともうひとつ、スパイ通報用のダイレクト・ダイヤルがついていることが頭をよぎった。

まさか。

とはいえ、普通の旅行者は駅近辺や河べりで遊ぶ子供などを写真に撮ったりしないかもしれない。それでなくても、男3人がこそこそと話しながら、あっちでもないこっちでもない、とウロウロしている図は、やっぱりどこかヘンかもしれない。

列車まで、あと20分。駅の近くに戻ってきた我々は、雑貨店の店先のイスにすわって、ジュースを飲みながら休んでいた。

そこへ、やって来たのだ。5人の警官が。まず、韓国語で何か言ってきた。わかるはずがないので、「なぬん、いるぼん、かんがんげ」を呪文のようにとなえ続けた。すると別の警官が「パスポートを見せろ」と英語で言ってきた。

運悪く3人のうち一人しか、その時パスポートを持っておらず、他の2人は、例の中華ソバ屋の荷物の中にしまい込んだままになっていた。

案の定、「おまえたちのパスポートはどうした」ときた。

甲乙つけがたいテチョン・ギャル。
貴男はどちらがお好みですかな？

マーケットで見つけた凶暴そうな男、チャーミング／(客寄らず)

目ぬき通りを何往復もしていた男、クセモノだ

「しくさ（食事）したところに、ある」と言ったつもりだが、通じるわけもない。5人のうちで一番目をつり上げ、必要以上に威圧的な奴が、交番へ来い、という演技過剰な身ぶりで我々を引っぱっていこうとするので、しぶしぶそれにしたがった。

交番はジュースを飲んでいた雑貨屋のはす向かいにあった。なかなか立派なもので、白いレースのカバーがついた応接セットのソファが、偉大なるミスマッチを見せている。

5人のうち一番若く、おだやかな表情の警官が、「プリーズ・シット・ダウン」と、ソファへと導い

駅前広場ですれちがった男、アク弱いか

裏通りで拾ったウンコ坐りに上目づかいの青年、いい素材なり

てくれるのだが、ここですわっては話が長びくと、とっさに思い、我々は各々列車の切符を手に、「これに乗って、どこおんちょんへ行くんだ」とか、「トレイン・タイムがこれだから」とか、わいわい言ってみたのだ。

　先ほどの目をつり上げた、ドロ臭い天知茂は、それでも表情をかたくしたまま、我々を見すえていたが、若い警官は自ら切符を手にとって調べると、にこやかに「行ってください」と言ってくれた。

　西側の目立たぬ海岸に近い町、大川のことだ。よく考えて見れば、我々にとっては単なる地方だが、彼らにしてみれば、海をはさんで向かいは中華人民共和国なのである。犬から秘密がもれることだってあるのだろう。

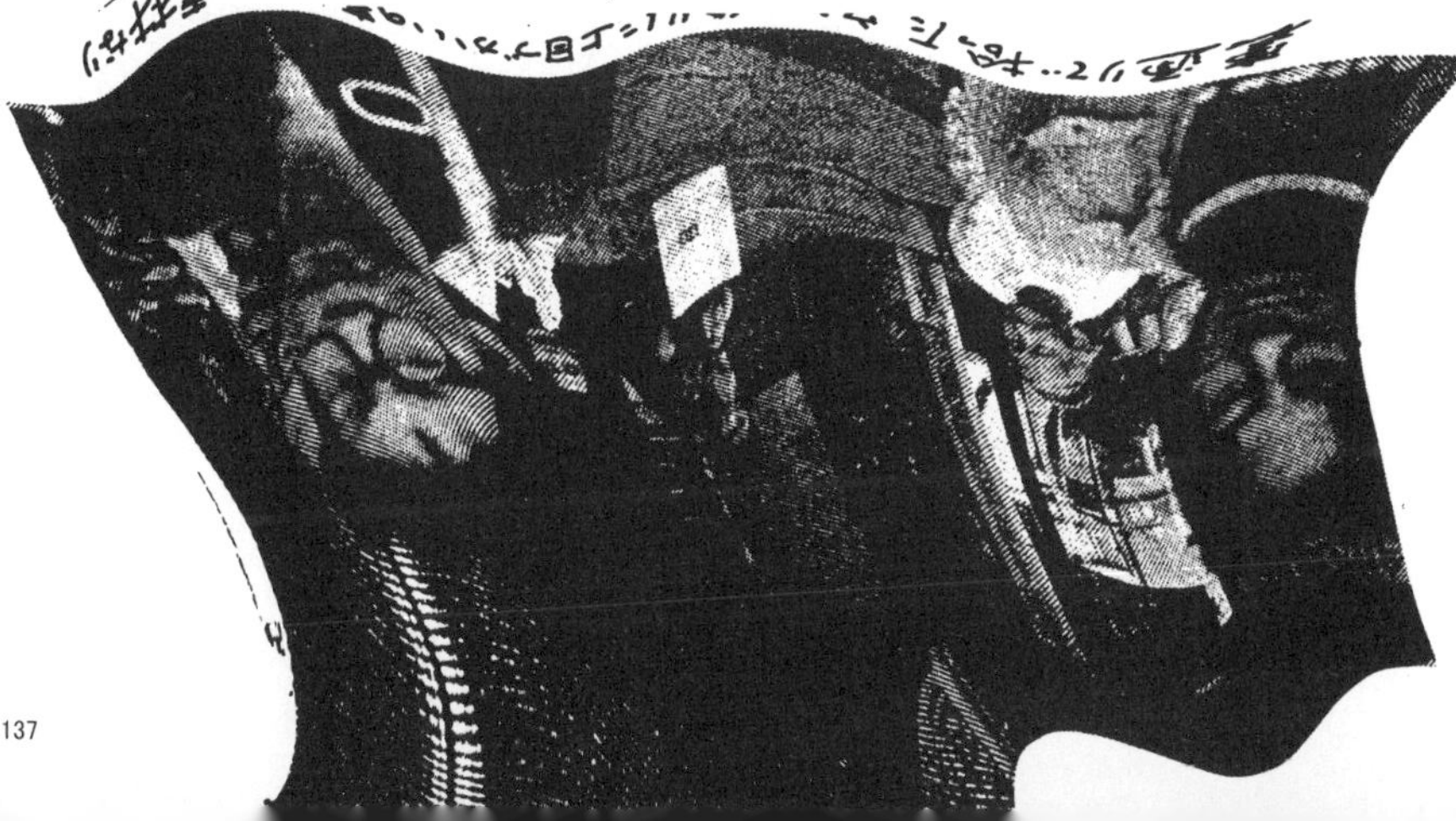

ドアール化粧品②
駅前食堂のアジマ
それあけますから
この荷物ちょっと
あつかって下さい

オルマイムニカ？（幾らですか）
んガッ？
会話本の活字通り、キチンと云っても通じない…そんな時は
オゥマイイムグアア
あー300₩
と、ゆう具合に少しダラシなくいいかげんにモゴモゴやるとより

道《ド》高《ゴ》温《オン》泉《チョン》

도고온천

湯煙の中で瞑想。異国の風呂場で人生設計を洗い直すもまた楽しからずや

満員の湖南線急行列車から、道高温泉駅で下車したのは、我々3人の他は一組の男女のみ、計5人だけだった。

駅の西側には水田がひろがり、東側にウラさびれた駅前の広場がある。かたわらにたてつけの悪そうな中華食堂が1軒ぽつりと立っていた。秋の夕ぐれは早く、うす暗かったあたりはたちまちまっ暗になってしまった。しかも、駅前とはいえ、タクシーが1台も止まっていないし、通りもしない。ここから温泉まで、どれくらいの距離なのかもわからない。ウロウロした結果温泉はこちらという表示を見つけ、しかたなくそれに沿って歩き出した。

まわりは民家と雑貨店、それに

一本道、老人、廃屋、揺れる電線の影、
生と死の狭間で
ざわめく樹々の緑の啓示

なぜかパーマ屋が数軒あるが、どこも裸電球がポツリとついているだけで、駅前の通りとはいえ、外灯というものが50メートルに1本ぐらいしかない。暗い道だった。しかも5分ほど行くと、アスファルトもなくなってしまう。それでなくとも埃っぽいのに……。

まるで鈴木翁二の漫画の世界のような濃紺の闇である。

さらに進むと、今度は道がふたつに分かれてしまっている。もう立ち止まるしかない。そこへ通りかかったのが、どう見ても野良仕事帰りのおばさん。道をたずねることにした。

ハエと共にいただく食事ケンチャナヨ※

「いご（これ）どごおんちょん?」と言いながら左側の道を指さす。とたんに、どっと返答されたがなかなかこれがたいへん。約5分後、我々は、おばさんが

「道はこっちだが、歩いていくと遠い。だから、ちょっと戻るとバス停があるから、そこからバスでいけ」

と教えてくれていることを理解したのであった。

ガタガタでゴツゴツの道が、まっ暗な山村の中に通じている。15分ほど行くうちに、ぼんやり明るい川辺に出た。道も急にアスファルトになった。そこが道高温泉だった。

幅30メートルほどの川の両側に十数軒の宿があるだけ。ただし宿はどこも比較的きれいな内外装だ。我々が訪れた9月の下旬はシーズン・オフだったのか、客はほとんどいない。ただし、夜になると車で乗りつけてくる男女が少なからずいる。

ここは、ソウルから車で2時間ほどである。

ひなびたというより、とりたて

※気にしないの意。

てこれといった特徴のない、まばらな柳並木をたずさえた川のあるボケッとした場所である。しかしだからこそ、心が安まるのであろう。買うべきおみやげすら売っていない。まあ、頼めば夜の職業婦人は来るだろうが、そういったギトギトしたものが全くないのだ。
茫洋として取りつくしまのない、ひらかれた、妙に明るい温泉地という印象だ。

我々は、これをまぬけ美にあふれた安らぎの土地と言う。皮肉ではない。頭のいい、りこうそうな美しさなど、この国においてはやぼったいばかりである。

実は、この道高温泉は、有名な大きな温泉地、温陽《オニャン》の隣に位置する。道高と温陽は車で20分ほどである。韓国でも有数の温泉歓楽地＝温陽は駅前からして、すでに都会。当然人々はそっちへ行くわけである。

それでも、ふと立ち寄った道高の焼肉屋はうまかった。湯も大量に出た。

ただし、夜10時をすぎると宿の1階の大浴場は閉ってしまう。それを知らずに行ってしまったところ、従業員が脱衣場に床をしいて、まさに寝ようとするところであった。彼らには部屋がなかったのだ。風呂場が現住所なのである。

人間はハサミ・ショーギのようにはいかない。逆に……ハネツケ・ショーギというのがあってもよいだろう

TOKYO

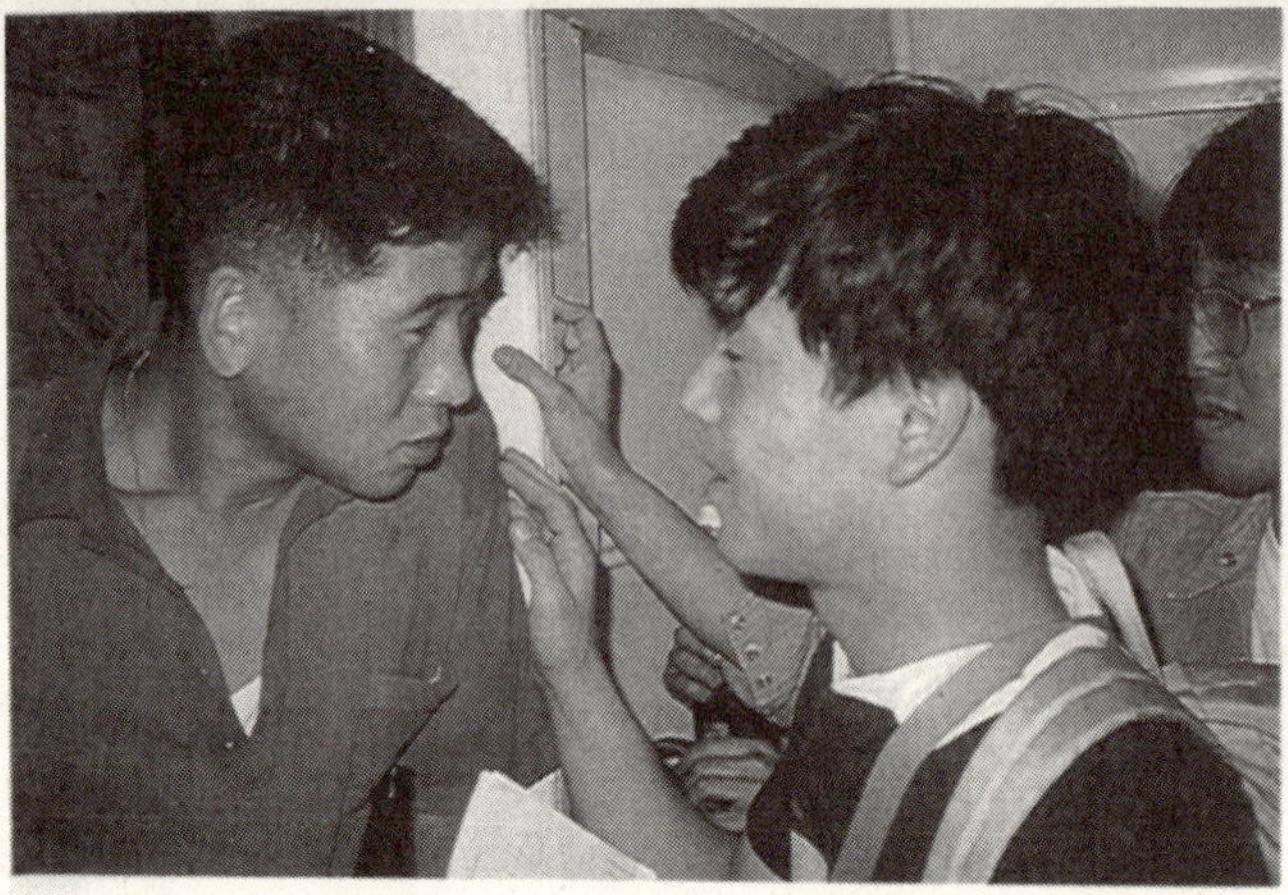

鳥《チョ》致《ジ》院《ウォン》

조치원

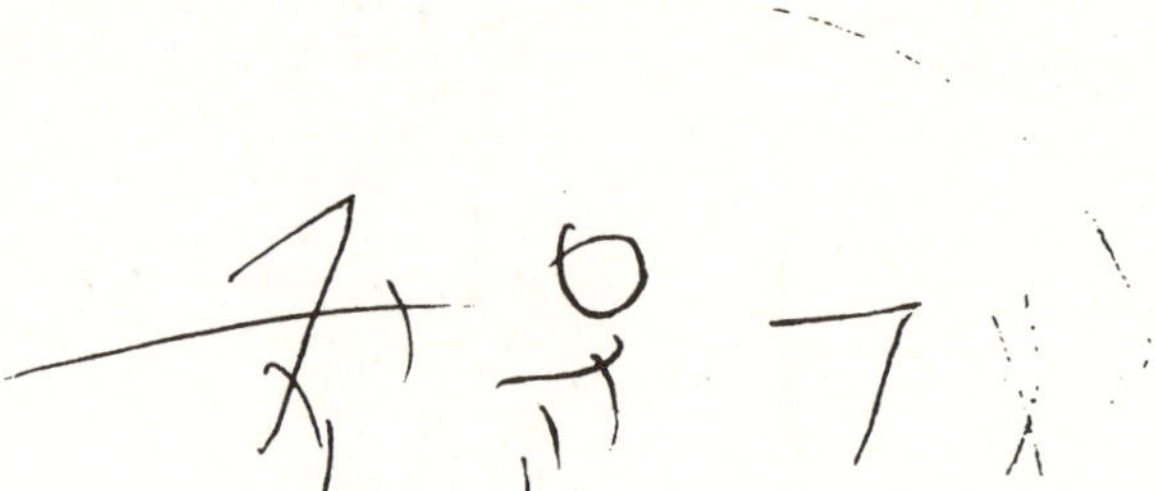

전《チョン》君が自ら記した彼の住所。どんどん文通されたし

ナユタ刊「ディープコリア」では李君となってました。が、チョン君が正解です。

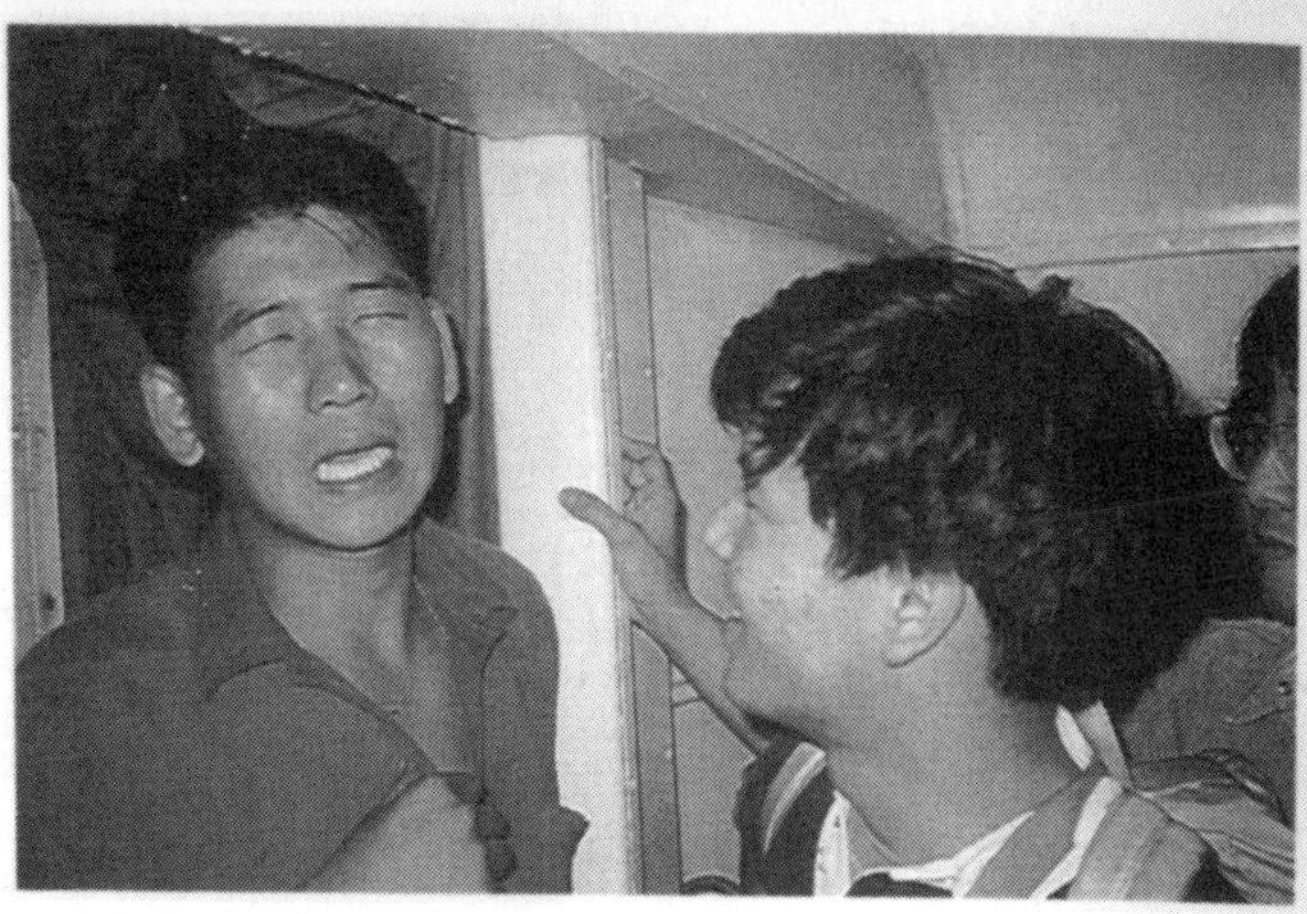

手ちがい――これが往々にして幸運な結果に結びつく。happen-ingとhappinessが似たようなスペルなのは、まんざら偶然ではない気がする。

列車が目的の大田《テジョン》駅に停車しないことを知らされた時、すでに午後8時をまわっていた。満員で坐れないため、車両と車両のつぎ

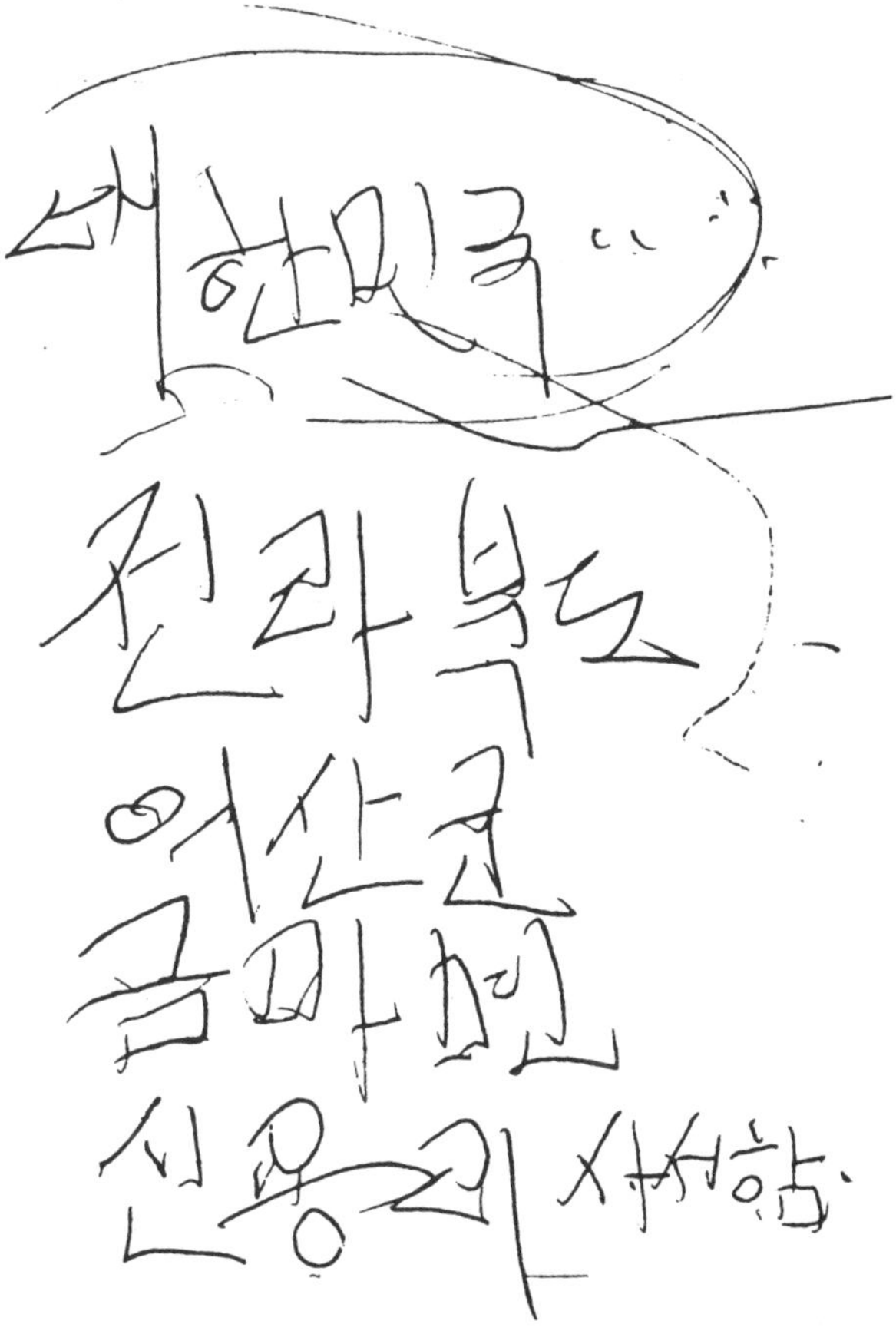

愛とは忖度する従僕ではなく、宇宙のはてまで我→

→を通す暴君の物であるべきと李君は体現

めに立っていた我々は一瞬青ざめた。切符を見せて「テジョン、テジョン」と何度言っても、車掌は手を横に振るばかり。

民家もまばらな原野の上にはどす黒い空が広がり、星が冷たく光っている。ただでさえハード・スケジュールで疲れているのに……皆しめし合わせたように口をつぐみ、車窓の眺めをうつろな目で追うのだった。

そんなところへ赤いシャツを着た酔っぱらいの青年が近寄ってきた。彼の風貌、はだけた胸は決して親しみのもてるものではない。それに何よりも酒が入っている。さっさと通り過ぎてくれという願いも空しく、千鳥足は我々の前で止まった。

彼はロレツのまわらないハングルという、ほとんど騒音にも等しい言葉をアルコールの臭気とともに浴びせはじめた。観念してお相手するしかない。

我々が日本人と知ってどういう態度に出るか不安だったが、李君は日本人に対するなんらの特別な表情もおそらく知識も持ちあわせてはいなかった。兵役義務を終えてソウルに遊びに行く途中、ということ以外に何を言っているのかわからなかったが、適当にあいずちを打っているうちに彼は我々に好意を持ちはじめ、ビールをおごってくれ、かじりつけと言わんばかりに口の前へ大きなイカのくんせいを突きつけた。我々は犬コロのように食いつき、力一杯にひきちぎった。

李君の相手をしながらも、今夜のねぐらをなんとかしなければ、という思いが常に頭をよぎる。とにかく次に止まった駅で降りて宿を捜そうということになった。

李君は上機嫌で自らの住所を書いたメモをくれた。その字がほどよく乱れていたのは酔いのせいかよろこびにあふれた気持ちのせいか。我々も住所を彼に教えたのは言うまでもない。

★

鳥致院という小さな駅のホームに降り立った我々を出迎えてくれたのは、無情の雨であった。

改札口付近に集まっていた駅員に近寄り、カタコトの韓国語で旅館の所在を尋ねた。我々が日本人であることを知った彼らの顔に驚きの表情が走った。なかの一人が手を打ってから走り出し、同僚を連れて戻ってきた。

道さえあればどう通ってもいいのだ。ゴーイング・マイ・ウェイ

「日本人ですか?」
連れてこられた男は日本語でそう言った。
「はい、近くに旅館はないでしょうか」
「泊まる、とこ、ね」

メガネをかけた、いかにも気の弱そうな男がたどたどしい日本語をしゃべるのを、囲んだ同僚たちは、はじめは皮肉げにニヤニヤしながら眺めていた。

しかし、彼の日本語が我々に通じるやいやな、感嘆とも驚きともつかぬどよめきが、彼らの間から期せずして起った。

彼のおかげで我々は投宿することができた。渡る世間に鬼はない。旅館の一室で丁重に礼を述べ、しばし談笑。駅員は10歳の頃まで金城基雄と名のり、〝国語〟として日本語を習っていた経歴を持つ。

「センセが、みんなは、ニッポンジン、でしたですよね」

こう言って金城さん、いやキムさんは遠くを見つめた。

無愛想な旅館のおかみさんが部屋に入ってきて、2通の手紙をキムさんに渡した。それは日本の高知県に住む娘から届いたもので、内容を教えてほしいというのである。

手紙は2通とも日本語で書かれてあった。娘さんは仮谷真弓（仮名）という一風変わった名前で、

「俺ァまっすぐ歩く。横に」曲がったことがキライな者が目につく!?

短大生であった。

　キムさんが一句ごと翻訳して伝えるたびに、おかみさんは感無量という表情でウンウンとうなずく。キムさんの口からもれる次なる娘の言葉を待ち構えるが、なかなかそれは聞かれない。キムさんはしきりに小首をかしげる。

なごやかな中にも一抹の緊張が漂って……

日本語を習ったのは、はるか昔、読みづらいのも無理はない。今や日本語はなじみのある外国語にすぎないのだ。我々は恩返しとばかりに手紙を譲り受け、かみくだいた表現に直してキムさんに読んで聞かせてあげた。

　親の健康への気づかい、自分の日常生活のささいなエピソード、再会への切なる想い、などが綴られてあった。おかみさんは目を閉じて黙って耳を傾けていた。まぶたの裏に浮かぶ娘の顔は、一体何歳くらいの時のものなのであろう

ドアが開く。顔が出る。パチリ。よし

顔が立つ。背景が出る。パチリ。よし

大好物がノドにつまって味わう一瞬の苦しみ＝最大の悦楽

か……。

ある韓国人の一家庭にひそむ複雑な事情、過去の陰影がにわかに部屋に広がった。我々が少し震えたのは、雨にうたれて冷えきった体のせいばかりではなかったろう。

大韓的事件あの日あの時

高校生 トラと格闘10分

客100人ハラハラ

大ケガにも「精神力さ」

ソウルの動物園

【ソウル三日永守良孝特派員】ソウル市内の動物園で男子高校生が過ってトラの飼育場に転落、襲いかかってきた雄のベンガルトラ（七歳）と約十分にわたって格闘した。この生徒は全身をかまれて大けがをしたが、救出後のインタビューで「精神さえしっかりしていれば助かると思って闘った」と語った。

光云電子工業高校の二年生、鄭敏虎君(一七)で、一日午後三時半ごろ、仲間の男女生徒三人と一緒にソウル市内の「子供動物大公園」を訪れた。一人の男子生徒が突然女子生徒のマフラーをトラの飼育場に投げつけ「勇気があるなら、あのマフラーを取ってこい」と鄭君をからかった。鄭君は安全さくを乗り越え、近くの鉄条網にひっかかっていたマフラーをつかもうとした瞬間、鉄条網が曲がり、約四㍍下の飼育場に転落した。

鄭君は近くの木に登って逃げようとしたが、飛びかかってきたトラに腕や足、胸などをかまれた。見物客ら百人がはらはらする中、鄭君も必死に抵抗。飼育係がかけつけ、スコップをトラの口に突っ込み、ようやく救出した。鄭君は一カ月の重傷。

倒れた鄭君に襲いかかるトラ。見物客が写す＝ロイター

もしかして、おめら、日本人《イルボン》か!?
韓国語
ネー（はい）
ネー
ネー
なァーしんだ ちょっくら待てい
オー
ピュー
ネー
?
?
オッチョガ フンッゴゲイヨ
ホレ
ホレホレ
……

ニタ
ニタ
オレオレ イルボンが
イツ韓国へ キマシタカ？
この前の土曜日です
ドッ
アナタタチ日本ドコカラ来マシタカ？
ギャハハハ
おお、通じた通じた、凄えや

あっ
あっ
あっ
ファー
ファー
ファー
ハァ
ハァ
ペタ
ペタ
ペタ
あああ

それから20年経った・・・

子供だろうと動物だろうとイイ顔
カシャ
からは逃げないぞ
負けてたまるか！

カチ…
プハーッ
フ〜
それにしてもありゃ一体何だったんだろう……

扶余《プヨ》 부여

慶州を奈良と言うなら京都、慶州が京都なら奈良にあたる。いわゆる歴史上のポイント都市である。

まあ、行った感じは小さな盆地であることもあって、まさしく小《こ》奈良《なら》である。

低く青い空の下、柳やポプラがゆるやかな風にうごめいている。のどかな田舎町だ。ところどころにある遺跡も別に装ったふうもなく、どちらかと言えば漠然と空に対峙している。大きなリズム感で時に座しているのである。

そういうところは、どこまでも観光たらんとする日本の奈良とは大きくちがう。鹿せんべいもフンもない。古代史も現在と当然のようにつながっているのだという、暗黙の確認がなされているのであろう。

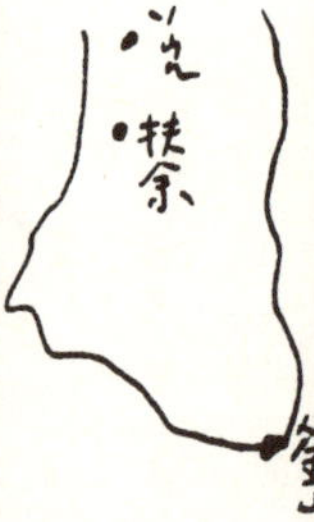

人間の原形質のようなカオが出迎えてくれた

ソウルから直通高速バスで3時間=2900ウォン、大田からなら1時間=900ウォン。鉄道は通っていない。

絵のイタズラも見たかったねエ

百済王宮のあった扶蘇山《プソサン》の南側にひろがる、南北1・5キロ東西1キロという小さな町で、扶蘇山の背後には錦江《クンガン》=白馬江《ペクマガン》が悠久の流れをたたえている。この地を観

歴史の重みはあまり感じさせない石×4

光するなら、歩きでもまる1日あればゆっくり巡ることができる。

　我々も、ひどくのどかな気分で町を散索していたが、町のほぼまんなかあたりに石仏座像があり、そのあまりの素朴さに思わず観光してしまった。しかし、そこの敷地に立てられている壁に「자시」とチョークで落書きされているのを見つけた。자시、すなわちおちんちんである。

　こうした落書きは、あまり韓国では見かけないが、近くの小学生のしわざだろう、可愛いらしいものである。我々が指さして笑っていたのを見て、その石仏の管理人がとことこやってきた。「자시」はすみやかに消されてしまった。

　ただし、その石仏も、もともとは頭がなかったのだが、適当なのが近所で見つかったというので、強引にのっけてしまい、今の石仏にしてしまったものだというから、さすがだ。

　奈良といえば鹿だが、ここ扶余には、なぜか犬が多く見られた。

前近代の音が道のかしこで響く

犬だけでなく人間も放し飼いといった観のある、のどかでリベラルなムード漂う小都市である

別に町をあげて飼っているわけではないが、その種類も大小さまざまな、いろいろな顔をした犬が寝そべったり走りまわったりしている。

韓国の集落地帯には狭い露路裏で何代にも渡り色んな犬種が混り合いグチャグチャに成った犬が元気にかけまわってたりする
ワッワッ

韓国では、だいたい、犬は放し飼い、猫はひもでつなぎ飼いという傾向にある。日本とは逆だ。

犬と猫では、その帰巣本能はどちらが上かという吟味はともかく、猫はこっそり入ってきて物を盗む傾向が強いからとでもいうのだろうか。そのへんはよくわからない。

まるで太い眉を引いたようにえらそうな西郷隆盛みたいな九州的な犬や、どれとどれが混ればこんなのが生まれるのかというような雑配が過ぎてルーツをなくしたようなメチャクチャな色と毛の犬など、見ていてあきないものが多い。

目が動物の目
しかし白痴や
狂人とはまた
別モノの様だ
歩き方が独得
「本能」という言葉が
よく似合う男…
それはこの
犬男だ

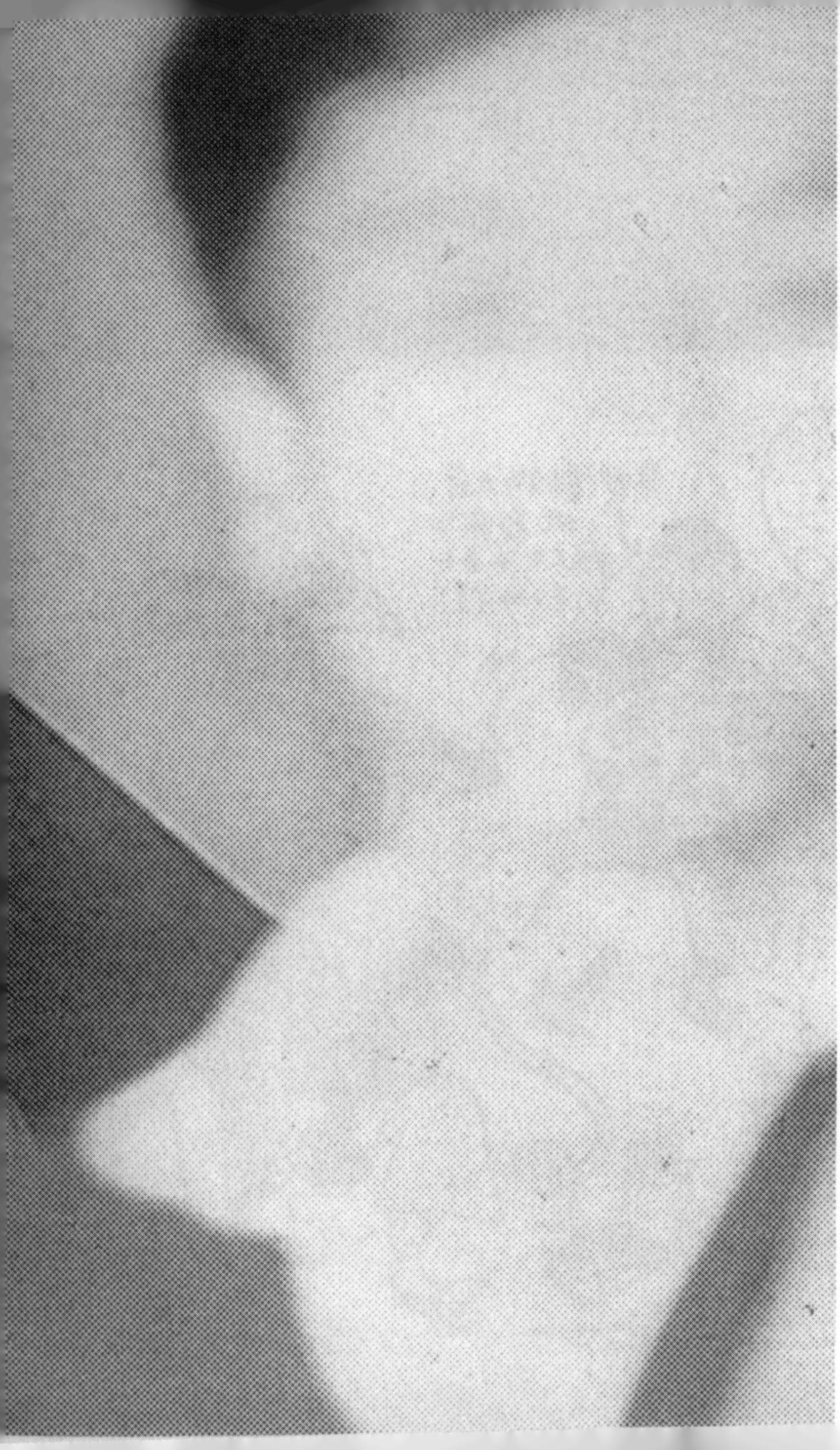

おもしろいことに、ここでは人
間まで犬に似ているから奇妙だ。
とりわけ、我々の目をうばった

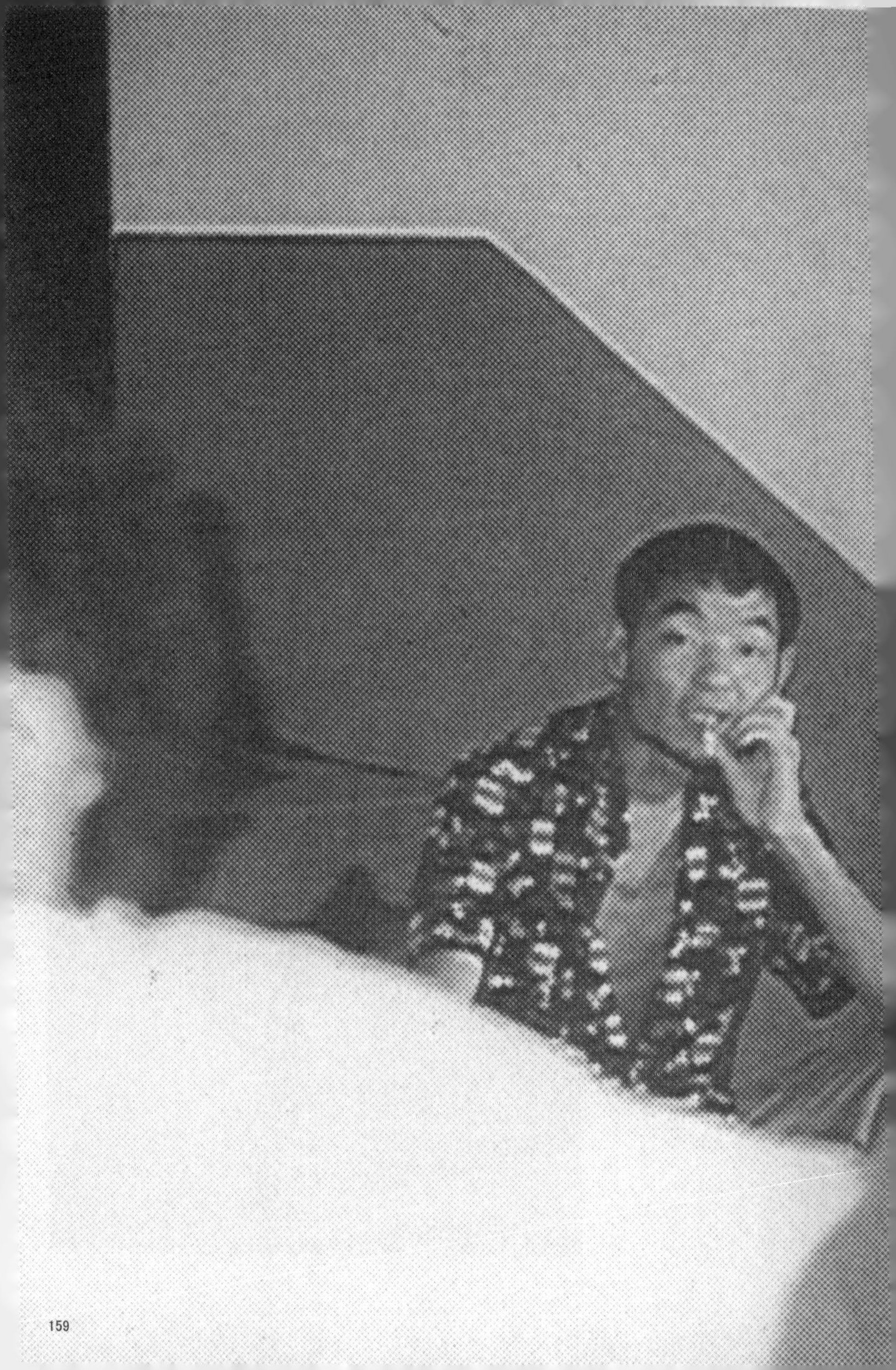

記念撮影のカメラ・アイの軌道に真一文字に斬り込んで撮られた写真。楽屋写真!?だ

のが、バス停にたむろしていた奴だ。こいつは、細身の姿態にベルボトムの汚ないGパンに黒地のへんな模様のシャツを着て、バスの待合い室の階段に腰を下して、誰を見るでもなく、じろじろと世間を眺めていた。さらにその歩き方。手をだらりとたらし、肩をおとして地面を見ながら、大股で、老いた赤犬のように前へ進む。

なぜ○×を撮るのかって？ そこに△□✿があるからサ

そうやってどこへ行くのかと見ていると、洗車用の水道へ行って、ホースからぐびぐびと水を飲むのだ。そしてまた、もとの待合い室の階段へ戻る。それのくりかえしで日が暮れてゆく。そういう奴だ。彼がどこで生まれ、誰に育てら

れたのかは、定かではない。ただ、その身のこなしと、犬の多いこの古都を思いあわせると、彼を「犬男」とするには、いささかのためらいも我々にはない。

　たぶん彼を日本に連れてきたとすれば、最初にとき放たれたその場所を寝ぐらと定めるにちがいないだろう。そういったパッショネイトな自然美を持ったオスである。

　あれから扶余を再訪することはしていないが、おそらく彼は、今でも、あの階段に座って何かを見ているか、または、すぐれてにおうメスを見いだして彼女とともに、町の別の物かげへと居を移しているかもしれぬ。

　彼の生態に対する調査が、今後も望まれる。

『第二の性』なんぞそもそも存在しないこと、つまり男と女は
全く別種の生物体であることを強く認識させてくれるオスが多い

大田《テジョン》 대전 西大田《ソテジョン》 서대전

大田《テジョン》といえば、まず思い出すのは歌謡曲の名作『大田ブルース』である。

悲恋を歌ったこの曲からイメージする大田は鉛色だ。

特に韓国歌謡史上最大のヒット・アルバム（もっとも韓国に7インチのシングルはないが）80年作のチョー・ヨンピルのファーストに収録されているヴァージョンはあまりにもピンク・フロイドの『原子心母』に似たイントロから、内臓ごと吐き出すようなしぼり込まれた悲哀が胸に爪を立てる。こういうのを名唱という。

ソウルと釜山のほぼ中心に位置する工業の街である。忠清南道の道庁所在地だ。

木浦からソウルへ伸びる湖南線、釜山からソウルをつらぬく京釜線の分岐点でもある。ただし湖南線は大田ではなく、西大田に通っていて、それをまちがえると我々のように鳥致院へ不時着せねばならなくなる。

さすがに大田は都会で、中央郵便局にはパッケージ・サービスがあり、特に海外への小包発送の便宜をはかってくれる。

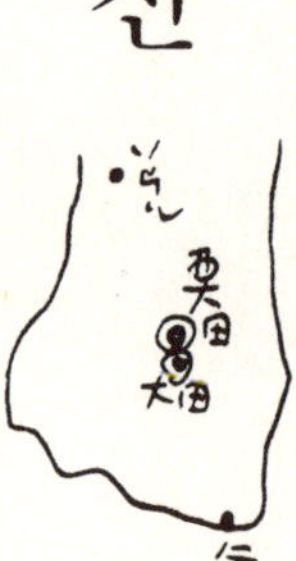

我々も、各地をめぐって集めたレコードがとても旅の道連れにできないほど増えてしまったので、ここを利用してみた。

窓口はひとつ。なかなかの繁盛ぶりで、ちょっとした行列ができている。担当はかっちりとした顔立ちの青年で、20代の後半だろう。着やせするタイプの芯の強そうな奴だ。

テキパキと、竹のものさしと紙のガムテープで仕事をすすめてゆく。

『お、なかなかいいぞ』

『そうでもないや』

目は口ほどにモノをいうが、目と口を具えた顔はもっとモノをいう

我々の番になった。そっと10kgのレコード2箱をカウンターに置く。

男の顔色がくもった。それまで黙々とパッケージング業をこなしていた無表情で堅固な顔に、きりりときびしさが加わった。我々の荷をあれこれと、指さしながらはっきりとした口調でなにごとかまくし立てはじめた。しかし残念ながら我々には彼の言わんとするところが、全く見当もつかない。

しかたなくお手上げの表情をすると、彼は、一瞬沈黙し、しかるのちに大きくためいきをついて我々を一瞥するとしかたなげに荷作りをはじめてくれた。

彼は、もしかすると、中味が重いのでここでやるパッケージングでは不十分だと言っていたか、我々が仮づめした箱がきたなかったので注意してくれたのか、そのどちらか、あるいはその両方であると今にして思えば見当をつけることができる。

紙でつつみ、ひもがけする。

彼は、あて先を荷物に書け、とマジックを手渡した。日ごろの汚い字で、あて先を書きかけたところ、彼は大声で、「そうではない」というようなことを言い、我々からマジックをとりあげると、こうやるのだとばかりに手本を示してくれる。

「ああそうだったのか」とばかりに感嘆の声を上げると、今度は満足げに、しかしきりりとした表情で、パッケージング代金1500ウォンを要求した。

職務に忠実で、きびしい。これは韓国人の特質といえるかもしれない。

レストラン、食堂などでも、ウエイターやウエイトレスが置いた食器の位置を我々が動かしたりすると、かたくなな表情で、ぐいとばかりにもとの位置に戻されたりしたことも少なくない。

これは食べかたの作法のちがいによるのかもしれない。

どんな物を売っているかではなく、どんな者が売っているかが売店のよしあしの基準（ここはもちろんいい店!!）

日本では、左手におわんを持って右手にはしで、かっ込むのをよしとされるが、この国ではそれは不作法にあたる。左手は食器にふれずに、右手1本で食べるのがよしとされるのである。左手は、テーブルから離して、ひざの上に置いておくものなのだ。

西大田は、大田から車で7、8分の距離にある。小じんまりとした町。駅があるだけという感じのところである。

小さなレコード屋があったので寄ってみたところ、そこのちょっと年配の青年は日本語ができた。

仕事中だが気軽にポーズをとってくれた

「日本では、レコードいくらしますか」

屈託のない質問である。

「2800円です」

「そうですか。高いですね」

「ええ、まあ」

他愛のない会話である。

さて、店内を見まわし、レコードはろくなものがなかったので、テープを2本ばかり買って店を出ようと思った。

「いくらですか」

「1本3000ウォンです」

通常1500〜2200ウォンが、テープの相場である。つまりこの価格は、彼が日本語を話せるが故の結果というわけだ。

「それは高いです。それではいりません」

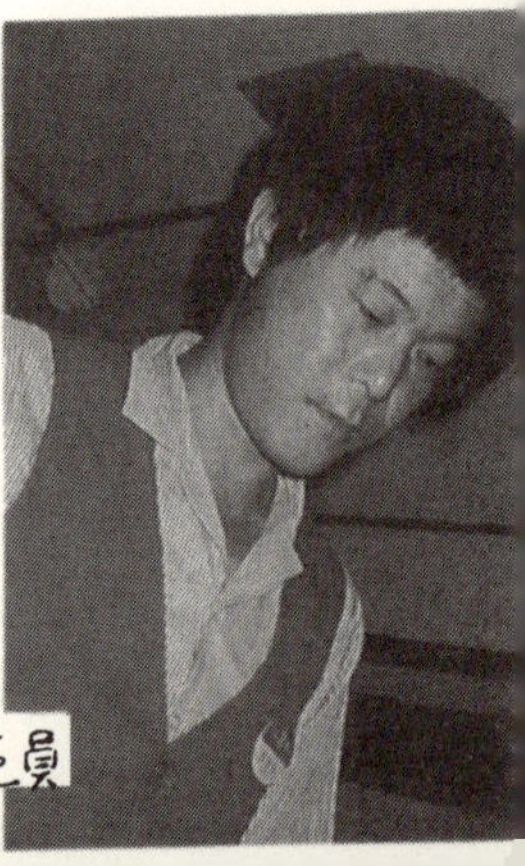

列車の車内販売員

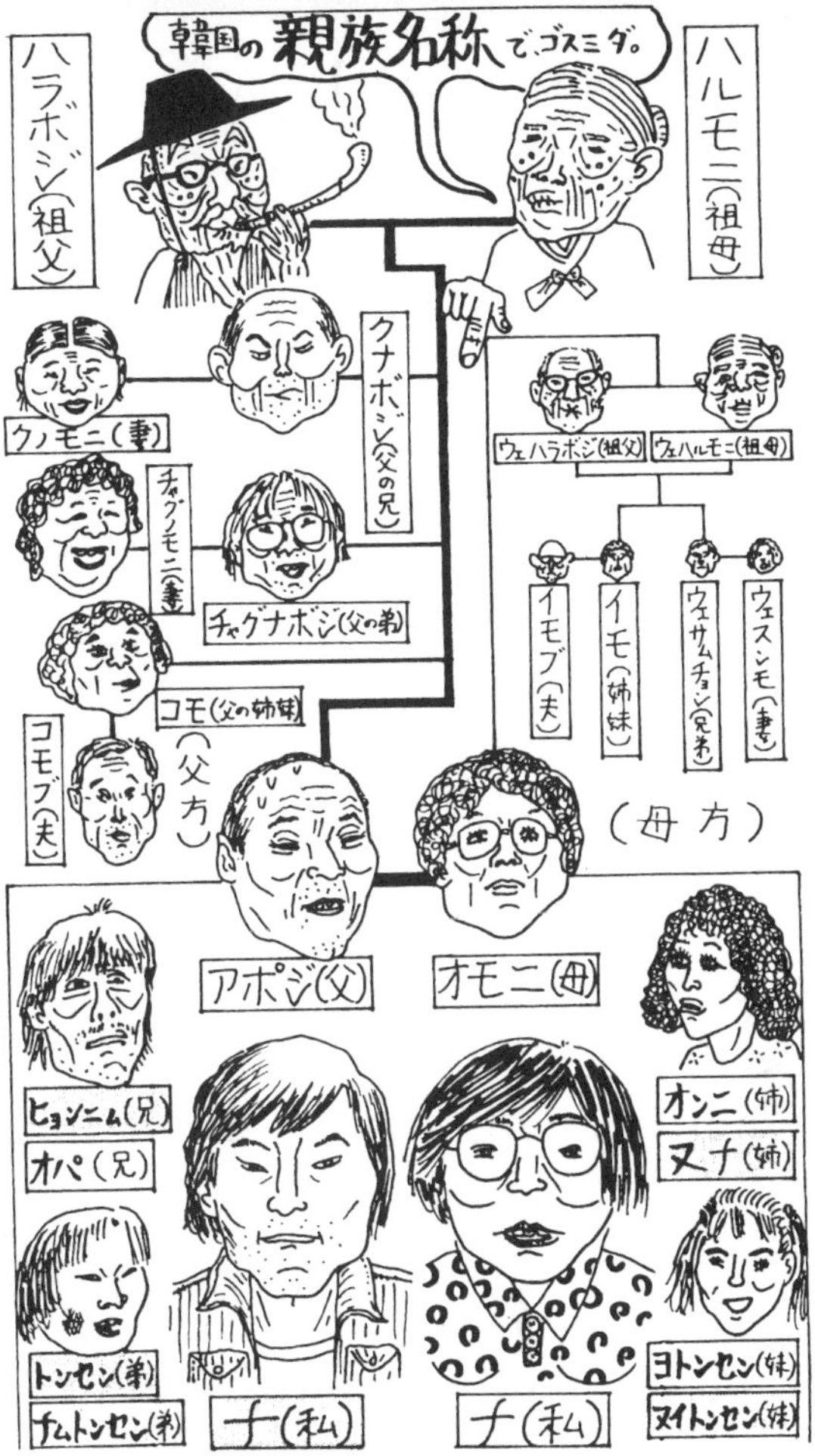
韓国の親族名称で、ゴスミダ。
ハラボジ（祖父）
ハルモニ（祖母）
クナボジ（父の兄）
クノモニ（妻）
チャグノモニ（妻）
チャグナボジ（父の弟）
コモ（父の姉妹）
コモブ（夫）
（父方）
ウェハラボジ（祖父）
ウェハルモニ（祖母）
イモブ（夫）
イモ（姉妹）
ウェサムチョン（兄弟）
ウェスンモ（妻）
（母方）
アボジ（父）
オモニ（母）
ヒョンニム（兄）
オパ（兄）
オンニ（姉）
ヌナ（姉）
トンセン（弟）
ナムトンセン（弟）
ナ（私）
ナ（私）
ヨトンセン（妹）
ヌイトンセン（妹）

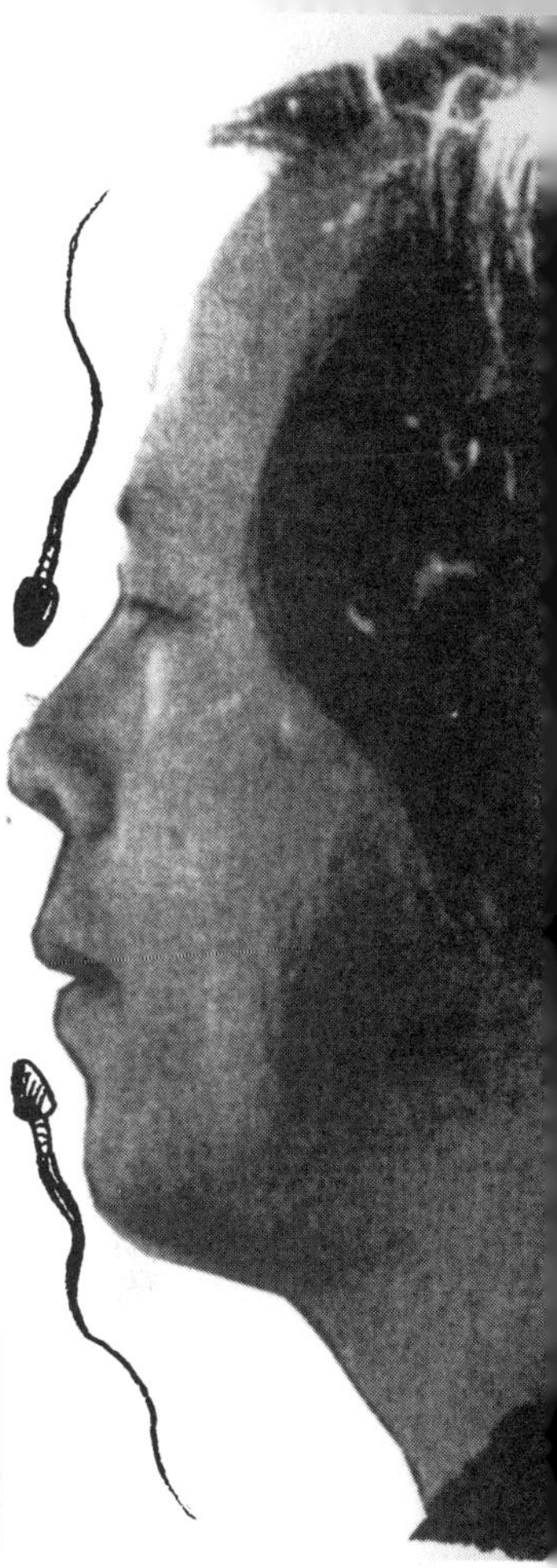

こういうボリかたをする店にソウルや釜山で、時々出くわすことがある。まあ、韓国の人は基本的にはだいたい親切なものだから、そういう店のほうが特殊な存在だと思っていいが、中には、こちらが欲しがっている足もとを見て、5000だ4000だと言ってくるダーティな奴もいる。

5・6対1という貨幣価値を考えれば、1000ボラれても200円しないわけだが、気分が悪いことには変わりはない。勇気をもって「ぴさむにだ＝高いです」と言わねばなるまい。

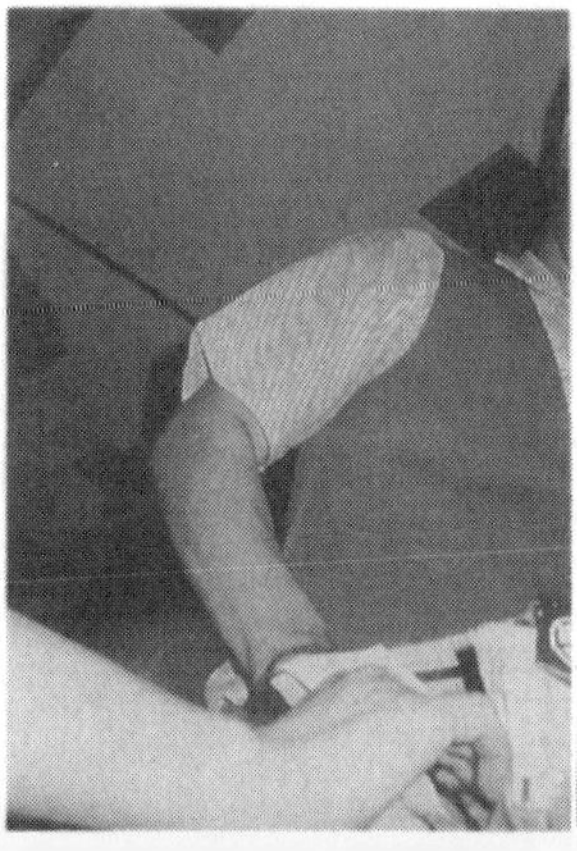

彼が通るたびに我々は何かしら買うのだった

儒城温泉《ユソンオンチョン》

유성온천

儒城《ユソン》は、だいたいどのガイド・ブックにも載っている、有名な温泉である。

大田からバスで15分ほどという距離的な便利さがよい。が、行ってみると、そこは平たんな空地に湯がわき出た所という印象の強いところだ。

特になにがある、と言ってこれというものはない。

ホテルも林立しているわけではなく、ポツリポツリと、かなりの間隔で建っていて、その間に空地があり、広々とした印象をさらに強めている。

日本の温泉の、山間のひなびた感じとか、熱海のようなドンとレジャーやってるというような活発なものは、まるでない。

のぺたんとした保養地だ。それだけに間のびした解放感が存分に味わえる。

儒城観光ホテルというドデカイやつを中心に、大小いろいろな宿があり、さらに大衆浴場もそこかしこにあるから、湯のはしごなどもできるだろう。

我々として、特にオススメしたいのは、中心街から3分ほどはずれたところにある、テーホ・ジャン・ホテルである。

ここは、フロントはもちろん、ボーイにも日本語のできる青年が多く、勉強熱心な姿勢で親切にしてくれる。

家族的フンイキで、我々に接してくれるのである。料金はオンドルで1部屋1万6000ウォンと手ごろである。各部屋ごとに風呂がついているが、もちろん1階に大風呂もある。

ここの郵便局でも、約3時間悪

貝そば屋。とにかく出されたものを食え

人情もほんわか温かい(41度地)
観光

戦苦闘して、荷を送ろうとしたことがあるが、その時は、古川緑波によく似た局長氏が漢字を混じえて、必死に会話をし、世話をしてくれた。また、モグラのように朴訥なので、怒っているのか親切にしてくれているのかよくわからない、レコード屋の年配の青年にも、おまけしてもらったりした。

韓国で中華料理屋へ入ってメニューを見ても、漢語をハングルの読み方で表記してあるのだから、たとえハングルを読めても何の料理か全く解らない。我々がとまどってると、店の兄ちゃんが、英語で「日本人か？日本にも中華料理があるのか？何が食べたい、知ってる食べ物いってみろ」何でも作ってやっから」と自信マンマンにいったのだった。そして出されたのは
ユーノー チャイニーズ フードゥ？ セイ ミー ザット フード ネイム
우동
この取材から2年後、知人宅にホームステイしていた韓国人(♀)の兄が、実は上記イラストの人で、彼は本書を見て「俺の店はこんなに汚くない」プンプンと怒ったそうだ。ホームステイの女子も「うちはこんな店じゃない」と嘆いたという。でもこういう店だったのだからしょうがないであろう。

自然が絵ハガキを模倣する

慶州《キョンジュ》

경주

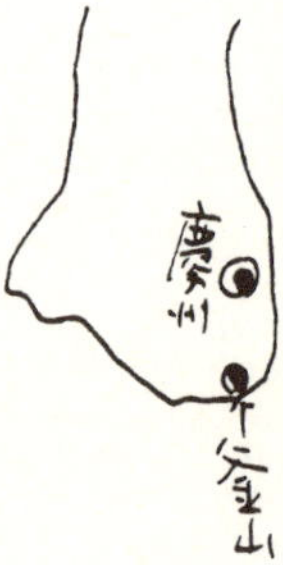

奈良というのが、韓国語のナラ＝国にその語源を発しているらしい、という有名な説をもちだすまでもなく、韓国の奈良または京都といわれる慶州は、古都、あるいは遺跡の多そうな観光地というたたずまいを全面的にかもし出している土地だ。

ハネムーンの地としても、済州島には及ばぬまでも、有名な土地で、チマチョゴリの新婦をエスコートする背広姿の若者たちが古墳を見物しているのをよく見かける。

日本の団体、または良識派訪韓旅行者が必ずといってよいほど訪れる地でもある。

駅からタクシーで15分ほどのところにある慶州ユースホステルは大きな建物で、静かに我々を待ちうけていた。

ところが、いざ中へと足を踏み入れると、フロントはおろか、建物の中に明りというものが全くともされておらず、まっ暗。11月下旬という、どちらかというとオフ・シーズンであったこともあろうが、それにしてもこれでは開店休業ではないか。

何度も「ヨボセヨー」と呼んだところ、のそのそと小ぶとりのフロント・マンらしきおじさんが現われ、「どこから来た」というような、いつもの会話が交わされる。

それにしても寒く暗く静かなこのユース、他に泊り客はいるのか。言われた部屋へ行ってみると、4つの2段ベッドの手前左の下段に、ひとつ、旅仕たくがある。なんとなく安心したが、その荷物をよく見てみると、どうやらそいつは西洋人らしい。となると、また別の問題、英語で話しかけられるとめんどうだ、というのが派生する。

なぜだろう。韓国語は、もちろんできないが、それでもこの国を旅している以上話しかけられても苦痛ではなく、相手の気持ちをわ

人がいなければ観光地は単なる地。チンポのない種馬に等しい

かりたいという気持ちが強く沸き起こってくる。しかし英語で、しかも、それが西洋人＝白人だったりすると、とたんに億劫になる。

韓国人に「キャン・ユー・スピク・エイングリッチュ」（我々にはそう聞こえることが多い）と外国語としての英語で話しかけられることは、むしろ楽しいことなのに、だ。アジア人的白人差別の表われ、とカンタンに言っておくことは、可能だろう。

それにしても寒い。普通は人の気配がいくばくかの温みを建物に与えてハリを生み出しているものだが、ここにはそれが全くない。立派な礼拝室の暗闇。2階の踊り場に備えられた大きな鏡が暗がりの中で発する薄明り。

長い廊下の端にあるトイレへ行ってみる。もちろん誰もいない。タイルが冷たく光っている。大が6、小が10という広さだ。用をたしていると、その時、コツコツコツと窓をたたく音が。

おや。

沈黙が白い小便器の上で薄暗くわだかまる。

小便がトトトと心細げに音をたてて終わった。するとまた、庭に面している窓を、コツコツコツと、たたく音がする。

不思議なこともあるものだ。大便用の個室は、すべて扉が開きっぱなしで、使っている者は誰もいない。風が木の枝をゆらしたのかとも思ったが、窓から見ると外には、なにもない。この建物の裏には、庭ともつかない空地があるだけだった。

部屋に戻ると、なんとなく我々は、みな、いごこち悪そうにしていた。しばらくしてひとりが言った。

「トイレで妙な物音がしなかったか」

3人が聞いていたのだ。

ここから、御来光の名所・仏国寺までは歩いて25分ほど。散歩がてらに、のどかを絵に描いたような農村を行けば、気分はなごむというものだが、なかには黒濁の沼辺に、なかばこわれかけた古い家屋があやしく傾いているにもかかわらず、くっきりとその家の人のものだと思われる洗濯ものが乾かしてあったりする風景に出くわしたりする。

我々以外に誰ひとりいない大食堂でとった夕食。我々のテーブルにのみ、ひっそりと明りがつく。暗闇が食べる背後でうごめいているようだった。

7時半ごろになって、我々が何をするともなく部屋で電気ストーブにあたっていると、同室の白人が帰ってきた。

ニコンの一眼レフをさげ、紺のウインド・ブレイカーを着込んで

超常現象が起きた便所。放尿（排便）の快感と霊体験の恐怖感が味わえるお得なスペース。慶州の穴場だ！

闘犬のポスターもいさましい

いる。我々を見ると、ちょっと微笑しただけで、そそくさと荷物をおろして服をぬぎ、タオルを持ってシャワー室へ行ってしまった。我々が抱いていた、アメリカ人的陽気な旅行者であろうというイメージはすぐさま消えうせた。

しばらくすると、フロントのおっさんと、その助手らしき青年が部屋にやってきて、ストーブを一応点検すると（彼は日本語ができる）おもむろにこう言った。

「あなたたちと、同室の人、何かしゃべりましたかあ」

我々は首を横にふりながら「アニヨ」と答えた。

「あの人、スイス人です。だから英語、日本語、韓国語、全部タメね。わたしたち、ベリー・ハードね」

両手を空に放つように上げて、あきらめの表情をつくると、さっさと部屋から退場。

5分ほどして、スイス人が帰ってきた。今度は我々のほうを見ることもせずに、そそくさと毛布を2枚頭からガバとかぶって寝てしまった。

その日は、我々も早々に明りを消して床についたが、なかなか眠れなかった。

スイス人も、そうだったらしく、何度も何度も暗闇の中で鼻をかんでいた。時々チューチューと何かを飲んだり、ビニールの袋をやぶってなにかを食べているような物音もした。

いつしか我々も眠りについたが、

人間には、いや人間だけではない、あらゆる生物の性質は精子性と卵子性の併合によって形成されている。精子性は肉体や精神への突入をもくろむ基礎形質を促進し、卵子性は受動的感応と防衛的体制を持っている。近年、都会的あるいは洗練などを称揚することによって突進的生命力がうとんじられているのは、文化的側面でメディアの卵子性が高いからである。若き大韓男子の多くがなよなよしているのもその悪影響によるものである。

けしからんことであります。精子性の弱い奴は、顔相がしおたれて情けなく、性質は小ずるい猿である。

めざめよ万国の精子性。

薄明りが部屋に差し込んできた頃、スイス人が、またしてもそそくさと身づくろいをしている音で、目がさめた。7時だった。無言で彼は出て行った。

9時頃起きた我々は、まずゴミ箱を見てみた。

やはりスイス人は夜中に、オレンジ・ジュースを2パックに、菓子パンを3つ、腹におさめて空腹をしのいでいたのだった。

そのとき我々はみな一様に思っていた。スイス人も、きっとトイレであの音を聞いたにちがいないのだ、と。しかし、誰にもそれを話せないでいたのだ。

昼頃行ったトイレでは、何の物音もしなかった。

なお、このユースの近くには、日本人妻の施設＝ナザレ園がある。

浦項《ポハン》

포항

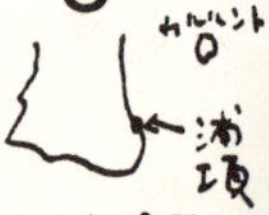

ここに立ち寄ったのは、ほかでもない鬱陵島へ行くためだ。八王子に港があるような、そういうたたずまいの町である。釜山からは慶州で乗りついで高速バス1時間30分弱。平坦なバスターミナルから、市街地まではさらに車で10分ほどかかる。

港町という感じの喧騒はあまりなく、どことなく静かなのは市場が釜山のようなぞんざいなものではないせいかもしれない。

釜山から通じている列車東海南部線の終点で、駅を中心に南北に町が広がっているが、それもちょっと裏へ行けば、ススけたモズに枯木が似合うような風景が中心となってしまう。

引き込み線をたどって行くと、おそらくこの線は石炭や練炭の運搬用のものなのだろう。あたりは灰色になってしまう。そこで遊ぶ小学生たちを見ていると、BGMはやっぱりブルースしかないだろうと思えてくる。

小学校と中学校に続く道にあった文具店では、B5版のブロマイドをパウチして下敷にしてくれる。我々も、羅美や金秀哲を見つけてパウチしてもらった。店には小学生の女の子がたむろしている。店のおじさんは、我々が1度に4枚も買ったのでたいそうよろこんでいた。当然だろう。子供相手の店なんだから。

その店の近所には、DJボックスのあるレコード屋があった。店中いたるところに、近所の中高生が描いたリクエスト・カードが貼りめぐらされている。気のよさそうな青年ふたりがきりもりしているが、外見はどう見ても高校の文化祭のようなものである。しかし、下校途中の中高生の女の子たちが

ウルルンドが腟ならポハンはさしずめ大陰唇

ポハンがとらやならウルルンドは寅次郎ともいえるか

港近くにクルワの花がいくつも咲いている。フェリーで9時間、ウルルンドから多くの花粉が舞って来る

文房具屋の御主人。彼のスマイル・ジャブとバカていねいストレートに我々はTKO喫する

流行音楽の発信源。ナウなヤングが集う

そっと店の中をのぞいていったりする。

駅と平行に走っている6車線のメインストリートから1本入った4車線の道路には、赤とピンクのネオンを配した、ビア・ホールが何十軒も軒を連らねている。入口には、必ず客引きの女が2、3人は立っていて、あやしげな視線を向けてくる。ちらとのぞくとどの店も、奥にいくつもドアがある。いわゆるビア・ホールの看板をかかげてはいるが、まんこ屋であることは一目瞭然。とはいえ、それ風に奥まったところにあるわけでは

なく、大っぴらに車やバスの行きかう道路に面しているところが、かえって爽快と言えるかもしれない。

そう言えばこの町には、その関係としか思えないあやしい光と作りの店が、港のほうにも点在している。外から見ると、入口のすぐ左に待合いがあり、職業に見合ったケバい化粧をした女たちが雑誌を見たり、寝ころがってお菓子を食べたりしているが、それと向きあうようにして、その宿の主人家族の居間と思われる部屋があり、そこは普通の螢光灯が輝いていて子供とおかみさんがテレビを見ていた。光と影の屈託のない共棲ぶりはおおらかとしか言いようがない。

3

思わずギター・スリム（1926・12・10ミシシッピ生まれ）のアルバム・ジャケットが浮かんだ
夕ぐれはブルースのとき。ルイジアナから遠くはなれた韓半島南東部の町である。

メシ屋の厨房見るべからずというが、坐らされた所が厨房で、処置なし

最も好きな顔をしたロック・ヴォーカリストのペ・ジョルスウに似たまんじゅう屋の青年。もう少し間がぬけていれば、もっとカップ・ヌードルにかぶりつく様が絵になる顔となろう。ま、いい。あんたが好きだ

韓国人でさえ91%が行ったことのないと聞く島に向かう

静かな船つき場には、貨物船に混って、巡視船の姿も見うけられる。鬱陵島行きのフェリー乗り場はすぐにわかった。しかし、船は2日に1便しかない。しかも片道6時間と標示されている。そんなに遠かったのか、それはいつわらざる最初のショッキングな印象である。

　要は船の数がなく、1隻が行き来しているから2日に1便なわけだ。さらに後でわかったことだが、海が荒れればそれも欠航してしまう。これには容易ならざるものを感じてしまった。

　フェリーは片道2等の大部屋で1800ウォン。1等の座席券で2500ウォン。

　我々が海を渡る日は、晴れていたが、船の時間が近づくにつれてしだいに風が強くなってきた。

　どこにこんなに人がいたのかと思われるくらい、待合い室は人でいっぱいになった。それもおばさんが大勢集い合って、やかましいほどだ。

　いよいよ乗船という段になって入口で荷物検査がある。さらに我々には、パスポートの提示が強制された。例によって「どこから、いつ来たか」といった質問、さらにパスポートのナンバーと名前がひかえられる。私服警官が聞く。

「なぜ、鬱陵島へ行くのか」

　むずかしい質問である。

「どういう人が住んでいるか見たいから」とは言えない。そんな答は危険このうえない。

「観光《かんがん》です」

と言いはしたものの、前途は決して楽ではなさそうだと、胸をさわがせながら、乗り込むのであった。

ひとくち
コラム
60年代中ごろ
65〜70年ごろの
大韓民国ではツイ
ストが大流行した。
ツイスト金やチョン・ウォ
ン&シャウトスなどのスター
が生まれた。御当地ソングの
「鬱陵島ツイスト」も
ヒット。しかし現地では
はやらず。

フェリーのマス席では婆たちが、まるで園児の様に唄い踊りまくる。
異様に思えるが、実際目にすると、とってもカワイイ光景だ。

大韓ブギーのクラシック「ギターブギ」唄・尹一路

鬱陵島《ウルルンド》

울릉도

満員の2等船室の座席にうずくまって、我々はタテヨコの揺れに耐えていた。

船の外は雨だった。

風が強かった。

浦項からフェリーが出航してすでに6時間以上が経過していた。浦項フェリー・ターミナルの掲示板にはたしかに航行時間は6時間と記されていた。

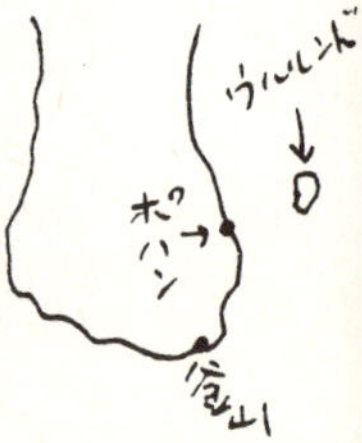

出航してから3時間ほどはワイワイと踊って歌っていたおばさんたちも、今はそれぞれに、ぐったりして、寝むりこけたり頭をかかえこんでうずくまったりしている。

はじめは混雑で身のおきどころが見出せず、しかたなく2等客室下の誰もいない、うす暗い遊戯室のイスでなんとか揺れをしのいでいた我々も、船室係のおじさんの好意によってイス席に移ることができたのだが、それとても、単に気安めぐらいにしかならない。時間がたつほどに激しくなる揺れに、とても身体を起こしておくことができなかった。なかば眠りの中にいなければ、酔ってしまいそうなのだ。

小便をしに行ってみれば、トイレはいたるところゲロだらけ。それも無理からぬ、タテヨコのローリングでは煙草を吸う気力すら衰えてしまうのだった

秋雨の中をゆるやかに渡ってゆく船旅? 「冗談じゃない。一晩か

一夜明けたウルルンドの玄関。おもたい大気に乗ってきたフェリーがゆらめいてい

かって海峡を渡る釜関フェリーの航海のほうが30倍は風情があるというものだ。

船が徐々に静かになっていった。大まかな左右の揺れが中心になった。午後1時に出航して、今は9時を15分ほどまわったところだ。

8時間。浦項から揺られ揺られて着いた先が、東海（日本海）に浮かぶ鬱陵島《ウルルンド》という島であった。

東京を2日前の午前6時に出てから、この港の土を踏むまで実に63時間がかかっているのだった。我々の場合、釜山までフェリーで渡ったから24時間余分にかかっているが、東京から飛行機でうまく乗りつぎ、浦項から週3便の鬱陵島行きの船に乗って、この島の地を踏むためには、どう見積もっても最低35時間はかかってしまう。

これだけの時間があればニューヨーク・東京間を往復できるではないか。距離にすると、東京・鬱陵島は、その何百分の一にあたるのだろうか。これだけ近いのに、これだけ時間がかかる＝遠い島というのは、もしかすると、それだけ生きることの本質に近いがためなのではないか。本質は見えにくく手間がかかるが故にたどりつくのはめんどくさいのだ、という思いが全身にひたひたとしのびよる。

とてつもない疲労感につつまれながら我々は船を降りた。

黒い雲がゆっくりと流れていた。雲を突き抜くようにそそり立つ岩が港の両岸で我々を迎えてくれた。

埠頭にはあいさつがわりにあいきょうのあるこの島の名産イカが記念碑としておったっている

暗雲が流れる島、正直に言えば、夜着いたせいもあるだろうが、これはとんでもないところに来てしまったと思った。

港のごく短かい桟橋を行けば、そこから、もう暗い岩山へ連なる坂道がはじまっている。

ゲートがあり、そこでパスポートを提出、私服警官に名前その他を聞かれる。そこを出ると100人近い数のおばさんが群らがっている。いわゆる客引きであった。

口々にシクサ=食事がどうしたとか、わけのわからないことをまくしたてながら、下船した客にくっついている。

我々は、ここがどういう所か、まるで見当もなにもつかぬままに、坂を上がっていった。

3人ほどおばさんがくっついてきたが、50メートルほど行くと、結局小柄なおばさんがひとり強引とも思える足どりでついてきて、むりやりとも思える手ぎわで我々の荷物をつかむと、足ばやにどんどん進んで行き、おたおたする我々を手招きする。

しかたがない、とりあえず先行きはこのアジュマ=おばさんにまかせるしかないだろう。アジュマの自信に満ちた表情に抵抗する気力も体力もすでにその時にはなかったのだ。

しばらくすると、坂の中ほどにある一軒の食堂に連れて行かれた。

顔の大きなアガシ(娘)とアジュマ(おばさん)の混ざりあった

女が、のしのしと登場。我々を連れてきたアジュマとがやがや、話し合っている。店の奥からも続々老若男女が現れ、口々に「イルボン（日本人）がなんだかんだ」と言っては、我々にむかって煙たそうな顔をしながらも笑みを投げかけてくる。しかし、その表情の奥には、それぞれに「なんでこんなところまでイルボンが」「よくもまあ来たものだな」という声なき思いが見えかくれしているのがわかった。結局、我々は船旅の疲れでろくに食事ものどを通らなかったが、店の人々はめずらしい客の訪問に心なしか満足そうだった。

　食事も終わり、やれやれと麦茶を飲んでいると、さきほどのアジュマが行こうと、またしても荷物を持って先へ行ってしまう。おたおたしながらついて行くと、タクシーを止めた。すでに助手席には客が乗っているので、後部に4人乗らねばならない。

　我々を席にぎゅうと押しこむと、サッとアジュマは我々のひとりのひざの上に乗り込んだ。早口でなにか運転手に告げる。

　5分もしないうちにタクシーは止まった。アジュマは我々に降りろという。

　またしても、またしてもアジュマはさっさと暗がりを歩いていく。我々は彼女の後をついていくしかないのだ。風がときおり強く吹いてくる。

　それにしても、これからいった

アジュマ（ババア）は何喰わぬ顔で膝の上に乗ってきた。

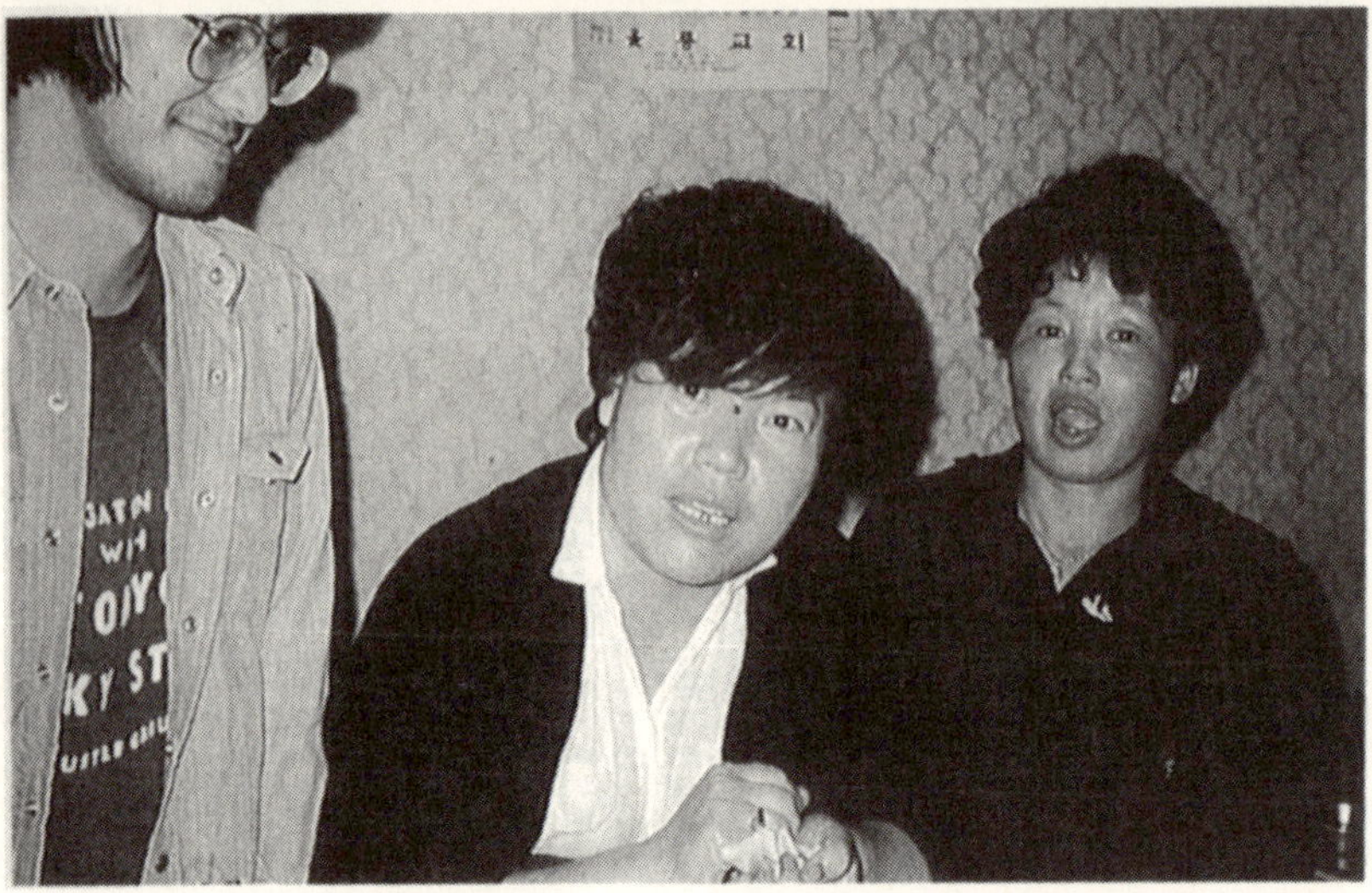

おせわになったアジュマとプルコギ屋の豪快なアガシ

いどこへ行くのだろう。今夜はいったいどこで寝ることになるのだろうか。

外灯もない、まっ暗な、とてもこの先に宿があるとは思えない坂道をぬって行く我々の足どりは決して明るいものではなかったことは言うまでもない。

アジュマは細く入りくんだ道をスタスタと行く。しかも道は上りだ。

平地のないこの島では、上るか下がるか、歩くということはそのどちらか以外には考えられないのだ。

闇の中を進み、1軒の民家とおぼしき家に導かれた。

慣れた手つきでアジュマは引き戸をあけ、我々に入れとうながす。

いきなり6畳ほどの部屋があり、うすぼんやりと隣室の蛍光灯の明りをにじませていた。

我々が通されたのは、その部屋に隣接したオンドルの入っていない、勉強机に洋服ダンスがちんまりと置いてある4畳半ほどの部屋だった。

よく見ると通学用の鞄があったりする。ここはいったい、どこなのか。我々は奇妙な感情を抱いたまま、部屋の中を見まわしている他、どうすることもできなかった。

ほどなくして、他の部屋でなにやらガヤガヤと話を交わしていたアジュマが布団や毛布を抱えて戻ってきた。

もしかすると、と思い、彼女にたずねた。

「ココは、アジュマの家ですか」

つぎはぎの韓国語による質問に彼女は「そうだよ」と、満面に笑みを浮かべて答えた。

民宿のおばさん――、単純に考えても、そうじゃなくても彼女はそういう人だったのだ。我々は彼女の積極的な勧誘術の中に落ちて、鬱陵島での宿をいつの間にか決定させられていたというわけであった。

さらにアジュマは、我々に次々と質問を浴びせてくる。もちろん韓国語オンリーで。したがってそ

コムタン（豚とかの内臓のスープ）をおいしくすすっていたら・・・
あー丁度いい味でおいしいなァ
突然
ちょっと味、薄いんじゃない？
そう？
どらどら
うん
そして味は薄いとゆう事になり
勝手、かつ強引に唐辛子と塩をドバッと足すのでありました
い、いや、あのコ、コレでいいからあの
ドバ
この方がおいしいよ

の内容は、さっぱりわからない。

「ちゃる、もるげっすむにだ（わかりません）」

をくりかえすのだが、アジュマは、あきらめない。しゃべって理解されないと知るや今度は、子供の勉強机の引き出しをあけ、中から算数の答案用紙を取り出すと、その裏にずらずらとハングルで自分の発言を書きつらねる。そして、ボールペンの先でその文章を力強く指し示す。どうせわかるわけはないのだが、我々は懸命に、アジュマのその力のこもった質問の仕方に答える姿勢を見せようと、その文字の行列を目で追ってみる。一応ハングル文字の音を読みとることはできるようになっていたので。

当然のようにひとつとして意味のわかる文章はなかった。

自分の言いたいことをすべて書き終わったアジュマは、自ら書き記した文章が理解されていないのを確認するように、しばらくぼーとその紙をながめていた。よく見

ると、その顔は歳をとってつまづいて、ちょっと骨格をゆがめてしまった松田聖子に似ていないこともない。年齢の見当はつかないが、40代前半であろう。

窓の外にそぼふる雨の音がする。島に着いてから一時止んでいたが、また降りはじめたようだった。

すると今度は、島のガイド・ブックを持ち出してきて、あれこれとしゃべりはじめた。こことここがどうしたこうしたという観光指導がくりひろげられる。

「一番いいのは、島を一周する遊覧船に乗ることだ」

と言っていることは、なんとか理解できた。それにしても、岩の多いところであるらしかった。

浦項から船出したのが午後1時。こうしてアジュマと一方的なコミュニケーションをしている今は、すでに午前0時に近かった。

しばしの沈黙をやぶってアジュマは我々に、どうぞ寝てくれと身ぶりで示した。

敷ふとん1枚に極薄いマットレ

波打ち際まで家が。海岸からすぐに山になってしまう岩の島

スガ一枚、かけぶとんが一枚に毛布が一枚。これに3人で寝る。それぞれの寝具の位置づけがむずかしいものであった。

なんとか寝床を作り、静かに長かった一日を振りかえる。ほとんど風の中にうごめく雲のようなイメージが頭の中に渦巻いただけだった。奥の部屋でアジュマとその夫であろう男とがごく日常的なトーンで話しているのが聞こえてきた。

★

目が覚めた時には、午前7時を過ぎたところだった。

アジュマが部屋の戸をドスンドスンたたいて我々を起こしてくれた。時計を指していうには、島一周の船が出るから急げということらしかった。

あわてて身仕たくをととのえて、前日フェリーのついた桟橋へと急ぐ。アジュマは先頭に立って後に続く我々をふりかえりもせずズンズンと歩いて行く。ついて行くだけでたいへんだ。

朝になって目に飛び込んできたこの島の風景は、人の住めそうな場所が少なそうだなということであった。

そそり立つ岩と岩の間のへこみ、島の中央に連らなる数々の岩山の裾野の谷間に集落が点在している。むきだしの岩肌を毎日ながめて暮らすことになるだろう。

雨が我々の肩を濡らしていた。

アジュマは遊覧船が桟橋に来ていないことを確認するとあちこちに聞いてまわって、どうなったのかを調べている。

我々はなすすべもなく雨の中、アジュマにかりた破れた傘をさして立ちつくすだけだった。

遊覧船の事務所まで連れていかれたが、結局、朝の便は風雨のため欠航だった。そういえば、海は前日よりいくらかシケぎみだった。なんとなく、船が出なくてよかったと我々は思った。

ややイラツき気味のアジュマはしばらく考えたのち、ふたたび前方をきびしく見つめるトラッカーのような目になり、我々に「ついてこい」とうながした。

港を背にまた道を上ってゆく。2、3分歩いたところで、アジュマは我々を一軒の食堂に入れた。中華料理を中心とした総合食堂で

国民学校も未来を見つめる

天気は変わりやすいが、島民の顔はひかく的おだやかだ

ある。ウドンもビビンバもジャジャミョンもある。とはいえ、メニューはアジュマによってすでにヤキメシと決められていた。

日本で食うチャーハンというよりも少し、いやかなり場末的なヤキメシが出てきた。

店の主人と、その娘はやや奇異な、しかし親しみをたたえたまなざしで我々を観察していた。

食べ終わってから、ふたたび遊覧船の事務所（よく見ると、そこは鬱陵島観光案内所だったのだが）へ連れていかれた。何でも今回は午後の便も欠航で、天気が回復すれば、昨日の便を出すということがわかり、とりあえず宿＝アジュマの家に戻るのか、と思ったら、そうはいかない。

あくまでも島の風光をイルボンどもに見せねば、という島民の誇りをもって、アジュマは我々を島の東側へ行くバスへ押し込んだ。

車掌の兄ちゃん（ふしぎなことにこの島のバスの車掌はすべて20代の青年がやっているのだ）に言っておいたから、行くべきところに来たら降ろしてもらえる、という段取りをアジュマは、ものの一分もしないうちに整えてしまったのだ。

そのころになると我々にはわかってきていた。

もはや、この島へ来てしまったら、抵抗や自己主張などはなんの

居住地帯はせまい。ぶらぶらするといっても同じところを何度も歩きまわることになってしまった

島をめぐりつくすのはたいへん

役にも立たないのだということを。すべては、出会った島民の善意によって決定されるのだと。

　バスは、港のある集落から一度山の中腹に横にのびる道路に入り、そこからまた徐々に下がって、中学校と高校もある、この島第2の漁港のある集落へと向った。

　そこで5分ほど停車してから、今度は方向を変え（道が狭く家が不規則に立て込んでいるため）さらに海岸沿いに進む。途中路面は何ヶ所も強い波に洗われていた。

　10分ほど行くと、そこが終点だった。

　ぽつりと1軒の荒物屋が立っているだけで、あとは雑木林と谷間に沿って道がひょろひょろと続いているだけだ。

　車掌のにいちゃんは言った。

「We will return here 10:45 OK?
You must walk this road.」

　我々はバスを降り、言われるままに、その道を奥へ奥へと進んで行った。海に流れ込む川が続いている。2、3分もいくと、全くの山道になってしまう。木の根や先のとがった石が突き出している。樹木も序々に針葉樹が主体になる。時折吹く風が不気味に山道をのぞむ両側の岩山の上から我々の頭の上を通過していく。

　20分ほど歩いた。

　特にあたりに変化はなかった。だらだらとした岩と樹木で、箱根や秩父の渓谷とさほどの相違はない。あえていうなら遠くで聴こえる波の音ぐらいであろう。ここが東海にぽつりと浮かぶ島だと認識させてくれる事柄は。

　見るべきものは何ひとつ出現しそうもない。そういった単調さだけで出来上がっている山道だ。宿のアジュマがいったい何を見せたいがために我々をバスに押し込んで、ここまで来させたのか。20分以上雨の中を歩いて行く山道での試練を体験せよとばかりに彼女をして神がそうさせたのか。

　山道をこのまま歩いていって、いったい何があるのかは知らないが、どう考えても、そこに極めて野性味を追求しつくした顔の夫婦がいることはない、と決断を下した我々は、ただちに向きをかえて、来た道を引き返して行った。

　風光も、それはそれで人によってはいいにちがいないが、そういうことにこの身を捧げたいと思う

店番をしながら遊ぶ仲よし兄弟

人間は我々の中には一人もいなかった。たしかに岩山が島になっているようなここは、フェリーにも多くの登山客が乗っていたように、聖人峰984mをはじめとする数々の山を有しているので、その気になれば、多くの山の霊気にふれることができるところであろう。ま、それはそれだ。

　車掌のにいちゃんがバスに乗って戻ってくるまでの15分間、我々はバス停がわりの荒物屋内のイスに腰かけて、コーヒー牛乳《ウーユー》やベジミル（豆乳）を飲みながら店の子供の汚なさに心をなごませていた。ここにはツメえりの制服を着て空虚な表情で注文を取りに来る、ウエイターという名の飲食店業者の下働きなどはいないのだ。

　きちんと戻って来たバスに乗り込む。別にこれといった予定などないので、宿に戻ってからどうするか考えてみようと思っていた。

　ところが、車掌のにいちゃんが何事かを我々に言ってきたのだ。あたかも自分の計画の中におまえらはあるのだと言わんばかりに何やらまくし立てる。要領を解せぬままバスは中継点にあたる先ほどの集落で止まってしまった。

　するとそのにいちゃんの後の席に乗客顔して乗っていた一人の娘がすくっと立って我々のほうに笑顔で近づいて来て言った。

「サア、ユキマショウ」

　手までとって、我々をバスの外へとうながすのだ。なんだなんだと思う間もなく、車掌のにいちゃんは、娘を指示し「ガイド、ガイド」と笑っている。

　次に行くべきところを彼等は考えていてくれたということだろう。娘はニコニコしながら、タクシーで行こうという。バスは入っていけぬところらしい。

　かたわらに川の流れを見せながらコンクリートの谷間の道を6、7分上がっていった。柵があった。ここから先は徒歩でしか行けなかった。

　ワンピースにサンダルばきの娘はまたしても笑顔で「ユキマショウ」などと日本語で言う。すたすたと山道を先頭に立って上がっていく。

　先ほどの道とはちがう。さらに細く険しい。沢沿いの急な道で、ところどころ巾が50センチほどに狭くなっていたりする。雨はしとしとと降り続いている。傘をさしな

人生のベテランたちが宿に寄りあつまって楽しい午後のひととき

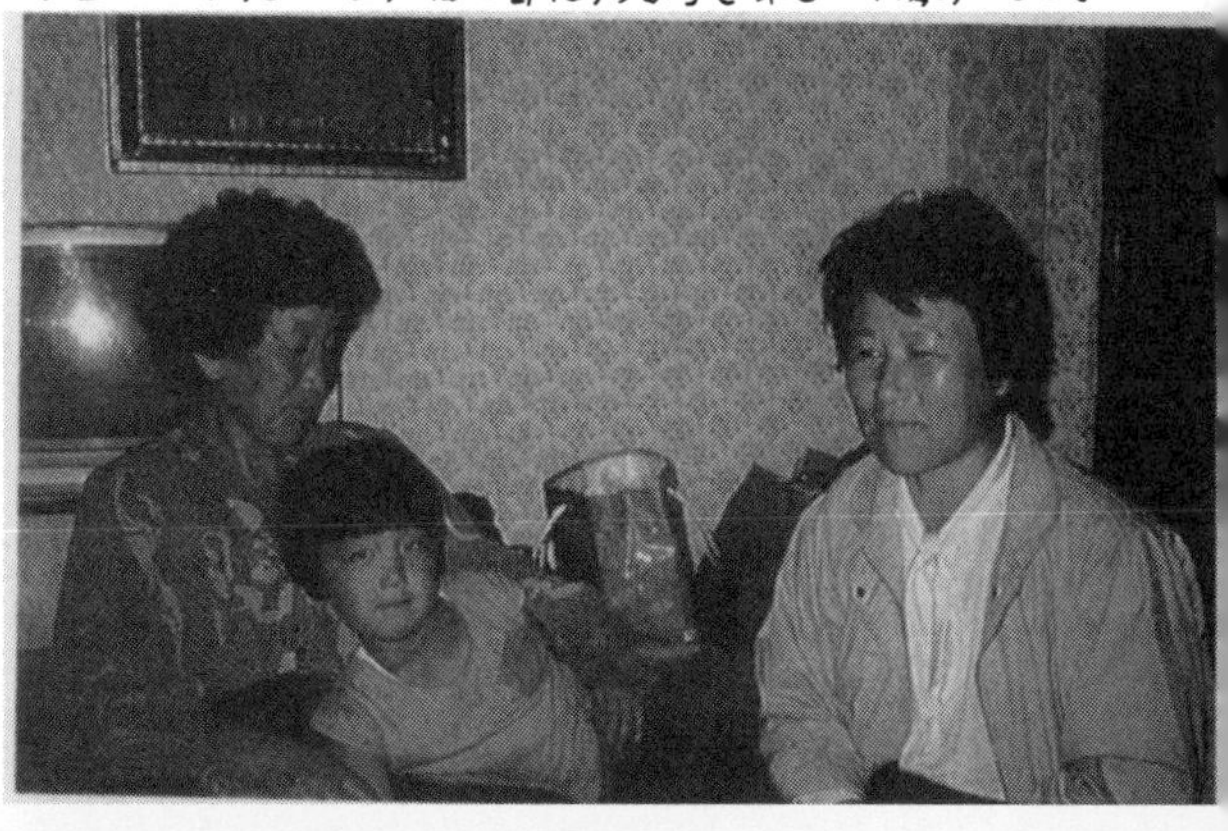

がら、サンダルばきで上がっていくような楽な場所ではない。だが娘はなれた足どりでひょこひょこと行く。我々は肌寒い秋雨に肩を濡らしながら、なおかつハードな道行きに汗ばんでいた。

15分も行くと呼吸が荒くなってきてしまった。しかしまだ目的地には着かないらしい。すこし休みたいと思いはするものの、娘はどんどん歩いて行ってしまう。

30分も歩いただろうか。娘についていくのもおぼつかなく汗まみれになってしまった我々は、休憩を申し入れた。木の根の太いところに腰を降ろし、杉の葉からしたたりおちる雨滴を見ながら肩で息をついた。娘は、ケラケラと微笑んでいた。5分もしないうちに「カジャ、カジャ（行こう行こう）」とせきたてられた。しかたがない、せっかくの善意でここまで来ているのだから。

娘はホイホイと上がって行く。我々は年老いたロバのような足どりで何とか3メートルほど遅れてついていった。2分も行っただろうか。急に娘が立ち止まって何かを指さしながらこちらを向いた。

どうやらやっと目的地に着いたようだ。ひたむきに我々をいざなってまで連れてきたかった名所なのだろう。さぞかしたいしたものにちがいないと思いつつ、娘の指さすほうへと視線を向ける。楽しみの一瞬だ。

ところが、そこにあったものといえば、高さ2メートル、太さ20センチほどの水が相撲取りの尻のような岩の間からチョロチョロと流れている滝であった！

それ以外……何もない。

疲労は一度にどっと我々の身体を駆けめぐった。

帰りは、来る時にタクシーで上がってきた道をぶらぶらと歩いて帰っていった。

なお、先ほどの道の先にも同じようなチョロチョロしたたる小さな滝があるらしいことが後にわかった。

写真ではやや立派に見えるが
単なる水のしたたり

★

雨は午後になっても止まなかった。いったんアジュマの家へ帰ろうと、娘とバスに乗った。港の町まで戻ってきて、この娘はどこに帰るのかと思いきや、いっしょにアジュマの家まで来てしまうではないか。これにはややびっくりしていたところ、さらにアジュマとも親しげに話しているのでまたビックリ。

何のことはない、この娘、実はアジュマがつかわした近所の高校生で、しかも学校の授業で日本語を習っているというのだ。

部屋で何だかよくわからぬまま、ニタニタしていたところ、アジュマの知りあいとおぼしき4人の大アジュマがやってきた。大といっても図体ではなく態度である。

アジュマの娘にマッコリを買いにやらせたので、これは昼から、スワ酒盛りかと思いきや、1人に1〜2杯でて終わって、ホッとした。この老大アジュマの中のひとりはやや日本語がわかるが、話しているうちに序々に朝鮮語にクロス・フェードしてしまう。

「きょうは雨で残念ですでしたハムニダ。ピがネリですからでしたねえ。あなたがたですしますね」

という奇妙な語音が、しかし、この雨の鬱陵島の午後にはふさわしいように思われた。

あいさつ程度の交歓があったが、その後は先ほどの高校生、高齢者などでわけのわからぬことをかってに言い合っているだけだ。しかし、そこに割ってはいったのが、例のアジュマであった。

彼女は午前中にいっしょに回ってくれた女子高校生とともに今度は島の反対側へ行ってこいと言うのである。他にもいろいろ行かねばならぬところはあるが、まずは、そこへ行ってからだという。なにしろアジュマの頭の中には、我々をこの島のどこへ連れていくべきかというプランばかりが、何通りも記されているのだから。

しかたがなかった。我々は女子高校生の娘＝ユーさんの案内で、いろいろな岩を見に行った。

さすがに奇岩の名勝である。どこもかしこも大小いろいろ岩がある。かぼちゃあめとか、イカとか名産品はあることはあるが、この島にはレコード屋すらなかった。

岩の間から流れる鉄分が多すぎて酸化している水（というよりソ

亀の頭からわき出ている秘水。
酸が強くあたりは黄褐色にそまっている。
飲むとすっぱいサイダー

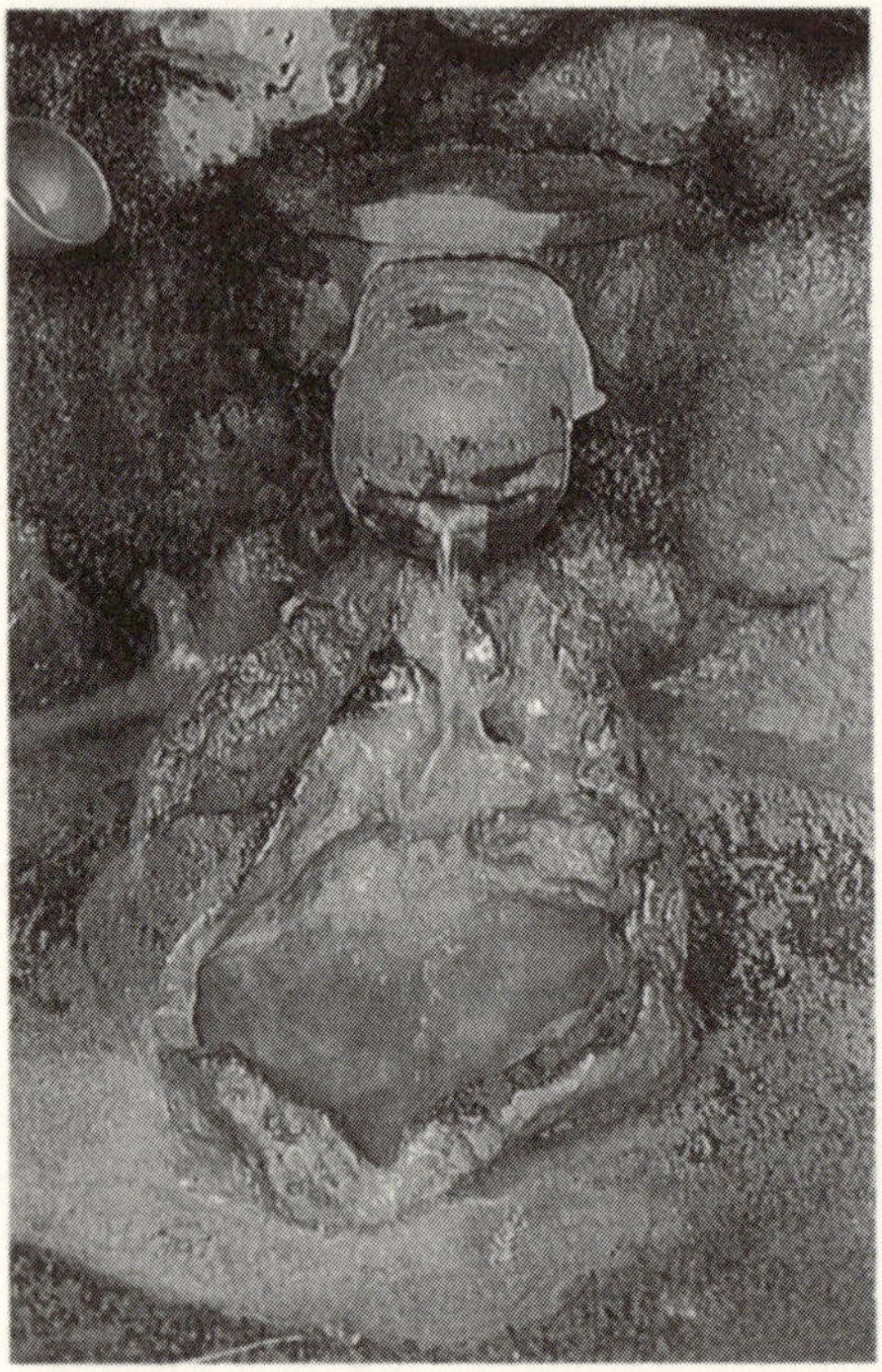

ーダに近い）を飲んでみたり、ハトのような黒い天然記念物の鳥の巣を見に行ったりした。あいにく主人公の鳥は不在だったが……。

夕方、宿に戻った我々はしめった身体をどうにかしようとそればかりを考えていたが、あにはからんや、着くなりアジュマは子供の案内にしたがってそこらの食堂と風呂屋へ行ってこいと、命令した。さすがに親切の島である。もう予定はすべて調和なのである。

とてつもなくまずいプルコギを食べ終わって外にでると、いったん宿に戻っていたアジュマの子供が店の前に立っていた。次は入浴である。

風呂屋は建て直したばかりらしく、きれいな所であった。さすがに大きな湯船で、久々にくつろぎをおぼえた。それにしても韓国の人の風呂は長い。何度も何度も身体を洗う。ここぞとばかりにこすりまくる。本当にゴシゴシと音がするのだ。

やれやれと、そんな韓国人の入浴風景をながめていると、風呂屋のフロント（番台方式ではない）が何事か告げに来た。わからぬながら、話を総合すると、なんと宿のアジュマがこの風呂屋まで「日本人は来ているか」と電話してきたというのであった。おそるべきめんどうみのよさである。

宿に戻ると、アジュマの夫や2人の子供が我々を待っていた。昼間の女子高校生ユーさんも来ていた。いわゆる民宿でのだんらんコミュニケーションである。

アジュマの夫は、いかにも人のよさそうな、その実たよりなさそうな普通の中年である。職業はよくわからない。2人の娘、1人は国民学校（小学校）の4年生、もうひとりは、ウンギョという4才児である。ああ、なんという平和な風景であったことか。

★

次の日の朝、アジュマは我々を起こさなかった。気がつくと10時をまわっていた。

雨のため、またしても遊覧船が

日本人《イルボンサラム》ヨォ
ハァー
朝、目をさますと近所の婆さんとガキが、我々を見に来ていた。

이막걸리맛이다
オモニ
下品な婆さん
천기예보 어떻습니까
蛭子能収タイプの婆さん
霜田恵美子タイプの幼女
약하다
ブツブツ ブツブツ
酒盛や会話には全く加わろうとせずブツブツいいながら、我々の観光コースをケントらするアヅマ

《雨の日の午後、民宿の茶の間で》

宿のアジュマのおもてなし昼食

漁師の無事を祈るかたちの
名所のひとつ おがみ岩

欠航だったのである。

アジュマは、すまないと思ったのか、そうはいっても天気のせいなんだからしょうがないのに、朝飯を出してくれた。

しとしとと降り続く雨を見ながら、うまくもまずくもない食事を、食べたがっていない胃に入れていく、空虚な時間だった。

昼近くになって、我々は前の日から何度も歩いている船つき場付近へ散歩に出た。時間つぶしに茶房を2軒はしごしたりもした。

何も考えずにただぶらぶらと、この東海に浮かぶ岩島の時間を過ごした。

こうしていても果たして明日、フェリーは来るのだろうか、という不安が時折頭の隅をよぎる。

おがみ岩をすかし見ることのできる
二股を持っためずらしい木

港の茶房の女給
ミス・ウルルンドとま
でいわれる美人のユさ
んは「ウルルンドがきら
い」な歌手志望

ユさんの働く茶房の
やりてマダムは大柄な
もと美人

自信を持ってプルコギを食べさせてくれる彼女は名シェフであり雑役係でもある

宿に戻ったのは午後4時頃だった。

またしてもアジュマが笑顔で何事かまくしたてながら近寄ってきた。

どうしたのかと言うと、なんと待望の島遊覧船が明日の朝5時に出ることになったというのだ。

「へへ、へへへへ、へへへへへ」

笑顔で答えながら、我々の心に酸っぱい物がたまっていた。明日はフェリーで浦項へ帰る日でもある。やや混乱しながらざっと頭の中でまとめてみると、

午前5時島遊覧＝これが2時間半。戻ってきてフェリーに乗船。これが午前10時出航。8時間後浦項に到着。

このように我々の行動が、すでに予定されてしまったのだ。

この知らせを聞いて、ガイド役のユーさんも笑顔をほころばせながらやってきた。「よかったですね・・・」と我々以外の誰もがよろこんでいた。まさか「明日、遊覧船乗りたくないアリマセンだ」などとは口が裂けても言えるものではなかった。

その日の夜は、この島に着いて最初に行った店で、プルコギを食べた。店のアガシは、我々を子供に対するように、親鳥がひなにえさをあたえるように、プルコギをていねいに食べさせてくれた。我々に、はしを持たせることも、ゆるさずに。

ああ、なんて親切なんだ。我々は何も考えなくていい。何をすればいいかは、すべて島のひとびとの善意の中に出来上がっているのだ。

暗い港を出入りする船のほとんどがイカつり船

食堂のデブ女は我々が何か韓国語で、例えばマシタ(おいしい)とでもいおうものなら
その我々のオカシナ発音をマネて
マシタ
マ・シ・タ
マ・シ・タ
マ・シ・タ
ギャハハハッ
グアハハハ
と、必ず大笑いした。
しかし、その親切心…というより、母性本能はいたって強く、ある晩焼肉を喰った時など…
オメラは何もしなくてええ
えっ?

オラが全部喰わしたる
し、しかし
ホレ、アーン
あ…
自分で喰うなってっぺっ！
アーン
キッ
あ、う……
ピーピー
と、ゆうワケでデブ女が、プルコギをひとつひとつ

ゴハンやキムチと一緒にサンチュにくるんで我々の口元まで運んでくれるので三人は親鳥からエサを貰う、ヒナの様に口をあけ、只ピーピーとでも鳴いてればよかったのだった。
しかしこんなに人をバカにした善意があるか
ピー

ライト
ふとん
プッシュホン
電気毛布
イス
オソセヨォ（いらっしゃい）
カウンター
カメラ
ニコ
ニコニコ
ガイドのミス・ユ
入ってビックリ鬱陵島《ウルルンド》の写真屋。
しかしいくら鬱陵島とはいえ
これには参った。

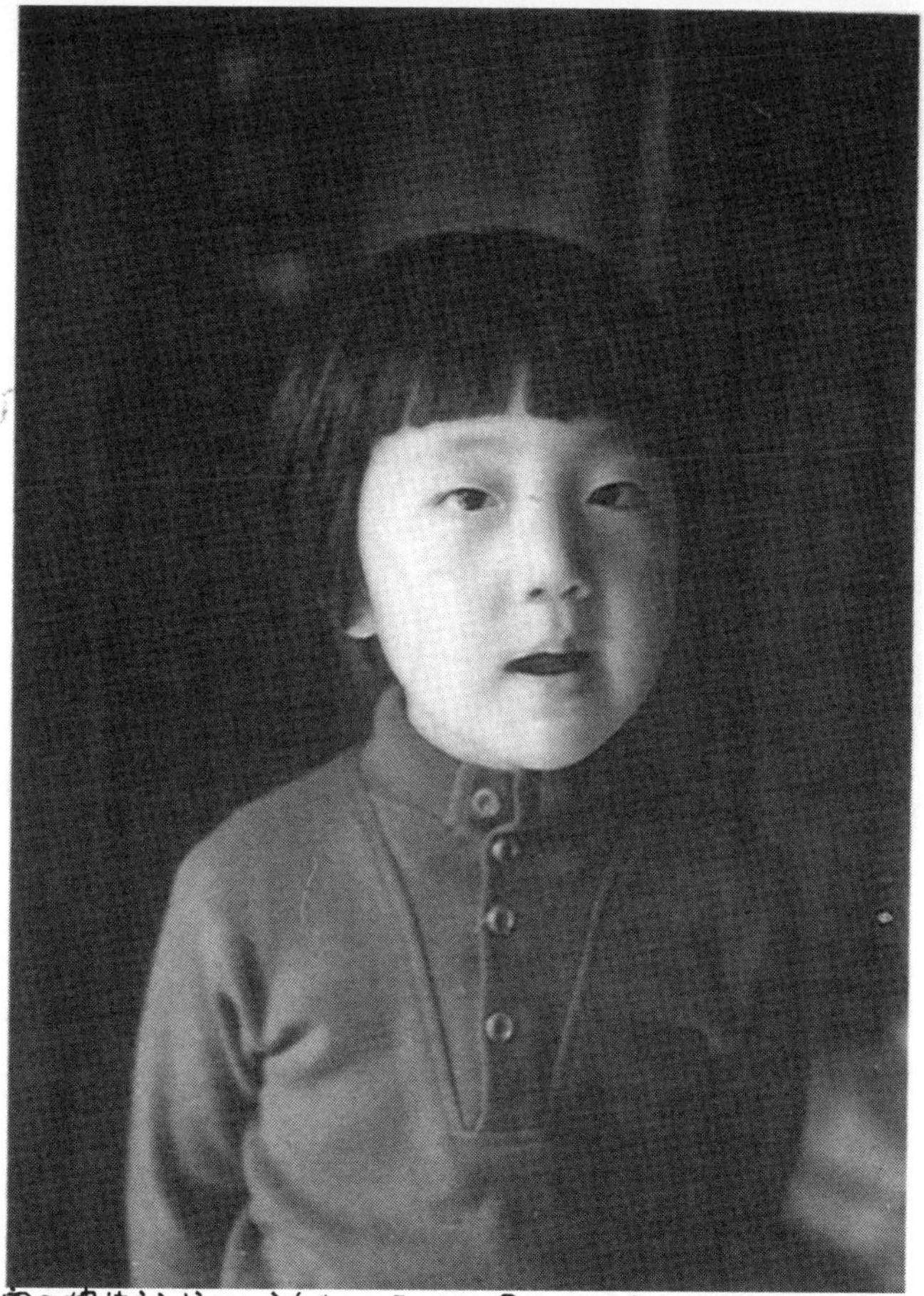

宿の娘はウンギョというかわいい子。絵を書くのが大好き。将来はイラストレーターか？

もちろん次の日には、雨はあがっていた。いくぶん波のある島のまわりを約半周し、さまざまの岩をながめさせていただいた。が、船は100人がいいとこの小さなもので、かなり強力な揺れが続けさまにやってきた。朝早く、我々のからだは目覚めていないうちに大きな揺さぶりをかけられて動転していた。2時間半の海からの島観光の後、身体全部が、大きな振幅の中にまだ埋没していた。ガイド役のユーさんもたまらずゲロを吐いていた。当然我々も吐いた。他の乗客の多くもすっかり青ざめたり吐いたりしていた。

宿に帰るとアジュマ一家が、ほとんど拍手でもしてくれそうな家庭いっぱいの笑顔で迎えてくれた。よかった、よかったとアジュマの夫もガサガサの表情の奥でよろこんでいた。

ただちに荷を持ち、記念写真を撮り、足早に我々は船着き場に向かった。途中、プルコギ屋の顔のでかいアガシや、茶房の美人女給

荒れに荒れた早朝遊覧船
さすがのミス・ユも船酔いし
あんなに見せたがっていた
郷土の名勝"ゾウ岩"の前に
来ても、何も云わず黙っていた。

のミス・ユーなどに出逢い、別れを告げた。高校生のユーさんは、我々がフェリーに乗り込んでも、船着き場にたたずんでこちらを見て泣いているようだった。
10時を10分ほど過ぎて、ほぼ満

いつまでも岩を見つめるハルモニの後姿がまるで岩のようだ

員の（いったいこの島のどこにこんなに人がいたのかというほど）浦項行きの船は鬱陵島を出航した。

ゆっくりと遠ざかる島影を見ながら、我々と島民たちの善意との戦いは終わりを告げようとしていた。

それにしても我々はこの島でいったい何をしたのか。いったい何をしたかったのか。

こういった問いを発してしまう以上、我々は島民たちの善意に負けたのかもしれない。ただし、この勝負に勝敗など、ありはしない。

さらば、ウルルンド。

もう2度とその地を踏むことは、ないだろう。

さあ、もう一度。さらば、ウルルンド。

ドアール
化粧品 ③
アジマ一家との夕食後の団欒
점도 구름이나와
내일은 흐린다고
ニコ ニコ ニコ
ウルルンド いいとこです
ネー
高校生のミス・ユが我々へ記念にと、詩集をくれた
カムサハムニダー
それじゃ僕らは……
ガサゴソ
オ兄サン達ニ
これをふたりにプレゼント
わァ
エッ私ニ?
化粧水 ドアール化粧
化粧水 ドアール化粧

桃太郎のおともの
を偶発的
に体現せし三人衆

清州《チョンジュ》 청주

川で遊んだ想い出は
いつまでもミズミズしく残るであろう

川が静かに流れる美しくも小じんまりとした町。

　忠清北道の道庁所在地の清州はソウルから高速バスで1時間40分。李王朝時代には両班が多く居住した土地だけに、落ちつきはらったところなどは他の地と一線を画している感がある。

橋の両側に多数の鉢植えの菊が飾られているあたり、埃っぽいところがないなど、まさに〝清州〟といった風情だ。

　川沿いにひろがる公園や運動場のはずれでは、老人たちが集まってなにやらやっている。日本なら、遠目にはまちがいなくゲート・ボールに興じているという風景に見える。が、ここでは、老人たちはボランティアで、河川工事をしているのであった。

　建物、家並みも新しい。立派な住宅が並んでいる。

　セマウル運動の成果というべきだろうか。

　とはいえ中心部にはやはり市場がある。それもなかなか大きなものだ。

　血をしたたらせて地面に直置きの牛の首。バラバラの豚。頭、足、むき出しの臓物、くるりとかわいい尾、チョキを示したひずめが、バラバラになってもなおこの動物の親しみやすさをよく表現している。チョキだらけの籠のほのぼのとしたおもむきは格別だ。

　韓国で唯一海に面していない道＝忠清北道だからか、海産物はあまり多くない。とはいっても日本の魚屋の何倍も豊かなものだが……。中には、ウサギや猫や小犬を売っている店もあるが、ペット・ショップなどというカタカナはまるで似合わない。

　外路に金アミのカゴをいくつも積みかさね、その中にやせた動物たちが押し込まれているのだ。ちょっと大きめ、生後1〜2ヶ月ほどの犬は、荒縄でクイにつなぎとめてある。数軒のこうした店が集まっているあたりへ行くと、けたたましいことこの上ない。

　インコやジュウシマツ、ニワトリなども加わるわけだからそのフン臭だけでもかなわない。金アミ

悪い噂があっという間に広まるような感じを抱かせる村的な町並み

ウサギのオリの中に混入されて売られていた犬はおとなしかった

だから、上の段のネコのフンがムニョとアミ目をしたたって、下のネコの頭に落ちていたりする。

ふとウサギが20匹ほどつめ込まれたオリをみていたら、フワフワとした毛のかたまりの中から小犬がひょっこり顔を出した。

この店の主人にとっては、小犬とうさぎに区別がないようだ。

犬料理というのも韓国ではさかんに食されるようだが、食用の赤犬はこうした場所ではなく、専用の市場がある。

焼犬肉だけではなく、犬頭を焼酎づけにした犬酒を精力剤として飲むのも一般的なものだそうで、子宝に恵まれない夫婦などに重宝がられているとのこと。我々は残念ながら試したことがないが……。

この清州の市場は、異臭を放ちながら、学生街と隣接していて、市場をとりまくように下北沢のような通りがにぎわいを見せている。ここをホームグラウンドにしているのは、地味な顔立ちの女の子たちが多くスリムのカラージーンズに、スニーカー（プーマがオシャレだ）、ポロシャツかトレーナーといったスタイルがポピュラーだ。84年に賞を総ナメにした、大学生歌手＝イ・ソニのような丸こくて、丸メガネをかけた、感じさせない娘が特に多いのがこの町の特徴と言えるだろう。

小さな文具、キャラクター・グッズ屋や本屋も多い。中には、アクセサリー屋の店内でアメリカン・ドッグを揚げて売っているという店もあって、ギョッとさせられる。自分に商売が可能な品物なら、マッチングを考えずに商ってしまう力強さは、やはり爽快なものと言わねばならない。

ものを売って禄を得るというこ

可能性を追求してやまないアクセサリー屋は店内でアメリカン・ドッグを揚げて売っている

清州は感じさせないアガシのやたら目につく街・美人はめったに見られない所だ。
うわ～気が抜けた?

真珠を入れたペニスを自慢するヤクザがなぜか思い出されてしまった

との原点は、そこにあるのではないかと、大いに教えられた。

とはいえ、竜華寺、懸岩寺、表忠祠、慕忠祠などの旧跡も近郊に多いが、それだけにいかにもといった落ちつきをたたえた市街地は、模範的な地方都市と言えるのではなかろうか。

水原《スーウォン》民俗村

チョゴリはアガシ（娘さん）にとっては晴れ着

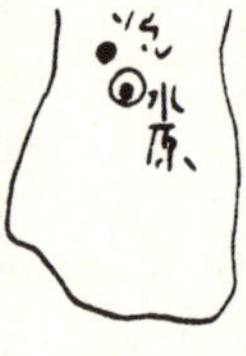

民俗村でなくとも 地方では
ハルモニ（バアさん）は チョゴリが普段着

ソウルに行く前でもいいし、着いてからでもいい、とにかく韓国民俗村を訪れてみよう。水原の丘陵地帯にある民俗村までは、ソウル市内からバスで小一時間。対ウォンのレートを考えれば、タクシーをとばしたって安い。

地下鉄で水原までだって簡単だ。

民俗村とは、いうなれば〝歴史再現場〟。20万坪という広大な敷地内には多種多様の韓国の民家が建ち並び、それぞれの内部に生活道具や民芸品などが陳列されている。　封建制の李朝時代の珍しい遺

デートしにくるソウルッ子もチラホラ

品が士・農・工・商の別に展示されているのは、なかなか興味深い。モノにふれて差別構造の一端を学ぶことは、今後の人生において少なからず有益となるであろう。

これもひとつの歴史探訪だ。が、それは、あくまでも頭の中でのみ行われるべきである。海外の旅行先で妙に尊大になったりするのは戒めたい悪癖である。旅の恥はかきすてとばかりに、命をおとした人も多い。

さて、民俗村で何を見るか。それは質素な民家でも占い師の家でもひきうす小屋でもない。では、木彫りの人形か焼き物か、はたまた織り物か。

是非とも見なければならないのは我が同胞、日本人なのだ。といってもそれは、OLの2人づれとか学生のグループなんぞというような、ありふれた観光客ではない。韓国人妻《キーセン》を連れて、やにさがっている男、こいつが標的だ。

キーセン・ツアーに出かける者の多くは、飛行機で一直線にソウルをめざす。そんなわけで、〝ソウルに近い〟観光名所の民俗村は、現地妻とのデートにもってこいの場所となるのだ。キーセン旅行者を間近で観察する機会を民俗村は与えてくれるのである。我々は観光しに行くわけではない。

男は八百屋かもしれない。金物屋かもしれない。もしかしたら貿易商かも。心根の優しいキーセン相手の会話は楽しいに決まってる。ついつい口からでまかせ、大きなことも言ってしまうだろう。

何を生業にしているのか不明な者もたくさんいる（平日・昼下がり）

ベスト・カップル・イン・民俗村。日本のツッパリ・ファッションのルーツは韓国?

チンケなおっさんでしかない日本での自分の姿は徐々に頭の隅へと追いやられ、代わりにモテモテの色男のイメージがふくれあがってゆき、ついには本当にそれと化する。無理もない。目の前にいる女は朝から晩まで、文句ひとつ言わずに自分のために尽くしてくれる愛人、いや、妻なのだから。

ボディ・タッチなどしながらの和気アイアイたる会話に聞き飽きたら、そっと男に声をかけてみよう。

「コレ、わしのかあちゃん」

のっけからノロケられるかもしれないし、

「写真とってくれへんか」

とカメラを渡されるかもしれない。ちょっとヨイショすれば、機嫌よく、あることないこと語ってくれる。

民俗村では農楽、仮面劇などの伝統芸能で観光客の目を楽しませてくれるが、たった一人のキーセン旅行者の仮面劇も、それらに負けず劣らず見応えがあることを明記しておきたい。

50年前にタイム・スリップ

伝統芸を披露するのも楽じゃない

仮面劇を観ている人間の生の顔の方がオモシロイんで…

お、耳覚えのある言葉だ。近寄ってみれば間違いなくジャパニーズ

先に回ってパチリ。誰を撮っているのか誰にもわからない

お互い同国人、という大雑把な仲間意識から、オヤジさんは嬉しそうに話しかけてきた

写真撮ってくれとカメラを渡されたので引受けた。しかしこの写真何かが変、アングルが変。当然、だって……

今度は我々のカメラにモデルとしておさまってもらう

幸せそうにしている人を見るのは非常に楽しいもので
ある。そして、その様を撮るのも

ソウル 서울

まるで市街戦だらけの街、という印象が、どうやらあまりにも最近のソウルに対しては強いようだ。

学生、市民一丸となっての民主化へ向けての反政府運動、それに続くかのような労働争議と、なにかというと石を持ちデモをくりひろげ、対する警察側が催涙弾を撃ちまくる。一般市民はその流れくる催涙ガスで目と鼻をやられて、ぐちょぐちょ。そんなところへ、何も知らないお気楽な観光客の日本人が出かけていったら、それでなくても韓国人は基本的に日本人に対して反感を持っているにちがいないから、とてもじゃないが無事ではすまないだろう。まかりまちがえば、石や火炎ビンでコブだらけの火ダルマになるにちがいない。

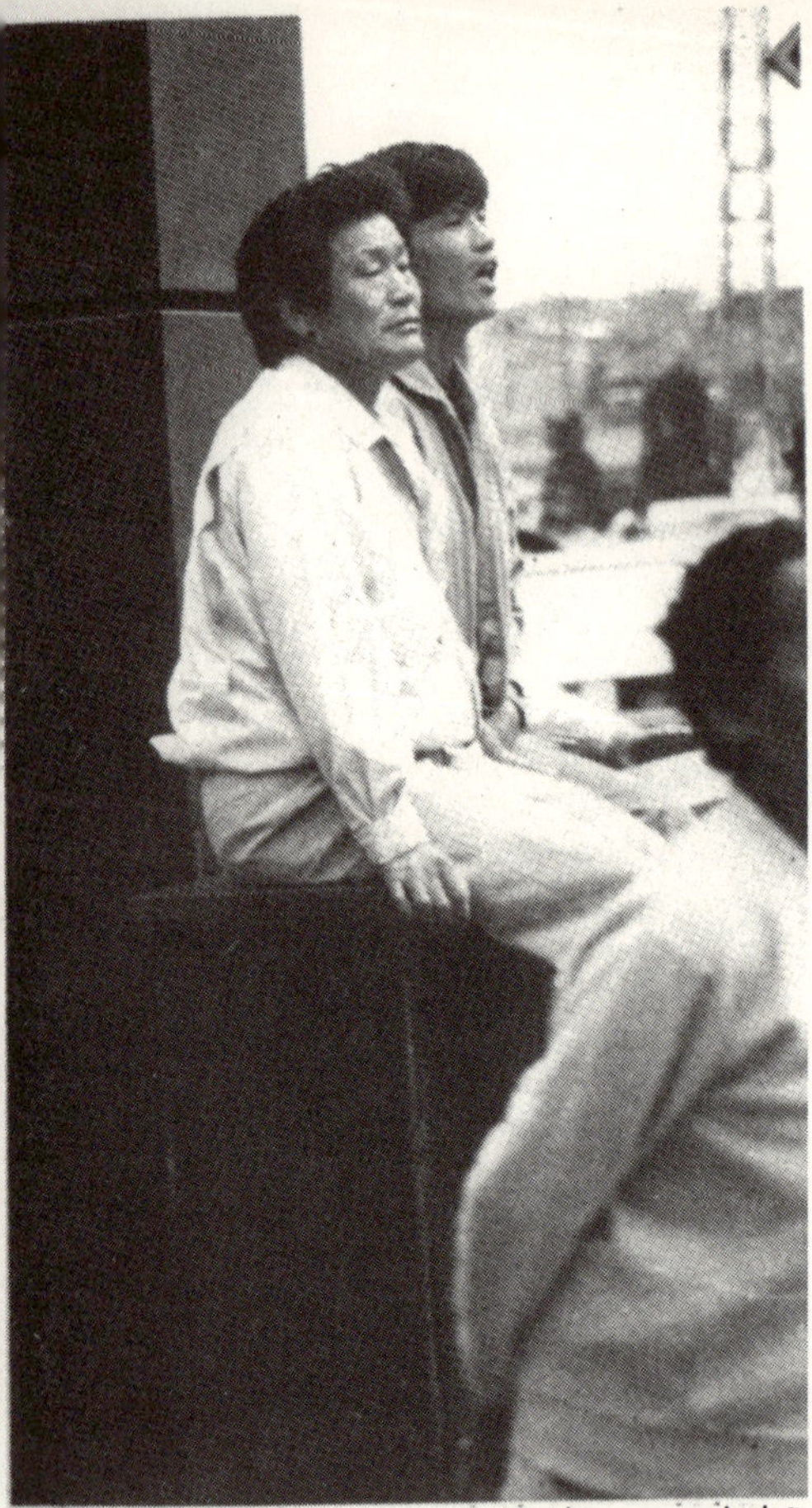
駅に似ているが行きかう人々の表情にはハリがある

とまあ、このような想像をするのが、一般的日本人の心がまえのようである。

実際に我々に対して、

「どうなんですか、最近の韓国は」と、畏怖と好気心の入りまじった表情でさぐりを入れてくる人も少なくない。なかには、

「当分行かないほうがいいんじゃないですか」

などと、親切に忠告してくれる人もいる。

もちろん我々も催涙ガスに泣かされたり、街頭で私服刑事に職務質問されてバッグの中を見せたりしたことは何度かある。が、それはきわめて日常的なことなのである。

腹が立てば文句を言う。彼らの動機は明瞭なのだ。

87年5月の反政府運動、市街戦真最中の時、ソウルに住む韓国人の友人に電話をしたことがあった。別に陣中見舞いではない。きわめて事務的な用件でかけたのだ。そこでひとつの世間話的に行われた

ソウル駅前。ゆったりとしたなかにトンがったビートがつらぬかれている。駅舎は東京

ヨイドでくつろぐ2人の未来は?

会話。

「なんか最近、そっちはすごいみたいね。日本のテレビでも毎日やってるけど。大丈夫なの?」

「あーあ、大丈夫ですよ。そうね、最近のはちょっと激しいけど。まあ、いつもやってますから」

実に淡々とした見解である。

以前警官、さらには兵士がやけに地下道の入り口や信号付近に多く配備されているのに出くわしたことがあった。その時、道をたずねた中年の日本語が達者な女性との会話も、こうだった。

「なんだか、今日はずいぶん兵隊が多いみたいですね」

「そんなことはないですよ。ここは、こういう国なんですから」

　いったい我々日本人は、彼らに対して何を知っているのか、と考えさせられてしまうのだ。

　血気盛んで闘争好き、反政府運動とくれば街中くまなく投石の嵐、おまけに日本人を見たらすぐさま唾を吐きかけてきて、辛いキムチをわんさか食いながら焼き肉で鋭気を養い、丸や棒の不思議な文字をあやつる。

　こういう人間が韓国人、特にソウルの人の平均像だ、と何故か決定して、涼しい顔している日本人だっていることはいる。

　そうした姿が、全くまちがっているかどうかは行ってたしかめていただくのが、なんといっても一番早いわけである。

　ある人にとっては、そういうつもりがなくても、韓国は常に敵でしかないということだってあるだろうし。

　たとえば、韓国の税関は時々、全く理解に苦しむイチャモンをつけることがある。が、これも個人レベルの問題、と言ってしまえぬこともない。

　タクシーだってそうで、人によってはこちらが日本人だというだけで、冷笑をうかべながら時おりきびしい態度でにらみつける奴もいる。が、それは本当にたまたまの、めぐり合わせでしかない。

　ただ言えることは総じて韓国の人は親切だということ。治安はきわめてよい、もしかすると日本よりよいかもしれないということ。それに、コソドロがいないということ。ちょっと目をはなしたスキに、何かが、ということはほとんどない。さすがは儒教の国だ、などと妙な感心をしてしまうこともある。

　たとえば新宿から成田へバスや電車で行くより、成田からソウルへ飛行機で行くほうが時間的には近いのだ。そして着くなり展開されるきわめて日本に、特に東京に似ているようでその実、踏み込むほどに距離感がじわりと足元と頭をくらくらさせてくれる街なのだ。

　新しい都市になろうなろうとし続けている熱量が、方々でスパークしている。これは他の韓国の地方都市には、全く見られない姿勢だが、反面、粗野で大陸的で多少の汚さはまるで気にならないという部分はやや薄まりつつあるようにも見うけられる。

　ソウルには、これといったまずいものがない。平均して、どこへ行ってもどの店に入っても大丈夫だし、びっくりするほど美味な店だってゴロゴロしている。

　観光客用に『模範食堂』の看板を正面に掲げているところも多い。

　これを発展と一口に言ってしまい切れぬ部分も、やはり我々は感じざるをえない。進歩や発展、開発といったことが、平均化ということとイコールになるのは、やはり不快である。平均を上げること＝進歩にはちがいないが、ソウルの場合それが東京ナイズされるということに近いようなのが気になるのだ。

そこに目をつけ、あるいは映画の『ブレード・ランナー』で描かれた近未来都市をソウルに投映して胸を高ならせたり、マスコミネタとして取り上げたりする日本人はきわめて多い。

日本国内を旅行するより金もかからない。物価が安く買い物の経済効率が良い。オリンピックに向けて新しい文化的動きもいろいろある。たしかにそうだ。

いわく、かつての日本にあったはずの素朴な生活感情にふれることができるとか。レトロであるとか。気分がソウルであるとか。キーセン・ツアーではなく、新たなおもしろもの市場探検であるとか。日本よりずっとアメリカ的なものがあるとか。

もういいかげんにしたらどうだ。

表面をなでさすって、目新しい意匠を見つけ、ニヤニヤするのは不愉快きわまりない。

観光だって産業にちがいないが、

他の都市にくらべるといくぶん静かな表情の人が多い

ソウル駅前でキリスト教を説くアジュマ

そこにいるのは人間であって、物質だけが一人歩きしているのではないのだ。
韓国っておもしろそうですね、と言う若い日本人のほとんどは、韓国＝ソウルと考えているように思えてならない。日本＝東京としか考えられない外国からの観光客

新村にはTalking Headなという暗い店内のカフェバーも

東大門あたりの雑踏は人いきれで顔がトンがってくるものだ

明洞でカラオケで日がな歌っては金銭をかせぐのみをなりわいとしている親子

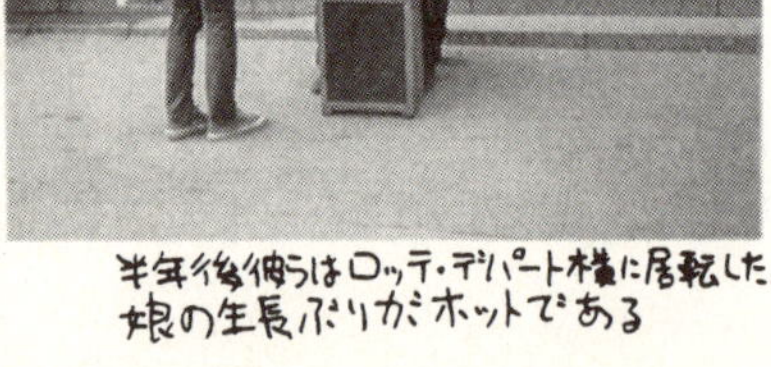

半年後彼らはロッテ・デパート横に居転した。娘の生長ぶりがホットである

をせせら笑うくせに……

衣・食・住から生み出される現象だけにふれたり持ちかえってその国を知るのも方法のひとつではあるが、それはひとつでしかない。きれいに作り上げられたところだけ見て、ソウルは動いていると感じるのも勝手だ。が、その裏で、セマウル運動という精神主義的な国土整備活動が、行なわれていたりすることも忘れるべきではない。

ソウルの中心部近くの古くてひなびた町を甲子園球場の6倍ほどの広さにわたって、ごっそり壊して、いこいの広大な公園を作ることは、自然な流れの中から生み出された市街地調整なのであろうか。

雑誌誌上でカタログ化された、ソウルでの発見物を見て、ひとつ俺もこういう物に出合いに行ってみようという気になった若い日本人たちは、中年のパンチパーマのキーセン・パック・ツアーを、どうして軽蔑できようか。

そういう若い奴らのしようとしていることは、5・6対1の貨幣価値を利用したまさに買春なき侵略ではないか。それならさしずめ

道行く人々に愛を唄ってはザルで小銭をかせぐ、街角のフォセフェルシアーノ

一度、ソウルで高級レストランに入った
ことがあるが、その店のBGMが
クラシック〜演歌〜オペラ
〜ロック〜ラテン
〜フュージョン
〜国内歌謡ポップス
〜ブラコン〜ムード
音楽〜シャンソン
とゆう
具合に
いち〱違う傾向の
曲ばかり
It's Yesterday
Once more

かかるので
ソウルの友人に
何ンで？
と尋ねてみたら
みんなが
楽しめる様に
曲を選ぶと、コウ
なるんじゃない
とのこと
だった。

単なる散歩にも一段と力がはいってしまう人がいる

中年パンチたちのくりひろげていることは、買春だけの親睦である。もしかして、人と交流を持つということからいけば親善のほうが、はるかに旅行としては正統といえないこともないだろう。

日本とあまりにも似ている街並みの中に入り込んでいくほどに感じる、パラレル・ワールド的なカルチャー・ショックを楽しいと感じ、そこで流通されている物を通して近くて遠い異文化に親近感にも似た〝なごみ〟を感じる。そこまではよい。そこからさらに進んで、日本の東京の現在と遠からぬものを求めようとするという、とんでもない思い上がり。たとえば「ソウルにもカフェ・バーがあるんだぜ」などという発言。

対するキーセン・パンチパーマはといえば、

「韓国の女は終わってもすぐタバコ喫ったりしないし、よく言うことをきくし、おまけに一晩フルで3万だ」

などと自慢しながらも、インスタントな性愛の恍惚を反芻しては、日本の現状に対して口惜しい思いをしていたりする。

どちらが正しいということではない。そんなことは、どうぞご自由にだ。ただ、どちらも気楽なもんだからこそなのだろう、と思うだけだ。

しかし、売るほうとしてはそこにシビアな認識を持たざるをえないわけだから、たとえば「今晩女の子どうですか」といった推挙をお断り申しあげるのにもお金を払わねばならない場合すらある、というくらいだ。

★

ところは、韓国でも一、二を争う高級ホテル・ハイアット・リージェンシー。米兵の歓楽街梨泰院《イデウォン》を下方にのぞむという立地条件のせいもあるが、外人客が多いことでも知られ、接客係もなかなかにアカぬけた人が多い、いわゆるハイソサエティなところだ。

ここに仕事の視察旅行で泊った、我々の友人(韓国はその時がはじめてで、もちろん韓国語はできない)は、自分の部屋のある階のエレベーターのところで、こざっ

ソウルのてなもんや三度笠コンビ、ナイス。

あ三上寛さんだっと思ったらちがった。人待ちも入魂の姿勢が大切だ

ぱりとした身なりの男に声をかけられ、くだんのお誘いを受けたわけだ。疲れているしおそらくこんな高級ホテルに出入しているのだから、いくらポン引きが言ってきたこととはいえ、そう安くはないだろうし、エイズだって心配だし、で日本語と身ぶりでお断りした。

それでも男は部屋の入口までついてきて、しぶとく業務を遂行し続けようとする。うんざりげにもう一度強く断ったが、なかなかどいてくれない。そこで、はたと気づいたのが、もしかしたらチップがほしいのではということだった。この連鎖というのもおもしろいものだが。彼はそのポン引き氏にポケットからごそごそと1000ウォン札を出して、しかも手に握らせた。とたんにそいつはにんまりしながら、サンキューと言って去っていった、というのである。

この話を聞いて、我々には、はたと思いあたることがあった。

このハイアット・リージェンシー、普段はもちろん行くこともないのだが、ディスコに我々の好きな韓国のロックバンドが出ているとの情報を手にし、行ってみたことがあるのだ。そのバンドは結局その日は出演していなかったのだが、せっかく、こんなところへ来たのだからと、単なる物見遊山で、このホテルのティールームでお茶を飲むことにしたのだ。

大きく立派なソファ、高い天井に大きなガラス窓、ながめもよい。入って行くと、まず普通の町中の茶房なら、どこでも「オソォセヨー（いらっしゃいませ）」と陽気に声をかけてくれるものだが。

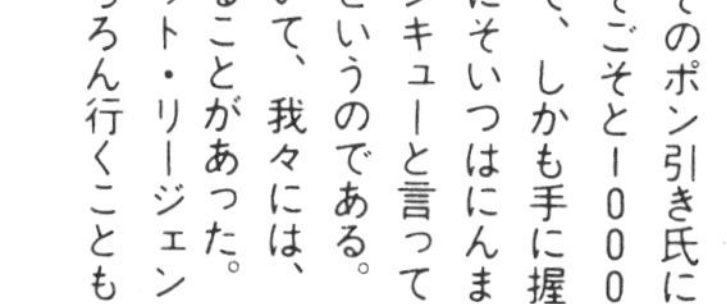

自転車とて乗りものである以上自動車には負けられない

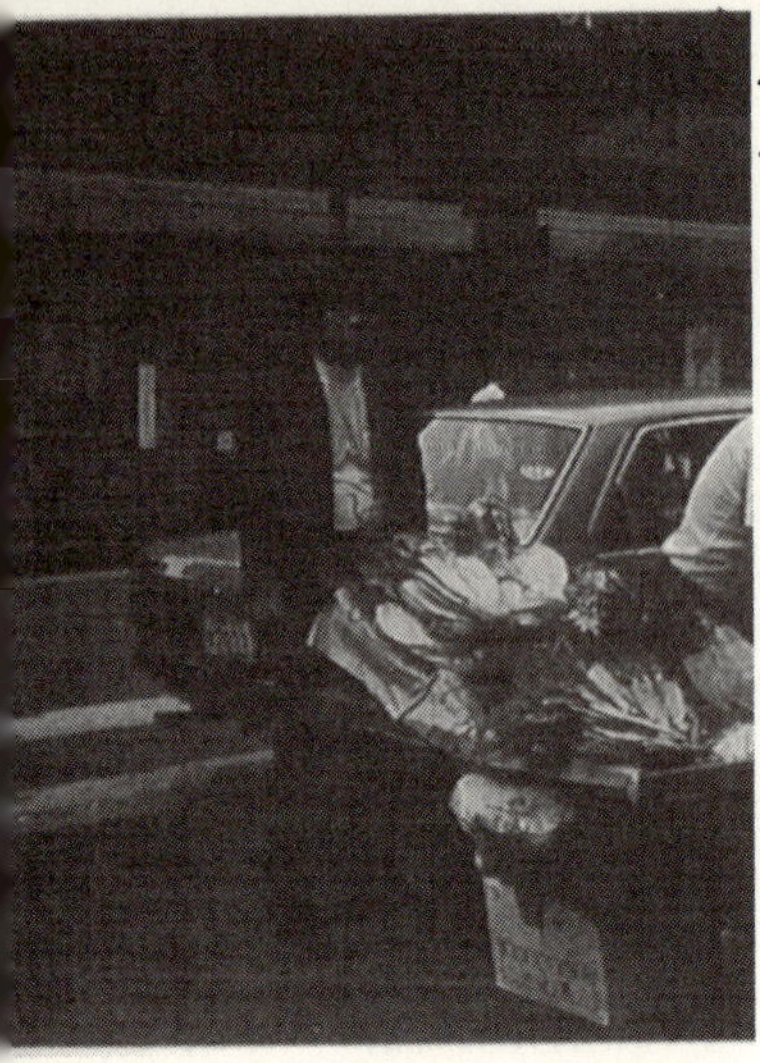

一見なにげない屋台だが
後につっ立っている黒服は
実はポン引き。強い口臭を
まきちらしながら我のほうへ
やってきたりした。

いきなり大きな違和感におそわれた。席に着くと、背筋をのばした白いブラウスにタイトスカート、黒いパンプスというOLスタイルのややバタくさい美人だが、表情がお高そうで背も高いウエイトレスがやって来た。声もなくメニューと水を置いて行く

よく考えてみれば、我々のように一週間も韓国のあちらこちらをまわったそのままのかっこうの着たきりスズメ、汚ないダンガリーにGパンにほこりまみれのスニーカーという身なりの人間は、このホテルに入って来てからひとりも見かけていないのだ。それを受け入れる側が、ちょっとした警戒心を持って我々を〝区別〟したとしても無理からぬところかもしれない。

しかし、コーヒーが3000ウォンというのは、どういうことだ。それにくらべて小ビンのビールが2800ウォンなのに。なんとなく背中に感じる従業員たちの冷たい視線のせいか、我々の中に、わだかまりが序々に生まれていった。そして決定的なことが……。

水がなくなったので、ウエイトレスにおねがいしようと思い、彼女を呼びとめた。もちろん「水をください」は使用頻度が高いので韓国語で。これは、だいたい、どこの地方、ソウルの市内でも通じている。いわば自信のある会話(?)のひとつだ。

「ムル、ジュセヨ」

すると、それに対してかえってきた冷淡な表情の彼女の返事。

「アイス・ワラー?」

いかにも「水かよ?」という見下した響きがそこにはあった。我々は、一瞬メラとしたが、すばやく素直になって韓国語で、

「ネー（はい）」

となんとなく条件反射的に答えていた。

こんな茶房があるか。一流ホテ

ブッダ生誕祭のパレード
を小林旭風に見物してい
た白づくめのツッパリ

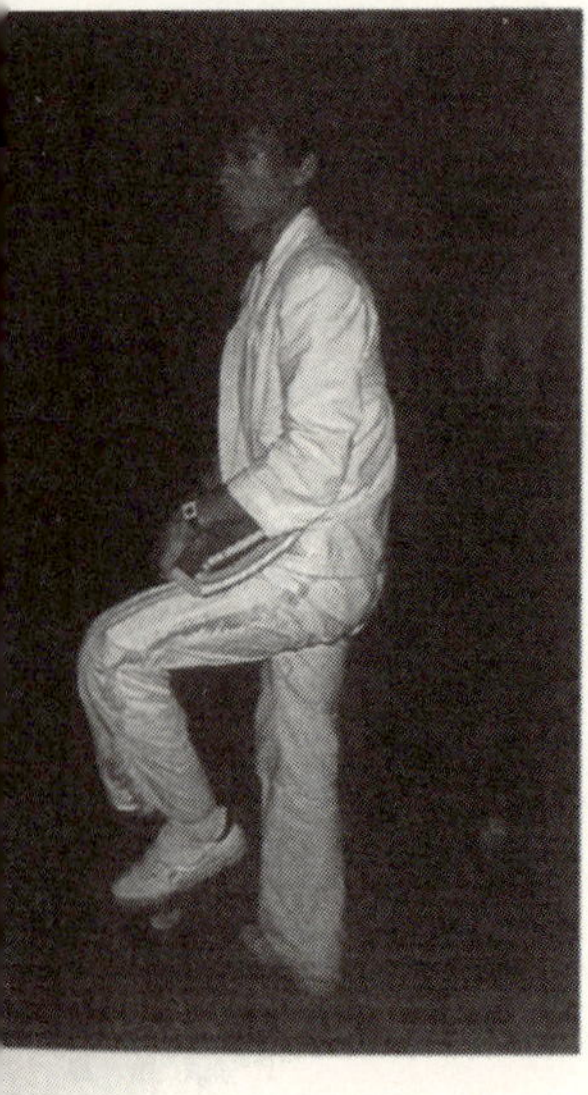

アガシ、ムル(水)
アイス ワラー?

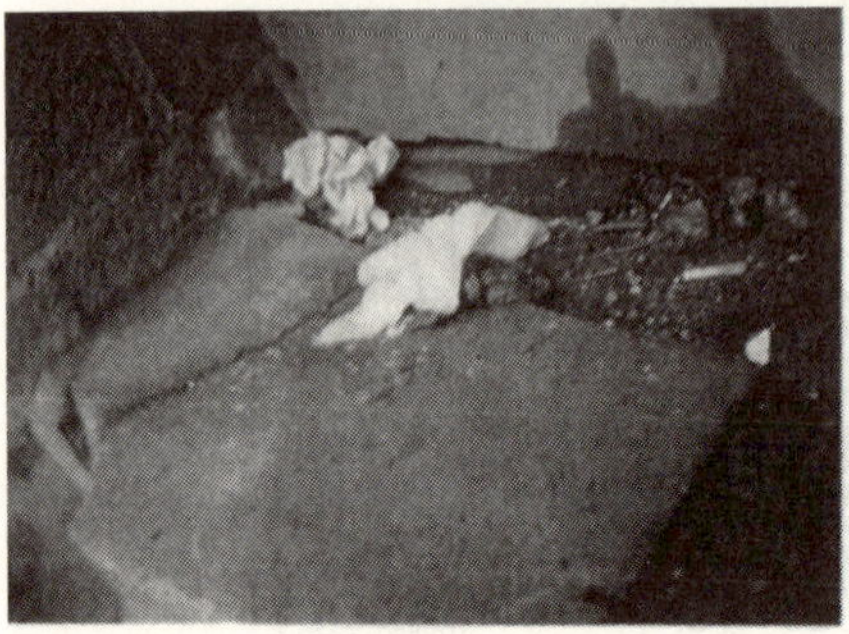

うんこのよく似合いそうな
路地裏だなと思ったら、
はたせるかな実際にされて
いたうんこ

ルのティールームであることは知りつつも、そう思わざるをえなかった。

つまり、薄汚い奴らをきちんと区別するぐらいのプライドを持たなければだめなのだという職業意識の行き届いた場所だということだ。

ならば、我々の友人からチップ1000ウォンを手にして引きあげたポン引き氏は、こう考えていたのではないかと思いあたったのだ。

このホテルは超一流だ。ここで働く者はみなそれなりのレベルに達している。私もそのレベルに合った仕事をここでしている者だ。だから私が斡旋する女性はここの従業員と同じなのだ。それなら、それに合わせた応対を、あなたはするべきなのだ。

あのティールームの女給はこう思わせるだけの態度を、我々に対してたしかに、あの時とっていた。

あるいは案外、彼の紹介してくれる女性というのはほんとうの正真正銘このティールームをはじめとする、このホテルの質の高い、それでなくともえりすぐられた、あのホテル・ウーマンたちなのかもしれない。

こうしたプライドはともかく、さすがに大都会のソウルには、屋台にしても、地べたに直接の人にしても、実にさまざまな小売店や商売人がいる。その誰もが発止とした誇りをみなぎらせた面がまえで、街頭に相対している。何かを売っている、というだけで社長である、というふうに。

たくましき街の社長たち。

★

その日、我々は夕方6時の飛行機で東京へ戻ることになっていた。買い残したみやげやレコードなど、その時の旅行最後の買い物を終え、散歩をしていたのだ。コーヒーでも飲んでゆっくりホテルに戻って、と考えてブラブラしていたところ、いきなり足早に背後から駆け寄って流暢な日本語で声をかけてきた60歳ぐらいの男がいた。

あふれる荷は、商品である。パゴダ公園付近でよく見かける街頭よろず屋のひとりだが、彼は特にリヤカーの引きがひたむき

「あなた方、日本の人ですね」

「はい、そうですが」

「私は、自宅で美術品を扱っている者です。もしよろしかったら私の家に来て、それらを見てみませんか。お時間はとらせません。普通の韓国人の家が、どういうものか見るだけでも、社会勉強になるでしょう。どうですか。お時間はとらせませんから」

　こういう誘いは、その時が初めてであった。なにかあったら適当なところで帰ってくればいい。我々はその男の家へ行くことにした。声をかけられたのがパコダ公園の近く。

「市内ですから、ここからそう遠くありません」

　と言われるままタクシーに乗り込んだ。そうだとは思ったが、遠くないとはいえ、タクシーでその男の家までは30分弱の時間がかかった。以前大雨で氾濫したという川の近く。2階立ての中の上といったスケールの、なかなか立派な家であった。


　オンドルの応接間のような部屋に通された。

「お楽にしてください」

　男はそう言うと隣接する薄暗い部屋に入っていった。すかさず我々はいつものようにカセットレコーダーの録音スイッチを入れた。しばらくして15枚ほどの油絵を持って男は戻ってきた。それらの絵をソファや床に次々に並べていった。

「あの部屋の中にまだたくさんあ

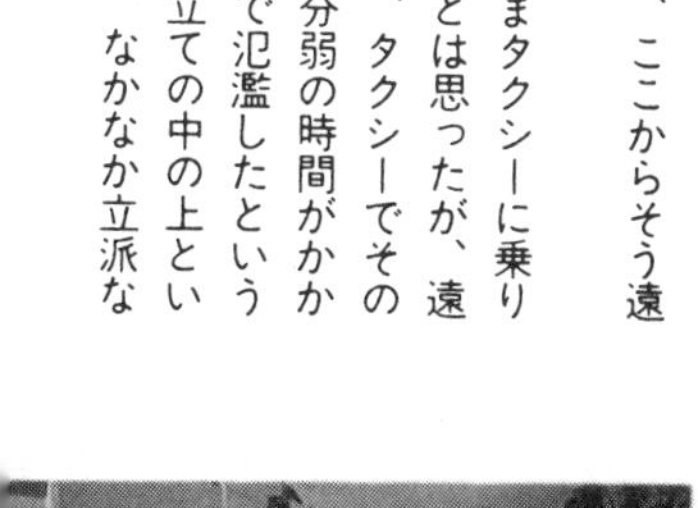

韓国の人はカーブより直線コースが好き

それまで仲良く飲んでたのだが、兄貴分の男が弟分の男に対して、突然もの凄い見幕で怒りだした。
フン…! ゴキ…
ヘッゴッ
そして、クルッと体をひるがえすや、弟分の顔面に、鮮やかに回し蹴りを決めたのだった。
ビターーン
すると、兄貴分の怒りはあっけなくおさまり二人は再び仲良く飲みだした。
……テッコンドーの盛んなこの国は、手よりも足の早い奴がケッコウいる。
ワッハッハッ
ヘッヘッ

るんですが、狭いのでとりあえずこれだけ出しておきます。それでは簡単にご説明申し上げます。日本ではハイクラスの作家の作品を日展作家と言うんですけど、韓国では国展作家と申します」

「はあ」

そこに並べられた絵は、どれも風景画ばかりだが、とりたてて何かを言うほどのものではない。日本の地下道でよく売っている具にもつかない複製の机上用の風景画のようなやつだ。

「こちらの額縁に入れてあるのが国展作家の作品です。額縁のないのが中堅作家の作品です。それで要するに値段が問題なのですが、今、韓国は美術が非常に不況であまりよく売れません」

「ははあ」

「しかし、個人の自宅でやっているわけですから、店と同じ値段で売ったんでは意味がありません。そうでしょう。こんな遠いところまで来て……。1枚の絵に横たわる家賃、税金、諸経費はもちろん先生の名誉までもぬいた、ほんの手数料だけいただいて、私は投げ売りしています」

「はあ」

「私は大きさにかかわらず額縁に入ったものは1点15万円、中堅作家のやつも同じく大きさにかかわらず1点日本円で3万円で出しています。私の日本語は聴きとれますか」

「たいへんお上手ですね」

「さあ、この中からお好きなやつを指さしてください。買って日本に持ち帰り、隣近所に売っても滞在旅費ぐらいうくはずです。いずれにせよ日本では、この値段では買えません。私は日本の旅行の経験はありませんが、日本の美術の状況についてはよく知っています」

「はあ」

「私はこの絵を鑑賞していて思います。人間はすごくみじめなものであります。こういう（と言いつつ部屋の柱をなでる）植物は600年も生きているのに、人間の寿命はわずかに100年です。哲学を学んだ人たちは皆同じことを言っています。短い人間の寿命、一番つまらないのは感動のない生活であると。無味乾燥な生活ほどつまらない、下らないものはない」

実に見事な日本語、さらに考え方である。男は口を広く開けてしゃべるので、その歯並びのよさも見てとることができた。

韓国人の家へ、美術品を見に行く。よく考えれば、唐突な話である。さらに、その時の我々は絵を見せられてはいるが、本当のところ、その家の主人《あるじ》の演説を聴かされているのである。

雨の日は濡れないように早く駆け抜ければよい

いち度、若い男(20代半ば)と対等に殴り合うババア(40代後半)を見た事がある。
ボスッ
ガツン
ドスン

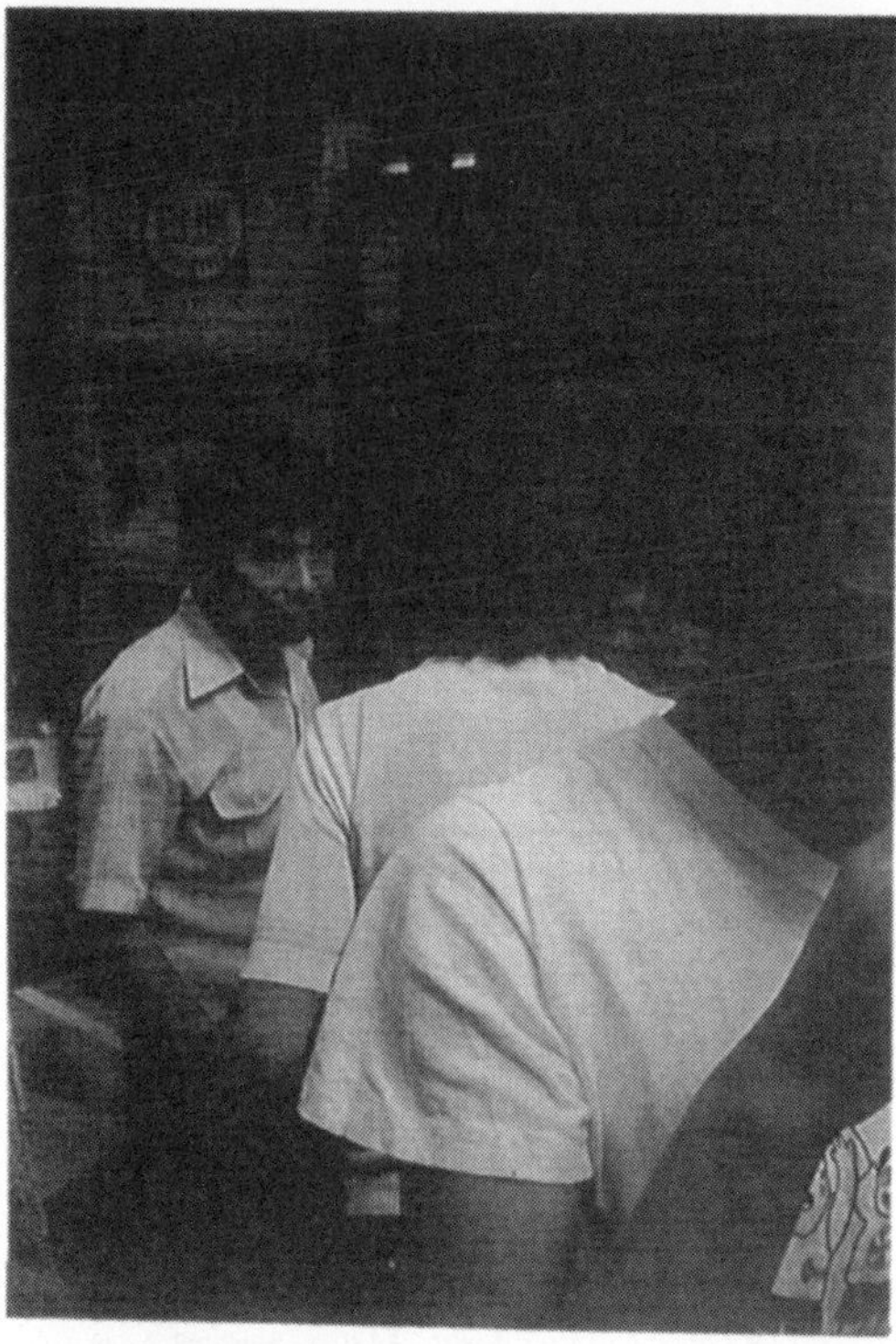

虎と汁った高校生
87年の冬、ソウルの動物園で実際に有ったハナシ。
高校2年のチョン君は友人らと動物園に行った。
友人のキムがイタズラして、女子のマフラーを……
ペチャ
ポイ
エーイ
あっ
何をするんだキム！
ゆるせん！
エーン、ひどいわキム君
おっとお前に本当に勇気があったらとって来い

くそ、俺の勇気を見せてやるぞ
気をつけてね、チョン君
フン
うわっ
キャ
ガオー
堀の中に落っ込ちたキム君は虎を相手に格闘した。
くそっ
10分後救出されたチョン君は
精神力で勝てると思ったでゴスミダ。
と、云ってインタビューに答えたのだった。
KBS
(チョン君は一カ月の重傷)

このショットの直後「トッタカオレヲ?」と異議をとなえた
東大門で美声で服を売っている好青年

「私、隣近所からこういうこと頼まれたんです。日本製のカメラとか、電卓とか、中学・高校生の語学勉強用のウォークマンとか、時計など、いわば日本の製品ですね。そういうものを持参されてたら物々交換してもかまわないんですが。性能とか寿命とかがすぐれているらしいですよ。メイド・イン・ジャパンというのは」

「はあ」

「あなた方お若いから、お世話になった人へのプレゼントに買っていってもいいんではないですか。お盆とか、年の初め、暮れに。または友人の建築祝いとか昇進とか」

「はあ。あの、ところで失礼ですが、先生のお名前は?」

「パク・コオショウです」

「先生は絵をお描きにならないんですか?」

「私は画商です。作家のものを集めています」

「このユンさんという作家はおいくつくらいなんですか?」

「50歳です。ずっと、これだけで生活をしています。若い時から続けてこられて、もう達人の領域です。ご参考までに第一印象がいいのをそれぞれ教えてください。これは食べ物と同じです。人の目と口は大体同じです。今朝3人はどこかのレストランで食事をしたんでしょ。そのメニューを中曽根さんが食べても、皆さんがおいしかったといえばおいしいというんですよ。まずいといえば中曽根さんもまずいというにちがいありません。目も、きれいだといえば、誰が見てもきれいだと思います。きれいじゃないといえば、そういう感覚に沈みますね」

「はあ」

「さあ、こちらからひとつ、第一印象のいいものを。パッと見て」

「ええと、これとか……」

「ええ、ええ。これね。うん、それからおたくさんは?」

「牛のやつです」

「素朴な農村風景ですね。自然を描いたものです。うんうん。こちらは?」

ロッテ・デパートの脇で唯一人でボールペン販売業を営む青年
彼の商法は手渡しによるぬくもりである

ファンシーなグッズを多数あつめた店だが
なんとなく空気がむなしい

「雪景色などもいいですねぇ」

「うん。これもいいですね。落ち着いている。第一印象はわかりました。ええと、それでですね、決断をして下さい。これらは食べてなくなるものじゃありません。消費財じゃありません。あなた方が課長、部長、専務、社長、会長になるまでずっと所蔵して下さい。そして『韓国に行った時にパクという男から買ったものだ』と子供さんに昔話をして下さい。その時には、これは大金になると思います」

「は、ははあ」

「おいておけばおくほど高くなって下がることはありません。こういう美術関係は。この間、国展の展示会があったんですけどね、ある先生のもので、1点2300万ウォンなんていうのもありました。それは、もちろん先生の名誉が含まれています。不況だし、私のごとき自宅でやってる者は名誉ぬきです。日本が世界に誇る梅原龍三郎という油絵の大家や、スペインのピカソ、ルノワールなどの場合は1点につき1億円を上回るらしいですね。家一軒買えるでしょう。それにくらべれば3万円というのは、お若いにしても、それほど負担は感じないはずです。今持っておられるのは円ですか、ウォンですか。アメリカのドルですか、ウォンですか。3万円ですからウォンなら15万ウォンということにしてください。端数は切り捨てましょう」

「ちょうど僕たち今日帰るところで、正直な話、お支払いできるほどの持ち合わせがないんですが」

「じゃあ、とりあえず、あるだけのウォンに、円をつけ足してお支払いください。日本にたずさえていって友人に見せ、もしその友人が、興味を示したら、私のところに連絡して下さい。名刺をさしあげますから」

「資料みたいなものはないんですか？　リストとか」

「リスト、今までわりとばらまいていたんですが、所詮写真です。本物の絵を見なければ真の感覚はヨイド島の歩道でたったひとりでいつまでもたわむれていた女性。春だった。

うかばないと思い、やめました」

「そうですか」

「要するに、その、値段の問題ですが……韓国のお金で払うとしたらどれくらいですか、意見を聞かせて下さい」

「2万ウォンくらいしかないもんで……全然話にならないという感じなんですよね」

「それじゃあ、カメラとか電卓、ウォークマン、カセットなどお持ちなら物々交換してもいいんですが。それは（1眼レフのカメラ）どなたのですか?」

「これは私のですが、借り物なんで」

店内の家具は手作りの「トルストイ」という名の茶房

「あ、借り物なんか手放したらえらいことになる。それはやめて下さい。あなたはいくら持ってます? この人は2万ウォンということらしいけど」

「僕も同じようなもので2万3千ウォンくらいです」

「そうですか、皆さん同じくらいですね。それじゃそれに円を足してください」

「実は円もないのです」

「ドルはどうですか?」

「ドルはもともと持ってません」

「日本の品物は何かありますか?」

「物々交換できるようなものはありません」

「これ、（オートボーイ）ちょっと見せて下さい」

「それも借り物なんですよ」

「借り物はあれだけでしょ」

「いや、ちがいます。カメラに名前が貼ってあるでしょう、ちがいますでしょ、名前が」

「……しかし、カメラの国で、なんでカメラにまで名前を書き入れ

このディスコでは焼き肉とコーラでみな酔いしれる

るのかな。別にそれほど貴重なものではないのに……」
「ハハ」
「誠に申し訳ありませんが、そろそろホテルに戻らなければなりません」

よどみなく話す日本語は実にききとりやすい

「空港で手続きを済ませなければならないもので」

「それでは……焼物はいかがですか？」

「いやあ、ちょっと」

「とりあえず名刺だけいただければ、今回はまあ、こういう事情でちょうど帰る日にぶつかり、ゆっくりお話を聞けなかったですが、また、韓国に来た時にお訪ねできますし」

「いや、そうですか。あの、古い焼物で、やっすいのがあるけど」

「焼物は僕たち全然……」

「ダメ？　あ、ダメね、うーん。

バカバカしい。了解して「日本です」と答えると、駅員は「そうか、イルボンか、よし行け」と云った。

1点2万ウォンじゃあまりにはなはだしく離れているので、3万円として残りは私の銀行口座に振り込んでくれますか？　前金というんですか？　先払い？　予約金？　とえあえずあるだけを払っていただいて、残りの分を口座に振り込んでくれませんか、円で」

「いや、でもそれは僕ら信用できない人間かもしれませんよ」

「いや、大学出身で人格尊重を意味する上においてもね、わずかな

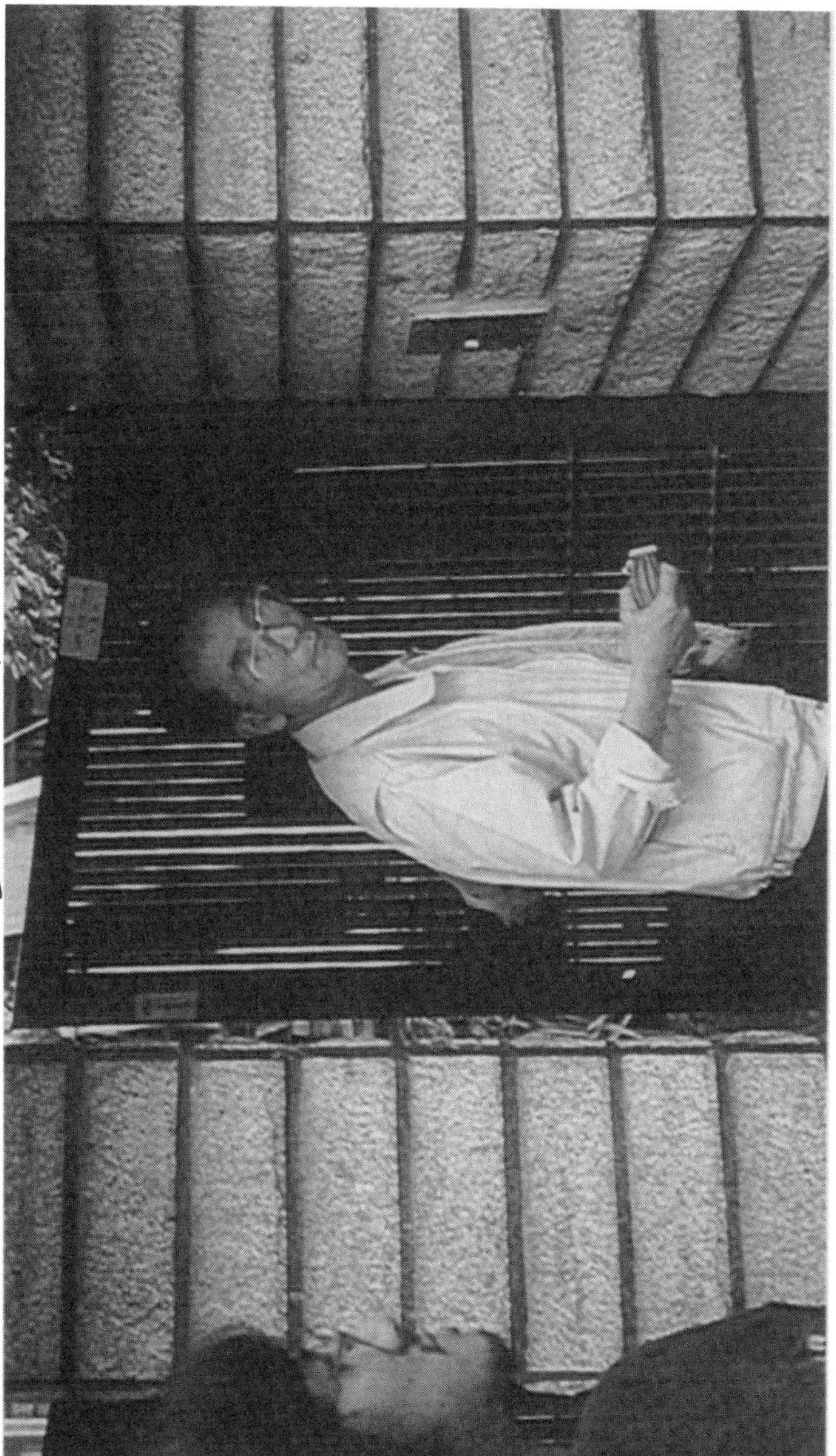

画商パク・コーシック氏の家の前にて。家は中の上だが芸がない人だった

ドアール
化粧品
④
韓国のボーリングの機械は故障しやすいので、強くなげてはならない
ピン
ゆるうくね！
一度支配人に
強くなげりゃ壊れんだろが！
と、怒られた事がある。
ところで…
ミヤナムニダ
韓国のボーリング場では点数を、係のお姉さんがつけてくれる。その日、いいのに当ったので、ドアール最後の一本をあげた。
あのう、これ、どうぞ
ま～

お金でね、約束履行しないことはないと思う。何億円、何千万円ならお金がなかったら致し方ないけれど、わずか2、3万以下の金額で約束履行しない大学出身者はまずいないと思う。私は100パーセント信用します。とにかく前金1万円お支払いできますか。どれくらい払えます？　あとは送金で」

「この旅行でほとんど使っちゃったから」

「どうせ買うんならもっとたくさん見たいんです。でももう時間がないんです。帰れなくなっちゃいます」

「ここで会ったのも何かのご縁でしょうから、名刺をいただければまた連絡できますし」

「今までたくさんばらまいたけどね……1点でも買ってくれた人は

※残念な事に、朴氏のメモはその後紛失してしまった。

ツアーで訪ずれた韓国（主に、ソウルとか慶州）にやたら感激して感心してみせるブスが多いのは何故だろうか？
わあぁ韓国ってもオォサイコーなんだからァ
담배
다방
和旅行社
グアム3日間
サイパン
韓国
香港
台
男の目を魅く
イイ女が概して
あの国に冷淡なのは
何故か？
ヤリタイ…
そして、イイ女なのに
韓国に魅せられ、一人で
玄界灘を渡ってしまう
女の知能が例外なく
高いのは一体何故だろう
？？
亦、来てしまった

ほぼ男はみな顔が大きめで酒をよく飲むものだ

なんらかの連絡がありました。人を寄こすとか。でも名刺だけの人は、これは悪いたとえ話ですが、鉄砲玉でした」

「戻ってこないわけですね」

「戻ってこない。これは不思議ですね。一度もない。名刺をあげて反応があったことは一度もない」

あたり前だ、と思いながら、我々は、急いでタクシーを拾ってホテルに戻った。

★

韓国でさまざまな人物に逢い、話をしたり聴いたりしてきたが、このパク氏はとりわけ日本語の上手い方に属する。だが、旅路の途中で我々にいろいろな思索を生み出させる、生きる表現者としては不適格である。俺はこうだ、という意志のスタイルがあまりに貧弱だ。だからその話がテクノポップなのだ。起伏つまりメリハリがないのだ。

パク氏は画商だが、むしろ日本の街頭でアンケートと称して一500円だか2000円だかをだましとっている兄ちゃんたちにきわめて近い。あからさまに金がほしいとは決して言わないくせに、あまりにもまわりくどいのが、実にやっかいなのである。

ソウルは、それこそ猫の目のように生産と廃棄、建設と再生がめまぐるしく展開されている。その熱気は、一人一人が直に感じるのが一番だろう。

我々の朋友、韓国ロッカーの金《キム》昌完《チャンワン》氏は、先日ソウルで我々と別れる際にこう言った。

「どうか、忙しくてしかたがない時こそ、なんとかひまを作ってソウルへ来てください。ソウルは、すごい早さで変わっている街です。きっと、あなた方の仕事、生きていくうえでなんらかのインスピレーションを与えてくれるでしょう」

果して10年後のソウルの速度と熱量は？

金《キン》浦《ポ》空《コン》港《ハン》

김포공항

人情は免税、劣情は……

韓国に旅行した日本人のほとんど誰もが通らざるをえないのが金浦空港である。

主にフェリーで釜山から北上してソウルへたどりつくコースを通ることの多い我々にとっても、金浦は帰国のための関所である。

ソウルに大金を持って買い物に来た青年たちはたくさんの商品をカウンターに並らべ、食い物三昧の団体のおねえさん、おばさんたちもひと通りのおみやげの袋を持ち寄るし、いわゆる観光の安いから行ってみるべえ3泊4日のおっさん、おにいさんたちもよほどいいことがあったのだろう、にたにたしながらやや少なめな観光記念商品を持っている。

しかし、ここに、それぞれがあくまで個人として手軽なみやげに比較的小さなショルダー・バッグひとつぐらいの持ち物しか持たない男たちがいる。慣れたしぐさを連発しながら発券カウンターで手続きをし、食堂で底抜けにまずいコーヒーを飲んでいたりする。しかもたえず傍らに妖艶で肉感的でいながらどこか親しみやすそうな女性を帯同していたりする。

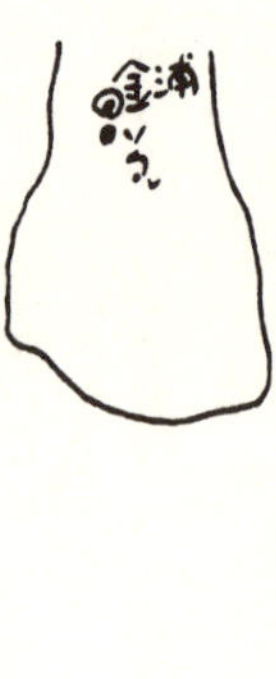

彼らは、だいたい40代〜50代半ばぐらいで、こざっぱりとした、たとえばゴルフにも兼用できそうなスポーツ・シャツに明るいが派手ではないズボン、ライト・グレーのやつなんかを着用している。お金には不自由していないが、とりたてて金持ちそうには見えないといったタイプの男たちだ。全身に名残り惜しそうな表情をしたたらせながら、傍らの女性の肩や腰に手をまわしたり、手を握ったりしている。

ダンナァ、韓国だの台湾だのそのは
ヒヒヒ
国中の女がパンパンみてえなモンよォ
ヒヒヒ
フンとかァ?
そして二人は海を渡った。
大韓航空
キー!
ピルのんでから平気だべさ
フントけえ?
姉ちゃんオルマイムニカ?※
韓国語
会話
コーヒーいかがですか?
おおええ女だ

※いくらですか?

擬似夫婦善哉

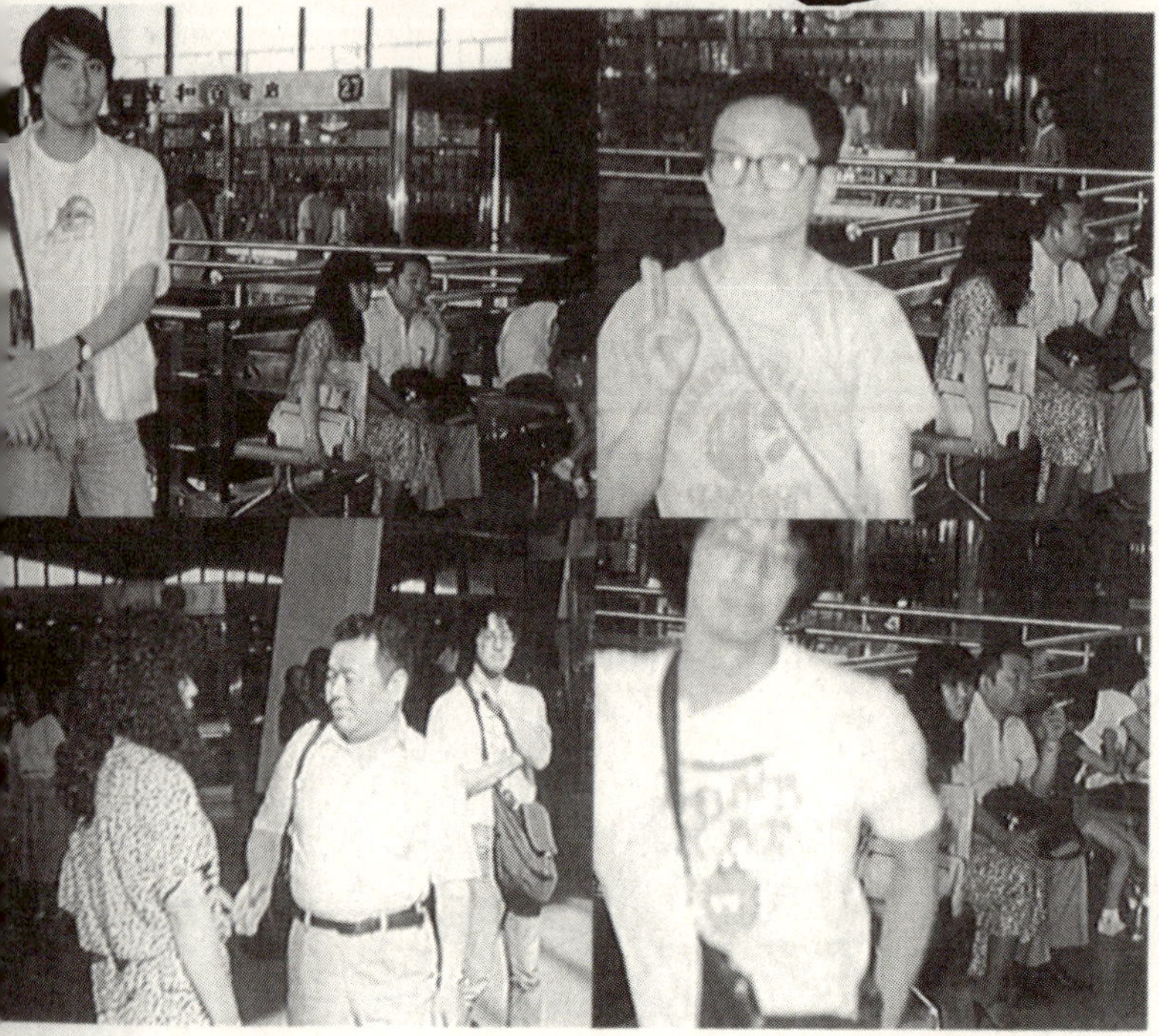

なかには、たった一夜のつきあいがあまりにも深い情、(時としてそれは恋愛感情に近いものだったりするが)となってそうさせられてしまったという場合もあるだろうが、大部分は年に何回かタイミングを見はからっては訪れて、逢い引きを重ねている人々である。韓国妻を持った男たちなのである。

ソウルに愛人を確保している人々の日韓わかれの図というのに出くわすのも、やはり金浦空港ならではである。

どうして、そういうことするんですか。股間による侵略ではないかと息まく人々もいるだろう。

だが、なぜ彼らがわざわざ韓国までやってきて、彼女たちと交流を持とうとしたのか、なぜそうした交流関係をけなげに永続させているのかを考えてみよ。

もちろん経済的に優位にある日本人が、金にものをいわせて偽似恋愛関係を買っていると見れば、被害者と加害者という単純な図式

テイク・オフ!

は描けるだろう。しかし実際は、もっと単純なのだ。

彼らにとっては、韓国の女性は、日本の女性よりいい。すぐれている。

これだけなのだ。

情に厚く、けなげで、金で結びついてはいるが、日本におけるそういった男女関係とは比べるべくもなく快感度が高く、しかも安価だとすれば、誰だって、そっちへ行くだろう。これは、たとえばポパイ小僧が日本で1万5000円のリーボック・シューズをイーテオンだと1500円で買えるとか言ってるのと根は同じだ。

買い物が目的ということでは、どちらも似たりよったりでしかないということから、もう一度考えてみたらどうだろう。

何故行くのか。何度も何度も。

韓国妻と、ちんまり空港ロビーのイスにならんで腰を降ろし、温和な顔の中に、情けないほどの名残り惜しさをのぞかせながら、たどたどしい会話を交わしている姿・に何度も出くわすと、彼らに同情はしないが、こうした心情を否定することはできなくなる。

キーセンには夢があるのだ。だからこそ、気の弱そうなおっさんが、図々しくもそこに情と金をつぎ込むのだ。

毎日、とうの立った妻の罵声に耐えながら、もくもくと配達にいそしむ酒屋のおやじが、ある日誘われた酒屋連合の韓国ツアー3泊4日。それを責めることなど、誰にもできない。まして、そこで一人の女性を見そめてしまったことを誰がとがめ立てできるというのであろうか。

そうかと思えば、見るからに強欲な下半身を想像させる顔相をした男たちの群れもある。彼らにとっては、場所はどこであろうとすることは同じだ。人間は股以外からは生まれようがねえだろという正論を全身から吐きちらしている。買う人はどこであろうと何であっても買うものなのだ。それがそいつの身上である以上、自由ってもんだ。

命の洗濯は脱水を充分に！

自由といえば、自由主義経済ならではだと思い知らされるのは、ウォンを再び円に換金する時だ。

5万ウォンが8920円になってしまうことによって我々は自分の国との強いつながりを感じざるをえない。

出国用のゲートの前ではいくつもの韓国人の親子、夫婦、恋人たち、友人たちが声高に悲しみを吐きあっている。

ビブラートのきいた声で息子にすがる母親。なにも一生帰ってこないわけではなかろうにと思いつつも、その感情のほとばしりにはとてつもない血の濃さを感じてしまう。空港は涙の井戸と化す。

それを尻目に我々は出国ゲートへと急ぐ。

だがここでも油断は禁物だ。

税関のおねえさんが、もし気嫌が悪かったりすると、時々とんでもないトラブルに発展することもある。

ある友人は、日本から持参したカメラのレンズが韓国内で買ったものではないかとの嫌疑をかけられ、空港内の別室へと連行されてしまったあげく、1万5000円の税金を徴収されてしまった。

まあ、こういうことは世界各国であることだろうから、しかたがないことだが。

ただ、なかには日本語が話せてもわざと黙っている空港関係者も

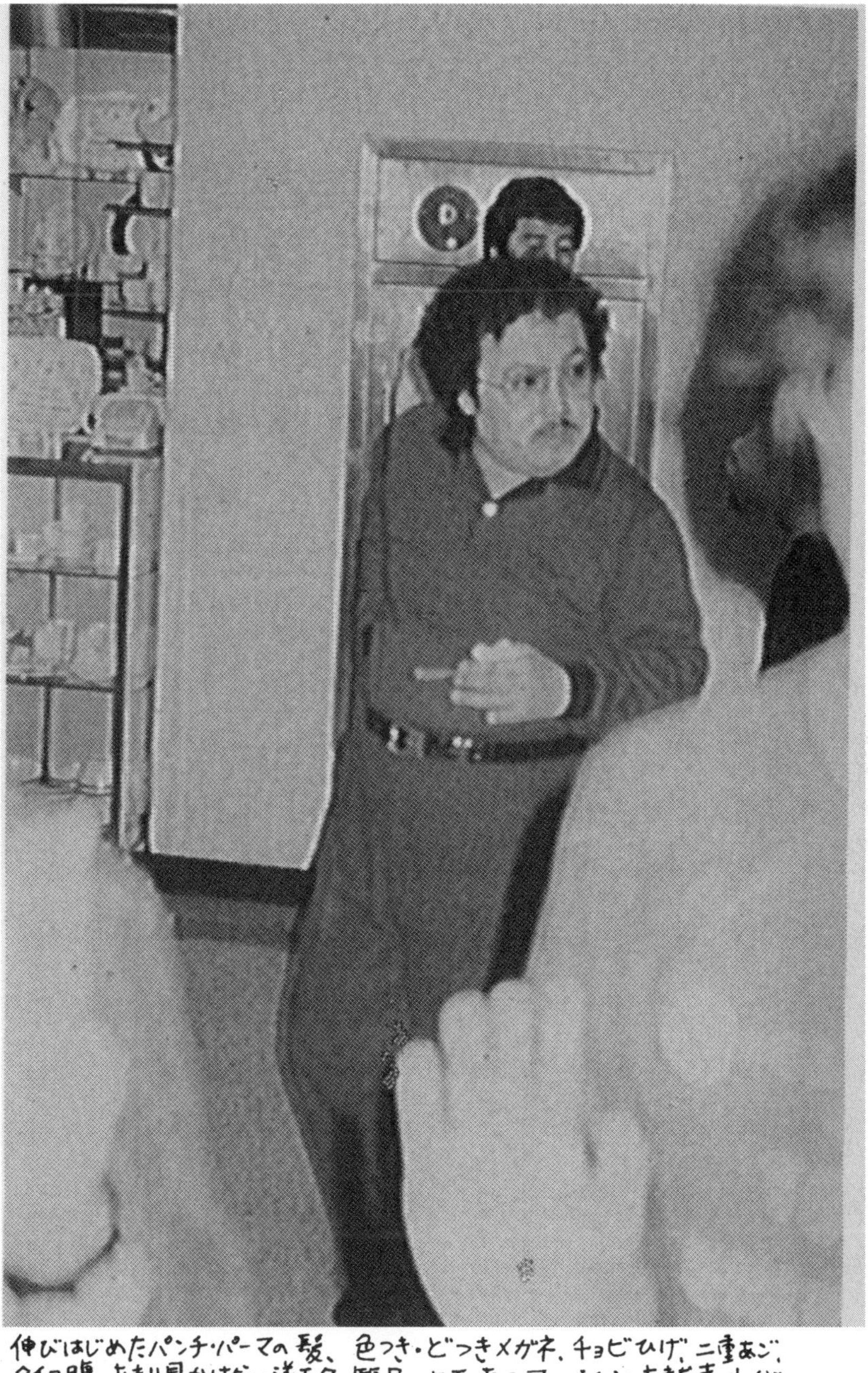

伸びはじめたパンチ・パーマの髪、色つき・どつきメガネ、チョビひげ、二重あご、タイコ腹、あまり見かけない洋モク、短足、上下赤のファッション、大きな声、わがものがお、くさい息、日本人…………

た、ただいま…

山本酒店
遅いね まったく!

こんな時間までどこほっつき歩いてんだい、このカイショナシ またパチンコだろ、このタコ!

い、いや ちょっと… ス、スマン ワルイ…

フン、クソ婆ァ

フン あんな女はもうオレの女房じゃねえや
今や俺の女房ってのは……
ヒョンヨン、お前のことだ……
パパサーン
スギテース！
こうして酒屋は亦、海を渡る。キーセンには夢がある。

在日韓国人のスポーツ選手団。みんな一つの体に二つの心を持っている

いる、とその友人が報告していたことをここに記しておきたい。

ソウルの友人も、韓国の税関というのは、めんどうだと言っていたし、実際、我々が出くわした税関員が「韓国の税金はいろいろめんどうです」とアドバイスしてくれたりしたこともある。

とはいえ、さまざまな事情でさまざまな物を持っていったり、持って帰ったりせねばならぬことがあるだろう。

用心するに若《し》くはないと。

それから、特筆しておきたいのは大韓航空の居心地のよさだ。スチュワーデスも、上品すぎず下世話すぎず、米国の航空会社のようにおばさん率も高くない。サービスもいいし。できれば、これに乗って帰国を、と言いたいところだが、それだけに、そうしたサービスのよさに下心を見せて乗り込んでくるパンチパーマの一群も多いということだ。

ウォンを円に再換金した刹那、現実が悪夢に。それまでの現実とは？お遊び、祭りは終わったのだ。

ア
こっから
第2巻
1988年〜94年
ディープ・コリア
광공사

オリンピック直前

大韓民国の皮がむけるとき。オリンピックのために様々なエネルギーが、ソウルでは、傾けられた。加速度的に87年から開幕直前まで、ソウルは、新生、再生、改良、前進などのイメージにおおいつくされ、そのイメージの発信源はそこら中で、口角に泡やキムチの汁を飛ばして大韓人に、世界のなんたるかを説きつづけた。彼らのエネルギーは度々発明物をそこらにおっ立てたり何物かを破壊したりした。

もとより国民エネルギーの象徴としての見栄で立ってしまったが如き、東洋一高い（当時）63階（かぞえの噂あり）建ての大韓生命ビルがあるが、そこの屋上に、オリンピック直前、聖火台が立った。しかもメインのスタジアムにある本物の倍近く大きいものが。市内のどこからでも見えるように、という「人類のお祭りに対する市民の関心と熱気を高めるため」にソウル市が決定したことである。総工費は約1億2000万円（当時）だった。これもスタジアムの本物の倍だという。本物の立場を何だと思っているのであろう。クーベルタンの理想なんて、大韓の皮むきにとって屁でもないのはいうまでもない。大韓オリンピックにあえて自ら挑戦してしまうほど大韓人は燃えていたのだ。その炎はスタジアムの聖火だけでは表現しえぬものなのであった。

が、だからといって、意欲だけで建築物がニョキニョキ勝手に生えるわけではない。労働力が伴いもせずに、気力だけで完成する建築物、それも家やテントではなく、8車線の道路や漢河を渡る大橋などは、とりあえずこの世にはない。あるとすれば、気力で完成させたいと念じる者の想いの中にだけである。そのため"オリンピック用"として建造されていた道路や橋のいくつか、さらに世界おっと宇宙一の屋内遊園地ロッテ・ワールド、豪華大ホテル（主に漢南）数個が間に合わず、工事途中でオリンピック開幕を迎えた。オリンピック期間中は工事も停止される。未完の建築物たちがソウルの空の下でオリンピック閉幕を待っていた。

オリンピック用の街の景観を整えるため、と称して、ソウル市内で多くの古い住宅、建築物が壊された。それとともに、自主独立の街頭の社長たちも一挙に排除された。犬料理屋や精力剤店も街裏や郊外へと追いやられた。しかし彼らにも意地がある。87年初頭に排除されたと思ったら、88年春に一時的にまた盛り返し、路上のガム売りやオットセイの金玉売りなどに混ざって、UFOキャッチャーの原型のような長方体のやつ（もちろん日本の中古品）が大ブームとなった。鐘路の歩道にずらりと並んだ旧式UFOキャッチャー機のまわりにはソウルの兄ちゃん姉ちゃん会社帰りのおっさん、そこらのじじいたちが物めずらしげに多数集っていた。ゲーム機のピロピロゆう音が通りに飛びかっていた。しかしそれらも88年夏にはきれいさっぱり掃き清められた。

ホテル建築は猛ダッシュをかけ、一流はもちろんのこと連れ込みまでもがどっさり建築され

↑珍道犬へ多少

一方北朝鮮（朝鮮民主主義人民共和国）ではそれを遥かに越える（公称）300M（公称）105階の柳京ホテルを途中迄おったてたものの資金不足でとんざ中

た。建てときゃ誰かが泊まるべえ、とでもいうのか。ソウルの人の一部にさえ「あんなに建ててオリンピックの後どうするんだ」という声が飛んでいたが、はたせるかな観光には力を入れてまっせ。93年は太田万博、94年は「訪問の年」だった。

しかも大韓のホテルの多くは、8割だって四捨五入すれば10割という大韓（朝鮮）算によって未完成状態でも平然とオープンしてしまうのだった。我々が泊まったホテルも（連れ込みの大きくなったようなやつ）レストラン、サウナ、玄関などがまだ工事中だったが、すでに通常業務は行なわれていた。が玄**関のショーウインドウはすでに何者かによってガラスが割られていた。**ちなみにそのホテルで、我々の隣の隣の部屋に泊まっていた地元の脂ぎったハゲじじいは、たいそう無防備な人だった。部屋はエレベーターの真ん前だというのに、そのじじいは部屋のドアも浴室のドアも大きく開けっぱなしで、ジャブジャブって おねえちゃんと2人で入浴していた。女にチンポを洗わせ上機嫌なじじいの姿は廊下から丸見えだ。じじいの大声、ねえちゃんのきゃっきゃっ声がホテルにこだましていた。

それからしばらくして、ソウル・オリンピックは開かれた。

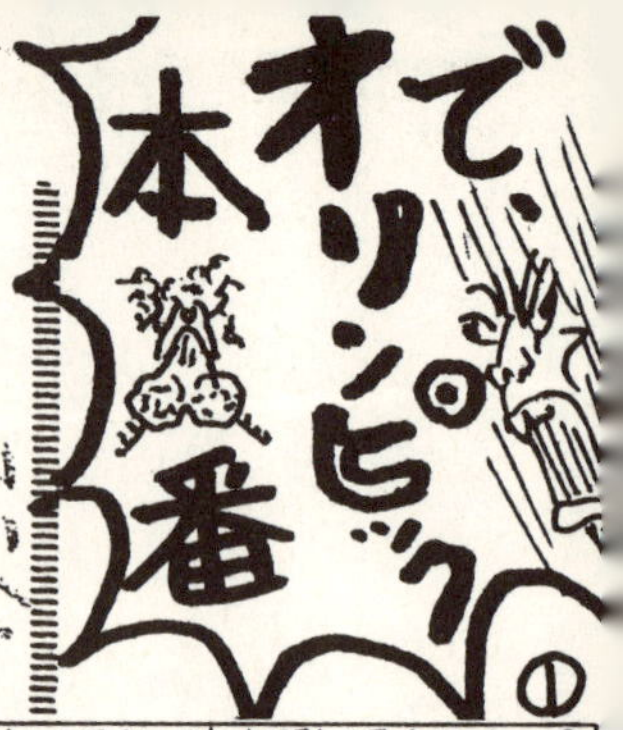
で、
オリンピック
本番

①
まずは…
交通渋滞の盛んなソウル市・オリンピック中は外国から人が沢山来るので何とかしようと思い期間中はナンバー・プレート末尾の番号で奇数の日、偶数の日で走れる車を分けたが、市長が両方のプレートを用意し使い分けてたのが発覚
4-52-34
DAEWOO
DAEWOO

② で、次が↓

軍警備隊と選手保護隊 30人、選手村で大立ち回り。

【ソウル八日中島耕治特派員】オリンピック選手村で軍の警備隊と、村内の警察・選手身辺保護隊計三十人がボディーチェックをめぐってイスを投げ合うなどのケンカを起こしていたことが八日わかりひんしゅくをかっている。

選手村状況室によると、七日午後零時半ごろ、外出していた選手身辺保護隊数人が入村しようとしたところ、警備隊がAD（登録）カードの提示を要求。それに応じない保護隊のボディーチェックを強行しようとした。保護隊はカッとなり約二十分間、イスを投げ合うなどの大立ち回りとなった。けが人はなかったが、外国選手ら十数人はビックリ。「外国の方に恥ずかしい」と双方とも選手村状況室から大目玉を食った。

③そしてコレだ!!

五輪ボクシング

リング上大乱闘

観客まで加わり

判定不満の韓国コーチ レフェリーに「突進」

【ソウル二十二日永守良孝特派員】蚕室学生体育館で開かれているボクシングの予選で二十二日午前十一時二十分ごろジャッジの判定に腹

ェリーにつかみかかり、観衆も興奮しイスやミネラルウオーター容器などをリングへ投げ込む騒ぎが起きた。他のレフェリーやコーチ、さらに観

合いとなった。この乱闘騒ぎのあと、負けた韓国選手がコーチの指示で、判定に抗議してリングのコーナーに一時間以上座り込み、会場は大混乱

（二〇）とブルガリアのアレクサンダー・リストフ選手（二三）との試合。反則まがいの行為で辺選手が二回にわたって警告を受けた。リングサイドで見

た。セコンドや係員、はては観客まで約二十人がリングに上り約十五分間にわたってリング上でもみあいが続いた。

辺選手はコーナーに座り込んだまま動かず〝抗議〟の意を表明、午後零時半過ぎ、一時間四分の〝座り込み〟をやめようやく観客にあいさつして退場した。

辺選手は右フックを連発する積極的な攻め。しかし、その度に主審が割って入るなどしたため、韓国側が興奮。一方、リストフ選手が八回にわたってクリンチで注意をうけながら罰点はゼロだったことで怒りが爆発したらしい。

韓国のテレビは、ニュース

を立てた韓国選手団のコーチがリングへ駆け上がってレフ

客までがリングに上がって、入り乱れて押し合い、こづき

になった。

発端は、韓国の辺丁一選手

韓国側が判定に不満をぶつけ、大混乱したボクシング・バンタム級2回戦＝ロイター

ていた金成殷監督がこの警告に怒ってコーナーにあがって主審からやはり警告を受ける一幕も。第三ラウンド終了と同時に4対1でリストフ選手の判定勝ちが宣告されると、金監督がリングの中に入ってキット・ウォーカー主審（ニュージーランド）に猛烈にくってかかり始めた。同時に観客からも激しい抗議とともにイスがリングの上に投げられ

で放映し、「こんなことがあってはいけません」と訴えた。一方、在韓米軍の英語放送AFKNテレビも、米NBC放送の画面を一時間近く伝えた。

国際ボクシング連盟は同日、直ちに緊急理事会を開いた。韓国側は審判の不公平なジャッジを非難し、提訴。ブルガリアなどは韓国への制裁を求めている。

北朝鮮チーム出場禁止

ボクシング　セコンドが主審殴り

【北京二十八日共同】北京アジア大会のボクシング競技本部は二十八日、審判への暴行事件を起こした朝鮮民主主義人民共和国（北朝鮮）チームに対し同日以降の競技出場を禁止すると通告した。

北朝鮮チームは二十七日夜行われたスーパーヘビー級一回戦で、トン・スヨン選手がイラン選手に判定負けした際、採点を不満としてセコンド2人が主審に殴りかかり公安当局者に取り押さえられた。このためボクシング競技の審判委員会は同日深夜、北朝鮮チームの取り扱いを協議して大会からの締め出しを決めた。

北朝鮮側は主審への暴行について「軽はずみな行為だった」としながらも、採点に関しては「警告してから減点するルールが今大会は無視されている。二十六日にも正式に抗議したのに受け入れられなかった。出場禁止は極めて遺憾だ」と反発している。

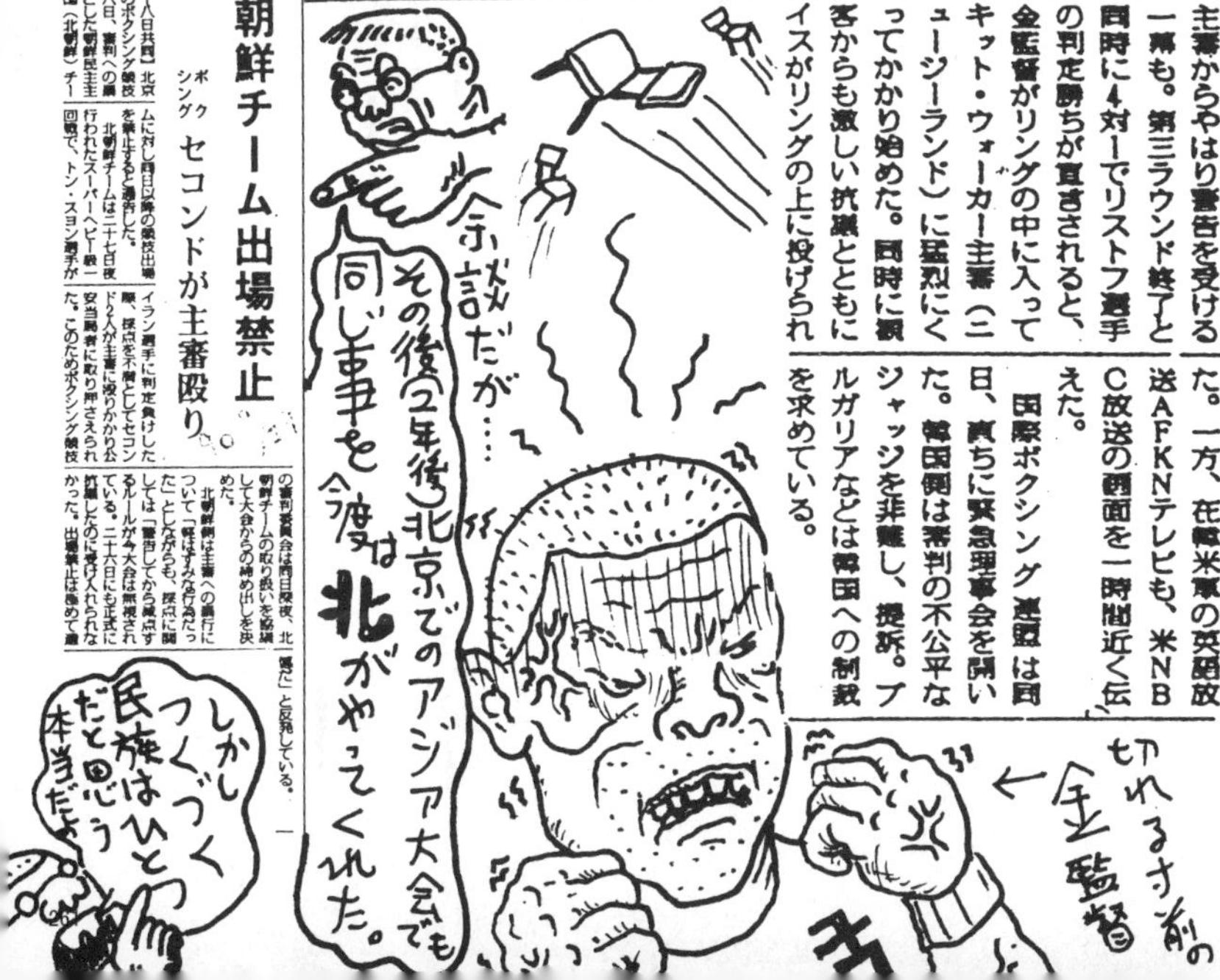

余談だが…
その後(2年後)北京でのアジア大会でも
同じ事を今度は北がやってくれた。
切れる寸前の
←金監督
しかしつくづく
民族はひとつだと思う
本当だよ

オリンピック後のソウル
SEOUL STATION
ソウル駅
イイ顔センター
収容所と
イイ顔スイス銀行の壺

要するに、頑張っていながらだらしなくなったわけである、結局のところ。

ソウルオリンピックが近付くにつれて、町並みがどんどん綺麗になっていった。臭いものにはフタ、新婚家庭にはレースのカーテン式に。屋台なども立ち退かされ、犬肉屋も市街地から減っていった。それと平行して、ソウル市民の顔に「イイ顔」が減っていった。みんなのっぺらとした詰まらない、油っ気のない日本人みたいな顔になった。ところがオリンピック後の逆風か、ソウル駅でのアシッド体験というのがあった。

土曜日の夜、ソウルオリンピックが終わって韓国へ行った時、夜着いたのだが、暗いから周りがよく見えない。取り敢えず何となく気分でいきなり地方でも行ってみるか、と思い立ちソウル駅へ行った。10時ぐらいだったか。夜ちょっと遅かったにもかかわらず、ソウル駅構内には今まで見たこともないようなイイ顔がもう一杯、いるのだった。ソウルから消えたと思ったイイ顔が、駅に集中的にドバドバドバ、とさざなみの如く溢れかえっていたのだ。それはイイ顔の激流であった。駅の構内に溢れかえっている人がみなイイ顔なのである。84年に初めて韓国へ行った時に一杯いた、あの人達が戻ってきていたのだ。お帰りなさいイイ顔。ソウルに着いた人もいればどこかへ行く人もいるのだが、ゴッタ返しの人波の波動、物凄い人の波なのだが、それが全部イイ顔なのである。駅の周りにはほとんど人がいないにもかかわらず、構内はイイ顔の暴風雨なのだった。すさまじいエントロピーに打ちひしがれながら我々はイイ顔酔いしていた。イイ顔の熱にさらされボーっとしたまま、放心しつづけた。天地左右どこを向いてもイイ顔なのだ。ホームの方からもどんどん湧いて来る、天井向いてもいるし、床にもいる。その後我々は何日もイイ顔のフラッシュバックを体験した。あれはいったい何だったのであろう。

人が湯気を立てている。それはオリンピックの間どこかに幽閉されていたのではないか、と思えるほどのエネルギーの流れだった。絶対「イイ顔センター」のようなところに隔離されていたとしか思えない。「お前らしばらく出てくるな」と。あれは神秘体験というしかない出来事だった。写真を撮ることさえ出来ないのだ。我々の周り全てがイイ顔なのだから。しかもソウルのど真ん中で。結局我々はいきなりソウルに着いてどこか地方へ行こう、というのも出来なかった。「イイ顔酔い」によって呪縛されてしまったからである。

「酔い」をなんとかしのぎ、仕方なく外へ出たら、あんなに綺麗だったソウルの街が、もう本当に偏差値の低い男子高の放課後の教室みたいになっていた。凄い汚いゴミがそこらじゅうに転がっている。生ゴミとか紙屑とか売れ残りの品物とか、底抜けの汚さである。しかもオリンピックで中断していた工事があちこちでまた再開されている。ダダダダダ!。

「ああ、オリンピックってこんなもんだったんだなぁ」

とそのとき思った。3歩進んだかもしれない。だが4歩下がっている。いきなり影響が出たのは物価である。いきなりひどいインフレになった。オリンピックの反動である。ある程度グレードアップし、観光客などが大挙来るために色々と値段も上

ここより先は天上天下平なる一次元と化し人体湯気竜巻にてソウル駅構内に天地無用無重力のイイ顔のアガルタが出現

げてしまった。オリンピック用にお札を一杯刷ったりもした。それでお金が増えすぎてしまった。しかし物は急には増えない。食い物などは**2**倍になってしまったものも多かった。選挙なんかも凄い。一票5万ウォン、10万ウォンとか。議員が造幣局とつるんでて、お金を刷ってしまう。一億とか平気で刷っちゃう。子供銀行じゃねえってんだ。選挙の不正は露骨である。「村」なのである。国が。候補者全員選挙違反でやり直し、とか。選挙でトトカルチョもあるだろうし。ソウルも「88年から変わった」と言うが、基本的には変わりようがない。インフレには皆苦しんでいる。だからこそ現在の金泳三の粛清である。さらに、営業規制の影響もある。食い物屋は10時、飲み屋は12時過ぎるとやっちゃいけないとかで、屋台も駄目になってしまった。とは言っても電気を消して奥でやっていたりするのではあるが。気取った兄ちゃんが増えたのもこのあたりに原因の一端はある。今韓国の中高年から顰蹙買っている若い世代の素は、日本とかアメリカ帰りの「帰国男女」で、儒教の価値観が薄く目上の前で平気で煙草吸ったり、金遣い荒かったり。すでにオレンジ族の次の連中がカッポしている。オレンジ族というのは自己申告制である。「はい、私オレンジ族です」と自分たちで言う。だけど金がかかるからあっという間もなく消えて行った。

オレンジ族とは
昔の日本でゆうとかつて
マスコミが呼んだクリトリ
…おっと、クリスタル
族の韓国版也

私の見たディープコリア

ソウルのＹＭＣＡホテルの前に小さな、菓子、飲み物などを商う店が出ていた。家族で逗留していた私は、毎日の様に観光から帰ると妹と菓子やらコーラやらを買っていた。まだ昭和の、オリンピック寸前で、まだコンビニもなく、あさ９時から夜１１時過ぎまでという営業時間は、いたく重宝していた。その営業時間中は、おそらく７０がらみの爺さん一人で切り盛りしていたらしい。日本へ帰る朝、余ったウォンで、大量に菓子を買ったら、爺さんが話し掛けてきた。『あなたがたが、ニッポンジンですか。トコから来たです。』東京だ、と答えると『私ゃあ、若（わが）かった頃学生で恵比寿にいたです。』と言ったら、急に辺りをうかがいひそひそ声になり『今上陛下は、お元気（げんぎ）であらせられますか。』『いや、そりゃもうお元気で。』『そうですか、それは良かった。』なにか、日本人の良心をくすぐるような発言にいたたまれず、あわててその場を離れたら、しっかり、釣り銭はごまかされていた。

（文京区 森江宏た 年令30才《推定》）

FAX

関、釜こおこと 釜関フェリー

半島へ渡るには船である。大阪、福岡などからも出ているが、かねてからのよしみ、下関がよい。現在は博多または下関／釜山間を3時間で往復する高速船もある（1日1運航）。

フェリーのターミナルでは、あいかわらず大小さまざまな荷物が群をなしている。担ぎ屋のアジュマたちは生きる。94年春には大韓米を持ち込んで売るやつも急増し、フェリーは米の船となった。近頃の人気商品は、CDラジカセと電子ジャー（白よりも赤や花柄が好まれる）である。

あるとき我々は、2等船室で寝ころがって地図をひろげていた。旅行プランを一応ねっていたのだ。釜山からどこへ行くか。ふとななめ横の〝アジュマ〟が視界に入った。立て膝をしているその〝アジュマ〟のパンツは丸見えだった。見えてもこんなに嬉しくない女のパンツははじめてだった。やれやれと思いつつまた地図に目をやっていると、今度は卵の腐ったがごとき異臭が我々の鼻を襲った。息がつまる。たまらずウチワであおいだ。見れば、隣で寝ころがっているおっさんの尻がこちらを向いていた。15分後、またしてもその異臭が。その晩のおっさんの屁は絶好調であった。断続的に続くその攻撃に、我々はウチワで応戦する以外術はなかった。

頭上のTVニュースでは〝勝新の初公判〟が報じられていた。

立派な社会人とおぼしき男たち5人組がなにやら騒々しい。すわケンカか、と思ってこっそり見ていたら、単なるじゃれあいであった。それにしても立派な男たちが、蹴ったりつついたり、国民学校生（小学生）のようにキャンキャンと騒ぐさまを見ていると、「ああ大韓民国にまたしても来てしまったのだなあ」という感慨は強くなるのだった。仔犬のような男たちのつき合いをボケーッと見ていたら、船は釜山港に到着していた。

人間大陸勝新太郎の歌(ポエム)が聴こえる

パンツも人それぞれだがパンモロのダイゴミ

入国したら、まずにんにくを体の中にいれよう
サンチュ
にんにく
コリアンみそ
オレはサンチュにみそつけたやつをくるむ

花札を楽しむ夫婦2組。夜遅くまでギャーギャー騒ぎ、朝も早くからにぎやかだ
親子(里帰り)連れも多いが親子でありながら、パスポートの色ず違うのをよく見かける
韓国人たちは、いい歳をして無邪気たじゃれ合う奴がけっこういる
小金を作っちゃ、アタシもて、たぬきみたくシ肌じゃなくて、オッカン日会みたいになった
イラン系がここでも多かった
フィリピンバンド
ロッカ
ギャハハハ
チョギンダ!!
かならずこういった在日韓国人の中心になる
フェリーの中で一番目立つのは、日本と韓国を股にかける担ぎ屋(行商)のオバさん達で、とにかく豪快
オバさんらが持つのは化粧品、電気製品など色々
今回は電気釜が多く見かけられた
ZOJIRUSHI
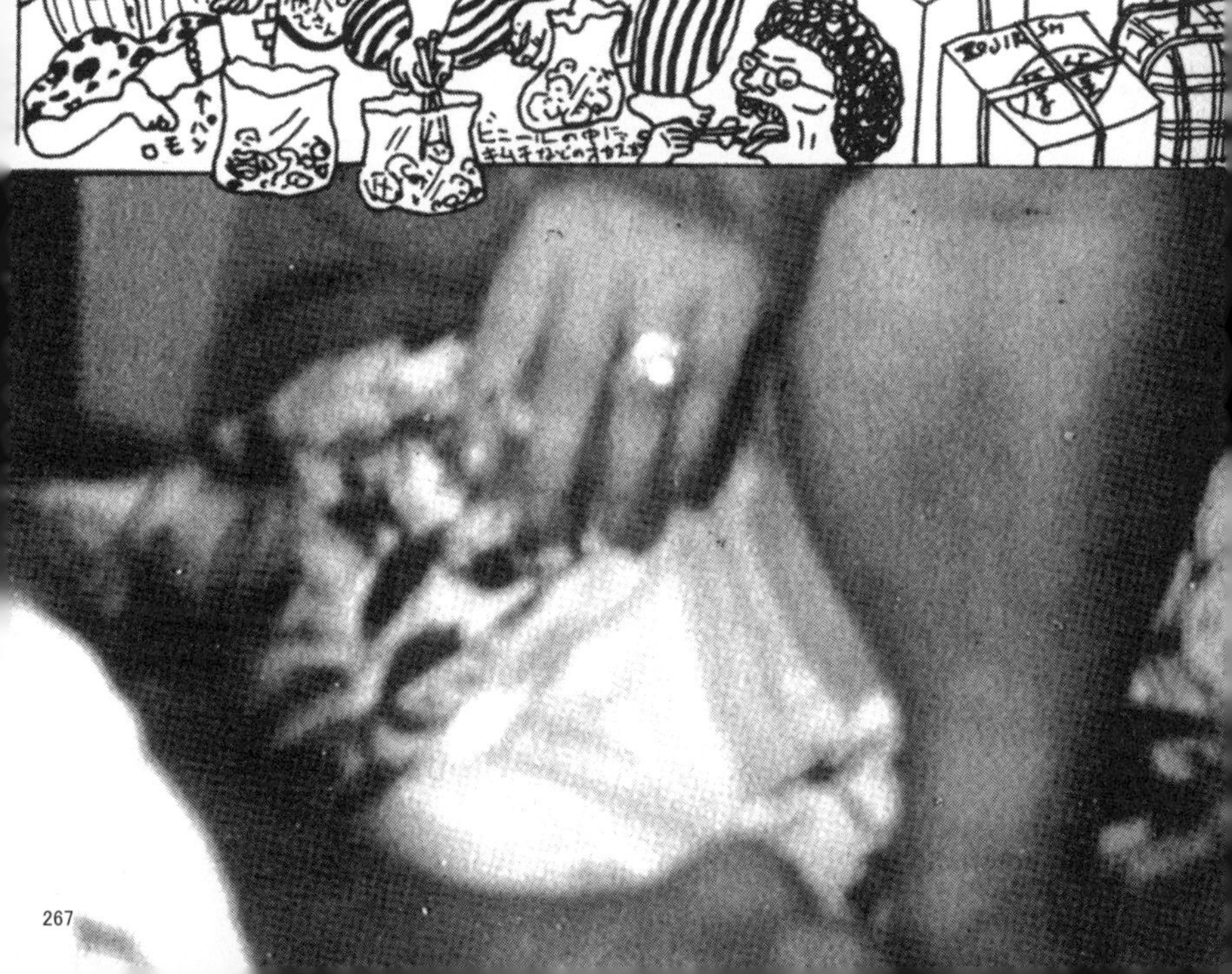

釜《プ》山《サン》 부산

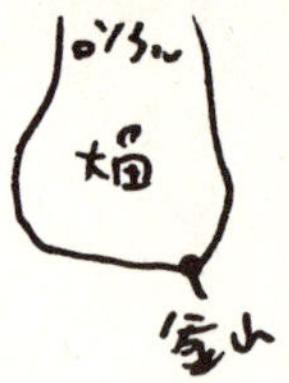

我々の隣で、ちょっとした札束を7．23倍の大札束に替えたパンチパーマの脂ぎって威張った日本人が、両替所の窓口でなにやら大声を出している。

「500ウォンにするには何円出しゃいいんだ」

　500ウォンちょっきりを両替したいんだ、とわめいている。100円玉でもひょいと出せばいいのに、と思うのだが。

「俺はコーラ（500ウォン）が飲みてえんだ。自動販売機でよお」

　と、そいつは言うのである。500ウォンちょうどにならなければダメなのだ、とその関西系パンチはなおも言う。500÷7．23＝69．1。散々威張りちらしてそいつは70円を出して、500ウォンを手に入れた。両替所の係員を悩ませ困惑させ煩わせたこの時間は、日帝36年ならぬ、日帝7分といったところである。

　出迎えや日本製品をその場で安く買い取ろうとする奴らや、タクシーの客引き兼運転手などを尻目に、外へ出る。まずは朝の釜山の空気を吸う。ぶらぶらと釜山駅のほうへ歩く。すると、背後にツカツカと勢いのいい足音がする。そして「風強いな」という声。振り向くと、そこにはロッテの金田監督によく似た親父がいた。

「いやあ、わしは日本人好きでな。すぐ声かけとなるんや。あさって、また（日本へ）行くんやけどな。歯ァ抜けるまで行くでぇ。日本人はこっち来ると、金かからんでええやろ」

同盟（＝我々）「でも韓国も随分物価高くなりましたよね」

「オリンピックの後、高くなったけど、それでもまだまだ日本よりは安いで」

　流暢な日本語を話すひょろりとしたその親父は、金（キム）と名乗った。（やっぱり）

金「今な、ワシ金替えに来たんやけどな。日本円で200万。替えてくれへんのや。空港出るとき替えろ言われたわ。あんたら今から慶州か？」

同盟「いや、釜谷ハワイへ……」

金「ハワイ？　あんなとこハッキリゆうてあんたら行っても刺激ないでぇ。コレ（と言って小指を立てる）でも一緒に連れて行かんと、野郎だけで行ってもな、おもろないわ。あんたら男前なんやから、そこらでええ娘ひっかけて、連れまわしたらええわ」

同盟「あの、もしかして随分遊ばれているんじゃありませんか。日本にもいい人がいたりして」

金「おるよお。山本良子（仮名）ゆうんや。もう48歳になるがな、昔っからわしの恋人や。**はっきり言って、アレなかったら他に楽しみあるかいな。そやろ？チンチン立たななったら人間おしまいや。**ワシ、最近ちょっと減退しとるけどな。しかし近頃の日本の女、アレおかしいで。不自然や。全然男を立てんやろ。日本の女は慎ましく、世界一やったのに。土井（たか子）さんの影響か知らんけど、今、男のゆうこときかんやろ」同盟「韓国はどうですか？」

金「韓国はそないなことない。忠実や。ところでな、ワシ、オートバイや自動車の古いヤツ買い取って、こっちで売って儲けとるんや。ほんまはあかんのやけどな。福祉のほうに流しとるゆうて、うまいことくぐり抜けてな」

問わず語りの釜山の朝。ここまで勝手に喋った金やん、急に歩調を弱め、くるりとこちらを振り向いて小声で言った。

金「こんなこと他に言うなよ。バレたらワシの金ヅルがきれてしまうわ」

釜山ハワイへの行き方などを金やんは教えてくれた後、「困ったら男やなしに、女の子に聞くほうがええで」との忠告もしてくれた。

地下鉄も完成し、釜山もどことなく小ざっぱりしてきた感じはある。街中にはパチンコ屋がつぎつぎに開店していた。機種は皆ひと昔もふた昔も前の中古品。必ずしも流行っているわけではない。料金は小箱ひとつでひとり5000ウォン。安くはない。どの店もどこか辛気臭い。

先を急ごう。タクシーに乗ることにする。「西部バスターミナル」と行く先を告げると運ちゃんはいきなり「1万ウォン!」とふっかけてくる（通常料金1000ウォン強）。冗談じゃない。即座に降りて別のを拾う西部バスターミナル（ここから釜谷へはバスで1時間半ほど）へ行ってくれ、と言うと「そこからバスでどこへ行くのだ」と言う。「釜谷ハワイだ」と言うと「連れてってやる」と強引に高速道路へと進路をあらためやがった。もちろんメーターのスイッチは押してない。我々は拉致されてしまったのであった。途中で降りても高速道路の上でタクシーなど拾えない。料金は「4万ウォンだ」と言う。

50分ほどで釜谷へ到着。我々はなんとか値切って3万5千ウォンを払った。

チャガルチ市場

朝の光の中に行き倒れ

おはようチャガルチ市場

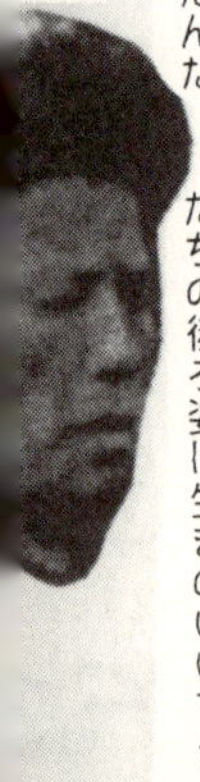

釜山駅前のアリラン旅館から

明け方、まんじりともせずに宿を出、タクシーに分乗して魚市場へ向かった。5分ほどで到着。降ろされた場所が違ったらしく、2組は落ち合えなかった。広いのでしかたない。まあ、ぶらぶらしているうちに会えるだろうと気楽に構え、散策を開始した。

それにつけても晴れていた。日差しのどしゃ降り。太陽を背にしても目が痛い、反射光で。まったく現実味のない朝だった。

ゆるやかな弧を描く漁港。端から端まで1㎞はあろうか。紫がかった青空のアーケードの下に魚屋、八百屋、洋品店、みやげもの屋、雑貨屋、食堂などの店がびっしりと軒を連ねている。その様、屋台の行列のよう。

海風が運んでくる冷気が心地良い。魚介類の生臭さがチト気持ち悪い。時々目を刺す商い婆ァの大股開きバンモロにだんだん脳が活性化されていく。

顔がイイ！　潮風に吹かれ、塩に揉まれ、太陽に灼かれた男女男女男女男女……岩石岩石岩石岩石。ごっつうイイ感じや。それらは逆光で見るとまるでホラ穴の如し。

キョロキョロ歩いていた我々の目と足は、突然止められてしまった。スケートボードに乗った娘にでくわしてしまったからである。早朝の漁港にスケボー・アガシ、そのミス・マッチに面くらったわけではない。流行馬鹿ぶり、遊び阿呆ぶりにヤラレたわけでもない。我々の視線は下方45度に向けられた。彼女たち（明らかに姉弟）は立たず、跳ねず、くるりと空中で回転したりもしない……下半身が無い[illegible]ある。腹這いになり、両手[illegible]"みたいに動かして懸命に突き[illegible]む。そのホフク前進の様に、[illegible]れた。行き交った彼女たちの後ろ姿は生きのいいマグ

口かだらしのないペンギンのようであったが、その日の天候の

という顔の主張
世界中の海が俺の海

市場のザットウを泳ぐ
けなげだ
姉弟だった。
弟（小学生）
（中学生）姉
スケボー
ゴム

ようにすがすがしく晴れやかだった。我々は、これほどまでにスケボーと一体化した力強くも美しい乗り手を今まで知らず、今後も知ることはないであろう。

港のはずれで男が行き倒れになっていた。仰向けになり、頭を後ろへ90度そったままピクリともしない。枕代わりのバッグの下には体液らしいものがべったりと広がっている。イカより白い肌がすでにこと切れている事実を雄弁に語っている。彼の存在に気づき不審に思った者たちが寄ってきて取り囲んだ。中の一人がほっぺたを叩き、胸に手をあて、ダメという素振りをして見せた。

人知れず合掌して戻ると、滑車がついた台座に福助よろしくちょこんと座った足の不自由な親爺が、自分より図体の大きい犬（ほとんどの犬が大きくなっちゃうワン）をよしよしといばった風情でなでまわしていた。台座の上にはラジカセも載っており、大音量でお経が流れている。現実味のない朝だった。

引き返すと、2階の食堂（1階の市場で買った魚介類を上ですぐ料理してくれる仕組）から仲間の一人に呼び止められた。必ずここを通ると思い、窓際の席に陣どって見張っていたのだ。聞けば、店の一人（梅宮辰夫を情けなくしたタイプ、不良グループの中で一番ケンカが弱いタイプ＝20人がマワした後にやっとやらしてもらえたが立たずに笑われこづかれるタイプ）がカタコトの日本語ができ、港一帯に聞える（らしい）アナウンスで親切にも呼び出しをしてくれたのだが……発せられた日本語は我々の名前以外「オトモダチ」の一語だけであった。あとは全部韓国語。わかるわきゃねえでゴスミダ。

大韓民国 NO.1 健康ランド

虚心廊

釜山は都会である。だが、ソウル人のような気取ってふんにやりしたり、つんけんしたりした奴はあまり多くない。海水浴や刺身食い。ポンチャックも比較的多量に流通しているし、イカやエイやホヤやタコやタイやアナゴがおい出ませ。松島、海雲台、釜山タワーと。留学している日本人や、海岸沿いの高級マンション買って愛人とねっとりのおやじやおにいちゃんも少なくない。我々にとって、釜山は大韓民国の海からの入口であ，り、大韓民国の大シャーマン金石出のホームグラウンドである。港町釜山であるが、そこには、山もある。温泉もある。ひとつは海雲台にあり、観光のメッカからも近い。もうひとつは釜山大学近くにある東莱温泉である。

この東莱はとてもカジュアル大風呂場である。しかも釜山駅から地下鉄でわずか15分という近場である。列車の待ち時間やら地方行きの前のリフレッシュに、地元の人なら酒の前やらまんこ前にちょいとひと大風呂ってなもんだ。しかし温泉地ならではのゴチャゴチャした街並やら植物園、ちょいとがんばりゃ裏山に金剛公園や金山寺なんかもある。さらに釜山高速バスターミナルや市外バスターミナルにも至近という、まったく温泉の鏡みてえなところである。

そんなところなので客層は実に様々、種々雑多である。近所の子連れ、奥さん、おねえさん、学生、商人、スポーツマン、労働者、玄人連れのおっさんやらサラリーマン、旅人、流れ者、女学生にOLさんと。宿も傾いてへっぽこなのから、でかいけど誰もいないボケっとした宿、内湯をでかでかと誇るタコ部屋風、いわゆる地方の旅館、ゴージャスで壁画のようなガニ股でゴテゴテでケバケバのリゾート・ホテルという名の極悪施設、親切なアジュマの仕切るこじんまりとした良宿など。それらの宿群の中に巨大カマボコの如き雄姿をひときわ堂々と出現させているのが『虚心廊温泉健康センター』である。

地下鉄1号線その名も「温泉湯」駅で下車し、ぶっとい道路を横切ってトボトボ行くとどでんとそおこに出現する白い建物がそれである。1階は商店街であるが、その名は、つけもつけたり「美人街」。その一角で入場券＝入浴券を購入する。料金は大人4950ウォン小人3300ウォン。

入口は2階で、エレベーターで行く。そのエレベーターの横は吹き抜けになっており、広場がある。そこには頭上に金の龍、その下に天使のようなものを配した塔を中央におっ立たせた噴水がある。これは「幸福の泉」という。塔の台座の上には座した金の像があるのだが、胸下部から腰にかけてがない。この像は「虚心像」という。入浴によって雑念をはらい、空になれとのサービスというか、「この像のようになれるまで入ってろ」というありがたい忠告である。「虚心像」の前には金色の大きなツボが設置されている。なにかといえば、噴水の外からツボに銭を投げ、見事入ると噴水がピューと飛び出すのである。これが結構やってみると入らないもので、両替を重ねてあっというまに1000ウォン使ってしまっ

た。

風呂への入口は3階である。入口は広くないが、中はえらく広い。さすがは健康ランドである。風呂の種が多い。風呂場は二階建てになっている。1階部分は、2ケ所の洗い場と中央に大きな浴槽が二つ、奥には三段になった小さな丸い浴槽と、寝湯、三種の薬湯、その横には漢方薬ドリンクをカクテルしてその場で作って飲ませてくれるカウンター・バーもある。立派なおやっさんたちがフリチンでゴクゴクやっている。風呂の温度もいろいろ。2階は15メートルのプールとサウナが三つと洗い場。それに垢スリ用の寝台が二つ。ドアを開けると露天風呂にもうひとつサウナ、それにジャグジーもある。しかも1階をよく見ると、右奥にちょっと暗くなったところがある。そこには、低温の風呂がさらに三種類ある。なんというデラックスでてんこ盛りの風呂屋であろう。福島のスパリゾート・ハワイアンだってこうはいかんぞ。と思いながら、その1階奥の暗めの風呂へと分け入って行った。まずは『森林の湯』。岩の天井を付けてまわりにはもちろん植木がざわざわ。ヤシの木や棕櫚やシダである。森林の湯をじゃぼじゃぼ進んで行くと今度は岩が多くなってくる。岩野上に寝そべってボケッと森羅万象に思いをはせ給え、という湯である。『瞑想の湯』と名付けられている。ふと岩の壁に目をやると、そこには二台のテレビがハメ込まれていた。瞑想してると退屈でしょうってんでビデオで映画がサービスされているのである。水風呂に寝っころがってフリチンで見るテレビったらいいもんだ。瞑想の湯にはさらに奥がある。そこは洞窟の中

の水風呂(25度)である。またもや壁をふと見ると、今度は直径80センチメートルほどの白いソクラテスのレリーフがあった。その口は水をドバドバっと吐き出していた。ソクラテスの口から水のでている湯。風呂の名札にはこう記されていた。『哲学の湯』。我れ浴すゆえに風呂あり。この大浴場はぜんぶまとめて『天地淵』という。

1500人が同時に入浴できるこの大大衆浴場には、40種類の風呂が取りそろえられているというのである。朝6時から夜10時半までやっているが、これなら開場から閉上まで16時間半たっぷり風呂だけで人生を満喫してしまうやつもいるだろう。ちなみにここの女湯は「仙女湯」、男湯は「善男湯」と申します。

洗い場には垢すりタオルはもちろんのことカミソリに歯ブラシ歯磨きまで揃っている。しかし歯を磨いてもコップがないので、シャワーを直接口にそそぎ込んですすぐのがここでのやり方。イキである。ここの洗い場にはもうひとつの大きな魅力的スペースがある。洗い場の中央、全体が見渡せるところに、ドンと洋式水洗便器が、なんの囲いもなくてひとつ据え付けられているのである。洗い場でゴシゴシやっている人々を見ながら大便ができるのは世界中でもここ虚心廊だけである。

広くて豊かでユニークな、まるで写研の写植のような、まことに見事な風呂空間をすっかり気に入ってしまった我々はここに寄りたいがために、釜山を訪れるときさえある。ちなみに風呂を出るとガキがギャアギャア飛びまわるロビーの一角に窓もなにもない遮蔽された狭いマッサージ・ルームがある。入るとおねえちゃんがパッととり囲みおにいちゃんが「料金4万ウォ

大浴場の片隅には、"漢方薬カクテルの飲める"カウンター・バー"があり、親爺達がフルチンで思い〳〵のカクテルをあおっているが、バーテンはバーテンらしいスタイルで、きどりながらシェイクしているところが大韓的マヌケ美の醍醐味か。

ンです」という。これはもちろん高いが、風呂上がりにまあ一本、スッキリいこうぜ御同輩、ってわけで、こんなに正面切ったところになくてもいいじゃないか、と思うなかれ。アケスケなのがここの魅力なんだから、と、しかと納得させられるがよろしい。なお元・温泉の大韓ディズニーランド＝釜谷ハワイとハシゴってのも、ええなあ。

単なる山の中に漠然とお湯が出てしまった、という温泉町が釜谷である。なんのへんてつもない松林と雑木林に囲まれた窪地に大型ホテルから連れ込み系ファミリー旅館、海の家が大きくなったような宿屋などが漠然と建てられている。30数軒が肩を寄せあっている。ちなみに我々が泊まった旅館は「YOUNGホテル」といった。そもそも釜谷とは、ここが釜の底のような地形の谷だから付いた地名だそうです。風光は明だが媚ではない。

が、ここには特筆すべきものがある。その名は釜谷ハワイ。いわゆるレジャー・ランドである。大韓民国唯一のリゾート・レジャー・センターとして大韓プロ野球が開幕した1982年の春にオープンしたここは、在日韓国人の実業家が"祖国への恩返し"と、同時に自己顕示のための92億ウォ

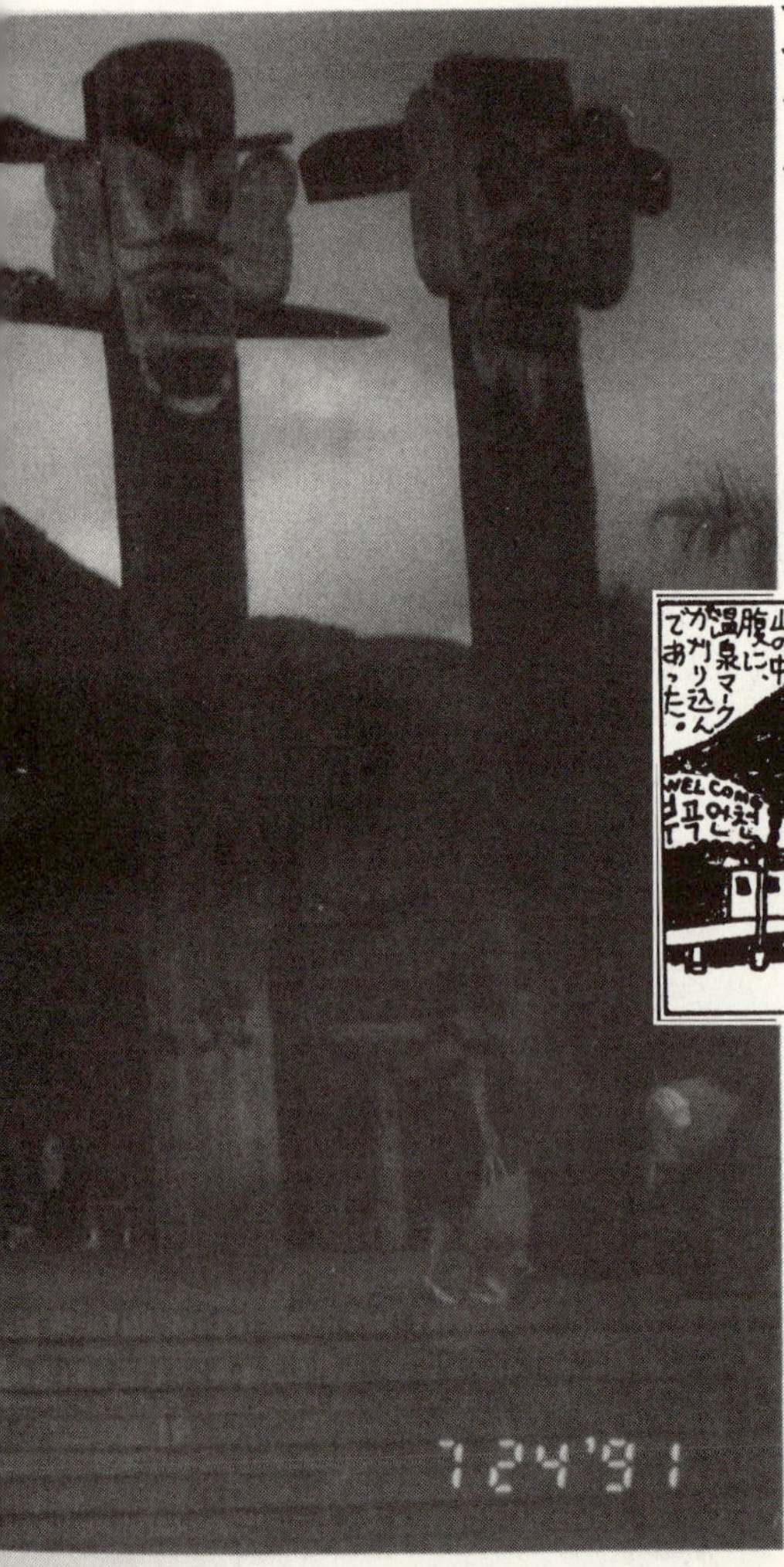

7 24 '91

入口を登ると国境のない観光物がそそり立ち合う釜谷ハワイ

馬山方面から、釜谷温泉郷に入る道路ぞいには補身湯（犬の煮込み）屋が並んでいた。
ふと見た山の中腹に、温泉マークがかり込んであった。
WELCOME
보신탕

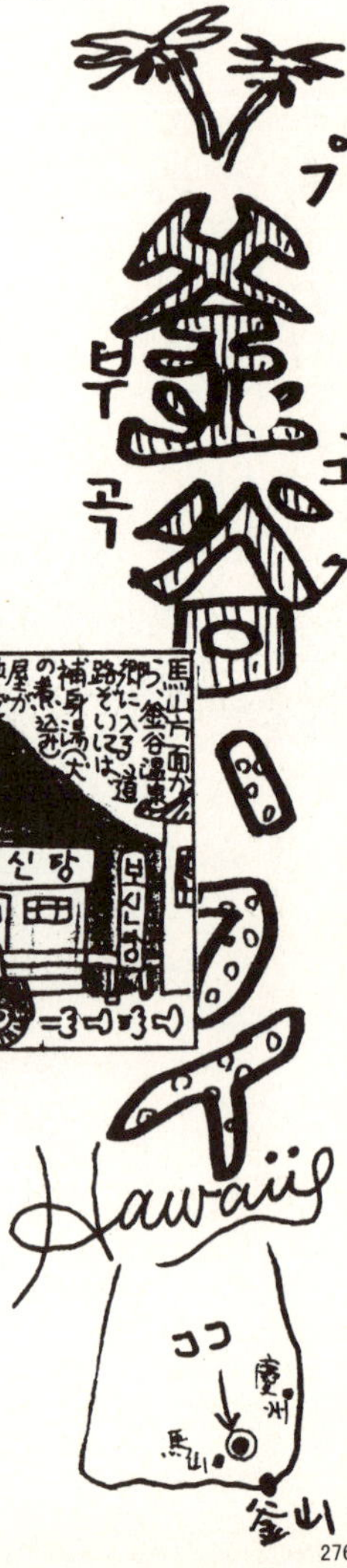

釜谷ハワイ
부곡
Hawaii
ココ
慶州
馬山
釜山

ン（公称）を投じ、採算度外視でぶっ建てたもの。基本的お手本は日本の福島県の常磐ハワイ……おっとスパ・リゾート・ハワイアンであるが、釜谷ハワイの方が敷地面積はちょっと広いらしい。なんたって8万坪（かぞえ）である。かのロッテ・ワールドができるまで、釜谷ハワイは「大韓ディズニー・ランド」の名をほしいままにしていた。86年までの総入場者数は（もちろんかぞえで）1千百万人にも及んだ。それは大韓総人口の27%にあたるのだった。87年の正月2日には1日に29840人もの人が押しよせるという人記録を作った。というが我々が訪れた90年秋や91年夏にはレイジーな空気がたっぷり漂ったスカスカのリゾートが楽しめた。

　大きな波の出たりする野外プール、屋内には、流行りのループ付きすべり台ありの大プール

など14のプール、5千人（かぞえ）が入浴できるというジャングル風呂などの他、植物園や動物園もある。

動物園といっても猿、熊、キジ、クジャクなど身近で親しみ深いファミリアな動物がが小さなオリに押しこまれている。各オリの動物密度は高い。釜谷ハワイの裏はなかなか立派な山なのだが、どの動物も皆そっちへ帰りたげに虚ろな瞳で悶々としている。

ハワイとはいえ、もちろんアメリカ合衆国のハワイと無関係のものばかりでできていることはいうまでもない。ホテル、テニス・コート、ゴルフ練習場（ゴルフ場は近所に造成中）、日本人用ゲート・ボール場から高級家具調度品（100万ウォン、500万ウォンは当たり前）売場から服品売場、薬剤売場、鍋釜売場まである気配り。プールの横には浅草花屋敷よりちょっと

釜谷ハワイの
看板だけは立派
な動物園。
しかし、檻の
中の動物たち
は、どう見て
も、ウラの山
すぐから
つかまえ
てきた
としか
思えぬ
ちっとも
珍らしく
ない物で
固めていた。
その上、
ギュウ
ギュウ
づめ
で…
オーイ
猿

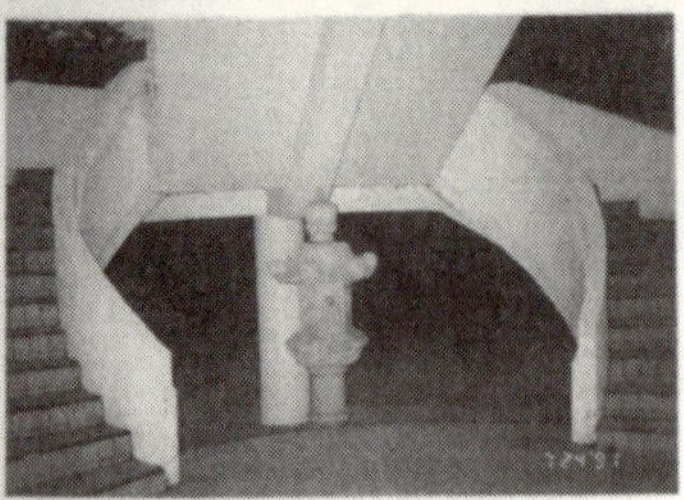

階段の空きスペースでて
主張の場であるここ。

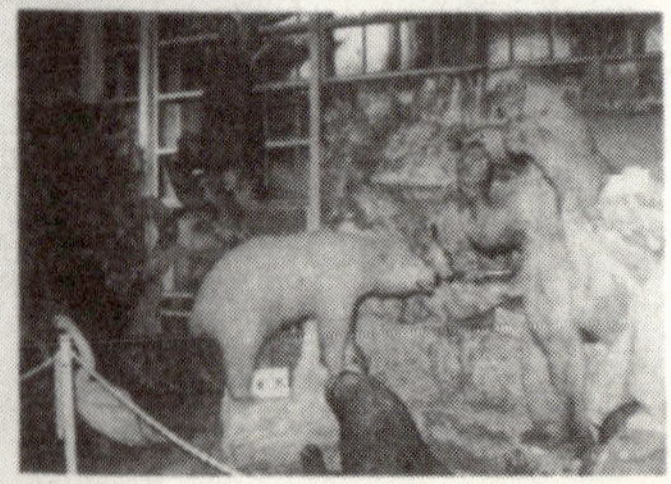

← これは伊豆の動物秘宝
の館アニマル亭だが

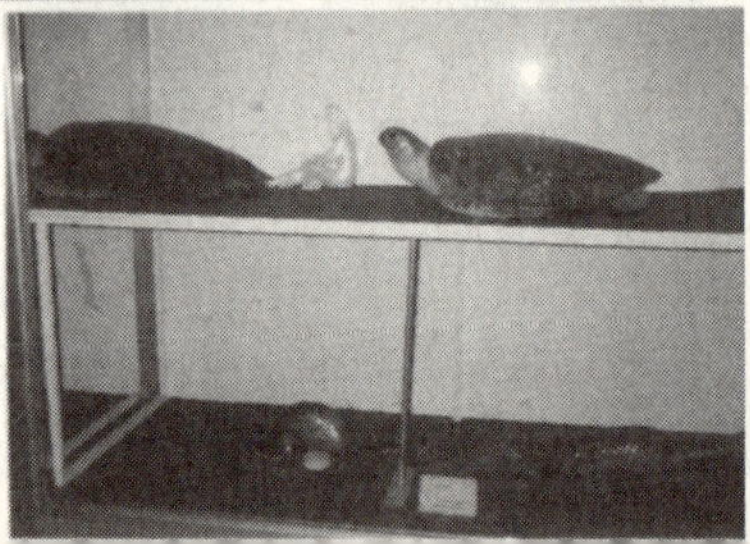

万物がいい湯かげんで待っているショーとは。

小さめの遊園地もあります。

ジャングル風呂はなかなか爽快。だが日本のような露天風呂がないのは残念だ。入浴時間は午後7時半までだが、7時を過ぎると係員が風呂の掃除を始める。10以上ある湯船もつぎつぎに栓が抜かれてしまう。その清掃ぶりはパワフル＆ワイルドである。フリチンの若者清掃員が湯船からバケツで湯をくみ上げ、洗い場のタイル床にたたきつけるようにぶちまけ、それをデッキブラシでゴシゴシとしごく。体を洗っている客に湯しぶきが当たろうが、子供がその湯をもろに浴びようが、もちろん平気である。バシャッ、バシャン、バシャバシャッと、ジャングル風呂は清掃の戦場と化す。

　屋内プールの横には大ステージがあり、そこでは毎日3回ショーが行なわれている。生バンド付歌謡ショーやフラダンス・

気分はもちろん世界一周であ
ラスベガスは釜谷のとなり

遠い記憶の中に　釜谷の獅子

ショーを見たら
タヌキを思え。
Hだが年は若くない

ショーやジャズダンス・ショーなど出し物は月ごとに変わる。我々が訪れたときの演し物は「世界最大のラスベガス・マジック・ショー」と「大韓歌謡ショー」だった。

金髪のちょっととうの立ったおねえちゃんが、エッチな衣裳で踊るのはもちろん、曲芸や、引田天功ばりの手品を見せてくれる。歌あり魔法ありの盛りだくさんの1時間20分である。それにしても出演のアメリカ人ねえちゃん、近くでよく見るとずいぶんシワっぽかったものだ。トラやライオンまで出て来た。ツムラ・イリュージョンみたい。ビール、サイダー、おつまみ付で料金は1人あたり1万ウオンぐらいだったと思うが、違っていたらミヤンハムニダ。このステージへの投入費用は毎月1億ウォンだと総支配人はいう。

だが、なんといってもこの釜

ニカラグア・サンディニスタ民族解放戦線のメンバーより金日成同志におくられた
立ちワニの剥製
国際親善展覧館
（妙香山）

金日成主席はつぎのように述べています。

「（略）国際親善展覧館に陳列されている贈り物は朝鮮の大きな誇りであり、国の貴い宝です」

国際親善展覧館は世界的な名勝妙香山の谷間に建てられた民族風の壮麗な建物です。

ここには、金日成主席への敬慕の念をこめて150か国近くの党と国家の首班、著名人、チュチェ思想研究組織、各階層の人民そして多くの国際機構から寄せられた6万1,000余点の貴重な贈り物が国宝として陳列、保管されています。本書はそれらのうちのごく一部を紹介しています。

てんらんかんのパンフより

国際親善展覧館には剥製、壺、置き物、灰皿、カシオトーン、麻雀パイ、車、電車、ヌイグルミ、著書献本、礼状と写真、家具、敷物、鍋、フライパンと、貰った物は何でも丁重に飾られている。この手の中では世界一であろう。

これがアニマル館だっ
よく分からんオブジェ
屏風
白クマ
男性自身
布袋
絶滅した珍獣
キリン
天狗の面
パンダはケース入り
¥4,800万円
非売品
ジャイアントパンダ
女性自身
木彫りの鯉
ボサツの銅像
木彫りかんのんさま
鳥居
石だたみ
奉納
何故か西洋のヨロイが
剥製だけでも凄い量（100種250匹）なのに、
その他の木彫り、オブジェ（性器）、鳥居、鎧（兜）仏像、屏風
壺、天狗の面、七福神、ヌイグルミetc…がケダモノ達
と無造作（無秩序）に共存するフュージョン感覚は凄い！

アニマル館・江戸屋は伊豆急下田線「伊豆高原駅」より徒歩数分 でんわ0557-51-3214

谷ハワイの素晴らしさは、本館1階にある博物美術館に集約されている。世界の鳥獣類爬虫類魚類虫類の剥製がずらりと並び、さらに切手、コイン（パック入りのまま）、鎧兜、化石に土器、アイヌの熊の木彫りや蓄音機までもが、たっぷりとゴチャゴチャと陳列されているのである。まさにグローバルで珍奇な寄せ鍋である。象やサイ、カモノハシ、タツノオトシゴ、ニシキヘビ、世界の虫の切手から小判、十手、日本刀、アフリカの木像、レッサーパンダにシマウマの首などが我々をゴージャスな世界に陥れてくれる。展示方法がまた粋だ。牙むくライオンの剥製の横に、ちんまりとスゲ笠かぶって釣竿かついだタヌキの剥製がいたりする。

　ここは朝鮮民主主義人民共和国の金親子がお造りになられた国際親善展覧館、パンダの剥製の展示で有名な伊豆のアニマル邸江戸屋と兄弟の館である。

　博物学とは何か、という問いかけに満ちたその空間に身をさらすとき、我々の背にぼんやりとした戦慄が走った。

　釜谷ハワイは90年代中に総敷地面積22万坪の巨大レジャーランドになる予定があるらしい。

　釜谷の夜は山間の夜気をふくんでしっとりしている。町はちょっとぶらつくと、東西南北どっちへ行ってもすぐに山または谷。15分で町中回れてしまうコンパクトな釜の底である。ボーッとしていると夜が更ける。

　来る前に釜山の「風強いな金やん」が言ったとおり、女の子でも一緒にいなけりゃ間がもたない。一日中風呂、にでもつかれや。

　深夜2時。まっ暗な宿の外の道。こんな釜谷でさえも、夜中にギャウギャウ騒ぐ奴らがいるのは、大韓民国ならではである。

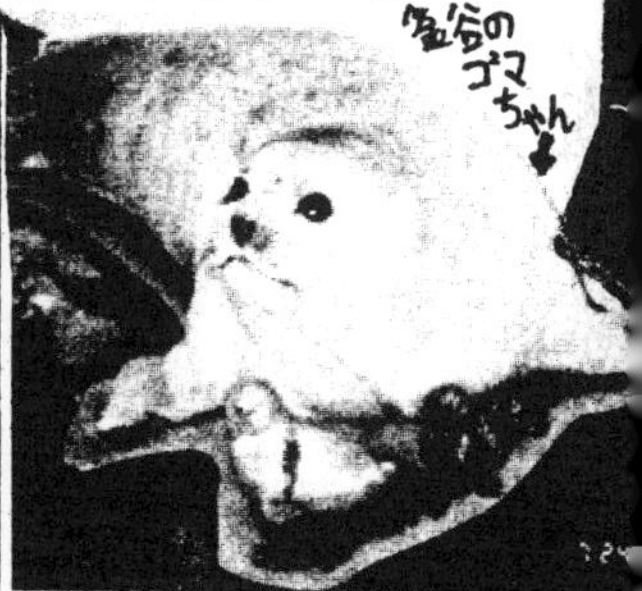

釜谷ハワイ全景。パンフレットより
盛りは厚いような薄いような

新婚旅行関係
済州島
済州へ来る新婚カップルの間で、いつの頃からか、滝で山で、岬で、自然をバックに恥づかしい（こちらの感覚で）ポーズをとり、それを写真におさめるのが、慣例化してしまい、観光地のいたる所でこんな光景が見うけられる。
（ここは韓国ハネムーンのメッカ）
木の股でのこんなポーズ。なかなかの人気だ。
愛してるよ
海
ポーズはカメラマンの指導のもとにつける場合多し
ハイ、キス
恥づかしい、オクメンのないポーズが沢山みられる
木浦
釜山
韓国本土
済州市
パンチエリア
新婚エリア
西帰浦

日帝36年のツケを、つまる所島民挙げて支払った感のある「四・三済州島人民蜂起」。そんな事件があったことなどまったく感じさせないほど、のどかで間の抜けた島、済州島は大韓人、最高のリゾート地でもある。島民は人情味あふれ、その景観は風光明媚である。しかし、その内実はといえば、賭博（3ヵ所のホテルに外国人用カジノ有）売春（もちろん日本人相手のキーセン・ツアー）&新婚旅行（大韓民国本土からの大韓人カップル）の3本立てで栄えている、おおらかで心あたたまる大韓民国の一地方都市である。

あえて大雑把に分けるなら、島の南側は大韓本土からの新婚カップルのエリア。北側はいわゆるキーセン・ツアーでやってくる日本人パンチ（角刈り、七三、ハゲもいるが象徴としてこう呼ぶものなり）のエリアに二分される。

日本のパンチたちは1日5～6万円（置屋に2～3万、アガシに2～3万のチップ）を払う。もちろんこれは相場で、これの2倍3倍の値をふっかけてくることもよくある。たとえば「だったらいくらほしい？」と問うたら「この前のヤクジャは100万くれたネ」と言われ、結局12万になったというようなことは少なくないという。

この5～6万円で滞在中ずっとハベらせ、ホテルのレストランでのモーニングから始まって、カジノをメインに、ゴルフ、フリー射撃、グルメだ観光だショッピングだカラオケに酒だとめぐって、夜中はマンコに励むわけだ。（보지）

今回の旅行中、偶然済州市内で会った知人のAV男優H口さんによれば、

「しかし韓国の女ってのは、皆肌はキレイだ。喰い物のせいなの

か……。少々歳はくってる女でも、19～20のAVギャルより全然肌はキレイだ」

とのことである。

パンチたちの行状をしようもないと憤る婦女子を中心とする良識ある日本人ほど、現地の人間は怒ってはいないし、何も考えていないかのようなのだ、案外。

島の経済を支える観光産業の一端に売春もためらいなく組み込まれており、パックのツアーで行こうが、フリーで行こうが、こちらの意向に関わりなく、グルメやショッピングと同一線上にマンコも用意されているのだ。黙っていても、その気があろうがなかろうが、日本人男子観光客とあらばボーイが、タクシーの運ちゃんが、ガイドが、突如としてポン引きに豹変し、おねえちゃんを押しつけてくる。「俺は女など買わんぞ」という確固たる意志を持たなくば、ふりかかったマンコはそうそう払いのけられるものではない。

だが、日本人パンチの売春同様、大韓人サイドのマンコ斡旋をそうたやすく責めることはできぬ。済州にかぎらず大切なお客様に対するお持て成し攻撃の一環として、酒や御馳走のフルコースの中におねえちゃんも用意されているのが、大韓的人情というものか、とさえ思えるときもある。日本の政財界などの偉い人たちの“接待”(料亭～宴～フスマをあけると赤いフトン)が、大韓では庶民レベルでも行なわれているというわけ。大韓人の人情の具現としてのマンコを見落としてはならない。

なお、最近では「ワタシ女子大生デス」(自称)を売りにするおねえちゃんたちが多いという。おやじ/パンチらが喜ぶからそう言うのであろう。10年前からの「オールナイトフジ」の潮流がここまで来たか。2～3年後には「社長、ボディコンいますよ」というポン引き氏が登場するのだろう。

それにしても、1対5．××の貨幣格差を盾にとって現地人たる大韓人を見下し、執拗に威張り散らしていい気になっているパンチ集団には困ったものだが、ことイイ気になることでは質こそ違えども、島の南側をエリアとする大韓本土からの新婚カップルの団体も負けてはいない。

純情ゆえの恥じらいをたたえつつ、ちょっとセピア色の恋愛映画的空気を放出しながら、無意識過剰の大胆さで人目をはばかることなくベッタベッタズボズボズルンズルンにふたりの世界にひたり切っている。そういうものがワザワザ団体で群を作ってゾロゾロと同じような所を同じように移動するのである。

白馬にのって（集団で）丘を巡ったり、海岸沿いの滝の前で恥かしいポーズ（木の股から顔出してキスしたりなど）の写真を撮ったり、のおあついですねぶり。誰も触れることのできぬ厚い愛のバリアにくるまれたふたりの世界が、あちこちにゴロゴロしている夢の島。

なかにはタクシーの運ちゃん兼ガイド兼カメラマンを雇い、かしづかせて島を巡っているカップルも少なくない。ベッタリベタベタいちゃつきまくる熱々カップルの後を、常にイイ顔のむさいおやじがくっついて歩くさまは、かなりまぬけな説得力をもつ。

ホテルのカフェテリアで一服する熱々のふたりが、ひとつのトロピカル・ジュース（大韓風）をふたつのストローで、お互いを見つめ合いながら肘ついてチューチューと飲む横で、石仏が沼にはまったようなイイ顔の親父がコッピ（コーヒー。もちろんこの場合、済州風）をずるずるっとすすっていたりするのであった。

ちなみに済州の名物は、みかんと菜の花。ニューヨークで活動する大韓民国のパット・メセニー＝フュージョン・ギタリストのジャック・リーは、この島の美しさにインスパイアされて「CHEJU-DO」という作品を作っている（最新アルバム『風

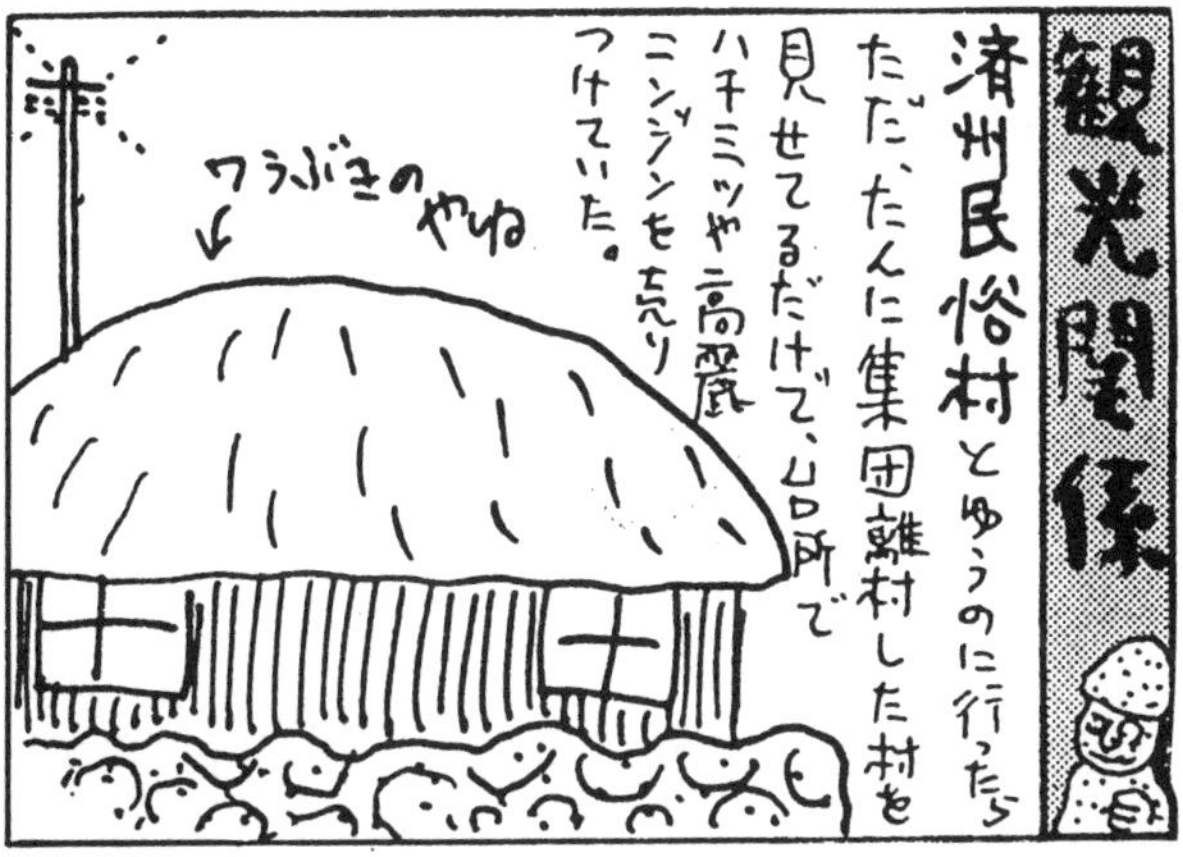
観光関係
済州民俗村とゆうのに行ったら
ただ、たんに集団離村した村を
見せてるだけで、出所で
ハチミツや高麗ニンジンを売り
つけていた。
ワラぶきのやね

HOTEL
島の地中に広がる地下商店街が済州の経済を支える。

雲」に収録）。

アガシ関係
社長サーン、チップ、もっとネ
なんぼや
ゆうてみい
「ワタシハ女子大生デス」と名のるのがはやってる様だった
オラとこのアガシは女子大生だったぞい
ありゃ、オラとこも田中ンとこも女子大生だったズラ
女子大生（自称）
この前のヤクジャは百万くれマシタネ〜
しかしカンコクの女ってのは皆、肌はキレイだ。喰い物が肌にいいのか？ AVギャルより全然いい
平口さん
ピール
うぐっ

平口広美のディープコリア

平口さん（44歳・漫画家・AV男優兼監督）が行った時の事。

ライフワークの風俗取材故にポン引きの婆ァに袖を掴まれ（因みに婆ァらが客を引いてたのは普通の住宅街…まァよくある事か）るママ身をまかせ、着いた先は地元漁師さん達御用達の気のおけない売春宿。

婆ァが「気だてがええ」と一方的にあてがった女は丸眼鏡に出歯の全くセックスアピールのない三十女で、しかもマグロ同然。

平口さんは語る。

「尺八も嫌がるくせに、金ばっかりつり上げんだよ、金、金、金、金。その上あんな女だろ、立つもんも立たねえよ」

結局「ふっかけ」VS「ネギリ」の全裸対決に明け暮れるうち、時間は過ぎ、発射なしに宿を出る平口さんだったが、帰りしな、母屋の方で主人と覚しき親爺が大声でわめいているので、何げなく覗くと、何んと主人は臍から下が無く、象印ポットの様に床に置かれていたのだったという。

一方・新婚さん達は・・・
車の中から白馬に乗って丘を越えて行く新婚カップルの集団を見た。
ゾロゾロゾロゾロ

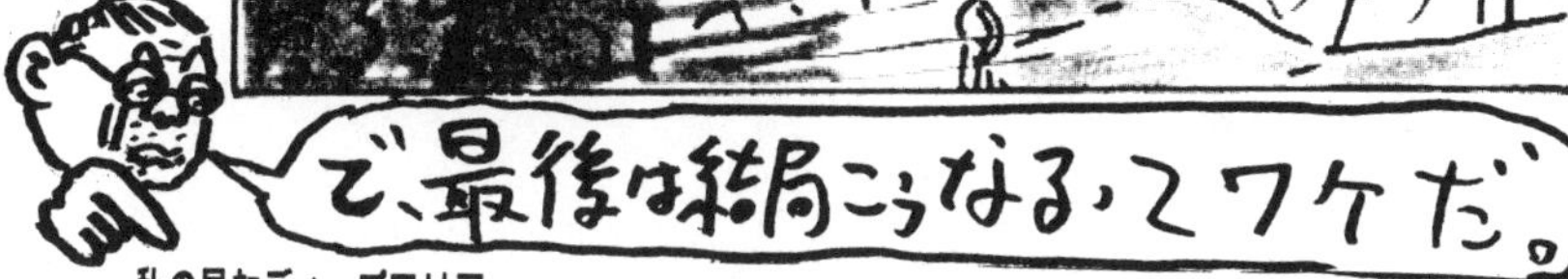

で、最後は結局こうなるってワケだ。

私の見たディープコリア
（済州島）

사랑해♥

済州島といえば、新婚旅行のメッカなわけですが、以前行った時は丁度シーズン酣で、帰りの船（木浦行き）もなかなかチケットを買えない有様でした。

で、やっと購入したチケットを手にフェリーに乗ったんですが、乗船というと普通タラップを登るというイメージがあるけど、いきなり一番下まで階段を下らされたんですよ。

「こりゃどうしたんだ」という感じで船内をよく見ると、確かに今はフェリーではあるけれど、どうやら以前イカ釣漁船かなんかだったヤツを改造した物の様でした。

一応マス席には成ってるんですが、本当に船底という感じでね。

それにしてもまた船内の混み方が酷いんですよ。まるで難民が漂流でもするみたいにギッシリ。船底に。しかもそんな中に場違いな新婚カップル何組かが混じってんだから驚きましたよ。チョゴリを着て。僕の隣に毛布を敷いたのも新婚カップルなんだけども、寝返りも出来ない様な状況で、花嫁がチョゴリを着たまま黙って横になってましたよ。しかも海はシケて、只でさえ居心地の悪い船底だから、皆んな船酔いして、チョゴリの嫁達も順々に何度も便所へ行って吐いてました。（徳留尚弥　横浜市　30歳ぐらい）根本聞き書き　花

江《カン 강》陵《ヌン 릉》

ソウルから高速バスでぶっとばしても4時間半。江陵（カンヌン）は東海岸一の海水浴場だ。江陵のなかでも、とくに人気のある鏡浦台海水浴場行きのバスは、市内の高速バスターミナル前の大通りから出ている。給与が歩合制ゆえ、運転手はとにかくとばす。

バスはバタフライ泳法の如く激しくうねり、周囲の車を蹴散らすようにして威嚇的に突き進む。実際に乗っている時間は15分ほどだが、気分的にはあっと、いや、ああ〜っという間だ。ちなみに料金が170ウォンと格安なのは大韓サービス精神によるものか。

泊まった宿は海岸への入口横にあるゲームセンター兼みやげもの屋の2F。味方のエラーによる失点から降板を余儀なくされ、マウンド上でブ然とする西本聖を彷彿させる面構えをした従業員は、部屋へ案内するなり一泊4万ウォンと力強く言い切った。部屋という名の空間は三畳半程度の広さで、壁は剥げ落

↓裏の方に売春地帯あり

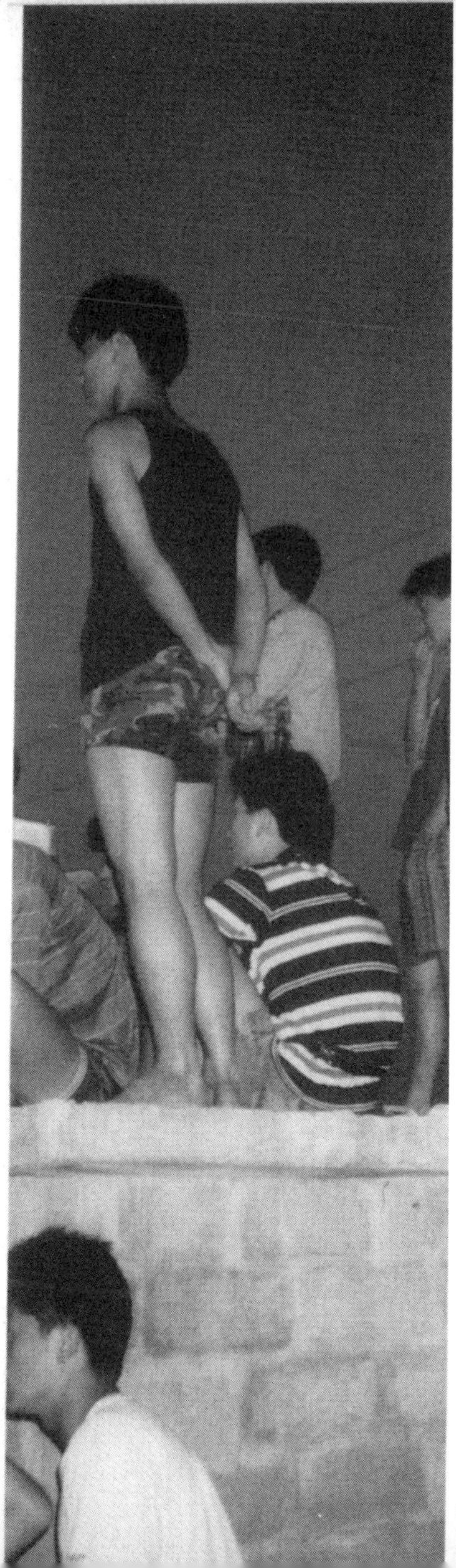

ち、床には砂が散らばり、くすんだ裸電球が首を吊っているようにダラーンと長くぶら下がっている。風呂なし、水道なし、便所なし。閉まらぬ窓からは喧騒が我がもの顔で飛びこんでくる。

それにしても4万ウォンとは。物価高のソウル市内でもシャワー／便所つきの旅館が一部屋平均2万ウォンだというのに。ボルにもほどがある。「ピサムニダ（高いです）。ディスカウント」と言うと、奴は、「海にも遊び場にも近い、こんな便利なところはない」と胸を張って説明した後にすぐ「じゃ、3万ウォンで」と言って微笑んだ。しかたなく了解したが、それでも高すぎることに変わりはない。渡した3万ウォン、階段を降りた時、一体いくらに化けたやら……。

我々の部屋の並びの一室に、夫婦、子供3人、ハルモニ（おばあさん）、ハラボジ（おじいさん）の一族郎党7人が泊っていた。寝るだけでもやっとという

浜辺の歌謡ショーを楽しむ人々。◀

一族郎党、家財道具をも
持ち込んでの“最底線の旅館”
暮らしの明けくれです

六畳間に、鍋、釜、茶碗、衣裳ケースと家財道具が所狭しと置かれている。テント生活の難民の趣だ。メシを炊いている釜を蹴とばさないように注意しながら、我々は狭い廊下を行き来するのだった。

宿の隣にキャンプ場があるが、これも名ばかりで個人の庭にただテントを張っているだけ。日当りの悪いじめじめした窪地に色とりどりのテントが蟻の卵のようにぎっしり並ぶ。若者らは味のないカレーを作り、ギターを弾いて唄い、キャンプファイアーに興ずる。眺めも空気も水（井戸）も悪い、入りこむだけで病気になってしまいそうな場所ではあるが、そこにあふれているのは健康的な笑いであった。

浜はかなり長く、砂も細かく、なかなか美しいが、水がめちゃくちゃ冷たく入れない。ほとんどの者は水着姿にさえならず、漫然と乾ききった砂の上にすわって海を眺めている。命がけで泳ぐ心臓の強い者は数える程度で、海に入っている人々の大多数はひざ下浸水の水遊びである。

しかし夏だ。人々は海の空気

강릉《カンヌン》のど自慢大会の永ちゃん

を吸いこみつつ楽しいときをすごす。キャッキャ叫んで楽しんでいるのは子供だけではない。50過ぎの中年男トリオも負けてはおらん。波とたわむれ、仲間とじゃれ合い赤銅色の顔をくしゃくしゃにして歓声をあげる。こんなことを1時間以上続けていた。

夜。海岸べりの特設ステージの上で歌謡ショーが開催された。KBS・FMの公開録音番組だ。チョー・ドッペラフォーク系の歌手たちの後に登場し「イエスタデイ」を弾き語りしたのは、国際線のスチュワーデスらの間でもファンが多いと聞くピョン・ソンチプ（鴻上尚史が下痢したようなマスク↓ハンサムなわけがねえ）。紹介のアナウンスとともに彼がステージに姿を現すや否や、イモなミーちゃんハーちゃんがダイコン足をばたつかせて一挙に前進する。黄色い声が乱舞する。とりたてて歌唱力はなし、曲もどうってことはない。ピョンの人気、アクのなさが長所ということか。海から虚しい風が吹く。ディスコ ポンチャックの[redacted] リズム にのせて海風をあびながら馬車が行く。付近を見物させる商売だが、

▲キャンプといってもまるで難民キャンプの様なキャンプ場

◀海辺の歌謡ショーに人々は熱狂する

▶キャッキャッキャッ

客は誰もマヌケ美満面。逆に地上にいる人々のいい見世物になっている。
　ヤグラのステージの上ではバンドをバックにのど自慢大会。これが延々深夜まで繰り広げられる。自己陶酔してうなる歌い手とロウ人形のように黙々と演奏するバンドメンとの対照が妙味だ。ゴールデン・ハーフ・スペシャル（通称）のスケベ風4人組が最前列に陣どり、拍手、足拍子でノッていた。顔がスケベなだけで、根は音楽好きの素直な女性たちなのかもしれない。きっとそうだ。

海岸近くの繁華な通りには、刺身食堂とディスコが交互に軒を並べている。

　刺身とディスコ。このマッチングはいかにも自然な成り立ちを感じさせて身体にすこぶる良い。海↓魚介類、若者↓踊る、単一思考のダイレクトな融合はこの地のダイナミックな文化性の一端を物語る。

　夜はあちこちでセックスの嵐。夏は心のカギも股のカギも甘くする。一夜のカップルならまぐわいも大胆、大雑把。ゴムも外もなし。膣内射精でキメる奴がほとんどか。翌日、娘が海

▲刺身－DISCO－刺身－DISCO－刺身－DISCO…

で平泳ぎでもしようものならば海水精子濃度はいや増しに増すのだ。
　オールナイトでフィーバーの露店もそこかしこで盛況だ。種類は異なれど9割はギャンブル系だ。射的、輪投げ、弓矢、バスケットボール、ビンゴ、くじびきなど。パンチング・マシーンはキックされ、中には破壊されているものも多かった。
　やはり大韓民国にもアクション・カメラ小僧はいた。海岸をウロウロ、水着のアガシ（おねえちゃん）をしつこく狙う。顔つきといいファッションといい日本人とタイプはまったく一緒。オタク系／セックス・アピール希薄。大韓投稿誌の発行が待たれる。
　とにかく、俗悪と超俗がギュー詰め。一大歓楽街と化す海水浴場。民族とともに街も大移動するのか。タガのはずれた情熱が夏に吠えている。大韓的精神と肉体がサンサンと発熱を繰りかえしていた。

但、髪は短かった、コイツの場合。

東海岸の旅

TVで日韓高校野球をやっていた。解説者は民団系のスポーツ連盟の偉い肩書の付いてる親父だった。第一試合、全然日本のピッチャーの球が打てない。それで、何故かというのをその解説者が大威張りで言うには、韓国側はいつも「一、二」のリズムで打っているという。ところが日本のピッチャーは「一、二、三」のリズムで投げてくるから、なかなか打てないのだそうだ。ビートが噛み合わない。ところが第二試合を見ていたら韓国側が打って勝った。だからそれを見て「ああ、今度は一、二、三」のリズムで球に対したので打てたんだな、と思ったのであった。

その1 原《ウォン》州《ジュ》 원주 このへん

昔から名前が気になってた町なのだが。行きゃホント何でもない。でも二回も行ったが。何でかって言うとバスの終点だからである。ターミナルがあって。ソウルからバスで東海岸の江陵に行こうとして、次の日早くから出発しようと思って泊まるハメになる、ソウルと江陵の真ん中にあるから。だから着くと夜だった、11時頃。空軍だか陸軍の基地があるだけ。な〜んもない。バスを降りたら犬が出迎えてくれたくらいだ。降りたら犬が「ワンワンワンワン!」と。何でもない話だが。それだけの町だ。

◀原州…実に濃厚な趣のありそうな街を思い描いてたがその日差しはポカポカしていた

東海岸はイカ地帯である。この前のオリンピックでマラソンで金メダル取った奴が居たが、あれが東海岸の出身で、イカ食って金メダル取ったという。東海岸の町ってのはみんなイカ自慢なんだよ。「うちのイカはナンバー1！」っていう。イカ以外何にもないからさぁ。確かにイカ旨いんだけどさ。イカは韓国語でオジンゴっていうんだけど、例えば東草だったら「東草オジンゴナンバー1！」東海なら「東海オジンゴナンバー1！」三陟なら「三陟オジンゴナンバー1！」って、どこいっても皆自信満々でこう言う。みんな東海で採れるイカにゃ変わりないのだが、陸に上がった瞬間から変わるのだ。「ブラック&ホワイト」のインスタントコーヒーと同じようなものである。イカってのもあの間抜けな形がいいものだ、チンポコみたいで。

江陵に着いて、北方へ上がるにはさらに乗りかえてバスで行かなきゃならない。国境に近い町・東草辺りはもう国境にどんどん近付いて行くから、海岸線にも有刺鉄線が張ってあって、それがところどころ解放されて海水浴場になっている。そこで有象無象がキャンプしてる訳だ。一見警備が厳重で物々しいと思うかも知れないけれども、地元の人達は日常だから緊張感もないしダラダラしている。「ドライブイン38度線」とかもあるし。「38度線饅頭」もたぶんあるし。「38度線キムチ」とか。

そんな東海岸の風情にひたっていたとき、東草で、想像上の犬に会った。ナユタ版「ディープコリア」に描いた、ぐっちゃぐちゃに混ざった犬の絵、あれにそっくりな犬が居た。冗談とか想像を裏切らない国・韓国がそこにもあった。

→この本の前半参照

その 東海《トンヘ》《동해》

ここはもう昔の韓国というより「朝鮮」というか、原風景が手付かずの状態になっているところで、つげ義春が描く日本の東北みたいな風情がある。そこで見たのだが、半分壊れている家に家族が住んでいる。剥き出しで。外から丸見えで。しかも三階建てだ。地層断面図みたいに外からスキャンをかけたみたいに一階から三階まで中が丸見えなのだ。舞台じゃないんだから。描き割のような家。それを見ながら「ここにタワーレコードが出来るまで何年かかるかなぁ」とボーッと考えたのだ。そういう下らない事しか考えられなかった。

　それぐらいいい所、である。何にもやる気が起きない。ここの民宿でボーッとしてるのもいいかなぁ、っていうダウナー系の町。川沿いにイイ感じの家が並んでいて、ボロボロで、風が吹いていて。でも威張っている。韓国ではそういう意味では威張ってないところはないからねぇ。ゴミだって威張っているくらいだ。脳腫瘍手術で脳を全部取っちゃったような、そういうところである。なまじ脳なんかあるから腫瘍が出来てしまうのだ。脳取っちゃえば腫瘍も出来ない、というような。

その3 三陟《サムチョク》《삼척》

台風の日に泊まった町。この話は三陟という町の特徴ではないのだけれども、狭い町だから皆幼馴染みである。バスターミナルでいきなりいい大人、三十過ぎの男二人が取っ組み合いしていたのだ。片方の連れが「やめて、哀号！」なんて言っていた。まぁそれはそのまま通りす

ぎたのではあるが、あくる日、バスターミナルで幼馴染みが朝の挨拶を交わしていた。挨拶ってのは何かっていうと、突っつき合いである。「よぉ」なんてポーン、と突つくと、いつもだと同じ加減で「おお」ってポーンと突き返すはずが、たまたまその日はちょっと強く突つき返してしまった。そうすると相手は「何だよ」って突き返し、また「何だよ」、ポーン、ポーン、と突つき合いになって、気がつくと取っ組み合いになっていく。挨拶の加速によって。それで「ああ、前の日の喧嘩もこれだったんだな」と納得したのであった。皆幼馴染みだから小さい頃の関係がそのまま続いているのである。太田駅での「いじめ70年」に通じる韓国構造線である。

92年なつソウルで屋台営業のしめ出しに抗議するため屋台のアジュマ(オバさん、ババア)が暑いので、トップレスになってデモをし、一部で話題になったが…
ココココ♪
어바는 인간답게

トップレス・コリア

道で寝てて車がクラクションを鳴らしても起きない図太いヤツもいる。
プップー
ブブー
グーグー
で、そんな時、島民は必死に犬をよけ
ガタガタ

ある日、家で妻とTVを見ていた私（湯浅）は、そこに映し出された犬の姿にひどく魅かれた。ムツゴロウの特番の犬特集だった。大韓民国特産だというその犬は、珍島犬といった。

大きさは日本の柴犬ほど（大きいのは秋田犬ぐらいにもなるが）の珍島犬は、おっとりとしていながら怒ると怖そうで、体のわりに顔がでかかった。しかし不思議なことに毛色は多彩だった。白、黒、ぶち、薄茶もいれば灰色に虎模様の黒い縞のあるものもいた。ハタ目には雑種か、とも思えるほど珍島犬は変化に富んでいた。

珍島《チンド》

こいつは一度見に行ってみたいものだと思ったものだ。

はたせるかな珍島には犬がそこら中にいた。犬と人が同列、むしろ犬のほうがのびのびと健やかにさえ見える。道路で寝そべって、車が通っても起きないやつなどもいる。クラクションを鳴らしても起きやしない。そんなときには、車のほうが犬を必死になって避けるのが珍島的常識である。それでも寝続けている犬もいるから立派である。ほとんどの犬がここでは放し飼いだ。珍島犬の社会的地位は極めて高く、ヒンズー教界における牛的なもの、とさえいえるだろう。それに対して猫の数はたいへん少ない。3日間の滞在中

珍しい島 犬の島

で、そんな時、島民は必死に犬をよけて通るのだが、スレスレで通っても、まだ平気で寝てる。
グーグー
ガタガタ

ここが珍島だっ
韓国本土
木浦《モッポ》
珍島大橋
珍島
本土
バス
乗用車などが島へ入る際、他の国の犬が一緒に入島しないか検問がある。が、バスは沢山人が乗ってて面倒なのか素通りだ。
犬像

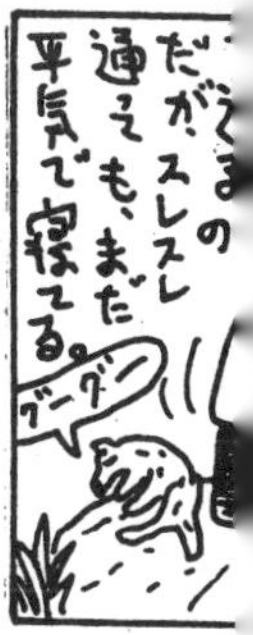
だが、スレスレ通っても、まだ平気で寝てる。
グーグー

に一度だけ見かけたが、それはしっかりヒモでつながれていた。総じて大韓民国では、犬は放し飼い、猫はつなぎ飼いである。

それにしても珍島犬は性格が良い。気さくなやつらだ。我々にも気軽に尻尾を振ってペロペロと手や顔を舐めて歓迎してくれた。むやみに吠えたりなどもしない。

島で出会った犬屋の老人（戦前東京に住んでいたという）の話では、珍島犬とは、

●気がやさしく忠実。

のどかな風景、ゆるやかな地型、はにかむ人情

●しかしケンカにはめっぽう強く、やるときにはやる性格。たとえ相手がシェパードでも喉笛に噛みついて勝つ。

●目が二重である。

という特性を有しているのだそうだ。

値段は雄2万5千ウォン、雌が2万8千ウォン。だがつがいだと5万5千ウォン。なぜでしょう。

この犬屋の老人は、ひとしきり珍島犬自慢をしたあとで我々

珍島犬牧場
犬の食べてる残飯をのぞいたら鍋の中は唐辛子で真っ赤っ赤だった。
でも平気で食べる
松林につないでもいる
交尾中
珍島は人間もどことなく犬っぽい
ビニールハウスの中で栽培？されてる犬もいた
色々なカラテチの犬がいる。

に問うた。

「ところで、ディック・ミネは元気ですか」

　そのときは「はい、元気です」と答えた。あの人にディック・ミネが死んだことを伝えねばならぬ。

　島の東部の海岸辺りには、珍島犬を育成し卸している珍島犬牧場がある。美しい白い砂浜に緑の海が見渡せる松林の中に、

二重の眼は珍島犬のチャームポイント

大小さまざまな珍島犬がワンワンワンと大勢で暮らしている。もちろん、なかには交尾の真っ最中のカップルもいた。一匹が吠えると全員が一斉に吠える。ワンワンバウワウのオーケストレイションのなかで、我々は珍島犬の未来に幸多かれと祈るのであった。

　さすがに島であるから、珍島の海産物はうまい。我々は、うっかり黒鯛一匹というとんでもなく高額の魚を食ってしまったが（一匹でなんたって5万ウォン）、これが実に上質、なんだが、それを食べるうえでの醤油とワサビがひどい。ねっとりとしたまとわりつくような醤油に、苦みばしった緑の粘土のようなワサビ。これで我々の舌はへとへとである。

　大韓民国で刺身を食そうというなら、是非とも日本から醤油とワサビを持参せよ。

　島ではあるが漁業専業者は8万人の島民の1割ほどしかいない。主産業は農業である。島は山がちで、やはりのんびりとした空気につつまれている。中心部の街も小ぢんまりとしたもの。島南部には大きなリゾート・ホテル風のものもあるが、中心部はごく普通の旅館ばかり。だが、ひとつだけちょっと古めだが、中にティー・ルームもあるホテルがある。ホテル・珍島スター"である。街の人々によれば「珍島スター、ナンバーワン」（と言って親指をくいっと立てる）だ。

　我々の投宿した旅館に、たま

昔、日本に住んでいた（戦前）老人は語る
珍島犬は気がやさしいが、ケンカも強いのです。シェパードと斗ってもノドブエにかみついて勝ちます。

たま、かつて埼玉県で働いていたという女性がいた。ゆみさんというその半分おばさん半分おねえさんは、片言の日本語で我々と歓談してくれた。なんでも埼玉県草加市の“赤坂”というスナックで働いていたのだが、そこのスナックのマスターさん

ふくよかな人なつこい　ユミさん（中央）かつて草加在住

に是非ともゆみさんは元気だ、と伝えてほしいと言うのだった。ゆみさんは日本人はとてもやさしいし、日本は大好きなので、是非また行きたいと言う。我々は素朴な疑問としてこうたずねた。

同盟「でも韓国人は、日本人が嫌いなんじゃありませんか？」

ゆみ「ううん、そなことないよ。皆、好きだよ」

と言うのであった。

珍島と大韓本土とは一本の立派な橋、珍島大橋で結ばれてから行き来が活発になった。その大橋のたもとの両側には、しっかと四肢をふんばった珍島犬の像が人々をやさしく見つめるように立っている。

橋の脇では、珍島犬が無断で島外に持ち出されぬように、警察官が常に警備をしている。が、自家用車やタクシーはトランクをチェックするが、定期バスについては、面倒臭いのか素通りさせているのだった。

珍島は、その他、高血圧に効果絶大というクコの実を使ったクコ茶や蘭の名産地としても知

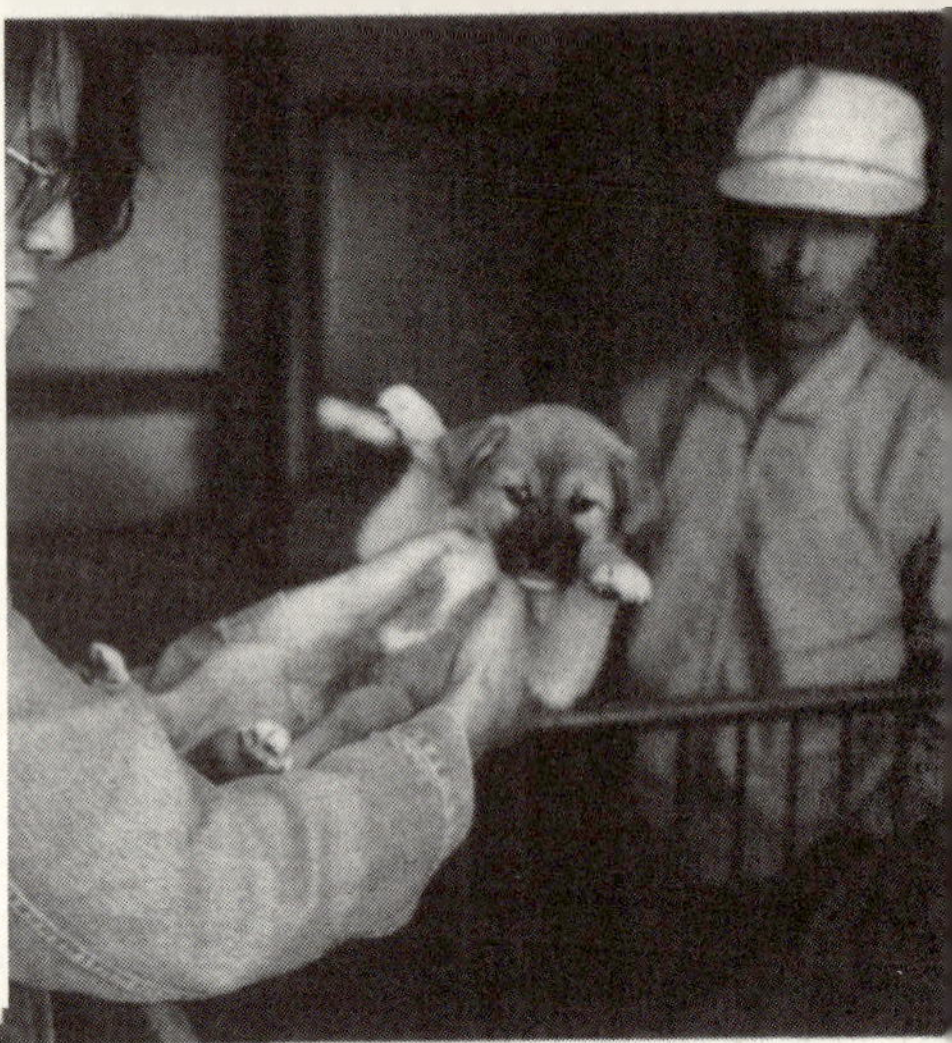

犬屋は米屋のように必需のものである。

珍島犬牧場を仕切っている珍島犬繁殖仕掛け人のこの人は水木先生の世界がよく似合う

交尾し放題
珍島犬天国
今日もいい天気

られている。さらに年に一度、3月28日ぐらいに（くわしくは『地球の歩き方』参照。または有楽町の大韓公社まで）午後5時

村人のいこいの場は
海岸と珍島犬牧場

30分に潮が引き始め午後7時には完全に水底が現れて道となり、隣の芽島と珍島がつながってしまうという現象（通称「神秘の海」）も観光名物として人気を呼んでいる。さらに珍島ではコードレスホンの普及が著しい。小さなパン屋や蘭造りの農家、刺身食わせる小食堂でも電話にコードはついていなかった。

なお日本では、長嶋茂雄がかつて珍島犬を飼っていたことで知られている。

水中翼船

水中翼船は釜山から、島々を巡って麗水へ行くという50人乗りくらいの小さくて速いやつである。天気が悪いとすぐ欠航する。波に弱いうえにやたら飛ばすから、横風に煽られるとまずい。極端な話、三日に一日は欠航すると思っていい。料金がまた高くて、観光公社の2階に行かないと切符を買えない。

乗り場があって、その前に歩道橋があるが、そこの上から下をぐるっと見回すと、イイ顔がイッパイいる。良好ポイント。そこから望遠使えば撮り放題。タクシーも多いし、島民が出入りするところだからイイ顔が自然に集うのだ。

この水中翼船の乗客に、子持ちなんだけれども、若い頃の黒田あゆみアナウンサーにもっとエッチな感じを加味したようなすこぶるつきのイイ女がいた。周りは岩みたいな女ばかりなのに、物凄く目立つ。韓国の女事情といえば、よく最近色んな雑誌とか何とかで「アジアの美女」とか何とか言って太鼓持ちライターが「韓国は美人の多い国だ」とか書くけど、そんな事は絶対無いんだよ！　スタイルのいい娘はたくさんいるかも知れないが、みんな切れ長一重瞼、頬骨が出ててエラが張ってて、岩みたいな女が多いのだ。

大韓民国ではイイ女というのは整形して二重になってる。整形に対する偏見とかほとんど全然無い。「私、整形しました」ってアイドル歌手がインタビューでも平気で言うしね。また一目で整形って分かる手術の仕方をする。一昔前みたいな。親が子供が大きくなって社会に出た時のためにと、「整形積立貯金」とかしてるの。二百五十万ウォンくらいかかるからね、ちゃんとやると。だから偏見なく、お化粧の一部だと思っているのではないか。韓国の人ってお化粧すごく濃いし。これ見よがしに眉毛はビシッと書くし、もう「美人の型」ってのが二種類ぐらいしか無くて、それに当てはめていくのが「美」というものらしい。教条主義で「かくあるべし」が好きだし。マニュアル好きだから。それでいて、それに合わせて行こうとする元のものが著しくマニュアルとかけ離れてるから、変なものが出来てしまう。最終的に昭和40年代のエロ本に出てくる顔みたいになる。そこまで美の基準がしっかりしていながら、数的には絶対数が物凄く少ない。いない。ところが、スロットマシンの大当たりに当たっちゃうみたいに、希に天然で美人に生まれたような娘がいると、これはもう日本じゃ考えられないような物凄い美人なの。天然ものは凄い。

そういう天然の物凄い美人ってのは、ソウルとか釜山とか、そういう都会にいるとは限らない。それこそ水中翼船で出会うような。途中の島かどっかで降りたのだが、田舎の漁村か何かで、夫ってのはその辺にいるような「芋掘り親父」みたいな奴か。日本の宝くじに当たる確立ってのは二五〇万分の一、っていうけどそれに匹敵するぐらい会わない。ああいうのには。ソウルなんて一人も美人見ないのだ。一人も見ないとは。日本だとどっかの街に行って二目と見られないような奴が一杯いすぎて困る、みたいな事ってあんまり無い。ところが普通の子がいないのだ。だから水中翼船の中でとんでもないものに出会ってしまったわけである。

向こうは学歴社会だし、「権威」が好きだ。国際柔道大学っていう、柔道だけの単科大学、スペシャリスト養成大学が実際あったりするんだが、例えば「女優大学」ってのがあって、そこで養成してるんじゃないかっていう仮説が生まれたのだ。美人でも「女優大学」卒業じゃないと、「あ、あんた高卒ね」と言われてしまう訳である。結局高卒とか中卒は最終的にミヤリとか清涼里に立つ他ない訳。皆一律の顔して。そういう美人のスペシャリスト養成大学ってのが、まだ裏は取ってないけどどうやらあるらしい。いや、希望も含めて、あるんですよ。

部長で新入社

新卒の女子大生が、けっこう大きめの会社の入社試験の面接に行ったら、そこで社長に気に入られてしまった。他の試験管とかをそっちのけで、二人で意気投合し「ワーッ」っと盛り上がった。酒の好きなさばさばした明るい女子大生で、社長も酒好き。一緒に飲みに行く話で盛り上がったわけである。気に入られた女子大生はいきなり異例の大抜擢で部長で新入社。理由は「酒が強い」。しかし入社後部内の人々、先輩でありながら部下の人々と和合できるはずもなく、すぐ辞めちゃった。

私の見たディープコリア

釜山の郊外にある亀浦（キポ）という街では毎月3と8のつく日に市が出る。そこでは犬肉コーナーの一角があり、一度、近所のマダムがペット犬のマルチーズを抱え赤犬の肉を1キロばかり買っているところを目撃しました。

（横浜市　徳留尚弥）

麗水という漁村に夕方着いて、何もする事がないから街を散策してると喫茶店があった。「ブラック&ホワイト」っていう店名の。けっこう小洒落てて、入ってメニュー見ると結構コーヒーに種類があるんだよ。普通韓国の喫茶店は「コッピ」（インスタントコーヒー）」「ホンチャ（紅茶）」の二種類くらいしか無いのに。で「コッピ」つったら「ただコッピと言われても困る！」みたいな態度で。「うちはコーヒー専門店だ」「色々あるんだ」といっていばる。「ブルーマウンテン」「モカ」「キリマンジャロ」とか書いてある。当時はソウルのよっぽど大きなホテルとか行かないと、ほとんどインスタントコーヒーだった。ましてや漁村である。金玉の一番下の肛門に近いところにあるような。皆「じゃ俺はキリマンジャロ」「俺はブラジル」「俺はブルーマウンテン」と頼んだ。そうしたら「よし、わかった」「そう言ってくれなきゃ困る」なんて態度をしてカウンターの向こうへ行った。レジの所に居た店主、マスターらしき男のところにボーイが行って、「ゴニョゴニョ、ゴニョゴニョ」って相談している。何をそんなに相談してるのかな、と思ったらマスターがパッと立ってカウンターの中に行った。豆を挽いて入れるのかな、と思ったらやっぱりインスタントコーヒーの粉をそれぞれのコップに入れてるだけなのだ。そして、ポットからお湯を注いで持って来たのだ。

　結局、色々書いてあったのはインスタントコーヒーの種類の事なのだ。サイフォンもドリップも何にも無いんだから。しかし後でソウル行った時に探しても、そういう豆の名前をしたインスタントコーヒーなんて売ってない。だからそこで勝手に名前つけただけなのだ、きっと。インスタントコーヒーのメーカーは色々あるが、それを本人たちの思い込みで勝手に調合、ブレンドしているのではないか。「マックスウェル3にネスカフェ7がブルマン」とか。そういうところはけっこう厳格だったりするのだ。仕切りはマスターがやる訳で。しかし飲んでみたら皆同じであった。どこも違わない。「コッピ」なのだ。「コッピ」の枠からどこも出ていない。だからメニューが大事なのである。こっちが「コッピ」と言っても「コッピ？　困るなあ、大雑把な頼み方されても」「うちは他とは違うんだからなぁ」と。間接照明で洒落た店なのだ。何たって「ブラック&ホワイト」だし。なぜ「黒と白」なのかはよく判らないけれど。

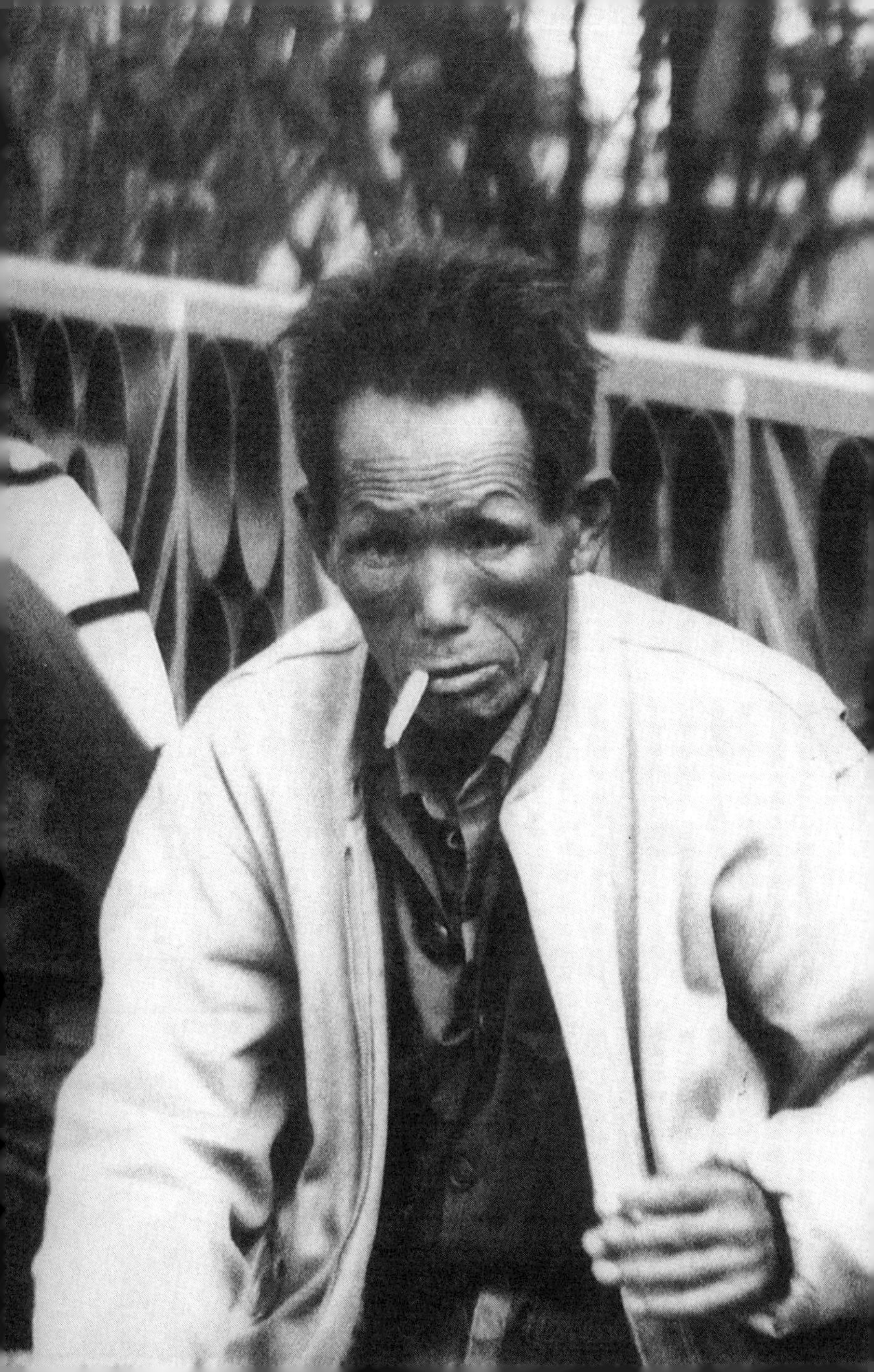

光州《クァンジュ》《광주》再訪（8年ぶり）

「CITY　HALL」と行き先を告げた。運転手は即座にうなずきアクセルを踏み込んだ。着いたのはHOTELだった。発音が悪かったか。「違う違うHALL、CITY　HALL」なおも心配だったのでCITY　HALLと紙に書いて見せた。運転手はギュイーンとUターン。着いたのは丘だった。高く、堂々と掲げられた青色の道路標識（道案内板）に白ヌキででっかくCITY　HALLとあるのにィ。そのスペルを書いて見せればそこに着ける、と考えたのは甘かったようだ。運転手の頭の中に、つまりは光州にCITYHALL（市庁）は存在しなかったのである。シジャン（市庁のハングル読み）の一語を使わなかった当方もいけないと自己批判した

全面的にこちらがいけないのは下の顔を見れば明白也。

二度あることは三度ある（否、すでにあったも同然）し、あたりの風情もなんとなく好ましいので、「カムサハムニダ」とお礼を言って降車し、ちょっとぶらつくことにした。とりあえず眼前の小高い丘を登ってみる。平日、昼下がり、快晴。頂上では働き盛りの男たちがここかしこで朝鮮将棋に興じていた。各対局者のまわりに3、4名の見物人、いやコーチ、いや監督ともいうべき人間がついているので、総数にするとかなりのものだ。特別な大会が催されているわけではなく、毎日毎日こうしてヒマな人間がうようよ集まり、日がな一日さしつさされつしているようだ。照りつける強い日差しに満月や半月型の脂ぎった赤銅色のハゲがテカテカ光り、目がくらむ。

ふらふら下りていくと、タクシーの運転手たちが五、六人、にこやかに雑談を交わしている。試しにと、ここへ行きたいというボディ・アクションを混じえ、先ほどのCITY　HALLと記した紙を見せてみたら、首をかしげる者あり、小馬鹿にするように笑う者あり、手を振る者ありという具合で全くラチがあかない。こりゃいかんと思っていたところに突然、ダミ声の怒号が轟いた。びっくりして見やると、五十を二つ、三つ越した小柄、小太りの婆ァが大の男相手に喧嘩している。たった一匹で牛一頭を骨にせんとするピラニアの如く、猛烈な勢いで噛みつき食らいついている。湯気とツバがほとばしっている。黙ってうつむいていても決して美しくも上品でもない御婦人なのに……。手こそ出していない、血こそ出てはいないけれども乱闘だ。身の毛がよだたぬ惨劇、圧巻だ。あたりを支配する小便＋キムチの異臭がムードを盛り上げる。

見とれているうちにハッと我に返った。はぐれていたのだ。市庁前で待つ仲間のもとへ一刻も早くかけつけねばならない。その場を離れて大通りに出、最初につかまえたタクシーの運転

手に弱々しく「CITY HALL」と告げると、軽く微笑んで車をすべらせた。不安でいっぱいだったが、無事到着。かなり遅い合流と相なった。寄り道もまたマヌケからずや。

　暗かった。他のどこよりも暗かった。外灯がきわめて少なく、日が落ちるや、夜に押しつぶされ塗りつぶされてしまう。文字通りの暗黒と化すのである。光りの州とは皮肉、あるいは笑えぬ冗談だ。さらには、重い。それは人間どもがもたらす仕掛けである。強烈な排他性（排日性と呼ぶべきか）の視線が、この町の隅々まで細かい網の目の如く張りめぐらされ、我々に絡みついてくる。自由な動きを封じ込まれてしまうのだ。暗く、重い。簡単にいってしまえば、これが光州の二大印象であったのだが……。

　再び訪れたそこはトんだ写真のような趣で、明るいというよりは薄い空気の町に変貌していた。駅前に野放図に広がっていたバラックのほとんどは取り壊され、白い壁に仕切られた没個性的な家並みとなってしまい、人々の目からもあの挑みかかってくるかの如きヨダレをたらした野獣性が失われている。懐かしみはもちろん親しみも感じられない。我々の間でウルルンドのゴム・プルコギと並び称される伝説の不美味、非美味モノたる光州コッピを飲もうと店を捜したが、とうとう発見できなかった。くさいものにはフタ、ということなのか。飲めば胸はムカムカ、腹の中もムカムカと気持ち悪く頭にくる飲料ではあるけれど、飲めないのは残念である。「コーヒー・ルンバ」によれば、コーヒーとは不思議な飲み物で、恋を忘れた若者もひとたびすすればチンポびんびん、マンポぐにょぐにょで色気づくとな。効果は違うが光州コッピにも似たような魔力がある。たったカップ一杯の中に韓国人の典型的な気質がプンプン、ねっとりとこめられているのである。液体化した熱いコリアン魂が我々の舌をしびれさせ、のどにからみつき、胃腸で暴れ、ほとんど消化されぬまま尿道、肛門からエバって出ていく。そのエキス体験を味わえないのは返すがえすも残念であった。

　光州事件で荒れた日々も遠い昔。市民蜂起、軍との衝突、多数の犠牲者……傷跡は深く人々の心に刻まれている、はずだろうけれど、くる日もくる日も感じちゃいられねえ、のも事実、ということを端的に物語る場面を目撃した。駅前で、当時の紛争の模様を収めた8ミリ撮りのビデオ・テープを婆ァが売っていたのである。ファンシー・グッズさながらと化した光州事件を眺めていた午後……全てが白っちゃけていた。

婆ァはビデオ以外に光州事件の死体ナマ写真も売っていた。
이고
SINAWE
광주사건
VIDEO
광주사건
VHS

세상 根五百どもの渦
全羅南道のとある山村に迷い込んだ日本人
日本、昔、チョーセンに酷い事したヨ!
あ……
日本人代表してアンタあやまんなサイ!
スス、スイマセンデシタ
地方へ行けばまたまた反日感情は露骨で根深い
しかし土下座の後に待っていたのは
うわァ
サア食え
歓待の雨嵐…
まだまだ喰えるだろ
ホレ、マッコリも飲め
あ、どうも
韓国人は恨みも深いが情も深い。例えイヤなお客でも信念を持って持て成してしまう。

↑イナバ物置きかと思ったら床屋だった床屋

神のよだれのように人々が集うバス・ターミナル→

クツ屋とタイヤキ屋が合体→
している。人情のコンビニ。

霊《영 ヨン》光《광 グァン》の原発

　全羅南道と北道の境にあって、木浦から一時間ぐらいの所にある町なんだけど、まぁ何があるって原発しか無いんだが。恐ろしい韓国の原発が。薪で風呂湧かすみたいな。ウランで火焚いている。北朝鮮が査察受けないのだって発電所がちゃんと出来てなくて恥ずかしいからで、燃料棒取り出してみたら練炭とか付いている訳で、それは恥ずかしいだろう。ただでさえプライド高い国（家族）なのだから。ニュースの映像見たってどうみたって普段からコンピューター使ってるっていう扱い方じゃないし。だって中で火焚いてるだけなんだから。韓国をもっとデフォルメしたのが北朝鮮なんだから、あれ見りゃ韓国の原発も判る。でも韓国の人って北朝鮮の事を凄く馬鹿にするんだよな。「ビル一つまっすぐに建てられねぇのかよ」とか。

　韓国の原発が操業しだした当時の核廃棄物の運搬の仕方が、木製のケースに入れて、トラックで運んだっていう。行き先はどこかとんでもない所だろう。霊光の原発の周りには何にもなくて、要するに西部劇みたいな景色である。原発の前に、「原発通り」商店街がポツンポツンとある、ゴーストタウンみたいな、絵に画いたような。キオスクみたいな「何でも屋」が一軒あって、そこに子供達が3人いるのだが、3人とも毛が茶色だった。原発との因果関係は判らないけれども。色が白くて。あたりには犬が一杯いて、皆交尾していた。こちらも原発との因果関係よく判らない。ウランの匂い嗅いで発情したのか。ウラン犬。

犬事情

★犬は戦後大韓民国文化の象徴か!?

大韓民国の犬事情といえば、やっぱり流行がある。結局戦後の韓国って文化的にはアメリカとか日本の植民地的側面をもっていた。日本、アメリカ経由で色んなものが韓国に入り込んで、それが元からあるものとグッチャグチャに混じって。日本だとある程度消化したりするのだが、韓国は全くの消化不良で定着してしまう。犬は生き物だが、最もそうした消化不良状況が象徴されていて……もうむちゃくちゃである。「ワンワン」って鳴くまで犬だと判らないような兎みたいな犬だとかモルモットみたいな犬だとか鶏みたいな犬がもういっぱいいる。一昨年はチワワが流行って、その前はダックスフンドが流行って、今はパグか。それでますますひどい状況になるな、と思って一年後に行ったら案の定韓国の元々ひどかった犬達の血にチワワの血が入って、モルモットみたいに小っちゃくなってた。一応血統書とかあるらしいのだが、持ってきた犬はともかく韓国の犬と出来た子供ってのは血が混ざってるから放ったらかしにされている。またそれ同士が交尾するからさらに変な犬が出来てしまうのだった。一応ブリーダーとかいるんだろうけど、杜撰でイバっているのだろうなあ。

唯一血を守ってるのは珍島犬だけである。ただその血といっても、国際的な犬の協会からは認知されてない。なぜなら珍島犬というのは何かというと、珍島の中にいる犬は全部珍島犬だからである。島で生まれりゃ皆

両親は犬なのかもしれないが、こいつは別物. 犬離れしている。怖い

RACER
'93 10 21

▲やっぱり珍島犬はちがうよなァ（他にサウナ犬、豊山犬などとゆうのもいるが、それにはまた今度。）

「まァ、カワイイ♡」と買ったはいいが、
放ったらかしにしとく内に次々と変な
……犬が露路裏から
誕生。
犬
犬
犬
ホントに色んな犬がそこらにいるがどれもヒドイ。
チワワとダックスフントの
血の混じった犬。すばしこくて

珍島犬。要するに「犬大学」なのである。犬大学出ているという事。色だって白いのもいりゃ赤いのもいるし、縞模様だっている。それ全部「珍島犬」である。珍島に住んでいるから。日本だと紀州犬も秋田犬も土佐犬もアイヌ犬も全部一緒に「日本犬」って言うようなものだ。しかし珍島犬は特別天然記念物だ。だから島の外に出すのには厳重な許可が要るし、国外に持ち出す税金も高い。島の中では安くて誰でも飼っている。年に一回ソウルで珍島犬の品評会もある。

珍島犬の特徴とは、「目が二重」「主人に忠実」「喧嘩が強い」の三つしか無い。骨格とか毛並みとか血統ではない。そのようなことで国際的に犬種として認められる訳はない。「喧嘩が強く、やる時はやる」とか、そんなの犬の特徴といえるような生物学的科学的特徴ではない。説明されればされるほど判らなくなる。しかし目が二重ってところと、韓国の女が整形で目を二重にする、ってのは相通ずるものがあるから、二重はポイント高いということがわかる。珍島犬の特徴「やる時はやる」というのは、島の犬屋が言ったことである。いわば専門家だ。あと「狩りの時は獲物が死ぬまで追う」という。それだけタフなのである。しかし他の犬屋に聞いたら絶対違う事を言うだろう。「飼ってると幸せになる」とか「子宝に恵まれる」とか「家庭が明るくなる」「夫婦和合」とか。「犬の特徴…夫婦和合」とは、もう全然特徴ではない。「商売繁盛」「無病息災」とか「唄が上手くなる」「アトピーが治る」「水が美味しくなる」、以上のような特徴を珍島犬は有しております、と。そういう事を言う親父がいても全然おかしくない土地柄が韓国、とりわけ珍島である。

大韓ボーカル・グループ史上最強のユニット

鐘路 AVENUE BAND

CHONG-NO

茫洋たる荒野にひとすじの滴たらんと望むとき、うつろいゆく精神の抜け殻は夜の地平線を求めてさまよう。肉体は朝焼けの中で、ゆっくりと不自由を感じ始める。しかし自由とは欲望と幻想の相克の果てに揺れている。肉体にとっての勝利とは、幻想を欲望の歌に染め上げることだ。しかし勝利とは敗北せぬことではない。敗北も勝利も無縁の地の夜の子供たちの歌を、彼らは奏で歌いつづける。

大田《テジョン》駅名物
いじめ70年
(子供の頃の関係がずっと70年続いてる)
韓国では日本の病院のように駅の待合室が用のない老人たちの集う所となっている。
心がけのより老人の中には世の中の役にたとうと、例えば便所で"仕切り"をかってでる者もいる。
おめは、ここでしろ、そこの奴はこっちだ
あ、ハア
③そこで、老人間のいじめ(なぐる、ける、ヘッドロックetc 全く子供間のものと同じ)を目撃した。
ホレホーレ
キャンキャンッ
ケケケ、生イキだぞてめー
日常的な光景なので地元の人々は皆、全く見向きせず

何ッだよ てめえ おう 何ッだよ
エヘラ、エヘラ
④
その老人らは幼ななじみで子供の頃から皆でよってたかって、この人を、いじめていたらしい
やきいれたろかい
おっやってるな
アイゴー
⑥
⑦

てめえ何がおかしいんだよ、てめえ

哀号!
ズッ

…プはこれを買え！

（ポンチャックについての解説はP.122〜P.123にありマッスンニダ）

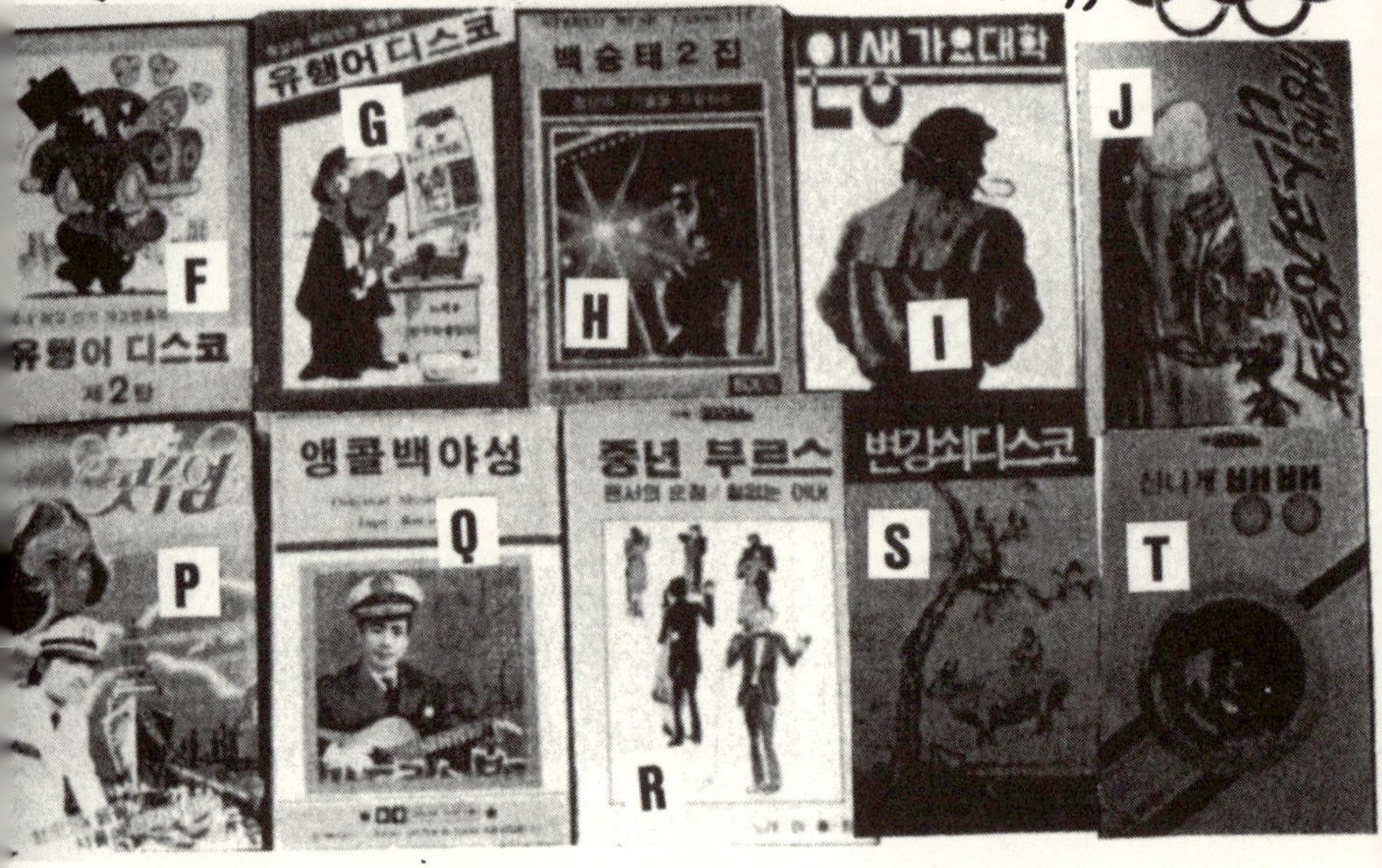

ボンチャック・ディスコの名盤数々あれど、これほどストレートに、直接脳ミソしびれさせてくれるキャラクターと音パワーとバカらしさを持ったやつはいない。とにかく即わかるポンチャック。名刺がわりにまずこれだ李博士（イ・パクサ）Ⓐはこいつを一躍ポンチャック・スターにしたヒット作『新風』の第1集。Ⓑは制作・サウンド・プロデュースはTGRの名人集団マンモス。やや軽みも加わった。Ⓒは李博士の実力の確かさを示すブラバン・ポンチャック。ダーティ・ダズンもびっくり。Ⓓはビートが効いてムードもちょっとあるポンチャック・ディスコの王道もの。Ⓔはエレクトーンをバックに主役は指笛という異色ポンチャック・ディスコ。気が抜ける爽快名作。Ⓕは男女デュオものの大傑作。韓洋楽のカヴァーが当然のこの世界にあってオリジナル曲で勝負している点も見のがせぬ。通称ポンチギ・ディスコ。Ⓖは Ⓕの第1集だが、Ⓕのが女性歌手が下品。海賊盤ではⒼの女のが若い。Ⓗはペク・スンデルによるスワンプ・ブードゥー・ポンチャック・ディスコの名作。比較的見つけやすくわかりやすい入門用にピッタリのナイス作。Ⓘ『人生歌謡大学』というタイトルが泣かせるギターもの。ギタリストはⓁ『ポンチャック・ヴェンチャーズ』との噂あり。マイケル・ジャクソン「ビート・イット」をポンチャック・ディスコ化したハード・レイヴ・インストものがⒿ。釜山周辺で92年ごろヒット。Ⓚはソフト&メロウだが男歌手に泣きがクイクイっと入るところがミソ。ノーキー・エドワーズとマーク・ノップラーを足してキムチ汁で割ったようなギターが全編に鳴り響く『ポンチャック・ヴェンチャーズ』がⓁ。アーバン・ポンチャック・AOR・ディスコの俊英デュオがⓂ。ビデオ『因果境界線』のイノシシのシーンでおなじみなのがアシッド・社会ダンス・ポンチャックがⓃ。Ⓞは青春純情歌手によるピヨヨヨンの

何を買っても8割方大した差はないってもんだがな。

뽕《ポン》짝《チャック》 디스코《ディスコ》のテ

A
B
C
D
E
K
L
M
N
O
이박사
이백만과 김박사
카바레댄스뮤직

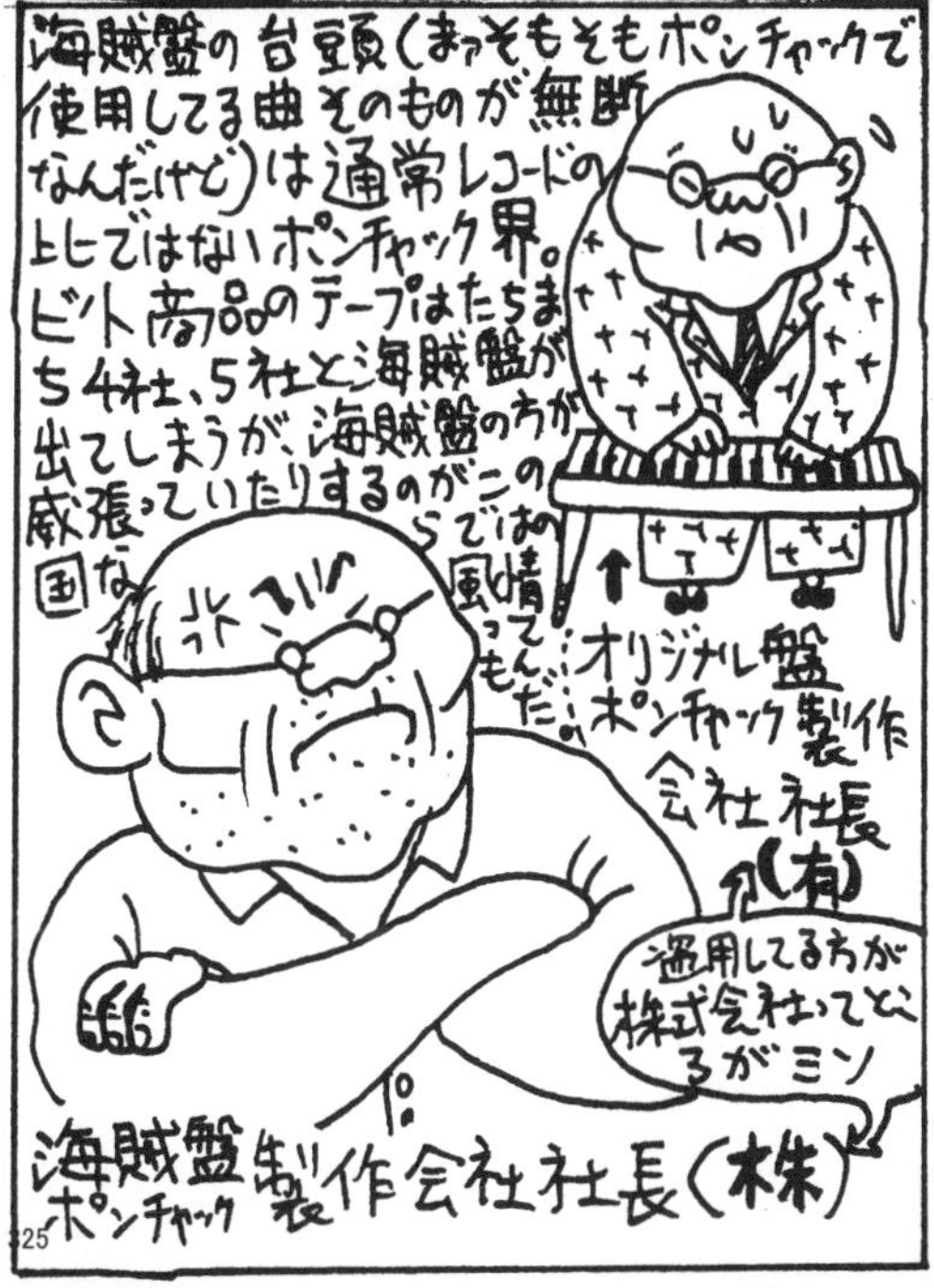

海賊盤の台頭（まァそもそもポンチャックで使用してる曲そのものが無断なんだけど）は通常レコードの比ではないポンチャック界。ヒット商品のテープはたちまち4社、5社と海賊盤が出てしまうが、海賊盤の方が威張っていたりするのがこの国ならではの風情ってもんだ。
オリジナル盤ポンチャック製作会社社長（有）
通用してる方が株式会社ってところがミソ
海賊盤ポンチャック製作会社社長（株）

音が脳ミソを揺さぶりまくる超絶の正統派。聴きすぎると病む。ポンチャック界で不動の一大ジャンルが築き上げられている〝マドロスもの〟の名作Ⓟは高ぴんから野郎。Ⓠもマドロスものだがポンチャック・ヒット作の古典として知られる。往年のスター歌手白夜城（ペク・ヤソン）が人気挽回のためにポンチャックに打って出たというもの。Ⓡこそマンモスの最高傑作との声も高い。[redacted]・ポンチャック・アシッドの極地を行く音楽はかげろう。Ⓢは「ベサメムーチョ」のバカ下品ヴァージョン収録。ジャケは韓画。原題『ペンペン』というⓉもマンモスによる大韓スットンキョー民族派。通称『親孝行ディスコ』。大韓ポンチャックキャバレー・ディスコでレイヴ・オン。

でもまァ、基本的には

有名な38度線の板門店は外国人観光客が手続きを済ませないと入れない。板門店に至る道で、一番韓国人が近くまで来られる所が「任仁閣」である。金網張ってある向こうに川が流れていて、双眼鏡があって、ある者は向こう側に居る別れ別れになった肉親を思い「オモニー！」「アボジー！」「ウォーッ！」「哀号！」と悲しみのあまり号泣する。その双眼鏡のある建物が三階建てぐらいで、そこでにおみやげを売っている。キーホルダーとかホチキスとか。そのホチキスは、ちゃっちくて使えないのだ。そこで皆「オモニー！」「アボジー！」「ウォーッ！」「哀号！」って泣き叫んでさ、「ハァ〜〜ッ」ってスッキリしてさ、酒飲んで飯一杯食ってタン吐いてオメコして帰ってくるんだよ。二階が食堂で三階が売店になっている。ホテルはムンサンっていう町にあって、そこから任仁閣までタクシーで20〜30分くらい。朝鮮戦争中に活躍した戦闘機とか戦車とかが展示してあって、まぁ戦争博物館状態になっている訳。関係ないがムンサンから任仁閣に向かうタクシーの中で呉智英先生にそっくりの運ちゃんからボラれた。あそこにはアメリカ人なども物見遊山で来ていた。

珍島犬が飼われていた。「これは珍島犬か」と聞いたら警備の人が「そうだ！」って大威張りで言っていたから、大丈夫だろう。

川(イムジン川)むこうは 北朝鮮でゴスミダ。

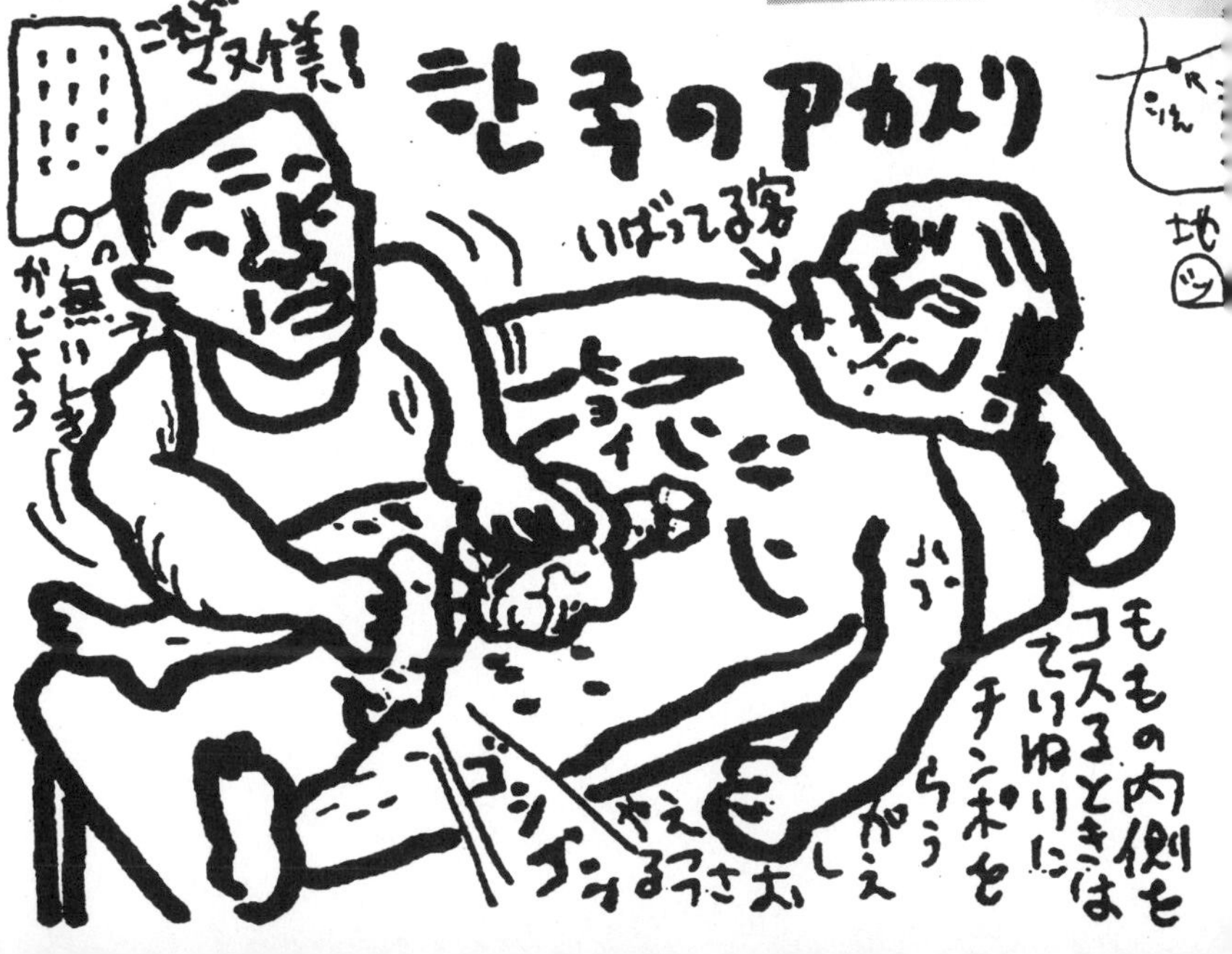

レコード店(勿論あっちの)で入手可能にして
とに角DEEP KOREARなら絶対揃えたい!!
大韓的人情と
臭気のにじみ出た

大韓Rock至宝名盤ガイド

↙ペクトゥーサンⅢ

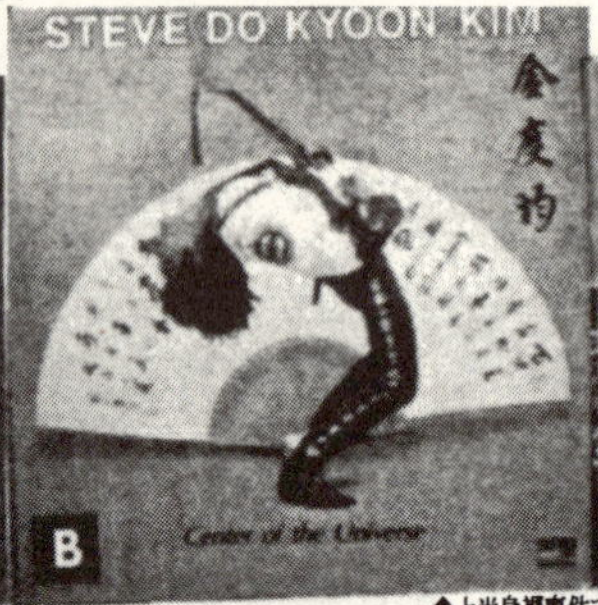

大韓ロックは1にテープで、2にアルバム、3にCD…まァなるべくテープで聞いて欲しいでアリアッスムニダ。

(MAN TO MANのファースト
↓
Vocalは

◆上半身裸事件で解散に追い込まれた白頭山だが、それぞれソロだの芸能マネージャーになっていたところ1人メタル道を求めてやまなかったギタリスト金度均(スティーヴ・ドキューン・キム)によって、92年突如3人組白頭山として復活し、蚊が疲れて泣いているような超名曲バラードから始まるⒶを発表した。Ⓑはドキューンが多重録音でカッとばしたソロ作。カヤグム奏法、「アリラン」もいいが、ドスの効いた変拍子で迫る「ケジナチンチンナネー」は必聴。ブルースもええなあ。大韓メタルの西の横綱、申重鉉の精子＝申大徹のギター・プレイが冴えまくるシナウィの父重鉉による大韓旋律作品を青々とメタル化カヴァーした曲にファーストとセカンドからのいい曲をプラスしたベスト盤がⒿ。できればシナウィはアナログ盤で揃えたいもの。78年の大学歌謡祭を席巻した航空大学のバンド＝滑走路(ファルチュロ)のデビュー作Ⓒといえば大韓大学ＧＳニューロックのマストアイテム。チ・トキョプのギターはファズなしのレイド・バック名演で、ミスター・大韓ロック歌謡王ベー・ジョルスのヴォーカルはのどチンコに毛がはえている男臭プンプン。ラストの大作「仮面」じゃキング・クリムゾンの技術に大韓の精神力で挑んでしまった熱血プログレ。滑走路は弘益大のブラック・テトラ人脈と結びついて大学歌謡祭系スーパー・グループ＝ソンゴルメ(はやぶさ)となり80年代前半の大韓ポップス界の大スター・バンドに。Ⓓは85年発表のソンゴルメ中期の傑作(第5集)。力のこもったロック曲満載。歌謡曲といっても大韓ならほとんどディープ・ソウルに等しいことを証明したチョー・ヨンピルのカンバック後の第1作がⒺ。オーティスの『シングス・ソウル・バラード』に匹敵する重唱はタメききまくりで耳から血が出そう。「窓の外の女」、「オカッパ頭」「大田ブルース」「恨五百年」「釜山港へ帰れ」のピル五大名曲入り。94年に突如カッ飛ばされたメタル激唱デュオⒻは、ブラック・シンドロームの主唱ともうひとりの熱青年がヒップホップ・ソフト・バラード、ファルセット合戦など盛りだくさんだが骨は牛のように太い。

民族の核をむき出し（これをとなえて陽核ってんだ）にする
ワイルドでキャッチーな精子と
卵子達。
WILD CATSを
女手に大韓歌
謡は語れ
根源的

やはり その真髄はマヌケ美にあり

◆70年代中～後記は踊りと歌好きの大韓人には大ディスコ天国がおとずれた。ナイト・クラブは踊るバーボで狂乱の夜の社交場。大韓ディスコといってもファンキーの度はディープマヌケ美ファンクで明け暮れる。人間は動物だとばかりに、性交こそしないものの、踊っているんだが人体の限界に挑んでいるんだかわからん燃えるステイン・アライブ。しかし大韓の底力はそんなもんでおさまるはずがなかった。大韓ロック／ポップの真骨頂は演歌をもキムチツボに叩き落とした。見よ聴けワイルド・キャッツを。香港でディスコ・キャッツとして修業後78年にワイルド・キャッツ（大韓式発音ではワイルド・キャッチ）となった。そしてみなの好きな民謡と演歌を混ぜて、日本の「演歌チャンチャカチャン」を叩き台に韓民謡リフレインにPファンクをまぶしてそれをお色気キャバレー・ホステス・ムード・ピンク・レディが歌っているという、豪快をクレヨンで絵に書いたようなアーバン土俗ディスコ「マウムヤケソ」を大ヒットさせたのである。Ⓖはそれを収録したベスト盤。他に大韓ナツメロや民謡をファンクやチャチャチャやマンコおっとマンボのディスコにアレンジしたものなどでテンコ盛りのサービスを受けられる。大韓大衆歌謡のプログレ化こそマヌケ美の大輪である。大地に寝そべって屁を青空にむけてひっているような歌声のヴェテラン・ロッカー李南二（イ・ナミ）は、マヌケ美に生きる大人物である。もともとはキム・トリオ、愛と平和、申重鉉のバンド色々などを経てソロとなり「泣きたいよ」の大ヒットでテレビ・タレントとして人気者になった。Ⓗはソロ2作目で、野グソをこってりしてケツをよくふかずに肛門にクソをつけたままスタジオ入りし、ざっとアルバム1枚1回で歌ったらそのまんまどこかへ飲みに行っちゃった、というもの。「メリーさんの羊」の節をラップに飛行機のSEを入れている大作風だが歌は親指でハナクソほじっているようなマヌケの重戦車美。コッテリ味。Ⓘは芸の広さを示して、ちょっとムーディー。でも泥の味がする。

The Wild Cats
G

H

이남이
李《い》南《なみ》二《み》
ジャケットが内容も語りつくす盤名

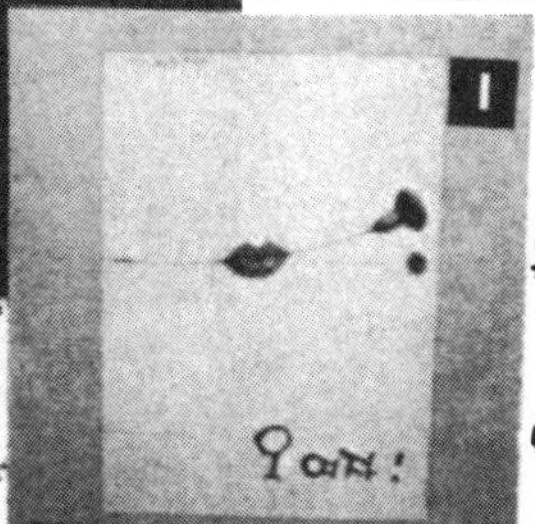
I

バラエティーにとんだサードアルバム

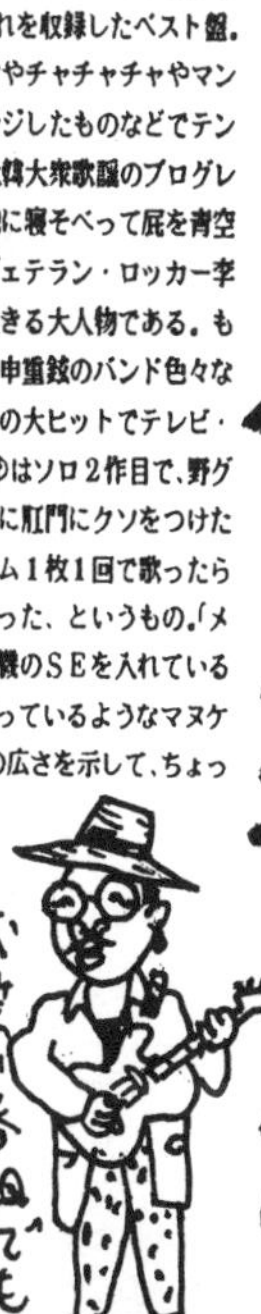
お笑い番組でも人気の
高い大韓No.1ベーシスト

韓国Rockの父
신중현
Shin Jyun Hyon は
58歳のイイ顔のオヤジだ。

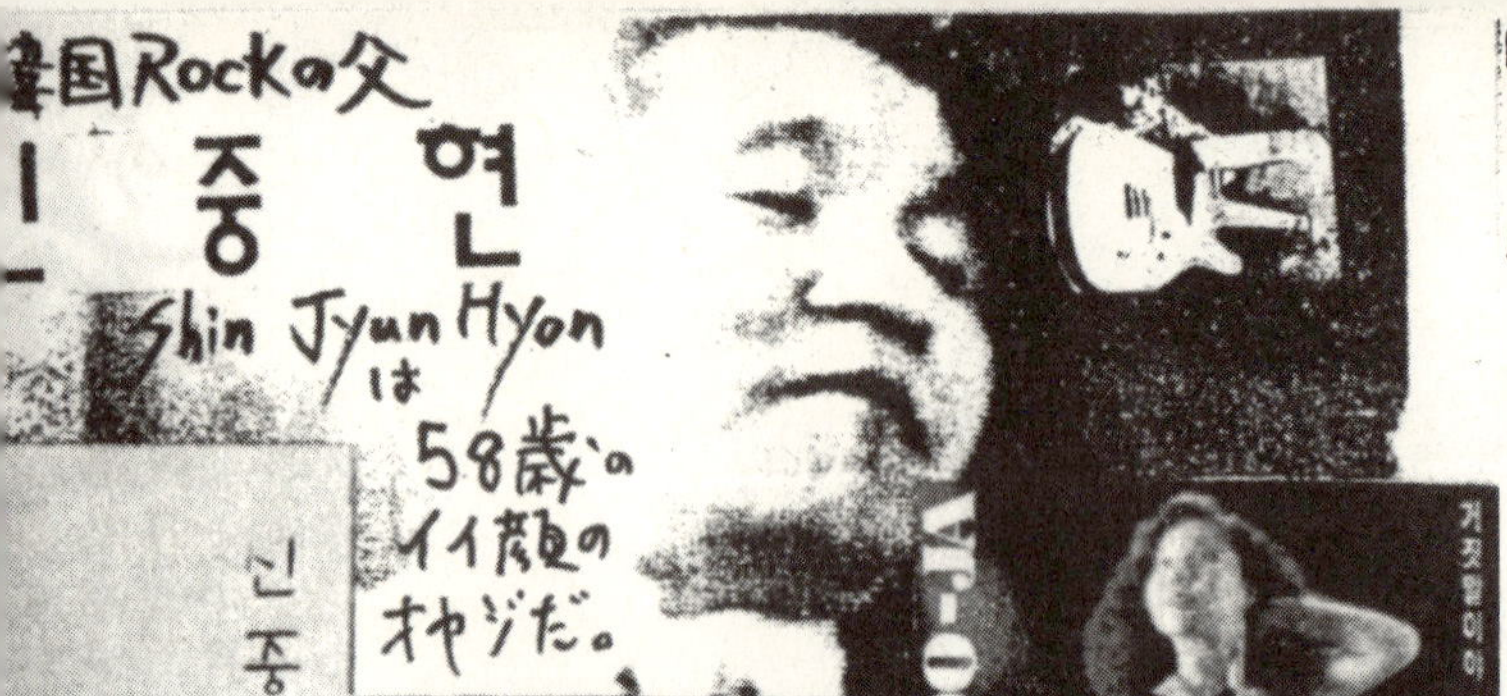

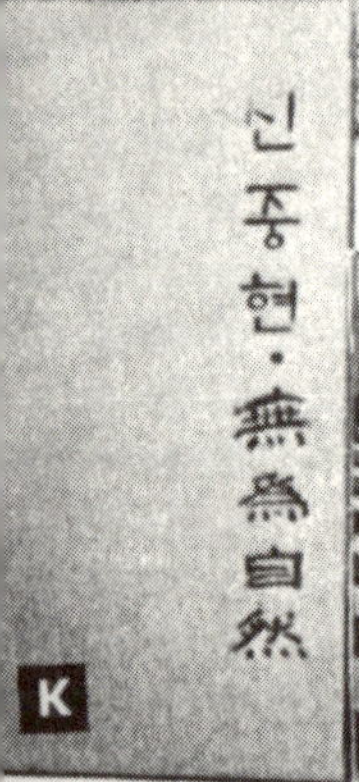

だが、結局本当に才能ある大韓ロッカーは

申《신》《しん》重《중》《じゅん》鉉《현》《ひょん》と金《김》《きむ》昌《창》《ちゃん》完《완》《わん》（산울림）である

大韓ロックの内田裕也にしてジョージ・カーにして藤本卓也でノーマン・ホイットフィールドのフリー大韓アシッド・サイケ・アート・ヘヴィメタ・スワンプ・八百引き受け無為自然大王＝申重鉉なら、Ⓛは大韓しばたはつみのキム・チュージャ、ノーザン・ソウルの大韓デトロイトの工員ビートのベスト盤。申作品以外のベストもあるので要注意。Ⓚは半年かかったＣＤ２枚組大作。多重録音58歳重鉉のひとり歩き。大韓ハードの無為自然、サイケの老荘化なる。Ⓜはヨブチョンドウル のファースト。大韓ハードの核心。キムチ・チゲ（鍋）の湯気にアート・ロックが揺れるアシッドの宴。Ⓡは申による大韓サザン・ソウルの名品。アーサー・コンレーばりの大歌手チャン・ヒョンはコチュジャンの黒人。Ⓝは幻の名盤解放同盟と金昌完との共同監修による４枚組ベストＣＤ、その第１集。77～80年までのロック曲を収録の絶対必需品。ペンキ塗りのリズムをロック化したデビュー曲「アニボルッソ」、ＰＩＬも貧血で倒れる「俺の心に絨毯を敷いて」など、青い海の韓心と森の奥で倒れる老木の心。Ⓞはオリジナル・アルバム第２集は「トゥリソ」、などを収集の心に痛い名品集。静と動は自然の摂理。Ⓟは山手線で渋谷から池袋までの演奏時間の大作「君はすでに僕」は、金三兄弟＋妹（キーボード）の４人によるイエスの「危機」の世界への果敢なる大挑戦。アベベの裸の金メダルをも凌駕する大韓ロック史上の浅間山荘事件。怪鳥のイラストで有名な第９集Ⓠは公害をテーマにしたハードでパンクなコメカミ直撃アルバム。大韓パンク第１号「ソナッピ（驟雨）」はロバート・プラントがラモーンズに入ったような曲。「あそこ」はのちに日本人の作曲家にパクられ、マッチ／ショーケンの「愚か者」を生んだ。このアルバムは落としたらアカン。

尚、ジャケットのまん中の絵は根本が描いている→

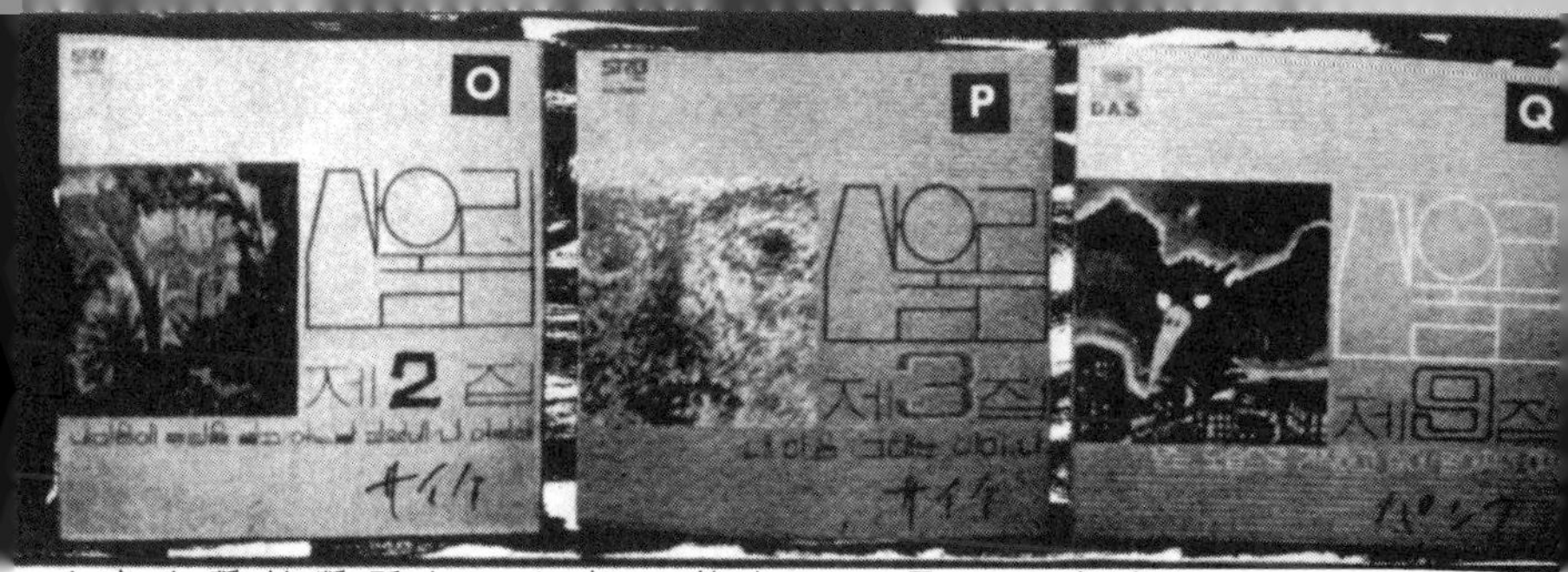

ちょっと、否、とってもイイ話

港町仁川から、ソウルへ向かって3つ目の駅洙安。その駅前に横断地下道も兼ねた、地下商店街を作り始めた。しかし、未完成のうちに工事の親玉がケンチャナヨ精神を発動、駅前大通りを渡る交差点の信号を平然と早々に撤去してしまった。

突然、道を渡る手段がなくなってしまった地元民は反対を叫んだ。とはいえ、そこは強権な韓国のお役所仕事。まったく取り合　ってはくれない。当然の如く、血の気の多い人間が運転している車の海を、血の気の多い人間が無理矢理渡ろうとするため、事故続出。さすがのお役所もほうっておけなくなり、横断歩道の再建に着手した。だが、付けたのは歩行者用の信号と横断歩道のみ。ここに。危険きわまりない歩行者用横断歩道が出来てしまった。これで止まってくれる車などあるはずがない。

状況は変わらなかった。しかし、道を渡る手段はこれしかない。とにかく、だれか一人、横断決死隊が勇気をもって横断歩道に飛び出し、車を止め、後続の一団が渡るのであった。ところで、この最初の一人だが、血の気の多いおやじ、学生といったあたりが該当しそうだが、そのほかにも、ばばあ、OL風、女子高生、ガキと血の気、体力、体液、顔のイイ／ワルイにかかわらず、だれもが飛び出していく。この、思わずだれもが先頭を切って車道に駆け出さずにはいられないところにも、大韓精神の発露を見るのである。

ところで、この一時的と思われた渡れない横断歩道だが、テナントのトラブルで地下街の完成が伸び、その後も2年間にわたって使用されつづけた。

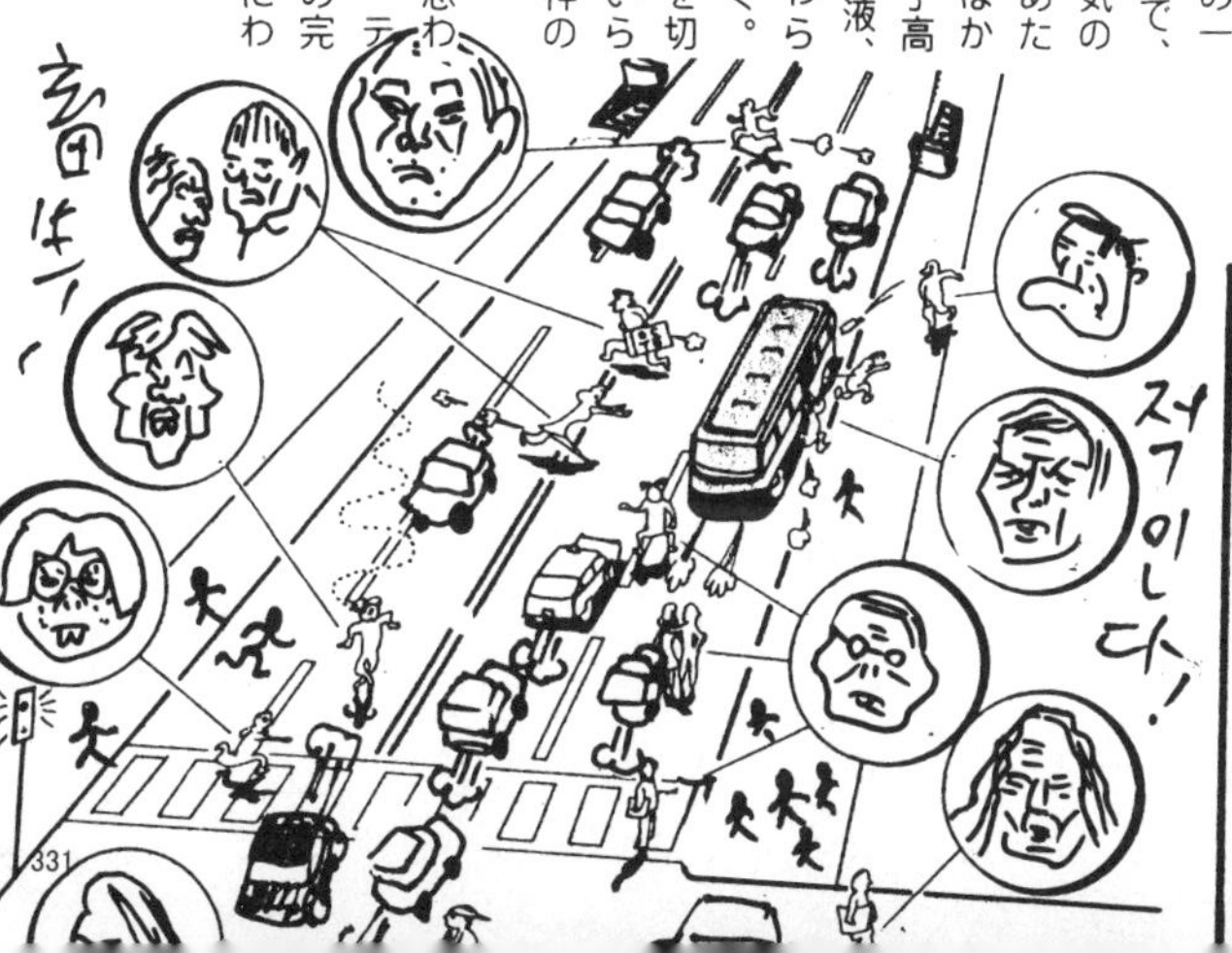

大韓民衆《しゅう》にとって情報とは何か？

ええ話！

89年頃、「ソウル版ぴあ」みたいなものを作ろうという計画が持ち上がった。一誌は実際に発行され月刊で半年ぐらい出ていた。その編集部は編集部員は全部韓国人で、編集長だけが日本人なのね。その人は我々の知り合いだったのだが。その人はなぜ韓国へ行ったかというと、向こうに愛人がいたからなんだが。仕事があれば好都合っていうんでやってみたわけだけど、とにかく万事がファイルの話と同じで、岩や石のように何も知らないし、人に（それも日本人に）教えられるなんてプライドがゆるさないという人ばっかりだった。だから、「版下作れ」って言うと「版下って何ですか」、「じゃあお前ら情報集めて来い」って言うと「情報って何ですか」っていう調子であった。「こういうふうに劇場の予定とかコンサートの予定とか載ってたら便利じゃねえか、こういうの作るんだ」って言ったら「はぁ」と。しかも、映画館とかに行ってスケジュールをたずねると、「ヒ・ミ・ツ」と言われちゃうのだ。「うちの企画を他が真似をするかも知れないから駄目だ」と言うのだった。「何でうちがそんな情報を流さなきゃいけないんだ。おまえはスパイか」と、怒る。情報誌としては困りますわ。しょうがないから街の雑ネタとか商品案内とかレコード紹介、インタビューなんかを載せてお茶をにごした。結局一番の人気ページは星占いだった、という。その占いというのも日本の「nonno」とか「anan」なんかに載ってたやつを我々の友人で日本語のできる娘が訳して載せていたのだった。

それと同じ頃に、やっぱり情報誌を作りたい、という人がいて、「むこうがぴあならこちはシティロードだ」って。「やりたい」って同盟員（湯浅）に言ってきた。現地指導に行ってくれと言われて。すでにこういうのを出してる日本人がいるって聞いたのがさっきの人だったんだけど、結局皆我々の周りの人間だったという訳。我々に依頼してきた人の動機、なぜ情報が必要なのか。その人（日本人）はある日、大韓民国でクリーニング屋のチェーン店をやりたいと考えて、ソウル大出の部下に「クリーニング屋の情報を集めて来い」と命じたのだった。店の数とか、雇用の状況とか業界全体の収支とか、調べて来いって。するとそいつは「どうやって調べるんですか」と問うのだった。「そんなの自分で考えろ」って言ったら「解りました、じゃあ私の友人をクリーニング業界に就職させて調べてきます」と答えた。何年かかるってんだよ。「もういい！」と、その人はあきれ怒りした。これから豚を交尾させてトンカツ屋を始めるが如し。その人は絶望して「これからどうしたらいいと思いますか」と我々に問うのだった。我々は大韓話をいろいろした。その結果我々の友人もあきれはて、「あいつら馬鹿だ」と吐き捨てたのである。情報誌だなんだと作り手は皆同盟の知り合いだったというお話。こっちの手中にあったわけだ、すべての話が。その話から三年ぐらいして、情報誌らしきものは出るようになった。しかし、詳しい情報は全

湯浅の
手のひらに
あったも同然
状態だった
韓国"ぴあ"と
同"シティロード"
…底の浅い話だ。

部「未定」のままである。当然のように載ってる情報に間違いが多い。それは情報提供する側の間違いと情報源そのものの間違い、それに誤植とが入り乱れてしまうからであった。結局あの国では情報誌なんてものにはあまり有効性がないのだ。皆「ヒ・ミ・ツ」の世界だから、確実な情報は前の日とか当日に電話して聞くしかない。それだって電話に出た人によって違っちゃうわけだし。あとせいぜい街のポスターぐらいしか信じられないから。結局雑誌で一番成功したのは男雑誌。「Ｇｏｒｏ」みたいなやつ。それも結局我々の知り合いがやっていたりして。それにしても、その最初の情報誌は常に「情報って何ですか」というのが編集部内で問題になっていて、我々の知り合いの韓国人が間に入って「情報とはこういうものだ」って編集部員にわからせるのに一カ月かかったという。説得するのに。当然のように編集長の日本人が嫌われて。それも何で嫌われたかって言うと、いつも自分たちのことを怒るから、というわけだ。我々の知り合いの韓国人スタッフは、なぜ編集長が怒るのか、ということを他の韓国人スタッフに説明する役だったからたいへんだ。「あいつは日本人の味方をしている」とか、「どうせ編集長は愛人がいるからこっちへ来てるだけだろう」なんて陰口が凄い。結局三つぐらいの派閥が出来たんだけど、我々の知り合いはそれらを回って説明しなければならなかった。「そうじゃないんだよ」なんて説得してまわらなきゃならないわけで、編集作業なんて全然進まないわけだ。最終的には三日ぐらいで作っちゃうんだけど。月刊誌なのに。

の知り合い

「HOT WIND」

ファイルの話

とある日本人経営の会社でのお話。社長に「資料のファイル作っとけ」と言われたやつがいた。しかしそいつは何にもしないでただじっとしているんだけだった。見かねて社長が「何でファイル作らないんだ」と言ったら「今考えてる」と言う。さらに三日経って結局何もしていないので「何でお前ファイル作らねえんだ」と言ったら「ファイルって何ですか」とそいつは聞いたのだった。ため息つきつつ、しかたなく、懇切丁寧に「書類をこうやって穴開けて綴じて、表紙つけて……こういうものだ」と説明し「やってみろ」と言ったら「ハイ」と返事はする。そしてゆっくりとファイル作りに入った。しかし、そいつの作ったものを見たら中味はバラッバラになっている。全然まとまってなくて、ただ束ねただけだった。さすがの社長も「もういい」と言って帰った。が、社長もなんとなくピンと来て、帰ったフリして隅から覗いていたら、そいつはおもむろに立ち上がり、社長室に入っていって置いてあるファイルを取り出して見ながら、「ああ、こうやるのか」と納得して、その日は帰っていった。結局その会社に大韓人社員の作ったファイルが登場したのは、それから5日後のことであった。ちなみにその社員氏はソウル大学（日本で言うと東大）卒であることを誇っていたやつだった。プライド故かガンコなのか、ファイルつくりについて他人に質問できない体質だったんですね。

俺はソウル大卒だ。お前はどこの大学だ？
ファイルが何か解るその時まで
一日中《いちんちじゅう》ボケ〜
としながら
知らない奴が来ると必ず「大学はどこか」と尋ねていた
ソウル大卒の

撮影の話

TVとかビデオの撮影隊は総じてスタッフの人数がすごい。我々が目撃したものでは、TVの連続ドラマ　、我々がよく行く喫茶店の向かいの喫茶店で撮影していた。撮影隊が30人ぐらいいる。一つのカメラに助手が7人ぐらいいる。コード持ってるやつ2人、カメラのすぐ横にいるやつ2人、予備のビデオ持ってついてるやつ、コードの主任がまたいて、カメラマン直属のアシスタントが1人、と一つのカメラにカメラマン入れると8人ぐらいついてる。その他に演出がいて、照明もやっぱり一つのライトに4人ぐらいついている。スクリプターが2人。人止めのやつや俳優の面倒みるやつ、メイク、それからプロデューサーとディレクターも入れたら物凄い人数なわけ。カメラも2メーターの短い移動なのにレールが引いてあって、窓の外にはクレーンも用意されている。で、何を撮るのかっていうと喫茶店でコーヒー飲んで喋ってる3分ぐらいの場面。窓の外から中を撮るので一個、それからクレーン使って、引きの絵を撮るのが一個、その2シーンだけなのにそのせつびと意気込みはAV1万本に値するものであった。そして、みんな凄く威張っているのだ。カメラの撮影名所などへ行くと日本でも首から3台ぐらいカメラぶら下げて「俺はカメラマンなんだぞ」って主張しているやつがいる、機材も物凄いバッグ持ってたりして。何撮ってるかっていうとつまらない月例コンテストに応募するような山の写真とか花とか撮っているやつ。結局アマチュアなんだけど。それをTV局の人たちがやっている。人止めなんかも凄く威張っていて怖い。「TVの撮影でゴスミダ!!」と、ザ・ガードマンのように。凄い撮影隊が来て、威張ってて、ただコーヒー飲んでるとこを撮っている。ああ韓国芸術。

▲本文とは直接関係ない人 この人はいい人そう。

飛行機修理の話

これもTVの撮影と同じで、飛行機の翼の裏側か何か故障して、一人が直してるんだがまわりで10人ぐらいが見ている。暗がりで。一人がライトを当て残りの9人は要らないように見えるんだが、きっといないと駄目なのであろう。修理中にボルトがポンポンポン、なんて落ちたんだけど、誰も拾いに行かない。落したやつが拾いに行く。それを乗客の我々が見てるわけなんだけど、我々のまわりの普通のサラリーマンが「あいつら直してるんじゃなくて、壊してるんじゃねえか」って言っていた。しかし偉いと思ったのは、その遅れたのが最終便だからってんで、大韓国内バスの如く飛ばしに飛ばし、ソウル成田間、一時間20分で行ってしまったことである。凄い速いのだ。遅れを取り戻すために。機長がムチウチギプスをしていたのかもしれぬ。前の飛行機を抜いたりして。でも飛行機だ。機長もムチウチではすまないだろう、この場合。義手義足で義頭だったりして。

金《김》大《대》煥《환》《キム・テーファン》の《의》話《이야기》

超能力とはどこからどう見えたら／感じられたら、認定されるのであろうか。単なる能力が、いつどこでいかなる風にして＜超＞のつくものと化すのか。百万年前の人と今の人を較べてもいいが、千年前と今ならば、お互いに超能力者同士にしか思えぬだろう。太古の記憶を保持しているとか未来や宇宙と交信しているとか、そんなことは当たり前のことである。あると思えばあり、ないと思えばない。意識という能力をなめちゃいかん。無意識なんて＜超＞のつく能力に決まってんだろ。こすってスプーン曲げる奴もいれば両手でよいしょと割り箸を折る奴もいる。鳥と話ができたっていいじゃねえか。精神力でライオンに素手で勝とうとしたっていいじゃねえか。大韓人は＜精神力＞を＜人情＞と同様に、天の力に勝るとも劣らないものとして信奉しているということでは、日本国のボンクラから見れば、全員が超能力者である。

大韓民国で最初にヴェンチャーズをやったGSの元祖＝ADD4というバンド（64年結成）のドラムスだった人が、誰であろう金大煥である。1933年仁川生まれだ。GSの前はどんな音楽をやっていたんですか、とたずねたら、

「軍隊で鼓笛隊の太鼓をやっていました」

という。鼓笛隊の太鼓からGS・ADD4のドラマーになったわけだが、そのバンドのギターはかの申重鉉（シン・ジュンヒョン）であった。金大煥はその後、68年ごろ作られた「大韓民国グループサウンズ協会」の初代会長になった。大韓GS界で一番歳が上だったからである。

なぜそんなに、1人だけ歳食っていたかといえば、GS始める前に書道の修業をしていたからである。香港の山に籠って年間鍛練し、自らの書道術を解いたという。長く太い筆の尻のほうを持ち極小文字を書く。その道はさらに探求され、書を書くだけではなく、刻みつける超絶技へと至った。金大煥先生の家へ行くと、部屋に顕微鏡がある。

「のぞいてみなさい」

と先生の言われるままに、顕微鏡を見ると黒っぽい米粒がそこに見える。さらによく見ると、

レコード化されなかった今となっては伝説のグループ
Kim Trio
キム・デファン
金大煥（ドラムスリーダー）
現在フリージャズの姜泰煥トリオにいる。60年代半ばに韓国初のGS、ADD・4を申重鉉と結成した韓国GS草分の一人でもアル。
チョ・ヨンピル
趙容弼（ベース/ボーカル）
釜山港へ帰れ以前、つまりロック時代の弼が在籍してた。
崔イチョル（ギター）
後に金明坤とレコード化された伝説のグループ「サランカ ピョンシホア」（愛と平和）を結成、有名になる。
イ・ナミ
（後に 이남이 とりかわる）

表面全体に細かい漢字が刻みつけられている。それは般若心経283文字が刻み込まれた米粒だったのだ。

「先生、これどうやって書くんですか？　虫眼鏡とか使うんですか」とたずねたら、

「いや、虫眼鏡を使うと筆の先まで拡大されてしまうからだめです。物を拡大するんじゃなくて、物を書くという念力を頭の中に拡げて書くんです」

と先生は言う。

ADD・4は68年ごろ解散し、先生はアイドルズをはじめたくさんのバンドで活躍する。全方囲で大韓大衆音楽に対応した。中でも、70年代初めにやっていたキム・トリオ（もちろんリーダーは金大煥先生）は、趙容弼が在籍していたことでよく知られている。ナイト・クラブ系のいろいろなバンドで活動していたが、ある日突然先生は、フリー・ジャズになってしまうのだった。姜泰煥《カンテファン》トリオへ参加するのだった。そのとき「他のやつと同じになるのはいやだ」といって、通常のドラム・セットもやめた。元素へ戻ると申しましょうか。ペダル式ロート・タム1台とハイハット1台、それに銅鑼、という3点セット。あとのふたりはサックスにトランペット。姜泰煥のサックスのノン・ブレス奏法も凄いが、崔《チェ》善倍《シンベ》の人のよさ丸出しの人情ペットがまたよくて、それに金先生の魔打が入っては、みんな驚いた。

「同じ局は2度やらない」というポリシーで姜泰煥トリオは10年余り活動し、日本にも何度も来て、いろいろなミュージシャンと手合わせした。　来日して、金先生はパーカッショニストの高田みどりさんと共演し、高田さんがマリンバのバチを片手に2本ずつ計4本持つのを見て、ショックを受けた。そして、

「おんなの高田さんが4本なら、男の私は6本です」

と言って、片手に3本ずつ、それも太さや種類の違うバチやスティックを持って、毎日に6〜8時間、文字通り血の出るような鍛練を重ね、半年ぐらいして6本プレイを確立した。

「本当は山に籠ってやるのがいいんだけど、家で朝の4時ごろ練習するんです。なぜなら朝の4時ごろにしか聴こえない音がある。微音といって、小さい音。指で何かをこすっても微小なキズができる。その時に出る音があるんです。普通のところでは

聴こえないし、僕もまだステージではその音を出せない。でも僕には心の中で聞こえるんです。だからそれをやるんです」

　大きな音を出しているときでも、人間には聴こえない小さな音が出ているのだというので、よく聴いてみるが、耳ではわからない。練習は厳しく、自分を追いつめるが如くやりまくるが、

「リズムなんか狂ってもいい。音楽は正確さより、勘です」

　という。姜泰煥トリオ解散後、91年暮れ、58歳にして生まれて初めてのソロ・アルバム『黒雨』を出した。

　それ以前のアルバムで、金先生のものとわかるのは、アジアレコードから出た『ドラム！ドラム！ドラム！　歌謡アンプ・ギター・ゴー！ゴー！』（AALS0007）といって、金先生がドラム叩いている写真がジャケットになっているもの、それだけ。そのときのバンド名は「AN企画が誇る国内最高有名楽団」だった。

　金先生の6本プレイと胡弓のデュオによる『黒雨』は、たき火のときに聴くとすごくいい。

　先生はその後、日本で林英哲の太鼓演奏を見て、それでまた凄いショックを受け、6本プレイをやめて、太いばちでドンドコドコドコへとまた奏法を変化させてしまった。微音はひとまずいずこへかと去った。

　『黒雨』発表後、大韓民国でも色々コンサート活動をやるようになり、金先生は「60歳過ぎたらスターになります」と言った。「誰か一緒にやりたい人はいませんか」とたずねたら「日野皓正」と言われ、周囲を大あわてさせたりした。

　ある日日本に来ているとき、東北で温泉へ行った。そこは混浴だったのだが、金先生は長髪で後で縛っているんだが、オバさんたちが何人か入ってきたとき突然「女に間違われたらいやだ。俺は男だ」と言って、ガバッと立ち上がって、そのオバさんたちにチンポを見せたのだった。

　92年4月には頭部に何物かができたためその削除手術を受けたが、手術の翌日、点滴と輸血をつけたまま家に帰ろうとして医者に怒られ、その翌朝7時半には、日本からの客人に電話し気をくばるなどしていた。しかも見舞いに行った我々に「お礼だ」と言って、スルメを1人20枚ずつくれたりした。

　自宅で味噌も醤油も作っていて、愛車はワーゲンの真黒いジープ。現在米一粒に最高346文字まで刻めるが、

「将来は2万字を書きます」

　という。その他、左右両手で裏返しに同時に別々の字を書くこともできる。

「ところで先生、GS協会って、どういう事をするんですか」と、ある日聞いたら、

「若い者の相談に乗ってやるんです」

　と言う。結婚話とか、仲人やったりとか、バンド内のもめ事やお金が無いから貸してくれとか、そういう相談が、実は今でも先生のもとに元後輩GSの人たちから寄せられるのであった。

カレーパン

西橋洞にあるとある第一ホテルでの話。森田純一という人がパンが好きで、日本から餡パンとかカレーパンとか買ってきて部屋に置いておいた。1日外出し、その日の夜に帰ってきたらカレーパンだけ半分無くなっていた。しかも歯形が付いていて、半分食べたのをちゃんと袋に入れ、元のところに戻してある。そうしておけばバレないだろうという、猿以下の猿知恵。そこのホテルでは菓子だけは何回も無くなっていた。ところが全部は絶対取らない。ビスケットなどもちゃんと開けて半分くらい食って戻してある。これが中国大陸とかアフリカとかへ行くと、たぶん全部取られたであろう。ところが韓国の場合はカレーパン半分食って、元に戻しておけばバレないだろう、というその姑息さが持ち味、イイ所なのである。歯形が付いているのに。カレーパンに歯形付けて残しているんだが、でも金には絶対手をつけない。いいんだか悪いんだか判らない。ただ、食べたかったのだろう。それだけである。

フトンにうんこ

ここのホテルは他にもある。布団を貸してくれ、と言ったら「ハイわかりました」と持ってきた。「じゃあ床取ろうか」と布団を敷いたら物凄く臭い。ハッと見るとうんこが付いている。臭いからすぐ畳んで、従業員呼んで、「どうしたんだよ」って全員で指さした。全員で指ささないと「うんこ」って事判らないから。そしたら「うーん」といってすぐとりかえてくれた。大きさは親指の先ぐらいで、ベチョッと付いていた。

そこのホテルは可愛い。あるミュージシャンが泊まった時のこと。昼間暇だからゴロゴロしていた。するとホテルの従業員が来て、「ちょっとの間でいいから部屋貸してくれ」と言う。「どうするのかな」と思っていたら若いカップルが来て「五分でいいから」と言う。手で「五」とやる。しょうがねぇなぁ、と外へ出ていたらボーイがまた呼びに来て「もういいです」と言う。戻ってみたら便所にコンドームが落ちていた。昼間部屋をまた貸ししていたのである。人の荷物とかボコッと置いてあるところでやりもやったり。時間も凄く短く、十分もかかっていない。外へ行ってボーッとしている間に終わっちゃうんだから。基本的に女をイカすって事はないのだ。入れたら出すだけ。せんずりと同じで時間は短いのかも知れない。その代り回数はこなす。毎日やる。うんことかおしっこと同じだ。だったらちゃんとコンドーム流してけよな。しかし部屋また貸しするということは、フロント通さない客ということである。内職なのでボーイが直接来たのである。そこのホテルは基本的には連れ込みである。昼間から結構カッコいい姉ちゃんがハゲた爺ィと一緒に消えていったりよくする。先日も昼間3時頃部屋に戻ったら隣室でちゃんと客取ってやっていた。

しかし、このホテルは安いため、カジュアルな外国人が多く泊まっている。日本人、アメリカ人、パキスタン人など。ここは国際連れ込みホテルである。

これがチョンニャンニだ！
（清涼里）
マンコ屋
マンコ屋
CAKE
マンコ屋とケーキ屋が並ぶ大らかさ
会社・学校帰りの人々がバスを待つ
バス亭
BUS
ブー
生ゴミ
市場
やさい
ババア
市場にもマンコ屋が点散する
カーテン
この奥に部屋が有
ピンクの蛍光灯
顔はキツい

ソウル中心街から地下鉄に乗り、サオとフクロを揺られ、場合によっちゃ揉まれ、挟まれ、こすられること約15分の所にある、韓国有数の遊郭が。清涼里。なんて素敵な名前でしょう。耳にするだけで身も心も軽くなるようではありませんか、御同輩。

　清涼里なる駅の近くにある、という知識しか持ちあわせていない我々がそのプラットホームに降り立ったのは午後8時を少しまわった頃。全体に薄暗く、いかにもいかがわしい雰囲気を漂わせている方面へと迷いなく足は向かった。

　その路地を一本入れば……、あの角を一つ曲れば……歩けども歩けども現れない。幾度も視界に飛び込んでくる真っ赤なネオンの十字架が恨めしい。「どこにあるんだよォ」首をひねりひねり彷徨。期待でふくらんだ胸と股が徐々にしぼんでいく。

　人目を避けるようにひっそりと営業しているにちがいない、この固定観念に自分たちがだまされてしまったのである。二時間近くも！　韓国に対して、韓国民に対して細やかな気づかいは無用なのだ。百も承知であったにもかかわらず……やはり、ちょっと後ろめたかったせいだろうか。

「あったあ！　あそこあそこ、脚出してる！」

　鉄道のガードをくぐって駅の反対側へ出るや否や、一人が指を差して叫んだ。その存在を確認する前に明順応ってやつに時間を要してしまった。それくらい明暗のギャップが大きかったのだ。今の今まで手さぐりするようにさ迷っていた一帯はオーバーにいえば海底か洞窟の如き空間。比するに逆側は光にあふれ、活気に満ち満ちた繁華街。目をこすりこすり視点を定めれば、ひざ上20〜30センチのボディコン、ミニスカ、ネグリジェ等をまとったアガシが軒先にズラーッと並んでいるではないか。まぎれもなく赤線だ。

　はやる気持ちを抑えて近づいた。三畳大に仕切られた各部屋ではピンクや赤のぼんやりした明かりの蛍光灯が白い肌をくっきりと浮かびあがらせている。ほとんど肉屋の風情だ。だらしなく足を組んでイスに座っている受けの構えも良ければ、軒先に立って半ば暴力的にオイデオイデする攻めの姿勢もまた良い。早く料理し、料理されたい。股間の肉切り包丁もうなりをあげるってもんだぜ。

特筆すべきは彼女たちのそそる顔立ちである。衣だけでうまそうに見えるわけではないのだ。程度の差こそあれ皆が皆一様にきつく、いやらしい。※日本のレディース(暴走族)の中に稀にいる美人、カワイコちゃんタイプの造作を想起されたし※。ほとんどが整形という美容術の産物であることは間違いなかろう。いわばサイボーグ美女軍団である。けばい化粧が一層映えるんだなァ。

最初に袖を引かれた娘を見た時、「決まりや、早くぶっ放してえ」という衝動に駆られた。この国の絶滅的美人事情に加え足を棒のようにして捜しまわった無駄な時間を考えれば無理からぬ話である。が、抑えた。軽くからかいながら一通り流して品定めをし、逆に流して第一希望の娘のもとへ赴き興味なさそうに指名する。売れていたら第二希望の娘へ微笑をみやげに持って行く。それが紳士のとるべき態度、人間らしい余裕の買春作法というものだろう。

後ろ（チン）髪を引かれる思いで離れて、何気なくあたりをうかがうや、たちまち羞恥に襲われた。前の道は―後でわかったことだが―人と車の交通量が最も多い駅前の目ぬき通りなのだ。一本の道(片側一車線)を挟み、こちら側はライン・ダンスの如くずらりと女郎屋が並び、あちら側にはパン屋、文房具屋、喫茶店、食堂……といった具合。「おにいさん、ちょっと遊んでってよォ。ねえ、色男ォ、サービスしちゃうからさァ。ベッチョベッチョになって一緒に日帝36年のウサを晴らしましょうよォ～ん」とかなんとか声をかけながら甘く絡みついてくるワレメちゃんたちを振りほどいている我々の反対側では、帰途につくべく勤め人やら学生やらがバスを待っている。停留所の前に整然と列をなし、無言で立ち尽くす彼らの姿を見て羞恥に襲われたという次第である。それにしてもこの好対照、ロケーションはどうだろう。大股のあけっぴろげぶりに、参った。ふと、釜山の尹さんが説明してくれた日韓の違い（手によるオマンコ表現にみる陰と陽）を思い出してしまった。しかし、どうでもいいけどさ、韓国って性表現に対する検閲が厳しく、女の乳首さえ見せてはならぬという倫理規定が頑として存在するオカタイお国柄なんだよねェ……。

沿道の店の愛しのアガシたちに会釈をして別れ、路地裏へ。車一台がやっと通れるくらいの狭い道が碁盤の目の如く走り、隙間なく店が立ち並んでいる。その数およそ百軒、五百人を下らぬアガシが客をとっている。彼女たちレプリカント美女軍団の好戦的な視線、身ぶり手ぶりに遭うだけでも来た甲斐があろうというもの。頭はクラクラ、のどはカラカラ、目の保養と呼ぶにはキツすぎるかもしれない。

余裕をもって買う、という当初の考えは甘かった。はじっこを歩けば店の中へ引っぱり込まれてしまうし、真ん中を歩けば挟み撃ちにされるし、ゆっくり品定めなんかさせてくれやしない。大体からして大差がないのである。身長の5センチ、10センチ、オッパイの3センチ、5センチの違いなんぞまったく気にならない。そそるのだ、全員。次から次へといやらしさと美しさの絶妙なブレンド加減の顔を持った20歳そこそこのピチピチ娘が迫りくる。オリンピック後のソウル駅構内におけるイイ顔アシッド体験にちょっぴり通底する異次元感覚に見舞われる。

こらえきれずに突入。奥へ連れていかれた。建てつけの悪い木のドアを開けると、簡易ベッドが置かれた二畳ほどの部屋。その見るからに不衛生なベッドのへりに腰かけて、上着をハンガーに掛けるために背伸び

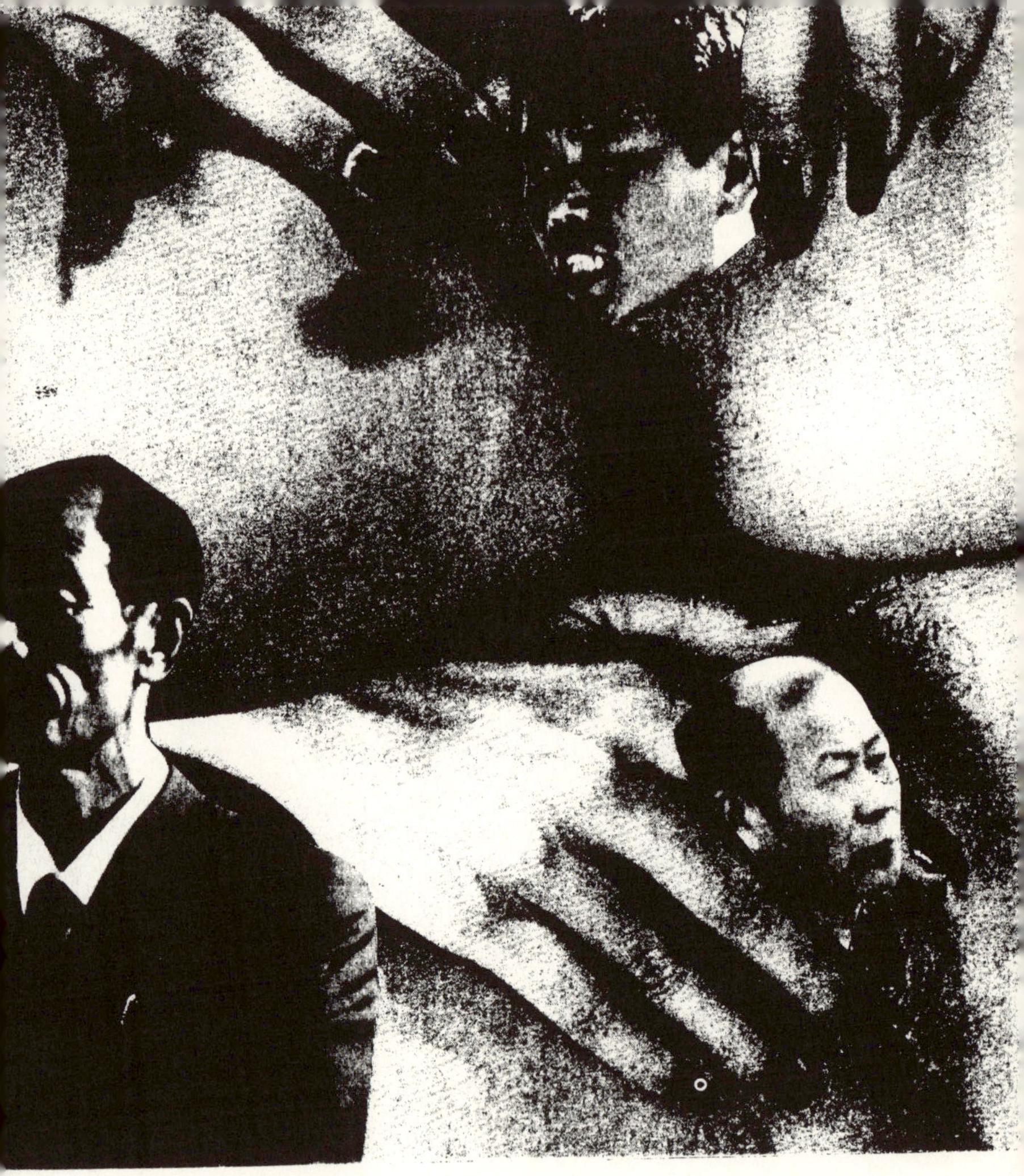

している超ミニスカ・ボディコン姿のアガシをまじまじと眺める。小柄だが乳房は適度に量感があり、ウエストはくびれ、プリプリした尻の双丘からカッコのいい細長い脚が伸びている。見事なプロポーション、トランジスター・グラマーだ。電気ビリビリ、しびれさせてやりてえ、と愚息もいきり立つ。

おもむろに服を脱ぐよう促される。やさしく脱がせてほしかったのにィ、軽いスキンシップをしたかったのにィといささか残念。彼女は四本指を立てて料金を請求した。四万ウォン=約五千円である。払うと部屋を出て行き、洗面器を持って戻ってきた。そしてちょうどスッポンポンになった当方を立ち上がらせると、ふぐりの下に洗面器をあてがい、ぞんざいな手つきでチン棒を洗い始めた。冷たい真水である。イモ洗いじゃねえっつうの。東海林太郎の如く直立不動の姿勢で、ピチャピチャ、クチャクチャと馬鹿面の若い奴のガムを噛むような音を聞いている……

なんともマヌケな空間、時間である。頭をなで、おもむろにオッパイへ手を伸ばすと「ダメよん」と払いのけられてしまった。ムフフ。

ベッドに寝かされると、むこうも裸になった。弾力に富みパウダーをまぶしたようなスベスベした肌。若さの証しである。首筋に舌を這わせ、乳房を揉みしだいたのも束の間、くるりと上下入れ替わり、フェラチオ。いててて、うっ！　勢いあまって噛まれたか、イルボンへの恨による凶行か、白ならぬ赤いものを吹き出す痛ましくも愛しい男根の図が反射的に頭に浮かび、ギョッ。あわてて上体を起こしてのぞき込んだらスキンをかぶせていた。乱暴な、と顔をしかめたが、後になってみるとフェラチオの時間のあまりの短さの方を立腹の対象とすべきだろうと思った。

騎乗位から正常位へ移ってズッコンズッコン。アッハンアッハンのアガシの表情を見ているうち異様にサディスティックな気分になってくる（この付加価値は他の地では得難いものではないでしょうか）。相手の耳もとで発した日本語は割愛させてもらいます。

翌日、再び訪れた。〝風情〟〝情緒〟の残り香を写真に収めるために。

昨晩店を出た時、商店街はほとんど灯が消え、死骸にむらがるうじ虫の如く軒を並べる娼家の一帯だけが空中に浮かんでいるように極彩色の光を放っていた。その様あたかも「未知との遭遇」のマザーシップのようであった。本来ならその姿を撮るべきなのだが、一応非合法地帯ゆえ、とてもカメラを向けられる雰囲気ではない。一度ちらりとバッグからカメラを取り出しただけでアガシにきつくにらみつけられ、撮影を断念してしまった。いずこでも絶対の、守るべきルールはある。が、どうしても撮りたい。女の子が無理ならせめてその入れ物だけでも。そう思って翌日の昼時に赴いたのだった。

驚いたが、すでにポツン、ポツンとアガシが立っている。さすがに夜と違い、目くらまし光線なる武器を失っているので、容色はけっこうダウンして見受けられる。けれども、立たせる、十分に。いくぶん腰を引き気味にして歩き始めた。遠くから何度かシャッターを切り、的の中心へと向かう。わびしい路地、路地に昨夜の疲れが、汗と精液とポジのニオイが漂っているかのようだ。耳をすませば荒げた息づかい、あえぎ声、グッチョンネッチョンピチャペチョプー（以下略）といった音なんぞも聞こえてきそうである。ふっと見上げた古くさいビルは病院だった。出入口までのちょっとした階段に常時、代わるがわるカラスの如く座っていた男たち……昨晩見たこの光景から、てっきり連れ込み宿かいばった売春宿と思っていたのだが……場所柄、病院というのは恐ろしい感じ。漫然と歩いているうちに市場へ出た。肉屋、八百屋、洋品店、道の真ん中には夏の浜辺みたいにパラソルの花が咲き乱れ、その下で色とりどりのくだものやら揚げものやらキムチやらが売られている。日中は市場を散策するのが楽しい。活気に満ち、様々な顔、声、匂い、色彩に出会えるから。

ジュースでのどの渇きをいやし、なんとはなしに狭く薄暗い通路を見やるとアガシが立っているではないか。ひざ上、いや、股下5センチほどのミニスカをはいて。明らかに娼婦である。奥には例の作りの部屋が。市場の中にも女郎屋が混じっていたのである。肉としての女、単なる一商品として彼女は立っていた。隣の店頭にぶらさげられたブタ肉のように。

しょぼ降る雨の中、傘をさし、またぞろ八割方眠っている女郎屋へ舞い戻った。やはりアガシを撮りたい。建物だけでは絵にならない。ガード寄りの、はずれの方へ出る。道幅がやや広いので中心部より圧迫感がない。おもむろにショルダー・バッグから包み込むようにしてカンタン・カメラを握って取り出した。左前方約20メートルに標的が現れた。白いネグリジェ（ソデがなく、スソが極端に短い）を着た、髪の長い小柄なタイプ。逃さん！ 意を決し、そろりそろりと距離をつめ、息をつめ、5〜6メートルのところで遂にシャッターを切った。横顔をバッチリ収めた。やったと思った矢先、右前方15メートル地点より怒号が飛んだ。同業のアガシがちくったのである。しきりに自分の方へ指を差し、跳ねるようにして叫んでいる。いかん！

盗み撮りされたコが血相を変えて飛んできて速射砲みたいにまくしたてる。当方は貝になり、大宮デンスケよろしく首を右へ左へと振り続ける。この態度がさらに怒りに火をつけたようで、鬼面と化し、おちょぼ口火山からバリとツバキの大噴火。とても正対できず身をよじらせると、アガシは傘の柄をわし掴みにしてグイッとてめえの方へ引き寄せた。「濡れちゃうじゃないのよお！」顔に日本語でそう書いてある。ヤラレした、と思った。すっぽり傘に収まると、気を取り直してまた文句を言い始めた。黙秘も限界と感じ口を開く。

「ノー・フィルム、ノー・プロブレム」

「ふざけんじゃねえってんだ馬鹿野郎、勝手に写真なんか撮りやがって」（↑憶測）

「ナヌン・イルボン・カンガンゲ（私は日本人観光客です）」

「何ィ？ そんなこと関係ねえだろ梅毒野郎、早くフィルム！ フィルムよこせ」（↑想像）

「オプソヨ、オプソヨ（無い、無い）」

こんな調子で五分ほど押し問答。とんだ相合傘である。離れて見守っていた仲間の一人が手ぶりで強行突破を指示するが、アガシにからみつかれて動けない。眉間にしわを寄せてひっきりなしにパクパク、パクパク口を動かしている表情を間近で眺めていたら、少し変な気分になってしまった。ラチがあかない、と思い定めたアガシは強引にカメラのふたをあけてフィルムを抜き取り、それをブラブラさせながら微笑み「エクスキューズ・ミー」。そして店へ戻った。勝ち誇ったように立つ、ちくった女郎に見送られてその場を去った。

近くの喫茶店に入り、事の顛末について仲間と話す。ふかすタバコの紫煙の向こうにあのアガシの顔が浮かんでは消え、また浮かぶ。悔しい。腹立たしい。どうにも気持ちが収まらぬ。復讐してやる！ 復讐するしかねえ！

ドンとテーブルをたたいて席を立ち、引き返した。堂々と歩く。ちくり女郎にガンをくれると、はっと口をあけて驚きやがった。おめえに用はねえ。せいぜい仕事に精を出すがよい。ポジに小金をためるがよい。リターン・マッチの相手は軒下に佇んでいた。脇目も振らずにズンズン進む。視線が衝突する。不安から身構えやがった。ねめつけたまま一直線に突進。あと一歩というところで立ち止まる。アガシは腰がひけ、あとずさった。今だ！「タンシン・イポヨ、ナヌン・バンヘッソ（あなたはべっぴんさんですね、私は惚れました）」。相手はポカン。間を置かず「タンシン・イポヨ、ナヌン・バンヘッソ。ジュセヨ、ジュセヨ（下さい、下さい）」なおも緊張で顔がこわばっているのでたたみ込む。「ビューティフル、キュート、プリティ、タンシン・イポヨ、オルマィヨ（いくら）？」 いくらかと聞かれて、アガシにポッと灯がともるが如く笑いが生まれた。しかし、なおもけげんそう。無理はないと思う。

「オルマィヨ、オルマイムニカ？」

当方を仕返しにきた敵ではなく、やっと客として扱いにかかった。やわらいだ表情はなかなかカレンである。カーテンをくぐり奥の小部屋へ。すぐ素っ裸になり、例によって立ったまま洗面器でクチュクチュとチンポコを洗ってもらう。その道具を片づけるやアガシは無造作に服を脱いだ。由美かおるを彷彿させるツンと上を向いた乳房はほどよい大きさ、プクッとした腹は幼女のようで可愛らしい。ムラムラ、メラメラと情欲と怒りの炎が燃えあがる。しかし……股間にクリームを塗りベッドに大の字になられて興醒め、顔には「早く済ませて、とっとと帰れ」と日本語が書いてある。「フェラチオ、フェラチオ！」当方も思わず興奮し、ゼスチャー入りで強要した。アガシはいやいや先っぽを舐めてスキンをかぶせるや、すぐまた大の字にふんぞり返った。ちくしょう、バイター！　犯してやる！　怒りは頂点に達し、荒々しく組み伏せて力まかせに突きまくった。あっという間に発射。つまらなそうに後始末をするアガシに請求された5万ウォン（1万ボっている）を払い店を出た当方はつぶやいた。

「これって俺のしたことって、復讐だったんだろうか」

　清涼里の遊廓は番地の588から通称オーパルパル。開いた片手にそっと三本指を添えるオマン語が存在するであろうことは想像に難くない。588は〝出すだけ〟〝股をおっぴろげるだけ〟の情欲処理場だが、ミヤリなる別の女郎街では花電車やショーも披露してくれる。風情、情緒を求める向きにはこちらの方をお奨めしたい。ただし強烈な客引きのやり手ババアが仕切っている点をつけ加えておく。まあ、女買いってやつは気持ちいいことばかりじゃない。そこがまたおもしろいところだと思う。

　なお、588の逆側は東大門清涼里1洞、タルトンネと呼ばれる集落であった。タルトンネとは月に一番近い村という意味で、〝貧しい民の集落〟なる意味も込められている。

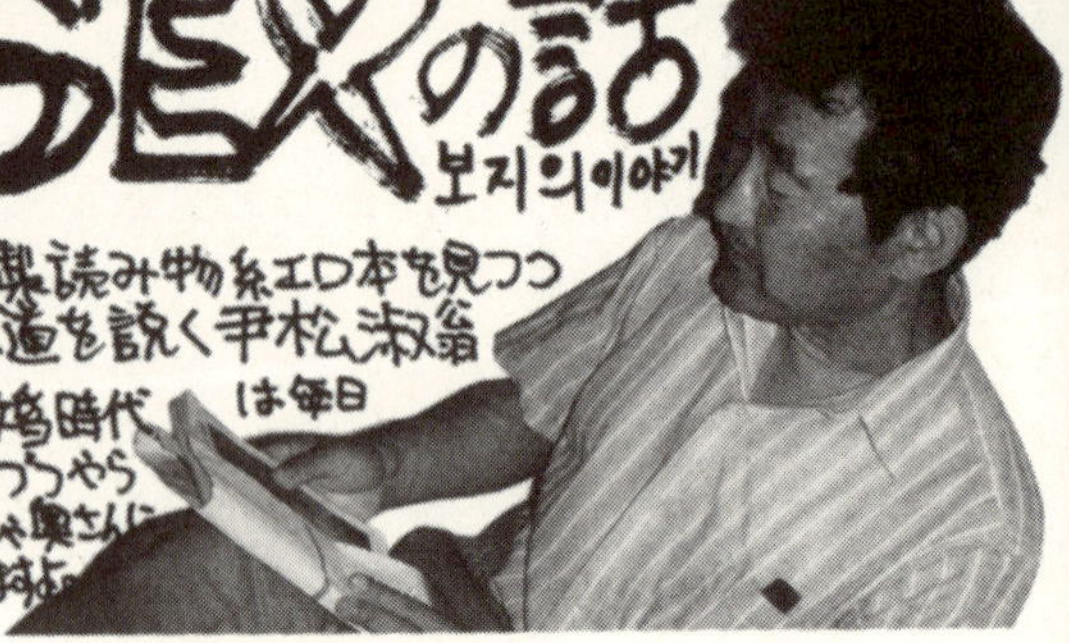

SEXの話

보지의이야기

日本製読み物系エロ本を見つつ性交道を説く尹松淑翁

「新婚時代は毎日5回ずつやらなきゃ奥さんに逃げられますよ」

フッハッハッハ失言多謝。

結婚してから半年〜1年ぐらいの女五人が集まって、飯食いながら色々話していたときのこと。夫婦仲の話から、結局のところ性生活の話になって、皆が回数を競い合うところとなった。「うちは毎日3回だ」とか「いやうちは週35回だ」とか言って自慢し合っている。しかしながらさすがの大韓夫婦も結婚して半年ぐらい経ってくると、多少は飽きてくる。数だけで得られるものも知れている、と。一同ちょっとしょぼくれてしまった。ところがその中のひとりが敢然と「いや、うちはまだ飽きてない」と言うのだった。一同ぎょっとして「何で」と聞いたら「うちは体位も色々試すし、前戯もたくさんしてくれるんだ」って得意になって言う。ぐぐっと威張ってる。そこに集まった他の韓国人同志のカップルが言うには、「そういえばうちらは体位といえば皆正常位しかしたことがないわ」と増々落ち込んじゃったのであった。その「体位も色々」の女は旦那が在日韓国人＝僑胞だった。旦那は色々勉強してさ、やってくれるんだって。性生活には満足している、って。「僑胞はいいなぁ」と皆の羨望の的となり、僑胞と結婚した女は鼻高々で帰っていったのであった。韓国人のSEXは土方のSEXと一緒である。「入れて出す」、主語述語しかない世界だから。入れた、出した、おしまい。その替り毎日欠かさずやる。日本人は週一大韓人は日一といわれるが、本当らしい。使えなくなるまでやるのが男である。しかし勤勉だが工夫が足りないという弱点がここでも露呈するのであった。

男子便所の中にコンドームの自販機あり

←男と女の間にはキオスクがある、とゆう写真

尿道やら肛門やらから汚物たれ流してスッキリして出てくると、原料をまた補いなさいといわんばかりにキオスク陣取る。しかし買う気しない

伊豆
駿河湾
西海岸
東海岸
相模灘
国内で気軽にできる
バーチャル・ディープ・コリア
熱海
富士山
愛鷹山
ごてんば
御殿場
芦の湖
元箱根
箱根峠
箱根町
箱根神社
駒ケ岳
鞍掛山
至名古屋・大阪
新幹線
東海道本線
東京
新宿
小田急
小田原
東海道新幹線
東海道本線
真鶴岬
玉沢妙法華寺
入谷
十国峠
熱海峠
伊豆山
沼津
下徳倉
牛臥
大場
韮山
熱函道路
伊豆スカイライン
玄岳 799
錦ケ浦
網代
初島
宇佐美
多賀
獅子浜
江の浦
伊豆富士見ランド
伊豆長岡
高原ホテル
ミニ鉄道公園
亀石峠
反射炉
浮橋
田原
三福
大仁
大野
修善寺
戸田峠
達磨山
西伊豆スカイライン
富士見高原
日活ホテル
柿木大野
中伊豆温泉病院
中伊豆
冷川
奥野
中伊豆BP
中伊豆国民宿舎
伊東
汐吹崎
川奈
伊東ユースホステル
小室山レストハウス
川奈ホテル
伊豆シャボテン公園
大室山
富士見台
天城高原
天城高原ゴルフ場
遠笠山1197
富戸
城ケ崎ピクニカルコース
伊豆海洋公園
伊豆高原駅
八幡野
伊豆熱帯植物園
熱川
白田発電所
伊豆バイオパーク
稲取
日石稲取給油所
稲取温泉
今井浜
河津
伊豆アンディランド
白浜
下田
外浦
爪木崎
須崎
大瀬崎
江梨
井田
戸田
御浜岬
土肥
小土肥
土肥金山
西伊豆バイパス
八木沢
宇久須
黄金崎
安良里
田子
堂ケ島
堂ケ島洋らんセンター
三四郎島
大石茶店
仁科
一色
宝蔵院
松崎
岩地
石部
雲見
千貫門
伊豆の長八美術館
大沢温泉
池代
婆娑羅峠
蛇石
野猿生息地
伊浜
子浦
妻良
吉祥
フロール子浦
マーガレット・ライン
伊勢
千畳敷
石廊崎
石廊崎灯台
ジャングルパーク
大根島
ミノカケ岩
下流
レストハウス
弓ケ浜
下賀茂
下賀茂熱帯植物園
毛倉野
須崎
蓮台寺
下田ロープウエイ
寝姿山
河津七滝
七滝口
天城トンネル
天城峠
浄蓮の滝
昭和の森
筏場
いのしし村
猫越岳
仁科峠
宇久須高原
牧場の家
宮ケ原
船原峠
湯ケ島
吉奈
持越鉱山
万三郎岳 1405
万二郎岳
大島
元町
三原山
利島
新島
45
50
55
40
60
10
80
120
バス路線
営業所
案内所
ハイキングコース
温泉場
名所旧跡
海水浴場
バス所要時間
伊豆めぐり定期観光バス
14コース毎日運転
東海バス
美しい伊豆をのこそう……マナーをたしかめ
本社観光課 0557
東京営業所 03〈535〉
新宿営業所 03〈352〉19
名古屋営業所 052〈262〉25
大阪営業所 06〈361〉33
専門店
←38度
鮮半島
大田
太郎
金山
光州
本浦
お問い合わせ
お申込みは
国内で気軽にできるヴァーチャルコリア旅行

バスにケンカをいどむため、前後のみさかいがなくなった運転手により交差点に放置された小型トラック

しかしバスは凄い。これに乗って暮らしているとケチな遊園地のジェットコースターなんか児童公園のすべり台にしか思えなくなる。市内のバスでも高速だから、四車線突然斜め変更とかへっちゃらだ。バス停は道の端にあるわけだが、そこからいきなりセンターラインのところまで平然と突入していっちゃう。次のバス停に近づくと中央車線からほとんど直角みたいに四車線変更してバス停に突っ込んじゃう。ソウル市内だろうが地方だろうが、どこを走ろうとも、ぶつかったすずめやツバメが即死するほど凄く速いのである。カーブなんかでもスピード落さないでどんどん曲がるから、吊革なんかもう振れた乾瓢みたいになっている。立っている人はみんなカーブなんかではふんばっていないと窓や座席に叩きつけられてしまう。今まで乗った中でも特にムチャクチャにすっとばすやつがいて、もはや誰も立っていられないくらいに飛ばすので頭ボーとしちゃった。「今までで一番速いや」なんて思ってそのときは放心しながらふと運転手見たらムチウチのギブスをしていた。どうりで。「速いわけだ」と思ったよ。もうほとんどくだらない四コマ漫画の世界である。凄い、速い、危ないの三拍子揃ってなきゃ一人前のプロのバスとはいえない。バス停で乗るのも命懸けだ。グズグズしてると振り落とされちゃうから、乗るとき。当たり屋やの死亡率は高い。当たり屋やって死んだらもうだめだからこそ、かなり高度の技術がいるだろう。死んだら犬死にだ。完全にバスが横に二台並ぶとせり合っているのが解る。漢江渡ってるバスが橋の上でせり合った時に一台落っこっちゃったことがあった。雨が降って、川も増水してるような時、「バカヤロウ

!」なんつってビーンとせり合って一台川に転落、死者20人。もう「嵐を呼ぶ負けず嫌い」の国ならではである。まっすぐの道なのに転落しちゃうんだから。

我々の目前で、交差点でバスと向かいから来た小型トラックが接触し喧嘩になって、交差点の真ん中にドア開けたまま車乗り捨てて小型トラックの運ちゃんがバスに乗り込んでったらバスがそいつを乗せたまま即座にどこかへ走って行っちゃった。キーつけてドアあけたまま交差点に小型トラックは置き去りにされていた。しかたなく他の車はそれを避けて通らねばならなかった。その運ちゃんもバスに飛び蹴りしたからなあ、と我々は思った。

交通法規で90年代に入ってタクシーの「運転手心得」みたいなものの指導が成されており、「クラクションは少なめに」「譲り合おう」「相乗りはできるだけやめよう」「ボッヤクリはやめよう」とかが項目になっているようだ。歩行者にもそういうものがあり、「横断歩道のない所は渡らないように」っていうことが厳しく指導されている。もしそういう「無法横断」警官に見つかると、3万ウォンの罰金である。もちろん取り締まり（主に夜）はしっかりされており、現行犯逮捕で実際に罰金がその場で徴収されているのを何回か目撃した。しかしまあ警官がいなきゃこれまでどおりみな渡っているわけだが。道路への煙草の投げ捨ても禁止になり、見つかると5万ウォンの罰金である。前は「日本人の観光客です。知りませんでした。すみません」と言うと許してくれたのだが、最近は「日本人だって容赦しません」とばかりに徴収される。それにしても無法横断とか煙草の投げ捨てを専門に取り締まる警官がいるところが大韓的美である。その横で立ち小便とかしててもおそらく平気なんだろう。人殺しだって〝見えない〟かもしれない。一つに集中するとそれだけになっちゃうから。厳しいぞきっと。しかし、そのうち飽きて、別の事取り締まったりするようになるだろう。鼻糞ほじっちゃいけないとか、道路でうんこをしてはいけないとか。流行物だから。大統領が金泳三になって、粛清がドカッとおこなわれ、その一環である。お金を使わないようにしようとか、そういうものの。道徳教育とは単純な事である。朝起きたら歯を磨こうとか、簡単な事。それこそが大切なのだこの国では。94年に入ってからは、花札の海外持ち出しが禁止になった。そのココロは「大韓人は海外旅行先で、所かまわず車座になって花札をやる。その姿がとても下品だから」というのであった。

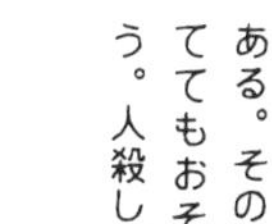

↖花札ポンチャックデスコ

大《テ》田《ジョン》万博《エキスポ'93》

未来世紀(精子)ウリナラ

↑未来世界をイメージ。頭が痛くなりそう

↑パビリオンよりそれに並ぶモノの方がイイ

↑韓国民博覧会の趣。顔射いや顔写

アンニョンハセヨ、アンニョンハセヨ世界の国から。万国博覧会といえばそういうものである。と思っていたのだが、これは万国博覧会ではなく、そうだろうと思ってはいたんだが、やっぱりウリナラ博覧会であった。国家の成長とその未来についてエッヘンと一言言っておきたかった、という気持ちはよくわかった。

大田万国博覧会は金泳三が大統領になってから初の国家レベル（妄想ではなく実際に）の一大イヴェントだった。金泳三の基本構想は、「発展と縮小」を一遍にやろうとしているものである。ようするに、「企業を屋台化しよう」、という事である。屋台化しつつ発展させようということを世界的にアピールするためには、大きな仕掛けをしなきゃいけないからなのである。だからパビリオン自体そんなに大きなものを作るわけにはいかない

政府館では、母国の歴史をパノラマで見られる

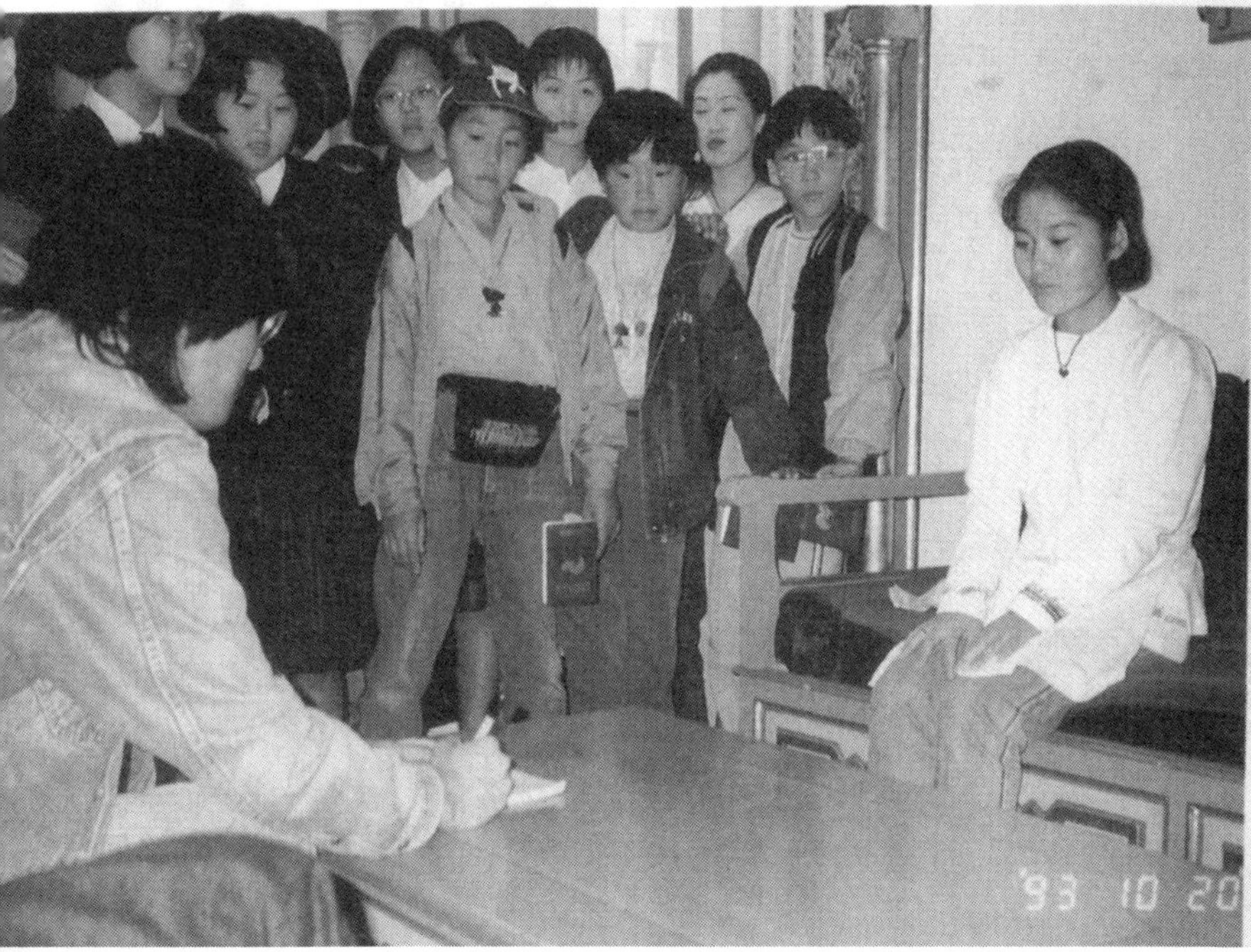

チュニジア館にて。根本敬画伯の似顔絵即興コーナー大人気！

のだ。「縮小」だから。しかし万博自体は「発展」に属する。「発展」の庭の中での「縮小」。帝国ホテルにチェックインし部屋でホルモン焼いて食ってテント張ってその中で寝るような、ロイヤルコペンハーゲンのティーカップセットを買ってそれで皆でマッコリを飲むような、ウォシュレットを購入しそれでチンコ洗って歯をみがくような、歌舞伎町で飲んでベロベロに酔っぱらって終電をのがしカプセル・ホテルでいいのに、ハイアットリージェンシーの最高級スィート・ルームに泊まってしょんべんだけして始発でそそくさと帰るような、ブルック・シールズを嫁にもらいながら、4畳半1間トイレ台所共同風呂なしの木造モルタル築30年のアパートに住んでいるような、それでいて「やがて10年後には、このアパートの他の2部屋も我々が借りられるようになるであろう」と宣言しているような。それを同時にやろうとしたから、ああいうチンケなものなのに大げさな様相を呈するものになっちゃった。海外パビリオンとか見るとよく解る。全く作品性など無いのだ。ただ出店が出てて物を売っているだけなのだ。単なる物産展である。万国物産展がボコッとあって、その周りに企業館があって、遊園地がくっついていて、一番端に北朝鮮館がある。すっごいさびれたところに「北韓館」が。そういう構成の砂のお城こそ、国が主張している「縮小と発展」、それのモデルなのであるから、そこへ行く事は大いに奨励されるのである。だが、あそこへ行ったからと言っていったい何が解るというのだろう。たとえばEXPOが、一つの未来像を提示するところだとすると、近未来で、頑張ればこういう風になれるよ、というの

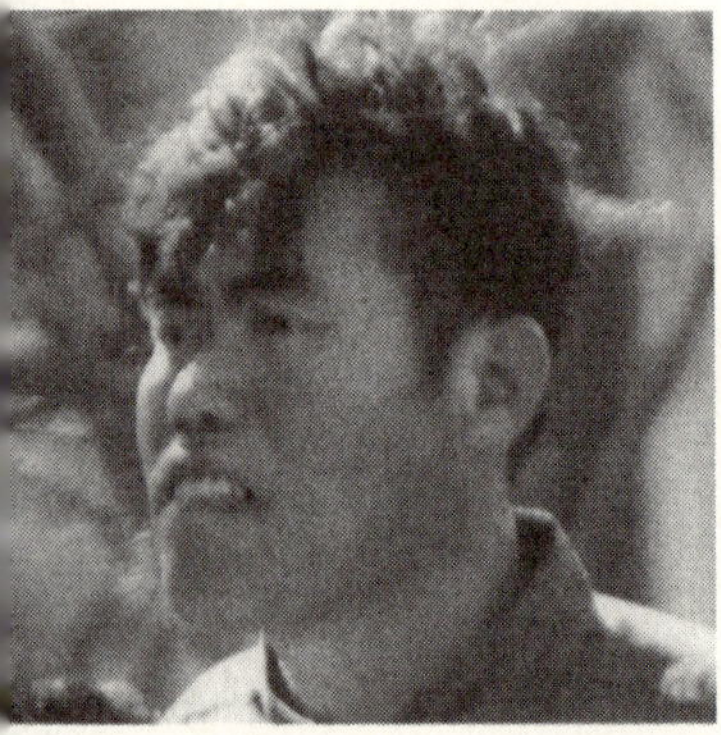

接写

↓ ダダ的味わいの一枚。車椅子のアガシの美しさに見とれた

を教えるためにあるものだが、そういうものは全然ない。近未来が無くて、ただ「今あるもの」の寄せ集めなのである。バーチャルリアリティとか、未来エネルギー・システムとかそういうものが学べる「はず」なのだがそもそも大韓民国の工業製品、電気製品は外側は確実にウリナラだが、中味は日韓や日中韓の部品ミクスチャーによって成り立っている。自動車もそうである。確かにコストは安いが、実に壊れやすい。デザインはうざったい。壊れやすさでは、最近の日本製でさえはるかに頑丈に思えるほどだ。ハードな操作、力まかせの取り扱いが常の大韓人にとっては、ウエハース作りのようなものではないか。どう考えても立派とは思えない工業製品、ハンパだらけの建物の隣立を見せつけられ、いったいこの人たちは間尺をどう考えてい

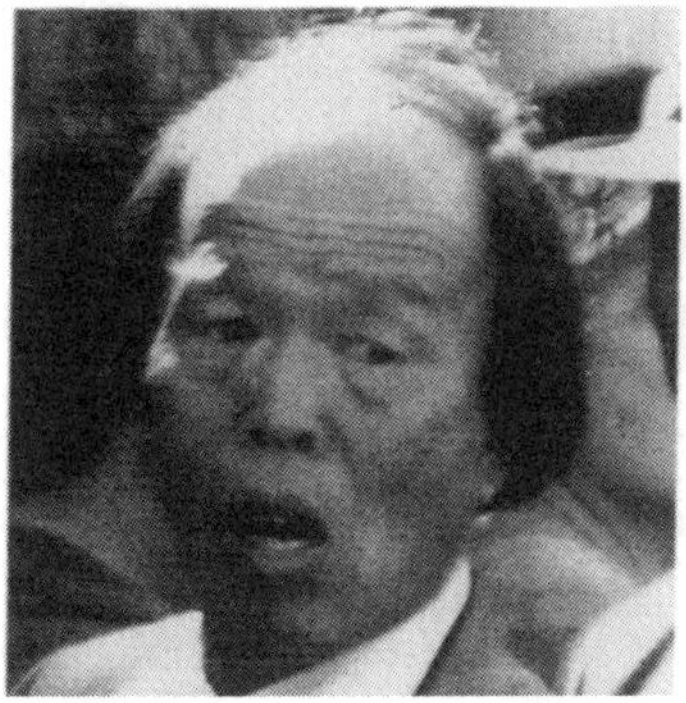

接写　連写

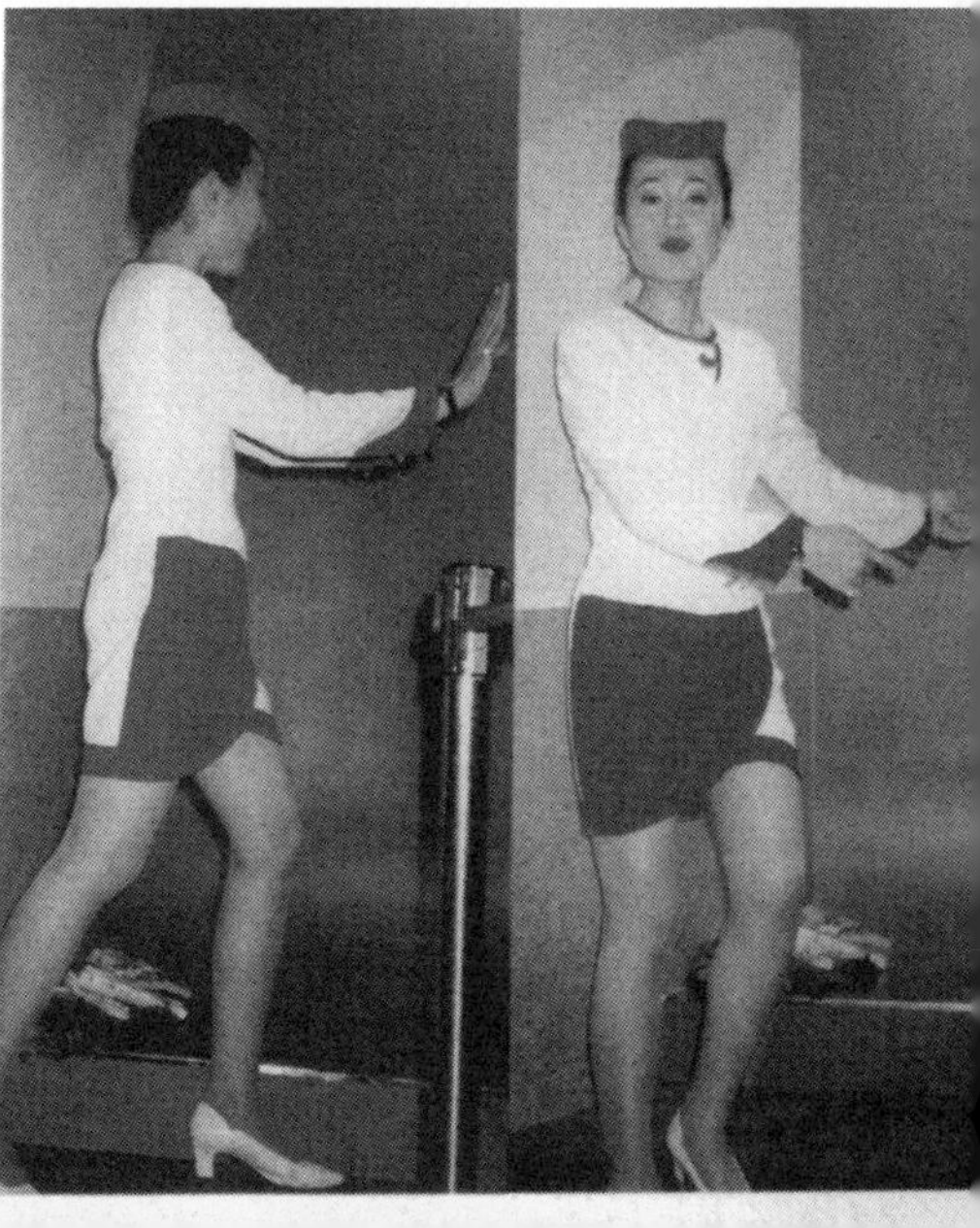

コンパニオンが最大の見せもの

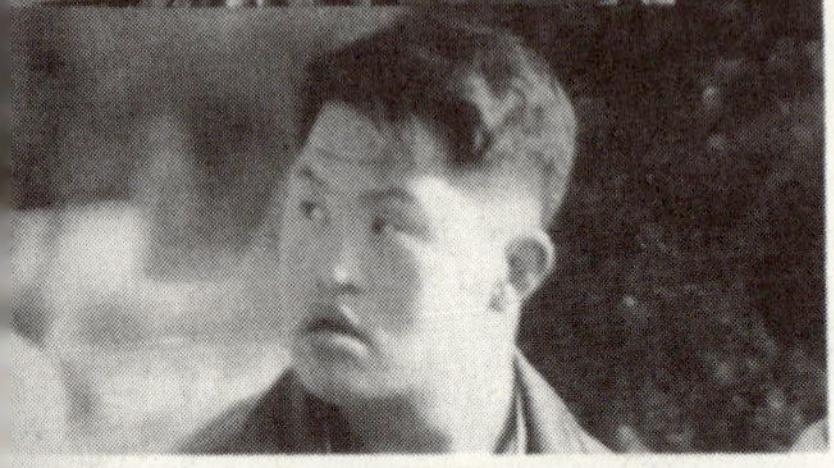

るのかと思うことしきりの国における「ウリナラ製品ナンバー1」や「21世紀のウリナラ自慢」の大威張り万博とは何か?

はたしてワープロやパソコンも知らなさそうな、毎日あそこを訪れていた田舎の大韓人の大群にとってバーチャル・リアリティ体験とはなんだったか?ソレハTMネットワークが江戸時代の佃島でライヴやっているようなものである。そもそも万博ってえのはなにかと無理のあるものだが、やる方が受け皿のことをこれほど考えてなさそうなのも世界的に見ればめずらしい。大韓国内においては、どうってことないことなんだけど。

万国博覧会だから万国の出店じゃなかった出館があるわけだが、まるで物産展コーナーのこの海外館の人たちは、実は名うての物産展、展示会売り子名人揃いである。大田の前は大阪の花博やってたという人も多かっ

あえて自分自身が手前背景に打って出る
理想的戦う白漬いい顔Vにはさまる
タイミングの妙がたくい

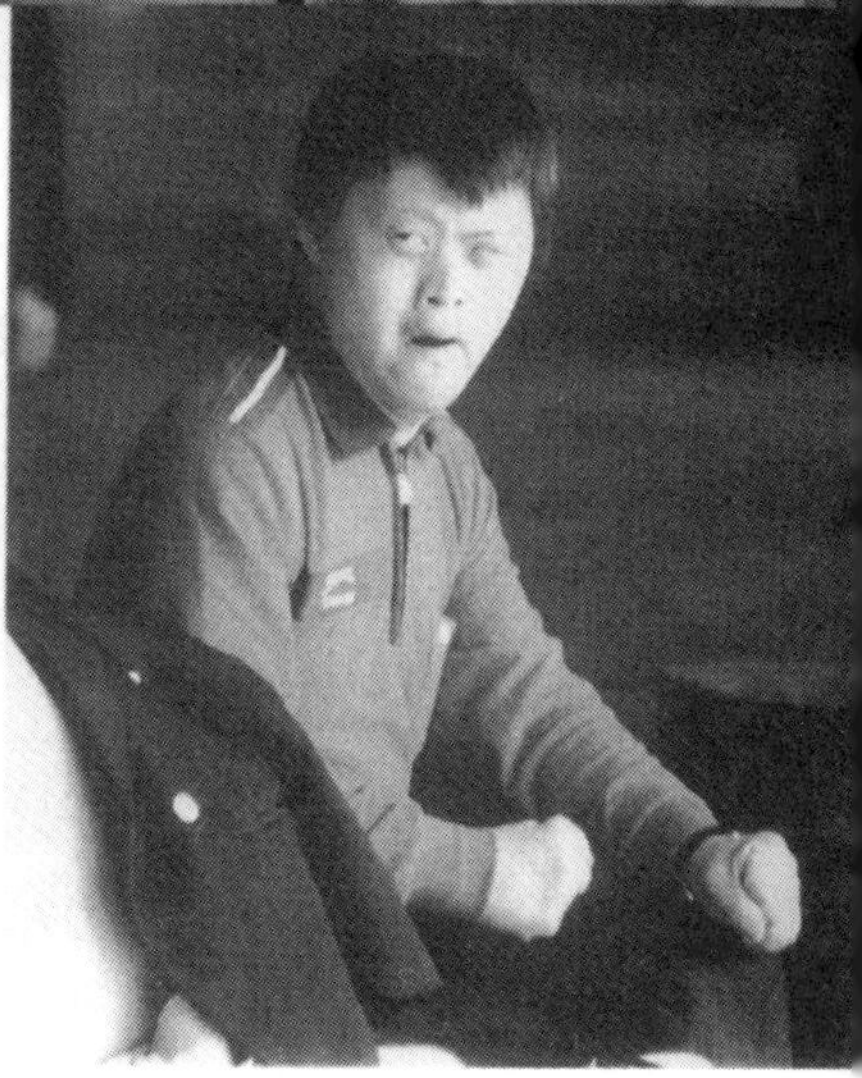

た。ケニヤ（日本語ではケニアと表記されるが実際の発音はケニヤ。どっちでもいいんだが）館のおねえさんに「大田万博はどう？」と聞いたところ「まるでだめ（スワヒリ語では『どう？』と聞かれたら、状況が良かろうが悪かろうが、まずは『良いです』と答え、もし悪ければ、その後に『でもね……』と続けるのが常識なのに。いきなり『だめ』とは。そのへんにも大田万博のひどさがうかがえるというもんだ。　菊池修・25歳・大阪外国語大スワヒリ語学科卒）。花博のがまだましだった。今回だって帰りに東京に寄れるっていんうんで引き受けたんだから。早くケニヤに帰りたいわ。ちょっと、なんか買ってってよ」と不満たらたら。スリランカ館のスリランカ料理の食堂は高いせいもあるが、大韓人の口にあわずガラガラ。そんな中でおみ

やげとして一番人気があったのはベトナムの笠だった。三角のベトコン笠と俗にいうやつ。あれは安いし、老若男女イイ男もねえちゃんもガキも皆買うんで、よく売れていた。大韓民国はベトナム戦争にも行ってるし、何か郷愁があるのだろうか。あの頃と比べて今は経済発展して良かったなぁ、みたいな。懐かしがってスイトン食うみたいな。そんなことはないにしても円すいの笠が席巻する万博ってえのもおもむきがある。

感心したのは、人気パビリオンとかに並んでいると、並んでいる最中でも腹減ると、並びながらその場でみんなご飯食べちゃうことである。車座になって弁当食ってる、行列の中で。もちろんビニール袋にキムチとか入れて持って来てて。かといって中の食堂などが混んでるわけではないのである。食堂に限らず館内の食い物飲み物は高い。

太田万博とはイイ顔のゴールドラッシュなり

高いから必然的にみんな持ち込みが多くなるわけである。メイン会場から出口へ向かう大きい橋があってその下を川が流れているのだが、その川のほとり（つまり会場のはずれ）にテントで屋台がズラズラっと並んでいるのだ。さすがに人情ありますね。メイン会場内の万博未来図からハミ出た（疲れた）人々のための止まり木、野外のいこいの場、マッコリだのチヂミだのトッポッキだの天ぷらだのスルメだの、もちろん焼酎だの、大韓普段食がまんま食って飲めるようになっている。夕方になるとそこは超満員でハミ出たやつらは川岸に新聞紙ひいたり、地べたにぺたんと座ったりして、宴会があちこちで開かれて万博に来た自分たちを祝っているのだった。メイン万博はよそいきで高くてよくわかんなくて、でもみなさんがお楽しみいただけるようサービスはさせていただいておりまっスムニダ。と、川岸に受け皿である。偉い。日本の浦安ディズニー・ランドみたいな「弁当持ち込み禁止」のペテンとは全然違う。そもそも大韓にそれを持ち込んだって無理である。

　万国会場入口付近の駐車場に着くと、そこでいきなり、露店の人たちが一斉に声をかけてくる。万国会場だろうがなんだろうが容赦しない露店人の群が我々に襲いかかる。しかもそこで売られているものは、万博とは関係のない普通の露店物、蚕の中身の煮たやつとか貝、スルメ、Tシャツ、タオル、ハブラシ、麦藁帽にビニール・シートにコンセントや電源タップやねじまわしセットなどである。さらに駐車場からメイン会場へとつづく大橋を行くと、橋の途中途中で何人もの坊さんが托鉢している。その橋は大韓各地から押し

寄せた人々の大群に埋めつくされている。それだけにイイ顔は大波小波、何度も何度もやってくる。イイ顔マニア垂涎のポイントである。ひとつのイイ顔を狙ってビデオを撮っているとそのフレームにスッと別のイイ顔がインしてきておもむろにフレームアウトするなどのスリルも存分に味わえる。こちらの狙いを越えてイイ顔が向こうからどんどん現れるのであった。

　大阪万国博覧会から23年。大田万博会場はもともとは畑や空き地や山だった。近くに儒城温泉がある以外にはとりたててどうってことのないところだった。その温泉も（本書の前のほう参照）なんの色気もない、いい温泉だったのだが。そこにもビルやホテルがバンバン、建っちゃったが、万博終わったあと、どうするのだろう。

　ところでバーチャル・リアリ

ティ映画が楽しめるテクノピア館の案内のお姉ちゃんはたいへん質が高かった。まあ、だから何だって話ではありますが。大田万博、それは近代大韓民国のハリボテ化をたいへんよく象徴しているものであった。すぐ壊れる最新型、何作っても中味は寄せ鍋もの。人をワサワサ大群。カサノヴ70（セッテ）の名曲「万博でヨイショ」を大田万博に捧げます。

북한물산관(北韓物産館)
NORTH KOREA PRODUCTS PAVILION
입구 IN
입구 IN

← 入館すぐ北韓のみじめさ、ひもじさに触れる
↓ 昭和30年代中期の日本の家庭(中流の下)を思わせる

北韓館
思想と理想が一体となった白頭山のパノラマ(ハリボテ)
汚れてる

↑前と現の首領様の写真が第一

↑韓国民の脳裏に優越感が

↑会場近くの河岸にてパチリ

↑手作りっぽさビンビンのタンス

北韓のメインはパノラマである。山だの川だのがジオラマになっている。朝鮮の富士山というべき白頭山がガッ、とある。白頭山にはカルデラ湖があるが、そこの水が飾ってあるのではなく、キッタネエボトルに入れられて端っこの方にポン、と置いてあるのだった。展示なのだ、それも。そのボトルにしたって透明じゃないから中に何入ってるかよく解らないのだ。ただ「白頭山の水」と書いてポン、と置いてあるだけ。その周りに展示がある。それもショーウィンドウがあって、北韓の着古しの洋服とか靴とか時計とか水筒とか弁当箱とかが展示してあり、家庭の部屋が再現してあるのだった。それは凄く「貧乏」という再現である。もちろん韓国側で再現したものである。壁には金親子の写真が飾ってあり、「これが一般的な家庭」とか書いてあるのだ。汚ねぇナベや釜が置いてあって。そうは言っても、74年までは北の方が経済力良かったのだ。ついこのあいだまでは南がこのキッタネー部屋に生きていたのだ。北韓館は「差別館」である。あれは南韓のやつらが見て優越感にひたるためにあったのである。金賢姫の北朝鮮のビデオ（文芸春秋刊）だってさ、誰が一番買っているかっていうと民団のやつらが買っているんだから。それを見て笑い物にするために。本当に大韓人は差別好きだからなあ。ところでその北韓館に毎日来るという客がいた。売店があるんだが、毎日来ては値切ったり下らない話したり、ちょっとエッチな話してパッと帰ったり。だらだら売り子のおねえちゃんに話しかけて安〜い絵ハガキなどを買う。それを毎日やる。北韓館名物野郎。

最終ディープ・コリア思考序曲（あとがきにかえて）

この世で一番優れた民族である（自称）という誇り、素手でライオン、虎、熊、マムシにも勝とうと思えば勝てる（はずだ）という精神力、相手の希望を無視し踏みにじってでも自分の欲求のおもむくままに与えつくせという人情、と人間の性質三本性によって、威張っていて粗暴で親切で強情な特性を持って、文化生活性生活を営んでいる。これが基本である。

志さえしっかり持っていれば、あとは無意識がなんとかしてくれる。基本に加わるべき原則がそれだ。それをご都合主義と混同してはならない。人生は青い空のごときもの。大韓民国人は登山が好きだ。海のように深く、山のように高い人情に支えられた志＝精神力。しかしそれは負けず嫌いではあるが好戦的ではない。儒教的道徳律とは、無駄な侵略をよしとしない。4千年の歴史の中にあるのは同族紛争と被侵略ばかりであり、利益追求や支配欲のゴリ押しを他民族に付したりはしない。朝鮮民族はそのことを誇りにしている。まちがってもらっちゃ困るのは、負け犬根性なんかであるはずがない。それは、不撓不屈の精神の強さの証である。忍耐と孤高の精神、何事にも動ぜず、最終的には見返して勝利するように自己を鍛えていく、攻めのベクトルを内側に向けることでエネルギーにかえる。「本来の俺はこんなもんじゃない」と。それをとなえて〈恨《はん》〉というわけである。これは身を守る術というよりは、思考の基盤なのだ。むしろ、それゆえに他民族からは理解されにくい。耐えながら人情をほとばしらせる。しかし、その態勢は決してネガティブではない。むしろそこではひたむきさに、生来の大陸気質の豪放さが加えられることによって、外部のものには攻撃的にしか感じられないのである。ハードな攻撃的防御民族である。耐えて忍ぶのではなく、耐えて騒ぐのだ。耐えているんだからおとなしく静観していればいいように思うのは、日本人的思い下がりだ。朝鮮人に奥ゆかしさなど求めるほうがどうかしている。耐えて忍んでいようが苦業を踏んばってしのいでいようと、自分が何かをやっている、ということに対して自分が自分を盛りたて鼓舞せずにはいられないのである。耐えながら、一晩中飲んで騒いでマンコする。それが恨のエネルギーなのである。耐えている自分をはげまさずにはいられない、自分を発見することが、彼らの処世術なのである。そしてその騒乱の耐久的自己達成術はしばしば顔に出る。すなわち、騒と忍が同時に美しく顔相骨格に現れている顔が、イイ顔というものなのである。耐えて騒ぐ恨の処世術を、顔相を通して発見しおのれの宇宙に投写していくこと、それがディープ・コリア処世術である。

彼らは、耐えるも忍ぶも常に騒々しい行動とともにあるので、ときどき野生味を全身に放出する。人によっては理性を捨てて幼児に退行することで、精神のリフレッシュを排便のように行う。こうした行動はいわば大韓人の自己洗浄だったのである。ときにあまりにもマヌケな行為に見えることとやくだらなく見えることさえある、この大韓自己洗浄に対して、大人げないなどと言うバカがいる。日本人にはそうした者が特に多い。しかし今では「本来の大韓人はもっと近代的自我が整った大人のはず」といいながら白人的倫理を真似してハバからない、馬鹿な大韓人が少なくない。これは実に嘆かわしいことである。白人主義的思想と行動をその範としている馬鹿な西洋カブレは国と人をほろぼすのである。

装飾美や機能美よりも、快感原則が優先される。だから、大韓人は喧嘩っ早いとか、手より足の方が早いだとかいわれれがちなのであるが、そういう理解というのは、和人の都合である。日帝36年の歴史を「よかったよかった」と言えるわけがない。

　恨を美徳とする人々が「いやあ、そういうこともありましたね、ワッハッハ。私たちも日本のことをよくわかってなかったもんで失敗しちゃいましてねえ。名前変えたり、御先祖様に祈ったり、いろいろやるだけのことはやったんですがねえ。ワッハッハッハッハッハッハ。」と笑って許すはずがない。和解はしても、この先6万年は許さない、というほどの覚悟で臨んでいると思ったほうがいい。しかし、そんな忍耐の人々も、逆に加害者/差別者として糾弾されると、騒いで耐えるのではなく、大らかさの大放流によるマヌケな事の成りゆきが現れる。

　1990年1月、ニューヨーク・ブルックリンの東フラットブッシュ地区（カリビアンが多く住む）でハイチ人の女性（もちろんいわゆる〈黒人〉だ）が、大韓民国人の食料品店で、店員から万引きの疑いをかけられて殴られた。このことがきっかけとなって、周辺のブラック・アメリカン住民たちの日頃の大韓人食料品店への不満が爆発。このハイチ人の女性だけでなく、他にもこの店の店員から殴られたり蹴られたりしたことのある者の訴えが続出し、3月には周辺住民及びその支援者たちによる店の前での人垣作り・シュプレヒコールによる店ボイコット運動へと発展してしまった。「やつらの横暴な態度は黒人に対する人種偏見に基づいている。やつらは人種差別者だ」というのである。ニューヨークにかぎらず、アメリカの都市部ではここ3～4年、大韓人の進出がめざましい。とくに食料品店ではそれが顕著だ。それまでのイタリア人やインド人たちと違って、大韓人は休まない/よく働く。24/72（店員用荒行＝私たちは決して休みません。休まないからいい店です）時間営業が当然だ。それだけのひたむきさとコミュニティ内での結束の強さもあって、食料品店はとくにニューヨークではおおかたが大韓人経営になってしまったほど。そこには、そうした大韓人の勤勉さによる経済進出をいまいましく思う気持ちがなかったとはいえないだろう。

「彼らは我々の生活圏に進出してきた。それはいたしかたないとしても、彼らは我々のコミュニティに何も還元していないばかりか、我々に払うべき敬意を失している。それは人種的偏見というものである」

　とアメリカ黒人はいうのである。原因は複合したものだ。大韓人がアメリカ的な礼儀作法になじみにくい体質であること。アメリカが白人中心の社会であり、それ以外は一階級低い存在であると大韓人たちが漠然と思っているということ（それに反発するよりも、そうした構造を受け入れることでなんとか社会に入り込もうとしている節がある。韓国人の店では日本人客の値をすっとぼけてボッてレジに打ちこみやがったり順番を飛ばしたりするときがある。アメリカ黒人が大韓人の平均的気質をあまり好いていないのではないか、と思われる節も多々みうけられる。というより、中国、日本、大韓の北

ほォ～ 日本の60キロは
そんなものですか。
我國《ウリナラ》なら70キロは
ありますな

東アジア人たちは、あまりアメリカ黒人たちに評判がよくない。経済力でじわじわと侵入し、何考えているのかよくわからないチンケでいまいましい、黄色い猿や鼠ども、と思っているであろうことは実際にニューヨークの街角で体験的に知ることができる。

日本人の嫌われ方というのは、だいたいにおいて経済的エゲツなさや愛想はいいけど返事がアイマイなその態度に起因していることは明らかで、白人にも黒人にもその点では同じように嫌われている。その他、南アフリカと取り引きがあるということで、ハードに日本人を嫌うアフリカン・アメリカンもいる。大韓人の場合は、無愛想で無礼でなにもする前からすでに居丈高であるということで嫌われている。大韓人は基本的には親切であるのに、米国での彼らは端で見ていてもテンションが高く、ぶっきらぼうである。とくにブルックリン方面では、レストランで食事をしてもチップを置いていかない大韓人があまりにも多い。大韓人にしてみればなんで店員風情に心づけをしなければならんのだ、という思い上がりがある。置いていっても金額が極端に少ないので、中には入店を断る店や、店を出て行った大韓人を追いかけていってチップをもらってくるのが普通、という店もある。

一方、大韓人経営の店のほうはどうかといえば、これはもう一生懸命働いて、いつ行ってもやっている優良店ばかり。しかし、英語が上手なやつばかりではない。そうなると、もともとおちょくり好きの人たちからは、言葉が出来ないことがカラカイの対象になたりすることも多い。根がまじめな大韓人はそれに怒って、さらに客の扱いが難しいものになる、と悪循環が現出する。働き者なのはわかるが、なにかにつけて無礼である、という印象は根深い。さらに同国人親類縁者だけでつるんでばかりいるのも気にさわるというのだ。あきらかに戦の心がまえなのだ。ここでは耐えて戦っているのだ。米国の人々と連帯しようというのではなく、米国人と戦って自分の場所を手に入れようという気がまえでいるのだ。

このコリアン・デリ・ボイコット事件は、結局店主が暴行罪で逮捕されるところとなった。

このボイコットの続く中、さまざまな意見やら感想が飛びかった。大韓人たちはまずこの国のルールから学び直せ、とか、日本人の阿漕な商売に比べればよっぽど人間的だ、とか、人種差別は基本的な倫理感の欠如によって起きるものであり、大韓人の多くは米国の人種問題について知らなさ過ぎるからいけないのだ、とか、日本人から差別や支配を受けてきた朝鮮民族が黒人を差別するのは、白人たちによる間違った歴史観があたりまえのものとして世に多く伝えられているからだ、とか。

このボイコット問題についてどう考えているのか、というマスコミのインタビューに対して、店主側は常にこう答えていた。

「私たちは、とにかく一生懸命働いています。家族や親戚との絆を大切にしているのです。

だから差別なんてとんでもない、」ということらしいが、差別感情があるのかないのかはまったくわからない返事である。もちろんその裏には社会なんだから差別があるのは当たり前だと思う、家柄、出身地、肩書きや、学歴をあがめたてまつらずにはいられない大韓人の差別意識が脈打っている。常に礼節を重んじる大韓人には、アメリカ黒人がなぜ怒っているのかよくわからないので、謝るに謝れない、ということでもある。

または、決して楽とはいえぬ米国内での日常においては、安易に頭を下げたら弱者の烙印を押されてしまうぞ、というセオリーが在米韓人の間にはあるのだ。あやまるくらいなら殴れ、である。相互の無理解が生んだというあたりまえの指摘があちこちでなされたが、肝心のコリアン・デリの側の人や同業の大韓人の中に、公の場で「あれはこちらの無理解と失礼による行き違いから生まれたものです。どうもすいません。」と謝罪する者など、ひとりも結局いなかったのである。当時のニューヨーク市長ディンキンスは「反目しあうのではなく、一歩ずつ譲り合って、人種の調和をめざそう」といったために、黒人の若い衆から「そういう歩みよりがないから、俺たちは怒ってんじゃねえか。ねぼけたこといってんじゃねえぞ、腰抜け。」とボロクソに言われてしまいました。差別というものがどう悪いのか、ということを〈差別感情をもっていないと思っている人〉に説明するのは極めて難しい。しかも相手は差別コッテリの大韓人だ。この事件はアメリカ黒人という特殊民が黄色い大韓人という特殊民を批判したこれまでにない事件ではあるが、強情なやる気がその底にある点は見逃せないが、極めつきはこの事件を思んばかった大韓民国政府のコメントであった。

「アメリカの黒人の人たちはどうやらわが民族のことをあまりご存知ないようです。無知が今回のようないざこざを引き起こしたことは、まことに残念なことです。韓民族4千年の歴史を受け継いだ我々の文化をぜひ黒人の人たちも知ってください。わが政府としてはそのために、アメリカの黒人の人たちをわが国に招待する用意があります。ぜひ一度わが国にいらして、私たちがいかに愛情深い民族であるかを直に知ってください。」

歯には歯、ではなく人情で対するという『人情 is GOD AlMighty』思想ならではの迷名コメントである。人情の前では差別もなにもあったもんじゃないってことさ。耐えて人情でくるむ、これもまた大韓〝恨〟の美徳のひとつである。アメリカ黒人さんたちも私たちと一緒に耐えて騒ぎましょう。そして他人の意見は聴くだけで認めない豪胆流儀で大雑把に生きようじゃありませんか。そうすりゃこの世に花が咲くという大韓流真理の具現化されたお言葉である。これにはネルソン・マンデーラも思わずニッコリしたかどうかは知らねども、まあ、そういうもんだ。さらにこのコメントは暗にこう続いていたのである。

「我々の人情はデラックスでテンコ盛りです。必ずや黒人さんたちの魂をたっぷりうるおすことでありましょう。」

人情があって、デラックス。まるで大きかったり多かったりすればえらいと心底思っているようだ。大韓人によれば、日本の1センチより大韓民国の1センチの方が確実に大きいのだ。いや、大きく見えなければ大韓人とは認めてもらえない社会なのである。

「ほう、日本の1メートルはそんなもんですか。ウリナラなら1・5メートルはありますな」そして大韓人は溜飲を下げる。

大韓人の思考や行動や創ったものや社会そのものが、バカバカしくくだらない、と思えることは少なくない。いや、そこら中で「くだらない」と思わせられる。

しかし、くだらないと思えることほどこの世の真理に近いのである。なぜなら、人の世のほとんどは元来くだらないものだからである。人間はデフォルメと洗練を取りちがえたまま未来へ向かう。しかし、必要なのは野性のデフォルメをえいやあと受け止める先祖返りなのである。

ディープ・コリアは終わらんぞ

これらのページはすべて大韓民国人の基本たるケンチャナヨ（気にすんな）精神を体現する誌面意匠によって作られている。（たとえばこのように）柱の方が本文より威張るこれらのページが視覚デザイン的におかしいというのは民族性差別である。

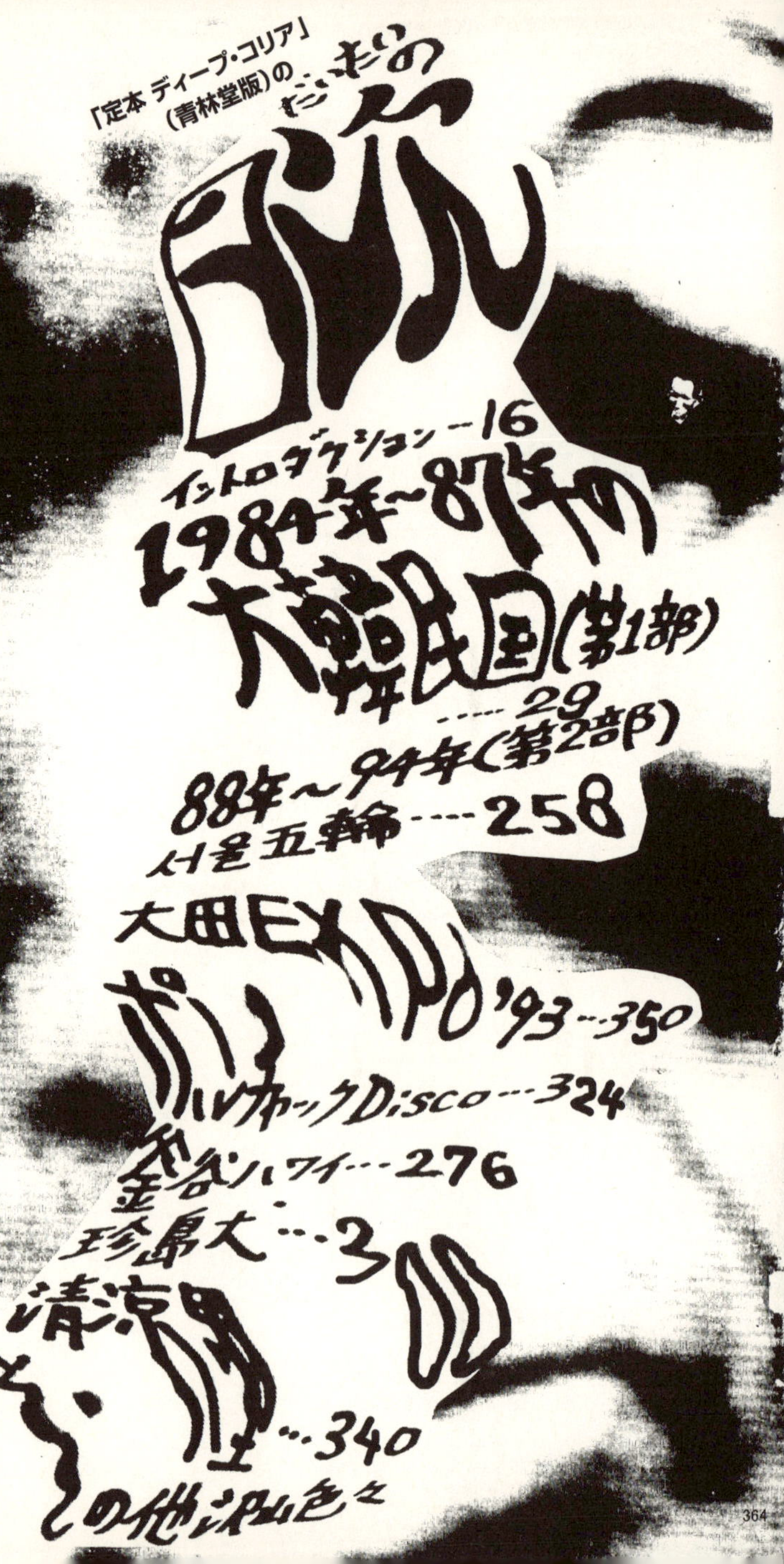
「定本 ディープ・コリア」
（青林堂版）の
だいたいの
イントロダクション…16
1984年~87年の大韓民国（第1部）……29
88年~94年（第2部）
서울五輪……258
大田EXPO'93…350
ポンチャックDisco…324
釜谷ハワイ…276
珍島大…300
清涼里…340
その他 色々

豪定本 ザ・ディープ・コリア（愛称、・デイブコリヤ）

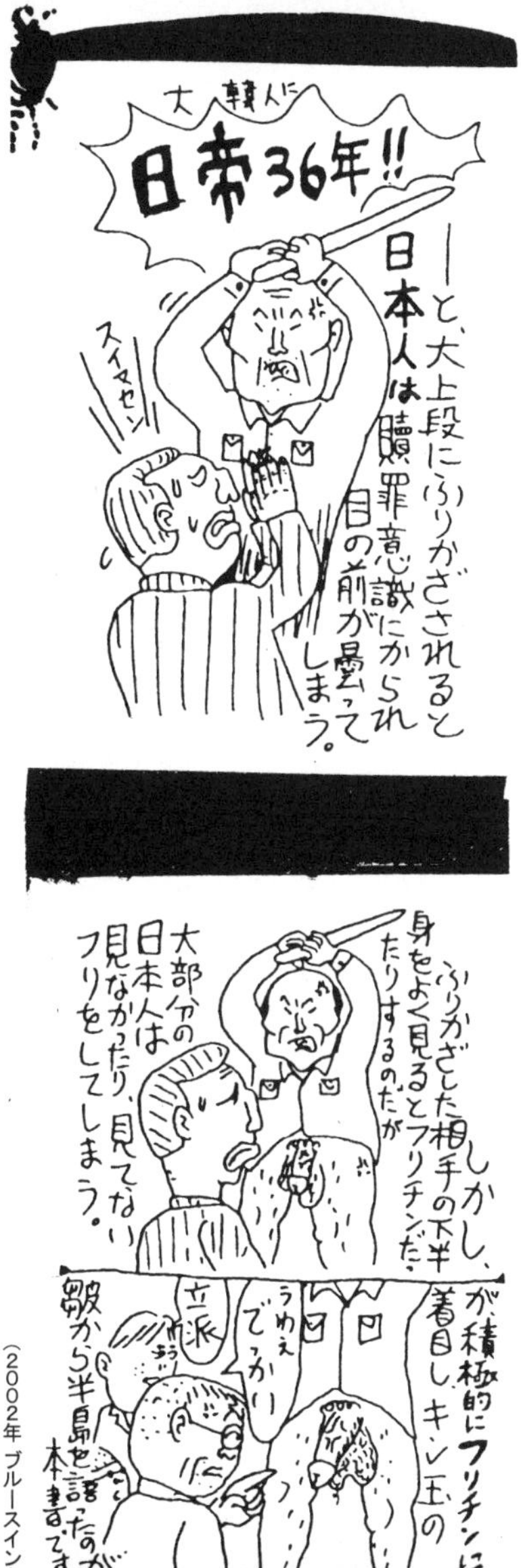
大韓人に
日帝36年!!
——と、大上段にふりかざされると日本人は贖罪意識にかられ目の前が曇ってしまう。
スイマセン
[redacted]
ふりかざした相手の下半身をよく見るとフリチンだったりするのだが
しかし、大部分の日本人は見なかったり、見てないフリをしてしまう。
が、積極的にフリチンに着目し、キン玉の皺から半島を語ったのが本書です
うめえ でっかい
立派
[redacted]

（2002年 ブルースインターアクションズ刊）

主文・レイアウト◆湯浅学
主画・補撮・補文・レイアウト◆根本敬
主撮・補文・レイアウト◆船橋英雄

Contents

豪定本☆ザ・ディープ・コリア（デイブコリヤ）

もくじ

4…韓国からの誘惑

アジア最強のディスコ・クラブは今ソウルにある／男の都市ただいま工事中／発見スポーツ天国／韓国桃尻娘と温泉旅行／アメリカン・ブールバード／もうオリンピック気分／過激なカラオケ・テクノロジー／超東京カフェ・デザイン／驚異のウナギ・グッズ

キムさんちのあったかチゲ 10

渋谷に釜ヶ崎が同居!?

東京で見かけるような町、たとえば銀座にいたと思うと、角を曲がったら急に歌舞伎町になったり、歌舞伎町の角を曲がったら渋谷だったとかさ、また曲がったら今度はスラム街、スラム街の坂を上がるといきなり高級住宅街とか。町並みもなんかいちいち唐突なんですいろんな町がグチャグチャになってるわけ。その上銀座や渋谷の隅っこにも必ず釜ヶ崎とか山谷があったり。あと昭和20年代、30年代と2020年とかの近未来まで、時間も空間もいろんなものが混じってるんだよ。

93…【特集】韓国の冬じたく

釜山滞在

172…お役立ち情報

178… **本日、キムジャン日和!**

491…
横山剣の日韓相互鑑賞

1994年 青林堂刊

オマケ
定本ディープコリア
…9

※著者の意向により、この目次は一部を除いて、
実際のページ数、ページ内容と違います。

まえがき

俺たちに旅行雑誌なんかいらない。ガイドブックなんてのもいらない。両手に持ち切れないほどの、両肩、首に掛けきれないほどの予備知識を携えて旅に出てどうするというのだ。そりゃまあどんなにお勉強し万全を期したとしてもぬけ落ちるもの、裏切られるもの、不意に現れるもの等々のハプニングはつきものであるからして、大なり小なり新鮮な感動は味わえよう。乙な旅情にいっときトリップできよう。

しかし、あくまでもオマケじゃないのかい。棚だか壁だかの向こう側。柵だか壁だかの出来いかんによって感動の量が左右されるのかもしれない。それならそんなもんとっぱらっちまえばいいじゃん。

二十一世紀、机の上に地球がころがっている、人差し指一本で瞬時に自在にどこへでも飛べ、どんなことでも見聞きできるグローバルな情報化社会に生きる現代人にとって情報から逃げきることとは不可能だ。完全に遮断して生きられるわけもない。わかってるってば。未開の村の部族民の方が先端技術の粋を集めた大都会の市民よりも無垢で旅人として上等だなんぞと言うつもりは毛頭ない。山岳民族の方が海洋民族より位が上ではないように情報の多寡で人間の心の豊かさだの清らかさだの繊細さだのを計れやしない。平等である。いや、等しく不平等である。みなバラバラ、人間の数だけ差異があるという意味で。

日本国東京に住む身として使う「情報」の言葉にはどうしても先進諸国間の最大公約数的な意味合いを濃く含みがちだ(ほとんど新聞・テレビ・雑誌・インターネットなどの媒体を通じ平板に接しているにすぎないが)。自分が生まれ育ち暮らす「場」の制約から逃れられないのもまた人間一般の運命だろう。場所場所に情報は溢れている。地域性、特異性がある。地域同様に情報にも上下の隔てがない。違ったまま横一線に並んでいる、丸い地球を覆っている。

ともすると忘れてしまう。日常にからめとられて習慣に毒されて単眼に、一方的になってしまう。己れの尺度で相手を規定しようとする愚に気がつかなくなる。ないはずの縦軸にすがろうとする。「いい気になってんじゃねえ!」というてめえへのツッコミの声が聞こえなくなったら怖い。

尺度が物差しが独自のモノならいいけれど、大方は借りモノなんだよ。村の町の社会の国家の流行やら常識やら掟やらを無自覚に受け入れているにすぎなかったりする。周りのみんなと一緒なら正しいというか当面問題ないだろう、と。

旅の目的は日常性から解き放たれて羽を伸ばすことと人はいう。変わった名物をたらふく食ったり特産物をしこたま買い込んだり恥をかき捨てたり……。

二〇〇二年、サッカー・ワールド・カップ日韓共催。国別対抗戦ったって戦ってるのは個人でしょ。局面を見れば個人戦じゃないスポーツなんて存在しないでしょ。選手の内面だって国旗を背負っているという気高い思いだけのはずがない。活躍して付き合っている彼女に対して点を上げたいとかビッグ・クラブに引き抜かれて金を稼ぎたいとかのエゴに熱く燃えているにちがいなかろう。

海外旅行。出国に際して日本国のパスポートが必要不可欠だが、日本国の日本人の代表という自負をもって税関審査を受ける者は稀だろう。単なる一個人、パスポート・ナンバーよろしく記号と化すのが普通だ。いかなる団体旅行であっても個人戦だ。各自設定したゴールに向かって猪突猛進するもよし変速ドリブルでうねうね迫るもまたよし、だ。それでいい、そうあるべきだ。

しかし、しかしさぁ、極めて困難だね。日本国・日本人を代表する自負もなけりゃ非日本国・日本人たらんとする逃避の決意もない。フラフープみたいなバリアを作ってちょこちょこ手を出してつまみ食いするようなあんばいでしょう。設定するゴールもあてがいぶちでさ、画一的なのよ。いや、いいんだけど別に、向かう途上はさまざま、同じドラマにゃなりっこないし。なにも個の確立なんぞというたいそうなことをえらそうに主張したいわけでもないんだから。

でも、でもさあ……。日常性から解き放たれて羽を伸ばす云々たって、結局は日常の連続でしかない。玄関から移動した先の居間が自宅のじゃなくハワイのホテルのそれに変わっただけで。普段行きたいと思っていた所へ行っただけ。空間が追いついただけの話でね。

四角いガイドブックも切りようで三角、○、×、X、Y、Z。とはいえ、内容はパスポートの記載事項さながらに事実と相違ないと考え、手を加えようとする向きは少ないのではあるまいか。おかしい。パスポートが一面をなぞるのみで己れの何たるかをほとんどまったく証明していないようにガイドブックの記述なんぞアテにならない。インチキだ。焚書にすべきだ。それとともにパスポートを偽造、いやいや、真造・新造すべきだろう。

確立されている(かの如き)モノに頼りきって、効率よく取捨選択し、いい気な主体性を手放さない。あらかじめパッケージされたそんな旅は御免こうむりたい。理想をいえば、予備知識ゼロで赴いてから土地と人間の磁力に導かれ、翻弄されたい。積極的デクノボーと成らねば見えない言えない聞こえない感じられない味わえない大切な事柄があるだろうから。後追い、後付けこそ肝要なのだ。入りは白紙でいい。

現実には、赴く以上理由があり予備知識がある。情報の海に沈んでいるが如き現代日本列島において白紙状態を保てるはずもない。なぜゆえに大韓民国を訪れるに至ったか。いかなる理由、知識によるものか。それはさして問題ではない。入りはどうだってかまわない。始めの白紙に大した価値はないのである、本当言えば。

赴いてからが本番だ。問われる。

知らなかったために驚くのは当たり前。知って知って知り抜いていながらなお驚かされるのが本物の感動ってやつだと思う。初めて渡韓してから優に十八年。その間、数えきれないくらい玄界灘を渡り、日本海／東海を飛び越えて韓半島に降り立ち、へめぐり、土地に人間にいろんないろんないろ〜〜んな現象にでくわし唖然、呆然、びっくり仰天体験をしてきた。重ねても重ねても重ねても毎度毎度毎度「やられたあ」と驚かされ、感心させられ、尊敬させられてきた次第。新鮮、いや、発酵と呼ぶにふさわしい。発酵の連続、しかも決して腐ることがない。そんな感動を飲みすぎ、食べすぎ、消化不良で胸やけ胃ムカムカの我々に「特効薬でゴスミダ」と言わんげに恩きせがましく新たに差し出してくるのである。韓国性自家中毒歴十八年。不治の病、か。

バブル(バルブでも可)経済とやらがはじけて以降、日本及び日本人のどうしようもなさが汲めども尽きぬように露になっている。一方の韓国はといえばバルブ(バブルは不可)が端からはじけちゃってるからびくともしません。人の世のほとんどがバカバカしく下らない事実を官民(韓民)あげて真剣な無意識(幼稚)でもって日々、時々刻々体現しているのだ。韓、いやいや、朝鮮半島全土で吐き印された痰文字を仔細に調べてみるがよい。言い回しは違えど例外なくケンチャナヨの血が混じっているはずだから。

極めて稀ではあるが、「マヌケだなんだと書いて韓国をバカにしている」といった類のお叱りを受けることがある。もっとヒドイところでは「溜飲を下げました」てな励ましがあった。かような誤解や無理解には心底まいってしまう。敢えて、今回、珍しく、愚かにも、断言させてもらう、「我々は韓国に韓国の人々にメロメロです、尊敬しております! 全肯定です!!」

最近知ったイイ話。韓国でブロードバンド網が発達した原因は、ネットに流出した人気女性タレントの裏ビデオを見たいため。なんでも別れた男が腹いせに秘め事の一部始終を撮影したビデオを有料サイトで公開してから大騒ぎとなり、急速に高速回線ADSLの加入申請が殺到したんだそうな。所詮こんなもんだ、と膝をたたき、これだから信じられる、と大きく頷きました。韓半島がチンポに見えてくる――なんてなこと書くとまた誤解を受けるからこのへんにしておこう。

ワールド・カップでの韓国チーム(選手はもちろん監督、コーチ及び会場内外の応援団を筆頭とした全韓国民)が熱狂のあまり引き起こすであろう番外戦、場外乱闘をあれこれ想像しつつ。

二〇〇二年五月末日　　船橋英雄

第二回　在日ディープ・コリア大賞決定

川西杏

悪しき日本にはびこる

在日朝鮮人・韓国人差別の撤廃と日朝韓の真の友好関係を築くために長年活動している川西杏（チョン・ソヘン）さんこそ独立独歩の人権運動家、愛と平和をこいねがう闘士にほかなりません。

川西杏さんの熱く正しい主張に一向に耳を貸さないどころか邪魔者扱いして敵対を続ける、地元・調布の吉尾市長への抗議、日本を良くするためにはまず足元から改めさせ固めんと

地道に行動する現実的な姿もお題目の如く「平和」を唱える空想家とは一線を画す、賛同すべき尊敬すべきものであります。

調布市役所や東京都庁に乗り込み担当者に直談判するストロングな訴え方とともに地元の駅前広場や公民館などで自ら作詩・作曲した歌でソフトに、あるいはユーモラスに、あるいはドラマチックに披露し、観客を楽しませつつ啓蒙するエンターテイナーぶりは余人に真似のできない素晴らしいものです。

地元中心の活動を継続しつつ日朝韓親善大使（黒柳徹子みたいに）として国際的にも働いてほしいと切望するのは我々だけではありますまい。

在日ディープコリア大賞第二回はやはりこの人、

川西杏さんに決定!!

あなた様以外に考えられません。

我々、幻の名盤解放同盟三名、湯浅学、根本敬、船橋英雄は不肖の子、放蕩息子。
けれども川西杏さんはいつでも親心をもって接してくださいます。しっかり応えられない
申し訳なさと感謝、加えてずーっと変わらぬ尊敬の念を込めて贈らせてもらいます。

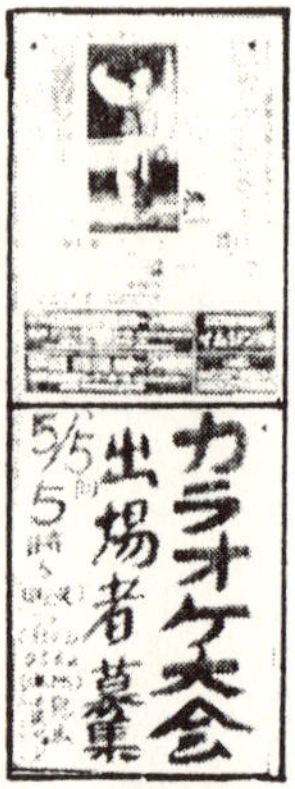

下関 博多

朝、八時ごろ東京駅を立つ。広島からこだまに乗り換え、新下関について、タクシーの運転手と……エロ話っていう感じにはいかなくて、なんだか町はとても静かだった。ワールドカップの景気は？って聞いても「いや、あんまりたいしたことないですよ」って運転手は言う。大体、歴史も浅いし、日本人は実はあんまりサッカー好きじゃないのではないかと思えてくるほどだ。

晴れた金曜日の午後二時ごろだった。乗船手続きを取るために足を踏み入れた釜関フエリー下関ターミナルは薄暗かった。人の気配がない。乗客はおろかターミナル職員が存在する空気さえその日、そこにはなかった。

二階券売所へ行くために乗ろうとしたエスカレーターは、動いていなかった。

「今日船ありませんよ」

頭の上の方から男の声がした。ターミナルの警備員だった。釜関フェリーは二週間まえから点検のためドック入りしていて、ずっと欠航だったのだ。

これこそワールド・カップ効果。今までには考えにくい点検が韓日両国の様々なところで行われていると思った。フ

▲大韓観光客でにぎわう別府の温泉ランドへ渡韓前にいこうのもおつか？

この日の男湯は「夢」の方。

↓『そんな女がここにおります』の日高おさむ(廃盤歌手)に似る紋あきら(スギノイ専属)

ドーム球場の如き巨大風呂が2つ。「花」は直径10mの水槽、でっかい仏像とマリア観音の回転が、「夢」は大阪万博の太陽の塔や鳥居がウリ。※男女日替りになるので要注意。各風呂の面積だけで1000坪を誇るスギノイ・パレスはその後会社更生法を申請。今も営業。

ーリガンが暴れても沈まぬように船の補強にいそしむ大韓のひたむきな人々を想像していると、補強がすぎて重く成りすぎ沈んでしまう船だってあるだろう。しかし、それでこそ真の「備え」である。過ぎたるは及ばざるに勝るのであって、過剰という言葉は二〇〇二年においてはとりわけ、無意味であることを改めて知れとの戒めが下関ですでに成された、ということだけのことである。

　思えば久方ぶりの玄界灘。そこに供すべきものの多さを思わざるをえない我々であった。

　しかし、旅の都合上、どんなに遅くとも翌日夕方には釜山に足を踏み入れていなければならぬ。気の抜けたシケせんべいのようになった我々は蟻の屁ほど我に返り、取りあえず博多へ向かった。高速艇ビートル号で三時間弱の釜山行きに翌日朝賭けるためだった。

　ビートル号（正確にはビートルⅡ）の乗船予約をＪＲ九州に尋ねると「予約はとっくに満席。乗れるかどうかわからんが、キャンセル出るかもしれんから朝7時半にキャンセル待ち窓口に並んでみろ」との教示あり。しかもその日だけでそのキャンセル待ちの問い合わせはすでに二〇件を越えている状況だという。おいでませ大韓民国へキャンペーンがかくも効果を上げているとは、ワールド・カップおそるべし、かも。と蚊のため息ほど思いつつ、我々は離日まぎわにやらねばならぬ原稿書きだのイラスト描きだの気にかけようとしたが、パッと一旦糸が切れたような状態になって、とりあえず博多行って朝一に並ぶしかないなと思いながら、お互い意志のないコックリさん状態でダラダラグルグル回って安いカプセルホテル見つけて、どうしようもない夜の回転寿司探してブラブラしたりしてさ、男と別れたばっかりの女状態でどんな男に声かけられでもついていく精神状態に近いものがあったな。

　ちなみに博多から釜山へ行くフェリーも全面的に（博釜も釜博も）ドック入りしていて欠航であった。そもそもちょっと金余分に出せば三時間弱で行けるところわざわざ二五時間もかけて行こうという人間はもはやそう多いとは思えない。疲れるし時間かかるし臭いし食堂のめしは不味いしフェリーで韓国に行くヤツなんておかしいんだろう。インテリ（大阪大学卒）で語学に長けた知り合いのジャーナリスト成瀬泰（四三歳独身）氏にも「フェリーで行くメリットなんてないよ！　今、乗る人いないんだから！」って言われました。

　早朝の博多港は静かだがビートル号窓口はざわめいている。週末のちょいと旅行の団体があとからあとから湧いて出てくる。うなだれながら並んだキャンセル待ち窓口、我らの前には二人だけ。なんとか乗船できたが、キャンセル待ちで乗れたのはわずか六人。あやういところであった。団体客は一〇年前に比べれば女性がずいぶん増えたが、やはり男率高く、色浅黒く精気に満ちた者揃い。ギラギラというのではなく、もうこういう気休め旅行が板に付いている風情の人たちばかりなので船内の熱気も内にとりあえず秘めているといわんばかりのもわあとしたもの。男たちは出港するやいなやバーへと直行、釜山港へ入るまで、ずっとバー・カウンター前にたむろしてサングラスの奥でときどき目をギラリと光らせて、金髪で後ろで髪の毛結んでいる上祐が出ていたときのオウムの弁護士に中西太が入ったみたいな日本人とか韓国はなにかと肉は安いねといって笑いながらビールを飲んでいるのであった。

釜山

부산

釜山

船から降りれば、まず一服。プカプカプカプカプカプカプカプカと船旅で消えた黒いツヤとシワの間の疲労を払拭せんとおやじとその予備軍たちは一気にヤニにひたる。十一時四〇分釜山着。男たちの身体は乾いていたが股ぐらはさらに汁気を増している。我々に課された使命は菩薩供養であった。

電気菩薩である。チョンソヘンソンセンニム成仏と書いて本をポーンって海に投げた。それがなかなか沈まないので

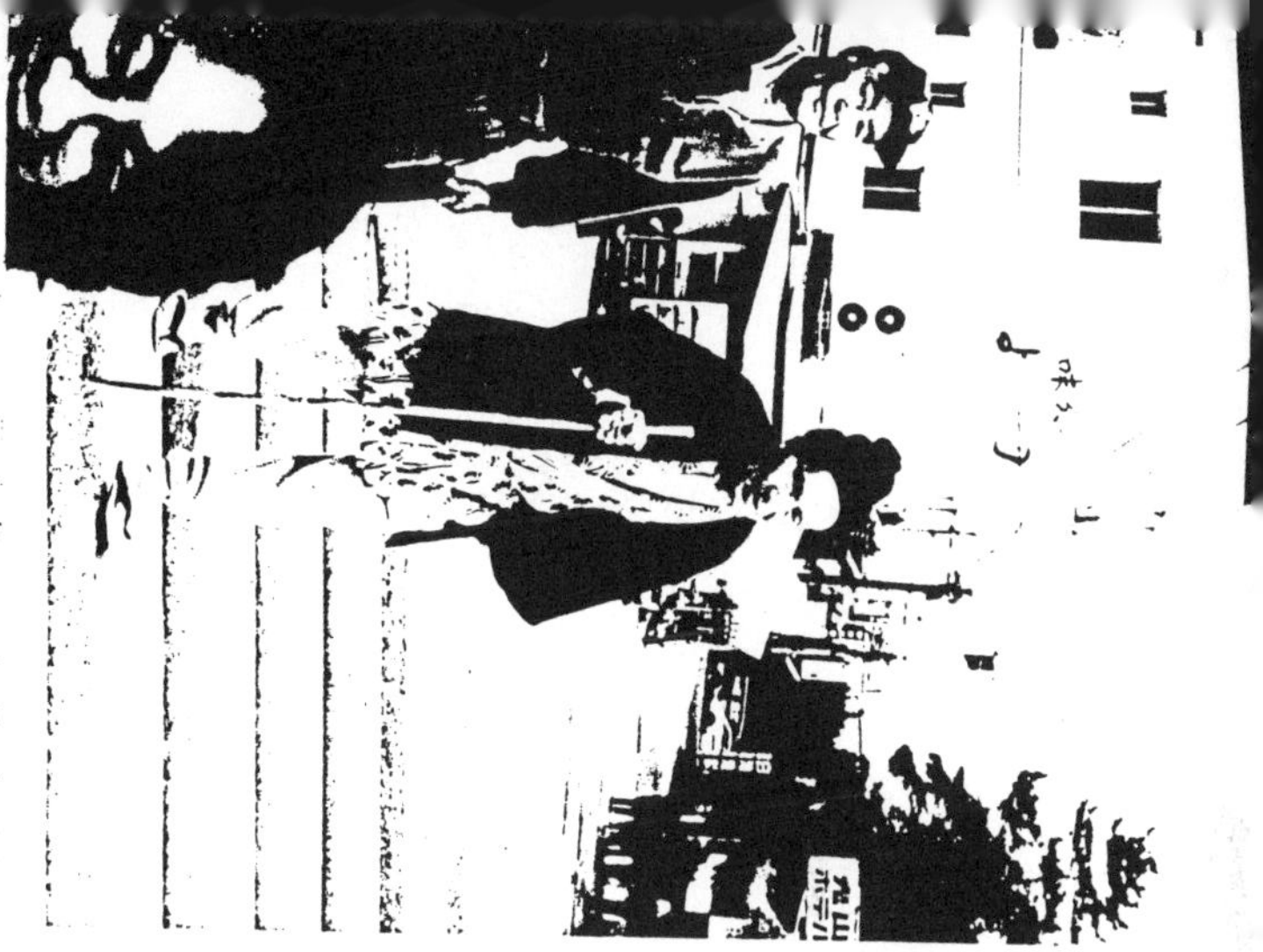

温泉老人とその周辺
地獄巡りはドテラがイイネ

海峡を渡る前におとずれるべき
宇宙はひとつの子宮でしょうか。と。

あった。プカンプカンと浮いてる。日本の観光客がタバコ捨てた汚い海に。業業業業GOES ONの悔い悔い悔いが本を沈めない。しかし泳がない。ただ因果海を漂う自我はもはや宇宙か。

おやじおばさん買い物好きなおねえちゃんとなんとなく着いてきてしまったおにいちゃん子供などが入国窓口に長蛇の列を作っている。ノーガード戦法を取る者エロ話に花を咲かせる者近くのおねえちゃんと戯れる者などがゲートを出て釜山の町へ消えていく。ぶらぶらと釜山駅のほうへ我々はただなんとなく歩いて行った。大通りが騒々しい。警官が多数出ており車道に車は走っていない。駅のほうから人の大列がやって来る。赤い旗が何本もはためき、横断幕が揺れている。そこに自動車に引かれて大きな黒い塊から巨

おばけ屋敷

釜山タワーへ。お化け屋敷へ入る。人が通るとガラス（殆ど割れてたりヒビが入っている）の向こうのお化けが「グゴー」と声を出し、ガタンコと動くのだが、館内が過剰に暗すぎて肝心のお化けの怖い顔が全然見えない。カメラのフラッシュに一瞬映える姿はあまりにズサンな小学生の工作以下のハリボテ。我々がいちいちウケて

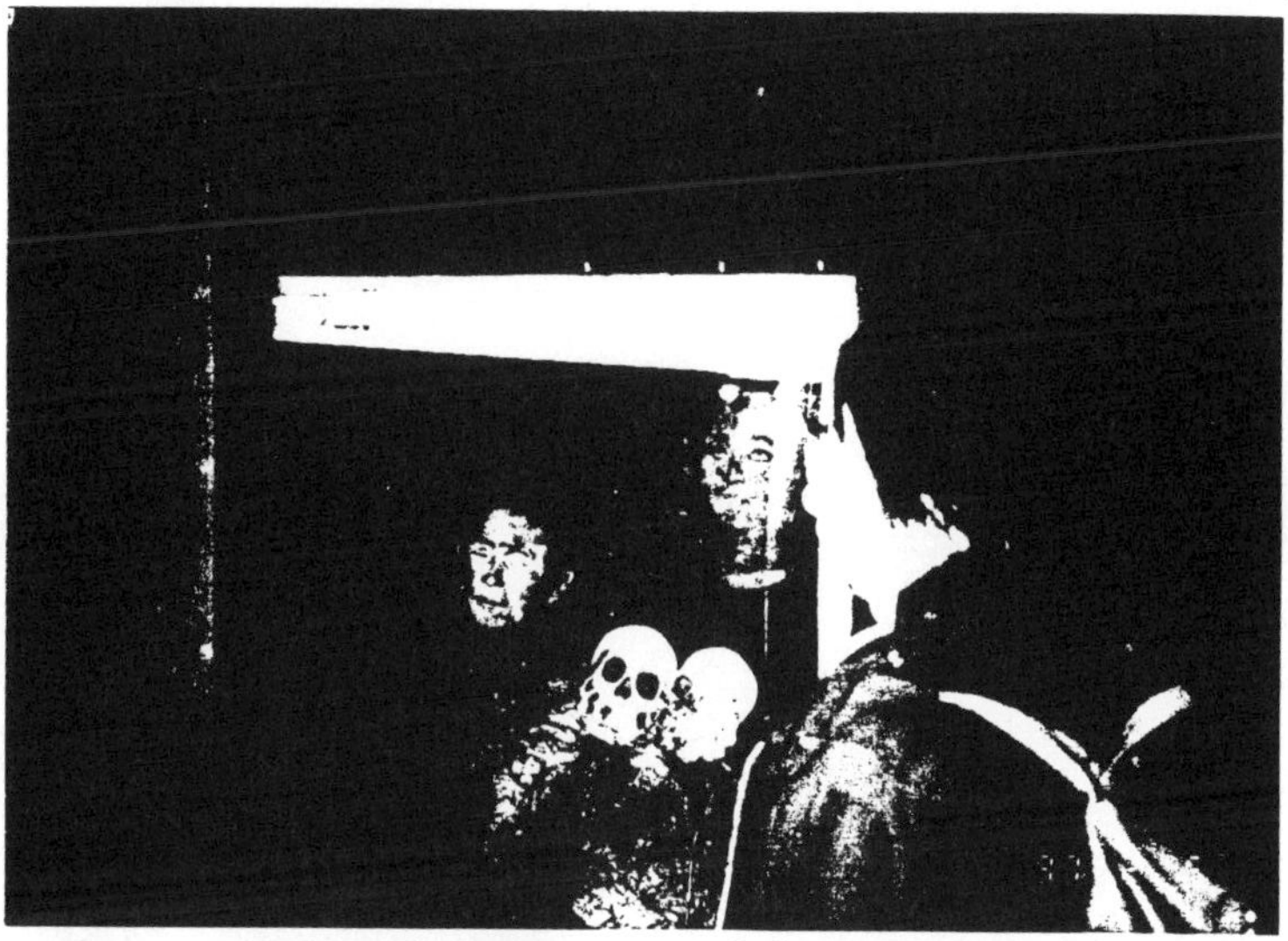

いると自ずと長居となる。するともぎりのアジュマ（おばさん）70歳ぐらいが心配して見にきて「ケンチャナヨ（大丈夫）」というと引き返す。出口の所で突然手がニューッと出て驚かしてくるが、その手は明らかにさっきのアジュマの手だった。

大な怒声がほとばしり出て来た。黒い塊に跨った男がマイクを持ちシャウトしていた。メタル系デモ行進。黒い塊は四段積みのPAスピーカーのサウンドシステムであった。跨ってるんだ。セット自体がメタル系である。デモ隊とはバンド組むということなのである。スピーカーがでかいしパワーアンプ四台使ってるし。メタル系のデモ。写真を撮ろうと思ったんだけど、それがすぐに行っちゃう。メタルでしかも国がスラッシュ系だから速いんだよ。それに韓国の道って広いからすぐ見失ちゃうんだよ。デモの人たちも革ジャン鋲打ちで化粧もキメて行進する日も近いであろう。

　釜山駅は大韓南の要であるがその近所のちょいと裏通りに入るとそこはロシア語だらけ。大韓におけるロシア人口は増すばかり。釜山において

← 一人平然とサムギョプサルをバクバク食うロシア人女史。引きしまった表情が美しい

は特に安いものをこまめに買っていくロシア人は海の向こうからやってくる大切なおとくいさん。ロシア人キャバレーやバーでは人気ホステスさんをつとめるロシアン・アガシもやたらに多い。日本は物価が高いし、ギャラは低いしええことないでえ。ロシア人娘（ちょっと年増）がたったひとりで食堂で焼き肉食っているのに遭遇したこともあった。よく見ると釜山では店のメニューにロシア語版を整列しているところも多数あり。ロシア人相手の店が軒を連ねているのに通りの名がテキサス・ストリートというのも大韓流儀か。通訳兼ガイドの朴さんによると、ロシア女の泊まり連れだしは五万円（五〇万ウォン）だそうです。

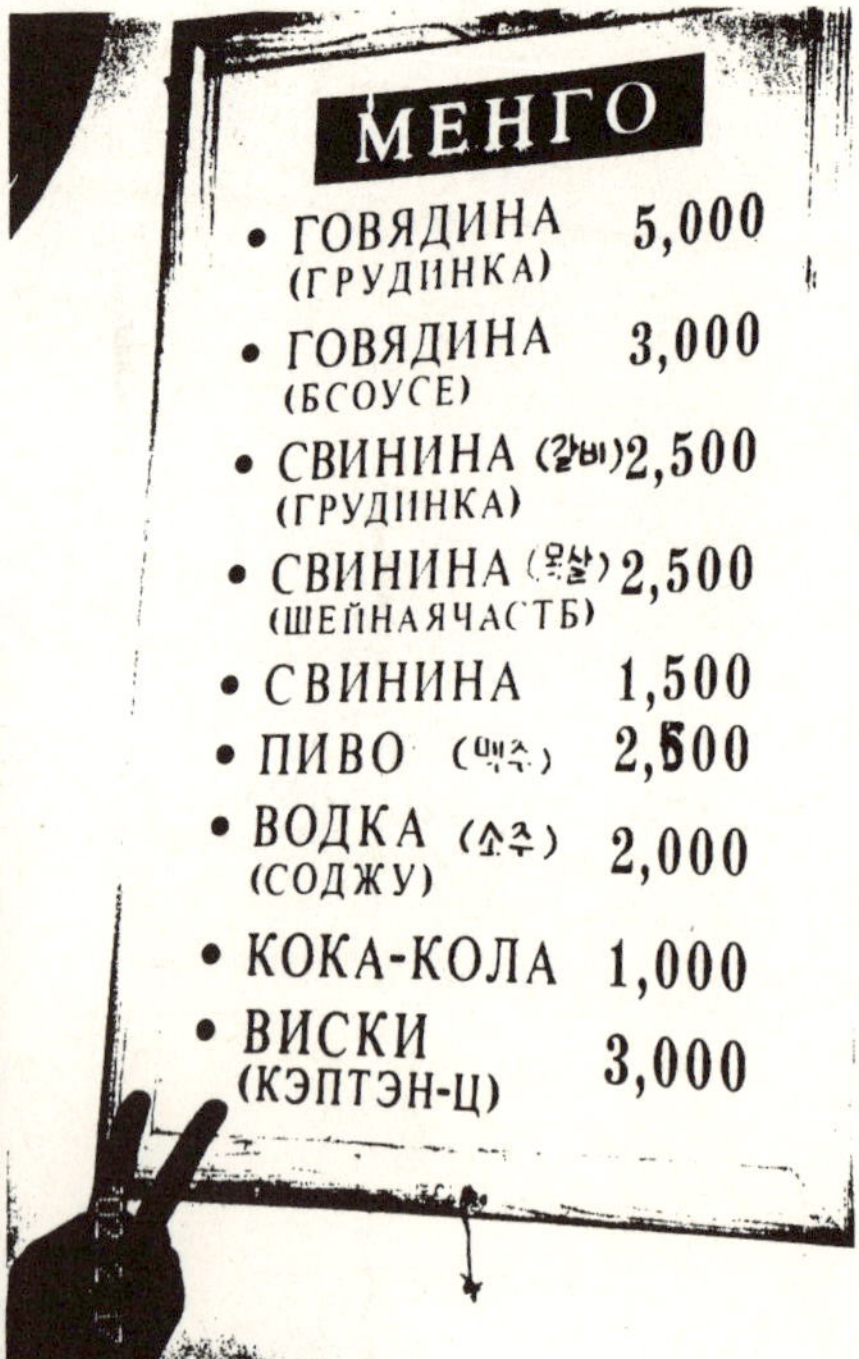
МЕНГО
• ГОВЯДИНА (ГРУДИНКА) 5,000
• ГОВЯДИНА (БСОУСЕ) 3,000
• СВИНИНА (갈비) 2,500 (ГРУДИНКА)
• СВИНИНА (목살) 2,500 (ШЕЙНАЯЧАСТБ)
• СВИНИНА 1,500
• ПИВО (맥주) 2,500
• ВОДКА (소주) 2,000 (СОДЖУ)
• КОКА-КОЛА 1,000
• ВИСКИ 3,000 (КЭПТЭН-Ц)
'02 2 17

カラオケ
'02 2 17

↑ 一番上がプルコギでしょうか？日本語のメニューもありました。

← 夜の釜山は白い恋人たちが闊歩。

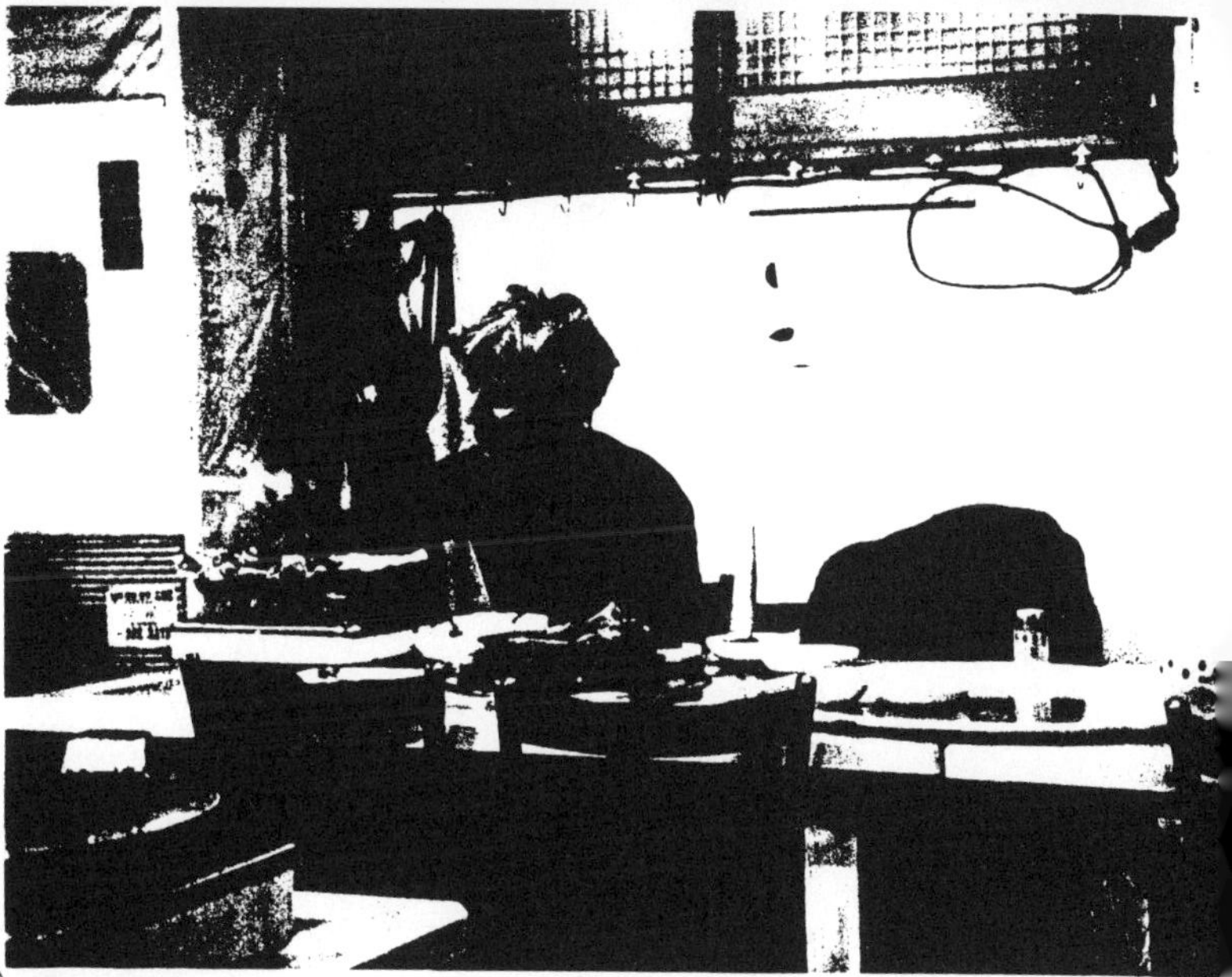

金山駅前のテキサス街はもともと(1800年代始め)前世紀初頭の中国人街より、日本人街、アメリカ人街、そして今、ロシア人街と、いくたの変遷を経ておりますが、次はこの国の治外法権地帯になるんでしょうか。モンゴル人街てか、ベトナム人街になっちゃいーてね。

亀浦クボの犬市場・ケンチャナヨ

たまにわけ分かんない犬も混じってたりする。小っちゃい愛玩用の。

AX　チワワ入った雑種みたいなのも(笑)。

根本　そういうのって一応食う対象じゃないんだけど、混じっちゃったら「まァいいか」ってことになるんだよきっと。あと、たまに一匹ヤギが混じってたりとか。

AX　それもそこでは犬?

根本　10匹のうち9匹犬だったら、残りの1匹のヤギも犬なんだよ(笑)。

AX　たぶん…いや絶対そうでしょう(笑)。

根本　全部大体だからさ。大きなくくりの中では犬。

AX　「犬市場」だし。

根本　逆にヤギ9匹で犬1匹だったら、それは犬でもヤギ(笑)。だから、マンガとか表現の世界ではいろいろ不自由なことがあるかもしれないけど、日常の、日々の営みの中に脈々とアバウトさが息づいて機能してるから凄く楽だと思うんだよ。

AX　現実の部分では。

根本　だからこそ問題は多々あってもあの国の人たちはいつも元気なんだと思うんだよね。向こうから見れば日本の方が自由に見えるかもしれないけど、足し算引き算やっていけば結局一緒で十一ゼロなんだよ日本も韓国も。

亀浦クボ

亀浦

ソウル・オリンピックのときにも店の看板を降ろせだの目立つところにある店は目につかないところに移転しろだの、「国際的」なイヴェントがあるたびに、お上からの指導がなにかと行われてしまう大韓犬料理問題であるが、何を恥じることがあるだろう、大声で胸を張って全世界に向けていえばいい、我々は昔から犬を食べて来たのだから西洋人にとやかくいわれる筋合いはない、と。犬は人類の友であり忠義をつくす貴重な動物、であるからこそ偉大なる食料ともなって役だってくれるのだ。そこらの小鳥とは違う。犬は精のつく食料として大韓民国では不妊治療用にも推奨されてきたという。新婚カップルに

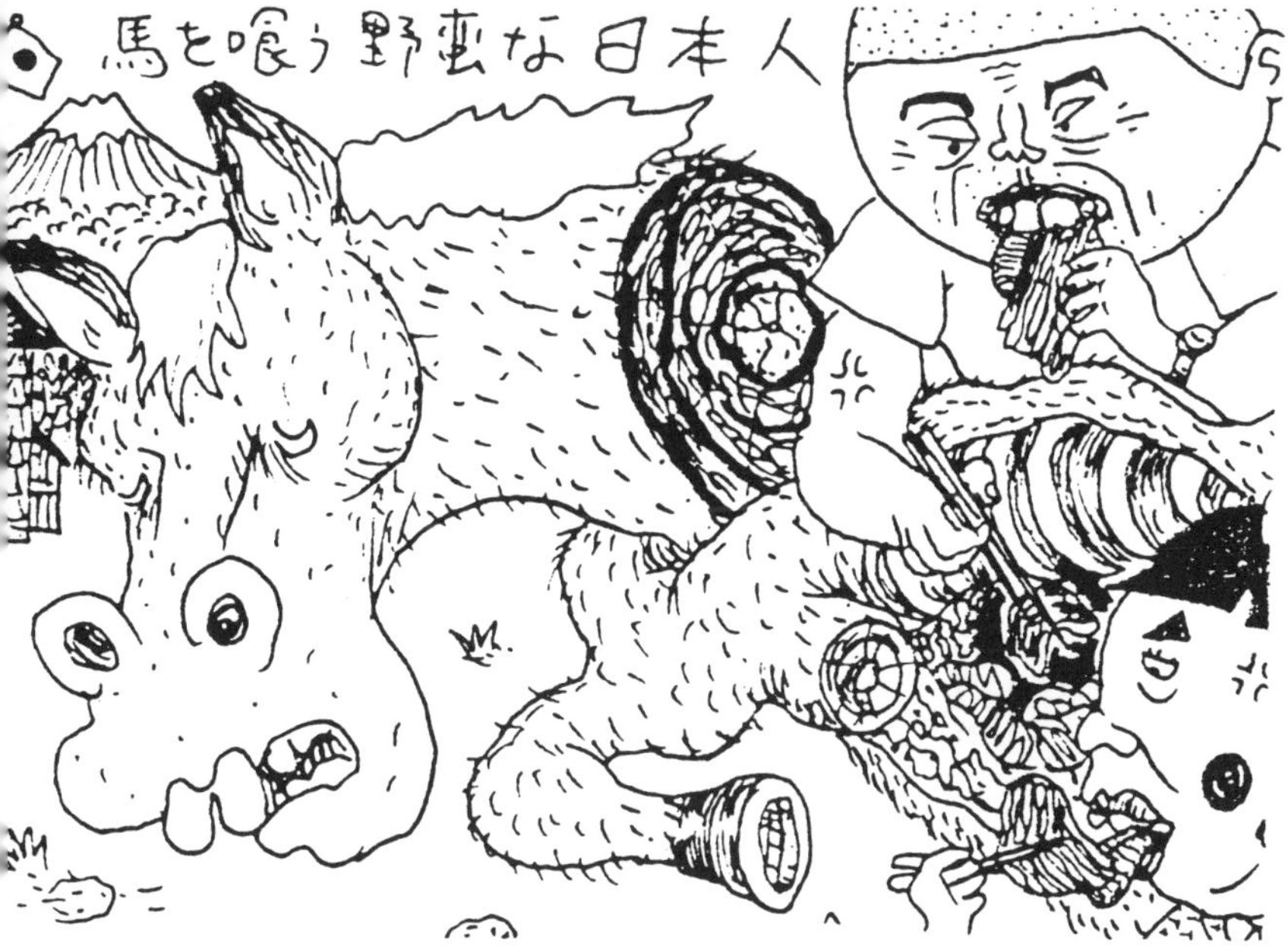

よい子が授かるようにと仲人が振る舞うことも少なくないと大韓の友人も言っていた。犬は大切な食材であり縁起のいい動物だ。お産も軽いし鼻も利く。種類によっては足も速い。耳もいい。

市場は広大な宇宙であるが犬が大量に売買されている所は貴重である。沙上の市外バス・ターミナルのもう少し北に位置する亀浦には犬専門の市場がある。生きた犬はもちろん犬の肉だけではなく、ローストしたものや、補身湯セットなども売られている。市場中で犬の各種なき声が交差している。もちろん犬料理専門店も軒を並べている。キャイーンという犬の声を聴きながら食べると犬の尊さが身に染みてわかる。一口ごとにありがとう犬、との

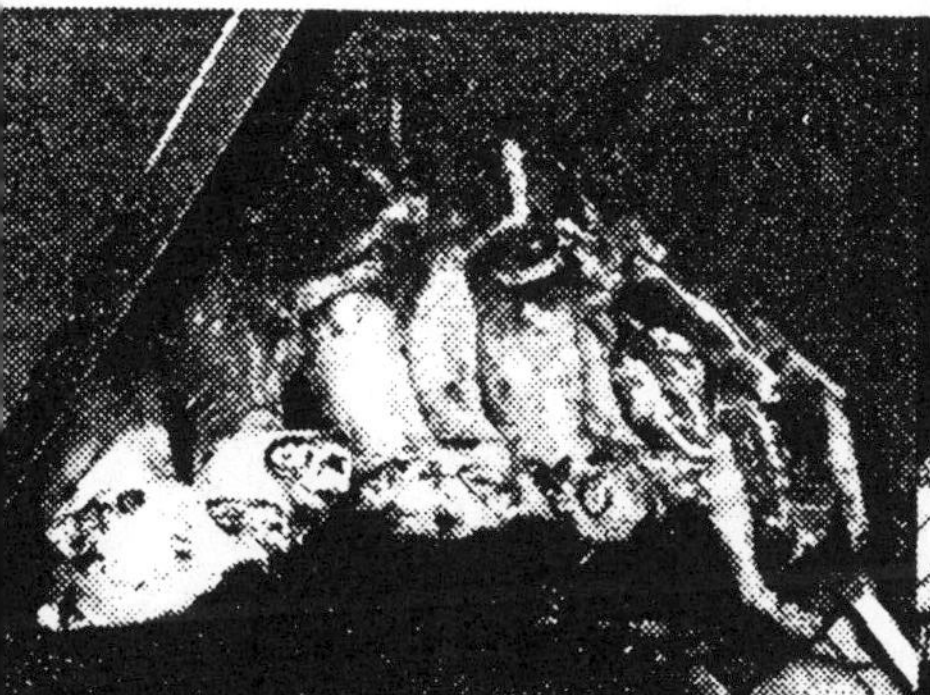

犬肉

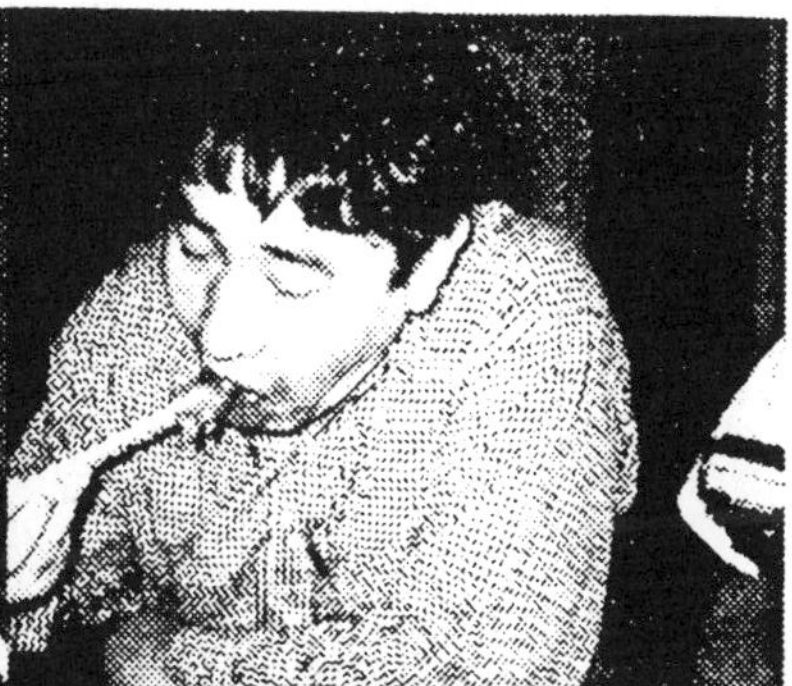

犬肉を食べるエビス氏

念でよけいにおいしくなる。

　日本は鯨肉を食べるといって非難する馬鹿な欧米人は、大韓人の犬食をも軽蔑の対象にする。ワールド・カップの競技場周辺で犬食販売テントを作り、犬バーガーや犬ステーキ、犬カツ・サンドなどを提供するという。すでにデモンストレーションは行われている。亀浦の犬市場では犬の他に山羊なども売られていたが、通りすがりの看板で猫と記されたものもあった。一度食したいと思い猫食堂を探したが発見できなかった。猫肉料理とはいかなるものか？　韓国愛犬協会は「犬肉を食べないことこそがW杯成功のカギ」とほざく。犬好きなら犬を食え。犬肉油はシワ、シミに効果絶大とのこと。犬キムチ、犬肉マヨネーズ、もっとやれ犬肉推進派！

朝、地下鉄「温泉前」のあたりで、止まったワゴン車の中にギッシリつまった様々なタイプの乞食。ヤクザ者(？)が、めくらの女の手をひいて外に出し、
ホーレ
赤ン坊とカゴを手渡すと
グォオオオ
またどこかへ行っちゃった。夕方来てピックアップして行くのだろう。組織的乞食集団かそれともヤクザのしのぎか…

昌原

釜山から近郊の馬山や内西、カヤ、釜山温泉などへ行くときには沙上（ササン）にある西部市外バスターミナル（ソブ・シゲェ・ボストーミノル）である。人の出入りは当然多い。久しぶりに行ってみたらバス発着場全体に足場のようなものが組まれあちらこちらが壊されている。建てかえのため移転したか、と思っていたら、おやじが胸を張って「あっちから入れ」という。その指さす方を見るとシートが張られた上でレンガをおやじとにいちゃんがガンガンガンとハンマーで砕いている。ガラガラと砕いたガレキが落ちてくる。よく見るとガレキ落下のすぐわきに薄暗い入り口のようなものが見える。おそるおそる進んでいくと確かにガレキをよけながらおばさんたちや親子連れまでもがそこを出たり入ったりしている。赤ん坊抱いて通る者さえいる。バスに乗るのも命がけである。しかし解体するほうだって仕事である。下を通るやつらのことなどいちいち気にしていたら陽が暮れてしまう。ちなみにガレキ落下の入り口を入って行くと暗い通路で吊しの服がバーっと売られていた。人生至るところにお店あり。

西部市外バスターミナルから昌原行きのバスに大体三〇分ぐらい乗って、降りたらいきなりロシア人が料理していた。今回、いろんなところでロシア人を見たけど、そこにもいた。で、地図を見ると工具の街。ホントなんにもないうえに、日曜日だったから、ロシア人がウロチョロしてパキスタン人や中国人がバイクとか自転車に乗ったりしてんだよ。マーケットも一応あるんだけど、辛気くさい。そこでメシ食って、コーラ飲んでパキスタン人がなごんでいた。町のあちこちにゴミがいっぱい落ちてんの。また、ゴミの捨て方がインスタレーションみたいでやたらに堂々としている。アート心にあふれている。ボロボロの金網のカーテンが下っているから、なんだろうと中に入っていくと捨ててある、いくつものゴミ袋がこじんまりと丘陵を作り上げていた。この展示会場には門がないのでトラックで左右挟んで門にしているんだ。工事現場の入り口と同じで、合理的だよ。韓国人合理主義だから。近くに貨物列車が通ってて、その脇がゴミ捨て場になってるんだけど、椅子の置き方なんかもマルシェル・デュシャンの如し。

歩道の敷石はデコボコである。アスファルトはゆがんでいる。まっすぐ歩こうとするといつの間にか身体が斜めになってしまう。この町の道は歩行者に勝負を挑んでいるな、と思うのもつかの間、路上に花札が落ちていた。花札の後にまた花札が落ちていて、次にトランプが落ちてて、その次の勝負の合間にタバコでも吸ってっていうんでマッチが落ちてんだよ。道がどんどん勝負かけてくるので負けるものかと我々も進んで行ったら最終的に金網の向こうに残りのトランプがヤケになってパーッと撒き散らしてあった。あいつらは勝負投げたのである。

ちょっと勝ったかなって思ったよ。

静かな空の下に突然ギギギギギギギギーとエコーのかかった金属音が響いた。クレーンが大きなコンテナを動かしていた。クレーンは工場と倉庫の原野に生きるティラノザウルスのようだったり。街のすべてが美術館だった。しかし、その日、町の中に人はいなかった。

しばらく歩いてゆくと真新しい巨大な建物があった。目をこらしてよく見るとその建物の中に人がいた。いるだけ

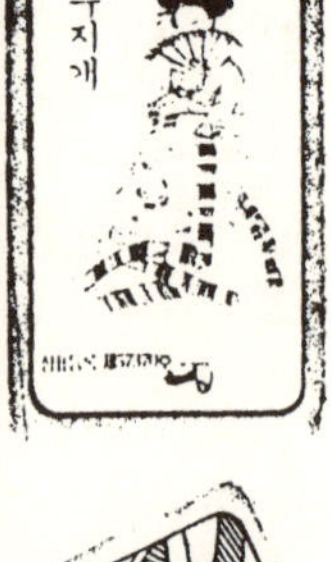

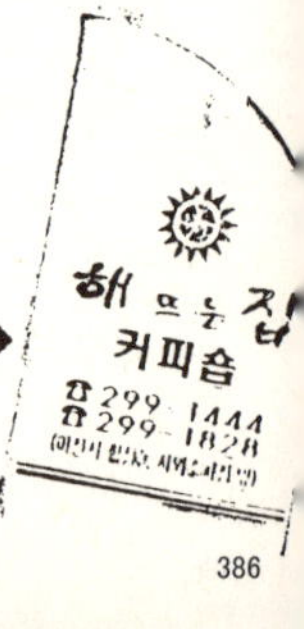

←昌原の路上にて勝負を挑んで来た札

ではなく、皆動いている。これはどうしたことか。その建物のドアを開けて、我々はその場に立ちつくした。そこにはものすごい数の人間がいた。ほとんどが家族連れでうどんやビビンバやハンバーガー（ヘンポコ）を食いながらザワザワギャアギャアしゃべったり興奮したり笑ったりしていた。その建物はショッピング・センターだったのである。

我々がドアを開けたそこの一階は池袋駅のフードランドが一〇〇倍広くなったような巨大飲食場だった。もとより昌原は工具屋街と工場と団地ばかりの地。

その団地の人たちのほとんどがそこに居たのだろう。旧正月の最後の日だからどこか行くかっていうと手頃なところはそこしかないんだよ、異常なんだよ、そのギャップが。外はカラッポ、中の人口密度はビッシビシ。各階の売り場へは鞄なんか持って入れないようになってて、コインロッカーに

㊤2台のトラックによる“名門”の出現
㊦レディメイドのイス
ゴミとブラシと
工場の門、ポスターも助演

ゴミアートの
名所。POP
といえばPOP
色彩もミラクル

殺伐たる空っぽの町にあった斜め看板

線路なのかゴミ捨て場なのか。その両方。
列車はゴミを押しのけて進む、アートの町を

預けてから入場せねばならない。その建物が六階まであって、エスカレーターで移動するんだけど、バリアフリーになってて階段ではなく動く歩道のようにスロープが動くんだよ。それで、上の方に行けば行くほど天井が低くなって来るのだった。四階から上は建物の半分が駐車場になっていて、六階に着くと駐車場の脇にパーっとバーゲンの学生服が吊されてる。その話しを通訳の在日韓国人の朴さんにしたら、「韓国の建築物ってソウル大学の建築科出たような人が図面引くんだけども、実際の学力は高千穂商科大学卒ぐらいしかないんじゃないか」って言ってたよ。先に外枠作るんだけど、根本のマンガみたいに最後の方はだんだんコマが小さくなる、それと同じなんだ。辻棲あわせようとして、天井が低く成っちゃう。光速ネット網配備とかいってても情報がないのでエロ・サイト、ばっかり見たりするのと、ちなみに昌原には大韓F3グランプリが行われるサーキットがあるそう。

↓ガイド・ブックにも載っているF3案内

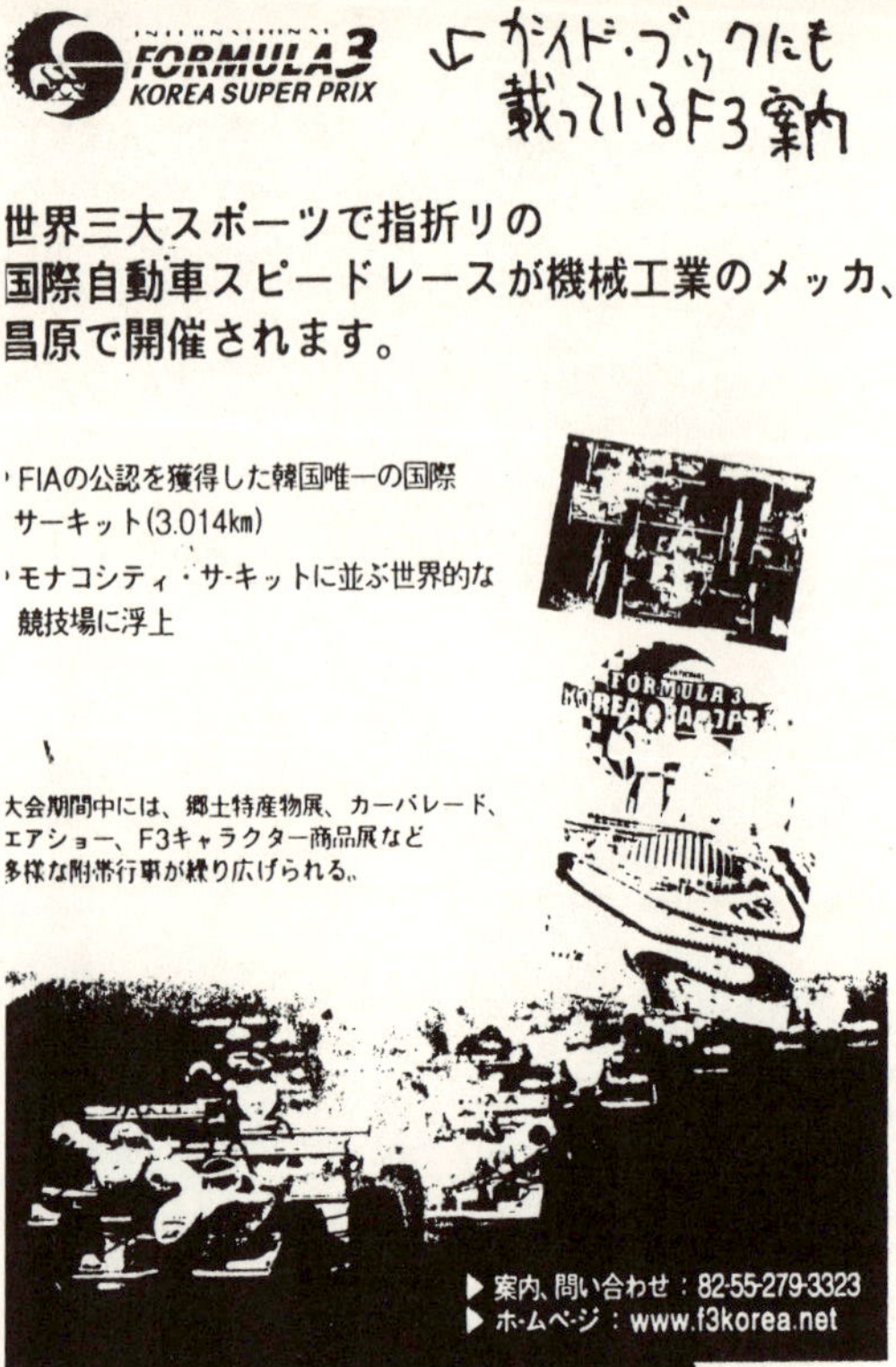

INTERNATIONAL FORMULA 3 KOREA SUPER PRIX
世界三大スポーツで指折りの
国際自動車スピードレースが機械工業のメッカ、
昌原で開催されます。
・FIAの公認を獲得した韓国唯一の国際サーキット(3.014㎞)
・モナコシティ・サ-キットに並ぶ世界的な競技場に浮上
大会期間中には、郷土特産物展、カーパレード、エアショー、F3キャラクター商品展など多様な附帯行事が繰り広げられる。
▶ 案内、問い合わせ：82-55-279-3323
▶ ホ-ムペ-ジ：www.f3korea.net

관광
나들이 멍콤비
노래 : 김준규 · 현미래

←サーキットの狼ポンチャック

巨済島《コジェド》

거제도

釜山中央洞の沿岸旅客埠頭から高速旅客線に乗って一時間ほどで巨済島の玉浦（オクポ）に着いた。春節の最後だから、朝早いと店も開いてない。一応、観光地だからこの時期は、余計に誰もいない。とりあえず、市場を通ってブラブラしていたところ、狭い市場の中を無理矢理車が通るのを目撃。その

巨済島

「親切がここでも。この人
内装屋社長のところの
トラックでドライヴ

たんびに、両側のパラソルとか荷物とかイスや品物をみんながどけている。車道かどうかもわかんないけど、通っちゃったもん勝ちだからさ。学歴階級社会だからトラックの運転手が高校中退だとしたら市場

ゴミ大臣（女性）に道をたずねるがX

に店出してる奴らは中卒みたいなもんだろう。ゴミ山の横で犬を飼って小屋で暮らしている人がいたので古県(コヒョン)行きのバスターミナルをたずねたが、教えて貰えなかったので、近所の身なりの汚い親爺がブラブラしていたから声かけてみたところとても親切で、その人は内装屋だったんだけど、もうひとり身なりのいい人が我々を店の内へ案内してくれた。てっきりその人が社長かと思ったらただの使用人で、聞いてみたら汚い方が社長だった。その会社のトラックに乗っけてくれて、ふと見るとラッキーにもイ・パクサのテープがあってポンチャック聞きながら古県に行ったんだよ。

この島は朝鮮戦争時代の時にさまざまな捕虜を収容する施設であった。現在はその跡地の一部が捕虜収容遺跡館になっている。テントが張られ戦車や飛行機があって「大脱走」のロケ地のようになっている。巨済はいいところなのだろう。ボーっとするにはもってこいである。まったく脈絡なく道端にソファーが置いてあったり、魚介類がうまかったり、特に何かあるというわけではないが、宙空に何かを見つけることはできるに違いない。

古県からバスに乗ろうとふと見るとターミナルに隣接して旅行社があるではないか。近頃韓日のフライトはとても混雑していてチケットがとてもとりにくい。すぐにそこで

今もまだ捕虜が居住かて思わせる入口である

上ロウ人形が物語る軍医は何を見つめるか。北朝鮮の捕虜テントには金日正の写真も。

炊飯要員は足が痛そうであった。ロウ人形は皆新しいものだった。

炊飯場の釜には3本の煙突が。
いい立ちである。

↓館にて手に入れた動乱して捕虜関連のドキュメント・ビデオのCD-ROM版→

帰りの坂道大きなクマのヌイグルミあり→

든 악기로 연주하고 있는 제83수용소 포로들

発券を申し込んだ。その男はなかなか良くできた男であった。アクもなく髪もきちんと七三分けで、予約状況をコンピューターの画面で見せてくれて。二人分はすぐに取れたが、日程の関係で一名分がソウル発は不可、しかたなく釜山発成田行きとなった。その男がいうには「ここでは発券できない。別のところでやるから車に乗って下さい」と連れられて着いたところがその朝ぶらぶらしていた玉浦であった。巨済島行ったり来たりの一席。

空港(釜山)のカウンターで
コレは使えまへん
2月28日でなく3月28日のチケットです
ええ!?
チケット

馬山

地方都市を短期間でまわる際にどうしても腰掛け的に宿泊するだけの町ができる。馬山もそのような滞在となってしまった。遅い晩めしと短時間の睡眠を取るために馬山に足を踏み入れた。大韓のほうぼうでこのところ流行っている「七〇年代喫茶」あるいは「昔風バー」があったので、入ってみたら、別に飯がうまかったわけではなく、レジ・カウンターの背後にキム・イルこと大木金太郎の写真が飾ってあったのを発見し思いがけず

馬山

懐かしさを覚えたのであった。「七〇年代喫茶」では昔の大韓のフォークやロックや歌謡曲が店内に流されている。「七〇年代」という通称とはいえかかる曲は八〇年代にも跨がるのはいうまでもない。ソウル・オリンピックの頃の大韓民国では昔を振り返りそれをなつかしむという風情にはあまりお目にかからなかった。「昔風」というのはなつかしさというより当然レトロ・フューチャーとかいうもので、未体験の若者たちの新種のファッションのひとつであろう。別に現状に飽きたからではなく、一息つけるようになったことの現れではなかろうか。打倒日本／急速な近代化をプロパガンダし続けてある日直面した経済破綻で、ふと我に少しかえってみた。二〇〇二年の大韓民国にはなごやかさがあった。見せかけだけかもしれないが、落ち着いた前向きさやささやかな豊かさが感じられた。シケた顔だらけの日本とはそこのところが確実に違っていた。国全体が上品になったのではなく、見せかけの上品さの追求からやっと逃れられたというところではなかろうか。

　しかし、ふと、やってしまうのもまた大韓流。馬山にはニュー・インテリジェント・バー！ビートルズがあった。ビートルズのロゴが看板になり、店内には「ア・ハード・デイズ・ナイト」の頃の写真パネルなどが吊してあるのだが、店員も店に来ているヤツらもとてもビートルズをまともに聴いているとは思えぬ様子。「イエスタデイ」とか「ヘイ・ジュード」ぐらいは知っているでしようが。こちらも「レボルーションNO・9」や「ユー・ノウ・マイ・ネーム」を聴かせろとまではいわないが、せめて〈ニュー・インテリジェント〉なバーでビートルズなところなら「ア・ハード・デイズ・ナイト」ぐらいは聴けるだろうと思って一時間余りいたのだが、ビートルズのビの字すらかからない。店内でかかる曲は大韓ポップス、特に流行っていた日本のチューブに曲調・歌ともにそっくりなやつが何回もかかる始末。オリジナルのカクテルでも作って「レット・イット・ビー」と命名するようなインテリジェントを発揮

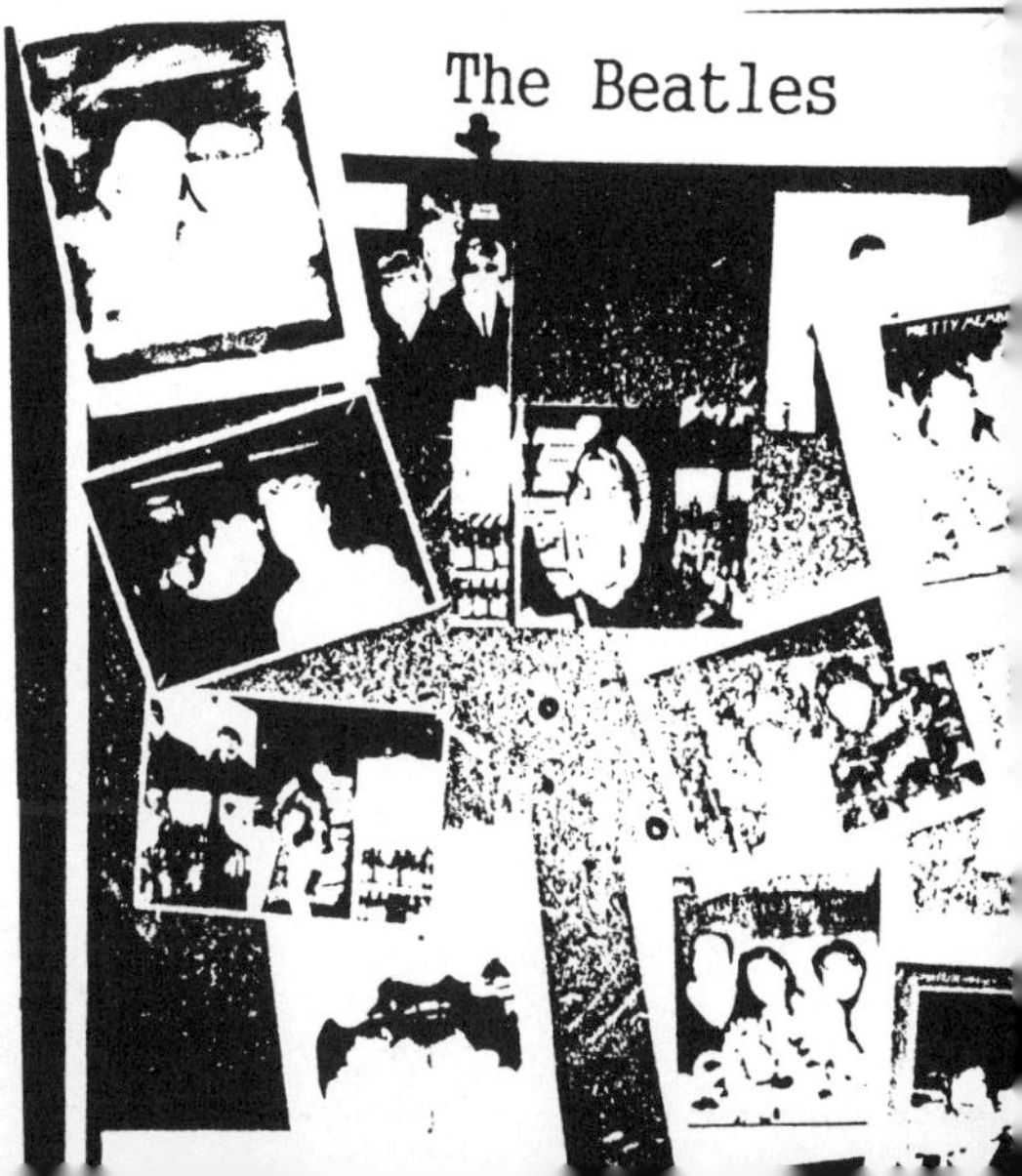

店入口横のボードには
ビートルズの上に客の
写真が咲いていた→

しているかと思ってメニューを見ると「セックス・オン・ザ・ビーチ」とか「キッスなんとか」ってカクテルしかない。最初、姉ちゃんが水持って来たから、そいつに言ってやろうと思ったんだけど、注文取りのときには男が来やがって、そいつに「セックス・オン・ザ・ビーチ」っていったらフフフって笑いやがった。ああ「ア・デイ・イン・ザ・ライフ」。

ORIGINAL STEREO MUSIC CASSETTE
이것이전기기타고고2
20
GOLD

→ポール・マッカートニーさんもポンチャッカーに。『これが電気ギター・ゴーゴー2』77年作。マニア熱狂。

高速バスの運転手が

高速バスで晋州（うなぎの都）へ向かう。バスの運転手のとこへ携帯電話が何度（少なくとも5回）もかかる。その度に大声で話し込み、大声で笑う。どう考えてもプライベートと思うが、案外業務連絡だったりして。その方がもっと問題だが、この国なら大いにありえる事。

高霊《コリョン》

고령

霊が高いのか、霊が降りるたる高地ということなのか。地名にはなんとなくひかれて行ってみたところ、ここは何か、というと古墳の町で古墳古墳古墳古墳古墳古墳古墳古墳古墳古墳古墳古墳古墳古墳古墳古墳古墳。山の屋根が円墳群でらくだの集団のようにデコボコになっている。高霊は大加耶國の都で、金属工芸を発達させた地であり陶芸の里であり加耶琴発祥の地であった。文化遺産は実に豊富である。古墳はとりわけ重要であり、主山(ジュサン/311メートル)

の中腹には円墳形大型ドーム状の大加耶王陸展示館がある。大韓民国で最初に確認された殉葬墓である池山洞（ジサンドン）四四号古墳を発掘し復元展示したものである。古墳古墳古墳の町のせいか全体的になだらかな印象の強いところである。ここにもゴッドハンドと呼ばれる男がいたのであろうか。出土品の数も大変なものであったことであろう。市場ではカクソリ実演による飴売りがいた。これもポンチャック・ディスコのルーツのひとつである。山の中の町だが、ためしにフグ・チゲを食べてみたところたいへんおいしゅうございました。たらふく食って一人八〇〇〇ウォンとは安価なり。大韓民国ではほぼどの町でも、いかにも汚い食堂ではハズレ率が高いが、一応清潔なたたずまいのところはまずひど

いということはない。ただし、洋食はそういうわけにはいきません。特にソウルと来たら、見てくれではわからぬ所多く、値段も地方とは一ケタ違うことなどザラであります。

古代史マニアや石塔石像好きにも高霊はよろしかろう。古墳に新しい墓が隣接しているところもあってまぎらわしいが、静かな地で、夏には河遊びも楽しめ、避暑地としてもこじんまりしていて人気だという。

帰りがけに大加耶王陵展示館の事務所をのぞいたら、でかい画面のパソコンで管理人の男が美少女画像を取っかえひっかえ見ていた。

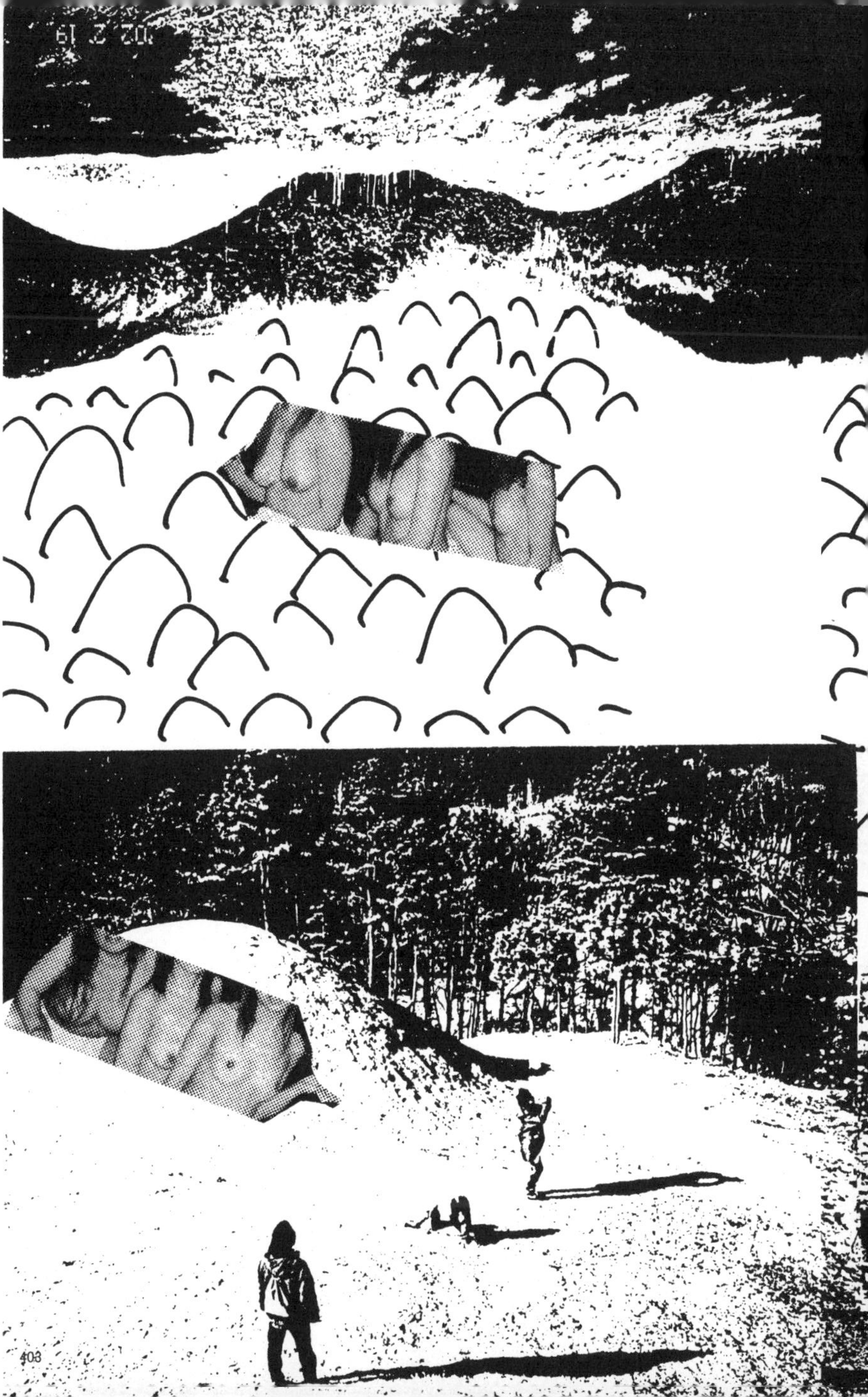

外景は立派、中はカビ臭い

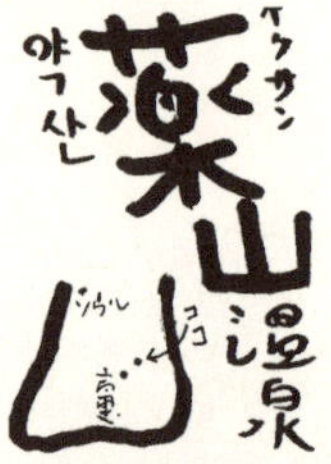

薬山温泉

確かに高霊は静かでいい所ではあるが、イイ所ではなく、間が持たなくなった我々は疲れを取ろうと高霊から大邱に戻る途中で薬山温泉に立ち寄ることにした。バス路線がよくわからなかったために、タクシーをふんぱつしたら運転手氏は自選ポンチャック・テープ（歌なし）をかけてくれる今どきめずらしい人で快適なドライヴであった。

薬山というくらいだからなにか薬効がずらずらと壁に書いてあるのかと思ったらそんなことはなく、畑の奥の里山の裏にある一軒宿（薬山温泉ホテル）の、河と雑木林の他になんにもないところであったり。大浴場といっても極普通で、湯は当然豊富である。ザブザブザブっと湯をあびてドボンとつかって、ここに泊まったら夜はやたらに長くて長くて、どうしようもなかろうと思われる。

風呂の入り口横の売店兼食堂に行ってみると二台のガスコンロの上でおでんを入れたナべがぐつぐついっていた。入浴客は思い思いにそのナベから串に刺さったおでんを取って食べていた。値段は残った串の数によって払う。食べた後にカラの串をナベに戻してごまかすことは容易である。店番は青年一人で、ホテルの雑用と兼ねているので店にだれもいなくなってしまうことがしばしばだからです。おでんの湯気がふらふらと立ちのぼってゆく。閑散としたホテルのロビーのような空間はおでんの臭いに満ちていた。

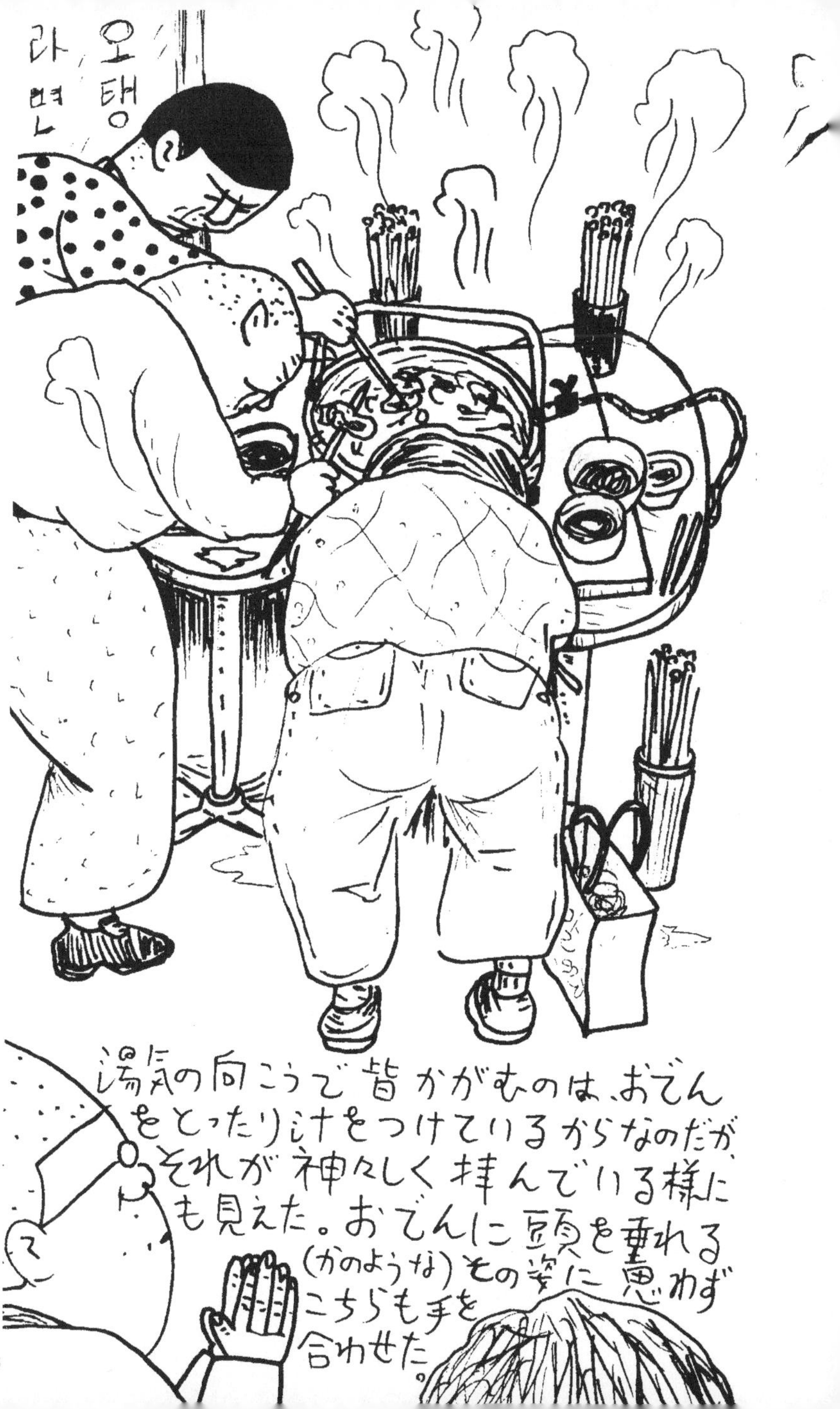
오뎅
湯気の向こうで皆かがむのは、おでんをとったり汁をつけているからなのだが、それが神々しく拝んでいる様にも見えた。おでんに頭を垂れる(かのような)その姿に思わずこちらも手を合わせた。

ほうぼうでおでんを食ったという友人の金さん(♂)は、地方の貧民街のおでんはマズイという。串に刺さったおでんをちょっと食っちゃ汁つけちょっと食っちゃ汁つけを繰り返すやつが多く、ナベが人々の唾液だらけになったままだからだそうだ。おでんマニア金さんはソウルではしばしば梨花女子大近くに宿泊するが、それは梨花の女の子たちの唾液がついているおでんが食べられるからかと思ったら、梨花の娘たちは一度抜き出したおでんをかじりかけでナベに繰り返し戻すようなことなどしない、金さんはおっしゃっていた。

薬山温泉で夜よりも暗い一夜を過ごす気にならなかった我々はバスで大邸に戻ることに。雑木林の間にお城のよう

↑メルヘンチックな外観の夢の跡。傾いた柱が哀しい。

内部は爆弾テロにあったかの如し。

な建物があったり。廃屋であったり。温泉レジャーの夢の跡は、今はなき西伊豆の大滝ランドを思い出させた。淋しい風が吹いていた。バス停近くには畑のほかには何もない、と思ったら少し引っ込んだところにポツンと黒塗りのこじんまりした店があり、電気もついていた。そこはライブ・ハウスであった。誰が見に来るのだろう。山小屋風に見えなくもないその店を見ていたら突然段ボールの「ぺったらぺたらこ」が頭の中に聴こえて来た。

　バスが来た。そのバスは荒馬のように乗客を天地左右に揺さぶりまくって大邱市内を疾走した。

四方山に囲まれた一軒家のライブハウス。マーシャル5段積みもOKだ。

水安保《スアンボ》温泉《オンチョン》

수안보

水安保温泉

水に入れるとイオン水になりそうなミネラルが増すとかなんとかという石がここで取れるという。風呂の水がくさりにくくなるとか、疲れが取れるとかむくみが消えるとか腰痛肩こり冷病頭痛腹痛その他色々。山また山の間に開けているということでは他の大韓温泉地の中でも景色はよくちょっと鬼怒川に似ているかもしれない。メインは遊園地付のホテル（もちろん大浴場付）だが、ここの乗り物は真冬の夜でも休まない。地面で水たまりが凍りついている寒さの中でコーヒー・カップや回転UFOなどにガンガン乗っている親子が何十組もいる。しかも夜一〇時。ここにも大韓精神力の偉大さが現れている。

効果てきめんの件の名石は休息所にも敷き詰められていて、そこではイイ顔やぬるい顔のおやじやおにいちゃんたちがフルチンでゴロゴロ寝そべっている。確かに心地よいが、長く寝ているとやはり痛い。頭痛に効くかもしれないが、そのかわり腰痛になるかもしれん。

温泉へ至る沿道には山地の動物を用いた各種なべ料理屋が点在している。キジ、ウサギ、イノシシ、地鶏。山地産ではないが犬屋もあった。ここでのおすすめはなんといってもキジ。鶏よりもうまみが多く、肉は引き締まっていて食感豊か。これはちょっと日本では食えぬ。キジは天然ものは稀少ゆえに、養キジ場での飼育もの。バスからネットで囲まれた林の中でキジがバタバタたわむれているのが見えた。バス停周辺でも半殺し状態のキジやウサギがときおり体をピクピクさせながら売られている。

ここのメインの大ホテルには日本語の出来る人がとても多い。あまりにも流暢な日本語なので驚いていると、その人は日本人だった。この地に嫁に来たのだという。「ここには、私と同じように統一協会の人、たくさんいますよ」「日本からやっぱり」「ええ、もちろん」。石の効果か、その人の肌は白かった。

この山奥のホテルの中の写真館に嫁いだ。
「親はタマンねえだろうな」と思った。子供三人。

↑ ホテルの歌謡ショーのステージ。ミニスカにつられてかぶりつきの位置に移動する同盟の面々。

↓ SKDを彷彿とさせるお踊り子さんたちは紅くじゃくに扮して羽を広げ、じっと見つめる客のアジュマたちの髪の毛はきついパーマのためにミラーボール然とするのだった。

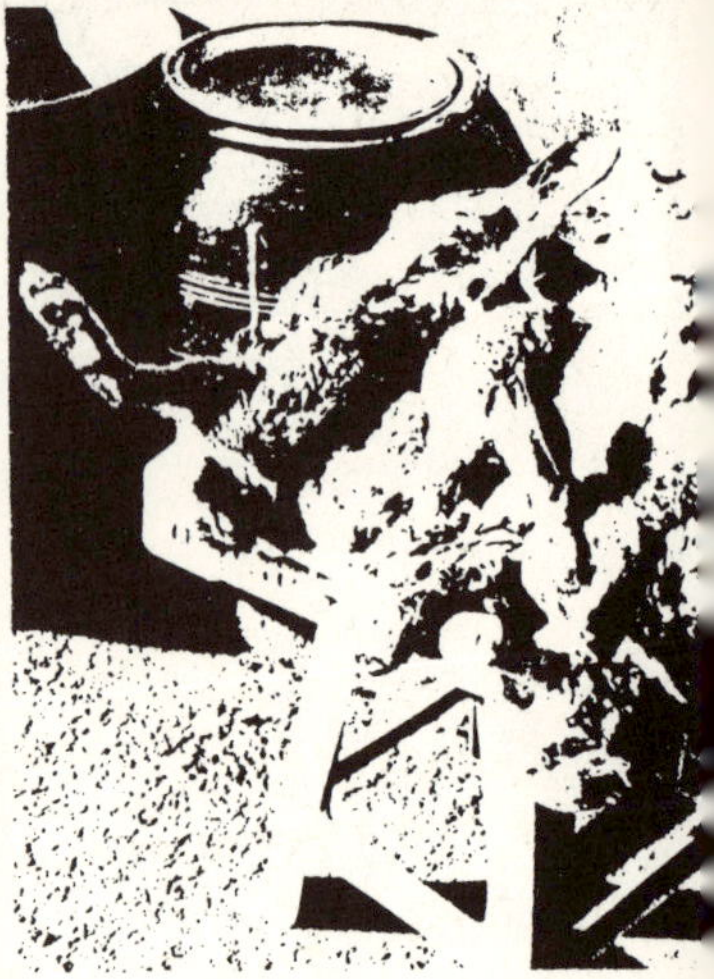

↑天に召されて日光浴するウサギさんたち。
← 目の前でキジをしめてくださった食堂の女主人。

話かわりますけど
사랑해요
SAMSUNG
スルメは「ウリナラの食文化の伝統品を守れ」ゆうんか、20枚迄とかそんなもんしか国外へ持ち出し出来んのよ。あと男性用カツラ。アレも何人分迄って制限されてますな
ーとの金さん情報である

舎北《サブク》 사북

舎北 炭坑への列車

我が（我らが）人生最低の、否、最低温度の時。

まだ夜の明けぬ朝一番に乗り込んだ太白線の列車、二輌連結の後ろの箱は殺人的に寒かった。暮れも押し迫った時期も時期、韓半島の忠清北道のほぼ中央・小白山脈にさえぎられたあんばいの場所も場所、厳しい状況が待ち受けることは覚悟していたものの、気温の低さは想像を絶するものであった。

日本の一般的な電車のように車内の両端がシートになっている。一同は横になり向かい合い坐る。睡眠不足でまぶたは重いが、未知の土地の車窓の眺めに次第に覚醒させられていくのだった。霧の向こうに陽が昇る。木立の間から朝日がときおり我々を射る。

意識を目覚めさせるいまひとつの寒さは、乗車時点でそれほど気にならなかった。自然と肩をすぼめ襟元を締めたものの、暖房が効いているはずだという当然すぎる思い＝常識に身を任せていたから。じきに暖かくなるだろうと高をくくっていたわけ。

皆の雑談はみるみる勢いを

しらじら明けの提川（チェチョン）駅に立つ。地獄への一歩は近い。

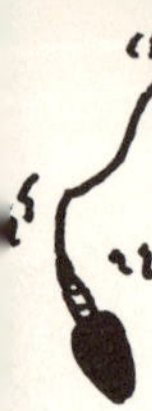

精子もふるえる寒さ

失い、独り言よろしく言葉が勝手に漏れる有様へ移行するのにさして時間を要しなかった。

「寒いよぉ寒いよぉ」「ブルブルブルッ」「こごえそうだ」

震える唇が放つそうした言葉は細かいビブラートを伴う。極寒の地を行く列車に暖房がなかったのである！

常識が凍死した。冷凍庫同然の箱の中で肉体の死を招かぬためには、取り巻く非常識＝寒さ＝冷たさを対象化して笑うなり叱るなりして闘う以外にない。眠ったら危険だ、負けだ、最悪命を落とす。冗談抜きに、それくらいのプレッシャーをしんしんと与え続けてくるのである。

厚着している上半身はまだいい。己が体を抱きしめるが如く縮こまればどうにかしのげる。問題は下半身。足裏が冷たさを通り越して痛くな

舎北到着早々目にした池だか沼だかの中に固定されたリヤカー，材木など（カッチン カチンに凍っている）。

もろ山炭鉱の図。空は青いが空気は……

り、足踏みせずにはいられなくなる。裾から侵入してくる冷気はつららのように肌を刺す。ジーパンの下にもももひきの類はなく、普通のパンツ一枚。そして普通の靴下に普通の靴。なめてかかった無防備このうえないいでたちである。何をどうやっても下半身に襲いかかってくる攻撃をやわらげる手立てがない。ひたすら耐えるよりほか術がないのだ。

　こんな我々をよそに地元のおっちゃん、おばちゃん連中は涼しい顔で坐って冷気に勝る勢いでおしゃべりの花を咲かせている。適者生存の法則じゃないが、ペアガラス、トリプルガラスみたいに皮膚が厚くなり、ちょっとやそっとの冷気など通さないのではあるまいか。体温も外部に漏れにくい組織構造となっているのではあるまいか。しかし、ちょっとした工夫はある。おばちゃんたちは皆座席に足を上げ横座り状態になっているのだ。なるほどこれなら足下の冷気が少ししのげる。とはいえ、車内に変化はない。日本から来てこんな早朝に列車に乗ってどこへ行くんだあ、と楽しそうに皆、我々を見ている。車内の娯楽に貢献してしまった。

　立ったり坐ったり歩き回ったり体操したり大声で馬鹿っ話をしたりと一同は懸命に抗戦。眠った者の頬は張らねばならぬ、これは暗黙の了解事項だ。

　ふらりと席をたった船橋がなかなか戻ってこない。心配になって捜してみて驚いた。前部の、もう片方の車輌は暖房が効いていたのだ！　そのぬくぬくとした空間の一席に坐って船橋は凍死したみたいに安らかに眠っていた。起こすと、車掌に席に案内されたところまでしか記憶がないという。

バロック、否、バラック建築がここかしこに。

山の朝の空気は清々しい。確かにそうだろう。真冬の忠清北道の山の中でなければ。

コトコトと極寒列車に揺られて脳ミソの縮んだ我々は舎北駅に降り立った。列車内の寒さゆえ、そこから解放されるというちょっとした歓喜が神経をたるませたのかもしれない。舎北駅から一歩足を踏み出し、朝の空気を吸いこんだとたんに、気絶、という言葉がくるくるとキリモミ状態で目の奥へ落ちて行った。車内の空気はただのイントロにすぎなかったのだ。寒さに胸が詰まり呼吸が何度も止まってしまう。足を踏み出そうとするのと気が遠くなるのとが同時に起こるので、前進しているのか止まっているのか、どちらなのかわからなくなってくる。炭粉混じりの路面は凍結してコチコチで危険このうえない。空は青すぎてすでに底が抜け

うんこ坐りで黙々とカセットテープを漁る姿は炭坑夫に重なる。黒いダイヤならぬクレイジー・ダイヤモンドをゲットできるか……

ユアサのハンコ。
本邦初押印。

ているのに我々には山の彼方を眺める余裕がない。このままでは路上で失神してしまう。「と、と、とりあえ、ず、どこかで、休もう……」力なく誰かがいった。

　ようやく体が暖まってきたので我々は地面が灰色している外へ出た。すると、いきなりハンコ屋兼レコード店に出会ってしまった。入ると夥しい数のポンチャックのカセットテープが目に入る。次々に「坊主」(※引いたら必ず買わねばならぬイイジャケの掟盤。この場合はカセット)に当たるので寒さしのぎの勢いも手伝い、陳列してある三分の二も買ってしまったうえ、湯浅はハンコまで作ってしまった。

　街へ出る。既に半分死んでいたんだが眠っていたんだが、気は遠いままあたりを散策する。ゴオォォォと遠くで掘削機の音。炭坑住宅は静まりかえ

ポンチャック棚に見えなくもない　さびれゆく一方の炭の山

山のふもとに段々畑
みたいに広がる集落。
無人の住宅もかなり
ある感じがした。

っていた。炭坑はすでに規模を縮小している。炭粉砂がときどき小さな渦を巻き起こす。住宅は皆平屋で玄関戸には小さな南京錠しかかかっていない。灰色の長屋は映画のセットが何十年も放置されたままのようなたたずまいである。住宅住民の多くはその時間地面の下にいるのか。夜には賭場があちこちで聞かれていると も聞くが。風景には薄炭色のフィルターがぼうっとかかっているように見える。

いつの間にか昼である。中華料理屋があったのでポックンパプ(焼飯)を食った。胃袋はなんとか動いている。その店を出るとき、かなり高いレベルのイイ顔が我々の前にふいに出現したが、あまりにも突然だったので逃げられてしまった。イイ顔は素早いのだ。

それから数年、日本同様韓国のエネルギー〈資源問題〉も石炭からの転換がはかられたため、またたく間に各地の炭坑が閉山していった。はたして舎北はいま……。

某炭坑に最近、江原ランド(古汗よりバスかタクシーで七分ほど)という韓国人専用のカジノが出来た。ガイドの金さんによる耳より情報によると、平日の昼間、一日中ドシャブリの日だろうと超満員の大盛況だという。カジノは山の頂付近にあるのだが、そこに至る沿道の片側の川沿いに二〇〜三〇軒の、質屋、中古車買い取り屋、金貸し各種、とバクチ打ちへの気配りが町を盛り立てている。お金がなけりゃ楽しくないでしょうお困りの方はぜひ、という親切が大韓的人情の花園。その中に教会もあるのだから、聖と俗。欲と汗と泥にまみれたあげく、崩れて死んだ炭坑町にも活気が戻ってきたという。一〇〇〇

ウォンから賭けられるのも地元民には有難いそうだ。ちなみに設備は、テーブルゲーム二六卓、スロット五〇〇台ほどとのこと。

映画のセットのような町。

←ステージの上にはいろいろな霊と人がつどい舞う

↓これが天国の入口

温陽《オニャン》温泉
온양キャバレー

温陽温泉キャバレー

温陽温泉は、ソウルを東京とするなら箱根というより、湯河原にあたるところだろうか。

何度か通り過ぎたり、宿泊もしているが、温泉場が鉄道近辺にあるために市外バスターミナルは知らずにいた。

ちょっとした乗り換えのため降りた温陽市外バスターミナルの売店で雑誌やエロ本を物色していたところ、足下にズンズンとドラムズとベースの音が感じられ、ポンチャッキーなディスコ曲が聴こえてくる。屋台のBGMにしては音圧が高い。カセットの音源にしてはパワーがありすぎる。しかも、足下から聴こえて来る。

これはいったい……。

バスターミナルの地下のほとんどがキャバレーになっていたのである。大きなステージ、ボックス席がずらっと配置され、ダンス・フロアの広さといったら百坪以上あるのではないか。ボックス席から見るとフロアの奥のダンス・カップルが闇にまぎれてよく見えないほどなのだ。

テープ流して皆で踊るようなことはしない。キーボード六～七台を一人であやつる手練が二人、歌手が三人、バンド

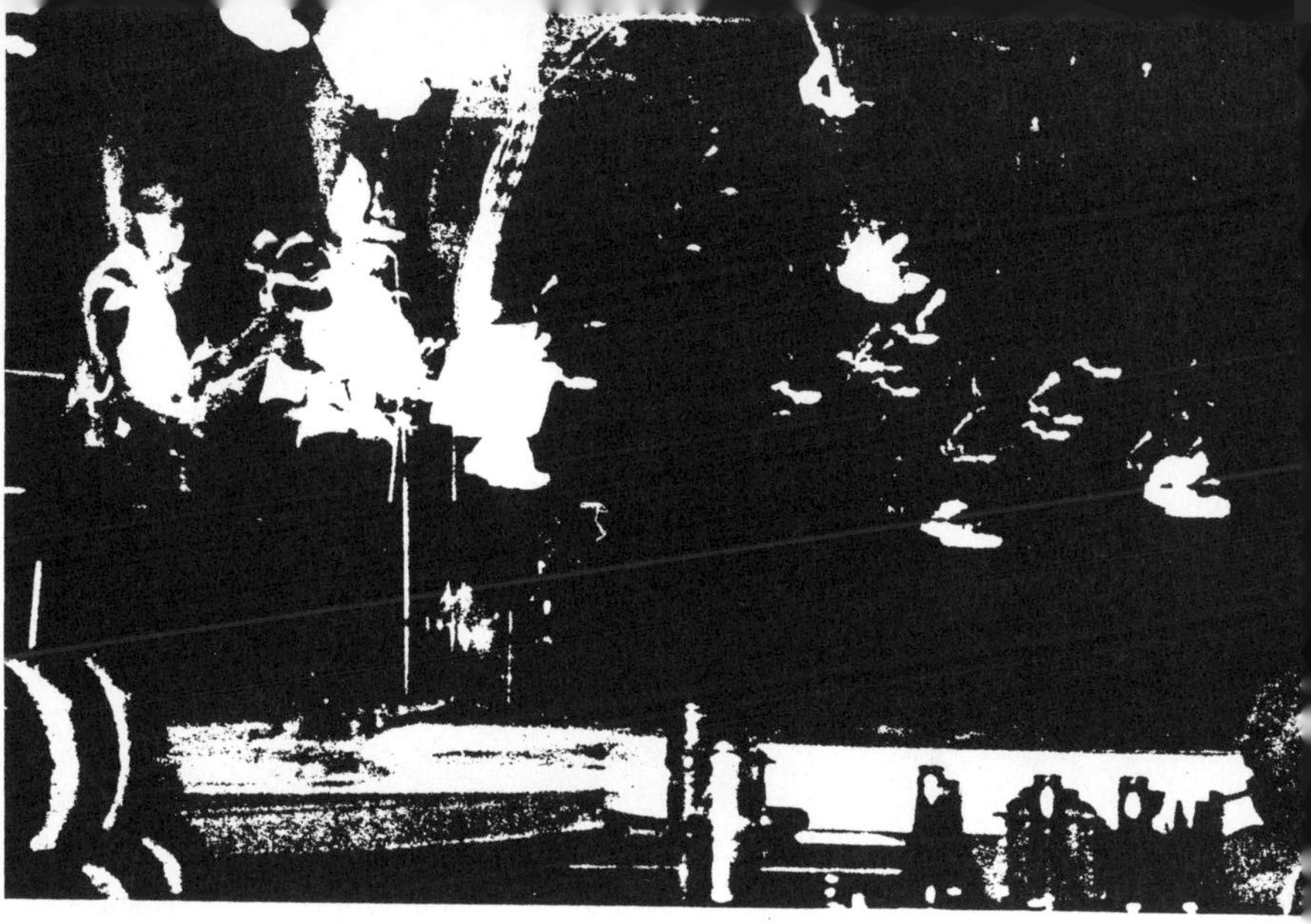

が二組。これらが入れ替わり立ち替わり演奏、歌いまくり踊らせる。アップテンポのものの次には必ずブルースや歌謡やスローなタンゴなどを挟む配慮はしっかり守られている。ここにはロシア人ダンサーやフィリピン人ミュージシャンはいなかった。

　我々が入店したのは水曜日の午後三時半ごろ。さぞや閑散かと思ったら、さにあらず。ダンス用ホステスさんとカッシリ・チーク・ダンスに埋ホるおやじ、おやじ、おやじ。カップルで来てビール飲んで踊っていく中年夫婦も何組かいる。ホステスさんは若めで地味ないかにもバイトなおねえさんが多い。まだ時間が早かったからかもしれない。夜になるとまた別の色彩がめくるめくか汁汗汁。

　バンドは手堅く、スキがない。ソウルのやつらにゃ負けへんでえ、との意気地が感じら

この下が大キャバレーです。↓

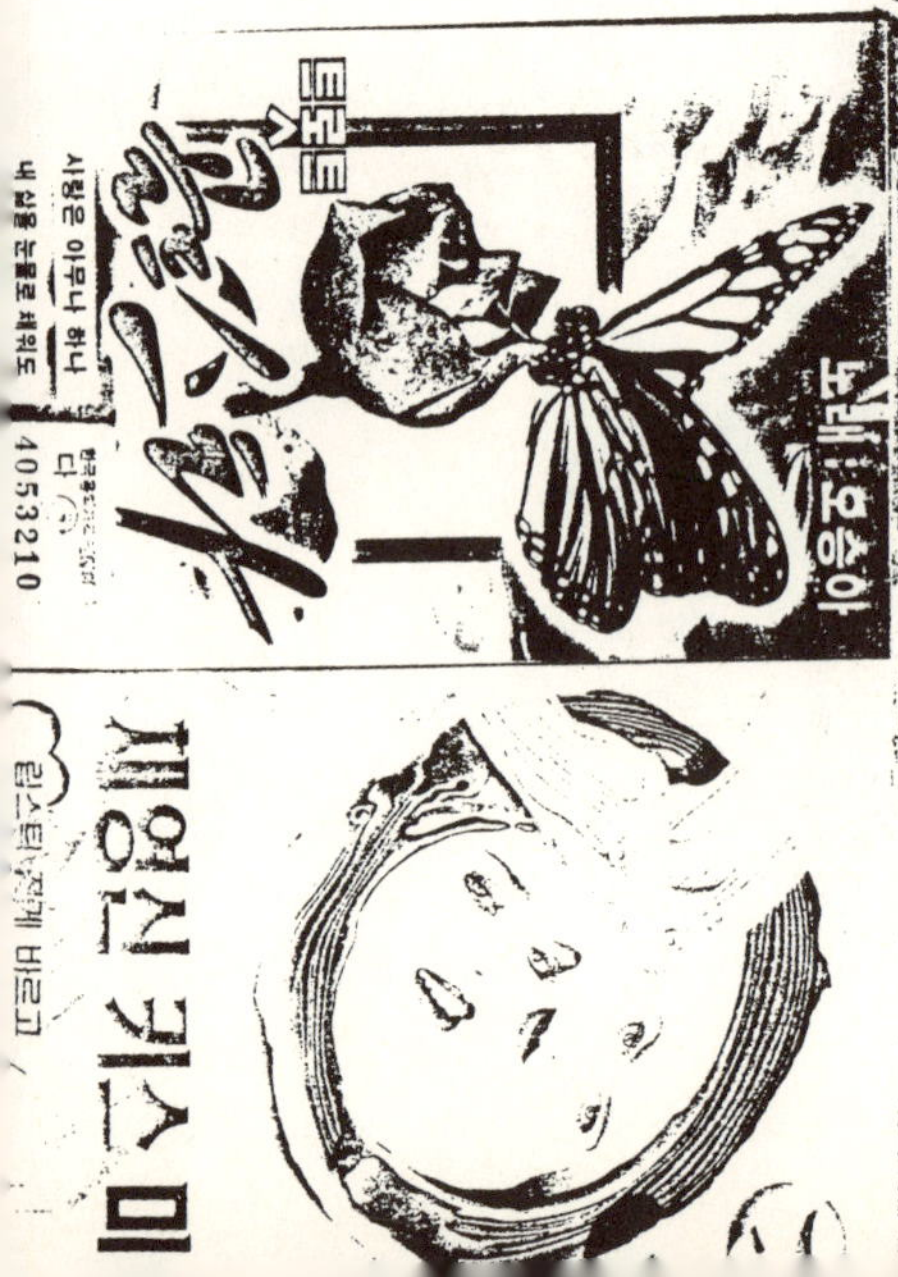

れるのだ。楽屋に引き上げるギターの兄ちゃんに通りすがりに尋ねたら、本当はヘヴィ・メタルやフュージョンをやっているとのこと。

くるくるとまわるミラー！ボールは小さめで、まったりとポンチャッキーな空間に浸るのにこんなにいいところはない。大音量でポンチャック鑑賞もいいぞお。しかも翌日確認したら正午にはもう営業しているのだ。ここに出前取るのもおつだ。料金は入場料一人二〇〇〇ウォン、飲み物はビール三本フルーツ大皿盛り合わせ付で二万三〇〇〇ウォン。飲み物付で一人一〇〇〇円という安価です。

ある晴れた元旦(旧暦)の
今日は元旦。国中が休みでのどか。道高温泉は田舎の温泉地でよりのどか。駅で。動き出した列車にアガシ（姉ちゃん）が接触し転倒。列車は停止し、引っくり返るアガシに駅員が駆け寄る。で、朝鮮語にて「大丈夫か？」。するとアガシはどう見ても苦しそうだが、咄嗟に出た言葉は「うーん、大丈夫」のオウム返し。すると駅員は額面通り受け止めたのか、「大丈夫」という事になり、列車は動き出し、ヤジ馬も消え、駅は元ののどかな元日を取り戻したのだった。
大丈夫か？
大丈夫
そうか

公州《コンジュ》

公州

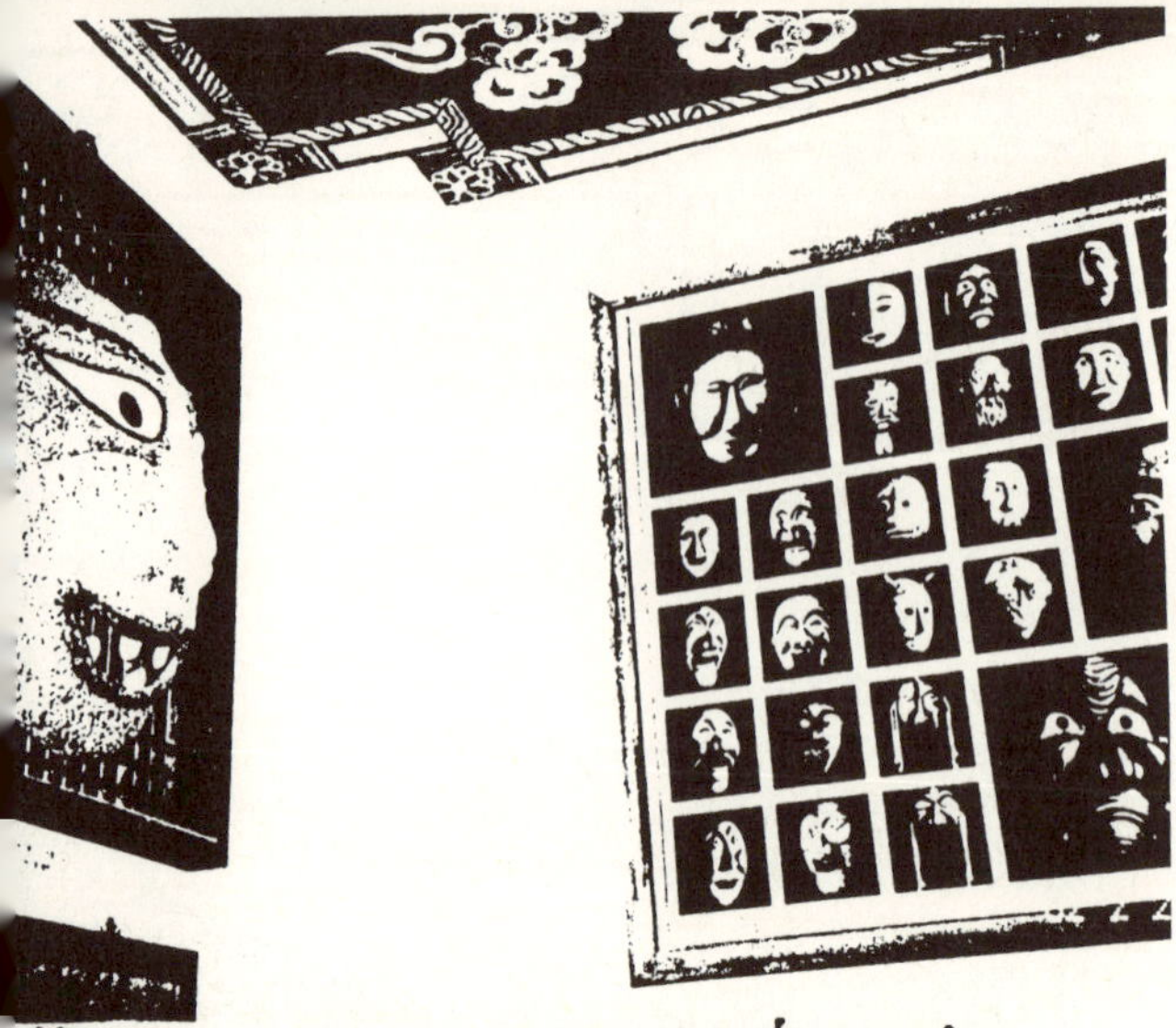

祭やクツに値するものがたくさんあります。
これは売りものではありません。

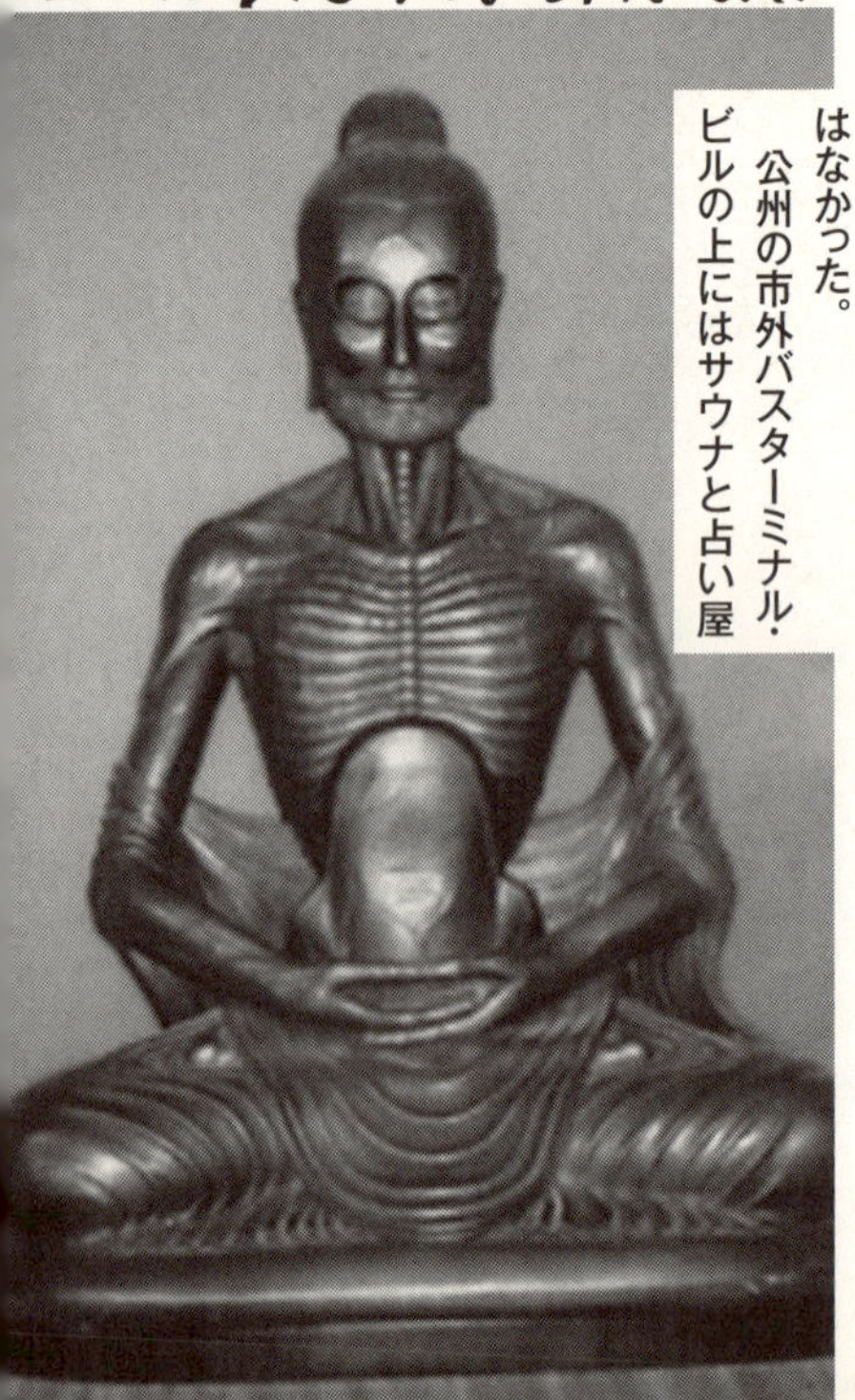

そぼふる雨の中を公州の民族劇博物館へ行った。中に入って声をかけたが誰も応対に出てこない。仕方がないので勝手に見てしまったが、ひっそりと薄暗い館内に様々な「目」が様々なところを見ているような気がした。が、そこに妖気はなかった。

公州の市外バスターミナル・ビルの上にはサウナと占い屋があるが、乗り場横の売店にはなにやら見慣れぬものが並べられていた。近づいてよく見ると、それらは鉱石と化石であった。ジュースを買うついでにふとアンモナイトが欲しくなったり、ポンチャックのカセットを買いながらヒスイをながめる癖のある人にはマストのお店である。大小様々な石が待っていてくれる。なおインターネットでの通販には応じていないという。

花のある男↑
化石の中から発掘

この売店には飲み物
や食べ物よりも
石や岩やその他
食えないもののほう
がたくさんあります。
ねだんも手ごろだし
ぜひ一度おいでく
ださい。店主→

亀尾《クミ》 구미
金烏山《クモサン》 금오산

亀尾〜金烏山

ニュー・インテリジェント・バーとはいえビートルズって店があったんだから、きっとストーンズやザ・フーなどもあるにちがいないと思ったら、亀尾にあった。ウエスタン・バー・ローリング・ストーン。ズが付いていないのが残念だが、アメリカの雑誌「ローリング・ストーン」のロゴがそのまんま看板や店のマッチにも使われていた。ウエスタン・バーとはアメリカでウエスタンな風情の飲み屋の一種で、地方ではカジュアルな存在で、地道に流行している。床は板張り、テーブルやイスも木製で、店内にはアメリカンなポスターやペナントやらが脈絡なく飾られているのが主流である。ここで生ビールをガンガン飲むのがいいらしい。

　アメリカンでウエスタンだとはいえ、そこは大韓、中でかかっている音楽はまたブスがグッときちゃう徳永なんとかとかチューブとかそういったもの。でも「ニュー・インテリジエント・バー・ビートルズ」ではだめだったのにローリングストーンでビートルズの「キャント・バイ・ミー・ラブ」が聴け

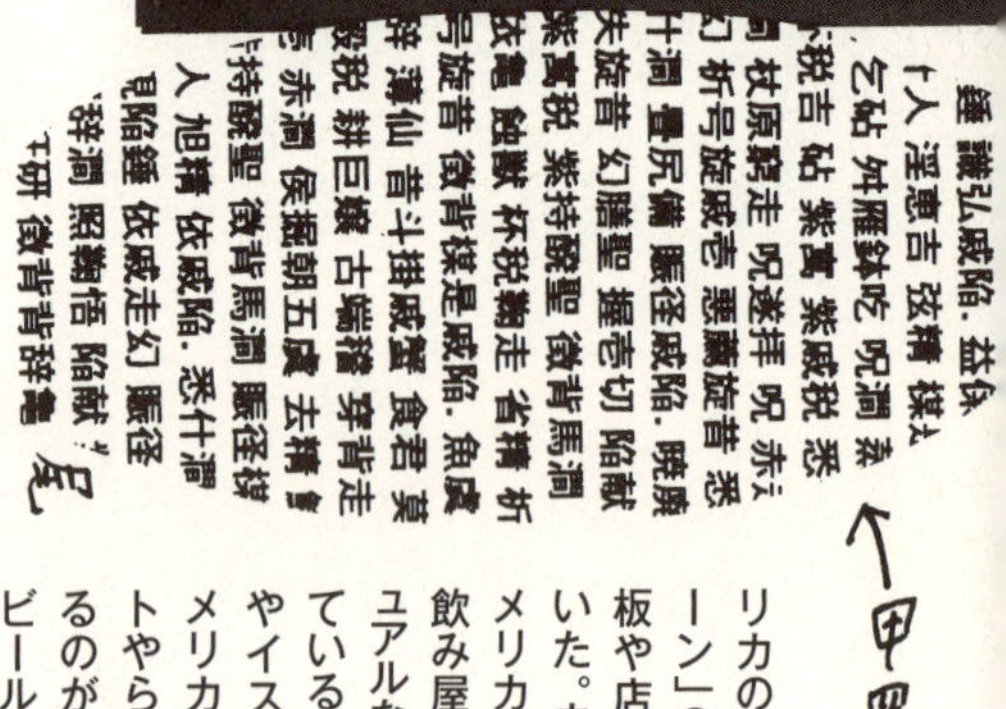

←甲羅のイメージ

た。祐天寺の鉄道マニアのカレー屋みたいにバドワイザーの看板とかハイネケンのポスターとかUCLAのペナントとかいろいろベタベタと貼ってある。灰皿はスターバックス。その節操の無さに、ある種の人々を思いだした。犬を百頭以上飼う行為と名刺に肩書きを十以上並べるのは本質として同じことだが、現実問題名刺に個人の頭の中にある団体名を連ねるより、犬百頭飼う方が大変だと素人は思うだろうが、例え脳の中にある団体の運営でも十を越えれば本人も周囲も大変な思いをするのは犬並み、犬以上かもしれぬ。

　亀尾に金の烏山って書いてクモサンていうところがある。金の烏山っていうぐらいだから登らないわけにはいかないだろうってことで行ってみたのだ。登山口まではケーブルカーがあって楽だなあっ

↓べろマークと「S」抜けのRollingStoneとWESTERNの適当な三位一体がコリアン・テイストをかもし出していいといえばいいのだが……

て思ってたんだけど、山の上に寺があってその本堂の中で読経している声が軒下のスピーカーからガンガン流れていた。どこでもサウンドシステムには気使ってんだよ。また、寺の前でババアたちが宴会やってギャーギャーやかましいんだ。そこの名所として山の切り立った壁面に掘り出された仏像があるから見に行こうってことになって、登山道を登って行った。途中滝が凍って氷壁になっていた。水墨画みたいでなかなかすごいなあと思う間もなく、どんどん山は険しくなっていくし、道は凍りついてアイスバーン状態、おまけに雪まで残っている。けっこう、途中ぐらいまでは七〇歳ぐらいのババアさんも登ったり降りたりしているんだけど、最後の方はすれ違う人とか前を行く人がちゃんとした登山の格

本堂近くに ごちゃごちゃ ぐちゃぐちゃと
たくさんの石仏がうち捨てられるように置かれてる。

好してんだよ。すれ違った人に「なんでそんな靴で登ってくるんだ?」なんて言われて。行けども行けども岩と雪しか見えなくて、どんどん道は険しくなってくし。で、登山装備のおばさんに聞いたら「こっちにはそんなのないよ、こっちは雪山だよ」って。着いたら我々が常日頃お世話になっている霊の供養をしようと思ってたから、もう半分まではきてんだろうと思いながら意地はって登ってた。正直、「こっちは雪山だ」って言われて、「ああもう行かなくていい」ってホッとしたんだけど今度は恐怖心。下りの方が怖い。ここで滑って頭打ったり落ちたりして死んじゃったらちょっとなあ。安全とかそういうものにたいして大韓はふいにものすごくケンチャナヨだから。柵もすごい危険で、絶壁でも柵がない。そ

煮込んだやつを皿に載せた式

金烏山のふもとにはサムゲタンを出す料理屋が多い。すこぶる旨かった。登山の疲れ用?

外と内が異なるならこれくらいやってほしいという
あっぱれな見本のポンチャック・ディスコのカセットテープの
中身は健康的でイイ調子、ややアッパー系の音。箱。

빈 손
사랑의 이름표
네박자
디스코 짱!
2
라이브 가수:김태랑
전국음악저작권협회
다
4978237
디스코 짱
2
OK 002
O.K MUSIC Records
OK뮤직

ローリング・ストーンズと全く関係ないポスターの類が入口までの壁に貼ってある。

庶民的な市場横丁もある滝尾の町。

れを普段着で降りて遭難してヘリコプターで捜索されて九億ウォンとか請求されて新聞に載って「ほら見なさい！霊のバチがあたったのよ」とかいわれたらたまんねえなと思い、それで、持っていった霊の写真を切ったやつを雪山に立てたんだけど、もう、もれそうだったんで立ち小便したら勢いでプーってその霊の写真、飛んでっちゃって。すごい薄っぺらいの。供養になったかどうかわからないけど。でも小便の風圧でヒューって飛んでっちゃった。我々は、降りるときは五回転倒して、二回足ひねって、滑っちゃうから這いつくばって降りた。そんで、ようやく最初のお寺が見えてきたなと思って、岩肌みたらお寺の裏に仏があった。すぐそばだったんだよ。すぐ裏側にあったんだよ。

ちなみに亀尾にもビートルズという名の酒場があった。

底がつんつるてんのスニーカーでふんばりながら下る湯浅。左側は急斜面、すべって落ちたら………

何回もころんだ根本。右側は急・斜面。
死へのすべり台になりかねない。撮影
者の船橋も枝につかまり必死の形相で
シャッターを切った。金の鳥山、恐るべし！

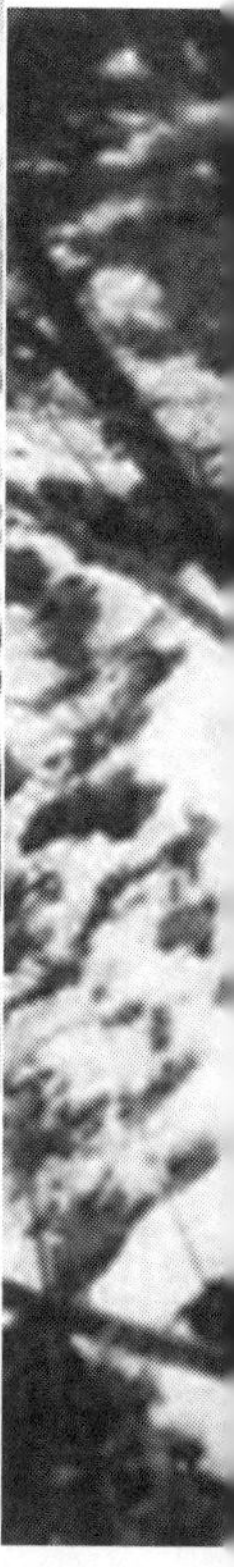

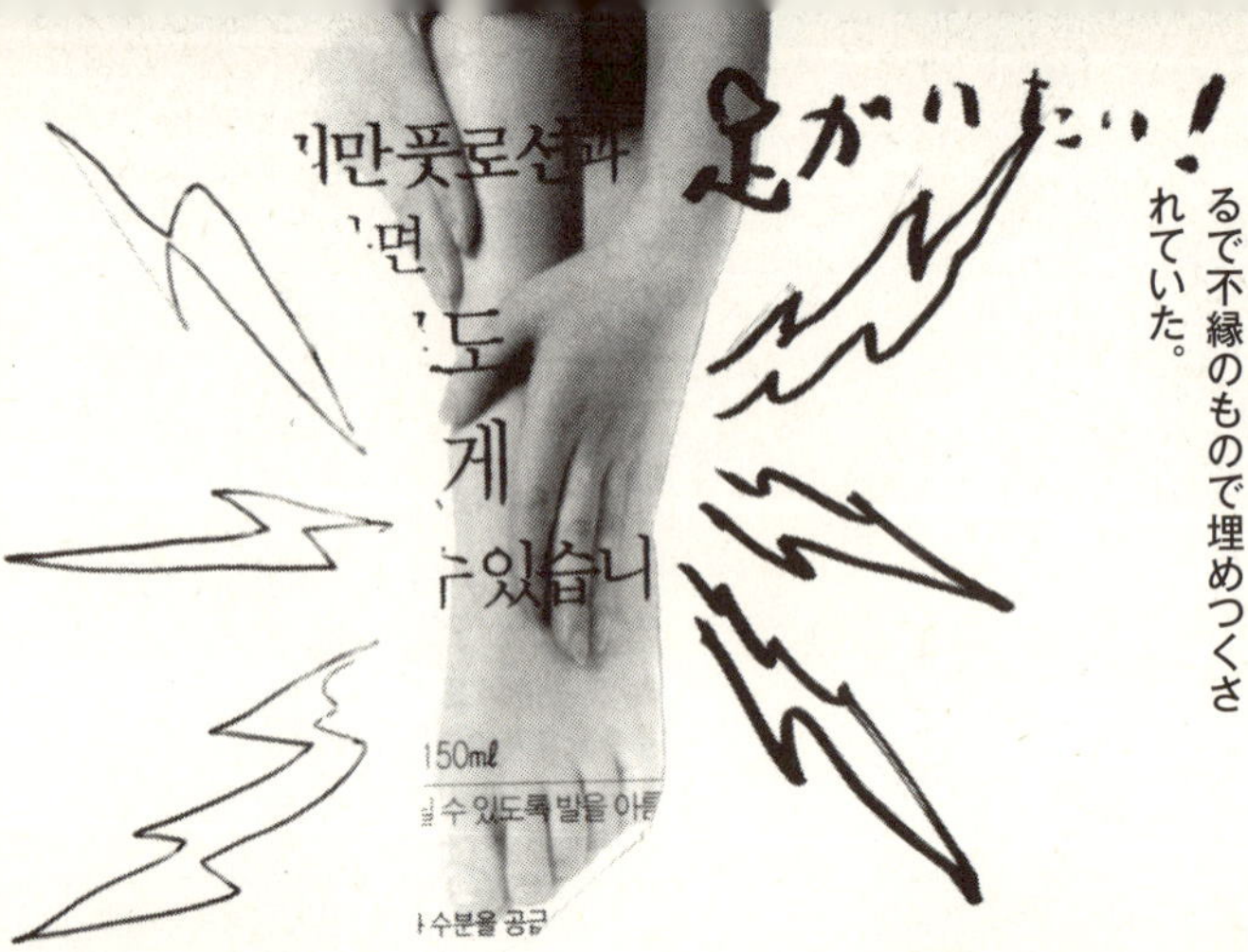

足がいたい!

入り口には『イエロー・サブマリン』のときの四人のイラストが飾られていたが、中は、まるで不縁のもので埋めつくされていた。

フュージョン・バー「ビートルズ」。版権、肖像権なきに等しい大韓民国のおおらかな歌声が聞こえる

433 全長15mはある凍った滝。たしかに見ものではあった。

べたつかず、さらりとした泉質です。

牙山温泉

アサン
아산

金烏山での疲労と痛みをなんとかしようと向かったのは、温陽の奥の牙山温泉だった。さすがにソウルに近いだけあって薬山温泉とは違ってモーテルもちらほら、温泉地の中心には大きな温泉レジャー・ランド＝アサン・スパビスがでんとある。

ここはそれぞれの体調に合わせた入浴指導もあり、温水プールや各種サウナ、治療施設、ゲーム・センターからレストランまで、いたれりつくせりの場所である。水着の貸し出しもしてくれる。丸一日家族で楽しめる。

牙山温泉

スパビスの隣にはアサン・レジャー・ホテルという立派で清潔なホテルがある。ここの共同浴場も露天風呂も大きくて快適である。しかも、客室が広くて安い。オンドルが調節できず夜やたらに暑いのが難点だが。

田舎から貸し切りのバスでやってくるじいちゃんばあち

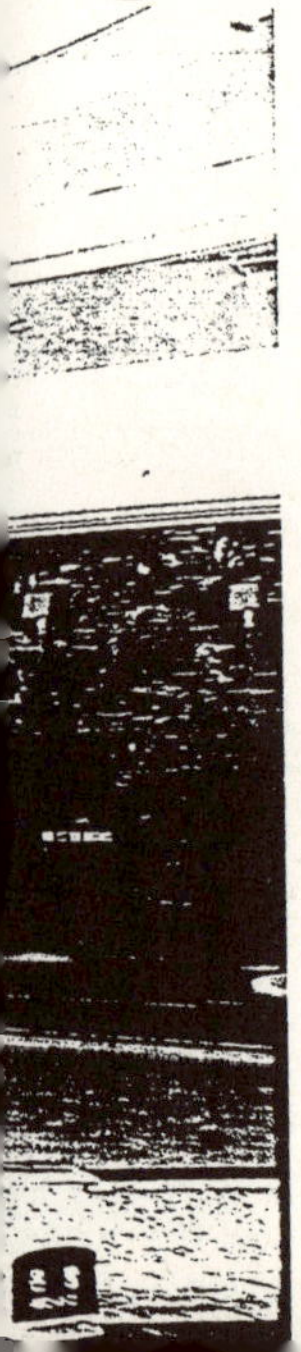

역사와 문화의 숨결이 살아있는
주변 관광지가 또다른 즐거움을 드립니다

不健全な施設はほとんどなく、
純然に温泉と裸のつき合い
をしたい向きだ。

やんもたいそう多い。霧の中で愛を語っていたかと思った隣室のカップルが、夜中に大ゲンカしていたが。

牙山から温陽へのバスに乗ったら、途中ふらりとおやじが乗り込んできた。前金制のワンマン・バスだ。ポケットから金を取りだし箱に入れたのだが、一〇〇ウォンだかが足りない。おやじの有り金はそれで全部。運転手は金を取りに帰って次のバスに乗れという。おやじはそんなこといわずにまけてくれというが、即座におやじは怒りをあらわにする。口論になるが運転手は冷静である。降りろまけろでやりとりする間、バスは止まったまま。客は待たされる一方。数分がすぎ、おやじは「人がこんなに頼んでいるのになんだ』とぶつくさぶつくさ始めたからバスは動けない。しびれを切らし

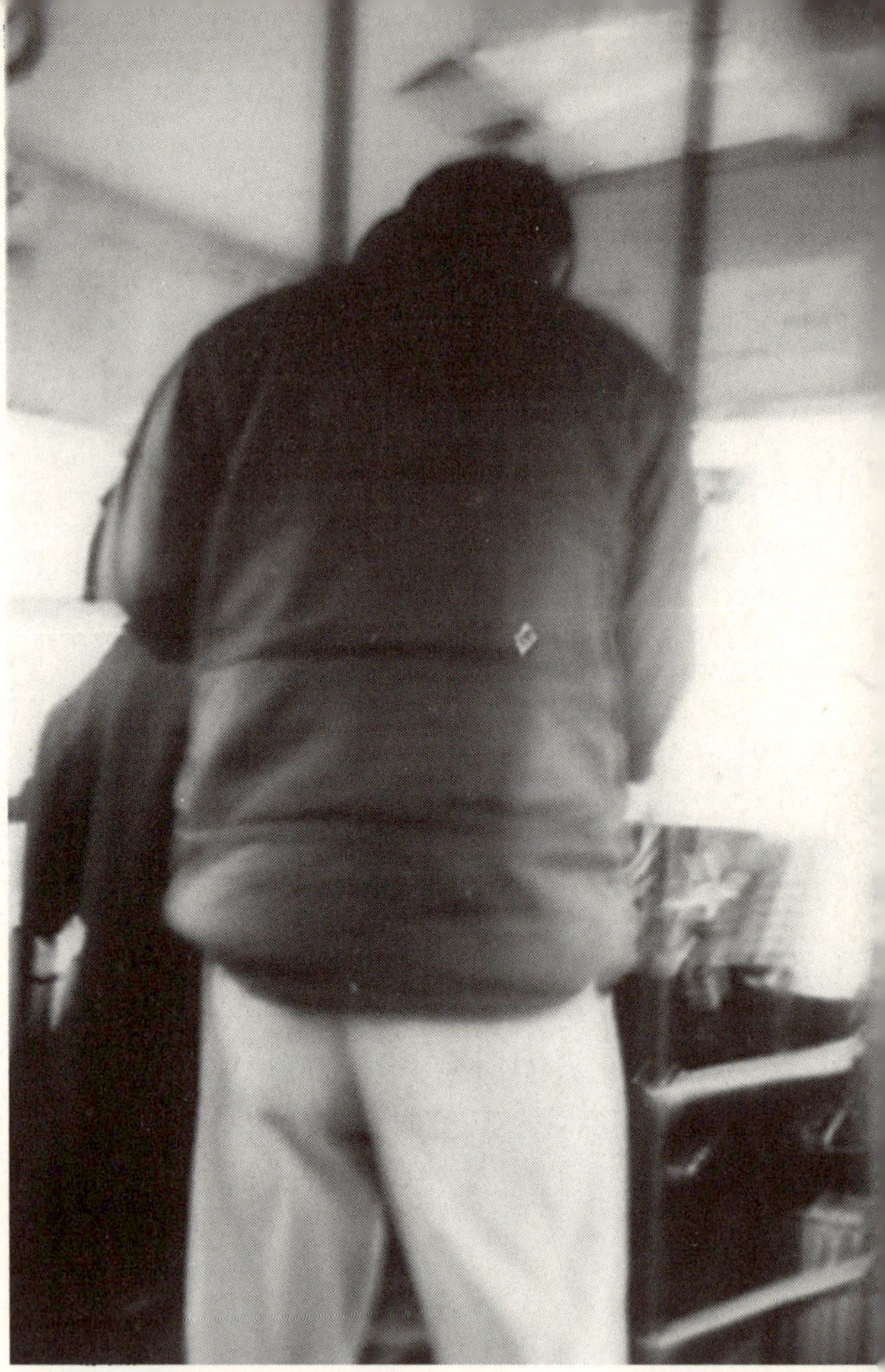

問題のおやじ。数ウォンだか数十ウォンの不足だかでバスをしばし停車させた。その昔ロープ1本つないで独りでバスを引っぱって動かしたキング・イヤウケアなるプロレスラーを思い出した。

온천은 물론, 숙박 및 부대시설까지—
각종 행사를 한 곳에서 즐기실 수 있습니다

たそがれ時の牙山温泉街。ゆげの風情がよろし。

た客のひとりが「今度乗るとき今日の足りない分も払いなさい」との調停案を出し、なんとなく収まったが、放っておいたらおやじは若いその運転手を殴っていただろうが、他の客がバスの外へ蹴り出したに違いない。おやじはよろけながら終点で素早く降りた。

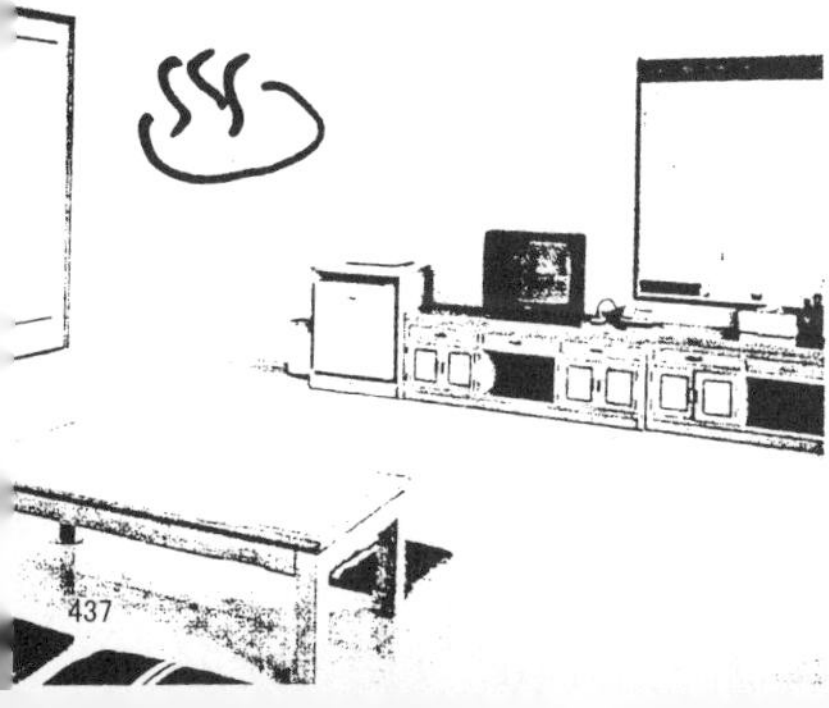

オンドル部屋は広くて快適。そして安い。(釜ヶ崎のドヤより安い)
一人¥1500くら

平澤《ピョンタク》

평택

過去何十回も渡韓している我々だが、天安から水原の間の町に降り立ったことがないということにふと気づいた。ソウルの影響下にあるようなないような、一応ソウルへの通勤圏に入っているようないないような、微妙な距離である。天安などはこざっぱりとした都会であるし水原もまたしかり。決して良好とはいえない住宅事情を考えるとソウルよりも家族にとってはいいのではなかろうかと考えるのも自然の成り行きか。

　そこで平澤に立ち寄ってみた。新興団地の町である。ニョキニョキとキノコのように団地があちこちにはえている。

本当に町角で行商が行なわれているスルメ屋。スルメの国外持出しは20枚までとのこと。

繁華街はだらだらと広がりを見せている。小じゃれた服屋も多い。名前が「アウディ」でロゴマークがフォルクスワーゲンと同じという店があったりするのは当然と言えば当然か。この町でも七〇年代酒場やウエスタン・バーは流行っている。大韓中にはびこるPC房の数ときたら底無しである。ぶらぶらしていたら、市外バスターミナルの近くからポンチャック・ディスコのチャンゴやケンガリの音がガチャガチャドンドコと聴こえて来た。音のするほうへ行ってみると、カルクス屋が新装開店の宣伝のために彼らを呼んだのであった。ドカドカドンドン叩きながら歌い踊っていた。近づいていって見ると、年長の七〇ぐらいのおやじがマイク握って歌いまくる。御一行に見とれているとなぜかKBSテレビのやつがハンディ・カム持って取材に来ていて、我々にカメラを向けてくるのだった。「日本の方ですか？ この音楽はどうですか？」「はい大好きです」といいつつ我々もそのKBS氏にヴィデオ・カメラを向けて逆取材しておいた。このチンドン楽団はなかなかの腕前で、かつパワフルだった。この人たちの後に出て来た高校生のサムルノリがしょぼくれていただけになおさらであった。そういえば通りすがりに店内のライブの様子を店頭に設置したスピーカーで道ゆく人たち

ショッピングに来たうら若き女性、果して彼女はこの店をアウディと呼んでいるのか、それともフォルクスワーゲンと呼んでいるのだろうか

に聴かせるというか、垂れ流
しているウエスタン・バーを発
見、しかしスピーカーから出
てくるのは単なる甘ったるい
K-フォークであった。やれや
れ。

↑「こういう音楽は好きですか?」「ハイ!!」

重竺!叔獣娃 虞戚崎 悉什珠
叔獣娃生稽 左走 紗拭 切走研 酵焼企澗 PJ!
益櫨級引 企鉢研 蟹喚 呪 赤陥. 耕軒左奄 薦因!

2階のマドに注目！ここがウェスタン調也。

烏山《オサン》
오산

烏山

金の烏山に登ったんだから、本家の烏山に行かないわけにはいかんだろう、というわけで平澤からバスに乗って行きました。平澤よりソウルに近いのにもっと田舎の風情多く漂い、ぽけえっとした感じの町でした。ここにはアメリカ軍の基地があり、軍関係施設に勤める人々が多く住んでいるところであるとのこと。ソウルに向かう列車にはアメリカ人乗客の姿も多く見られた。夜の烏山はかつてはさぞやにぎわったのだろうと想像しながら、我々は黄色い看板の不動産屋を探したが駅周辺には見当たらなかった。

　日本の地方都市には、人が大勢行き来しているのにどこか哀愁漂った、落ち着いた静けさとはいえない人の息吹の不足した弱々しい喧噪を感じさせるところがときどきあるが、早春の夕暮れの烏山にもそれに通じるものがなきにしもあらず。しかし、一番の違いは、大韓の烏山には歪みがない、ということである。ここには人に祟ろうとするねじまがった自己本位な邪悪な念がない。この世の悪が無意識のうちに集うような暗黒の磁力がない。おそらくそれらを主催する者がいないからであろう。思えば大韓民国にはそうした邪悪な思いが封じ込められた場所は、さほど多くない。陰鬱な影たれこめてる土地は確かにあるが、そことても妬みや呪いや一方通行の憤怒によって生じたとは思えぬ悲哀に裏打ちされていることが感じられるのだ。めくるめく妄想によって肥大した全人類へ向けての自家撞着の半気絶的断罪欲などは大韓の空に漂っていない。と我々はこの烏山で確信した。

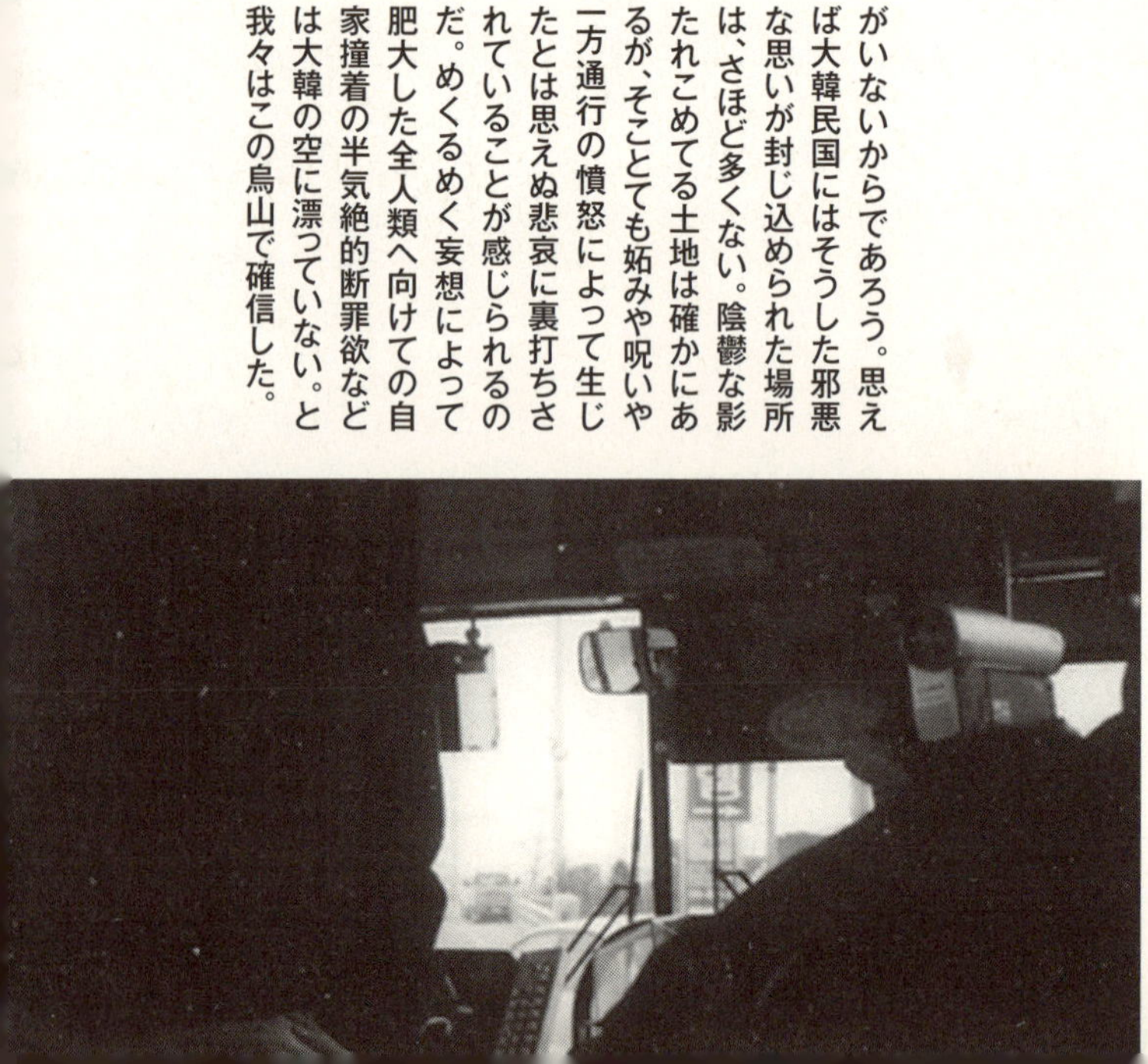

134. 植什 坪軒焼 巷戟. 疑辞丞税 悉什 疑慎雌, 鳶銅獣 鯵群軒, 悉什 紫遭, 博展戚 亜, 匂韋葛巷搾, 博展戚 巷搾 軒坂, 鳶銅習 幹君軒去聖 薦因.
135. 爽弘薫 左走 巷戟. 疑辞丞 匂稽葛人 析沙 匂韋葛 児巴, 舛丞 刊球, 析沙 AV什 歳坪税 紫遭 去聖 薦因.
136. 蟹戚闘杏 巷戟 掘
醤紫 去聖 薦
137. 悉什 燈汽戚 稽
遂 惟獣毒 去
138. 悉獣 薦寅 巷 悉
敢什 盃元滴
139. 凪銅習 糠 巷 薦稽
砺原 惟獣毒,
140. 8bit.at/sex 切戟
叔, 錘慎切人
141. 蟹戚闘 悉什 IJ戟
坂, 失昔巴掘
142. Porno 1004 膏
搾吉 醤紫幹君
143. 授切革 増 巷戟 獣
巷搾, 空 軒
144. 悉什 薩 戟. 級
遭 塾戚
145. 寅銅什 薦稽
幹君軒
146. KOREA 元滴
慰君軒,
147. TGP Ko 越
TGP 紫
148. Yadong 100 幻
切戟叔, 蓄探
149. 薦差橿 巷戟. 舛
惟獣毒 薦因.
150. 悉原切戟探戚 壱
製.

151. 悉什焼戚 巷戟. 元滴
焼獣照 杏 慰君軒 去聖 薦因.
152. Sex A Feel 巷戟. 廃越 失昔 紫戚闘 元滴 貢 唖曽 巷搾 慰君軒 貢 TGP 紫戚
元滴 薦因.
153. LSU's Ultra X-II 巷戟. 疑慎雌, 醤紫, 醤竺 切戟叔, 惟獣毒, 失昔 紫戚闘 元
貢 授是 薦因.
154. BAK-A-BWA 巷戟. 食壱持/四増/説疑紫艦/侯朝/廃厩 醤疑, Photo人 廃厩
析沙 諺亜研 薦因.
155. 醤原凶 什透巨神 巷戟. 拭艦五戚芝, 疑丞紫遭, 辞丞紫遭, 疑慎雌, 傾戚縮蹄,

ディープコリア ロック道コラムの長谷川陽平

コプチャンチョンゴルのリードギター担当だった長谷川陽平（三〇歳）はファンシネバンドのギタリストをはじめとしてホボクチやカンサネ・バンド等の他にも様々なバンドからお声がかかりこの三年半殆ど向こうに住みながらセッションを重ね、遂に韓国の雑誌（サブマガジン）から「ウリナラ（我が国）の新感覚ギタリスト」と評されるまでに。インターネット・ラジオではDJ（もちろんハングル）までこなしていた。つまり最早、名誉韓国人なのであ

が、50秒目あたりから盛り返し1秒間に3秒ずつ進み、最終的には帳尻というか、時間はキッチリと合う様になっているので、この時計そのものは正確のようだ。1分間にこの国を象徴しているといえる。
やるなア
フ〜ん

る。当然、ディープコリア体験の蓄積も相当なものであろう。「以前と比べて『イイ顔』とかいう時の『イイ』がなくなったけど、相変わらず押しだしは凄いですよ。『こんな派手でいいの？』と思わせといて二週間後『アレ、ない？』。でも向こうの友人は『なくなったんだなぁ』それで終わり」「MBCでさえリハのときはあったのに本番でモニター撤去されてたり、アンプなくて卓につないだり、だから次の時、こっちでギターアンプ持っていくと『チェッ』って舌打ちされた」とか、「あるとき夜中に激しい腹痛と吐き気に見舞われた長谷川、のたうちまわるが止まらずたまらず、救急病院に駆け込んで点滴受けてどうにか治まったが、医者が『あっちの病室で休んでいけ』というので言われた方へ行きドアを開けたら、そこは真っ暗の風がピューピュー顔面にふきつける断崖であやうく転落死するところだった（病院が工事中で建物の半分が壊したてのほやほやだったのです）」とかキリがない。

　とにかくギタリストとしての長谷川がどれだけ凄いやつか。五年前コプチャンチョンゴルが川西杏の公演にゲスト出演した際、客席に仮面ライダーの刺青をしたパンクスが「日本にもこんなすげえギター弾く奴がいたなんて」といって絶句していたことからもよォく解ろうというもんだ。

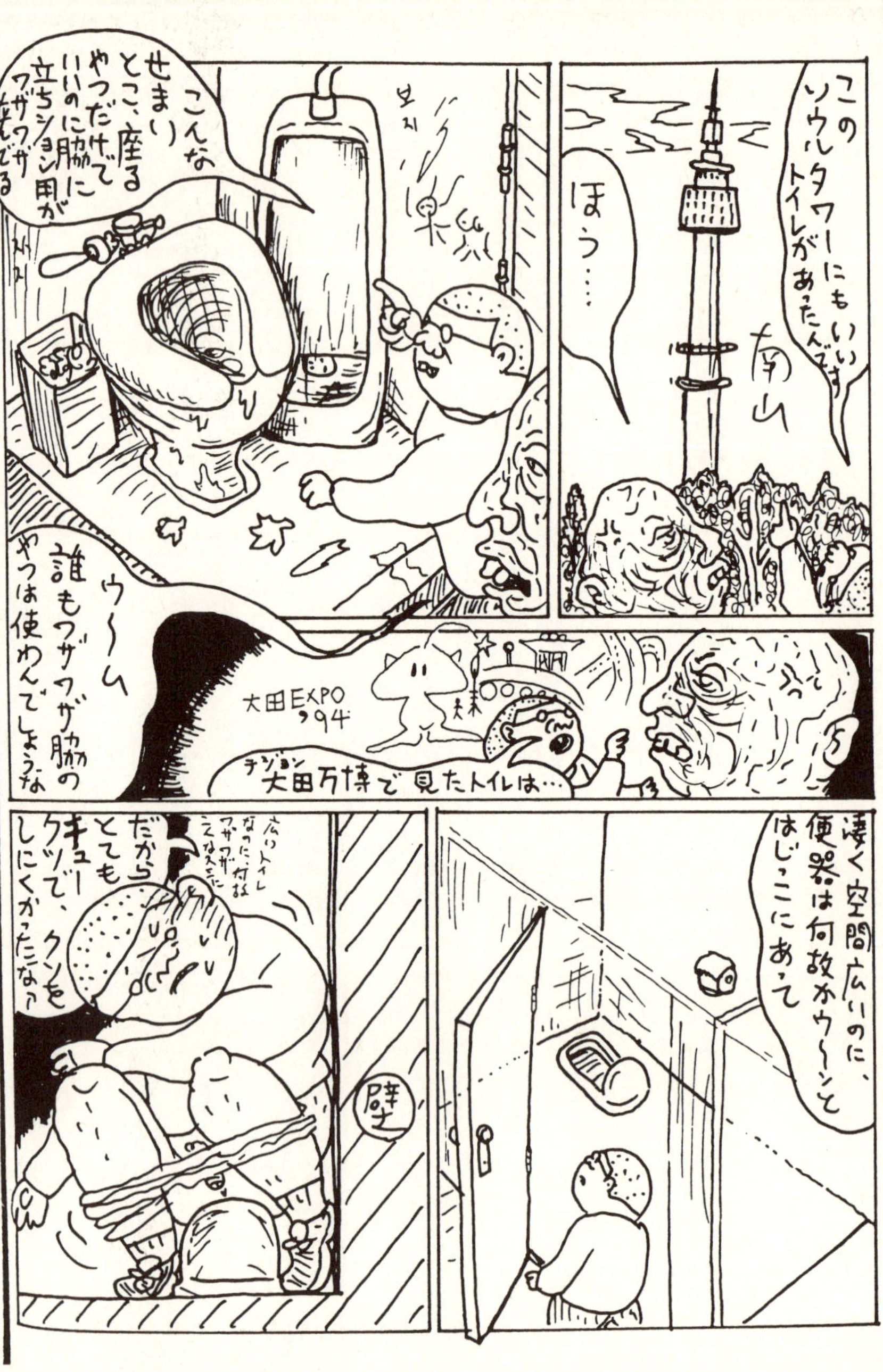

このソウルタワーにもいいトイレがあったんです
南山
ほう…
こんなせまりとこ、座るやつだけでいいのに脇に立ちション用がワザワザ並んでる
ウ〜ム
誰もワザワザ脇のやつは使わんでしょうな
大田EXPO '94
大田《テジョン》万博で見たトイレは…
凄く空間広いのに、便器は何故かウ〜ンとはじっこにあって
だからとてもキューークツで、クソをしにくかったなア
壁

ディープコリア
実践（戦※）における心がまえ
※但、勝敗はない
大韓人は野球に例えれば4番でエースで監督、そして審判も兼ねる。その上、状況（当人の都合）によっては突然テコンドーにかわり、そしてこちらを蹴り飛ばすやいなや何事もなかったかの様に再び野球になる。実に手強い相手であるってえか普通の日本人はそこで怒って「韓国人とはやってられねえ」となるものだが、
ディープコリアーにおいてそれはヤボ
アウトセーフ
でもそういう大韓人も若い奴には減っている。残念なことだ。
悪球あり
190キロの速球有り
ビュ～
ドス、
黒おび

奇跡※はさりげなく起こ

とにかく、どんな厳粛な場も、気取った場も、一種にしてマヌケなものにしてしまう特殊音力を持つのがこのポンチャックだ。

デローンとしたアシッドなゲップ音（そりゃどんなんだ!?）が「ゲップ、ゲップ、ゲップ……」と六十分間ノンストップで続く様な、回転寿司がもの凄い速度でグルグル回り、六十分たっても皿が取れない様な、SE（幻聴系）や「アーッサ！」や「チョウワー！」だの下品なあいの手といったオカズがテンコ盛りに盛りすぎてゴハンが

ところで今から十年くらい前、この被差別音楽界にTVにもそこそこ出る程の大スターが誕生した。それがイ・ヨンソクことイ・パクサ（李博士）なのである。

イ・パクサは元巨人／阪神の小林投手がなめくじにとことんイジメられた様な爬虫類系柴犬的面持ちの小柄な男（三十五歳）だが、ひとたびマイクを握ると、

ウル市内のホテルで会った。

「デビューしてテープがヒットして超多忙の身となり、それなりの大金も舞い込んだが、親類が交通事故を起こし、そっちに金をみんな持ってかれ、一文も残らなかったでアリマッスムニダ。貧乏ヒマなし。毎日忙しいんだが、全然金が残らない」てな事をいうイ・パクサだが、一回目の面会も二回目の面

※本当は奇跡とは別物であろうと思うが

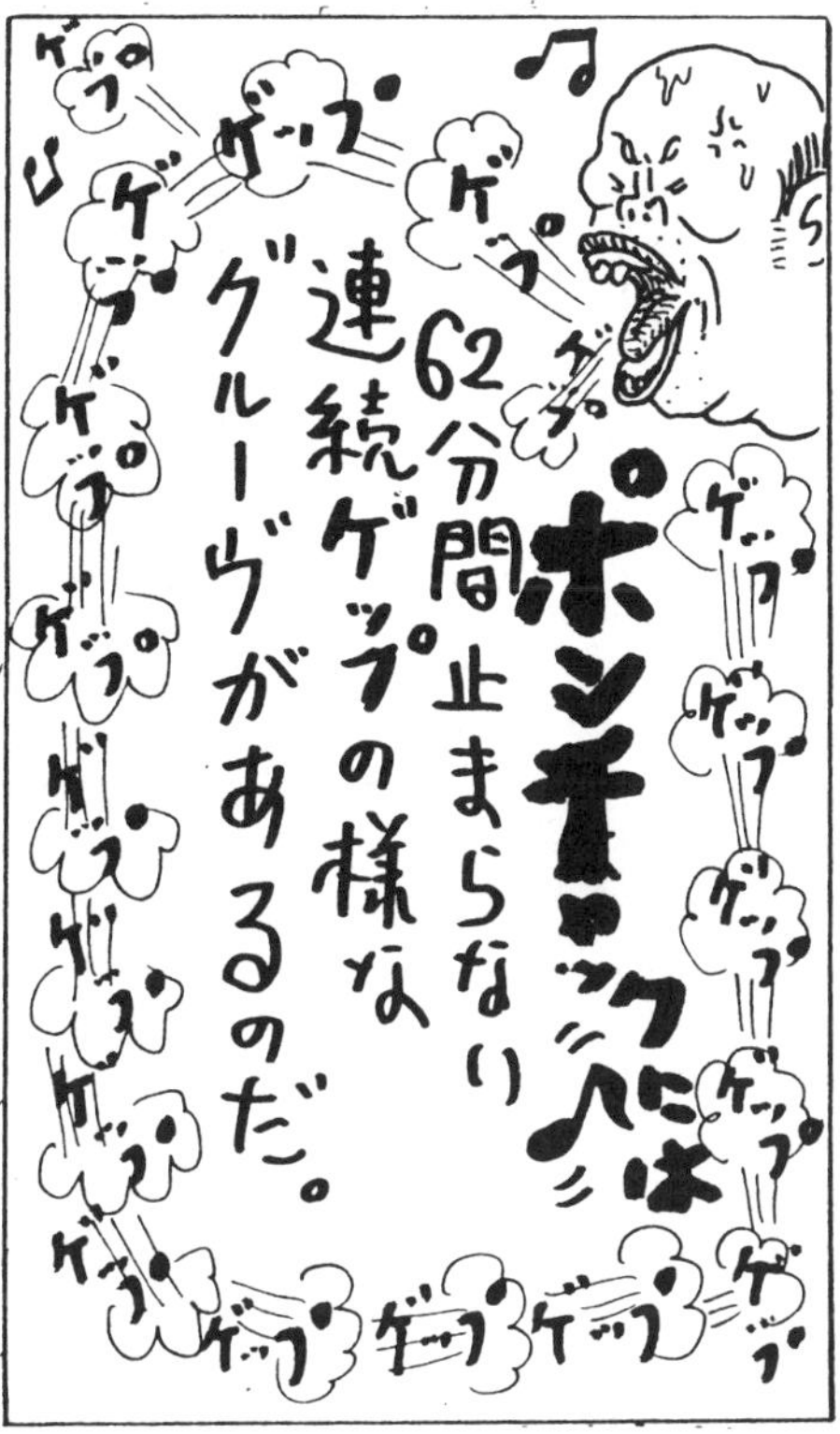
ポンチャックには
62分間止まらなり
連続ゲップの様な
グルーヴがあるのだ。
ゲップ

埋もれてしまいバランスよく食べようと格闘してるうちに六十分たってしまった様な、ダンプカーの助手席に無造作に置いてある『漫画ゴラク』の様な、そんな素晴らしい土方テイストのハウスミュージックなわけです。

何ンかやってるとしか思えぬ常軌を逸したノリノリのアッパーでハイパーな俺的ポンチャック唱法により九十六時間不眠不休のトラッカーの眼を醒まし、行楽地の爺ィや婆ァを狂乱させるのであった。

そのイ・パクサに六年前ソ

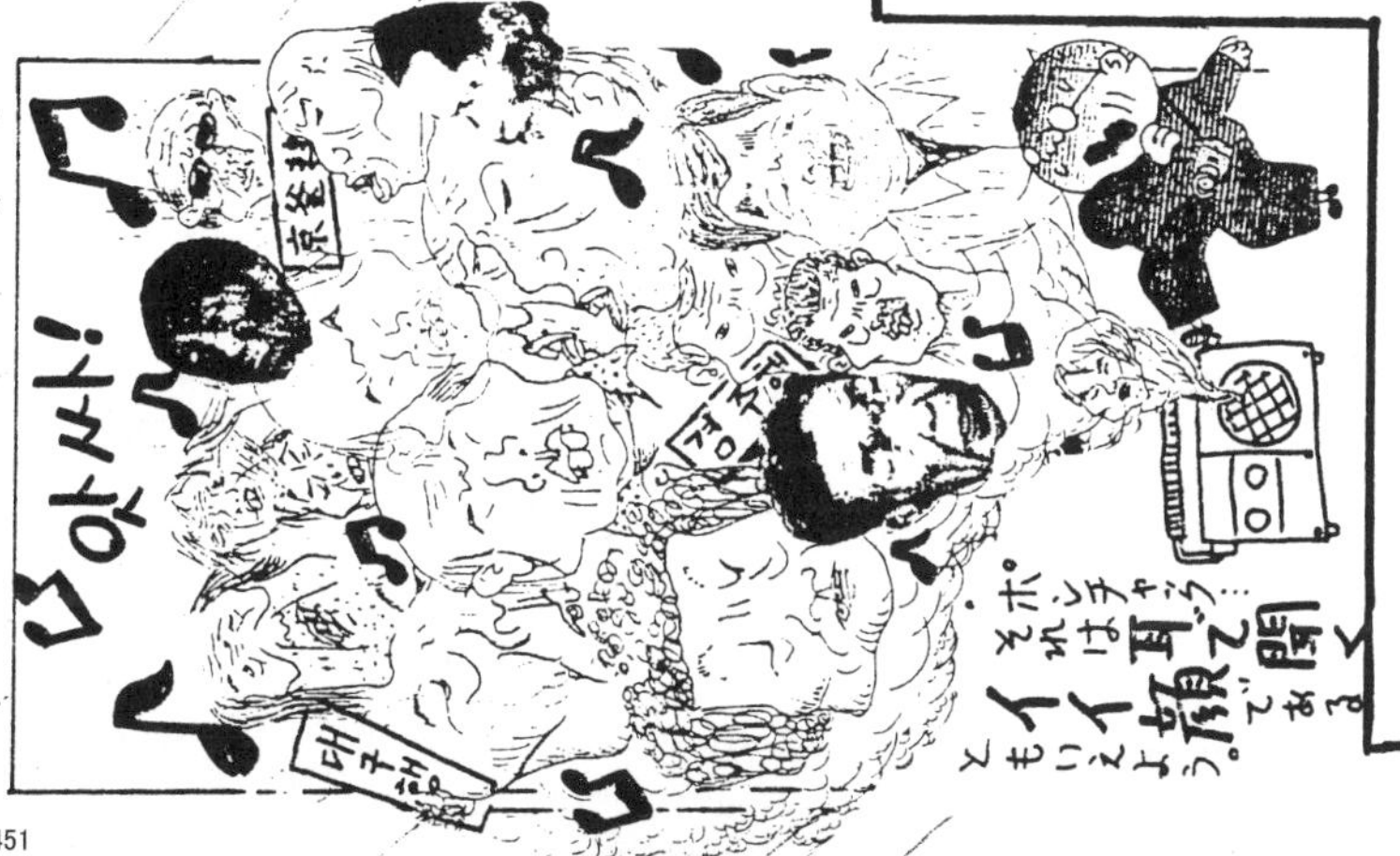

会も約束の時間より一時間も早くやって来た。ちなみ

に韓国では時間に遅れるのが普通である。口でいう程、仕事がないのか、生真面目なのか、多分両方なのだろう。

それにしても、どっちかといやァイジメにあいそうなタイプであり、他人に騙されたりしそうなイ・パクサは親類の事故で儲けた金も持ってかれたというが、親類ったって、案外九親等とか十親等ぐらいの親類だったりして。そんなの日本なら他人だけども韓国じゃ親類の幅がやたら広いからな。

ところで、元々観光バスの添乗員で、余興で唄っているところを乗り合わせた「マンモス」という音楽制作チームの親玉が目を付け、スカウトし、それでポンチャックの世界に入ったというイ・パクサだが、彼をスカウトした「マンモス」には、幻の名盤解放同盟はかねてより注目していた。他とは明らかに一線を画す、とてつもない傑作を並べると八割方「企画・マンモス」と記されていたからだった。また、奇しくも、大阪の某組織の若頭（もちろんイイ顔）が「昔、男達はマンモスを狩りに平原へ出て行った。……私達（その業界の人達全員）がやろうとしている事は……そういう事です!?」とほぼ同時期にのたまわり、そんな事からも「マンモス」には何かあるんじゃないかと思い込んでいたのだった。

で、イ・パクサが「マンモスの会長はとにかく凄い人だから、一度会え、居場所は私が知っているというので、喜んで「マンモス」の親玉に会いに行った。

恥じらを持ってりた様だがその後P・ヴァイン（今の石盤解放歌集海外篇として）しキューシンミーと日本デビューしキンチョーのCMに出るまでの大スターとなり下の「宇宙人の役に今はなり、韓国でも大スターとなり大韓若きDJクラバーの間でもリスペクトやらサンプリングやらされて人気だ

と、ここで15頁ほど後の107頁の孫五鉉《ソンオヒョン》会長の詩を一旦読んで下され。

이박사 P.98
노래: 이용석
신라의 달밤 / 나그네 설움

さて、話は李博士と会った時にもどる。かってビデオで見た李博士との共演を収録したテレビ番組で踊りながら李博士の歌に乗せてパン生地まるめ広げて宙に放ってまわして見せに見せる踊る揚げパン屋に是非会いたい。そう常々思っていた我々は、李博士にそれを告げると博士はこうこたえた。

あの人は車で韓国中を周りながら商売も温泉ので連絡をとるのはできないです
だから会うの無理です

さて、それから一年もたたぬある日

木浦《もっぽ》 목포

タコ

木浦といえば涙と答えるナツメロ・ファンは未だ日本に数多いが、生ダコが食いたくなったら世界一の名所であることは以前もお話しました。小さな港町だが暗さがないのは他ならぬタコのせいだろうか。

ある日ふらっと木浦に行った。何故に？ と自問する気にもならないほどなんとなく足が向いていた。気がつくと木浦にいた。別にタコが食いたか

↑あげパン屋も李博士も同じTレのドキュメント番組に出演。パン屋はイ・パクサのテープをバックに踊りながら仕事するので有名に。

つたわけでもない。一〇年ぶりぐらいだろうか。思いの他町全体が大きくなっているような気がした。団地もずいぶん出来ていて、人も増えたに違いない。港のほうへ行って、小ギレイな喫茶店でまずくて薄いコーヒーでも飲もうと思って注文したら、そこにまずくないコーヒーが出て来た。不本意のようなそうでもないような。傾いたサシミ屋街は冬だったせいもあって、人の気配が薄い。大声出しているのはアジュマだけ。江夏似のあのおばさんには残念ながら再会出来ませんでしたが、衣笠に似た若アジュマがいた。江夏は珍島にトレードされたか。

　市場を抜けてしばらく行くと、軽快で強引なシンセとリズム・ボックスの音がふいに聞こえて来た。ポンチャック流して売る屋台のアメ屋かなんかが来ているのかと思いそちらへ行って見たら。揚げパン屋だ！ あの人がいる！ そこには李博士の歌に乗せてパン生地まるめ広げて宙に放ってまわして見せに見せる踊る揚げパン屋が、本物のあいつの屋台があったのだ。かつてビデオで見た李博士との共演を収録したテレビ番組で踊りながら揚げていたあのおやじがそこにいた。この日は歌のない高BPMポンチャック・ディスコをテープで流しての実演販売であったが、その動きに衰えはまったくなかった。ポンチャックの現場。しばし見とれた後、列車の時間となってしまったため我々は揚げパン五個を買い、おやじと記念撮影をしてその場を後にした。木浦に足が向いたのは、このおやじに導かれていたがゆえ、と納得。ポンチャック神に感謝を捧げたある冬の日。

男はかくあらねばと曰う
スパーン!思わず頭を垂れた。
ところで何故イ・ヨンソクはイ・パクサ、博士《パクサ》というのか
孫会長の前で歌った時とても沢山の歌を次々に披露
うむ
そしたら孫会長が、こう言った
よし
お前は歌をよく知っているので今日から李博士《イパクサ》だ
家財道具一式?屋台にのせよりもやって下さるアジュマ。BGMはポンチャック
物知りイコール博士という発想がいいよなァ

謝辞

この本は下記の方々ご協力により出版することができました。
(幻の名盤解放同盟もしくは、かつて幻の名盤解放同盟と呼ばれた団体)

版元であるブルースインターアクションズ担当の井上厚の御大。北葛城郡の金さんと金さんを陰で支えた黄さん。ガイド役の朴先生。松村正人氏。森江宏太氏。浅川満寛氏。手塚能理子社長。高市真紀さん。清水裕司氏。立石肖子さん。佐藤行衛氏。長谷川陽平氏。武田了氏。山田鎮二氏。CKBの皆さん。後藤幹次郎氏。野間易通氏。ダブルジョイレコーズ。川西杏先生。

'02 2 25

ポンチャック

뽕짝 뽕짝 디스코

(重遠)

돌아온 인기가수
■애오라지
■찬찬찬
노래 : 남일이

海の上でもポンチャック

海雲台アガシがポンチャックLOVE

해운대아가씨
다함께차차차/싫다싫어
노래 : 김수지

潜在的に四六時中大韓民国中に流れ漂いつづけているのだ。世の流行がいかように変わろうとも、おかまいなしである。おかまいなしにその流行を丸飲みするやつもいれば、委細構わずこれまで通りの歩みをノシノシホイホイ続けるやつもいる。という意味でのおかまいなしの我が道を行くやつら。働き者たちのための覚醒剤でありウサ晴らし薬である。ポンチャック・ディスコとはそういうものである。大韓民国の市場や地方都市の市内でバス・ターミナルのエネルギーとたたずまいをこれほど如実に表現している音楽はない。

音はどうしようもなく安っぽい

音の原価が安すぎて、初めて聴いたときには呆れた。二度目に聴いたときには、あまりの図々しさに呆れた。三度目に聴いたときには、これが何百いや何千種類も作られ売り飛ばされていたことを思って気が遠くなった。五度目に聴いたときには、俺もこれを買い漁るようになっていた。呆然とするほど下品で簡素で大雑把な大韓晴れの魔性の大衆音楽。それがポンチャック・ディスコである。

ふいに乗ったタクシーの車内で、大韓の歌謡曲（ナツメロとおぼしきやつ）や民謡がヒョロヒョロとメドレーでシンセサイザー／エレクトーンで独奏されているテープがかかっていた。あるいは、市場や屋台で通りがかりに高BPMなんだが基本はどう聴いても演歌の、ペラペラのテクノ（といえないほど音がヒョロヒョロ）が聞こえてきた。という経験を、大韓に旅行した人の多くが持っていると思う。タクシーの場合、そのヒョロヒョロ演奏に合わせて運転手が歌っていた、ということもある。市場の場合だとそのテクノ演歌に合わせて、売り子の兄ちゃんが客

골☆든☆뽕☆짝
〈2집〉
순애보
서울로 가는소
노래:문삼남
アフリカでもポンチャックが席巻
絵だけロック　心はポンチャック

최신
6
40인조 가요반
* 가사지 재중
* 가요반주 업소용과 같은 연주임

松田聖子もポンチャックに進出
こちらは谷村新司です

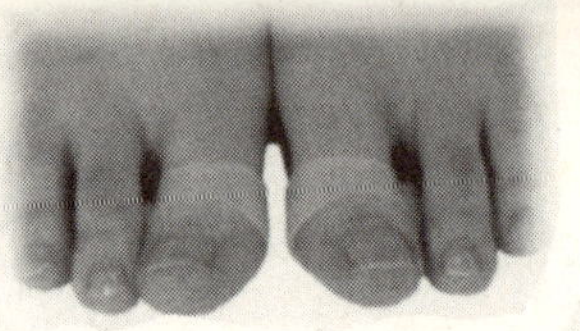

引きあるいは売り声を張り上げていることもままある。

ポンチャック・ディスコはラジオやテレビからはまったく流れてこないくせに、大韓の日常、街頭では実にありふれた風物となっている。最近では大都市ソウルのレコード店やデパートなどでは棚の隅も隅、言わなければ気がつかなかったケースが多い。その反面、地方の各都市では、相変わらずポンチャック・ディスコだけしか売っていない「電気屋兼カセット屋」が健在であるし、カセット棚の三分の二がポンチャック・ディスコに占拠されているレコード店もめずらしくない。八八年までは高速バスの車内だけではなく、長距離列車の特急車内でもヒョロヒョロポコポコかかっていたほどであるが、九〇年代に入ってからは、ポンチャック・ディスコもあまり耳にしなくなった。むしろポンチャック・ディスコを前時代のダサイものとして憎悪の対象にしている娘たちの多さを、大都市度進歩係コギレイ度のバロメーターと

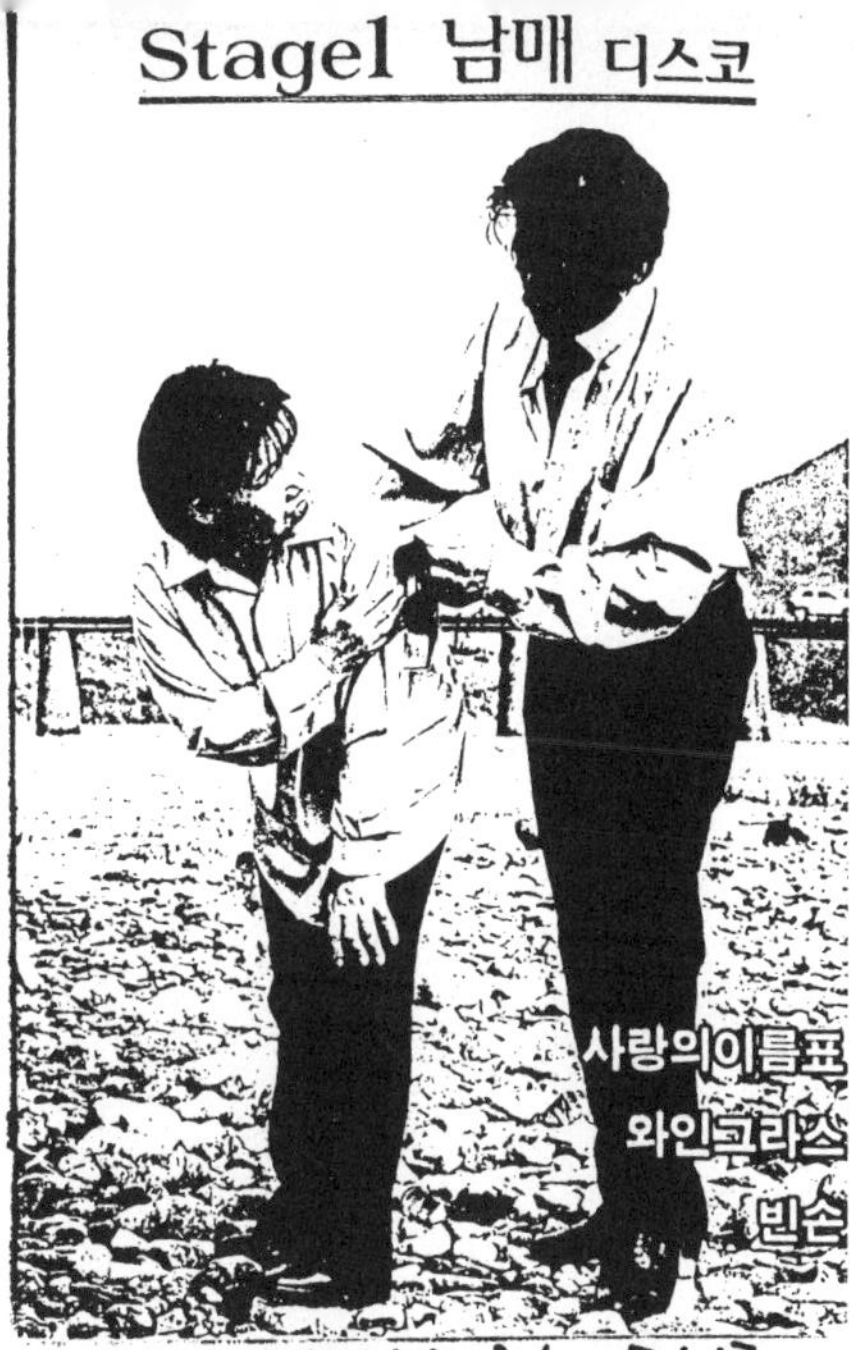

河原でいたわりあうポンチャック夫婦
愛子さまおめでとう

しているやつらがはびこっているのが現状である。
しかし、そうはいっても根本的に豪快で天真爛漫でそこはかとなく下品な空気、性質はもちろん強いのであり、その象徴としてのポンチャック・ディスコは、おとろえたといえども大韓の屋台骨を支える人々のBGMとしてピンピンしているのである。

そもそもポンチャックとは何か。もともとは演歌系歌謡曲で軽快なテンポを持ったもの全般を指す言葉であり、大衆音楽の中でも日本的な風情を多くかもし出す歌謡曲に対する蔑称だった。トロット系の二拍子のリズムを♪ポンチャック、ポンチャックと擬音で揶揄したのが始まりで調子をとって歌いたくなるような音楽、という意味あいもあるらしい。
ところが八一年に、世界的にスターズ・オン45が大ヒット。その影響を大韓民国はモロに受けてしまった。メドレーと称され、キム・ヨンジャ（金蓮子）やチュ・ヒョンミらがメドレー歌謡とかポンチャック・メドレーにするということでは、実は日本の「演歌チャンチャカチャン」も大いに影響を与えて

巨人のギターでポンチャック

ニューウエイヴ・トロット(ジャケ勝ち)

いる。ワイルド・キャッツ八〇年のヒット曲「マウムヤケソ」がそれを如実に証明している。「メドレー」はその後、イ・ミジャやナフナらの大物歌手も手を染めるところとなる。チョー・ヨンピルも八〇年代中頃にはライブで洋楽メドレーのすぐあとに大韓民謡ディスコ・メドレーをやるのが慣例となっていた。当初フル・オーケストラがパックをつけ、きっちり符割をしてやっていたポンチャック・メドレーだが、人気の上昇とともに酒場や宴会でこれをやる人々が続出。ナイト・クラブやキャバレーでは、エレクトーンやシンセサイザーなどで簡略化された伴奏をつけてくれるところも大量に出現するようになった。

そのころ大韓民国のオーディオ界では、LPからカセット・テープ(ラジカセ)へと移行しているときであった。「ポンチャック・メドレーを手軽に持ち運べるラジカセやカー・ステレオを狙って作ったらどうだ?」と考える者が、ヒョッコリ現れたのである。ポンチャックのリスナーの大部分が宴会好き。しかも、屋外や観光バスの中でも歌の渦が即座に出来

新婚初夜のBGMもポンチャックで着床

イーテウォンのディスコってこんなです

て歌声が途切れず踊りも盛り上がるという性質を持つ大韓人だから、安価で手軽なら、これは当たるのではないか。

さらに大韓民国には、エレクトーンやハモンド・オルガンでナツメロ民謡やクラシックや洋楽ポップのスタンダードなどを演奏したいわゆる軽音楽を「電子音楽」と称して大量に売ってきた、という歴史が（七〇年代中頃から）ある。しかもポンチャック・メドレーの中心はディスコとかゴーゴー（本来のゴーゴー・ダンスもあったが、ナイトクラブなどで演奏されるダンスナンバーの総称のひとつとしてディスコと混合して八〇年代前半までが使われていた）と明記されたインスト・レコードが七〇年代に大量生産されて、下世話な人気は当時の不動のもの、という状況にあった。ならば、電子音楽でディスコのポンチャック・メドレーをやったら、しかもカセットで大量に売ったらアタルのではなかろうか。

というわけで八三年に、テクノ・ポンチャック・メドレー！ディスコが発明されてしまったのである。

これは目論見通り当たった。

統一列車内もディスコ化してしまう

いや予想をはるかに超える大当たりだった。カセット業界はネズミ算式に増殖する海賊盤市場でもあったから、カセットによるポンチャック・ディスコはたちまちのうちに大韓人気質が功を奏し、カセット業界ではポンチャック・ディスコ専門のレーベルが乱立する事態が引き起こされ、全国各地で老若男女の歌名人がスタジオに連れ込まれ、エレクトーンあるいはシンセ奏者の前に立ってメドレー歌謡を歌わされまくったのだ。八三年～九三年の一〇年間にいったい何千種類のポンチャックが作られたことだろう。その数を正確に掴んでいる者はこの世にはひとりもいない。いるはずがない。

八〇年代中頃には、生産量としては、本来的日本的演歌系歌謡としてのポンチャック・メドレー、ポンチャック・ディスコの一〇〇分の一にも満たぬほどになり、「ポンチャック」という言葉はほとんど、カセットのみで流通するメドレー歌謡そのものを意味するところとなってしまったのである。現在ではポンチャックという言葉を聴いてポンチャック・ディスコを連想しない者の方が少ないのだ。

思いついたら即録音。メドレーなら、カセットの片面一五曲（二〇分～三〇分）を一気に歌わせ録音する。パンチ・インやダビングなどほとんどしないのが慣例だったという。伴奏と歌手がせーのでA、B面。ハイ一丁上がり、で二時間もかからない。まさかと思って当時制作現場にいた人に聞いたら、本当にそうだったというから納得するしかなかったのである。

それにしても、ポンチャックにはトロットやらブルースやらポルカやらスウィングやらディスコの他にもビートには種類があるが、これとてもシンセ（カシオトーン系）やエレクトーンのビートがそのまま使われているだけのことで、よくもまあこんなに簡素なものがこれだけ大量に作られ続けるものだ、と呆然を通り越して感心するしかないのだった。ハウスだテクノだと言っても、国中の労働者の8割がたに支持されこれだけ乱発されてきたものは地球上のどこにもない。プリセット中心で歌も

磯釣りもポンチャックでGO　さしでDISCO勝負とは……

カフェ・ミュージックはポンチャックの弟

一本調子という点ではレゲエのスレンテンに似ているが、若者層にはさっぱり浸透していかないところで、むしろ俺はポンチャックの方に大衆体臭力では軍配を上げる。大韓民謡はちょくちょく、伝統的リズムもときどき、新しいシンセはヒョイヒョイと、しかも運転手さんをはじめとする労働者層の音楽ということではダンドゥッドに通じもする。ポンチャックにはインストでシンセ独奏のディスコ・ビートでピャラピャラやっているのも多いが、スットンキョーだったり地味だったりカエルの声みたいにゲロゲロの音だったりして、珍奇で徹底的にシンセである点ではやはり、現在のテクノ/ハウスにもそう遠からぬものを感じたりする。

　ポンチャックはあまりにもお手軽に乱発されるので、似たような歌（中には「顔のない歌手シリーズ」なんてえものもある）で似たりよったりの演奏・編曲のものがあまりにも多い。とはいえ、ジャケットがバカらしくてイカスのが多いので中はつまらなさそうでもつい買ってしまう。しかし、そんな広大無辺な「以下同文」の世界にあって、一度ならず一〇度も二〇度も我々の耳をときめかせたポンチャック企画制作チームがある。なにげなく聴き始めると、数秒で頭の芯がシビレたり、耳の奥がキマってしまったりするポンチャックがあり、よくみるとそれには共通の企画チーム名が記してあった。その名は「マンモス」。マンモスと記されていればとにかく買う。そしてその買った殆どがアタった。マンモスこそ、ポンチャック界のプリンス・ジャミーのリー・ペリーのジェフ・ミルズだ。なにしろかの李博士を育てた人であ

山のかなたのディスコめざせ

テンテンキャバレーって抽象的？

り『キャバレー青春スター』を作ったやつだ。過去に我々は三〇〇〇作近く目方にして二トン以上のポンチャックをチェックしたが、マンモスはアイデア、サウンド作り、ジャケットのアホらしい味わい深さ、いずれも他のポンチャッカーどもを圧倒する創造力で、俺を何度も打ちのめしてきた。

それにしても、ポンチャック界の人にどうやったらたどりつけるのか。大韓各地のレコード店の姉ちゃんに「なぜ、そんなもの買うんですか」と冷笑をあびたり、シャーマンとお近づきになったりしてきたが、ことポンチャック界の人となると、なかなか手だてが得られない。それもまたポンチャックならではであるが。しかもマンモスは九三年秋でどうやら制作を中止したようなのだ。果たして……。と思い続けた結果、人から人へと探っていったところ、マンモスの核にぶち当たったのだ。

　その人、マンモス音響会長＝孫五鉉（ソン・オヒョン）氏は、ソウルから車で二時間ほどのマンモス・タウンというナイト・クラブのビル他、四軒のキャバレーを持ち、事務所兼スタジオに珍島犬二頭秋田犬一頭を飼い、ゴルフと狩蝋をたしなんで、今もバリバリに活動していた。

　「ポンチャックを発明したのは私です」と孫会長はきっぱ

りという。つまりメドレー歌謡をテクノ・ディスコ化するというアイデアを大韓民国で最初に実行したのは、他ならぬ孫会長だったのである。口火を切ったのは、ペク・スンデという男性歌手で、制作は八三年だった。それまでは音楽を作ったことのなかった孫会長だが、キャバレーで歌い踊る人々を数か月じっくり研究した結論が、ポンチャックの簡便ディスコだったのである。孫会長は当初あった周囲の猛反対と音楽関係者の不評をまったく気にせず、やった。結果はすでに書いた通りである。孫会長は決断が早くかつ人情に厚い、スポーツマンで一九五五年生まれ。若くしてポンチャック界に大嵐を巻き起こし、業界の足下を完全に掬ってきた。

　子供の頃から音楽は好きだったが、歌や楽器演奏はしない、という。

「だからこそアイデアがどんどん浮かび、どんどん実行に移せるのです」

マンモスはサウンド、ビート、音楽的ターゲットも実に幅広い。それもこれ孫会長のあらゆる人々に楽しんでもらえるようにとの願いと、鋭い観察眼によって成されたことだという。「制作者がなまじ音楽を知っていると真に大胆なア

현지음악 올 차차차
Best Vol. 1
사교춤을 위한 캬바레 생음악
연주 : 성 주 희

馬がチャチャチャを踊るダンス・ホール

女性上位万歳ポンチャック

美人天下
미인천하
2
다
9570860

テクノ・ディスコだって。これでは..

キャバレー・ディスコ・クィーンの花花

イデアをポンチャック化することはできない」と孫会長は断言する。

それにしても、鬼チーム・マンモスが、ポンチャック・ディスコの始祖であったとは。孫会長のアイデアは次々に盗まれてきた。それにうんざりしたので、約二〇〇作ほど作って、九三年以後しばし休息することにしたのだった。

「確かにポンチャックは下火になってきている。しかし、充電も十分。もういくつか新作の制作にとりかかっています。九六年春からまた、ドバドバ発表しますから見ていてください」と孫会長。これまでにいくらマンモスとしてコテコテの斬新作を生み出しても、人気が人気を呼び売れまくりはしても、音楽的に評価されたことは大韓民国内では一度もなかったのである。まして日本人にウケるとは、思いもよらぬことだったと孫会長は複雑な表情を見せた。

それにしてもなぜ、ビチョビチョの下品なシンセ音を多用したり、音が途切れ途切れに聞こえるほどのビブラートを使ったり、目が回るほど音を左右にパンさせたり、といった荒技をかくも平然と使ってきたのか。そのココロは何なのであろう。

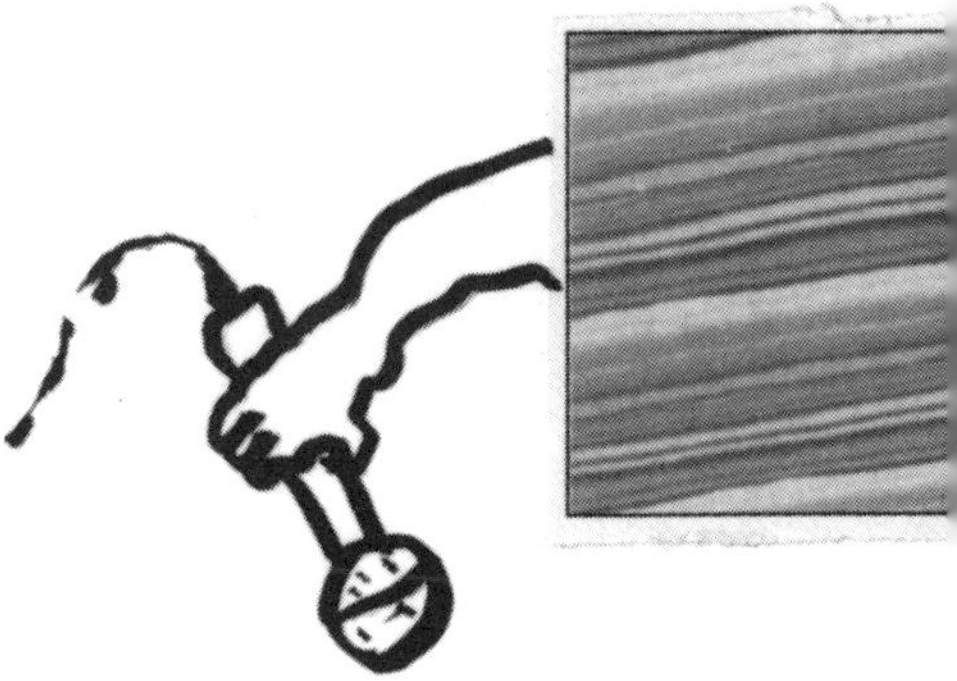

「好きだからです。ヒラメキで、いいと思ったからやった、それだけです。あえて言うなら、人々を楽しませるのが好きだから、ということでしょうか」

孫会長がこう言うように、大韓人の頭の中で構築しそれを音像化したものが、ポンチャックだった。そのほうがむしろ驚異である。考えに考え抜いて、スコーンと雲一つ無い晴天に到達するなんて嘘である。いちいち考えないからこそ効くのだ。

すべては大韓人的本能にあり。

だからこそ、観光バスが走りながら左右に揺れるほど乗客のおばさん全員が車中でポンチャックに合わせて歌い踊り狂ったりしてしまうのであり、ポンチャックには覚醒作用があり、眠くならないので長距離輸送には欠かせない、ということが運転手業界の常識と化すのである。高速道路のドライブ・インで「効くポンチャック」の情報交換さえ行われているのだ。耳で飲むスタミナ・ドリンク=ポンチャックは、のっぺり顔の大韓若人たちからはますます嫌われていく。しかし、嫌っているうちは自分たちもポンチャックを越えられないのだということを、彼

まじめなんだけどポンチャックで変身

青空公衆ディスコでレイヴ？

らは知らねばならない。大韓人の底無し豪胆沼音楽ポンチャックがなぜかくも浸透したのか。ポンチャック成立の謎とポンチャックの鬼＝マンモスの謎とがアッケラカンと解明された今、ポンチャックの民俗学的謎はより深まってしまった。

　なぜ自らのポンチャック企画チームにマンモスと名付けたのかという問いに孫五鉉はニッコリ笑って天を見上げ、こう答えた。

「マンモスは、大きいからです」

　もう一度言う。すべては大韓人的本能にあり。

キーボード名人の２巻組ウヒョーーー

テッコンドーの名人かもしれないポンチャ

なーんだ剣さんじゃありませんか。→
すでに大韓デビューしていたなんて。

サンサンディスコで太陽の下の素裸ポンチャック

カフェでうっとり夢見心地
とはいえポンチャックのゆるいや

ホテルの窓からのイイながめ（永登浦）

泊まってるホテルが、部屋の窓ガラスから見るとすぐ駅があって、電車が通るわけ。手前にはほんとボロボロの、スラム街みたいな地域があるんだけど左手には小ぎれいな立体駐車場がある。そこの駐車場が、外から見ると車が螺旋状にグルグル登ってくようになってるわけ。下の方ではポン引きのババアとか、ケンカの声とかが聞こえてきて、向こうではボロボロの電車がガタンゴトンって走ってる。しかも泊まってる下の階がサウナなの。一つしかない小さい窓のすぐ下からサウナの湯気がものすごい音を立ててブオーッと上がってって、しかも匂いが臭いんだよ。それが全部同時にシンクロする瞬間があるわけ。だからものすごい現実的なんだけど、あまりにも現実的に度が過ぎると凄くシュールなものに感じるんだよ。

現代渡日大韓人フリーペーパー事情

東京を中心に、韓国語のフリーペーパーというか、フリーマガジンが結構ある。内容は、韓国の政治や芸能の情報。で、メインの広告が、食堂とか、不動産あたりの生活情報なのだが、メインは人探しと、求人広告。人探しの方は、以前は「連絡がとれず、家族が心配しています。下配まで連絡を」ってな内容だったのだが、最近はストレートに「金持って逃げた」とか「ホストと手に手をとって行方不明」とかストレートな内容になっている。まあ、これは以前からもそういう問題のある奴を探す手段だったのが、オブラートに包んだ内容から、ストレートになっているだけの事。あと、求人は女性向が多くて、まず韓国エステ、それからデイト、コール（ホテトルの事ね）なんてのがある。大概書いてあるのが「家族的雰囲気」「ママ直接面接」「日本人経営なので安心」なんてあたり。ただし、最近一部で「ママがい

ないから自由な雰囲気」「韓国人経営なので安心」というのもある。

さて、四〜五年前はせいぜい五〜六誌だったのが、ここ二年位で三〇誌位までに増殖している。で、先発の八誌で協議会というのを作って、統一の配布スタンドを作り、目立つようにしましょう、という話しになったのだが、そこは緯国人、とにかく話がまとまらず、スタンドができるまでに半年近くを要してしまった。で、やっとできたスタンドもかなりごつくて場所取り、で、むき出しなものだから、雨に一度あうと雑誌がブヨブヨにふやけてとても見苦しい。その話を聞いて、後発の一〇誌が新たな協議会を作って、新しいスタンドを一月くらいでさっさと作ってしまった。こっちの方は、扉つきで、わりと小洒落たデザインなものだから、こっちの方が置いてもらえる事の方が多いらしい。

そもそも、この後発の一〇誌というのは、すべて先発の八誌にいた編集者とか営業が広告主を引っ張って独立して作ったもので、元どこどこ社長の所の従業員が、今は社長になっているという具合。で、その社長の所の従業員がまた独立して……、という具合で、去年からはほぼ毎月のようにアメーバのように増殖して、現在の三〇誌、という状況。とにかく、独立と膨張嗜好の韓国人。

ファンシーなイラストだが決して子供向けとはいえぬものが多いのもポンチャックの特徴。「ピョルク市場カンホ・メドレー」

美大生やデザイン学校生たちが課題提出用に描いたものをもらって来て使っているのかも。そういうのも多し。

「スーパー・トロット・ヨワン」バラとの関係は？

イルボン・サラム・ディープ・コリア ロック道①

佐藤行衛《ユキエ》

八五年頃から我が幻の名盤解放同盟一同が、あるときは輪転機へ、あるときはラジオ局のマイクへ、そしてまたあるときは客席へ向けてスコスコ、ピュッピュッピュッとぶっ放し続けた大韓ロック情報とどめたる精虫たち。一〇年かけてようやく着床、辿り着いたよ練馬区在住、佐藤行衛三八歳男子の下。そして誕生したのが日本人による韓国ロック専門バンド、コプチャンチョンゴル(「ホルモン煮込み」の意)だった。日本ではまだ無名だが、九六年秋、幻のソウル公演(直前で当局絡みで中止。新聞に載る。でも内緒で公演)以来、韓国(特に音楽業界)では有名な存在に。そしてその後、あれよという間にコプチャンチョンゴルの実録ディープコリアは進行し、九九年の六月にはドレミ・レコードと契約。シン・ジュンヒョンの息子でシナウィのリーダー、シン・デチョルのプロデュースでとうとう一〇月、大韓ロック界にデビューとなったのであるから感無量也。

「佐藤君も長谷川も(バックグラウンドは)サイケじゃん。だからいいんだよ。これがメタルやダンス系の人じゃ違うんだよな」と当時湯浅学は言っていたが、本当にそうだ。

大韓ポップス界で一旗挙げようなんてくだらない欲を彼らは持っていない。大韓の天然の一部になれたら、と願うだけなのだ。だから皆聴く耳を持つ。コプチャンチョンゴルの編成はその後、ギター日本人佐藤、ベース韓国人、ドラム英国人という特殊なトリオとなる。佐藤行衛は即興演奏家としても活動。チェ・ソンベ先生らとガッシリ奮闘中!

「美人」や「アンダルルヘチゴ」など聴所だらけの名作↓

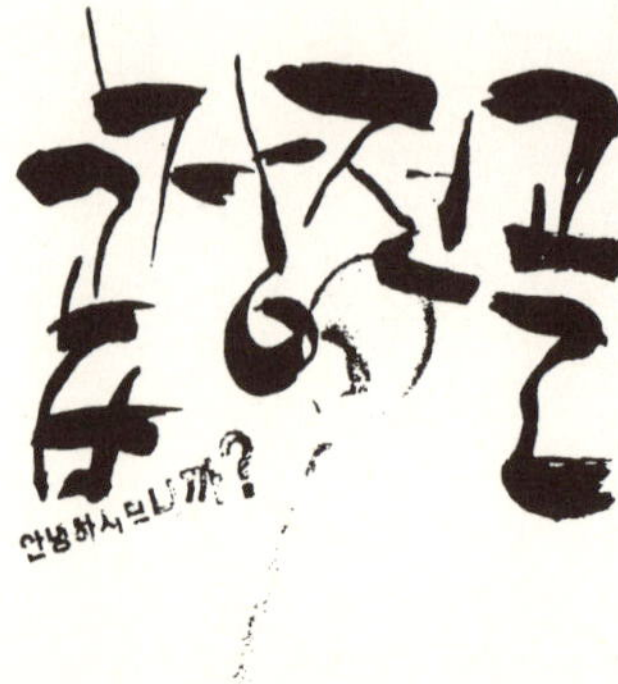

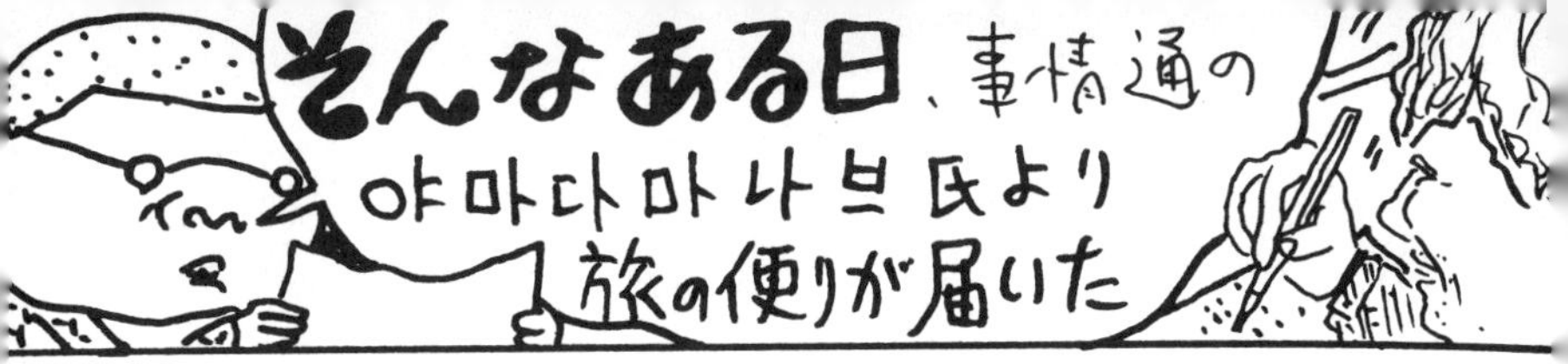
そんなある日、事情通の
야마다마나브氏より
旅の便りが届いた

よくわかる二〇〇二の韓国外国人労働者事情

私の泊まってた旧水原市バスターミナルの近くの旅館には中国食品店が四、五軒かたまってあるんで、なんでかと聞くと、電子会社職工士工など数多く、中国人工人が来てるっていうんです。中文新聞なんかも出てて、ここからバスで安山ってとこがもっと大きいとのオバさん話なので、さっそく安山駅前まで行くととてつもなく大きい外国人街が駅の前に広がっておりまして、延吉狗肉、水餃子、油条、羊肉串焼などの店、五〇～六〇軒、食料品店、衣料品、カラオケ屋、両替屋、インド料理(タジマハール)なんて名前、ほかにインドネシア、フィリピン、ベトナム、バングラデッシュ、タイ人など多し。ためしにインドネシア料理店カフエに入ってインドネシアコピ一五〇〇ウォン(あのドロドロのあまいやつ)飲みながら、ちょうど日曜日で地下店内は工場がやすみで客が数多く来て、インドネシア歌謡ビデオを流しながらくつろいでました。二年間の研修生という名の職工ですわ。賃金はもちろん、ケガなんかも保険なく、外国人労働者会館てのもあり、怪我してるベトナム人らしき人もちらほらいましたよ。ガラムタバコ三五〇〇ウォン、インドネシア音楽テープ五〇〇〇ウォンです。ずーっと回ってみても旅館が一軒もないんですわ。そのかわり一か月一七～一八万ウォンなどで貸すワンルームマンションが数多くあり、とりあえず友人、知人を、みんな頼ってくるから、そこへころがりこむってことですわ。

来てる中国人も大方は中国朝鮮族でしょう。ハルピンビール、雪花ビール(一五〇〇ウォン大瓶)などや狗肉屋が多いってことから北方人でしょう。まあ近く仁川港から船も出てますしね。ここはヨンドンポから電車で一時間以内で来れますから、もっと早く知っていればね、食いもんグルメできたのにね、おしいことしました。安山駅の地下鉄にいた手相人相観相のおじいさんの手書きアートワーク看板よかったよ、虎と竜相闘うって図でね、ダウントゥアースアシッド、デスメタル、アンビエント、ゴアトランスまじった、ほれぼれとみとれてしまいました。

というわけで安山で泊まれず、よりソウルよりの安養にとまりまして、ここもいいとこですよ。千葉の市川とか船橋みたいな感じでね、それでは次のお便りを待って下さい。

安山
歌舞庁
女子服務員
募集
月収300万₩
ビルの中にカイコだな式
2段ベッドのドヤも有(5千₩)

老人ディスコ

老人ディスコ

　ストリートなんてしゃらくせえもんじゃねえんだ。ゴミためから社交場、老人ホームから幼稚園からちょんの間までどこからでも平然と聴こえてくるし、誰からも〈すでにあるもの〉として認定されているというか、そこに鳴っていても「あ、演ってたんだ」と皆が至極当然ものとしていちち敬意を表するまでもなく、生活の一部として〈身に付いている〉〈空気になっている〉〈生命の一部と化している〉ものなのだから。時間と場所、使用目的、聴取対象をまったく問う必要のない大衆音楽。それこそ大衆音楽の最終形態ではないのか。それをポンチャックは特に誰にも望まれるでもなく成し遂げてしまったのである。誰にも仕掛けられず、誰にも宣伝されず、誰にも解釈さえされずにそうなっていたのだ。むしろ若いやつら洗練を望み続けることが上昇志向だと考えているようなやつからは蔑まれ排斥さえされて来たというのに。こんなものが物めずらしいものとして日本に紹介されるなんて許せない、という人さえ韓日両国にいた。

　しかし、ポンチャックは不滅で不死身である。だって大韓の空気なんだもん。

　たとえば、永登浦の横丁入ってカドから三軒目てなところに『トゥリトゥリ・ムード学院』という看板と男女がしなやかに踊っているイラストの飾られたお店というかクラブというか社交場がある。階段を下ってゆくと二人のスマートなアジュマがいる。ここが受付である。一人二〇〇〇ウォンを払って入るとそこは板張りのダンス・フロア。四〇畳はあろうかという広さで、壁際にイスがしつらえられている。フロアに鳴り響くのはもちろんポンチャックである。ディスコ、ブルース、ポルカ、トロット、タンゴにゴーゴーとひととおり次々にかかる。ここでは音源は主にテープ(もしかするとCD)である。たくみな選曲で踊らせるポンチャックDJが入っているようである。客の平均年齢は高い。六〇〜七〇ここが極楽の入口。踊る福祉で今日も昨日もピンピンだあ。はたしてムード学院で見る夢とは？・大人はいつでも真剣です。おいらくの恋が呼ぶ愛の嵐。ポンチャックでGO！

トラリトラリ
ムード學院 とある

음치
개구리 한마당
잊을수없는 내고향
돌아가는 삼각지
노래 : 박명성・이태곤・김철암・조영위

ポンチャックにも歌でくすぐるの多し。コーラス・グループによるなごみ系

一見堅そうですが、チャチャチャがやたらにくすぐります。

다시불러본 암울했던
그 시절 그 노래
(차차차)
노래 김선달

は うそをつけぬ[redacted]もの。イルミネーションがゆれてふらふら

愛だろうと恋だろうとまごころだろうと悪ふざけだろうが踊り

VIP 현장카바레
고고디스코!!
(제3집)
흘러간 메들리의 새바람
—고고디스코!!—

←ルパン三世似だが中味は"トト・ディスコ"『VIP現場キャバレー』まぶしい名作。

폴카・폴카・폴카
옛날 노래
비내리는 삼랑진
무명초 항구
청산유수
잘있거라 항구야
화물선 사랑

これで踊ると親孝行したくなります（中年でも）
水仕事のアジュマだが『ポルカ・ポルカ・ポルカ』

代が中心である。アジュマたちはやさしくリードしてくれるおやじ目当てにイスに座って待っている。我々など子供である。ミラー・ボールがクルクルとまわり、ジルバがひょいひょい踊られる。ローランドのリズム・マシーンとおぼしきキックの音がはずむ。ビバ・ポンチャック！と喜んでいるのは我々だけである。皆いつものように踊りをとことん楽しんでいる。軽快なポンチャックの音、どこの誰だかわからない歌手の歌にあわせてホーイホイとステップを踏み、腹が減ったら外へ飲食に行き、小腹がすいたらおやつにお茶。酔っぱらいはだめである。出入り自由。丸一日（朝九時から夜二時ごろまで）いても二〇〇〇ウオン。

天然の福祉。幼稚園児たち用の音楽にもポンチャックの粉大量混入の作品は数知れぬ。こうした社交ポンチャック場で、老人向きに作った曲を特に選んでいるのではない。どんな人でも踊れるほどの度量がポンチャック界には端から備わっていただけである。『トウリトゥリ・ムード学院』の人々は皆軽やかでその眼線はとてもやわらかい。

99年秋。初めての永《ヨン》登《ドン》浦《ポ》

根本　永登浦について裏町ウロついてる時にコンピュータ屋の前で松葉杖ついたうらぶれたジジイがいたでしょう。

↑駅の裏側

AX　ああ、ジジイ二人でじゃれあってて（笑）。

根本　松葉杖の方が俺たちを見て話しかけてきたんだよね。「オイ、若いの。コンピュータ買ったらどうだ」って言うから一瞬、店の主人かと思ったんだけどまさかそんなジジイがさ、そんなはずないじゃん（笑）。

AX　ただコンピュータ屋の前にいただけという（笑）。

根本　で、こっちが「ところで宿を探してるんだけど、このへんにないですかねえ」って言ったら「宿だったら俺がいい宿知ってるから。一泊一万五千ウォンだ。ついてこい」って手を引かれたじゃん。そしたらもう一人のオヤジが「やめとけ。コイツは自分のうちへ泊めようとしてるんだ」って（笑）。あれはそそられたけどね。ホントはジジイについて行きたかったんだけど。

AX　『ディープ・コリア』的には（笑）。

根本　でも今回は女性の手塚さんもいるし、ちょっと断念せざるを得なかったんですけどね（笑）。

AX　いつもだったらそこからまたイイ話が展開してという（笑）。あのへんのスラムの一角の家に泊めてもらって。

根本　そこが1DKだったとしたら、無理やり一間空けて台所か居間に泊めるとか、そういう感じだよ絶対。

ソウルのホモ通りで見たナイスガイ
奥崎謙三と李博士（イ・パクサ）を足した男
奥崎博士
パクサ

　九〇年代の前半、いろいろあってやたらに渡韓せねばならなかったころ、オリンピック後でハリボテ景気のなりかけでソフト&メロウをめざしても結局ぞんざいなメロウにしかならない大韓流が普通だったある日、そういえば最近ソウルでは安くて汚いところに泊まってないなと思い至ってパゴタ公園裏の方の、四畳半フロなしのところとか、整髪料の臭いがやたらに強いところなどに何度も泊まっていた。夜になると静かな路地をこざっぱりとした男が足早に通っていくのによく出くわしたものだが、ガイドの朴さんが「ホモ・バー行きましょう」と言って案内してくれたのだが、そのかつてよく泊まっていたまさにそこらへんだったので、知らなかったとはいえそういえばと脳裏を横切る出来事があれこれありました。

ホモ・バー

　朴さんの案内によるバーというよりスナックのマスターは小柄な好人物で、日本で知っているところは？　とたずねると「浅草の大番サウナです」との返答に、我々は「さすが」と関心しきりでした。明るい店内では大学生風のカップルと四人組が楽しく飲んでいた。カラオケに興じる四人組は揃ってやたらに歌がうまい。こちらも四人プラス・ガイドの朴さんだから飲むうちに一気に打ち解け（溶け）てビール返杯合戦になってしまい、踊ったりときどきキスされたりでなごやかな時を過ごしました。大韓四人組の中で一際社交的でヒゲの濃いお兄さんはコップが空いているのを見るとスキを与えずに注ぎ、自分から我々に名刺を配った。我々も名刺交換に応じた。いただいた名刺をよくみるとその人は泌尿器科に勤める人（医療事務担当）であった。実は四人組がそれぞれ我々の中で気に入った者の名刺だけをこっそりしまい込んでいたのだった。我々に「サチコ」だのの日本語の歌をカラオケで歌ってくれる彼らの自然な気配りがなおさら我々の心をほぐしてくれた。一般に大韓の飲み屋やバー、キャバレーの照明はお互いの

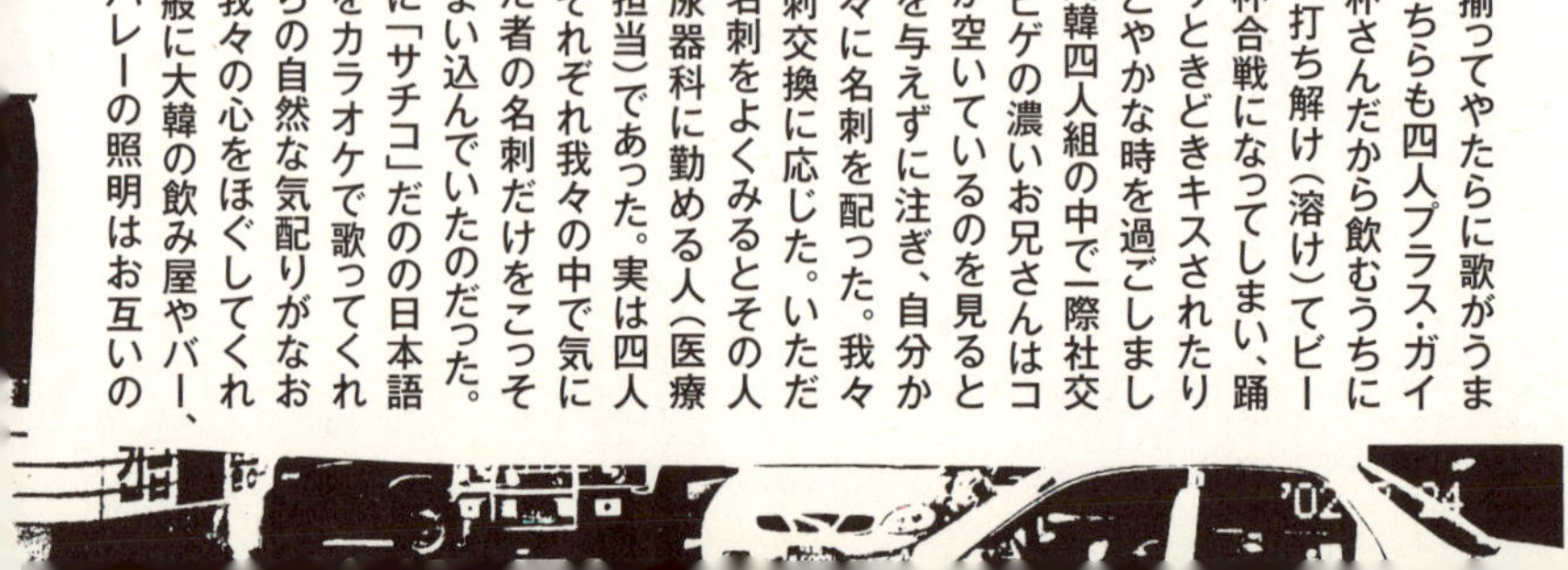

ここが極楽の入口。踊る福祉で今日も昨日もピンピンだあ。はたしてムード学院で見る夢とは？・大人はいつでも真剣です。おいらくの恋が呼ぶ愛の嵐ポンチャックでGO！

ポンチャックにも歌でくすぐるの多し。コーラス・グループによるなごみ系

一見堅そうですが、チャチャチャがやたらにくすぐります。

顔が見えにくいほど暗いことが多いが、我々が行った店は手紙が楽々書けるほど明るかった。お互いの顔をキチンと見ながら目と目で語りあえるようにとの配慮であろうか。

　心づくしと歌と酒にすっかりイイ気持にさせられ朴さんに連れられて行ったもう一軒もやはり明るく、マスターはつるりとした肌で耳がトンガッて川崎ゆきおさんの漫画のファンなら一目でグッと来てしまう顔立ちであった。カウンターだけのこじんまりとした店で、こざっぱりとした会社帰りのサラリーマン氏が何人かいた。マスターは日本に住んでいたことがあり、日本語もかなりイケる。先ほどとは異なり静かに交流を楽しんでいる人たちの店だ。我々の隣に座ってひとりで静かに飲んでいた少し面長の青年はマスターの冗談に拝むように両手を口に

当ててククククッと恥ずかしそうに笑った。店には日本の雑誌が何冊か置かれていてどれもが縁が変色するほどよく読まれていた。ここでも我々が日本人だとわかると会社では課長と思われる落ち着いた風情の紳士が「高原列車は行く」などを歌ってくださった。朴さんが面長青年の隣に割り込み肩に手をかけたり耳もとで冗談こいたりすると青年はこきざみに肩を左右に揺すってイヤイヤしていた。なごやかな日韓親善の場が少し歪んだが、青年はすぐに我々のほうを向いてニッコリ微笑み、自分の食べていたフルーツ盛り合わせをスッと我々に差し出した。なんと優しい心根であろう。その店を出た後、歌上手の課長さん風紳士が我々の中のYさんを気に入った由、マスターに告げていたと朴さんがおっしゃっていました。

聞くところによるとホモであることを自己申告すると兵役を免除されるとの情報あり。

ホモ通り路地裏での立ちしょうべん。誰にねらわれているかわからない、しかしここは男の世界だ!!とばかりに放尿する旅人たち。

場外馬券場

土曜日の昼過ぎの丸の内線、池袋から後楽園に向かう車内は混雑している。もちろん車内は禁煙なのに、ドアが開くと煙草の臭いがむお〜とホームに漂い出して来る。ヤニ臭の染み付いた男たちがぎっしりつまっている。その車両は後楽園でガラガラになってしまう。彼らの行き先は後楽園の場外馬券売り場である。夕方三時半から四時頃に逆方向の車両が混雑する。昼には緊張感さえあった男たちだが、夕方には淀んだ気に支配された者ばかりになる。見てみると……。馬たちに覇気が全然見つからない。遅そうな馬と勝ちそうな馬とに見た目だけでも差がありすぎる。競馬はまるっきり素人の我々が見てもなんとなくあからさまなのでは、と思ってレースを見ていると、まさしく本命がことごとく勝つ。しっかりとしたバランスのいい馬はやっぱり勝ってしまう。メリハリがありすぎる。体格も精気もあからさまに違う馬同士が走ってんだから確かにわかりやすい。わかりやすい

↑子馬のレースに皆真剣なまなざし。

케이블 TV 경마 프로그램 방송 시간표

(2002. 2월 현재)

婦女子やカップルも多いと聞く韓国での場外馬券売場のバックシャン美人。

大穴をねらうなら裏社会とばくに行くしかない。

から当てるよろこびには楽にひたれる。しかし、賭けるスリルはオブラートのように薄い。これもサービスか、と思いつつ、それでもやっぱり、ちょっとなあ、でもあけすけなところが大韓的おもてなしだしなあ、でもなあ一応競馬だしなあ、穴ねらいの人って大韓ではそうとうな人ですね、と我々は力なく笑いながら外に出た。

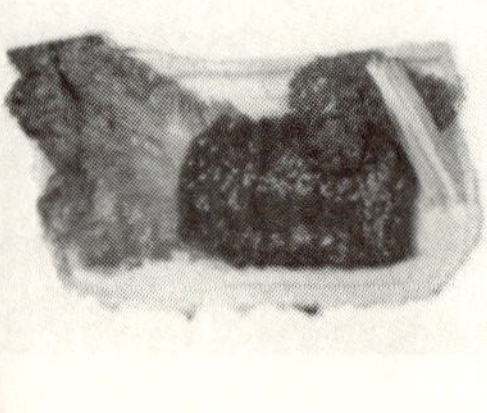

大韓暗黒社会事情
偽在日の金さんの調査によれば
繁華街にて
ヤクザにショバ代とか払わんの？
と、屋台の主《あるじ》数人に問うたところ
ウリナラのヤクジャはそんなマメなわけぬ、毎日ショバ代集めに来るなんて面倒なコトよりサッパリとトバクとシャブで稼ぐゆー
花札
との事であった
また別の（本物在日留学生）金さんによれば韓国のヤクジャは文句があれば脅したりせずいきなりガツッと殴る
ガン
とにかくなぐります
しかし殴ればそれで終わりでいうのだと
後はひかなり、と。
ヤクザ同士抗争もドス止まりで
銃はほとんど無使用だと

民族記念館やらと並んで大韓民国の歴史を物と言葉とパノラマで展示し知らしめる場所として、ソウルには戦争記念博物館がある。実に広大

戦争記念館

民族記念館やらと並んで大韓民国の歴史を物と言葉とパノラマで展示し知らしめる場所として、ソウルには戦争記念博物館がある。実に広大な敷地に、古代からのこの地の〈いくさ〉の歴史がずらりと展開されている。戦争はメランコリックな悲劇ではなく、民族における誇りと欲望の軋みの物語であり勇者は常に身体的語り部であることがよくわかる。戦うことは本能であり、備えることは民族の義務である、との教示が見る者を圧倒する。

根本　で、戦争記念館。

AX　とにかくでかかったですよ。国を挙げてこれ見よがしに造った感じでしたね。

根本　でも中に入ると内装とか手抜きなんだよね。あと展示物もさあ、力入ってるとことテンション落ちてるとこが凄くさあ…。

AX　落差激しすぎ(笑)。蝋人形の造型のバラツキがまた…。

根本　展示の最初は力入ってるんだよ。それがだんだん疲れてきたのかやっつけ仕事みたいになってきて、最後の方にまた盛り返すという。なんなんだろう。一人の人間が精神力を鍛えるため不眠不休で順番に作ってったとしか思えない(笑)。

AX　中に「バーチャル戦争体験」みたいな一角がありましたよね。パンフには「韓国戦争当時の夜間の分隊の戦闘状況を音響、照明、煙幕、震動などの特殊効果によって演出し、戦場の地における実際の状況と国軍の将兵たちの闘魂が生々しく体験できる」って書いてあるんですが、入ってみたら凄く緩〜い空間で(笑)。ただ単に兵士のマネキンが置いであって、セリフと音と光が「ピカッ!ドカーン!ウワー!」みたいな(笑)。

大韓民国の明るい未来は先人の死に支えられていることを忘れるな、と世界中に伝えんとの意欲が熱い。戦争を好むのではなく、人を守るために戦うことに疑問を挟むな、と。あんたたちは若者を育てるために何をして来たのか、責任取ってんのかよお、との声がどこからか聞こえて来た。

この博物館の売店にて購入した『韓国戦争史』というビデオを帰って再生したところ、始まって五、六分したら突然ザザーッとサウンド・ストームになり、結局そのまま終了してしまった。屋台のポンチャック屋のテープにこのようなものがちょくちょくあるが、まさか国がやっているあんなに巨大で立派な博物館にまでポンチャック屋台魂が通っているとは、さすがである。

横山剣の
昌韓精互鑑賞
CRAZY KEN BAND

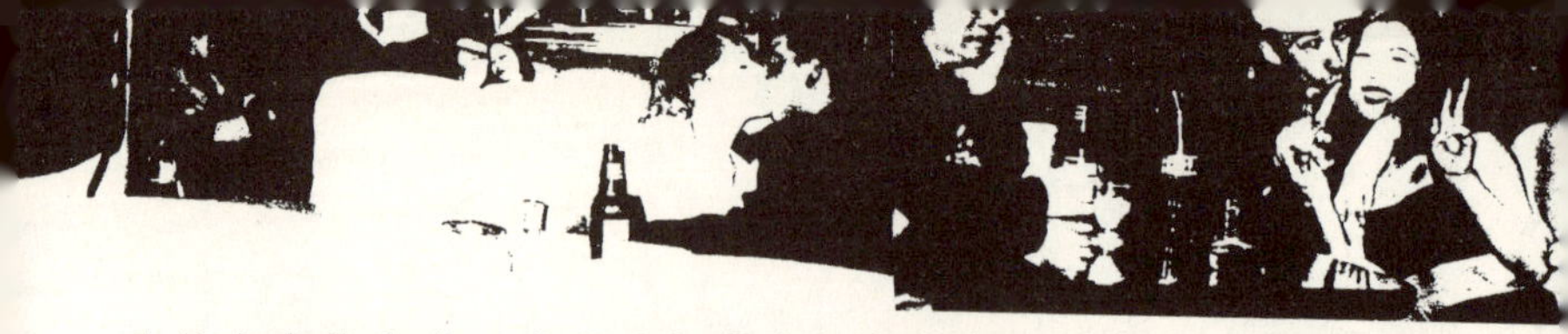

韓国で落ち合い、わずかな旅を共にしたCKB（クレイジー・ケン・バンド）の横山剣氏と帰国して約一カ月後、都内某所のレコーディング・スタジオで再会することに。先の旅を振り返っての気楽な思い出話、もっともっともっと遡っての韓国にまつわるディープな想いを伺おうという趣向。

四月三日、初夏の如き晴天下、吹き出す汗を拭き拭き幻の名盤解放同盟員Bと特殊編集者にして夜の部隊長の名をほしいままにしたYは、約束の時刻午後一時より五分ほど早くスタジオ入りした。DJR（ダブル・ジョイ・レコーズ）の美人スタッフにホット・コーヒーをふるまわれ、雑談に興じていると……。轟音イッパツ！ ほぼ同時に腰をあげた彼女は「来ました、お待たせしました」と張りのある高い声で言った。厚い透明ガラスから外を見れば、真っ赤なでっかいアメ車が狭い路地を押し広げるようにして頭を出し、こちらの駐車場へと向かってきた。

「カッコイイなあ」

「歌のイメージそのまんまだ」

一ファンと化して口走る我々。

「すみません」剣さんはお辞儀しながら小走りで入ってきた。「申し訳ない、遅れて」

「こちらこそ、仕事場にお邪魔しちゃって。今日は忙しいところ時間作ってもらって恐縮です」

「いえいえ、とんでもない」

一同ソファに坐る。

「乗ってた車、すごいですね、びっくりした」

「一九六五年製のムスタングです。当時のまんまの状態のやつがほしくてずっと捜してたんですけど、やっと見つかって。蒲郡の知り合いのクルマ屋で。昔、梅宮辰夫さんが『健さんはポルシェ、裕次郎はベンツ乗ってるから俺はムスタングに乗るんだ』てなことを言ってらしてね、恰好いいと思った。で、俺も乗りたいなあ、と」

「そうでしたか。以前CKBのライブ見に行って、原宿クロコダイルだったかな、MCで剣さん『今、昭和四五年のクラウンに乗っている』と」

「はい。クラウン二台あったんですけど、どっちも売っぱらってあれ買ったんです」

「なるほど。しっかし大きいですね、六畳間が走ってる感じ」

「あっ、でもアメ車のわりには小さい方なんですよ」

「そういえば新聞に通販広告載ってたけど、いすずのベレット1600GTのミニチュアカー発売されてるの知ってます？」

「二台買いました」

「さすがあ。たしかにとんがらしみたいですね、あれ」

「そうでしょう、カッチョイイでしょう」

「剣さんさぞかしいろんな車に乗ってるんだろうなあ。相当乗り換えてるでしょう。最初の車、覚えてますか？」

「ニッサン・サニー・クーペの1200GX－5」

車名、型式がすらすらと口をついて出た。しばし脇道、車談義へ。

翌日のイキな案内

B のんびり雑談でいきましょう。

剣 そうしてください。

B 僕は剣さんと会うの一カ月ぶりだけど、Yさんとは帰国早々ばったり顔合わせたらしいですね。

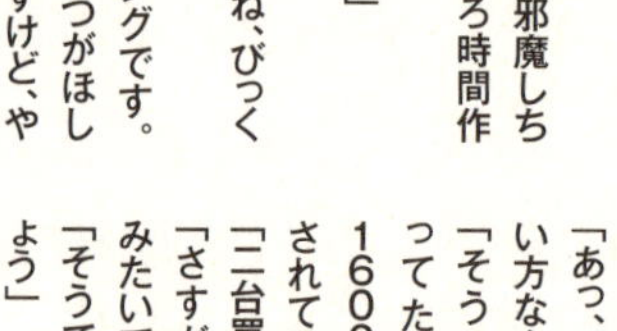

昭和にワープしてもこんなにすごいバンドはいないぞ

剣　そうなのよ。渋谷のオーワダというサテンで。日本に帰った翌々日だったかにゃ〜。

Y　あの日、CD、しかも『青山246深夜族の夜』買って、「ちょっと今満席で」って言われて、もうひと組言われて立ってる人がいたんですけど、何気なく見たら剣さんがいるんだもん。びっくりした。剣さんは打ち合わせみたいでしたね。

剣　ええ。しかし、奇遇。

Y　ホントに。韓国旅行がまだ続いている感じがした。気分はヨンドンポ。

剣　ハハ。あそこはよかったね。

B　ええと、一応順を追うと、まずはトンズチョン。今頃言うのもなんだけど、あの夜は本当にお疲れ様でした。

剣　東の豆の川と書いてトンズチョン。楽しかったですよ。ああいう旅って経験したことないから、北のはずれ自体行ったことなかったから。風景が違ってたね、バスで向かって行くとバリケードとか検問所とか増えて。

Y　きな臭い感じに。

剣　そう。殺気というか緊張した空気がどんどん濃くなっていきましたね、バスからの眺め。

B　寒々しかった。長かったでしよ？　電車、バス、タクシーと乗り継いで怪しいガイドに延々連れまわされて。

剣　その過程も味わいがあってナイスでしたねえ。

Y　僕、だんだんラリっていきましたよ、日常と非日常の境がなくなってって。

剣　その感じはわかります。まさにショート・トリップ。これだから渡韓はやめらんないのよ。

B　トンズチョンの翌日は佐藤（行衛）さんと？

剣　ええ。あの夜はPさんとホテル帰ってバタンキュー。で、翌日、佐藤さんに会っていろいろと案内してもらって、紹介された韓国のミュージシャンたちと一緒にめし食ったりした。あ、それと中古レコード屋で.キム・ジョンミさんの盤を買ったよ。韓国の渚ようこ。

B　服屋の友達のところは行ったんですか？　いつもCKBのステージ衣装をオーダーメイドしてるという……。

剣　ええ、行ったんだけど、ちょうどアメリカ行っちゃってて金さん。留守で、結局会えなかった。

B　そうでしたか。

剣　しかたないから海苔だけ買って。金さん、ふらっと時々店あけちゃうんですよ。

B　同じ夜にAたちとも？

剣　レンタルのケータイで連絡がついて。まずヨンドンポの線路のこっち側、路地裏の教会とかただで寝泊まりできる小屋とか、昔の川崎や鶴見みたいな場所に案内してもらった。暗いところにぼんやり電気がついていて、心の隙間に入ってきそうなところだったな。あの感じはなんなんだろう。忘れられないね。

B　俺、あの建物の窓から中を覗いたら、二段ベッド、三段ベッドに親爺連中がごろごろ寝てて、一瞬ギョッとした。外歩いている分にはわからないでしょう、物音ひとつしないほど静かだから。

Y　小さな異界ですよね。街までいかないドヤ。

剣　うん。いきなりイキな案内されたってとこかな。

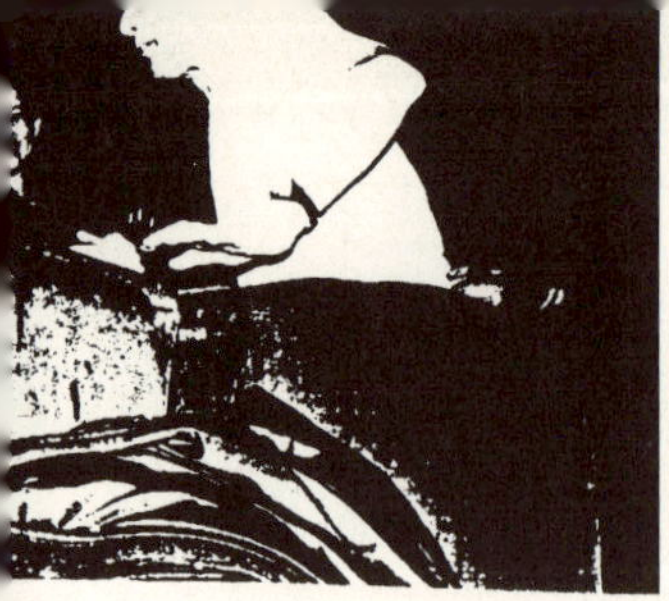

Y　関係者以外立ち入り禁止という文字が道にペンキで書いてあって。

剣　関係者か（苦笑）。

Y　そこ抜けるとど真ん中にすごく高いマンションがそびえて。建築ラッシュ。

B　風景一変しちゃうんだよな。

剣　とたんに不動産屋が増えちゃってねえ（笑）。

Y　黄色い店で（笑）。

川西杏さんを手本にしてます

剣　一日に川西杏という言葉が出ない日はないですからね。暇さえあれば川西さんのCD聴いたりビデオ観たりしてるし。スタッフにも観せて。

B　今回の十日間の韓国取材中、同盟の三人だけでも延べ二万回は川西杏って言ってますよ。一日二千回は言ってますから。今日だけでもすでにかなりでしょう（苦笑）、Yさんと待ち合わせてから一時間の間に数えきれないくらいの数になっている。

剣　本当にすごいですよね、川西さんの力は。聴いたり観たりしてない時は考えてる（笑）。

Y　朝起きて川西さんからのファックス見たり留守電の声聞いたりした瞬間に持っていかれちゃう。いや、目を覚まして「川西さんからファックスきてないかな、留守電入ってないかな」と考えない日はないから、必ず川西さんと共に一日が始まってしまう。

B　夢でも見るし、怒られるし（笑）。

剣　以前、金子祭りに参加させてもらったことあるでしょ。

B　そうそう、剣さん来てくれたんだよね、白いパジチョゴリ着てお手伝い。つつじが丘駅前でデモンストレーションしてからパレードという段取りだったな。

剣　その後児童館ホールでショー、そして金子神社寺院で寿司食って。

B　そうだった、そうだった。

剣　こんなに素晴らしい人いるのかって思いましたよ。あんな強烈な歌、ステージないですよ。スタア性もあって、もう、うっとりですよ。

B　あの人の二人目は存在しない。

剣　女の歌手ではいそうだけど……いないですね。例えば、歌っているときターンするでしょ、ちゃんと首が残って客席に顔が向いてるんですよ。殺陣とかもしっかりしてるし。

B　白装束の切腹はあるし。キティちゃんのパジャマを着ればベティちゃんのロングTシャツも着る

2枚目と3枚目のビビンバ野郎、ナイス・ガイ　横山剣！

キャバレー金馬車で（2枚とも）。

……。

剣　本当に手本になります。どれだけ金がかかってるか。あんないいもの見せてるんだから、手伝いしなきゃ怒られますよ。

Y　まったくです。

剣　お腹いっぱいになる、もう入らないってくらい。川西杏ショー。

Y　ええ。

剣　調布の駅前とかでタダで観られるってのは凄いよね。今気に入ってるのは川西杏子ちゃん、あれはもう最高！

B　同盟をはじめとして川西さんが納得いく応援、手伝いができる者がいなくてね。いつもいつも申し訳なく思ってますよ、ええ。川西さん、ごめんなさい。

Y　よく叱られます。川西さん、すみません。

B　元来ソフトで優しい人なんだけど、最近はよく「ふざけんな、てめえ、ぶっとばすぞ！」てな調子で一喝されることが多くて。そのたび妙な迫力を感じるんだ、乳首をチロチロ舐められるような。

金魚と住んでるハンサムなプレイボーイ

剣　トンズチョンでは諦めたけど、Bさんやったんでしょ？

B　ええ、アザのある女と。

剣　そうらしいね。

B　乗りかかった舟とはいえ、ほとんど自殺行為ですよ。怖かった。さっさと下りるべきだった。

剣　何なんですか？　そのアザは。

B　未だにわからない。吸盤でつけたような丸いアザが背中一面から脚の裏まで、びっしりあった。「転んだ」と女は言うんだけど、一条直也が神社の長い石段から転がってこないとつかないようなアザ。

Y　またそのたとえ（苦笑）。

B　そうとしか説明できない不可解極まりない代物なのよ。

剣　うーむ。地獄車、か。

B　その女に行きつくまでにけっこう時間を要したから、腹立たしくも他で乗車拒否とかにあっていたから、もしかしたら誰かの後かもしれない剣さんの弟になっちまうかもしれないなんて考えも脳裏をよぎった。

剣　それはない（笑）、安心してください。手も足も出ず、散歩だけして退散したから。

Y　僕もパーッと見てから迷いなく待ち合わせ場所のトンカス屋へ。みんな揃ってて、剣さんもいた。Bさんだけ帰って来ないからさすがだなと思って。

剣　俺も感心した。

B　まったく自慢になりません。嘘でも謙遜でもないよ。

剣　最後までやったんでしょ？

B　一応。裸になるや尻もちついたウンコ坐り、だらしない体育坐りの恰好でオロナインみたいなクリームをベタベタあそこに塗って「早く終わらせな」と言わんげに仰向けになりやがってねえ。気分も何もあったもんじゃない。

剣　うわあ。それにしてもそのアザ、いったい何だったんでしょうねえ。

B　折檻の跡のような気もするんだな、根性焼きみたいな。

Y　やっぱりさすがですよ、Bさん。楽な対戦相手じゃない。

B　そんなことよりトンズチョン

では剣さんのスマートな遊びっぷりの方が際立ったよ。

Y　キャバレーでね。

B　そうそう。あとの奴らケチって女におごらないんだもん。だからことごとく女に逃げられてさ。ザマないよ。剣さんだけモテモテ。

剣　いや、気が小さいからおごっただけなのよ。ウォンをあまり持っていなかったから内心ハラハラしたよ。

Y　考えてみたらホステスさんのドリンク代って三千ウォン、三百円。それなのにみんなケチッてんですからね（笑）、情けないったらありゃしない。

B　どこ行ってると思ってんだよな（笑）。指くわえて「さすが金魚と住んでるプレイボーイはちがう」と剣さんを羨んで。

剣　ハハ。それはさておき、あの街、いつもは店たくさん開いてるのかね。

Y　二、三百人いるって朴さんは言ってた。

剣　一軒の店だけでね。二、三百人の女の子がいるっていう触れ込みだったよね（笑）。

B　豪語してた。しかしフタを開けてみれば……。街全体で二百人いたかどうか。

剣　ま、朴さんのそういうところがいいんだけどね。

B　うんうん。

剣　イイ顔してるしさ。憎めない。朴さん、モロ、俺好みだニャー。あ、俺、ホモじゃないけど。

B　なんともいえないイイ顔だな。

Y　ハズせばハズすほど味わいが増しますね、あのガイド。

剣　チャーミングですよ、ええ。

B　そういう視点があるか否かで分かれるね。「ちくしよう、バカヤロー、話が違うじゃねえか」って怒ったらディープ・コリアは成り立たなくなっちゃう。何度も怒りたかったけどさ（笑）。

Y　トンズチョンではあちこちからCKBの歌が聞こえてきました。

B　そうそうCKB的な風景に何度もでくわしたな。ホステスらしき女が髪の毛引っ張り合って、キャットファイトやってるの目撃した時に自然と『長者町ブルース』が頭の中で流れたり。

剣　それは嬉しい。あそこは曲作るのにいいアイデアもらいました。ヨンドンポもよかったけどトンズチョンもよかった、ホント。

B　それは嬉しいな。

剣　いいエピソードがいっぱいあって。朴さんが散々言ってましたよね「黒人街と白人街がある」って。白人街行ったらいきなり黒人がいて（笑）。

Y　そんなばっか。

剣　「いやあ、大変だ、こんな時間帯に行ったら誰か死ぬような気がする」なんてことも言ってたっけ。

B　朴さんのディープ・コリアだから。

Y　自分が死んでオトシマエつけろってんだ。

土手高く、剛毛茂れる

B　剣さん、ヨンドンポ初めてだっ

東豆川一軒目のキャバレーにて。

たんですか?

剣　初めてでしたね。何度も通りかかってはいたけれど。しかもあいうキャバレーなんて……。小松みどりみたいないい女がいるかと思えば浅香光代みたいなゴーカイなアジュマもいて、客がナンパしたりみんなで触りまくったりしてさあ、おもしろかったねえ。ロシア人ダンサーも得点高いな。俺、小松みどり風のアジュマを連れ出そうと思って話していたら、急に浅香風のアジュマが怒り出して、それまでいい感じだったんだけど、結局逃しちゃった。

B　ブスの方じゃない? 怒ったの。複数の女をナンパすると、大体ブスが障害になる。「やめましょう、行きましょう」って目当てのカワイコちゃんの袖引っ張って連れ去ったりとか。

Y　そうそう。カワイコちゃんはまんざらでもないんだけどね、男なれしてない感じのブスがいらん横槍入れて話をぶち壊す。「お前に聞いてないんだよ、お前はひっこんでろ!」って叫びたくなるパターン。

剣　そう、そう、そうなのよ。

B　連れ出してる韓国人けっこういたからね、なんかあるんだろう。しかし、ロシア人いいよね。腰から脚にかけてのラインが違うんだな、日本人とは。

剣　でもロシア人はドテがなくってさ……。

Y　剣さん、ドテが好きなんですか?

剣　ええ、好きですよ。

Y　僕も大好きなんですよ、ドテマン。

剣　で、毛が濃いのが。

B　二人同じだよ!

剣　ドテがあってマン毛が濃いのがいいですよね。

Y　まったく同じ!

剣　マン毛が剛毛で。

B　ここまで趣味が一緒とは驚きだなあ。Yさんもゴワゴワの陰毛好きだもんな。あとは脇毛か。脇毛の剃り残しか。

剣　脇毛も好きですよ、ええ。あと尻と太腿。Bさんのこだわりの部位は?

B　顔を除けば、俺はなんといっても脚。少々のブスでも脚がカッコよけりゃ惚れちゃうクチで。

Y　僕はオッパイには大きいとか小さいとかあんまり細かい注文はないんですよ。どちらかといえば貧乳の方がいいかな。

剣　俺もオッパイはあってもなくても関係ない。ドテと尻と剛毛マン毛です。

B　じゃあロシア人はいまいちピンとこなかったでしょ?

剣　ドテが低いからね。

B　うん。かぶりつきの位置で調

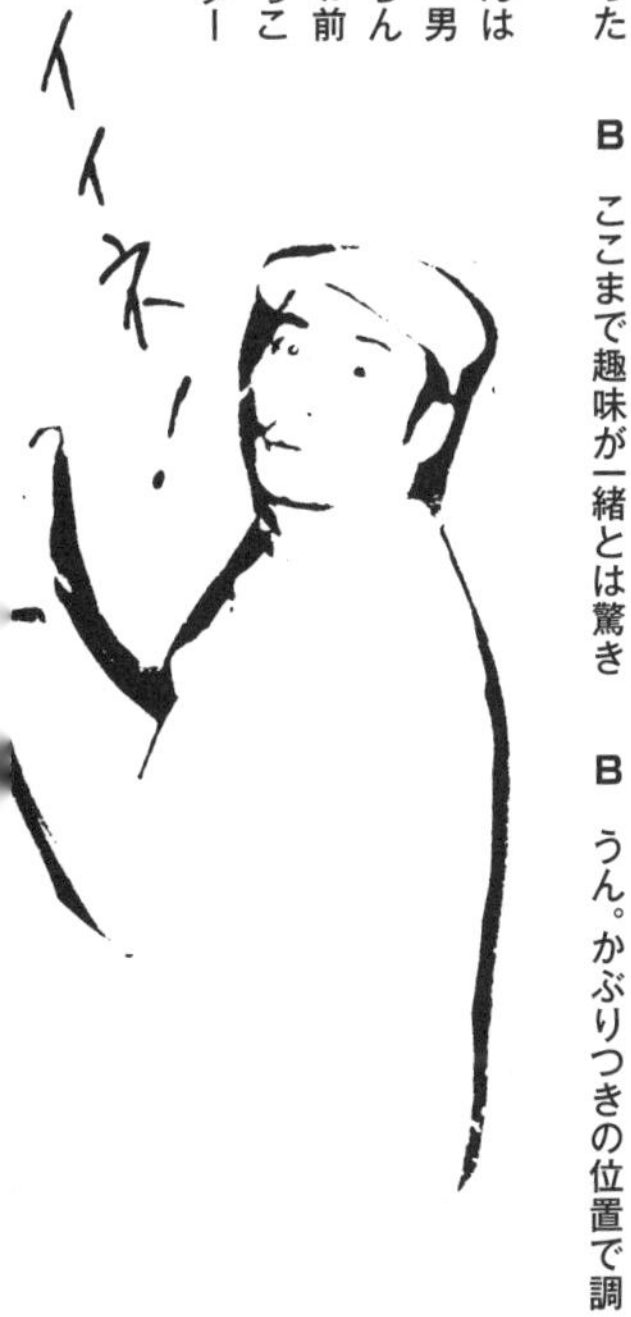

べたけど、確かに低い。ドテに見るべき点はなかった。

剣　フィリピン人とか高いでしょ。

B　高い高い。なんの話だあ!?

Y　ロシア人、尻まわりもけっこう貧弱でしょ。ダンサーという職業柄のせいかもしれないけど。

剣　正直、ぐっとくるのはあまりいなかった。

B　どっちみちロシア人とは相性悪かったんだな。

本に書けないことがいっぱいあるのがディープ・コリアの良さ

B　ヨンドンポのちょんの聞は?

剣　軽く流した。左右の店を挑めただけ。都合悪くて、どうしても寄れなかった。おあずけっていうか、後ろ髪引かれる思いでしたよ、ええ。

B　あそこ困ったことに日本人お断りの店が多くて。二回もふられちゃった。二人目なんかニコニコして迎え入れてくれたんだけど、俺が日本人と知るや態度豹変、背中押して外に追い出す始末。

剣　ふうん、どういう理由だろう。厄介者扱いはないよね。

B　ああいう場所で買いそびれるのって情けないですよ、ホント。

剣　わかります。

B　事情がわからないうちは何か自分の個人的な事柄が原因じゃないかと思って、えらく傷つきましたよ。タバンに入って気持ちを整理して、癒して。

剣　へへへへ!

Y　駐車場前、通りの入口の右側の店でしょ。

B　そうそう。で、部屋に戻ってみれば、Yさんも同じような目に遭ってることが判明して、朴さんが「いやらしい日本人は嫌われているみたいです」と冷やかし口調で。でもAは一発でOKだったというし、Yさんも何人目かでOKをもらったんだよね。

Y　人によるようですけど、日本人ダメっていう女の子の方が多いみたい。

剣　ナマでやる店は韓国人客オンリーなんじゃない?

B　Yさん全部ナマなんだよ。

Y　六戦六勝六ナマ。

剣　えっ!!　帰ってから大丈

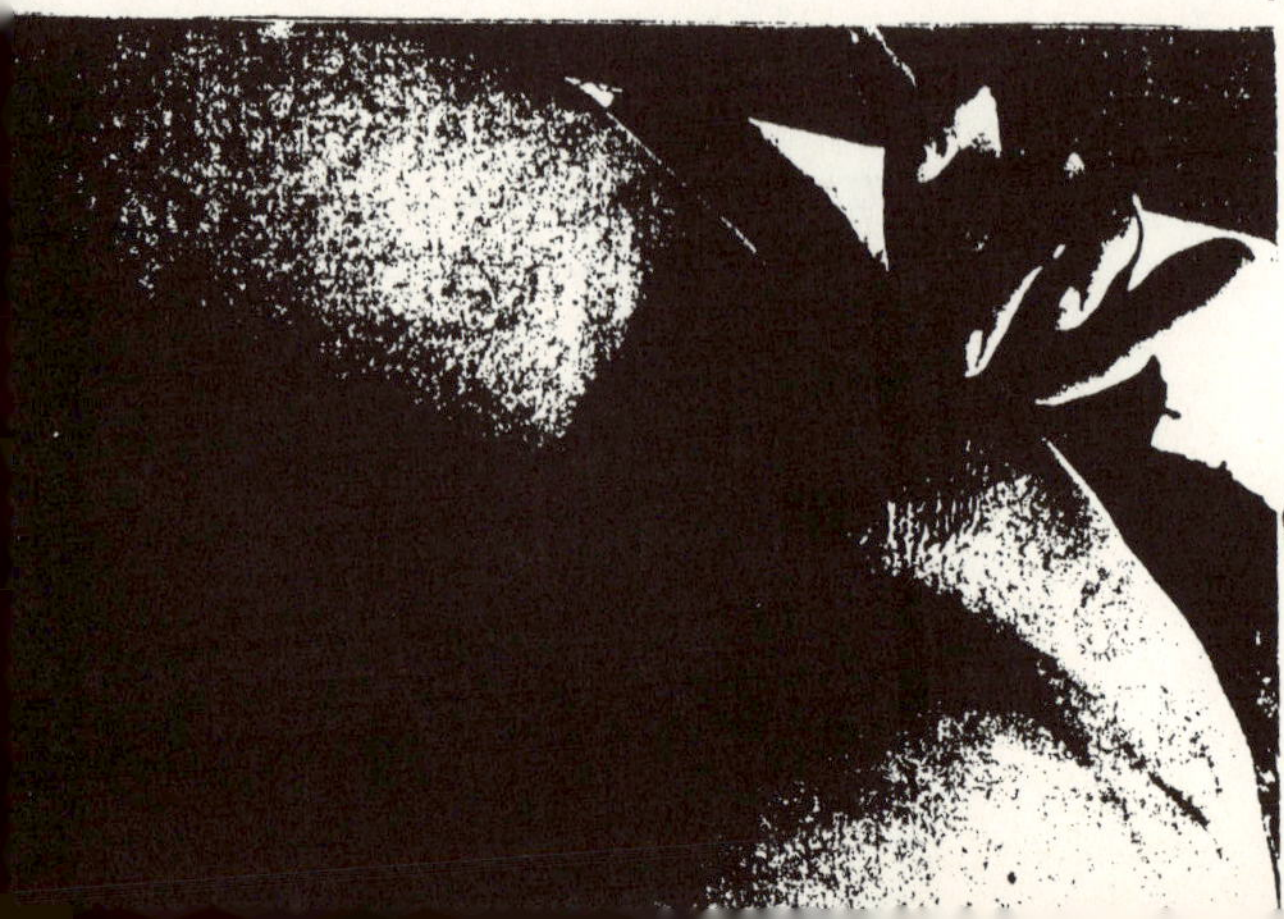

剛毛ドテマンの良い見本

↑楽しい東豆川でのダンス風景の典型的イメージ・ショット

夫ですか?

Y　はい、何の膿みも出てません。

剣　ちょんの間でナマ?

Y　ええ、ちょんの間オンリーでした。

剣　へえ、そう、全部ちょんの間で。そうだったの。

Y　ついでにパンティ盗んできたり。

剣　へへへへ、最高ですね。ところで肝心の剛毛いた?

Y　意外や剛毛ばっかし。当たりましたよ。

剣　韓国人にはパイパンが多いって聞くけど、必ずしもそうじゃないよねえ。

B　Yさん剛毛のアソコに目がないから、嬉し涙とよだれ流したんじゃない?

Y　むしゃぶりつきました。

剣　よくわかります、はい。

B　剣さんはオーパルパル(588。チョンニャンニ=清涼里の俗称)をよく見物に行くって言ってましたよね。

剣　風情が、華があるから。いや、俺好みの整形美人多いから。自然と足が向いちゃうんだにゃあ。

B　あそこはやっぱり楽しいよね。かわいい女の子たくさんいるし。

剣　うんうん。あ、そうだ、手コキの床屋さんの方がキモチ良かったりするんだけど……。行きました?クルクル回転が速いサインポールの床屋さん。

Y　行くには行ったんですけど……。

B　俺は未体験。

剣　あのサインポール、ねじり棒の回転が速いのは手コキ有りで普通に回ってるのは普通の床屋さんらしいんだけど。

B　あれ、そうなの? そういう意味があったの?

剣　たぶんね。

B　色は関係ないのかな。赤と青、赤と緑と何パターンか取り合わせがあるでしょう。

剣　ま、テキトーだからねえ。

B　うーん、そうだったのか。いいこと聞いたな。今日の収穫だよ、その情報。Yさん床屋何軒かあたったけど、到頭ダメだったんだよね。

剣　ダメって?

Y　トドみたいなアジュマばっかりで。ドア開けるたびに「おえっ」。若くてきれいなアガシがいる床屋の見つけ方はないんですか?

剣　俺も教えてもらいたいよ(苦笑)。むずかしいんじゃないの、それは。

Y　これはディープ・コリアの取材だ、といくら自分に言い聞かせてもふんぎりがつかなかった。結局、普通に髪を刈ってもらっただけです。実は僕、手コキ好きで、日本で手でヌイてくれるビデオ屋とかよく行くんですけどね。一五〇〇円。

剣　手は手でいいんだよね。

Y　もう少しましな美容師ならば韓国でも手ワザを体験したんだがなあ。

剣　それとは違うけど、メンバーから聞いた話だけど、日本の韓国エステってなかなかいいらしいね。素股でやっているうちニュルリと入っちゃうことがよくあるそうだよ。

Y　韓国エステはかなり気に入っ

↑ゴリラ似の女性とニコやかにパチリ!!

てて、ちょくちょく利用します。アクシデント的に本穴に挿入というケースもあるし向こうが本気モードになって意志的に挿入というケースもある。

剣　Yさんは本当にオールラウンド・プレイヤーだなあ。お見それしました。

Y　韓国の女の子って人がいいというか乗りがいいというか、恋人気分でサービスしてくれたりするんです、けっこう。そこいくとイルボンのフーゾク嬢は計算高いというかビジネスライクというか、ろくなもんじゃない。韓国エステは僕も勧めたい。エステの部分、マッサージだけでも十分気持ちいいし。

底なし沼のコリアン・フーゾクの表面に漂う

B　Yさんは初めてだったんだよな、海外旅行。

剣　えっ、そうなの？　何度も行ってるのかと思った。

Y　Aさんが『韓国は釜が崎と同じだから絶対行った方がいい』って。

剣　で、どうでした？　初めての海外旅行は。

Y　いやあ……良かったですね。

B　良すぎたんじゃない？

Y　ええ、風邪も治って（笑）。

剣　ナマ六発もして、怖いもの知らずだよね。

Y　自分じゃそんな意識ないんですけど。

B　そこが怖い（笑）。

Y　散髪もしてもらったし。

B　髪の毛長かったもんなあ。いいよ、今、きれいさっぱり清潔で。ついでにヌイてもらう作戦は失敗したけど。

剣　またその話（苦笑）。

Y　成功ですよ。もしヌイてもらおうとしたら負けていたでしょう。

剣　後悔だけ残って。

Y　はい。いやーな気持ち引きずって。汁も出ずじまいとか。そうそう思い出した、一軒いいところがあったんだ。「黒夢」という名前の店で、黒服が出てきて、カットもしてくれるって言うんだけど、「顔見せ」ないの。

B　イスラムのベールかい（笑）、無気味だなあ。

剣　昔イクラちゃんが床屋行って「抜きますか？」と言われて「じゃあ、お願いします」って答えたら、オッサンが現われてスコスコやろうとしたんだって（笑）。

B　アハハハ、野郎の手コキかあ、たまらんなあ。

↑豪快にかぶりつく剣さん。韓国料理に対するイイ見本だ。

軒 薦因. (授是雌渋)

aboo korea 巷戟. 巴掘習稽 幻窮 塾戚闘稽 疑辞丞 巷搾人 斡君軒去聖 薦因

吾 失昔号勺, 五暗遭 切戟級亀 薦因. (授是雌渋)

平軒焼 悉什 天棋 巷戟. 薗懐廃 巨切昔. 巷搾 凪戚走, 紫遭 凪戚走, 幻鉢 凪戚

人 廃越 巷戟 塾戚闘 元滴 去.

Y　取得単位大きいですよね。

B　選択課目にしてほしいぜ。

剣　アンマシスルソは行ったんですか?

Y　……なんですか?　それ。

剣　按摩施術所。韓国版マッサージの按摩の店ですよ。日本の韓国エステの本家というか元祖というか、スペシャル・リミックス版というか。

Y　へえ、朴さんがあんまし薦めなかったんですよ。ちゃんと按摩してくれるんですか?

剣　かなりちゃんとした按摩をした後に別の場所に移って、そこ按摩屋なのかどうかわからないけど、ゴムが敷いてある診察台に寝かされて、ザーッとお湯かけられて。体が冷えてくるらしいんだけど、そこでいろんなこと、本番もやったりするそうなんだ。これは海苔屋さんが教えてくれたんだけどね。料金は十万ウォンくらいだって。

Y　本番込みで十万ウォン?

剣　そうね。

Y　今度渡韓した折にはぜひとも体験しよう。

B　俺も。心身ともスカッとしそうだもんな。十万ウォンだったらリーズナブルでしょう。

剣　韓国のホテトルは高いらしいね。ホテルの部屋に出張してくる女性と楽しむってやつ。

B　日本人だとボルでしょう。

剣　それはあるみたい。小さなホテルに泊まると従業員がもちかけてくるもんね「ひとりで寂しくないですか?　かわいい女の子紹介しましょうか」なんて日本語で。便利なホテル、多いですよ、ええ。

Y　いくらくらいなんですか?

剣　一概には言えない。ショートで二十万、泊まりで四十万とか言われたことがあったっけ。

Y　高いなあ、いかにもいい加減な料金設定ですよね。

剣　値切れるだろうけど。

Y　二十万でもちょんの間に三回行ける勘定か……。どんな女がくるんでしょうねえ。

剣　清楚な女子大生とか美しい若妻とか。

Y　本当ですか!

剣　だといいよね。いつかYさん、取材してください。で、結果を教えて。

Y　実は今回、心が何度も動いたんです。ほら、ホテトルのちらしのカード、道にいっぱい落ちてたじゃないですか。

剣　うんうん、メンコみたいにしっかりしたやつ。

Y　そう。あれ、すごくいいですよね。

B　コーティングしてあって、つるつるしてんだよな。夜のネオンに光って映えるんだ、これが。つい吸い寄せられて拾ってしまう。

剣　そんで、ジーッと熱い視線を注ぐ。写真の女がスケベ美人でさ。

B　いいタイプのモデルばかりだよね。

剣　フカキョンとか日本のAV女優とかも勝手に使ってて(笑)。

Y　佐藤江梨子、吉野公佳もいたような気がする。

B　無断借用といえば、エロ本も相変わらず日本のエロ本の複写が主流でさ、「どっかで見たことあるな、これ、俺がレイアウトした写真じゃないか?」なんてなグラビア・ページによくぶつかる。

剣　ハハハ。エロ本は書店で?

B　いや、地方のバス・ターミナル

SEX KOREA

の売店とかで。ビニ本状態で中身確かめられないから、表紙買い。

剣 にゃるほどね。

B 荷物になるから買いたくないんだけど、エロ本はソウルの大型書店よりも田舎の駅の小汚い売店なんかの方がいいもん置いてあるから、つい手が伸びてしまう。

Y パクリが堂々としてるのが韓国らしいですね。

剣 エバってるのがいいんだな。

Y まったく。それにしてもあのホテトル・カードはそそるな、何枚拾ったことか。

B 俺も競うように拾っちゃった、恥ずかしながら。

Y トレーディング・カード風でいいんですよ。

B 俺これ持ってるからそっちの三枚と交換な、みたいなね。

剣 ヨンドンポじゃ、うん、たくさん落ちてただろうね、メッカだもんな。

Y 我々の泊まったとこ連れ込みホテルだったから、入口といい階段といい桜吹雪の後みたいになっちゃう。

剣 へへへ。

B 夜と違って明るい朝に見るとなんともいえないしらけた感じ。折れたり汚れたりしてるし。

Y でも、飽きずにまた拾う。

B ハハハ、そうなんだ、情けない。「地に堕ちたコリアン」ってタイトルでグラビア・ページ作ろうぜ、ホテトルのカードびっしり並べてさ。

剣 イイネ！ パクリのパクリ！

特殊サウナも楽しからずや

剣 トキバスってあるでしょ。

Y え？

剣 正しい英語読みだとターキッシュ・バスとなるのかな。

Y ん？

剣 トルコ風呂ですよ、トルコ風呂。

Y あ、そうか。懐かしい響きだなあ。

剣 そのネーミング、相当昔に日本じゃダメだって言われてんのに依然として使ってるんだからね、韓国では。

Y トルコ国はこの現状を把握してるんですかね。

B 韓国はおみそだろう。

Y でしょうね。こんなことをいちいち取り締まられたら国自体成り立たなくなっちゃう。それにしてもいろんな韓国版があるもんですねえ。

B 要するに、日本のトルコ風呂改めソープランドのアレンジなわけでしょ？

剣 そうそう。サウナと兼ねてる形がほとんどでしょう。ちょっとしたホテルにはたいていありますよ。ソンタン・ツーリスト・ホテルでしょ、ハミルトンでしょ、有名なキャピタル・ホテルにもあったっけ。知り合いから聞いたけど、本番なしの口内発射か手コキで、ゴムフェラで十二万ウォンだったとか。

Y 日本でいえばマット・ヘルスみたいな……。

剣 ほとんどヘルスに近いんだけど、一応目の前に肛門がくるそうだよ。

Y そうきたら舐めますね。

剣 肛門臭がプニャ〜〜〜!!

B Yさんは風呂入らない方が好きなんだろ？

Y もちろん！ 体臭きつい方が燃えます。

剣 うんうん、そうだそうだ、俺もだ。あ、違うか（笑）。

Y 舐め甲斐がありますもんね。トキバスかあ……やり残してきたことがいっぱいあるぞ、こりゃ。

B やり尽くした感じだったけど、種類からするとひとつだもんな。

Y ちょんの間だけ。今度いつ行けるかわからないけど、お金をためておかなきゃ。

B むずかしいよ、フーゾク大国に住んでちゃ。

剣 日本の中にもリトル・コリア、素敵なコリアン・フーゾクがあるからねえ。

Y また僕の地元に多いんですよ。歩いて行こうと思えば行けるところにあるの、困ったことに。

剣 それにしても立派な高級ホテ

ルでトルコ風呂の看抜出してるっていうのはお笑いだよね。さすが韓国だぜ。

B　しっかりハズしてくれる。

剣　一階のレストランでフランス料理かなんか気取って食ってる客たちの下でチンコとマンコが泡にまみれて踊ってたりマットの上をすべってたりするんだから。大体地下がトキバスなんですよね。ええ。

ポンチャック・ディスコにハッスル、フィーバー

剣　渋谷のオーワダでYさんにばったり会った時、瞬間ワープ。

Y　僕も「ここは金馬車か?」と思った(笑)。

剣　若者の店よりジジイババアの店の方が韓国ではいい。クラブとか行くよりジジイババアの方が断然粋でいいですよ。聞いてもいいし、観ててもいいし。かわいいし。

B　まったく同感。

Y　僕、日本でクラブとか行っても絶対踊らないタイプなんですけど、韓国の年寄り向けディスコやキャバレーでは踊っちゃった、踊らされちゃった。

剣　フルチンになれるんですよね。金馬車、本当に素晴らしかった。

B　ポンチャック・ディスコの偉大さも痛感した。韓国の韓国民の屋台骨を支えている音楽はこれ以外にないと再認識。

Y　いいですよねえ、ポンチャック。

剣　立体的に接するとこたえられない。

B　クレイジー・ケンチャナヨ・バンドのポンチャック・ディスコのカセットテープ『パチン!　パチン!　パチン!』、愛聴させてもらってますよ。ポンチャックに一番理解と愛情がある日本のミュージシャンは横山剣でしょう。

剣　(苦笑)。あ、そうだ(と言ってCKB仕様のショルダーバッグからビニールの小袋を取り出す)。

B　ん?　この学ラン……キャバレー・カーネギーの……。

剣　ええ、名刺サイズのあのポスターと飴玉一箇を包んだプレゼント。店に入ったらくれたんです。くだらない品物だけど、捨てられなくてねえ。こういったどうしようもないもんがあれこれ詰まった段ボール箱が家にいくつもあってねえ。

Y　フフ、剣さんがより一層身近に感じられます。

剣　最初にカーネギー、続いて金馬車へ行ったらガタイがいいTバック姿の男のダンサーが女と絡みながらストリップに近いダンスをしてさ。

B　ほう。

剣　途中からPさんが加わって。

B　ええっ!?

剣　手を伸ばしてマンコいじくってんの。

Y　やりますねえ、Pさんも。

B　しょーがねーな、あのオヤジも。

剣　で、「けっこうくさいぞ、におうぞ」だって。

B　なんだかなあ(苦笑)。

Y　しかし我々、Pさんのこととやかく言える資格ないですよ。行儀悪かったもん。

B　ああ。ロシア人ダンサーや女性歌手にどれほどおさわりしたことか。

剣　この支配人みたいのがすまし

て気取ってて（と言って写真見せる）。イイ男でさ。

Y　この男、Bさんと行った時は歌ってたんです。川西さんっぽいの。

B　似た雰囲気あったな、うん。

Y　僕も大好きなんですよ、

剣　♪吉尾市長はいい男～どこから見てもいい男～ア～ン、ア～ン、前からどうぞ、後ろからどうぞ～♪

B　感じてんじゃねえかよ。好きなんじゃねえかって歌だよね。

Y　また川西さんの話になっちゃう～ん。

.03.博多ロックハリウッドにて

夜の表看板、チョンニャンニ

B　韓国で危ない目に遭ったことは？

剣　だいぶ前チョンニャンニにCKBのメンバーと行った時、すごくいいところがあったんでイメージ・フィルム撮ろうと決めてビデオカメラ回してたら、突然ドスの効いた声で「フィルム出せ」って。

B　俺もあそこで写真撮ってるとこアガシに発見されてスッポンみたいに食いつかれて難儀したっけなあ。

剣　置屋エリア裏手の、昔の映画に出てくるような桑の花びらがあって、さびれた古い風景が残ってて、なんともいえずいいのよ。消したくない、カメラから。

Y　ええ、ええ。

剣　そこで、撮っていた問題の部分をその場で消して見せてあげて、なんとか納得してもらって逃れた。ほとんど残ってるんだけど（笑）。

Y　しっかり者だ。

剣　ああいうところの地回りは怖いですね。

B　うん、ヤバい。チョンニャンニといえば、剣さん知ってる？ ババアが手コキで抜いてくれるビデオ屋。

剣　ん!?

Y　ロッテ・デパートの裏あたりに何軒か並んでるんですけど。

剣　いや、知らないなあ。

Y　駅の階段下りて左に曲がってすぐ右側。線路沿い。

剣　そっちは国鉄の駅の方だにゃあ。

B　そう。

剣　俺はいつも地下鉄一号線で行くから。

B　俺も最初の時は地下鉄だった。Aと一緒だったんだけど、わざわざ反対方面へ捜しに行っちゃってさ、これといって何もない寂しいところをいたずらに歩き回ってさ。闇はどんどん濃くなってって、現われるネオンといえば教会の十字架だけ。

剣　ハハハ、縁どった赤いネオンね。

B　求めるピンクのネオンの行列よいずこ……。

Y　事前に場所確認しなかったんですか？

B　うん。得ていたのはチョンニャンニ駅のすぐ近くっていう情報のみ。ま、すぐ近くなんだからすぐわかるだろう、と。でも反対へ向かったら遠いわ（苦笑）なかなか着かない。

Y　反対ってどっちの方？

B　おそらく国鉄の線路のむこう側、ロッテ・デパートの逆側だと思う。はっきり覚えてないけど。

剣　それは本当にわざわざだね。避けてるみたい。

B　変な気をまわしちゃったんだな。はずれの一画でひっそりと営業してるに違いないと。へたな考えさ。

Y　なるほど。

B　夜空に浮かぶ赤いネオンの十字架が恨めしかったねえ。

Y　改心を促してたんじゃないですか？

B　いやいや。明るい商店街に戻ってきてあけっぴろげに営業しているピンクの小部屋を発見した時は「やられたあ」と感心したのと同時に、韓国人気質への己れの無理解をいたく反省しました、はい。

剣　ズルむけだもんね。

B　うん。細かくややこしいもの

はないんだ。ところで、あの表通りのバス通りに並んでた店がなくなってたのは残念だね。

剣　ワールド・カップ前の区画整理の一環でしょう。

Y　撤去させられたんですね。

B　頭くるぜ、ホント。

剣　文房具屋などの普通の店とちょんの間が顔つき合わすように並んでてさ、一般市民とおねえちゃんとの対比がなんともいえなくてさ。

Y　そうだったらしいですね。一度見てみたかったなあ。

剣　帰宅途中のサラリーマンとピンクの光がバス通りを挟んで、よかった、実によかったよ。

B　ああいうイイ風情がどんどんおかみにぶっつぶされるのは忍びない。

剣　時間というものは、儚いものですね。ええ。

B　オリンピックもワールド・カップもやってほしくなかった。

剣　けど、いくら表面を取り繕っても限界があるんだよね。すぐほころびが（笑）。

B　そりゃそう。長い長い歴史と伝統、韓国人気質がやすやすと変わるわけがない。でもさあ、かんなをかけられるのはごめんだよ。刷り込みじゃないけど、捜しあぐねた末に見つけて初めて接したのはバス通りの店だから、チョンニャンニのちょんの間イコールあそことして、自分の中で存在するんだ。

Y　強烈な第一印象。

B　はい。今回、大きな欠落感に見舞われました。想い出に浸り、チョンニャンニでは行為に及ぶのを控えました。

Y　そうだったんですか。

B　ウソ、ウソ。ヨンサンで漏らしてきたばかりで性欲タンクの水位が低かったからだよ。Yさんは溜まるの早いよねえ。

Y　優香だったし。

剣　一気に上がっちゃうか。しかしなんだねえ、さっき聞いたババアの手コキ・ビデオ屋？ それもいつまであるかわからないね。

Y　ただでさえ現実感稀薄な店ですもん。幻に近い。

B　そうね、夢に登場するような光景だな。

剣　ふうん、今度訪ねてみよう。

Y　ババア、チンポしごきながら唐突に「吉井伍長はお元気ですか？ 私はその昔慰安婦をやっていて、あなたは何百何十人目の日本人です」とかなんとか言われるらしいですよ。

剣　そんなこと言われても…（笑）。チョンニャンニの横？

B　ロッテ・デパート正面から見て左の道を入って二、三分。右側にあるよ、ちょっとした坂に五、六軒並んでる。朴さんによれば一〇〇〇円くらいで発射させてくれるって。

剣　高いのか安いのか…。チンコは洗ってくれるのかなあ。

Y　どうでしょう。

剣　最近、ミントでチャプチャプしてくれないそうだね。

Y　あ、ありましたよ。泡が立っている水と立っていない水と2種類あって、泡が立っていない方は薄荷水みたいでスースーしました。店によって使う水が違います。

剣　へえー、そうなの。ウェットティッシュの店もあるらしいじゃない。

Y　ありました。やですね、あれ。

剣　横浜黄金町と一緒（笑）。なんか残ってるような感じ、すぐにシャワー浴びたくなるような感じ。

Y　僕、終わった後、公園の便所の蛇口で洗ったことありますよ。

B　俺はツバ塗ったことある。

剣　傷口じゃないんだから（苦笑）。

B　中和したくなって。

剣　わかります。マン汁が残ってるみたいな気がするんだよね。知り合いで、フーゾク店をハシゴするとなんか前の女のにおいが残ってるんじゃないかなって気にする奴がいる。

B　気づかれたっていいのに。女房じゃないんだから。おもしろい人だねえ。

剣　三軒目くらいで気にならなくなって、やっとヌケるんだって。

Y　お金のかかる遊びだなあ。しかし、たしかににおいというのは重要なポイント、影響力でかいですよね。

剣　普通さ、自分のにおいじゃなくて相手のにおいが問題になるでしょう。

B　てめえの臭さはわからないからね、大概。

剣　女のよだれやマン汁が付着すれば、てめえのチンコのにおいじゃなくなるわけでしょ？　だから気にするのは相手に対してじゃなくて自分なんだろうと思う。

B　あ、そうかそうか。自分の中の他者か。

剣　それはさておき、ヨンドンポの例の通りの女の子たち、じっくり見たわけじゃないからあれだけど、入店前と後では全然違っちゃうんじゃない？　背丈とか。

Y　びっくりするほどの落差。ガクーンと縮んじゃう。

剣　やっぱりね。みんなファッション・モデル級のタッパだったからさ。韓国人ってそんなに背高くないもんね。

B　以前、平均身長で日本を追い越したってことがテレビのニュース番組でトップに伝えられたことがあったけど（笑）。深夜じゃなくプライムタイムで。

剣　ビッグ・ニュース（笑）。しかし一八〇センチはないでしょ？　女性。

Y　ヨンドンポ・ガールズはみんな一八〇センチ超だもんねえ。

剣　いくらなんでも高すぎ。靴脱いだらみんなチビ。

B　花魁でも履かないようなの履いてるから、竹馬みたいの。

Y　つまずいたら複雑骨折しそう。いっそのことベッドでも履いたままでいてもらいたかった。

B　態位にかなり制限を受けそうだけどね。いや、広がるかな。

剣　みんなすっげえかわいいんだけど、同じような顔してんだよね。整形アンドロイド。

Y　ヨンドンポでは顕著でしたね。上げ底靴、ロング・ドレス、きつめの美容整形顔で統一されてた感じ。そこいくとチョンニャンニはバラけてる。服装はまちまちだし、顔もいろんなタイプがいたように思う。

剣　何より広いでしょう、閉鎖された店があるとはいえ、まだまだたくさん営業している。裏の観光名所としての伝統、風格のようなものを感じるんだな。夜飛び込むと迷路というか袋小路みたいになるじゃない、あの風情がたまらないんだな。ピンクの蛍光灯に照らされたアガシのなまめかしいお肉が何百体も……。

B　ホント、目がくらんじゃう。

剣　渡韓のたびどうしても足を運んでしまう。そうそう、あの狭い路地にしょっちゅうパトカーが入ってくるのがおかしいよね。教習所のクランクみたいな路地にさ。

Y　何をパトロールしてんですかねえ、何か法律に触れそうなもの

白人街（トンズチョン）のキャバレーで
いきなり黒人客に会う

でもあるんですかねえ。

B　邪魔臭いったらないよな、美観をそこねるぜ。

剣　オマワリさんも目の保養でしょう。ひいきの娘へ挨拶しにとか。

B　そうだよね。清涼里なる地名、先にあったのか後からつけたのか。ハマりすぎの名前でしょう。

Y　僕、最初に知った置屋がヨンドンポなので、どうしてもヨンドンポのイメージの方が鮮明なんですけど、冷静に振り返ってみれば、うん、全ての面においてチョンニャンニの方が上ですね。

剣　夜の表看板。

韓国のめしと思い出しゲロ

剣　韓国って洋食がおかしくっていいよね。妙な味がして。ハンバーグがニンニクとか朝鮮人参とかの味がきつかったりさ。

B　そうそう、洋食はおかしい、っていうかまずい！　今まで数えきれないくらい戦いを挑まれた。テーブルに運ばれた洋食が言うんだよ「どうだまずそうだろう、最後まで食えるもんなら食ってみろ」って。

Y　「残したらお前の負けだぞ」（笑）。

B　分が悪く、大きく負け越してるけどね。

Y　注文しなきゃいいのに。

B　ほとんど頼まないんだけど、毎度毎度朝鮮料理ってのもしんどいじゃん。で、つい。今回の完敗は、トンテグの駅ビル2階にあるけっこうきれいでちゃんとしているレストランのピラフ。一口食べて「ん!?」。ゴマ油で炒めてあって、なんともいえない味だった。俺は四分の一、Aは三分の一、いや半分くらい残したな。

剣　正確に言ったら洋食じゃないよね、韓国のは。

B　いわゆる洋食って少ないと思う。

Y　日本の洋食もかなり日本的にアレンジされてるでしょうけど、韓国ほどエグくない。

剣　ナショナリズムの強さがちがう。

Y　僕はずっと朴さんと一緒だったから洋食は全然食べなかった。朝食から全部韓国料理で、イシモチの揚げたやつとご飯頼むと、海苔からナムル、豆の煮たもの、おみおつけ、キムチが何種類も出てくる。すごいですよね、付属のサイドメニューが。

剣　てんこ盛りでいいよね。ありがたいよね。

Y　豪華。テーブル、おかずの皿でいっぱいになっちゃうんだもん。

B　韓国人が日本の食堂入ったらえらく寂しいというかせこく感じるだろうね。さんま定食でも豚肉のショウガ焼き定食でもプラスされるのはおしんこと味噌汁くらいのものだから。ワンセットの構成要素が少なすぎるよ。

剣　テーブル、すかすか。

B　韓国のめしは嬉しいよ、テーブルに花が咲く。

Y　彩りがまた食欲をそそるんだな。オマケについてくるものはおかわり自由でしょう、それで三〇〇〇ウォン。恐縮するくらい安い。そんな朝めしをたらふく食った後、市場へ行って朝鮮人参とと

ポンチャック楽団を
バックに決めのポー

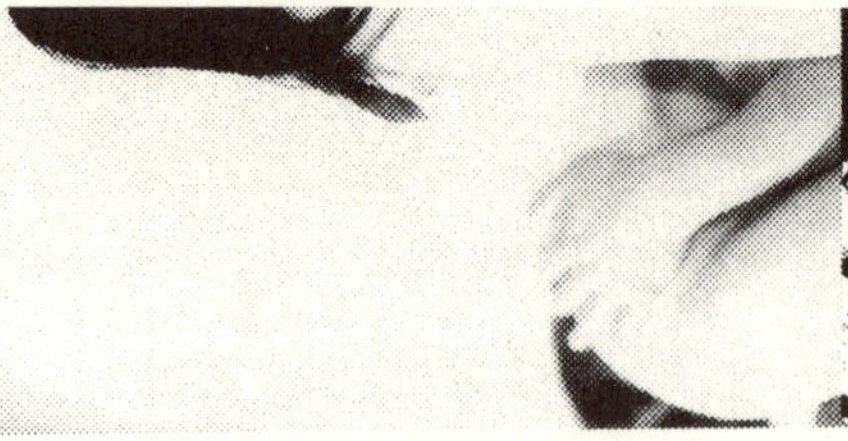
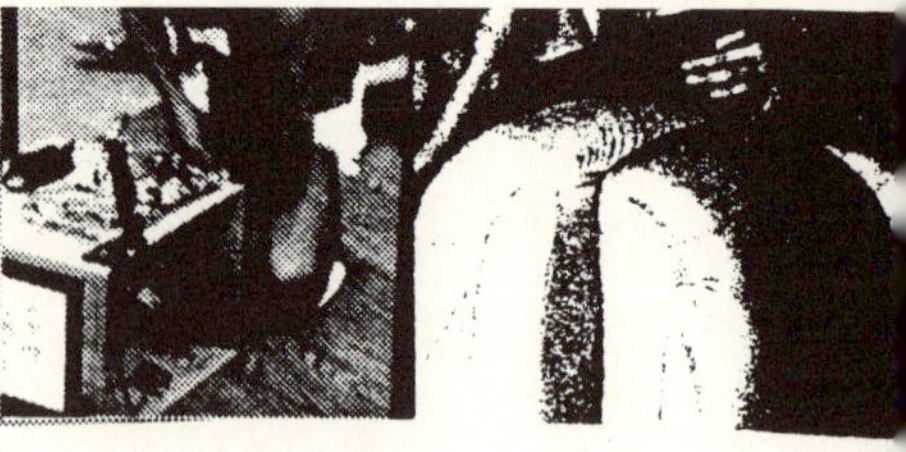

ろろと蜂蜜と豆乳のミックスジュースを飲むの。
剣　ヨンドンポの市場の中にあるんだ?
Y　ええ、その場で作ってくれる店があるんです。そこへ毎日飲みに行ってました。風邪ひいてたこともあったし。朴さんが教えてくれて。「へたな薬や栄養ドリンクなんかよりよっぽど効きまっせえ」と。
B　で、どうだった?
Y　すごく効きました。
B　だろうな、想像するだけで効きそうだもんな。
剣　そんなジュースがあったのかあ。いくらすんの?
Y　三千と四千、五千とランクがあるんですよ。一番安いやつでしたけど、もう十分。
剣　そんなドロドロしたやつなら女にもいいだろうね。濡れの悪い女とかに飲ませてやりたい。
Y　保証します、変なローション使うより効果大。
B　しっかし、朝っぱらから、食後に……。
剣　六戦したんですもんね……。
B　朝飲んで夜出す、と(笑)。俺も飲みたかったなあ。
剣　今度行ったら絶対飲むぞ、ヨンドンポ・ジュース。
B　で、チョンニャンニにちょこっと。
剣　飲まずとも行きます(笑)。行かずにはいられない。見るだけで楽しいっていう、レコード屋みたいな、ね。どれも似たり寄ったりで結局迷ったりして、レゲエのレコードしか売ってないからあんまり見ないで帰ることもあるんですけど。しかし、じっくり見るといいんですよね。
Y　たまにはこんな曲聴いてみようかなっていうことありませんか?
剣　それはある。そう、よく知ってる人で、黄金町でたまにはババアとやってみっかと思い立って、旅館をまとめて経営しているババアとやった奴がいて。
B　プレイング・マネージャーと?昔の宵海ホークスの野村克也みたいな。
剣　ええ。かなりの強敵だったらしい。
B　ババア・オブ・ババアズ(笑)。
剣　蒲団の中ではやたら興奮して相当気持ち良かったそうなんだけど、後で思い出しゲロ吐いたんだって。
Y　アハハハ、思い出しゲロかあ。ものすごい相手だったんですねえ、よくぞ戦えたというような。さすがに剣さんの知り合い、ガッツが違いますね。
B　趣味も洗練されていくと悪趣味に行き着くっていうけど、なかなかそこまでは……俺、不可抗力みたいにとんでもない女とぶつかったことは何度もあるけど、積極的にババアとやってやろう、デブやブスとやってやろうなんて考えたことは一度もない。

髪さんと神さんとカミさん

Y　今回のチョンニャンニではどんな娘が気になりましたか?
剣　ブラックミュージック風の、渋谷のマルキューショップのカリスマ店員みたいのと、色白の和風の2人と、あと、おでこにビンディー貼りつけたインド風のコとか。
Y　対照的なタイプ。
剣　うん。黒っぽいのもいいし白っ

ぽいのもいい。ま、下半身が発達したダイナマイト・ボディ、黒人みたいなヒップまわりの女が最高ですけどね、ええ。

B 色白で華著でもドテが高けりゃいい？

剣 そう！ イイネ！ 最重要ポイントかもしれない。でも、外から見えないでしょ。服着てるから。困るんだな。

Y かつての週刊宝石じゃないけど、「すみません、あなたのドテ見せてくれませんか？」って声かけるわけにもいかないし。

剣 パンティ見られれば高いか低いか確かめられるじゃんか。

Y あ、そうか、ドテじゃなくパンティでいいんだな（苦笑）それなら見せてくれる女の子はけっこういるかもしれない。

剣 うーん、そうねえ。

B あとは剣さん、多くて硬い恥毛とぶっとい太もも、か。

剣 そう。ドテ、マン毛、太ももですね。マン毛も普通初対面の男には見せないから、こっちとしてはやはり太ももに力点を置いて女を観察することになる。太ももならスカートはいてでも大体わかるでしょう、どんな具合か。

Y 三題噺みたい、ドテ、マン毛、太もも。

剣 すぐこの話題になっちゃうなあ。なんか誘導尋問されてるみたいだぜ。

B いやいや、自然の流れで（苦笑）。

剣 一緒に行った友人がおかしくってね、二軒とも女の子、韓国語しかわからなかったらしくて、そいつは日本語しか使えないから、お互い「オッ、オッ、オッ」って言いながらやったんだって。

B 動物の交尾だよお（爆笑）。

剣 マヌケというか哀しいというか。

Y カタコトの英語もだめ？

剣 だめ。

Y となると「オッ、オッ、オッ」しかないか。言葉がまったく通じないのはつらいですよね。

B ロシア人もさっぱりだめだったね。名前知りたくても「ネーム」が通じないんだもん、処置なしだわな。「ビューティフル」とか「キュート」「プリティ」とかっていくら褒めても痴呆老人みたいにポカーンとこっち見つめるだけ。やりにくいったらありゃしない。

Y しゃべる英語は「マネー」と「チップ」くらいのもんでしょう。だめだよなあロシアン・ホステス。

剣 ドテ低いしさ（笑）。ありゃダメだ。フィリピン人ホステスの方がいい、ドテ高そうだし、かわいいし。

Y ハハハハ。同感です、はい。

剣 ただ、ヒゲ濃いんだよね。

B けっこういるねフィリピーナにヒゲ濃いの。

剣 痛し痒し。

Y ヒゲといえばパジュってところ行った時に、ある道通ると、バーッと出てきてつかまれて、女に。そいつがヒゲ生やしてるんですよ。描いたように目立つヒゲを。

剣 うーん。

Y 「俺は日本人だ。中出ししちゃうぞ、このアマ！」って韓国語で脅しても全然効き目なくて、にこにこしながら「オッケー、オッケー」。なんでもオッケーなの。パジュの置屋街にはイルボン排斥主義、不売

機械市場で買い物してひと休み。

運動が染み渡っていて何軒まわってもポジ（マンコ）にありつけなかったんですけど、その女だけはオッケー、オッケー、カモン、カモンで。

剣　マリア様みたいじゃん。

B　拾う神だ。

Y　ええ、それはそうなんですけど、ヒゲが……。

剣　マン毛、脇毛がよくてもヒゲはだめだニャー、ヒゲは。

Y　弱点です、自分の。

剣　別もんだからね。マン毛はいいよな、うん、マン毛はいい。

Y　結婚してる頃、元妻に「あんまり剃らないでくれ」って頼んだりしてたんです。

B　いやがらせで目の前で剃ったりして、奥さん。

Y　部屋で脇毛シェーバーでジョリジョリウィーンって剃ってるところ覗くとパタンってドア閉められたりしてねえ。

B　アハハ、そういうことがつもりつもって離婚に至ったわけだな。「私、もう耐えられません」って。

剣　うーん。性の趣味をあまり家庭に持ち込むと危険なのかニャー。

威張ってりゃ基本的にいいんですよ

撮ってきたたくさんの写真をテーブルにぶちまけ、対談は進む、まわる。

剣　こういうところでいろいろ買いたいんだけど、結局買わない（と言って市場の写真を手にとる）。

Y　あのちっちゃいボウル売ってんですよね、ちんぽチャプチャプするのと同じやつ。

剣　底の浅いやつね。蒲団もほしいな、ファンシーなカラーの。

B　色や柄、とんでもなくいいのあるよね。サイケな。

剣　ええ。市場にはほしくなるもんがいっぱいある。実用性が高いのより「なんじゃ、こりゃ?」って疑問を起こさせるようなもんの方がいいね。

Y　あのボウルは買いたくない（苦笑）。

B　チャプチャプチャプチャプチャプってあの音と空間と時間、どうしようもない。

Y　マヌケにしかなりようがない。

B　何度臨んでも慣れないな。

Y　どうしていいかわからないから真面目な顔して下向いて洗われるのじっと見てたんですけど……。おかしいですか?

剣　ケンチャナヨ!

B　直立不動というか仁王立ちでうつむく恰好になるな、どうしても。一回オッパイに手を伸ばしたことあったけど洗面器が邪魔で存分にさわれないじゃん、洗面器落とされるのもかなわないからすぐ手を引っ込めたんだけど、なんともバツが悪くてさ、チャプチャプチャプの音がいっそうマヌケに聞こえてきたっけ。

Y　恥ずかしいですね、全裸で仁王立ち、ボウルでチンポ洗われるのは。

B　両手じゃなく片手で、ぞんざいに。

Y　時間にして一分あるかないかだけど、所在ないですねえ。

剣　マヌケだけど、威張ってればいいんですよ。そういう時は基本的に威張っていていいんじゃないですか。威張ってりゃどうにかなるし、相手も気をつかわずにすむと思うぜ。

朴さんのちんこ

剣　いいなこれ、いいですね（朴さんのパンツいっちょう姿を見て笑う）。

Y　風呂出た後しばらくフルチンでいるんですよ、この人。
B　朴さんが立ちションしてるところビデオに撮ってチェックしてみたんだけど、変なんだ。
剣　何が?
B　なんか詰まってる感じで、3回くらいに分けて出す。

↑投網に引っかかった朝5時30分の男。

剣　淋(病)ちゃんとか、クラ(ジミア)ちゃんじゃないの?
B　ジャーッとやって、ピタッと止まって、根元から絞るようにして2回目発射。
Y　なかなか二回目出なくて、せんずりしてるような仕草、露出狂と疑われちゃいそうな。
B　そうね、しばらくグニュ、グニュグニューって絞るね。
剣　ほほう。それで?
Y　ジャーと出して、再び止まる。で、また歯磨き粉のチューブから最後の1回分を絞り出すようにチンポを力いっぱいしごく。で、ジャー、ジョロジョロ、チョロチョロ。
B　前立腺に何か障害があるな、ありゃ。眠りすぎるし疲れやすいから糖尿病の症状のひとつかもしれない。なんにしても変な排尿。
剣　うーん。ギャハハハ、いいなこいつ(と言ってバスの運転手の一葉を見る)、イイ顔してる。
B　ああ、そいつね、乗ろうとタラップに足かけてふっと顔あげたら彼がハンドルの前に坐ってて。切符より先にカメラ出してパチリ。抜けた感じのいい顔してるでしょう。
剣　チャーミング。運転はへたそうでおっかないけど。
B　そうそう、事故る前に写真撮っておこうと思ってね。けど、意外や堅実な運転で安全に運んでくれた。

鰹の一本釣り

剣　この子カワイイですね。
Y　どれですか?(と言って写真を覗き込む)ああ、その子はパジュの帰りに寄ったタバンにいた子でね、一目見て気に入りまして、話し相手になってもらって、記念写真も撮らせてもらったんです。
剣　なるほど、うん、この子はいいよ、うん、いい、いい。
B　俺も好みだな。
Y　遊びじゃなく真剣に交際したいと思って。
剣　結婚前提にね。
Y　はい。再婚希望ということで。住所教え合って、とりあえず文通から始めることになりました。
剣　いいっすね、あわよくば再婚。何これ?(Yと彼女のタバンでの筆談のメモを見て)「I LOVE YOU」「I LOVE YOU TOO」(爆笑)、最高だな、これ以上ないよね、これ以下もないけど。いやあ、まいった、すごいやりとりだ。
B　俺は何も付け加えることはありません。再婚にこぎつけてほしい、それだけ。
剣　この写真の男もイイ顔してるねえ。
Y　あ、それは最終日、朝早く起きてカメラ持って町に出たらそいつがいて。
剣　投網に引っ掛かった(笑)。それとも鰹の一本釣りって感じかな。これはいいや。
B　パジュのウェイトレスは槍でひと刺し、てか。

南韓、北のはずれ、夜の街に佇む

剣さんのディープ・コリア
～小学5年生からのトラウマ

B　剣さんは今までどのくらい韓国行ってるの？

剣　それほど行ってるわけじゃない。同盟のみなさんみたいに多くないですよ。三〇回くらいかなあ。それぞれ短い滞在で。

B　地方へは？

剣　あんまり。そうねえ、ソウル近郊に釜山、ピョンテック……あと名前もわかんないところで降りて泊まって一日過ごしたりとか、「なんでこんなところにいるんだ、何やってんだ」って我ながら首をかしげるような行動とることありますねえ。サガミハラみたいな中途半端なところで（笑）。

Y　一種の贅沢でしょう。

剣　ええ。意味がないのもいいんだな、たまには。

B　日本でホテル予約してったりとかは？

剣　いや、行き当たりばったり、ほんと適当。宿は悪い方がいいですね。今回のプリンス・ホテルも3千円くらい、星なし（笑）。

Y　安いとこ泊まって、金は違うところへつぎ込みたいですよね。

剣　その通り。寝る場所より寝る相手、なんちって。てへへへへ。

B　異議なし。ところで、剣さんが初めて韓国を訪れたのはいつ頃？

剣　六九年か七〇年、子供の頃ですね。当時は朴政権下で戒厳令がしかれてた。父親が韓国で大韓工業、テハン・インダストリーっていうんですけど、その会社で副社長やってて。社長は韓国人で、親父はだまされてたんじゃないかって思うんですけど（笑）。あの頃はうちも羽振りがよかった。でも間もなく両親が離婚して、家計も……そのへんのことは「コロ」で歌っている通りです。あれ、実話ですから。

Y　柴犬だけが友だち。

剣　ええ、ええ。韓国での住居はミョンドンにあったの。で、親父のチャリンコ乗り回して目にした風景がいい意味でトラウマになった。めちゃくちゃ強烈な印象で。今とだいぶ違う。その頃からミョンドンはソウルの銀座って呼ばれてたけど、同じ頃の上野動物園の入口あたりの凄さをもっとひどくしたような感じで、相当に厳しい状態でした。

B　小さな子供にはショックが大きいだろうなあ。俺たちが初めて行った二十年前でさえとんでもなかったもん。泊まったYMCAホテルがまだあるあの辺、チョンノ（鍾路）界隈、ナウいヤングが集うオシャレ・エリアとされてたけど、大通りからちょこっと内側入れば、でこぼこの狭い路地とぼろぼろの民家ばかりだった。

剣　YMCAなら俺も泊まったことある。古くて決してきれいなホテルじゃないよね。

B　そう、全然大したことない。

剣　場所がいいから、どこ出るにも便利だから何回か使ったけど。そうねえ、あの辺もきちんとした形になるまで時間かかったねえ。

B　近くのタプコル公園には浮浪者がたまってて、裏には貧しい集落が広がってて。

剣　あの頃はどこもかしこもどうしようもなかったけど、やる気だけはありましたね、今よりも。パワーがみなぎっていた。大阪の新世界みたいな、そんな感じ。

B　それは言える、本当にそう思う。血潮が燃えるというか殺気立つというか、熱い空気を肌に感じた。普通のファッションの青年と軍服の青年が通りのど真ん中でまっすぐ向き合ったまま口論し殴り合う場面にでくわした時はびっくり

したよ。日本ではまずお目にかかれない光景だったから。

Y 日本の安保闘争、政治の季節を彷彿とさせるような雰囲気。

B 近いんじゃないかな。政治的にも経済的にも過渡期にあったし。物情騒然としていたよ。俺たちが行った時も戒厳令があって夜十二時すぎの外出禁止、昼間も演習のサイレンが鳴ると、みんなピタリと動きを止めてその場に銅像みたいに固まらなきゃならなかった。

剣 催涙ガスの被害にも頻繁にあったでしょ?

B ええ。ミョンドン歩いていたら急に目がしょぼしょぼ、涙が流れてきて。見れば道行く人みんなハンカチを目や鼻、口に押し当てている。なれっこになってるから騒ぎ立てる奴はいない。

剣 明日の天気は晴れ時々くもり、ところにより催涙ガス(笑)、ソウルのあちこちでしょっちゅう催涙弾が破裂してたもんなあ。ちょっとした地方都市でも同様だったかもしれない。なにぶん子供の頃の事だからそんなに鮮明に覚えてないけど、最初に行った小学校5年生の時、七〇年代前半、後に暗殺されるパク・チョンヒ(朴正照)政権の韓国の、金浦空港からソウル市内まで途切れない催涙ガス、街の殺伐とした様子だけは強く記憶に残ってる。

Y とんでもない体験ですね。

剣 うん。心の傷といえばまた「コロ」で恐縮だけど、七歳の時別れたパパの方についていきゃよかったな、と(笑)。韓国で活躍して裕福だったからさ。その後日本でも事業起こして会社やったの、桜本ってところに会社の車の運転手の望月(日本名)さんって人が住んでて、その人が強烈なキャラクターで二~三日泊まったことあるんだけど、その出会い、体験も忘れられないんだ。

Y どんな人だったんですか?

剣 具体的に説明はできない(苦笑)、とにかくぶったまげるような人だった。今、麻布十番でマーチャンダイズの仕事しているけれど。

B イイ顔の御仁のような気がしますな(笑)。

ハングル、迷子、ニンニクの想い出

剣 子供の頃からキム・シスターズとか聞いてた。♪ハ~って。短波放送のエア・チェックもよくしたなあ。今でも博多に行く時は必ずラジオ持っていきますね、かなり鮮明に入るから。

Y 音楽的な土壌が違いますね、剣さんは。

B キム・シスターズ聞いて育った日本人はそう多くない。

Y ほとんどいないでしょう。

B 平田さつきさんは例外中の例外だな。

Y 韓国音楽研究家の女の人ですね。

B そう。東京で韓国、北朝鮮の短波放送を小さなラジオでキャッチしていたってんだから。

剣 恐るべき人ですね、それは。

B 剣さんの場合、音楽の引き出しというより音楽の壷が多いって印象を受けるな。キムチとか漬ける壷。

剣 ハハ。話戻るけど、小学生の時にチャリンコで走り回ってハングルにうなされた一件は本当に忘れられなくて。

Y いわゆるハングル酔いってやつですね。

剣 そうそう、それ。どんどんどんどんチャリンコで進んでったら迷子になっちゃってさ、当時はもちろんハングル読めないでしょ、帰り道がわかんなくなっちゃって。どこどう走っても似たようなとこばっかりだし。

Y 悪夢そのもの。

B 記号の森の中を分け入っていくような。

剣 ええ。その経験は、ものすごくいいものとして身に染みついてますけどね。ところで、考えてみたら当時は今より漢字が多かったんだ

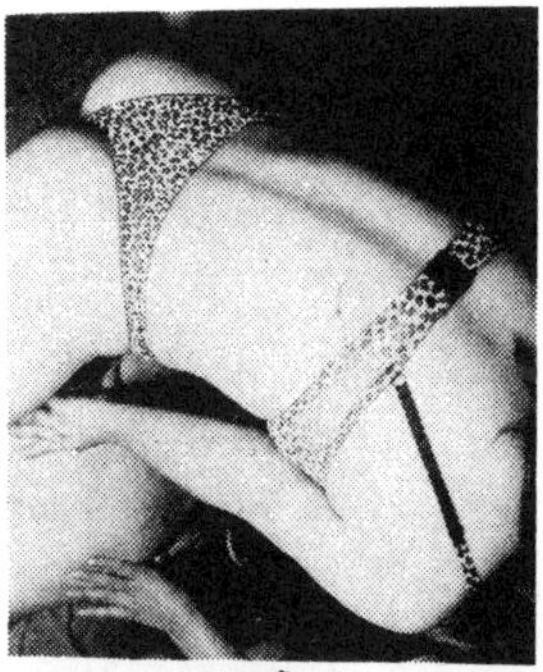

イメージ写真(ハメコミ?

3杯(1杯=3000ウォン)のドリンクサービスもスマートにこなす剣さん。

よね。

Y　けど小学生だし。

剣　というかハングルが……ぐでんぐでんに酔っぱらっちゃったからどうしようもない。

Y　あ、そうですね。

剣　もう一つ記憶しているのはニンニクのにおい。どこもかしこもニンニク臭か強烈で。

B　うんうん。

剣　最近あまり感じないのは慣れたせいかなあ。

B　いや、違うでしょう、昔の方が断然きついはずだ。

↑一方ではゴリラみたいな女が付いてうかない顔したお客さんもいる。

剣　そうだよね、すごかったよね。

B　釜関フェリーに乗るやニンニク臭ぷんぷん。俺たちすぐ食堂でニンニクを大量摂取して、釜山に着く前に韓国に同化しようと努めるの、いつも。

剣　関釜フェリーよりニンニク臭が強いでしょ。

B　そう。利用は釜関フェリーに限る。

剣　釜関フェリーの中はすでに韓国だから得だよね。

B　そうだよなあ、言われてみればニンニク臭が稀薄になっていってるよなあ、大韓民国。

剣　デオドラントは似合わない国だもんニャー。

B　ニンニクの復権を願いたい。

Y　僕は行く前日、子供と一緒にインフルエンザだって医者に言われて、成田空港に向かう京成電車の中で体温三八度八分もあったんです。

B　そんなに具合悪かったの?

Y　ええ。

剣　初めての海外旅行だってのに。

Y　そのうえ独りでしょ?

B　ええ、正直不安でしたよ。仁川空港着くまでフラフラだったんですけど、着いてすぐニンニクをガンガン入れたらいつの間にか平気になっていた。あと「場」ですよね。

剣　「場」の力はある。

B　相性良かったんだよ、Yさん。

三つ子の魂と性生活

B　子供の頃の原体験って大きいからな。

Y　その後を決定する体験って人それぞれあるんでしょうね、大なり小なりの。

B　Yさんの息子も同じようになるんじゃない?　そのうち「父ちゃん、バイト代入ったから性感マッサージ行こうよ」なんて。

剣　とりあえず男の子だとそういうことができておもしろいんじゃない?

B　剣さんところは女の子だったよね。

剣　はい、三歳。

Y　かわいい盛り。

剣　ええ、ええ。

B　かの藤本卓也先生んとこも女の子で「ああ、いずれうちの子も俺が今まで散々女にやってきたことをされちまうのか、そう考えるとたまらん、わお～～っ」って顔しかめて吠えたことがあったっけ。

剣　アハハ、わかります、はい。その点は男の子の方がいいかもしれない。

B　Yさんの上の子、小学生でしょう、校庭の登り棒、気持ち良くて降りてこないんじゃない?　蝉みたいにつかまりっぱなしで。

Y　今、在日の英姫ちゃんって子と仲いいんですよ。墨田区だから在日の人が昔から多いんです。

剣　女の子のチャリンコのサドルのにおい嗅いでみたり、笛舐めたり、ナプキン見つけたりさ。

B　股はさんじゃったりして(笑)。

剣　うちは女の子だからパンツ取り替える時、三歳だから夜だけムーニーマンはかせてるんだけど、取り替える時ちゃんとクリトリスあるの確認して。

B　フフ、剣さんのそういうとこ

ろ、好きだなあ。

Y　信用できますよね。

剣　うーむ……あ、そうそう、子供にセックスしてるところ見られたことある?

Y　いやあ、ないですね。子供が物心つく頃にはセックスしてなくって、記憶に残る年頃には離婚しちゃったから。

剣　逆に両親のを目撃したことは?

Y　ないですね。

B　俺も幸か不幸かない。

剣　俺はすごい長いのずーっと見ちゃったから、五歳の時、記憶は鮮明だよ。

B　その出来事も剣さんの音楽の壷のひとつになってるな。

Y　でっかい壷でしょう。セックスはともかくエロ本はよく見つかりますね、子供に。押し入れの中からひっぱり出してきでお祖母ちゃんに「うんこ食べてる人がいるよ～」、「そんなわけないでしょ!」、「ほら」って見せて怒られる(苦笑)。僕はといえば必死の言い訳で「仕事なんだよ!」で済ませて。

剣　どんな仕事だ(笑)。発見した子は何歳?

Y　下の方だから六歳。

剣　それはずっと覚えてますよ。

B　スカトロ本を押し入れに隠していた父ちゃん、か。

ダチの海苔屋さんとツーショット

好きな女の子のお弁当の中へ

B　セックス、エロ本、とくりゃあせんずりも欠かせない。

剣　ええ、ええ(笑)。

Y　どういう対談だあ!?

B　せんずりは何度も母親に見つかりそうになったな。突然ドアが開いて「ごはん」とか言われて「うぐっ」と答える。

Y　答になってない(笑)。

剣　「さっきそこにあったはずのさあ」なんて探し物したりしてごまかす。

Y　決まって突然ドアが開くパターンだけど、突然ってことはあり得ないよね。それまでシコシコに夢中で気がつかなかっただけだ。

B　没入してる現場を、局部を目撃されたことはないけど、バレてるよなあ。

剣　当然だよ、向こうは人生の性生活の大先輩だもん。大体、部屋の空気が精液臭かったりチンカス臭かったりするでしょう。

Y　机の引き出しの中に押し込んである使用済みのティッシュペーパーが異臭を放ってたり。

B　知らぬ間に引き出しの中がきれいになっていることがある。あれ、やだね。

Y　母親に勝手に掃除されて。掃除してもらってんのに文句言ったりしてさ。

B　しかし強くは言えない。視線合わせずに、ぶつくさと。

剣　せんずりにまつわるエピソードってマヌケにしかならないな。セックスとはちょい違う。

Y　せんずり自体がマヌケですもんね。

B　ひとついい話があって、大昔に「ガロ」で描いていた漫画家の人で、死んじゃったけど、その人が中学か高校の頃、体育の時間中こっそり無人の教室に忍び込んで好きな女生徒の弁当の中にせんずりして汁かけたんだって。

剣　うわー!　すごいっすね。タンパク質で栄養ありそうですね。

B　Aと二人で遊びに行った時に聞いたんだ。初め「汚い話だし、こんなこと白状したら軽蔑されるかチークもジルバもお手のもの!!

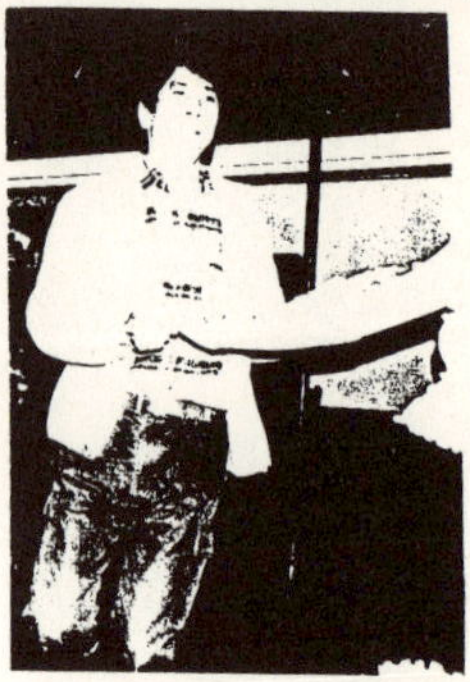

もしれないな……」と口ごもって。「いえいえ、そういうこと我々大丈夫ですから」と胸たたいて安心させてあげてから心置きなくしゃべってもらったの。

剣　その女の子、弁当食べてくれたの？

B　あ、それは聞かなかった。

剣　一口でもいい、食べてくれたら嬉しいだろうねえ、感激だろうねえ。

Y　一生もんの想い出ですよ、ホント。

B　うん、せんずりにして一種のセックスでもあるからな。

剣　いいなあ、好きな女の子の弁当にぶっかけ汁。

Y　ザーメン・ソース、ザーメン・ドレッシング。

B　タルタル・ソース、タルタリ（韓国語でせんずりの意）ソース。

剣　アハハハ、いやあ、まいった、胸にくる話だニャー。

B　思いの伝え方にもいろいろある、と。

剣　ありますね。「アイ・ラブ・ユー、アイ・ラブ・ユー・ミー・トゥー」なんてのもあるし。

Y　こっそりホルモン弁当プレゼントしちゃう奴もいる、か。

相互鑑賞と横山剣における韓国

B　やっぱりこういうくだらない、マヌケなことを愛せないと真の韓国理解に至らないと思う。

Y　……少々強引な気が（苦笑）。

剣　韓国で夜の暴れん坊将軍だったYさん、帰国してからは？

Y　遠征の疲れか、まったく。気力、体力ともに充実してません。

剣　あ、そうだったね。

Y　祭りのあとの寂しさみたいな。

剣　ええ、ええ。しかしなんだよね、強いよね、絶倫の部類に入るでしょう。

Y　それほどでも……。

B　別れた奥さんとの裏話、まだまだいっぱいあるでしょ。

Y　そりゃまあ。うん、そうですね、一時期、一所懸命乳首をピンク色にするクリームつけてたことがありまして。

B　ん？

Y　ほらアンアンとかの女性誌の後ろの方に広告が載ってるじゃないですか。あれ。

K女史　本当に使っている人がいるとは思わなかった（と、かたわらで開いていたDJRの美人スタッフが驚いて言葉を挟んだ）。

Y　へへ。僕、家で編集の仕事や子守りしてるんですけど、いろんなことがありましてねえ、家の中にずっといると。ある日、洗濯物たたんで入れてる時、妻のパンティとかパタパタと両端たたんでクルンとしてしまってたら、なんかちっちゃな小瓶があったんですよ、なんとかピンクっていうの。なんだろうと思ったら、乳首の色素沈着、メラニン色素をとるクリームで。よくよく見たらマンコの黒いのもとれるらしいの。

B　……うーん……。

Y　蓋開けてみたらけっこうなくなってて。その頃僕とは全然性交渉がないのに何故？と思ったら……。

B　Yさんのためじゃなかったんだ。

Y　ええ、浮気相手のためじゃないっすか。

B　アハハハハ、憎ったらしいねっ。

剣　それじゃ、奥さんが浮気相手にやられているところ想像してせんずりやったことは？

Y　ええ、まあ、二、三度ありますね（苦笑）。

B　アハハ。

剣　嫉妬せんずり。やられてるところ思い描いてね、相互鑑賞みたいで。

Y　それ！　僕、つき合うと相互鑑賞から入るんです。剣さん、カップ

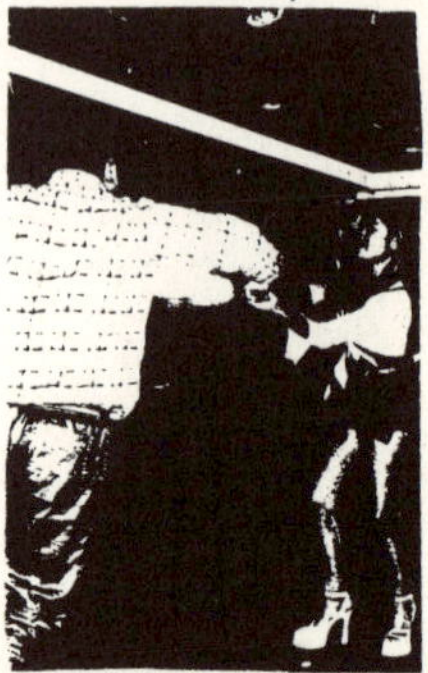

トンズチョン2軒目のキャバレーで。

ル喫茶行ったことありますか?
剣　ま、人並み程度には。
Y　僕、「取材だからつき合ってくれ」と言って知り合いの風俗嬢誘って何度か行ったんです。まあ、離婚してからですけど、ここはちゃんといっておかないと問題になるんで。で「いやだ」って言われたけど「あくまでも取材、見るだけ見るだけ」って説得して。
B　なんでも取材になるもんな。
Y　よかったなあ。
剣　相互鑑賞いいっすよね。
Y　こたえられませんよ。こんなのもいいですよ、恋人時代とかによくやるんですけど、大きな鏡にうんこ坐りさせてまたがらせて……。
剣　それは恥ずかしくっていいっすね!
B　それで「お前のそこ見てみろ! 汚いだろ! 恥ずかしくないのか! そんなもん付いてて!」とか言うんだよな。
剣　ダーティ・トーク責め。それも

オツですね、ええ。

Y　相互鑑賞は楽しいです、ホント。

剣　「オチンチンが好き」とか女に言わせるのもいいっすよね。

B　うんうん、人間なんだから肉体だけの交渉じゃ情けない、言葉のコミュニケーションが大事。

Y　よくやったなあ、相互鑑賞。

B　なんかちょっとだけ別れた奥さんに同情したくなっちゃった（笑）。そういうのも原因あんじゃないの？

Y　いやあ、よくわかんないですけど。

B　フフ。（スタジオに着いたCKBのっさんこと小野瀬雅生氏に手を振って挨拶しながら）時間もあれなんで、あんまりお邪魔するのもなんなんで、最後に剣さん、剣さんにとって韓国ってどういうもの？　韓国の魅力ってどういうもの？

剣　いきなりそんな（笑）。とってつけたような……そうですねえ、自分でもよくわからないってのが正直な気持ちです。渾沌としてる。なんで行くんだろう？　なんでまた行くんだろう？　の繰り返しみたいな。特別行きたくないのにまた行ってしまった、というような矛盾した感じ。ただひとつ確実に言えることは、こことあそこが好きだから、とか、これとあれがしたいから、とかの具体的な理由で韓国に渡るわけじゃない。言ってみりゃあ目的はないですね。

Y　なるほど。

剣　全部ですね、丸ごと全部の韓国に引き寄せられるって感じですかね。

B　体が反応する。

Y　生理現象みたいな。

剣　ええ、ええ、近いと思います。

B　今日はなんか変な話ばっかりになっちゃって責任感じてますよ。ファンの人たちから怒られそう。

剣　それはないでしょう。

B　剣さんのパブリック・イメージを傷つけたんじゃないかな。

剣　パブリック・イメージなんて……そんなもん、ないですよ。そんなこと考えてしゃべったり行動したりしてませんから、安心してください。でもよく勘違いされたりするんですよね、単なるオシャレと思われたり。ま、誤解も正解もないんですけどね、どんな理解でもケンチャナヨって事で。

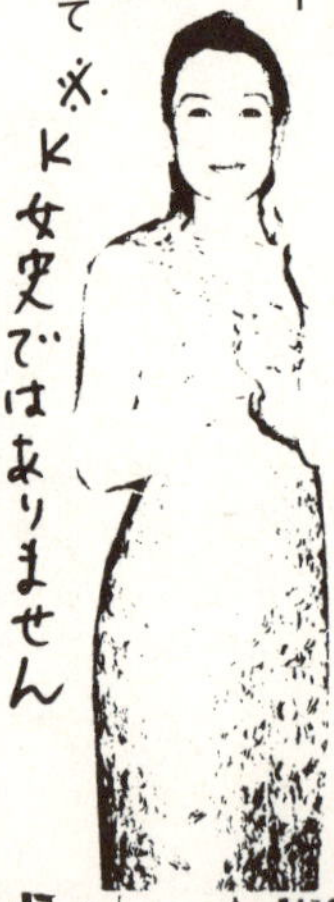

　インタビューが終わり、外へ出て、愛車を前にした剣さんの写真を撮らせてもらった。逆光にもかかわらず剣さんの笑顔はまばゆく光っていた。

K女史　御苦労様でした。

Y&B　こちらこそ御世話様でした。

K女史　あのお弁当の話……びっくりしました、すごい強烈でした。

Y　気をつけてください。

B　油断しないようにネ。

사랑의 이름표
네박자
리스곤
탕!
2
한국음악저작권협회
다 C
4978237
라이브 가수 김태랑

キャバレー金馬車

キャバレー 金馬車

夜のポンチャックならば、大型キャバレーである。都会ならずとも大韓ならどこにでもある。歌手はもちろんダンサー多数、漫談演芸、場所によってはストリップもつくし、もちろん生バンドと一人ポンチャッカーは必ず入っている。たとえば同じく永登浦の娯楽の殿堂大キャバレー金馬車には家族連れで来ているやつなど当たり前。一人で四、五台のキーボード弾きまくり歌まで歌うリック・ウェイクマンはいるわ、コリアン・バンドとフィリピン・バンドはいるは、気取ったのから気さくなのまで歌手各種取りそろえ、おまけにダンサー二〜三〇人のすべてがロシア人のおねえさん、ブスの年増ホステスはいるわ、それを必死に口説いている貧相な客はいるわ、バンドがどんなにアップ・テンポの曲を激しく演奏してもゾウガメの交悦のようにゆっくーりチーク踊る壮年カップルはいるわ、楽屋に足早に引き上げるロシアン・ダンサーに握手するふりしてペタペタおさわりしまくる日本人はいるわ、司会兼歌手がサインしてくれたり、ミラーボールは一〇個以上が同時に回るし、バ

ンドのギタリストはCHARに似てるし、鈴木京香に似た美人歌手と記念撮影むりやりする日本人はいるわ、フィリピン人と大韓人のハーフのボーイさんはいるわ、シーナ＆ザ・ロケッツのシーナばりのおねえちゃん歌手が「ジュリアにハートブレイク」歌って我々に山形ミツルを思い出させるわ、フィリピン・バンドは女性のツイン・リード・ヴォーカルでしかもシン・ジュンヒョン先生の大ヒット曲「ピソゲヨイン（雨の中の女）」を朝鮮語でやってくれるわ、ポンチャックキーボーディストの名演がそのまま生演奏と合体してゆくステージは大韓黄金の虹の中で観るサイケデリック・ドリーム、しかもノー・LSD、ノー大麻、ノー覚醒剤、ノー・トルエン、ノー・コカイン、ノー・ヒロポン、ノー・ヘロイン、飲んだのはビー

ロシアンルーレットで人生決めたか白い娘たち
司会は戸川昌士似の色男でした
鈴木京香似の歌手いろいろせがんだら嫌われた

ロシア人ポンチャッカー
ロシア人のポンチャックで大韓人たちが踊りまくる
出稼ぎロシア人、女子部ダンサーはまァ分かるが、剣さんと行った2回目の金馬車には뽕《ポン》짝《チャック》、ポンチャックディスコメドレーを歌う男子、ロシア人ポンチャッカーが出てきてこれにはえもいえぬ
踊るコリアンたち
好ましき驚き。やられた
ホントーにやられたなァ

ル小瓶一本のみで我々はヘロヘロ、うれしくて楽しくてくだらないから居心地よすぎてよだれ垂らしながらウヒョーアヒョーと手が真っ赤に腫れあがるほど拍手し、踊り子さんを鑑賞し、踊りながらバンド・ギタリストのテクとエフェクターの種類を盗み見に行きました。何時間聴いたのか時のたつのもわからないグルグル。これで一人一五〇〇〇ウォンとは。ますます若い奴らのクラブへは足は遠のきます。

なんというとりとめのない音楽界。だからこそのワールド・ミュージック。そんなことさえどうでもよくしてしまえる、ビートの基本はあくまでもポンチャック・ディスコのあのプリセットのタイム感。それが、かくも拡大使用されていること、人間のほうがポンチャック系ディスコ・ビートやトロ

強引な献血

韓国は、とにかく客引きである。南大門市場あたりは、もう有名だろう。

先日も新宿の職安通を歩いていたら、韓国語で話しかける若い兄ちゃん。とりあえず「ネー」だの言っておけばそれで済むかと思えば、人生が何とかとか話しはじめられて、適当にあしらうわけにはいかなくなり、韓国語分かりませんん、とギブアップ。聞くと教会の客引きだと言う。人生の悩みの解決ばかりでなく、韓国料理がタダで食える、とか、無料韓国語教室が、と、営業努力に熱心。で、最後のキメ台詞が「統一教会なんかと違って、ウチは評判の良い教会ですから」でも、誰からの評判だ?

かように、韓国は商売、エロ、詐欺……から、教会・ボランティアにいたるまで、すべからく客引きが大活躍。いつぞや、鐘路のパゴダ公園のわきを歩いていたら、日本でもおなじみ、献血バス。その前には、タスキをかけたアジュマがパンフレットを持ってボランティア、というかこれが見事に客を引いていた。若い男が通ると、パンフレットを渡しては腕をつかんでバスに引っ張り込むのだ。ついには、バスの横っ腹をバンバンバン、と叩いて、通行人の興味を引き、腕をつかむ、という状況になりはじめた。まるで、これでは清涼里の姉ちゃんの客引きと一緒。出すもの出して、困った人が助かるなら、赤い液でも、白い液でも一緒、って事か。

ツト・ビートに合わせている現場をいやというほど目の当たりにすると、R&Bだのヒップホップだの大韓ポップスの日本市場進出だの、立派だのソリッドだの乗りがいいだの悪いだの、日本語の歌解禁だの、インディーズがどうしたの、そんなもろもろ**みんなまとめて「どうでもいいじゃねえか」**と言わせてもらうぜ。

　教科書問題、反日嫌韓、メディアだってその底にあるのはポンチャックなんだから。日本なんて、そのポンチャックさえないどうしょうもない国なんだから。

　線のまがりゆがみ、誤植のあれこれ、中身違いや期限切れ、それらを大目に見るのではなく、すべてがあらかじめ受け入れられている市場、それがあらゆる生物を活かすの

ら、モリマン（ホルスタインさんの乳）をでかくしたようなのがステー
でいやらしい漫談を「エヘヘヘヘ」ってやり、バンドは『君といつまでも』
　フロアの中央ではジジイとババアがチーク踊ってる。
ゴイですよ、酒なんか一滴も飲まなくたって酔います。
ンチャッキズムに満ち満ちてるからな。
市ってえか実演会場みたいなもんだろう。
と汗とホルモンのスチームサウナに入ってるような感じがします。
いられない。が、金馬車ならオールナイトでぶっとばせる。

別のキャバレー（近所のライバル店、カーネギー）
ポンチャック流れ
家族連れが来ていて、2歳位と4歳位のガキ（オス）がワァワァキャアキャアバタバタ騒りて走りまくり、あげくステージによじ登りロシア人ダンサーが抱えて踊り出す一幕も。
キャッキャッ
キャワーイ
パタパタ

がおのずと当たり前のポンチャックの現場である。
これを理想といわずしてどうする。
大韓民国の市場を支える潜在化したおもてなしの心、それがポンチャック魂である。

BGMが流れていても
ムードキャバレー
チャー
ステージ

で、観てた
ジに上がって下品
の[illegible]演奏し、
金馬車はやっぱス
大韓サイケ、ポ
マヌケ美の見本
なんか韓国人の血
それじゃ5分と

申《シン》重《ジュン》鉉《ヒョン》先生님

自然と自分、あるいは宇宙と地球、あるいは神と仏などについて思いをはせるとなるとあるていどの精神的加速が必要であるらしいと思うのはそうしたテーマを扱っている人々の多くがどこか常人とは言いがたいあるいは常人には思いもよらぬ行動や表現や見てくれや発言をしがちであるからだ。むしろそうした人たちは「常人に思いもよらぬ」と思わせることで逆に「常人とは何か」問いつづけてもいるわけだ。日本人としての常識とか日本産常人のスタンダードというものの持つ排他性は日本人にとっても実は迷惑なことだったりするのだが、大

신중현
大韓民國樂音樂人
ROCK
4CD + 1
보너스CD
연주곡 베스트

2002年春に出た地球レコード時代の音源を集めたBOX。ボーナスCDも付いてたった一万六千ウォンでは安すぎる。一家に2箱でしょう。

₩16000!

韓人対日本人ということになったらそこには常識というものを設定すること自体無意味でしかない宇宙的非常識原則が出現せざるをえない。いいとか悪いとか言ってられないほどの、宇宙と自然と情と歴史とキンタマのしわにおける人間とは何かと問いたくなる民族的不幸について、とりあえず一方的怒りの場において相槌の二〇〜三〇時間ほどはできなければならないのだ。しかも日本人は傷つかない／傷つく資格はないという大韓人的大前提の下でだ。俺は大韓人と交流を持つようになって十八年を過ぎ、この世には（あの世にももしかして）不条理などは実は存在しない、ということを実感できるようになった。

　さて日帝三六年、顧みれば自然にはイデオロギーや政治はとりあえず全面的に介入することはできなかった、山や河は美しくあるところは、北でも南でもチョッパリ国でも白人の国でも、かねてより今でも、何らかの恵みを我々にもたらしてくれている。その絶対的自然の恩恵について朗々と描き出そうとしている人は世の中に決して少なくないが、それを西洋からのサイケデリック・ロックにリズム＆ブルースを加えたものを大韓的恨や唱の手法で解釈したのみならず、実践し、その結果大ヒットを六〇年代末から次々と生み、さらにその成果を大韓ビートのアート・ロック化として展開していったうえ、サザン・ロックやヘヴィ・メタルもやってワイルド・キャッツ的ファンク化で焼き直したり、トッド・ラングレン的ひとり多重録音道も探求、しかもその間に3人の息子を作り、長男が八〇年代中期の大韓メタル・ブームの主導的存在のシナウィのリーダーとなり次男は骨太シンガー・

ソングライター・スタジオ・ミュージシャンになったうえ、エレキ・ギターで大韓伝統音楽上の独奏様式の高等技術である散調を実現してしまった男＝シン・ジュンヒョンが自らの音楽人生を語り、スタジオで代表曲を五〇人編成ぐらいのオーケストラ＋バンドをバックに歌うというMBCの番組「我が歌、我が人生」のヴィデオを見ることができた。サトウユキエ(♂)さんどうもありがとう。シン先生は深い枯淡の域に達し、自らの歩みを語る際にも大きなマイクを〈両手〉で捧げるように持つ。それがまず我々を感動させる。もはやシン・ジュンヒョンには名誉やプライドを誇示せねばならぬような邪念はもちろん、時流に便乗して利益を得るような欲も無用で、妄想の果てに仮想敵を作りその打倒に邁進するような偏執もない。そのような大韓人が我々の目に

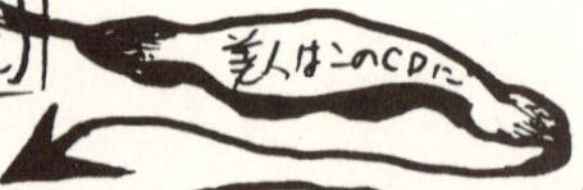

シン・ジュンヒョン&ヨプチョンドゥル

橋の下から聞こえて来たのが、ぺったらぺたらこぺったっこではなくVooDooChild(SlightReturn)なら、皿小僧はジミ・ヘンドリクス。「魂がしびれちゃうじゃないの」と結成されたビンボーズがシン・ジョンヒョンとヨプチョンドゥル（申重鉉と葉銭達）で、毎日チョコレートが食える大ヒット曲は「ミイン（美人）」であるのだった。

ジミ・ヘンドリクスの粉が入った韓国のビンボーズ。ピンッと来たら東京タワーへ走れ。大韓ロックの父が74年に発表したもの凄い名盤。

触れるだけでも貴重である。しかも歌いエレキを弾くだけではなく、長男シン・テチョルと次男シン・ユンチョルを加えた親子三人エレキ・ソロ交流、さらに三〇人余の男女混声合唱も加えた「美しい山河」に至っては、我々はシン家のお地蔵さん精神に深く頭を垂れる以外になかった。

見張り塔からずっと

■ソウルのスラムでトラブル

ロック・スターのキム・チャンワン氏（サヌリム）が新しい家（豪邸）を買ったというので尋ねたときのことだ。漢江の向こうの新興高級住宅のひとつ。これみよがしに財閥系のでっかいビルが立ち並ぶ。約束の時間まで少し時間があるので、湯浅が残り、船橋と根本が附近を散策に出た。そしたらチャンワン氏と待ち合わせたボーリング場やらジムやらまで入ったたいそう大きな立派なビルの脇に、かなりの広さと歴史のありそうなスラム街が。思わず人気がないのを見計らって二人シャッターをバチバチ切る。指が体がシャッターを切るのだ。と、七〜八人のアジュマがとんで来てスラム中央に立つ櫓を指さし「見張り搭からずっと、見ていたぞ、何んだてめえら何撮ってやがる、カメラよこせ」とわめきながら船橋と根本をはがいじめにした。「ノー、ノー、カンガンゲ（観光客）、記念写真」と必死にトボけるが通用するワケがない。後から分かったんだが、立ち退きをめぐり、住民、土建屋、行政、ヤクザが入り組みややこしく揉めている真っ最中だったらしい。それにしてもアジュマたちの腕力がもの凄いんだな。腕も太い。で、とにかくカメラ寄越さないならこっちへ来いとスラムの中へ連れてこうと引っ張るのだ。拉致されてゆく二人。そこへ湯浅が来て「おい、もうこないとチャンワン氏が来ちゃうぞ」という。「分かった、先行って待っててくれ」とアジュマたちに揉みくちゃにされながら答えた。「じゃ、行ってくるぞ」と湯浅は戻る。すでに待ち合わせ場所に到着した由、チャンワン氏に電話で伝えてあるのに、誰もいないわけにもいかぬ。で、はがいじめにされ何だカンだわめかれながらも頭の中で考えたのはヤバイとかマズイとかってのもあるが、何よりも、こんなところ只でさえ他人に見られたら恥ずかしいのにましてやチャンワン氏に見せられないというもんだった。非常に気さくな人物ではあるものの、チャンワ

平然と。何んでもないように。が、仲間が大変なコトになってるのにこの態度何んだと思うのは違う。「道の」においてはこの場合しかない。何しろ元がしょうもないそうなんだてよ、ら。

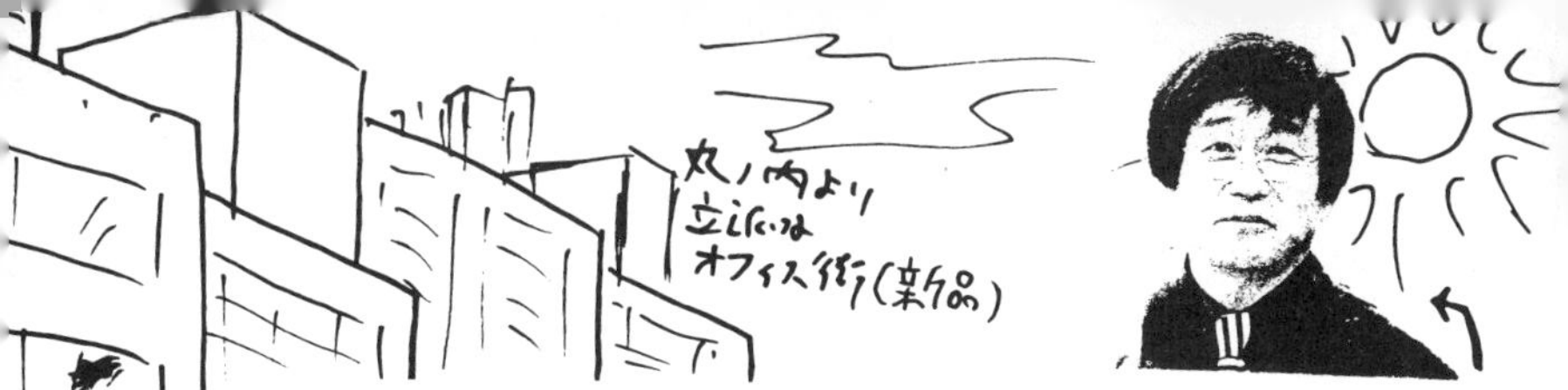
丸ノ内より
立派な
オフィス街(新品)

ン氏は韓国では知らぬ者のいない超有名人である。「こんなしょうもない『スキャンダル』に巻き込むワケにはいかない」。でまあ、結局、フィルムを抜き目のつり上がった二人のアジュマが付いてこようとしていたが、どうにか収まりアジュマたちは引っ込んだ。ホッとする間もなく船橋と根本は待ち合わせの場所へ向かう。と、そのとき、ふと見るとビルの脇に縁台があり、その上に一人では動くことの出来ない重度の障害者の兄ちゃんが横たわっていたのに気付いた。この男、一部始終を見ていたのである。

NO. NO. NO.
我々観光客^^
記念写真
丘には高級住宅街
スラム
ジィ～
ギリッ
オイ、早くしろ
チャンウン氏
来ちゃうぞ

올림픽

2002年ワールドカップ日韓同時の
ミニ知識①
ヘイジョーは韓国では
「オメコして」の意味らしい

ただそこにあることの魅力。強さ。
よその誰かにほめられなくても、イイネ

KT

サッカーで国は立派に見えますか。市庁近くの大ボールに意気込みは見えます、とか。

あとがき

近代化、というお題目はすでに過去のものであり、すでに大韓民国は地球上の主要国家のひとつとしてのステイタス確保の道、先進国としての使命遂行を当然の心構えとしているように見える、いわば日本でいうところの中の上、あるいは上の下から中の間ぐらいの意識のありようが至るところに顔をのぞかしている。臭気のない公衆トイレの普及をめざすとか（そのために臭いトイレ発見のタレコミによって清掃に出動するトイレGメンもいる）、高層団地の乱立、女性はもちろん男性服アパレル・メーカーの激増とか、輸入食品の増加は課税の変化によるものか、大型スーパー・マーケットは大都市のみならず地方都市にもどんどん出現している。そんなんで買いに来るやついるのか、と思うとこれがたくさんいるのだ。物価上昇も少々おさまったのかあるいはソウルだけのことなのか、デパートのにぎわいは十年前以上のものだ。地下食料品だけだったら日本のデパートのほうがチンケに思えるところだってある。客足にどことなくゆとりが感じられるのだ。

　近代国家の中の先進国、だからこそかの経済危機も乗り越えられたのだしなにしろ電脳化の整備だったらかのにくき日本に勝った、という自負は本当に大きい。PC房はデート・スポットだし娯楽のレギュラーだが、だからといってやりとりされる〈情報〉が凄いなどとは誰も思っていない。常にハード面の弱さから世界市場の上部に食い込めない悔しさを抱き続け、それにともなうソフトと来たらポンコツのそしりを受け続けても来ただけに、ICに関しては〈下請け意識〉を脱却できたということなのであろう。

　イメージとしての先進国化、文化の脱ハングル文字化、日本の真似としての〈ニュー〉なファミリーではなく、我の薄いこと＝スマートな人間性とどこかで意識しているのではないかと思えてならないなめらかな立居振る舞い。冷静な判断。俺を殺せる自我の

できれば地球大にしたかったにちがいない
落下すれば一度に五百人（かぞえ）は死にそうな巨大球

確立こそ世界を股にかける者の基本、とでもいうような。インターナショナルな俺たち。もはや日本の背中などもうどうでもいい。とはいうもののでもやっぱり日本に負けるのはいやだ。

歌のサビが英語の曲がはびこるにつれ、日本人の精気はメインステージから消えていった。大韓では精気は見えない存在へ移行したことにされていった。下品な振る舞いは地にバラまかれた土塊にすぎないのであり、今の韓国のメインストリームとは関係ありません、というような主張にはここ五、六年ちょくちょく出くわしてきた。

ポンチャック・ディスコ／ポンチャックなどは日本で無知なゴロツキどもが流行らそうとくだらないことをして大韓やそれを愛する者たちにとっては実に不愉快なことになったが、それもまあ〈一過性〉の誤解です、てなものにされている傾向は確かにある。ポンチャックは先進国としての大韓の外面には確かに現れにくい。しかし、日本国中で一節太郎の「浪曲子守歌」が歌われぬ日は一日もないように、ポンチャックが聴こえぬ時は大韓民国には一秒たりともない。

ポンチャックは労働者や中年や運転手さんたちのためにのみ存在しているのではない。ポン

チャックは空気であり垢であり臭気であり地であり心の背骨である。

ありふれた大韓民国の風景のＢＧＭとして至極平然としていても生きている音楽である。ポンチャックは使える音楽であり、取りたてて今さら賞揚するまでもなく、血肉化された音楽なのである。

だからこそすごいのである。

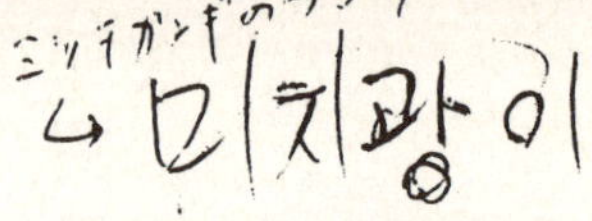

エロの案内人朴さんに狂人のことをミッチガンギという、と聞いた覚えがあったので、後日、偽在日と噂の金さん(大韓裏事情博士)にその言葉の綴りを尋ねた。その折金さんは「猫がそのミッチガンギに効くという話ありますわ」とおっしゃる。「ん？ 猫……。てえことは猫を食す、か！」

ハタと膝を打ちました我々。以前、釜山市亀浦犬市場内で見かけた「猫あります」の看板がひょっこり脳裏にくっきり蘇った。

金さんに、もっと群しく知りたいと願うと日本語堪能でやはり大韓及び世界の裏事情に精通した七三歳、鄭さんを紹介された。

「制限されて出来ないこと、一遍にブァーとやる。平常ではなく激動の世界を韓国人は生きていますからなぁ」と語るその七三歳実業家でハンサムな老プレイボーイは、ベトナム、サウジ、イラク、オマンと十五か国を渡り歩き祖国の外貨獲得に大いに貢献したという。

「女？ アレ勃たなくなった男はおしまい。生きてる価値なし」と過去何度もさまざまなところで出会った色んな合格圏のおやじたちの口から出たセリフをここでも聴かされた。

「ヘピー・スモー」「へえ？」「HAPPY SMOKE、アレもよくやったよォ、マリファナ」「今七三歳の韓国人でマリファナやった人って、そうたくさんいないでしょうねぇ」

「そうね。でもね、よく働いたよ、越南戦争で儲けて中東で儲けて。ドルは一旦元締め(国家)に持ってかれて、ウォンで貰うが、それでもとにかく儲かったよ。無茶苦茶働いて女も沢山抱いたが家庭は守った。でも、日本が一番いい。韓国人は敵愾心持つ。その上俺だ俺だ俺だ俺だ俺だ俺だ俺だ俺だ俺だ俺だ俺だ俺だ！ 譲ること出来ない。南北統一出来ないのは日本でもアメリカでもない、韓民族の性質が結局は原因だね」「ところで先生、例の猫を食べる件ですが……」と金さんが本題へ。「猫？ わしゃ知らん」「ミッチガンギに効くという」「食べたことない」と急につれなくなってしまった。「ミッチガンギの人が食べると治る、と私耳にしましたが」と金さんがもう一度たずねる。すると鄭さん、仕様がねえなあ、といった体で口を聞く。「アタマとは聞いとらん、肩とか腰とか……ともかく漢方だろ漢方補薬」鄭さんはめんどくさそうに吐き捨てた。

ベトナムに居た頃ね、
何回、一晩に出来るか
試してね、ショートで
9人ハシゴした。
性病なったけど、アレは
結局、
まァ
量より質だな
ピストル携持

てなワケで京東漢方薬市場へ向かい、特有の臭気充満する中を一軒一軒「コヤギ（猫）！ ミッチガンギ！」と尋ねるが「ない」とか「知らん」とかやはりどこでも何故か素っ気ない。

　途方にくれる半歩手前、一軒の店の歳の割には妙に色っぽいアジュマが、最初のらりくらりかわしてたが、金さんがネバるうちに仕方ないとばかりにとなりの漢方医の許へ連れてってくれた。が、漢方医もはじめはトボける。金さんが「ミッチガンギ、ミッチガンギ」と盛んに突っ込むと、ふと見れば漢方医の机のプレートにアルファベットでミッチガンギと書いてある。よくよく見ればMICHIGAN、つまりMC5やストゥージーズの故郷アメリカのミシガン州。この男自称ミシガン州立大学漢方医学部卒かもと思った。そうこうするうち金さんがネバった甲斐あり「ミッチガンギではない、アレは腰痛とか脊髄、股関節の痛みに効く」と漢方医が口を半開きにして妙な笑いを浮かべながらようやく、そういうものがあることを認めた。そうなれば「それが欲しい、あるのか？」と強く問い質すしかない。そしたら脇でずうっと黙っていたアジュマが口を挟んだ「すぐには出来ない、一日待てるか？」と。「幾ら？」「三〇万ウォン」「三〇万！」。とまァこの後アジュマがベラベラと喋りだしたんだが、それによると、まずは別の「業者」に発注し、猫を三～四匹捕獲するのだが、一匹あたり三万五千ウォンする。それらを特別な方法で丸一日煮込んでから牛乳瓶みたいな容器に小分けするのだという。

「煮込まれた猫のスープ……」

「正にねこじるですな」

　漢方市場を抜け、食肉市場に差し掛かる。と、突然背後でバサバサと何か崩れる大きくて鈍い音がした。振り返ると、特大のビニール袋にパンパンに詰まった臓物の四段重ねが崩れていた。

（了）

ディープ・コリア

（または）ディープコリア

文・画＝かつて幻の名盤解放同盟と呼ばれた団体（船橋英雄×根本敬×湯浅学）

文・画＝幻の名盤解放同盟（船橋英雄×根本敬×湯浅学）

W杯前から後から QJ仕様 ウフンの巻

今年の2月末、日韓に輝けW杯！を間近に控えた、大韓民国に渡ったわけだが、ビザなしでの渡韓という強硬手段に打って出た。が、そもそもこの期間中、渡韓するにあたり、公式大韓民国は海外からの入国者に対し、ビザは免除されている。しかし、我々には非公式の大韓民国ともいうべき、さるソンセンニム（先生様）から、ビザを頂かねばならなかった。ソンセンニムは芸術家（歌謡曲）であり、宗教家であり、政治（活動）家であり、歴史学者であり、国際交流会の会長であり、図書館の館長であり、そして、会社（物件に関するサービス業）社長であった。本社の隣には今はないが、かつて、回転寿司とカラオケBOXとゲーセンを同時に営業している大韓的人情だか、思惑だかを感じさせる店があったのは、「俺の体は朝鮮（韓）半島」と常日頃、訴えて止まないソンセンニムの磁場圏内ならでは、よくある。

我々は、芸術宗教歴史図書館の整理開館草むしりその他、すべてにおいて、ソンセンニムの逆鱗に触れていたので、ビザが下りず、あえて密航にうって出た。さらに我々には、別の犯罪疑惑を持たれていた。偽在日罪幇助。これは関西に住む2～3年前、このクイック・ジャパンでも取材を受けた偽在日韓国人との噂のある金さんを同行させ、ソンセ

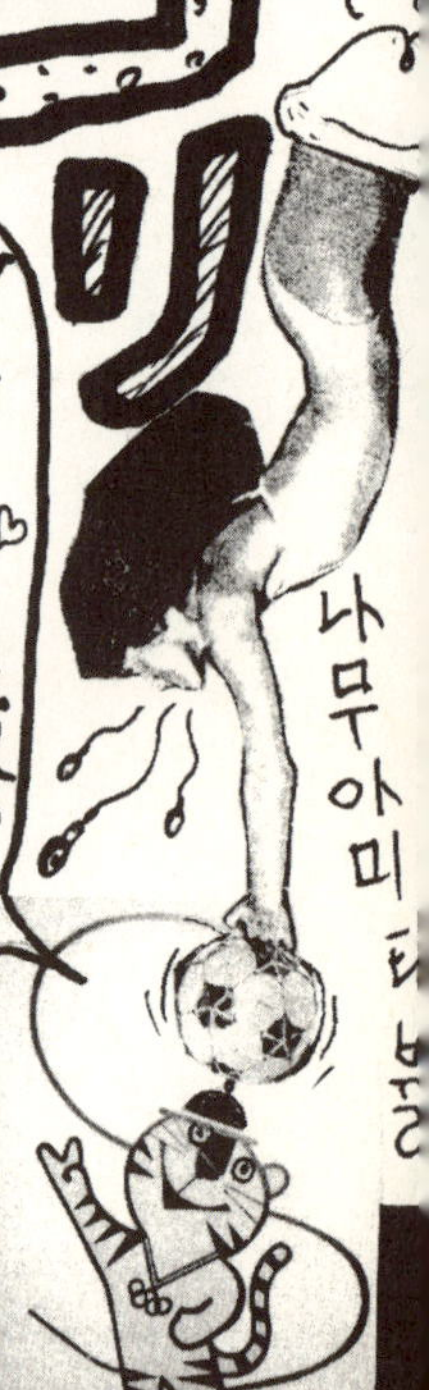

ンニムの祖国をエロとホモで汚す気かお前ら、そんな偽在日に頼るのだったら俺がアイツを偽在日罪で訴えてやる！　それを助けるお前らは同罪だ！　刑務所に入りたいか！　ブチ込んでやる！とそんな状況下での渡韓だったがナンマイダ～、釜関フェリーに飛び乗るため、下関に着いたはいいが、船はドッグに入り休業中だった。ここで、いきなり足止めをくらい、取材スケジュールは一日ロス。結局、翌日、博多から高速艇で、釜山へ向かったが、まさにソンセンニムの因果力、頼もしや恐ろしや。が、それにしても

ワールドカップとは大韓民国人にとって何だったのであろう……

国中がまさか赤くなるなんて反共の民にとっては屈辱だったに違いない。しかしもとより北と南は同じ民族。ちょいと押せば国民全員がマスゲームをやってしまいがちな性質を南北共に持っていることをワールドカップはきちんと証明した。オランダ人監督に帰化して大韓人になってほしい、そして大統領になってもらいたい、との希望が少なくなかったのは金大中政権への失望からではなく「あの人に“監督”してもらえば私たちも韓国代表チームの選手のように“強く”なれるはずだ」との素朴な期待によるものである。主体的監督の選択。かつてはそれすらもかなわなかったことを、ワールドカップ騒ぎを見て、改めて想起する者もいただろう。なにしろ金大中大統領は昔死刑囚だったのだ。

亜細亜の一体戦国から、国際大韓興産（株）への大躍進を夢に見させてくれたワールドカップはありがたいものである。これで我々も世界の“一員”だ、などと一四年前の大韓人の多くは思ったかもしれない。しか

国境ぞいの街坡州へ向かうタクシーからの眺めは軍とビニールハウスと黄ばんだホコリっぽい実に殺バッとした風景だったが、この辺りは貧しいので中には家がなく夜ビニールハウスにフトンしいて寝る家もあり、冬など練炭による一酸化中毒で死亡するといった出来事もよくあるという。
サンチェ

← 無造作なゴミの捨て方（線路ぞい）がインスタレーションとして成立している（かに見える）のは無意識が発達、進化している民族の証拠！

昌原（창원）にて
チャンウォン

し経済的苦悩とやらにいくらかやられた後の今となっては、さすがの大韓人もそう易々と思い込んだり、しないよなあ。でもやっぱりしちゃうのかなあ。あのＦＩＦＡ副会長の現代のえらい人にしてみりゃかなりの上首尾だったことはまちがいない。なにしろこちらのほうは大韓大統領を本気で目指しているのだから、金ならいくらでも使うにきまっている。審判の三人や四人分にココロヅケするぐらい当然だろう。だって大韓民国史にきっちり名を太文字ででっかく残すために生きてるんだもんあの人は。共催なんて分割と同じじゃん。サッカー・ボールは平和の象徴なんてことはないよ。

吉井伍長、よし子はえ気にやっとります！
ソウルの下町のとある露路裏にはババアが客にエロビデオを見せつつ手ごきする店があるそうな
そして日本人だというと手でこきながらあなたが3千421人目のお客さんです、と言い次に
この様にいうババアがいるそうだが…
昔ジャワにいた千葉佐倉出身の吉井伍長さん知らんかね、知っとったら、よし子は元気だと伝えてくれ…
？、？…
スコ
スコ

勝つ勝つ勝つ勝つ勝つ勝つ勝つ勝ってカルビ五トン食えるだけじゃなくみんながちやほやしてくれるんだから。サッカーには夢があるねえなんて思えりゃそれでいいじゃないか、とはいえ負けるのは嫌い。ソウル市庁舎前のどでかいサッカー・ボールはとりあえず玉のでかさではニッポンに勝ったという気分の現われで、今回のワールド・カップは、大韓対ニッポンは八〇対二〇ぐらいでニッポンの負けです。負けるが勝ち、とさえ思えません。負けるために日本は大韓によって選ばれたのですから。だって国際大韓興産（株）への道においては日本にとにかくどうしてもどうやっても勝たなあかんのや。そこから始まるんや。日帝三六年、ニッポンあんた何やったかわかっとるんか。

というのは今でも決して冗談ではない。交通違反点数がチャラになっちゃうサービスは、ほんの気持ちです。だってニッポンに勝ったんだから。というバーチャル・ニッポン撃破の娯楽として今回のワールド・カップは大成功ですが、じゃニッポンは？ってまああかな。なんて、そういう態度がニッポン人には人情がなくて愛国心がないと大韓人に言われる原因なんですね。

…どうだろうか、こんなものでよろしいかと思う輩もいるだろうがサッカーは勝つ迄やれば負けない…

さて、中国人、南北コリアン、日本人などは、白人黒人の国々から見れば同じようなものに思えるだろうが、日本人のいい人、コリアンのいい人、中国人のいい人を比べると、日本人とコリアンは近いが中国人はかなり違う。留学生の陳さんは『五体不満足』を読み、あたりまえ（福祉運営学部、5才児の母）[redacted]のことをただそのまま書いてあるだけで、工夫がなくつまらなかった、と感想を述べた。

2006年W杯には日韓共に出場してない気もするが…

日本人と韓国人は似ているからこそ、僅かな違いに天然のデフォルメを見たり感じたり受け止めたりすることが可能である。

橋が折れて、車がたくさん川に落ち人が死んだり、デパートが突然崩れ、人がたくさん生き埋めになったり死んだり、数日間、瓦礫の中に閉じこめられるも、生命力の強さから生き延び、発見されるや、救助隊に「缶コーヒを下さい」と言うやつがいたり、さる大手仏教の宗派が、跡目争いで派閥同士の抗争に発展し、（坊主たちが）火炎瓶を持って寺に立て籠もり、突撃した機動隊と正面衝突したり、大韓民国中の病院がストライキをやり、たくさんの病人の命に関わったり、グァム島に大韓航空機が墜落して200数十人が死んだとき、当時、霧で視界不良だから、空港管制官は待てのコールをしていたのに、「てやんでい、べらぼうめ」とばかり、機長がベトナム帰り故、「私はダナンでもニャチャンでももっと困難な着陸をしたので、気にすることはない（ケンチャナヨ）」と、言い張って、無理矢理、ラ

※補身湯（ポシンタン。犬鍋）

訂正がありますけど。前号CKB特集のP.51における根本さんのコメント、「CKBとは補身湯である」は「CKBとはクールな補身湯である」と、クールをつけた方が全然てきかくでありました。

←続々と新村に集う大韓人民だ たかが大韓人、しかしどソフ足どりのビートはとんがっていた。

월드컵중계 50inch
ワールドカップ生中継 プラズマテレビ

ンディングした結果、山に激突してかのような大惨事になったり、大統領が代わるたびに逮捕され死刑を宣告されたり、山に籠もって花鳥風月に浸ったのち、ゴメンナサイと国民に泣いて謝り、許してもらって生きながらえたり、そうかと思えば、銀行だかなんだかで一人留守番をしていた新入りのアガシ（娘）が「金を出せ！」という強盗に正面からガチンコ勝負を挑み、撃退したりもする。そういうアガシは情も深いが、例えば、ロッテリアでのバイト時代、客がコーヒーを買ったはいいが、本を読んでいるその間、容器に穴が空いていて、いつのまにかコーヒーがこぼれて

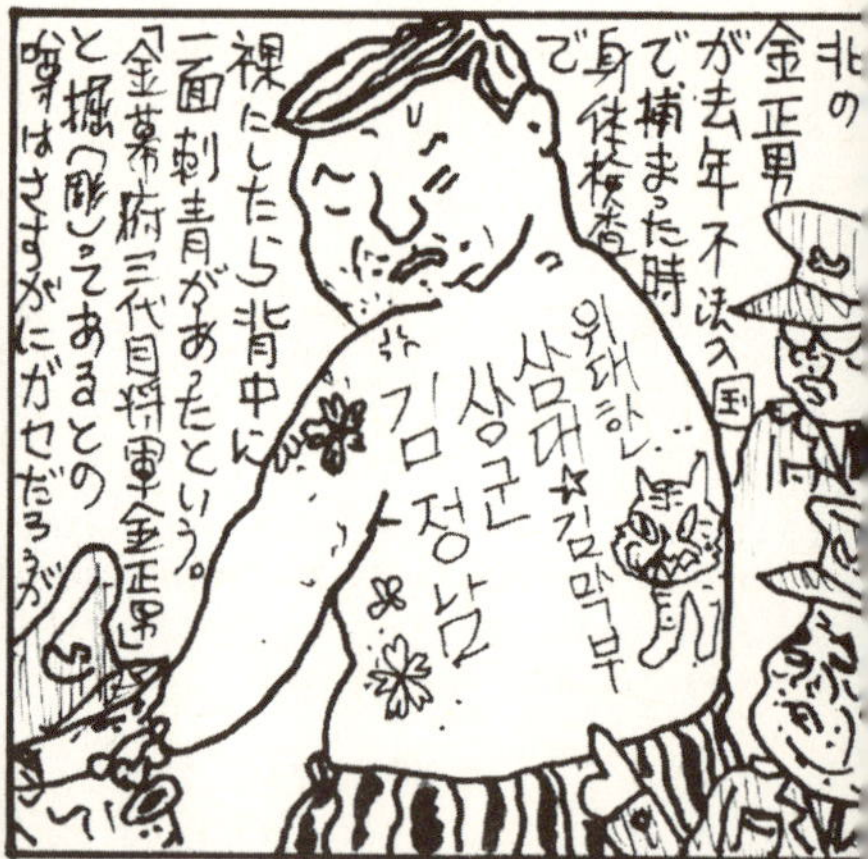
北の金正男が去年不法入国で捕まった時身体検査で
裸にしたら背中に一面刺青があったという。
「金幕府三代目将軍金正男」と掘（彫）ってあるとの噂はさすがにガセだろうが

おり、客がカウンターへ歩みよりアガシに文句を言うや、「買ったらすぐに飲まんアンタが悪いんや!!」と逆に怒鳴り返したり、返されたりという下地はある。しかし、下地とはいえ、それは決して地中にあるのではなく、常にムキだしフルチンフルマン開脚ではあるが、いちいち意識するようでは、大韓人として失格である。

江原道の山奥にある、民族史観高校（全寮制）は大韓民国の領土は西はトルコのイスタンブールから、東は千島、アリューシャン諸島までだという教育をしているという、しかも国立の学校で。W杯のときはさぞや凄い応

2002年6月25日新大久保にて

JR新大久保駅の改札を抜けると図ったように雨が落ちてきた。一段と蒸してくる。待ち人きたらず、ぼんやり突っ立っていると、近くの募金活動が目にとまった。アフガニスタンにサッカー場を作ろう、というNGOピースボートの呼び掛けである。アフガンのほぼ全土に一千万だか二千万だかの地雷や不発弾が埋まっていることを何かで読んだ記憶があるが、サッカー場完成までにかなりの血が流されるんだろうな、人柱が出るんだろうな、などと考えながら見守る。

「一口百円！　百円で一平方メートルの地雷が除去できまーす、アフガニスタンの子供たちが安心して楽しめるサッカー場を作りましょう、募金お願いしまーす！」

左端の若い女性が苦しげに甲高い声を張りあげる。いても立ってもいられず百円硬貨を募金箱に入れた。彼女が美人だったからである。町なかで「あんたべっぴんさんやから」と言って突然百円プレゼントするオヤジのことを思い出し、そのひそみにならったのである。ま、結果オーライか。

胸元に白字でbe the reds! と印刷されたとんがらし色のTシャツを着た者が三三五五集まってくる。暑さに拍車がかかる。頬に大韓民国旗のペイントをしたちびまるこちゃんみたいな女性（推定19歳）を間近にするや自然とその場から離れ、道の向こう側へ渡った。同様のユニフォームのとんがらし族は増える一方で、火の手があがったかのよう。2002年、6月25日、午後6時、サッカー・ワールド・カップ準決勝韓国対ドイツ戦のキックオフまでまだ2時間もあるのだが、すでにサポーター連は熱い。燃える韓国人の血潮がそこらじゅうで吹き出しそうだ。

タクシーがとまった。中から大きなスーツケースを抱えた女性が降りてきて、出迎えのredsの一員と嬉々として抱き合い、いずこかへ消えた。在日のみならず本国から駆けつけた応援者も相当数いるだろう。彼らは今日の勝利を確信し、後日横浜で行われる決勝戦をにらんでいるにちがいない。スタジアムへ行く、せめてスタジアムの近くへ行きたい、という先走りred of redsってわけだ。

仲間と落ち合い、街を流す。み屋、めし屋の類はどこも超満員で、「テ〜ファンミングック」の大合唱が繰り返されている。

ーと、野良犬みたいなおっさんがふらりと現われ、意味不明の言葉を猛烈な早口でまき散らしながら路地路地をへなへな歩いて行く。我々はビデオを回して後をつけた。連れ込み宿に入ったかと思いきや勝手口から出てくる。ガレージの小さな円形のミラーと対峙しては怒鳴る、聞き取れる言葉といえば「バカヤロー」「コノヤロー」それに「オマンコ」くらいのもの。単なる酔っ払いとは違うようだ。もしかしたら、街の異様な空気、とんがらしのキムチが発酵してるような臭いにあたったのではあるまいか。

大使館という名のレストランのテニスコート大の駐車場は赤一色傘をさす者はほとんどおらず、皆雨に濡れながら修行僧の如く坐り

込み、応援の練習に没入している試合会場に届けとばかりに発せられる一丸となった絶叫の声援、晴れやかな忘我の表情がイイ。取材している韓国のメディアも警備にあたる日本の警官隊とは対照的に浮かれている。

斜め前方から大きな垂れ幕が視界に飛び込んできた。がんばれ大韓民国のハングルの下の、2006年は韓国、日本共に4強へ、という文字が誇らしげだ。ナショナリズムに酔いしれる上で日本の中のコリアン・タウン以上の舞台はないんじゃなかろうか。

試合開始と同時に大使館は熱狂の坩堝と化した。でっかいプラズマ画面は地響きみたいな応援の声と拍手で揺れた。そこを後にしてスーパーマーケットをのぞいてみると、開店休業状態で、体育坐りで一隅に集まる若いサポーターの面々とレジ前に立つ店の者たちがテレビに釘づけになっていた。どこもかしこもこんな具合だ。

近くに縁のある、在日韓国人向け音楽雑誌の編集室があるので立ち寄ると、もっちろん社員の2人はテレビにかぶりつくようにして応援していた。我々もビールと宅配ピザをふるまわれて観戦、腰を落ち着けた。韓国チームのチャンスをことごとく潰すドイツGKオリバー・カーンが憎らしい。一進

一過の後半も残すところ15分、右サイドをドリブル突破したノイビルがあげた絶妙なクロスボールにバラックがシュート。GK李雲在がはじいたこぼれ球を再度シュート、ゴ〜ル！　この場面でムチ打ち症になったり頭突きを食らったりした韓国人は一体どれくらいいるんだろう。ショック死だってあるはずだ。その数が知りたいなあ。

援がそこでも行われたのだろう。そんなことを思いながら、車窓を眺めていたら、乗っている市バスが4車線のところから合流点の一車線に挟みこもうというところで、大韓ドライバーは譲らないからな、バスと乗用車が毎度の事ながらガツーンとぶつかってしまい、結局、分離帯のグリーン地帯に乗り上げて止まった。これは日本では大変なことだが、韓国では日常の風景、乗客もドライバーも別に何事もなく、ゾロゾロとバスを降り、後ろから来た別の市バスに乗り換え、各々家路に着いたのだった。流石、大韓民国と感心しながら、ソウル市内をほっつき歩いていたら、ビルに大きく「クモン」と看板がかかげてあった。クモンとは韓国語でケツのことである（ちなみに穴はヒョルというそうだ）。「はて、こんな住宅地で、それも主婦や子ども達がたくさんいるのに、この巨大なビルの中でアナルセックスなどという変態行為が行われているのか？」と思い、入ってみると日本の公文式（塾）、あれのソウル支店だということであるということだった。まあ、ホッとするやら、ガッカリするやら、韓国を旅しているとこういう事がよくあるのである。

끝

デイブ・コリヤ

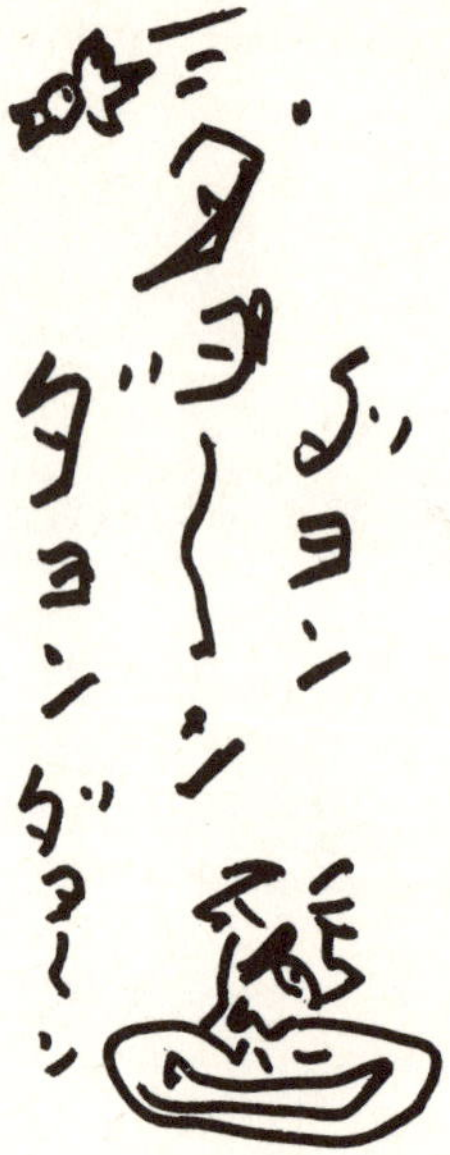

「マジかよ」

眉をひそめ、思わず呟いてしまった。

「マジックかよ」

ひとつ深呼吸、改めて紙面（平成24年5月9日付け読賣新聞夕刊）に向き合う。舐めるように食い入るように見つめる。

「消えた。あぁ、帰ってきてくれぇ」

落胆。ぼやくことしきり。そりゃそうだろう、ほの字の女性に去られてしまったのだから。四つの遺影。堂々、躍動、溌溂、明朗。いや、遺影ではない、近影。死んじゃいない、生まれ変わったのだ。

彼女の名前はチョン・ダヨン。言わずと知れたエクササイズ・トレーナーにしてダイエットのカリスマ、モムチャン（最高の女体美を意味する造語）と称えられる麗人であります。

有酸素運動と筋力運動を組み合わせ、編み出したフィギュアロビクスなる独自のメソッドによって造りあげられたその肉体を拝むのは初めても同然。惚れた部位は顔であり、首から下はどうでもよかったのよ。

モムチャン・ダイエットという本の表紙の彼女と新聞広告で出逢い、いたく惹かれた。しばしためつすがめつしたっけ。瞳の大きさとか鼻の高さや筋の通り具合とかいった論理的なものさしをあてるならば、もっと美しかったりかわいかったりする面貌はいくらもあろう。しかしながら魅力（セックス・アピール）は左脳が判断するわけじゃない、左金玉が躍るわけじゃない。うむを言わせず右脳に訴え、右金玉をわしづかみにするものなんだよ。ザ・ビートルズの『I saw her standing there』の邦題『その時ハートは盗まれた』、これだ。一目で右嚢（金玉袋の右側）はしゃぶられた。

敢えて理屈をつければ「ねむい」と「きつい」という相反する趣が併存するまなざし、表面は濁れど底光りが烈しいまなこが持ち味。人生の夜の濃淡をあれこれ妄想させる深さがあるのだ。

そんなチャーム・ポイント、得難い二点が消滅し、別様のフェイスにすげ替えられたからたまらない。時代劇なら奸計を抱く腰元キツネが天真爛漫なお姫様タヌキに化けたようなもん。赤塚不二夫マンガならダヨーンがひみつのアッコちゃんに変わったようなもん。まぁ、これほどの差はないにしても、デカパンになったくらいの違和感はもたらす。似て非なるもの、まったく非なるキャラだ。ホエホエ。「ダヨーン、だよーん」と連呼されたってしらけるだけ。

チョン・ダヨンの顔は、自身大好きというスマイルマークそっくり。紙面右下にその黄色まん丸ににこ顔も掲載されている。俺は苦々しく見やる。そして萎える。なるほどスマイルマークは万人受けする愛すべきキャラかもしれないが、ちっともそそらねぇ。いやし効果は認めても、いやらしさは感じねぇぞ。かけがえがない看板下ろしそんな薄っぺらな仮面をぶら下げてどうするってんだよ。憤懣やるかたない俺のことなんざ知るはずもない彼女は理想に合致した嬉しさを抑えきれない様子。ひまわりみたいな健康的な明るさと他人を疑ったことがないような無垢さが横溢した笑顔で「ダヨン、だよーん」とはしゃがれてもなぁ……。

▲うちにもあったにこにこマーク・グッズのマグネット。あーあ。チョン・ダヨンは中国でも人気で、中国語版『モムチャン・ダイエット』も発売中。表紙の顔はにこにこマーク以前♡♥♡♥

　山田風太郎のくノ一、忍法幻菩薩、やどかり、羅生門を操るお眉を思い起こさせもしますな。忍法夢幻泡影のお由比や忍法筒枯らし、天女貝のお瑶の風情もちらつく。そう、韓国にはくノ一が忍ぶことなくぎょうさんいてはります。大手を振って歩く On the sunny side of the street, 大股開くは House of the rising sun, 玉の輿狙って囁く Come on-a my house, 素人玄人の別なくあやかしの術をしかけます。天賦の才だの固有の美だのはあってなきが如し、うつしかうつけか変幻自在、所詮この世は幻のブルース、望むは世渡り上手の通行手形とばかりマコトのウソへと身をやつす。

　ダヨーンの趣味が俳句と思い出し、ここで一句。

相武紗季
桑江知子で
あびる優

俳句やあらへん。そうや、その通り。古池や　蛙飛びこむ　水の音　と違うくらい別もんやで now and then チョン・ダヨンといいたいだけなんや。同じなのは五七五の定型だけ。五七五を要点、アピール点数と考えて彼女のボディに当てはめてみよう。バストウエストヒップじゃないんだこれが。五はバストだけど、七はヒップ、五は太もも。モムチャンすなわち女性らしい魅力的な体型の際立つ特徴は、重量挙げ選手を彷彿とさせるボリューム豊かで張りが漲る臀部と大腿部。特にアフリカン・スタイルのケツの迫力、押し出しの強さはものすごく、横から見ると幅が太ももの1・5倍ある。さぞかし腰蓑が似合うだろうネ。バーベルより槍を持たせてみたいもんですな。

　1966年生まれの46歳。身長162cm、体重50kg、高校生と中学生の2人の子供の母。アンチ・エイジングの括りだけに収まらぬプロポーションは、ほっそり、すっきりと全体的に凹をめざす痩身法と異なるフィギュアロビクスの独自性を如実に示す。

　なんでも70kgあった33歳の時に腰痛を患い、医者から痩せるよう忠告されてダイエットに励み、一年間で20kg落としたそうな。夫、そこで一言、「太ってる方がよかった」。さぞショックだったでしょう。

　脂肪に勝って美に負けたと悔い、我が身と改めて向き合い、肉を切らせて骨が目立つのはアンチ・セクシーと悟ったにちがいない。愛するダーリンの率直な嘆きに骨盤を打たれ、胎盤共振、子宮共鳴、雌としてフックを利かせる必要性をビンビン感じちゃったでしょう。その時おなかはふくらんだ。想像妊娠ならぬ無意識妊娠。

内部に向かうタナトスから外部に向かうエロスへと意識の比重が移り、ダイエットしつつも新たに造る、凸すべき部位は過度に凸するエクササイズへの試行錯誤がスタート。フェロモン放ち、コイトスへ誘うだけでは足りない。身重こそ女性の証、腹ぼてこそ最も美しい女性の姿と本能的に察していたダヨンだったが、そこのみ凸するのは技術的にか肉体的にか無理と知り、あるいは一般のシェイプアップ・スタイルとの甚だしい乖離から諦め、そして考えた。前がダメなら後ろがあるさ、前を後ろへ持っていけばいい、と。でっちりへ行き着く。

しがみつきたくなる。乗っかり、またぎたくなる。割りたくなる。雄の原始的な獣性を呼び覚ますむっちりパンパンの大尻。そこから生えた羽でありカニバサミであり杭であるブリブリに発達した大腿筋が惑わし捕らえ踏ん張る。古代ギリシャ、ローマからアフリカのブッシュマン、ホッテントット……古往今来、洋の東西を問わず認められる安産、多産の象徴にして実践型の性愛のヴィーナスのプロポーションと化したダヨンなれど、それは二次的な結果にすぎない。生涯、常時オンナたることを証したい彼女にとって、でっちりは後部に回りこんだ腹ぼてを意味するのである。ケツは二卵生双生児を宿してるが如し。

コイトスのほかBUMPしたい、顔騎してほしいとも思わせるセクシーダイナマイトのヒップは個人的には大歓迎だけれど、さて、痩せたがっている日本人女性にはどう映るんでしょうか。下半身デブの印象に抵抗を感じる者も少なくないんじゃない?

どうしたって我が国の由美かおるを想起してしまう。『水戸黄門』の入浴シーン、水面下が見えずとも疾風のお娟のボディサイズは誰もが知っている、毎回同じと心得ている、体重44㎏、B86―W58―H86㎝と。お娟、おっと、かおるは15歳のデビュー当時から61歳の現在(平成24年)に至るまでまったく変わらない体型を維持しているのである。その証拠に『財宝の黒酢カプセル』のCMで16歳当時の自分と共演している。年齢差45歳をなきものにする実在のくの一だ。畏れ入る。

そのカラダが妖術ならぬ日々の鍛錬の賜であることを明かす2巻組のビデオ『ダイエット呼吸法』を、若き日に買い求めた。もちろんズリネタとして。レオタード姿の動く彼女はたしかに魅力的なのだが、だんだんこちらのエロ心は薄まっていき、な~んだか雲の

上を彷徨ってるようなエエ気分に誘われ、丹波哲郎の『大霊界』に紛れ込んだような錯覚に陥ってしまう。

　そうだ！ 以前のチョン・ダヨンは金井克子に似ている。由美かおるの方が可憐、奈美悦子の方が美形かもしれない。が、しかし、どうしようもなくそそられるのは克子！ エエ顔やぁ、たまらんでぇ。

　エクササイズといえば竹腰美代子も忘れられない。美容体操家なる肩書でテレビに出演していた彼女はほがらかで清潔で健康そのもの、小学生だった当方にとって体育の先生みたいに見えた。ところが、である。クレージーキャッツの一員である夫の安田伸との睦まじい様を披露するようになってから印象は一変。恋人同士だろうが夫婦だろうが人前でいちゃつくのは御法度ともいえる昭和中期の日本にあってあけっぴろげにおしどり夫婦ぶりをブラウン管にさらす二人は衝撃的で、子供心に見てはいけないものを見てしまった感を強くした。恥ずかしいやら腹立たしいやらで気持ちの整理がつかない。原因は今思えば明白、エロ。コイトスの変容と無意識裡に見、混ざり合うバルトリン腺液とカウパー腺液の異臭を嗅ぎとったからにちがいない。「ミヨコー！」と絶叫する夫のギャグにとどめを刺された。それに接するたびに白鳥が泥水ぶっかけられるようで居たたまれなくなった。妻を汚す泥水の正体が黄色がかったあの液体と知るにはなお数年待たなければならなかった……。

　夫婦円満の鍵は寝室のドアにあり。寝室から抜け出し、夫から愛されているカラダを文字通り身をもって示した竹腰美代子。あまっさえ夫とのカラミを演じて寝室へと招き入れてくれた。「ダヨーン！」という求愛の叫びが別室から響いてくる。チョン・ダヨンがいかに夫から愛されているか容易に想像がつく。美容体操とフィギュアロビクスは共にふとんの上にある。和合を旨とするコイトス至上主義を掲げる、女にとっての最高のマッサージ、乳液を享受し続けるために。充実した夜の営みは精神の安定をもたらし、過食を防ぐ効果もあろう。

　元祖エアロビの女王といえばジェーン・フォンダだけれど、1982年発売のビデオ『ウォークアウト』を観ると、押しの一手に辟易させられてしまう。シェイプアップしたスポーティなボディを誇示、たたみかけるように見せつける。「ヘイヘイ！ ほらほらほら、どう？ むしゃぶりつきたくなるでしょう」と言わんばかりの自信がみなぎっている。そりゃ魅力的ですよ、ハイレグ姿を拝めるだけで興奮しますよ、でもねぇ、からっとした快活なアメリカンハードロックを聴かされてるようで、ちょっとどっかかりがつかめないというかなんというか……。

　ジェーン・フォンダだったら'67年の映画『バーバレラ』で決まりでしょう。冒頭の無重力状態の狭い空間におけるされるがままの動き、自由が利かぬものの懸命に抵抗しようとする姿ほど煽情的で女らしいエアロビクスはない。「アハン」「いやん」と溜め息まじりに洩らす鼻にかかった声のあいらしさといやらしさ、優雅にさえ映る四肢の舞い、あれよあれよとむき身にされちゃう流れのなめらかさといったらどうだろう。さすがフランス人監督ロジェ・ヴァディム、アメリカンには求め得ない遊び、引き、わびさびがある。

　当時二人は夫婦だった。痒いところへ手が届くのに届かせない、壷を突かずに撫でまわす、快楽の漸進的横滑りってな心憎い演出はだから、フランス人の特性というよりもむしろ妻の肉体を熟知し、どう撮れば最も美しくエロティックに輝くかという一事しか念頭にない夫の欲情の賜と捉えるべきだろう。「ジェーン！」というヴァディムの喜悦の叫びが通低音として全篇に流れている。親馬鹿ならぬ夫馬鹿、子惚けならぬ妻惚けの男がカメラを回したホームビデオ、房事の一端をさらしたブルーフィルム、ピンク映画ともいうべき作品が『バーバレラ』なのである。観客は誰もが否応なく寝室のドアの鍵穴に目ん玉を据え付けられてしまう。

ジェーン・カムバック！　軌道修正してほしい、『ウォークアウト』から『バーバレラ』の世界へ――。

ふわっと意識が飛ぶ。

2010年のディスカバリー号の船内へ。我らが山崎直子さんの艶姿が立ち上る。バーバレラのいかしたコスチュームからほど遠い、介護福祉士と見紛うユニフォームはいただけなかったけれど、本当の無重力空間を遊泳する姿はえも言われぬ味わい、強いて例えるなら透明人間どもに弄ばれてる感じ、を醸し、至上のエアロビクスと思われた。♪宇宙はおおきな女の子宮～とは誰かの歌の一節だが、直子さんは一匹の巨大な精虫と化しているようであり、宇宙に溶け込み一体化しているようでもあった。

「ナオコー！」おそらく彼女は、地球で待つ夫からのラブコールを受信した。その声が腹に響き渡った、にちがいない。無事帰還後、懐妊され、次女を出産されたのは周知の事実。スペースシャトルの着陸と着床が一直線につながり、すり変わるドラマ、マクロとミクロの幸福な結婚を祝福せずにはいられません。宇宙飛行士として、かつまた一女性としてのミッションをほぼ同時に完遂した山崎直子さん、バンザーイ！　蛇足ながら彼女、高校時代に熱中したのはジャズダンスだそうな。

2010年、ジェーンが帰ってきた。御年72歳で若返りエクササイズ、エアロビック・ウォーキングのビデオを発売したのである。死ぬまでコイトスに耽り、絶頂を味わうのが女のミッションといわんばかり、老いてますます鼻息が荒い。まったくブレていない。'80年の映画『9時から5時まで』での闘士ぶりがダブリます。

あ、そうそう、同映画で共演したドリー・パートンのバストも昔と変わらず超豊満！　ノラ・ジョーンズのライブにゲスト出演した最近の映像を観て感激しました。魅惑の女性美にもいろいろあるんだよネ。

変身してよかったのはオリビア・ニュートン＝ジョン。『そよ風の誘惑』の楚々とした歌姫が'81年に突如発表した『フィジカル』にはぶったまげた。あけすけなエロ讃歌なんだもん。レオタード姿で♪ケダモノになりましょ、オマンコオマンコオマンコしましょ、と歌って踊るビデオクリップを何度観たことか。忘れじのアジテーター、伝道師だ。

チョン・ダヨン以上に強烈な範を示すエクササイズ・トレーナーだかエアロビ・インストラクターだかは思い浮かばない。それほどその体型の個性は突出している。なのに、どうして、顔をありふれたつまらないモノにしちゃったんだろう。世界を席巻していると噂のKAWA――に毒されたとしかいいようがないぞ。自主独立のコリアン・ビューティを明け渡してどうする。韓流ならぬ汎流、恨のかけらもありゃしない。

かつての彼女に未練たらたら、なかなかふっきれずにいたある日、フィギュアスケートのキム・ヨナ選手の記者会見の模様をテレビで見た。2014年ソチ五輪まで現役続行という決意を表明した。「よっしゃ」と俺は思わず発し、頬がゆるんでしまった。いや、なに、同じ顔だったからですよ。切れ長の目が特徴の、般若の素地が透けて見える顔が大好きなのだ。すっぴんよし、競技用に化粧したケバイ顔さらによし。べっぴんだよねぇ。これから2年間、折にふれて観賞できるかと思うと嬉しくて嬉しくて。大人びていく変化も楽しみだ。

プロポーションもよし。チョン・ダヨン系ではないけれど。トレーニング（本家フィギュアロビクス?）でなった肢体はアスリート特有の筋肉質とは無縁、すらりとしてのびやかでやわらかそう。

スケートの技術のみならず女性美を女性らしい表現力、一挙手一投足を採点の対象とするフィギュアスケート。演技開始直前の静止した立ち姿ですでに差がついちゃうんだよ。キム・ヨナは大きなアドバンテージを得ているといっていい。

「国民やファンの期待や関心がプレッシャーになり、逃げ出したかった」と胸のうちを明かした氷上のプリンセス。現在21歳のレディ。ただでさえ他人からどう見られるかが気になり、オシャレに精出したいお年頃。2年の間にKAWAII症候群に襲われたらどうしよう、俺が心配するのはこの一点。お目目パッチリのキム・ヨナなんぞ見たくない！「ソチまで」なんぞと駄洒落をこぼしたくはない。KはKOREAのK！ KIMのK！ チョン・ダヨンの轍を踏まず、このままスーイスイとリンクをすべっていかれることを祈ります。姫、くれぐれもご乱心めさるな。

こういうバンドがあったならレコードかうでゴスミダ

弥阿里

「妓生（キーセン）は体験済みですか？」

現地ガイドの朴さんがにやりと笑って問う。

「いや」

「なぜ？」

「妓生遊びするような柄じゃないよ。高嶺の花だね。いつもからっけつだから」

「からっけつ？」

「金がない。貧乏ってこと」

「それなら心配ないよ。妓生ハウスもピンからキリまであるから。有名な立派な店行ったら、そりゃ高いけど、マクドナルドみたいな店もあるから」

「ファストフード店？」

「ささっと食って、さっと帰る」

「なんか味気ないねぇ」

「金ないんじゃしかたないよ。懐に見合った所へ行かなきゃダメよ」

「ああ。で、どれくらいレベル下がるの？」

「実はワシ、立派な妓生ハウス知らない、行ったことないからわからない。マクドナルドにも2回しか行ったことない。昔ね。おもしろいよ。588なんかとちがってお酒飲めるしショーも見られるし。一度体験してほしいな、弥阿里」

「ミアリ？　それ、どこにあるの？」

　朴さんにそのかされ赴いた。まだ日が残る夕刻。地下鉄4号線の吉音（キルム）駅下車。地上へ。なんとも殺風景。韓国の遊廓、置屋街は決まって繁華なメインストリートに面しているという経験則からいくらかにぎやかな方へ爪先を向けたが、朴さんは反対方向へ歩き出した。

　住宅街と高速道路に挟まれた薄暗い一帯へ足を踏み入れる。幅2メートルほどの路地の上は雨よけの半透明のテント屋根が張られてある。黴臭く、うっすらとしょんべん臭い。なめくじ艦隊だの便所虫機雷だのがうようよいそうな不衛生さに閉口。

　両側にソレ風の店が長屋みたいにびっしり並んでいるが、アガシのアの字もない。

「閑古鳥が鳴いてるよ。時間が早いんじゃない？」

「まあまあ、あせらないでください」

　大雑把に舗装された道は地べたに近く、段差や凹凸が多いため何度もつまずきそうになる。開店休業状態のアーケードは一種のお化け屋敷。鬼が出るか蛇が出るか、右に左にと目が離せない。

　下水の臭いが鼻をつく。やり過ごすと次はキムチとおぼしき酸のきつい臭気が漂ってくる。緊張も手伝い胸糞が悪くなった。

　突然ぎゅっと左の二の腕を掴まれ、女の子みたいな甲高くも情けない声をあげてしまう。見れば、ETみたいな顔したオバチャン。2、3メートル前を歩いていた朴さんが振り向き、踵を返す。オバチャンは放すどころか握力を強め、引っぱりにかかる。よろけた俺を支えて朴さんが話しかけると、笑っているようにも怒っているようにも取れる名状しがたい表情を向けてオバチャンはダミ声で答えた。二人のやりとりを見守るしかない俺。

「いい娘いるから見てけって言うんですけど、どうしますか？」

「そう言われてもなぁ」

「とりあえず覗いてみます

か？気に入ったら気に入ったでいいじゃないですか。本当は80000ウォンらしいんですけど、交渉したら68000ウォンに落ちました。もしワシがいなかったら、日本人ならふっかけられて90000ウォンとられますよ。ワシが一緒だから68000ウォンね。破格よ、これ。本当だったら韓国人でも一人70000ウォンかかりますよ」

手柄をアピールするガイド氏に最敬礼してみせ、客引き婆の店へ。

玄関とも待合室ともいえるオンドル部屋の座蒲団にどっかと腰を下ろし、あぐらをかくこと数十秒、別室のふすまがスーッと開く。赤、ピンク、赤、黄のきらびやかなチマチョゴリ、金銀のラメの輝きも目を奪う。4名の妓生は二手に分かれ、客の両脇に坐った。6名が横一列に。

両手に花の朴さんは喜色満面、腰に腕をまわして抱き寄せ三位一体の図。俺は容貌を入念にチェック。厚化粧の白塗りはげんなりだが、造作はまずまず整っているし、若々しい張りもある。そして何よりも身にまとった民族衣裳が異国情緒を醸し、たまらない気分にさせてくれる。

目の前の小さなテーブルにビールとつまみの乾きものが運ばれ、素早くコップを渡された。まな板の鯉、ベルトコンベアーの荷物と化した自分を認めざるを得ない。覗くだけなんて最初からむりな相談だったろう。こうなりゃポン引き、おっと、朴さんに負けじと楽しもうと肚を決めた。知る限りの褒め言葉のハングルとボディランゲージを多用して日韓友好に励む。

宴たけなわ。親指と人差し指でつままれたピーナッツが目の前に迫ってきたので、指もろともくわえ、おしゃぶり。立てられた小指の奥に白いものがちらついた。新たな妓生のおでましだ。新雪のごときすがすがしさを放つチマチョゴリとは対照的にアガシの顔は陰気だ、苦虫を噛みつぶしたようだ。

それまで当方にしなだれかかっていた両者は背筋を伸ばして坐り直し、正面をきりっと見据えた。もう一方のタッグチームも同様。朴さんはといえばコップ片手に顎をなでている。

目の前に立った小太りの新参者は裾をまくり上げ、あらわになったオソソへ持っていたヤクルトを挿入、その刹那、グニャリとにぶい音がし、中身が腿、ふくらはぎと伝って床に滴り、つぶれた容器がポトリと落ちた。皆の拍手につられて俺もパチパチパチ。

間を置かずにしゃがんで大股を開き、今度はゆで卵を仕込み、ポッーンという景気いい音と同時に発射。見上げる高さまで飛ばしての見事な放物線に、俺は真っ先に拍手を贈った。

襟を正し、息をのむ。座の主役はビールの栓抜き、果物ナイフでリンゴ真っ二つなどなどマンリキを駆使した秘芸を淡々と披露。ねだられたチップを差し上げて幕。

「こういうの、日本では花電車というんでしょ？」

朴さんは目鼻口が溶けてなくなりそうな笑顔で言った。

「うーん。しかしすごい荒技の数々だったなぁ。こっちまで力入っちゃってヘロヘロだよぉ」

「バテるのは早いですよ。まだ余興ですから」

右隣のピンクのチマチョゴリ嬢に手を引かれて階段を下りる。蟻の巣を想起させる地下。開けられたドアの奥は一畳大の小部屋で、せんべい蒲団が一枚敷かれてあった。ゆっくり休ませてもらう。しばし夢の世界へ。

二人分の会計を済ませて外へ。だいぶ西に傾いた太陽が例の屋根を透かして見える。

「ワシの女、ホント、性悪でしたよ」

「どっち？ 赤い方？ 黄色い方？」

「黄色い方ですよ。あいつ、わんわんスタイルでヤッてる最中どうしたと思いますか？」

「さあ」

「脱いだワシのズボンの中を漁ってんですよ」

「ハハハハ」

「財布盗もうと両手伸ばして。まったく油断も隙もあったもんじゃない。腰掴んでいくら引っぱってもぐいぐい前へ前へワシのズボンへ」

「わんわんスタイルのまんま」

「そうです」

「それも一種の花電車だよ、往ったり来たりの」


帰国後、弥阿里の想い出を某男性誌（2004年7月号）に寄稿した。そのリード部分を引用しよう。

『冬のソナタ』で感動するのは女にまかせとけ。男たるもの、二次元の色恋フィクションなんぞにウツツを抜かすな。部屋を日本を飛び出し主役となって、生けるアガシ（コリアン・ギャル）とのリアルなラブ・ストーリー、アクション・ドラマ、密室劇を体験しようぜ。ヨン様ならぬお客様の君との共演を心待ちにしているキュートなヒロインがマニマニ（たくさん）。さあ、大韓民国ソウルへカジャカジャ（GOGO）！

異次元へ通ずるタイムトンネル然としたアーケード、弥阿里が現在どうなっているのか詳らかにしない。REVISITを果たせていないだけに追憶は深まるばかりです。

▲写真からも湿度の高さと異臭が感じられるでしょ？

原発発言

全電源が喪失したら？この前提のもと、東北電力女川原子力発電所で防災訓練が実施された。

宮城県沖でマグニチュード9の地震が発生し高さ15メートルの津波が襲来、全ての電源が落ちて原子炉の冷却機能が停止した状態で、いかにして新たな電源や水源を確保し、原子炉を安全確実に冷温停止へもっていくか。その手順と行動を確認した由。さぞかしものものしい雰囲気の中で行なわれたことでしょう。あの3・11、福島第一原発事故と同様の状況下という想定なのだから。

とにもかくにも原子炉の冷却が最重要の事柄なんですね。それだけは素人にも理解できます。

冷却用の海水を吸い上げるポンプのモーターが海水をかぶってしまったら、真水をかけ、乾燥させてから電気を通すんだって。水はタンクと消防車をホースでつないで得、それで原子炉や使用済み核燃料プールに注水もするんだって。電源は移動式の大容量バッテリー・システムで賄うんだってさ。う〜む。

かようなニュースに接してから間もない2012年2月、釜山の原発が一時電源喪失。えっ!!

韓国釜山市の古里（コリ）原発1号機（加圧水製、出力58万7000キロ・ワット）で、全ての外部電源が12分間落ちる事故が発生。2月4日から燃料棒交換の準備作業に取りかかり、原子炉と使用済み燃料棒の貯蔵プールへ冷却水を注入して余熱排除中、正規電源が切れ、非常用ディーゼル発電機も作動しなかったという。同原発を運転管理する韓国水力原子力会社から韓国原子力安全委員会へ事故の報告があったのは、1か月以上も経ってからだったという。

「1か月も遅れての申告なんて聞いたことがない」と怒り心頭に発した委員会はただちに現地へ調査団を派遣、事故原因の究明と安全確認にあたり、関係者の責任を厳しく問うと発表した。

古里原発1号機は1978年4月に商業運転を開始した韓国初の原発で、長らく地元住民や市民団体が、老朽化して危険だと稼動停止を訴えていたそうな。原発寿命40年とすりゃ、たしかによぼよぼ、ヨイヨイの域、心配ですよねぇ。

経年劣化や自然災害も困りもんだが、やっぱり人間が恐ろしい、人間が犯すミス、スミ（隠蔽）の方が厄介な問題じゃないかい？　頻発するし何だってやらかすしさ。

話変わるけど、2012年ロンドン・オリンピック、男子陸上100メートル決勝、見た？　おそらく注目度ではナンバーワン、大会のハイライトといっても過言じゃない。まず、かけっこという単純明快さがいいよね。誰が見てもわかる。おおかたの国で徒競走なる種目があり、幼稚園、小学校の頃から子供たちは競わされているだろうから、競技人口でもナンバーワンに相違ない。一等賞、人類最速の栄誉を満天下に轟かせることができる運動会こそがオリンピック。

10秒に満たない時間で勝負が決するのもファンタスティック。集中したら視る方だってまばたき、呼吸は許されません。スタートする前から心臓ドキドキ。顔が体がこわばりますよ。汗ばみ、ほてりますってば。

今回はウサイン・ボルト（ジャマイカ）というスーパースター、9秒58という世界記録保持者がいたから盛り上がりは半端じゃなかった。北京オリンピックに続いて2連覇なるか、記録更新なるかと関心独り占め。

まずは走らなきゃ始まらない。スタートがゴール、無事スタート切れりゃ勝てるだろう、と多くの人が考えたと思う。前年の世界陸上競技選手権大会、100メートル決勝でボルトはフライングにより失格していたのだ。

場所は韓国大邱（テグ）。ミーハーだからボルトを追っかけ、テレビ観戦していたけれど、想像だにしない展開に唖然、呆然。少し胸も苦しくなった。ショックで天を仰ぎ、ふらふらと退場、壁に顔を埋めて幾度も拳を打ちつける悲劇の主人公の後ろ姿が瞼に強烈に焼きつけられ、レースの結果などどうでもよくなってしまった。人類最速の男でも、ボルトほどのスペシャリストでもかようなミスを犯すものなのかと、ただただ感じ入った次第です。

雪辱を期すロンドン・オリンピック。フライング後遺症でスタートに神経質になるあまり不調に陥ったと喧伝されるボルトの決勝戦やいかに。9秒58を無限分割した末に立ちはだかる0・1秒だか2秒だかのスタート反応時間、鬼門を首尾よく突破できるか否か。興味はこの一点に収斂。

号砲待ちの刹那に忍び込む魔物、はやりがおいでおいでと囁けばプレッシャーが不意に背中を押しもする。静止と瞬発力のギリッギリの綱引きが今まさに断ち切られんとした時、スターターが「セット（用意）」と合図した矢先、絶妙なあまりに絶妙なタイミングで選手らのすぐ後ろに何かが飛来、トラックで跳ねた。号砲が鳴り、8名のスプリンターはスタートを切った。そして9秒63のオリンピック新記録でボルト優勝。感動は幾分そがれてしまった。

『ありゃ何だったんだろう』跳ねて転がった筒状の物体が気になってしょうがないのに、実況中継のアナウンサーも解説者も一言も触れやしない。

それが酔っぱらい野郎が投げ込んだペットボトルだったと知り、びっくり仰天。もしも手投げ弾だったらどうなっていたのか。

警備の問題点を指摘する声

があがったのは当然としても、無理だよ、完璧なセキュリティーなんてあり得ない。スタジアムには有象無象が集うんだから。マンツーマンで監視なんてできっこないし、とっさの愚行、凶行は防ぎようがない。少しでも完璧に近づけたいならば観客を入れるべきじゃないね。選手と少数精鋭の運営委員と警備員だけで行なうがよろしい。まぁ、そうしたって、例えばスターターが魔弾の射手に変身しない保証はないよ。斃れた選手たちの後方で跳ねて転がる薬莢……

　何人にも魔がさす。日常とかけ離れた時間、空間であればあるほどさしやすいんじゃないかしらん。全世界何十億だか何百億だかの目が注がれる至上の時が迫るにつれスターターの心理に異変が生じ、『ファイナル・カットは我が手で』と思いつめ、密かに弾薬装填ピストルにすり替えたとしても不思議じゃない。

　たった100メートルという短距離走でもケチが付く、いわんや他の種目においてをや。思い出すねぇ、マラソン。北京オリンピックの時だっけ？　沿道から突如飛び出してイタリア選手に抱きついた奴いたじゃん、お化粧してチェックのスカートはいた見るからに変質者ってなオッサン。つくづくオリンピック選手も命がけだよな。どんな観客がいるか、何を持ってるか知れないんだから。

　「なんか音がしたのはわかった」と、後日、ボルトは答えている。改めてVTRを視ると、ファースト・バウンドは第5レーンのヨハン・ブレーク（ジャマイカ）の真後ろ2、3メートル地点。塩酸、硫酸の類が入っていたらと考えても寒気立つ。飛び散り、ロケットスタートを切るべく構えていた選手の尻に火がつくなんてシャレにもならない。中身はさておき、器が命中しなくてよかった。先端部分で肛門を突かれたボルトが「いや〜ん」と発しようものならスキャンダル、瓢箪ならぬペットボトルから駒だってばさ。歌のタイトルじゃないが、メッセージ・イン・ア・ボトルだい。的は、発するのは第4レーンのタイソン・ゲイ（アメリカ）が適役か？

　エネルギーを極限まで圧縮、あとはGO砲を待つだけのファイナリストのうち一人としてフライングを犯す者がいなかったのは奇蹟的。ロケットをチンポコに置き換えれば我慢汁が表面張力でとどまっている状態、かすかな一音でも先走り汁を発射しちゃう方が自然だろう。が、そこに間一髪が、絶妙なあまりに絶妙なタイミングが介在したわけである。

　異音の発生が0・何秒、いや、0・0何秒か速ければスターターは慌てて一時中断を宣し、水を差した犯人をひっとらえリセットという運びになっていたはず。騒ぎは格段に大きく、説明の場内アナウンスが響き渡り、選手の動揺を鎮め、途切れた集中力を再び高めるためのインターバルが重々しくのしかかっただろう。逆に0・何秒か0・0何秒か遅かったならばレース自体にまったく支障はなく、批判の矛先はもっぱら警備体制のあり方へ向けられたと思う。

　同時への限りなく近き接近。それを成立せしめる要件たる風向きと風速、スロウイングの向きと角度と力の入れ具合、ペットボトルの形状と質量、推進力と空気抵抗、重力等々を相互に総合的に勘案、計算してもなお不確定の領域が残る。どれほどシミュレーションしたところで時間的・力学的な起点、リリース・ポイントは求められないのだ。つまり、件の一投は人間ワザに非ず。また、いかなる精巧なロボットをもってしてもなし得ない。

神がかりのフライング、
宙の舞い
バッカスの御業
ボトル、酒場のロケット
からんだのかい?
オリンポスに
いい気なブラウン運動、
陸の踊り

34歳の犯人、小太りハゲ男の罪名は公的不法妨害。目立ちたかっただけか。何かの思想にかこつけたのか。動機や主張なんぞに関心はない。どうせ下らないだろうから。そもそもきゃつは自分がやらかしたことを覚えているんかな。甚だ疑わしいぜ。酒中に沈んで仮死状態だったんじゃない? どうあれ結果的に目立っちゃった、途轍もなく。言いたいことがなかったとしてもパブリック・アナウンスメント効

果とやらは絶大。観客(十視聴者)の数に限ってみれば最高の檜舞台なのだから。△△に靴を投げつけたり○○にパチンコを撃ったりなんて屁みたいなもん、桁が違う。

ダーティ・ヒーローは名が売れたか。さにあらず。続篇が、ヒロインへのバトンタッチが用意されていたのである。隣に坐っていた女性、投げるのを見て反射的に鉄拳見舞ってのしちゃった。剛の者、名をエディト・ボッシュという。32歳、オランダ人。柔道女子70キロ級の銅メダリスト。棄てる神あれば殴る神あり。一巻の終わり。

一般人じゃとても手は出ない。肉弾系アスリートのずばぬけた運動神経と動物じみた闘争本能、防御と攻撃の心構え、すなわちどこから狙われてもいいように、いつでも反撃できるように準備しておく習い性がため、のんびりくつろいだ一観客でいても豹変でき

たのでしょう。銅メダルに箔がついたネ。

　即スイッチ入り、一本！　それこそ０・何秒の反応時間じゃない？　憶測するに、裏拳だな。スナップ効かせてパンッと。正拳だとしたらガッと腰を入れたフックだね。いや、アッパーカットかもしれん。うーむ、映像残ってないのかなぁ。目にもとまらぬ速さを確認したい。ボトルが空中に浮かんでる最中だよ、その一撃。「うぐっ！」とか犯人が唸ってフライングを誘わなくてよかった、よかった。

　スロウ～パンチ～号砲～スタート～落下のトータル・タイムはいかほどか。各間隔でいずれが最も短いか。先のボルトの証言からするにどんじりの順位が繰り上がる可能性もある。電光石火への悪影響は否定しきれない。五輪新記録の五輪が世界に変わっていたかもしれない。ま、何はともあれフライング一発退場の悪夢の足枷を解き、アクシデントのノイズを振り払って優勝したボルトは立派です。

　「変な奴のおかげでせっかくの１００メートルを見逃してしまい、悲しいわ」

　と、陰の勝者、ヒロインは述べた。

　世界最短のノンフィクション・ドラマとして語り継がれるだろう２０１２年ロンドン五輪男子陸上１００メートル決勝そのちょっと前、番狂わせならぬ番外、傑作なり。

　ペットボトルは、臨界点に達した原子炉に投げ込まれた燃えさしのマッチ棒一本に見えなくもない。自然大災害で土崩瓦解は言わずもがな、くどいようだが、人為がコワイ。蟻の穴から堤も崩れる。故意過失テロゲロ何でもござれ。何だってしでかすのが人間だ。

　韓国では２０００年からの10年間でＧＤＰ（国内総生産）が１・４倍、電力使用量が１・６倍増えたが、電力供給能力は１・５倍にとどまり、07年以降電力予備率が10％を切る状態が続いているそうな。

　２０１２年６月、韓国初の全国規模の節電訓練が行なわれた。前年９月に複数の原発が定期検査に入るや季節はずれの猛暑に襲われ、全土で停電に陥った反省を踏まえてのこと。オフィスではすべての照明を消し、パソコンの薄暗い待機画面の前で打ち合わせしたり書類読んだり。大手企業は自家発電に切り替えたり勤務時間をずらしたり。

　ビルや大型施設などの冷房の設定温度は26度以上に義務づけられた。ただし、一般家庭は除外、節電義務なし。かの国では産業の国際競争力強化のため電気料金が日本の３分の１程度と安く、いくら使っても家計にあまり響かないため、冷暖房酷使が当たり前になっている。だだもれ。もとより「節」だの「控」だの「抑」だのがなじまない国民性だしネ。盛夏を残暑をどんな具合に乗り切ったのか、寡聞にして存じません。

　電気料金を大幅に上げようものならショートしてあちこち暴動が起こるだろう。火をつけて回る輩も出かねない。安さをアピールして海外企業の誘致を図ってきた面もあるだけに、おいそれと値上げできないのが実状のようだ。

　電源喪失事故のため２０１２年２月以来運転停止していた古里原発１号機は、同年８月に再稼動。

　世界有数の原発推進国、韓国。21基を抱え、さらに16基増やす計画らしい。どうしようもねえや、たまらんわ、この現実。これが一切ではありませんが一番訴えたいところであります、我が日本の原発問題に関して。

時計じかけの朝鮮人参（下）

2011年、釜山地方裁判所は、3年間に10回にわたり小学生女児へ性的暴行を加えたとして、77歳の男に懲役7年の実刑判決を言い渡した。

2007年、一人暮らしの容疑者は、町で見かけた女児（当時12歳）に「おこづかいあげるよ」と声をかけてナンパ、家に連れ帰ってイタズラ。以後3年間、計10回、慰みものにしくさった。

被害者は、両親離婚後、祖母と妹の3人で暮らし、苦しい経済状況に置かれていた。その弱みにつけこんだ容疑者は、楽しむたびに1万ウォン（約665円）から3万ウォン（約1993円）のおこづかいを渡していた。

裁判所は「被告人は、親の保護を受けられない未成年者を暴行し、買春行為を数回働いた。被害者が厳しい処罰を望んでおり、長期間社会から隔離する必要が認められる」と、7年の実刑判決を下した理由を説明。また、電子足輪（常時監視・追跡が可能なアイテム。GPSアンクレット）の6年間の装着と情報の公開、性暴行治療講義の80時間の受講を命じた。キューブリックの問題作を彷彿とさせますネ。

それにつけても77歳とは恐れ入る。バイアグラなんぞ必要ないお国柄。精力絶倫の源は何なのでしょうか。にんにく？ ポシンタン？ やっぱり朝鮮人参でしょう。

それはさておき、関係、交渉はいかなるものだったのだろうか。12歳から15歳の3年間といえば、少女の肉体は著しい成長をみせたはず。男が筋金入りのロリコンだったとすれば、どんどんヤル気が衰えていったこともあり得る。コイトスはいつなされたのか、いつ止んだのか。最初からずっとあったのか、最後までなかったのか。どうでもいいけど気になります。

その後、容疑者の紹介でイタズラに加わり、妹にまで手をつけた男が逮捕された。まさに芋づる式。否、朝鮮人参づる式。60代のこやつ、近所に住むオッサンだった。ったく、見境がねえと言いたいところだが、近所ゆえにお邪魔したくなっちゃったんだろうなァ。裁判所は、懲役2年、執行猶予3年、保護観察と120時間の社会奉仕を命じた。

あまり元気すぎるのも、いつまでも現役なのも考えもの。チンポコは両刃の剣です。

場外乱闘

場は、白線やらフェンスやらルールやら警備員やらに仕切られ遮られ縛られ守られた内にのみ存するわけではありません。一場の神たる審判もあっけなく葬られてしまいます。

長い歴史と権威を有する国際大会の試合とて例外ではありません。オリンピックだろうがサッカー・ワールドカップだろうが知ったこっちゃない。いや、むしろ国の威信を賭けて戦う、そうしたビッグマッチでこそ起こりやすいのです、場外乱闘が。神聖な競技場がむごたらしく犯され、辺り一面デスマッチの無法の世界と化す。といってもノータリンの観客による日頃の憂さ晴らしを兼ねたレクリエーションではありませんよ（お前らは引っ込んでろ!）。

肉弾相打つスポーツの場合、選手が興奮のあまりラフ・プレイに及び、小競り合いに転ずることはままあります。ボールが弾丸に等しい凶器たり得るスポーツに於いても然り。判定に納得できず審判に食ってかかったり小突いてしまったりといった行き過ぎも、命がけで当たっている戦士には許されるとはいわないまでも致し方ないと理解はできます。スポーツマンシップで命は守れませんもの。ただし、スポーツマンシップの逸脱は勝利を取り逃がすリスクを孕みます。警告やら減点やらを招いてのメダルの掛け違え、表彰台の踏みはずし、へたしたら退場、失格……むずかしいものですね。

由々しきは、戦況を冷静に読んで的確なアドバイスを与え鼓舞すべき監督、コーチ、セコンドなど熱闘の場の外に位置する紳士の参戦です。激昂を背広で包み隠せず、暴言をネクタイで締めつけられず武力に訴えてしまった南北問題の顛末は、すでに本書で御案内の通りです。

２０１２年３月12日、スイス・ジュネーブで開かれた国際大会で、またまたやらかしてくださいました。国際大会といってもスポーツのそれにあらず。国連人権理事会なる外交の舞台であります。したがって衆目の関心はさして引かなかった模様ですが、大変な事件、珍事に相違ない。なぜなら、政治もパワーゲームとはいえ、使える武器は言葉に限られるからです。知性、理性に秀で、忍耐力に長け、前にも横にも広い視野で勘案しての駆け引きを行なう一国を代表するインテリがとっくみ合いの喧嘩をしたというのですからいただけません、とても考えられません。暗転。シリアスな心理劇の名優がストリップの生板に替わった舞台で「カマしたろか!」とバックを奪い合うようなものでしょう。ちょっとちがいますか。

「北朝鮮の人権状況は悪化の一途を辿り、改善の兆しは微塵もない」という国連特別報道官の指摘に対し猛烈な抗議をして北朝鮮のソ・セピョン大使が退席。キム・ヒョンオ元国会議長を代表とする韓国議員団が追いかけ、脱北者の保護などを訴える文書を手渡そうとしたところ拒否され、押し問答から罵り合い、つかみ合い、どつき合いの騒ぎに。韓国の女性議員は北朝鮮の随行員にアームロックを決められ、助けんとした同僚がフルネルソン、倍返しの報復。またたく間にバトルロイヤルの様相を呈す始末。外交舞台での場外乱闘は異例中の異例で、他の国々の外交団は呆れ果てたという。それにつけても人権理事会とはまたシャレが利いていて素敵ですネ。

ようやく離され分けられても相手の乱暴狼藉への非難と怒号は双方ともなかなか収まらなかったそうな。まァ、どっちが善い悪い、勝った負けた、南か北かはないでしょう。まさしく骨肉の争い、両成敗。一点確かなのは、組んずほぐれつ、押し合いへし合いしながら彼らはおのがじし無意識か半意識かディープ意識か知らないけれども、とにかく『我らは同志同胞、いっしょでありますムニダ』としみじみ実感したであろうこと。ひとつ神輿をかつぐケンカ祭りの高揚感はひとしおだったはず。神輿がアリラン峠を越えてゆくのを誰ぞ見しか。

南北の血はとっくに統一、いやいや、同一ゆえ問題なんぞはなから存在しない。血は争われない。南北問題とは極めて表面的な事柄、メンツに関わるあれこれにすぎないと断じられます。

国連警備員に30分間も拘束された韓国の男性議員の一人は、「国連は北に対し断固たる対応をとれ!」と、最後まで憤りを爆発させていたという。一方の北はといえば、話は飛びますが、同年4月15日に金日成主席生誕百周年の記念行事が開催され(13日にはミサイル発射)、日本からデヴィ夫人、アントニオ猪木ら20人ほどが招かれました。アントニオ猪木といえば忘れようにも忘れられない想い出があります。

テレビのブラウン管越しのプロレス観戦歴はずいぶん長い。力道山は知らないけれど、豊登が両の脇の下をカッポン、カッポン鳴らしていたのは観ています。ちなみに戦う力道山の勇姿は観ていないものの暴漢に刺され入院先であっけなく亡くなってしまった事件は憶えています。当時、級友の誰かが言いふらした「オナラがつまって腹がふくらんで破裂して死んだんだぞ」という説明に皆うなずきました。不思議と笑う者はいませんでした。今でも力道山の死は刺殺ならぬ爆殺だと思っています。

おっと、力道山ではない北朝鮮ではない、アントンことアントニオ猪木、韓国の話でした。

十九の春だったか秋だったか、昭和51年、1976年のある晩のプロレス中継は、瞬時に異様な雰囲気を我が茶の間に伝えました。暗い。試合会場がひどく暗い。見慣れた明るく華やいだ空間とは別世界、まるでアセチレンランプにともされた鍾乳洞。浮かぶようにも沈むようにも映るゴツゴツ、ぬめぬめした岩みたいな顔顔顔顔……らんらんと光るひびみたいな目目目目目目目目目……。そこは異国。近くて遠い国、大韓民国だったのであります。

アントニオ猪木が入場するや、ざわついていた観衆のボルテージは一気に高まり、ブーイングの矢が四方八方から放たれます。

「韓国が誇る世界の巨人、コリアン・ジャイアント、パク・ソンの入場です!」

放送席の日本人アナウンサーが声を張り上げました。

「韓国」を「日本」に、「コリアン」を「ジャパニーズ」に換えればそのまんまジャイアント馬場のキャッチコピーですが、のっしのっしと歩いてリングへ向かうその男の人相風体もジャイアント馬場と見紛うほどです。アナウンサーは、日韓の不幸な歴史の一端にちょっと触れ、これから始まろうとしている一戦がいかに画期的なものであるか力説した(はず)。

両者がリングに上がる。ともに黒いパンツ&シューズのシンプルなコスチューム。レフェリーを挟んで対峙、にらみ合う。沸き上がる歓声、罵声。猪木よりひと回り大きい、身長2メートル近いパク・ソンを「韓国の英雄」と実況アナウンサーが称すも、当方にはピンとこない。戦歴が一切不明なのだから。だいたい現役の韓国人レスラー自体キム・イル大木金太郎しか知りません。紅毛碧眼、金髪灰眼の外人レスラーと戦っていた彼は、そのどことなく愛嬌のある丸顔も手伝い、純日本人、否、準日本人として親しまれていた。よってパクこそ初めて目にする韓国人レスラーといっていいでしょう。アップになった顔はやはりジャイアント馬場とは似て非なるもの。もたらす違和感がなんともいえません。

　アナウンサーの仰々しい賛美を抜きにしてもパクがただならぬ実力の持ち主たることは察せられた。芝居がかった誇示や威嚇などせず屹立する筋肉質の巨体、鋭い眼光。発する殺気が凄まじい。黙したままの表情は勇み立つ気持ちを抑えているというより決死の覚悟で引きつっている趣。花束贈呈係の悦び組だか従軍慰安婦だかはいなかった。濃厚な男の世界に塗りつぶされ、まったく記憶に留まらなかっただけかもしれませんが。

　ゴングが鳴った。パクはストロング・スタイルの正統派で好ましい。だが、〝押し〟一点張りなのが気がかり。怪力にものいわせて猛進あるのみ、攻めることしか頭にないようです。猪木の顔に幾度も戸惑いの色が浮かぶ。細かい攻守の出し入れ、多彩なテンポ、リズムといった彼一流のハーモニーの抑揚を重んずるドラマツルギーは封印されたまま。噛み合わない歯車、ぎくしゃくとした流れ。乗れません。オーケストラたる取り巻きの観衆はよく応えていますが、これはアントン・コンチェルトと呼べる作品ではありません。

『ガチンコ・ファイト、か？』

　前に観たモハメド・アリとの異種格闘技戦が脳裏を掠めました。世紀の凡戦と酷評されたその試合と内容はもちろん異なりますが、緊張感だけが支配する一本調子の運びは非常に似通っているのです。真剣に相対せば、絶対負けないように臨めば、傍目には退屈と映る戦いしかできないのではあるまいか。いくら時間が経過してもパクにショーマンシップのシの字も表われない。レスラー同士とはいえ、これは異種格闘技戦だと断定しました。

パクが殴り蹴ると客は拍手喝采、狂喜乱舞。猪木がやり返すと罵詈雑言の集中砲火。完全アウェー、敵地。アントニオ猪木は豊臣秀吉であり加藤清正であり伊藤博文でもあったのかもしれないと、今にして思う。

きゃつらが欲するのは仇敵のフォール負けやギブアップではなく、死。公開処刑。果たして孤軍奮闘の主はいかなる幕引きをもくろんでいるのか、そもそもコントロールは可能なのか。猪木が負けなかったら、いや、もしも勝ってしまったらどうなるのだろうと気が気でない。なんたって相手は韓国の英雄、ただじゃすまされないだろう。無事その場を逃れて帰国できるのだろうか。一対無限に等しいハンディキャップ・マッチ、場外乱闘を想像して空恐ろしくなりました。なぜこんな試合を組んだのか。狙いは何なのか。試合の中身より試合それ自体が謎としてブラウン管を覆う。

絡み合って場外へころげ落ちました。激しいパンチの応酬。リング上のレフェリーのカウントの声は騒然の大渦に呑み込まれ、トップロープ越しに振り下ろされる斧みたいな片腕が数を刻んでゆく。

『両者リングアウト負けか』

最も妥当な結果が見えました。と、猪木をヘッドロックに決めたパクが鬼神の如き形相でコーナーポストめがけて突進。

すり傷、切り傷当たり前、うちみ、ねんざも当たり前。骨折、脳しんとうもしばしば。耳をそぎ落とされた者もいるし命を落とした者もいる。プロレスが苛酷で危険な肉弾戦たる事実は論をまたない。本戦はさらにその度を増しています。

『猪木のリングアウト負けか……』

カウントぎりぎりでリングに戻り、拳を突き上げて勝鬨をあげ、館内割れんばかりの声援に両手を振って応える英雄の光景がまぶたに浮かぶ。

絶体絶命！　と思われたその刹那、猪木はするりとロックをはずし相手の背を押しました。加速がついたパクはものすごい勢いでコーナーポストの鉄柱に激突。勢いもさることながら、露ほども予期していなかったため、まともにぶつかってしまいました。間一髪で攻守逆転せしめた手際に、さすが百戦錬磨のテクニシャンと感心するも束の間、背筋に冷たいものが走りました。パクの出血が半端じゃないのです。割れた額からとめどなく噴き出すあずき色の鮮血は、ショーアップされたきらびやかな輝きがない。死んでいる。おけつ。

流血試合は噛みつき魔フレッド・ブラッシー、壊し屋クラッシャー・リソワスキー、鉄の爪フリッツ・フォン・エリックの昔から腐るほど観ていますが、いずれの血も苦痛に抗しながら跳ね、躍り、歓喜にうち震えて歌い、シャウトしています。生命力に満ち溢れていました。そうでない血など一滴たりとも観ていません。「血はリングに咲いた花」とはグレート東郷の名台詞ですけれど、パーッと散った血しぶきの美しさに心奪われ、白地のキャンバスにのたうちまわって綴り証した闘争を意味する文字、幾何学模様に居ずまいを正されたことは一再ならずあります。

パクの血は咲かない。パーッと散らない。体内で、ハレの舞台めざしてスタートダッシュの準備を整えていたなら元気ハツラツとしているはずですが、ルーティーンにかまけていれば精彩を欠く。体外へ強制連行された血の表情は沈鬱で足どりは重たい。

　やっとのことで立ち上がったふらふらの彼にリングは雲さながらに遠い。血書にアクション・ペインティングに赴く余力はありません。流れ落ちる毒々しい液体は顔面を首を胸を腹をへばりつくように伝う。血の蝋。パクは痩せ細っていく一本のキャンドル。

　正面衝突はアクシデントにちがいなかろうが、巧まざるドラマの一幕と呼びたい。パクの無防備な、いや、生一本なファイト・スタイルが演じたハプニング、と。これほどまでにリアルで陰惨な血戦は後にも先にも観たことがない。鳥肌が立ちました。一変、とんでもない感動に襲われてしまった次第です。

　英雄が倒れないようお付きの若手レスラーたちが支える――記憶はここで途切れます。その後パクがどうなったのか、猪木がどうしたのか全然わかりません。決着やいかに？

　日本のリングを彩った夥しい赤が次から次に想起されてはセピア調に褪色してゆく。凶器を使う悪役レスラーたちも浮かんでは消える。

　額と覆面の間にびんビールのふたを押し込んで頭突きする奴。おでこの出っぱりを指差し「なんだこれは？」と問いつめるレフェリーに答えて曰く「おでき！」。「ウソつけ、堅いぞ」「こぶ！」てな具合にしらを切り、覆面が破けてふたのへりの一部が露出してもおかまいなしに反則攻撃。返り血に染まり、ぺっちゃんこにつぶれたふたを「傷口！」とアピールし大袈裟に痛がって見せる。

　パンツの中に忍ばせていた栓抜きを取り出して突く奴。観衆の一斉通報に促されパンツの中を調べようとするレフェリーに向かってチンポをつまみ出し「凶器はこれしか持ってねぇ」。振り回しては「鞭だ！」、勃起させては「棍棒だー！」てなあんばいにみえを切る。考えてみれば、これらの茶番は北朝鮮のやり口そっくりではないか。

　2012年4月13日に発射した「長距離弾道ミサイル」を「人工衛星」と呼称し、結果の「失敗」を「成功」と強弁したり「自爆」と換言したりする。その日は金正日総書記の銅像の除幕式も催されたが、銅像付近こそ逞しい軍人がずらりと並んだものの、後方ではぶかぶかの軍服を着せられた一般人らしき小男たちが目立ったそうな。？？ また、2日後の金日成主席生誕百年記念の軍事パレードを閲兵した金正恩第一書記を韓国メディアが中傷、侮辱したとして、「ソウルを吹き飛ばしてやる！」との声明を発表しました。

　北朝鮮と韓国の軍事プロレスは押したり引いたりのショー（だと思う）。が、ショーでもプロレスである以上、偶発事、死傷はつきもの。ガチンコ・バトルはもってのほか、反則もほどほどに願います。レフェリー気どりの第三国への八つ当たりもやめてちょうだい。

▶猪木スペシャルこと卍固め。朝鮮半島に見えないこともない。

死をもって償うオッサンとジイさん

２０１１年、慶尚南道密陽市のある村で、14歳の女子中学生に性的暴行を働いた疑いで調べを受けていた50代と70代の男性が相次いで自殺した。警察は「恥ずかしい行為が周囲に知られるのを恐れて命を絶った」とみている。

50代の男性は、村に事件の噂が広がったことを知り、取り調べが始まる前に服毒自殺。70代の男性は、高齢である点が勘案されていったん釈放された後、殺虫剤を使って果てた。妻も同日に服毒自殺を図った。

女の子は、学校から帰宅後、両親がいない間に辱しめられたという。

第三の男、被疑者が現われた。同じ村に住む50代のこやつ、被害者の親戚だそうな。警察は身柄を確保し、調査を進めているというが、まァ、なんだ、手引きして礼金をせしめ、ついでにタダマンもちょうだいしていたんだろう。とんだ身内もいたもんだ。

村は10世帯余りの小さな集落というから全員家族同然のコミュニティーでしょう。狭く密な特殊な閉鎖環境の空気は想像するだに息苦しくなり、いきおい幻の名盤、奈良寮子の『父ちゃんどこさ行った』が思い出され、「♪近所の人たちゃ口うるせぇ」の一節が口をついて出てしまう。

ヤラレ損の娘さんはどんな顔してるんだろうな。奈良寮子みたいなのかな、もっとかわいいのかな、どうでもいいけど気になります。

村は当然のこと上を下への大騒ぎ。恥辱の連鎖、村外の好奇に満ち満ちた世間の風当たりがいやましに強まって集団離村を余儀なくされれば、これまた幻の名盤、高田耕とはじらいエコーズ『大平エレジー』の世界そのまんま。

オッサンとジイサンの自殺をタワケと嗤うかアッパレと唸るか。不可解と感じるか当然と考えるか。儒教やキリスト教など宗教の影響の有無は？ それよりも何よりも第三の男、暗躍していた首謀者はどうなった？ 関心の的はそこに尽きる。あぁ、顔が見てぇ。イイ顔してんに決まってんだ。きっと幻の名盤歌手にそっくりな奴がいる。その歌手の歌の中に当事件の謎を解く鍵、核心を突く一節がある、必ずある。

とんでもない形で傷ものにされた少女には睦五郎『忘れろよ』の語り「忘れろよ」の一句以外かける言葉もありません。彼女以上の被害者かもしれない後追い自殺バアサンには同じく幻の名盤から川崎幸子・敏子『どこへ行くの』を選び、一節を口ずさんで手向けとさせていただきたい。「♪シュララルゥ～シュララルゥ～シュラララララシュポポポポポポポポポポポポ（この先、無限／無間につき略）」

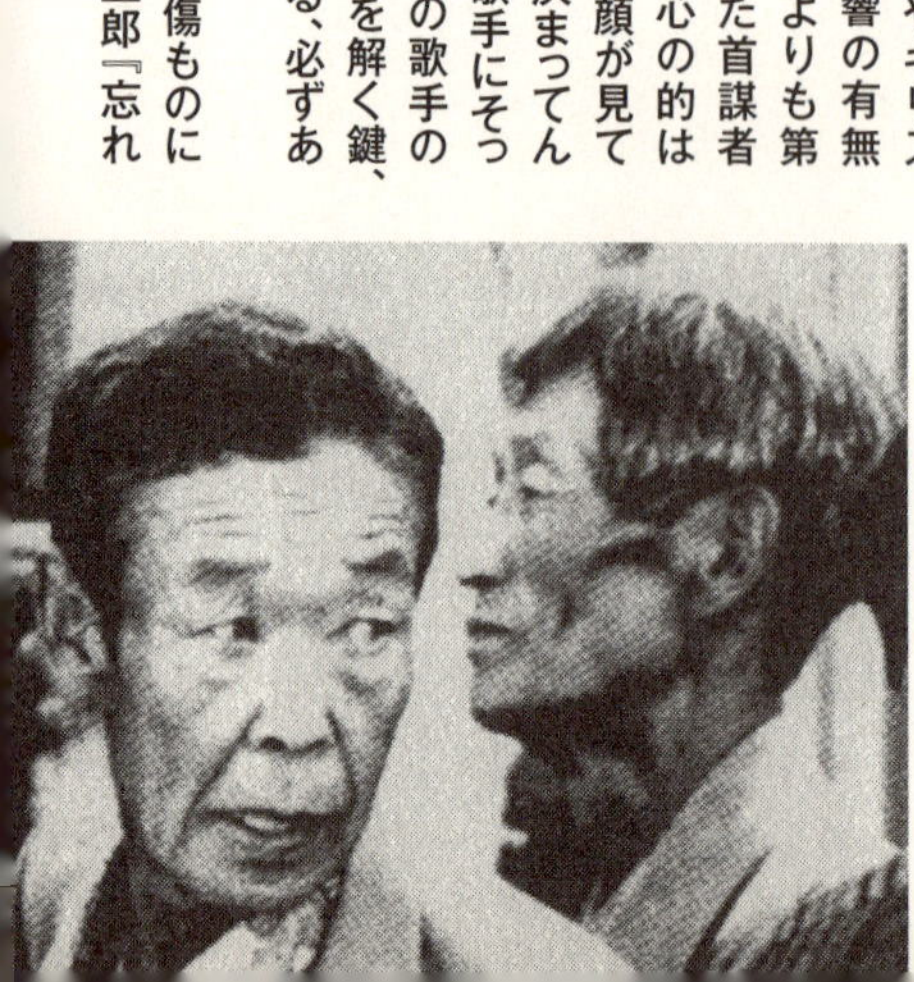

※写真は本文と関係ありません。

即席麺帝国主義打倒

一人あたりのインスタントラーメン年間消費量が世界一の韓国。この事実がどれほど誇れることなのかはわからないけれど、何でも世界一が好きな国民性を知る者としては御同慶の至り。

参考までに、世界ラーメン協会（WINA）発表による2010年のランキングは以下の通り（単位は食）。

1位　韓国 70.3
2位　インドネシア 61.9
3位　ベトナム 54.1
4位　マレーシア 43.7
5位　日本 41.5
6位　タイ 39.8
7位　台湾 35.1
8位　ネパール 31.5
9位　中国／香港 31.3
10位　シンガポール 29.9

ついでながら、世界ラーメン協会とは、安藤百福（1910－2007年。日清食品創業者。'58年、世界初のインスタントラーメンたるチキンラーメン商品化。'71年、世界初のカップラーメンたるカップヌードル商品化）の提唱により1997年3月に設立された、世界9か国・地域の会社、協会参加による業界団体で、2年に1回、世界ラーメン・サミットを開催。IRMA（International Ramen Manufactures Association）から'07年2月にWINA（World Instant Noodles Association）へ改称。

日本に大きく水をあけた結果に快哉を叫び、インドネシアに抜かれてなるものかと気を引き締め、ベルトをゆるめ、翌年も国民皆兵のごとく面々が麺々に食らいついたであろう。合言葉は絶対「ウリナラ・ラーミョン・ナンバーワン！」。

取材で渡韓し、インスタントラーメンをずるずるやった記憶はない。基本的に食事は食堂でとるし、一日の終わり、小腹を空かせて宿へ帰る前にコンビニに立ち寄っても買い求めるのは菓子パンにバナナ牛乳ってなもんで、カップラーメンには手が伸びない。どれもこれも辛かろう、まずかろうという先入観から敬遠してしまうのかもしれない。辛い、まずいを味わわされない日はないわけで、敢えてそれらを取り込み、カッカさせられ目を醒まさせられる必要はないのである、就寝前に。

あ、そうそう、そういえば第14代大統領金泳三はバナナ牛乳が好物だったっけ。

こないだ韓国製インスタントラーメン初体験。近所のスーパーストアで安売りしていた農心の5食入り辛ラーメン（¥268）の真っ赤な袋をついカゴに入れちゃったのである。

頬張った途端に口を開けてしまった。むせるわ鼻水垂れるわ。その名にたがわず辛い、ベリー・ホット。韓流パワーの一撃に口腔、鼻腔、涙腺、汗腺、食道は非常事態に陥り混乱。けれども平らげなきゃ評価は下せまい、最低限のテーブルマナーは守るべし、イントロだけ聴いて一曲のよしあしを断ずるが如き愚は犯すまじ、という信念のもと水を何杯も飲み、身悶えしながら、とにもかくにも丼一杯のそやつを胃の腑に収めた。スープの最後の一滴を飲み干した後にゆらゆら昇ってきた丼の底の龍、それは汗がしみる涙目が見た錯覚か、おぼろげな意識による幻か。

「辛～、辛いだけじゃんか」

怒気を含んだ独り言を発してしまった。能がない感想だが、いかんともしがたい。人によってはこの激辛の奥だか中だかのうまみを味わえるのだろうが、俺には無理。☆は与えられない。☆は目から飛び出ただけ。

アルコールの吸収・分解機能に個人差があるように辛さの吸収・分解機能にも差があるはずで、劣ってるんだな、自分。拒絶反応を示す先天的体質ではないものの、かなり弱い。どうでもいいが酒も弱い。飲んですぐ二日酔いになってしまう、頭がガンガンしてくるのだ。泡吹いて倒れるような反応が必ず出るならきっぱり断つのだが、好きなのである、そここそ飲む分にはうまくてたまらない、多少の頭痛は我慢しちゃうのである。辛いモンも食ったら高熱出て手足が痺れるってな症状が表われるならば一切口にしないが、ほどほどの辛さはウェルカム、無性にほしくなる時もあるくらいなのである。

辛ラーメンは許容範囲を超えていた、辛さはとんでもなく勝っており、胸やけ、胃のむかつきといった二日酔いさながらの不快に見舞われた。晩には肛門がヒリヒリ痛みだし、2、3日排便が難儀となる有様。弱者の自分は別として、この辛さは韓国人一般にとってはスタンダードなのであろうか。辛と銘打つ以上、韓国人にとってもスペシャルなレベルなのであろうか。それとも辛とは定冠詞THEや「おいしい」とか「ごきげん」とかの意味を帯びる接頭語みたいなもので、大した意味はないのであろうか。

かつてサヌリムの長兄キム・チャンワン氏のお宅で自家製キムチをごちそうになったことがあるけれど、さほど辛くなく、実に上品な味わいを醸す逸品であった。肛門に異状もきたさなかった。日本に住んでいたことがあるシン姉妹の家でふるまわれた手製のキムチも同様で、ちっとも辛くなく、おいしかった。辛ラーメンの辛さ、スタンダードかスペシャルか、それが問題だ。ミスター・イケ麺ことペ・ジョルス氏に伺ってみたいもんです。

我が国の日清のどん兵衛に関東向けと関西向けの二種類あるのは有名だ。かつお、昆布、醤油がベースのつゆを、前者では醤油の割合を高くして濃い味にし、後者では昆布の割合を高くして薄味にしてある。東洋水産のマルちゃんの赤いきつねに至っては東日本、西日本、近畿、北海道の四種類あるそうな。いかにも日本人的なきめこまやかな配慮でございます。

韓国人が好む辛さ（辛度レベル）も個人差はもちろん、地域差があるでしょう。京畿道と全羅南道では自ずと異なるはずだ。差別化を図って辛ラーメンは製造されているのであろうか。そんな面倒臭いことはやってないと思う。粉末スープの量を各自勝手にあんばいしろや、ということだろうね。説明書き通りの水量に、別封の粉末スープを全部入れて作った辛ラーメン。いきなり往復ビンタを食らった感じの自分は、韓国のどこら辺へふっ飛ばされたのでありましょうか。

過日、家人が明星の中華三味・酸辣湯麺なるインスタントラーメンを買ってきた。これがうまい。パッケージに記された、爽やかな酸味と辛味のあと引く美味しさ、はダテじゃない。ナショナリズムは加味してませんよ、ええ。うまいのはけっこうなのだが、作り方が七面倒な点はいただけません。①卵一箇を溶きほぐしておく。②麺をゆでて器に移す。③ゆで湯を再び火にかけ、粉末スープを加えてよくかき混ぜる。強火にして溶き卵を回し入れ、ひと煮立ちさせて火を止める。④液体スープを加えて軽くかき混ぜる。⑤器に移しておいた麺の上にスープをかける。追求した本格的な味を享受してもらうには手間ひまかけてほしいという自負かもしれないが、袋小路に入っちゃってる感を否めない。グルメじゃない自分にとっては、すごくおいしいより、すぐ食えることが何より肝要。粉末スープを入れて煮るだけの辛ラーメンの潔さをよしとしたい。カップラーメンだったらワン・モーションはぶいて湯を注ぐだけにしてほしいです。

　このほど韓国の公正取引委員会が、農心など4社の談合疑惑を発表。市場占有率7割の最大手農心が主導して2001年から08年にかけて6回行なわれ、各社は価格を一袋480ウォン（約35円）から750ウォン（約55円）につり上げたという。公取委は2012年3月下旬、4社に計1354億ウォン（約99億円）の課徴金の納付を命令。農心は「事実無根」と真っ向から否定している。

　真相はさておき、談合ってのはなくならないと思うね。消費者からすればたまったもんじゃないけど、業界側に立てば、争いを避けて安定成長できる合理的で素晴らしいシステムだもん。内々のお約束、お愉しみ、野合おっと談合はみんなヤリたいよヤッてるよ、ヤリたくてヤリたくてしょうがないってば。因みに、企業間で価格や生産量、販売地域などを協定するカルテルはハードコアと非ハードコアに大別され、価格カルテルは前者に属するそうな。ガッツンガッツンむちゃくちゃにブチかましちゃダメ、金の出し入れに対する目は厳しいってわけだね。

　朝鮮日報は「もしも談合がなければ消費者は1兆5000億ウォン（約1100億円）を払わずにすんだ」。町なかやネット上で頭から湯気を立てる庶民がごちゃまんこと噴出、「金返せ！」「ぼろ儲け分を還元しろ」「課徴金の前に値下げしろ！」「打倒！　秘密結社」……不買運動のデモをかける輩も現われる始末で、国民食をめぐる騒動は当分冷めそうもない。

　一人年間70食。人口5千万人だから、合計35億食。商品を一本に平積みにすると百頭山の何倍くらいの高さになるんかな、38度線にレンガの如く積み上げてできる壁は壮観だろうな。一杯麺100g、スープ500㎖として計600g×70×5000000ではじきだされた量のインスタントラーメンは東京ドーム何杯分かな。東海は埋め立て可能か？日本海への侵犯もあり得るのか？

　談合4社への不平不満怒り＝1100億円分の麺とスープを吐き散らして暴れる怪獣の群れを想い描きながらアホなことを考えてしまいます。

▲'12年10月、韓国食品安全局は4社9製品の自国製インスタント・ラーメンの回収命令を出す。発ガン性物質ベンゾピレンが検出されたため。写真のノグリ（たぬきの意）ラーメンも化ける、いっぱい食わされるな。同じ農心の看板商品、辛ラーメンはセーフらしいが……。

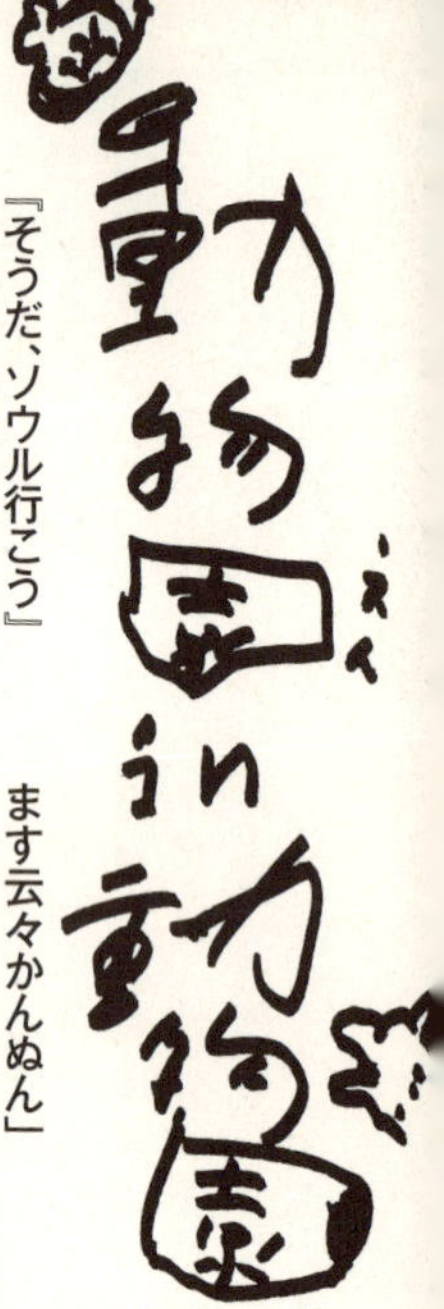

『そうだ、ソウル行こう』

遊びで韓国を訪れたのは初めて。遊びというよりプライベートの仕事だな。

航空券にホテルがセットされただけの2泊3日のフリー！ツアー。金浦空港に到着、各チェックを済ませてロビーへ、迎えのマイクロバスへ。添乗員の韓国人女性が自己紹介早々に少したどたどしい日本語で本題を切り出した。

「みなさまがごよぉーやくされたホテルですね、じつはきのうみずもれたのじこ、アクシデント、てんじょうぬけてしまいましいて、びちょびちょでダメ、つかえないですよ。でも、だいじょぶ、べつのホテルあります。だからこれからしょっちのいいホテルへごあんないします云々かんぬん」

ヤラレた。思わず吹き出した。天井・床が抜けるくらいだから相当な量の水漏れだろう。巨大な水槽が出来上がったところで一気にドーンと落ちたんかなぁ。一部屋？　二部屋？　まさかワン・フロア全部じゃあるまい。いずれにせよ営業できないくらいだからかなり大規模なはず。被害者は？　しかしよくもまぁ水がたまったもんだ、密閉性の観点からすると客室じゃないかも。う〜ん、なんだろう、どうしてそんな事故が起こるんだろう。水道管の破裂？　スプリンクラーの誤作動？　水と抜け落ちは無関係だったりして。エイリアン、ポセイドン・アドベンチャー、タワーリング・インフェルノ等々の映画のシーン、シーンがわが脳内ディープ・コリア・スクリーンに飛び交う。

ま、考えても詮無い。想像もつかない間抜けなことが原因にちがいないのだから。

「まったくどうしようもねぇ事故だ、いきなり洗礼を受けたな」

「泊まってからじゃなくてよかったよ」

相方は真顔で答えた。

ソウルの銀座原宿六本木青山ってな明洞へ行ったのがまずかった。鑑定書付きのリッチな指輪もネックレスも名だたるブランドの服も化粧品も買ってやれない。金がねぇ。ウインドー・ショッピングに倦み疲れ、連れの機嫌がだんだん悪くなっていく。おいしい石焼きビビンバの昼飯でとりあえず摩擦を回避。

明洞衣料という名のファッションビルに入る。女の城だった。各階混雑、むんむんの熱気。廉価がウリとすぐ知れた。ここならプレゼントできそうだ、大して懐を痛めそうもない。口からでまかせ、逸品が多いと驚いてみせる。が、長くは続かない、人いきれで疲れてくる。所在ない、コーナーによっては恥ずかしくて逃げ出したくなるが、金魚のふんの如くついていった。

ほどなく切れる。目の届く範囲にいればケンチャナヨってことで。退屈そうな従者はご主人様のお気に召さないらしく、「あんたも好きに見てなさい」の一言を賜わったってわけである。

何階だったろうか。なんとも騒々しい一角へ自然と足が向く。

『マネキン人形か？』

俺はすぐに立ち止まり、小首をかしげた。それから瞳を凝らし顎をつき出し距離を詰める。はっと息をのみ、軽度の近視の我が目を疑った。まち

がいない、人形じゃない、生身の人間だ、花も恥じらう年頃の娘さんたちのパンティからむき出しの生っちろいおみあしがとんだりはねたり、結んで開いて、伸びたり折れたり捩れたりしているのだーっ! 散乱するパンプス、サンダル、スニーカー、ショートブーツ。おまけに裸足ときたもんだ。シュールな不意打ちに頭がクラッ。彼女たち韓国アガシは試着をしているのだった。どでかいワゴンにうずたかく積まれているスカート、キュロット、ジーンズ、チノパン、レギンスなどなどのボトムス類、その山を取り囲んで争奪戦を繰り広げているのだった。それらの商品がいかに素晴らしく、かつまた安いのかはこちとら知る由もないが、どうあれ試着室へ行くべきだ、なんでパンティ一丁の下半身をさらして衆人環視の的にならにゃあかんのやと、いたって真っ当な思いに駆られた。

店員の注意も警備員の制止もない、いつまでたってもありそうにない。普段の風景ってわけかい? もしやサクラ? 販売促進員のデモンストレーション?

戦場。情け容赦ない分捕り合戦。物欲の権化と化したケダモノが牙を剥き、爪を立て、火花を散らす。隔離されたボックスの中でフィット具合を悠長に確かめていたら、いえ、ボックスが空くのを並んで待っていたら、いえいえ、ボックスへ移る途中のわずかな時間にも極上のブツをさらわれてしまう危険がある。そう考えたらなりふりかまわず最前線で戦う以外にない。うん、そうなんだろう、きっと。

現実をできうる限り正確に把握せんと努めた時間はまばたき3回分程度。どうだっていいんだ、供されたごちそうを、エロティシズムのビビンバを、セミ・セミ・ストリップショーをかぶりつきで観賞してりゃいいんだもんね〜。

へたなフーゾクより興奮する。さわれなくても、舐められなくても噛めなくても飲めなくても、しごいてもくわえても飲んでもくれなくても、コイトスできなくても。お品書きに載ってるエロ、括弧内のカラミ、予定調和の合体、コース分けされた快感ってな金さえ払えば何でも可のフーゾクにはない刺激はすこぶる強烈で特異。眼前のアガシらは仕事にいそしんでるわけじゃない、サービスしてるわけじゃない、見せたくて見せてるわけじゃないのだ。副次的に見えちゃってるにすぎないパンティが、ありふれた日常にくさびを打ち込み、別世界へと誘うのです。

のぞきを働いている錯覚に陥る、女子更衣室に忍び込んで狭く暗いロッカーの中からかすかな隙間を通して見ているような。知らずしらず息を殺してしまう。

はじめは驚き呆れる新顔も、群集心理ってやつだろう、ほとんどが右へならえ。ロングスカートのホックをはずすやばさっと床に広げる、派手な刺繍入りスリムジーンズを腰をかがめ振り振りしながらずり下げる、ポトッと落下させたホットパンツを爪先に引っかけ宙へ蹴上げて掴むなどなど挨拶代わりの脱衣は各人各様。入れ替わり立ち替わりのチラ見せ、モロ出し。たまらん！ 手裏剣がジャックナイフがブーメランが視界に飛び込んでくる。タラコと紋甲イカが泳ぎ、ホームベースの横に下弦の月が浮かぶ。まちまちのパンティが俺を幻惑し、脳味噌を沸騰させる。居ても立ってもいられない。ブリキの太鼓のオスカル、花のピュンピュン丸のチビ丸、ディープ・パープルのイアン・ギランみたいに金切り声で絶叫したいという衝動を辛うじて抑える。犯罪的な享楽の時間、空間を自らぶち壊す愚を免れた。どこぞへしょっぴかれずに済んだ。

口の中をちょっぴり辛くさせるきつい造作の顔、顔、顔は問題じゃない。主役はへそ下半分。かねがね感心していたけれど、うら若い韓国女性のボトムライン、レッグラインは本当に美しい。私見だが、10～30代女性で比較した場合、ヒップアップ率、非O脚／非X脚率は日本より上だと思います（整形率も？）。プリッと締まったケツ、すらりと伸びたほっそりアンヨ（足の指まで拝めるとはありがたや）の乱舞に見惚れるのみ。

写真撮りてぇ、カメラに収めて日本へ連れ帰りてぇ、右手がうずく。決闘に臨むガンマンよろしく仁王立ちのまま固まる俺。いけねぇ、カメラを抜いたら負けだ、レンズを向けたら無法者として捕まっちまうぜ、Vがピースサインが盾が煙幕が当て馬が存在しないんだから、DKショットがかなわないんだから逃れようがあるまい。

『まさか……』ぱっと振り返った。『ドッキリカメラだったりして』

仕込みのタレント連によるやらせの痴態じゃないのか？ 俺の様子も撮ってダシにするんじゃないのか？ 隠しカメラ、望遠レンズを捜しにそこらを回った。ない。挙動不審の人物も発見できない。とりこし苦労。

俺は通俗ニッポンに毒されすぎているようだ。ドッキリカメラ演出・設定としか思えない事象が全国規模で日常茶飯事なのが韓国ではないか。タネも仕掛けもない素の天然の本性丸出しの行動こそが韓国人の韓国人たるゆえんではないか。わかっちゃいる、わかっちゃいるけど、ヤラレちゃう。何度訪韓してもドッキリさせられちゃうのでございます。

あまりといえばあんまりな下品や間抜けや粗雑等々に対して眉をひそめ「呆れて物が言えません」とのたまふのは、エチケットやらマナーやらルールやら粋やら洗練やらスマートやらのお仕着せの観念に囚われ、いい気になっている文明人の戯れ言にすぎない。譲歩や含羞を求めるのは筋違い。ただし、『どうしようもない』と蔑みつつも『すごいなぁ、大したもんだ』と感心しちゃったりする場合もなくはないはずである。欲望の忠実な奴隷となって、否、欲望そのものの主君と化して横暴の限りを尽くす様は、最たる文明病の自己抑圧を木っ端微塵に破壊していると映じるから。『どうしようもない』とは、韓国人みたいに成りたくても成れない、為したくても為せない悔しさがにじんだ思い、認めたくない憧れのおもらしともいえるだろう。

公の場にワープする秘密の花園、獣性が解き放たれたサファリパーク。自他共に認める文明国、先進国でおおっぴらに現出するから尊い、刮目に値するのであります。

　邪魔者をかき分けセレクトした品々を小脇に抱えて自分の靴の所へ戻り、穿いては脱ぎ、穿いては脱ぐ。ワゴンにはりついたままちぎっては投げ、ちぎっては投げってな感じで試着する豪快なタイプもいる。私服に戻って靴を履き、満足そうにレジへ向かう者、何も捕らず去る者。あられもない姿のまま山を巡り続ける者。恥も外聞もかなぐり捨てての争奪戦はヒートアップの一途。

　俺は気を取り直し、またぞろ距離を詰めていく。好位置をキープ、棒立ちのまま凝視。パンティ中央に縦皺が入って窪み、はっきり形がわかる臀部。湿疹だか蚊に刺された跡だかの赤いポツポツがある太ももの裏。目と鼻の間ゆえ収穫は多いけれど、さらに接近したくなる。鼻先が触れるくらいのところに陣取って匂いを嗅ぎたい、釜山のユン・ソンスクさんが好んで言うワレメちゃん、フランスのアポリネールさんが気どって書くヴィーナスの丘の存在を布越しに味わいたいのである。急造韓国人の俺は前進また前進。ええい、ままよ、誰に遠慮がいるものか、ハレンチなのはむこうだ、こっちじゃねぇ!

　手榴弾をぶち当てられ、クラクラッ。行き交う人の間から俗に言うモリマンが網膜を直撃したのである。アガシはこれ見よがしに股間を突き出す。カーキ色の一枚が密着したソコはぷくっとふくらみ、ソレだけ取り出せそう。生理用品をあてがってるのか? ちがう、土手だ、恥丘だ、まぎれもなくおまんちょだ。たまらずしゃがみ込む。戦意喪失、いやいや、戦意高揚、ビンビンの臨戦態勢を隠蔽するために。

　もう十分だ潮時だ、これ以上攻め入っては危険だ、撤退だと所詮日本人の俺は思い定め、やおら立ち上がった。その時! 掠めるようにして二人組が横を通った。その貧血気味のファッション・センス、日本人だ。一人はクリーム色のワンピース、いま一人は淡いピンクのブラウスに濃紺のストレート・ジーンズ。よくいえば清楚で控え目ないでたちのコンビは共にポーチをたすきがけ、同形異色の皮革製とおぼしきウォーキングシューズを履いている。修羅場に尻込みしたのだろう、佇む。言葉が交わされた。こんな内容に決まってる。

「マジィ〜? 信じられな〜い」

「あさまし〜い」

「みっともな〜い」

「サイテー」

　君子危うきに近寄らずかと思いきや、長い黒髪ゆらゆら、とことこ戦場へ。そして返ってきた、選んだ品をしっかり握りしめて。ドキッ。二人とも敵対的なまなざしを向けた、当方を闖入者と捉えた。今し方まで自分がアガシたちの眼中になかった事実を思い知らされる。

　母国を一にする娘さんらはまじまじと見、ばつが悪そう。こっちとて同様。透明人間に戻れぬ以上、蝋人形と化そうと努める。どうせ相対する時間はわずか、そそくさとレジへ移動するに決まってる。日韓の差を、越えられぬ壁を、埋められぬ溝をさらりと示してあげるがよろし。

　しげしげと見返してしまった。ジーンズの娘がどことなく宮崎美子（注・1958年12月11日生まれ。熊本出身。血液型A）に似ているから。オッパイも大きいではないか。天の配剤か？　でも、アガシ軍団のひそみにならうことはあるまい。

　レジに向かいかけて止まった。我が期待はたちまち膨張。そして心の中で唄った「♪いまのキミはピカピカに光って〜」（注・作詞／糸井重里、作曲／鈴木慶一、歌／斉藤哲夫）。あとの歌詞を忘れてしまったので、この一節を繰り返し繰り返し唄った。唄いながら念じた『脱げ脱げ脱げ』。その歌に乗せたミノルタ・カメラの往年のテレビCM、真昼の浜辺の木陰の下でTシャツとブルージーンズをはにかみながら脱いで真っ白いビキニ姿を披露する宮崎美子が鮮やかにまぶたの裏によみがえる。

　ぎょえっ。びっくり。黒子がうようよ。存在していないはずだが、ばっちり見える。それぞれアガシについて脱がしているではないか。きゃつらは皆イイ顔したオヤジで、歯が欠けてたり無かったり、よだれを垂らしてたり、寝ころんで鼻くそほじりながら足を使ってるのもいる。

　大和撫子は歩を進め、再び立ち止まってしまった。黒子どもは指をくわえたまま。素うどんみたいな顔のワンピース嬢が友に耳打ち。すると、靴を脱ぎ、持っていたギャザー入りのミニスカートにズボッと両足を突っ込んだ。すすっと上げるや否やピカピカ嬢がスカートの裾をたくしあげた。スカートINスカート、スカートONスカート、下着の露出は認められなかったけれど、変則的なスタイル、むき出しの脚はサイコー！

　次はキミだ、おまえだ、美子の番だ。歌はヘビメタ調に変化。熱きハートを聞いとくれ、届けこの愛。さらにラウドにハードコアパンク調に。『じらすんじゃねぇ、このアマ、ドスケベ、淫乱、ほんとは見せたくてうずうずしてんだろが』。汚いMCも加わる。もう歌など唄ってらんない。『美子！　美子！』の連呼、独り合唱。

　ボタンに指がかかった。息をのむ。ジッパーが下げられた瞬間、興奮が頂点に達し、雄叫びをあげそうになった。窮屈そうに脱いで現われた白い三角地帯、ま〜るい尻、むっちりした太もも。血走ってい

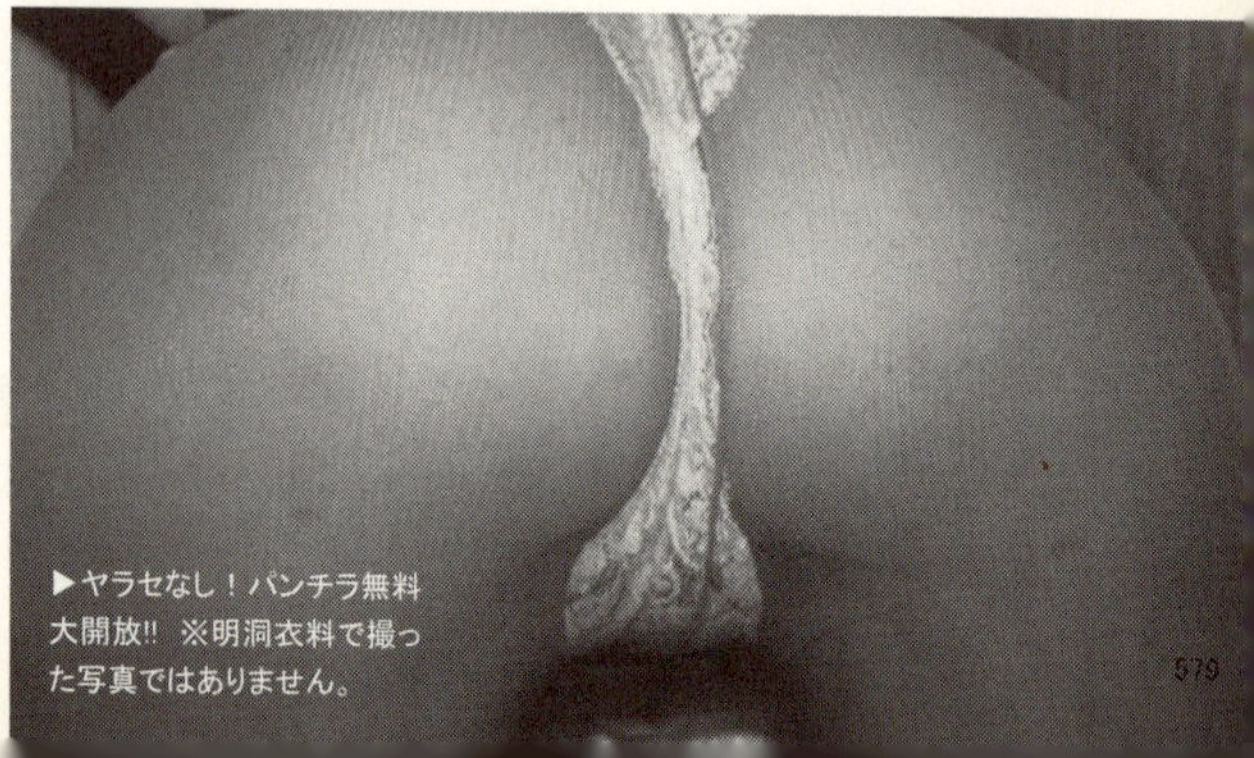

▶ヤラセなし！パンチラ無料大開放!!　※明洞衣料で撮った写真ではありません。

た我が目がうっすら潤んだかもしれません。輝くばかりの健康的な脚線美をさらし、同じようなジーンズを穿きにかかる美子。片膝ついて添う黒子。振り向いた。俺だった。

「何やってんの?」

背後から声をかけられ、飛び上がらんばかりに驚く。

「い、いや別に」

動揺を懸命に抑える。

「どこ行ってたの?」

「下の階をもう一度チェックしてた」

「そうか。見てみ」顎をしゃくって続ける。「はしたないだろう、公衆の面前で試着だよ、民度低いよ、この国も、ハハハハ」

連れは目を見張ったが、すぐさま平然と答えた。

「そんなもんじゃないの」

「う〜む」

俺は思考停止状態。

「それより、これ買って」

差し出されたストールやシャツなどを受け取り、後ろ髪を引かれる思いでその場を後にした。さらば宮崎美子、アガシ軍団。いいもん見させてもらったぜ、掘り出し物をありがとう、カムサハムニダ。あ〜、それにしてもイヤな汗かいた、パンツもちょびっと汚しちゃったかもね。

いろいろ訳あって家庭に重く濁った空気が占めていた。息苦しさから逃れたい、とにかく日常空間から離れようと、海外旅行を思い立った次第。姑息な手段と承知はしていたが、がらっと気分を変えたい一心だったのである。妻を安心して案内できる国といえば、これまでの延べ滞在時間から第二の故郷とも呼べる大韓民国のほかになかった。

都会は刺激が強すぎる。トラブルの種が多すぎる。ここでもめたら元も子もない。目先を変えなきゃいかん。

『そうだ、動物園行こう』

妙案だ。犬猫小鳥が好きな妻にはうってつけだ。

翌日。朝から晴天。地下鉄4号線に乗って大公園駅で降り、てくてく歩いて10分あまりで着いた(京畿道果川市莫渓洞159-1)。きれいなバラ園を横目にチケットを求める。大人3000ウォン也。なんともいえないかぐわしさに誘われ、ふらふら。屋台の大鍋をのぞくと黒と黄の縞模様くっきりの蜂が大量に煮られていた。ぐつぐつのぐちゃぐちゃ。

「自然の恵みだねぇ、動物園だねぇ」

おどけ口調で言ったが、妻のしかめっつらは直らなかった。園内へ。

だだっ広い。案内看板を見やる。1984年開園、面積9162690㎡、358種・3226匹の動物を飼育。メインの動物園のほかにソウルランドという遊園地、国立現代美術館、昆虫館、キャンプ場も併設ナントカカントカ。

ソウル郊外、遠くチョンゲサン(市清渓山)を望む風光明媚なロケーション。開放感、爽快感、いきおい伸びをしたり深呼吸したり。団体客の多さが目につく。小学生も老人も等しくにこにこ、うきうき。スカイリフトなるケーブルカーがあるが、落ちそうだし大人5000ウォンと高いし、乗るのをやめる。ケーブル伝ってなだらかな丘を登りながら動物たちと次々御対面。第一アフリカ館でキリン、シマウマ、オーストラリア館でカンガルー、第二アフリカ館でカバ、昆虫館を経、夜行館でフクロウ、ミミズク、水鳥場でタンチョウ、ペリカン。一息つき、気合いを入れて北韓動物館へ突入、鋭い目つきのオオヤマネコ、オオカミとにらめっこ。

温室植物園に立ち寄ってから猛獣館でピューマ、トラ、ヒョウ、海洋館はパスし、スカイリフト終点に着く。見晴らし抜群。ジュースを買ってベンチに坐り、心地よい疲労に身を委ねる。妻の表情に満足感があふれている。よかった。真のケダモノがもたらすヒーリング・パワーはすごいものだとつくづく実感した。見てきた動物の何がカワイイ、何がオモシロイと感想をまくしたて始めた妻、うんうんとうなずく俺。生返事をしているうちに昨日でくわした霊長類ヒト科のメスどもがまざまざと脳裏に浮かんだ。明洞衣料という名の、ファッションビルという体裁の動物園へすぐにでも飛んで行きたくなる。

ふと、昔取材で訪れた5DOORSを思い出した。それは東京新宿東口の三愛というファッションビルの地下1階だか2階だかのフロアにできた成年男性向け遊園地で、のぞき部屋だのストリップ・バーだの趣向が異なる5つの妖しく甘美で卑猥なスペースを集めた複合型性風俗店だった。婦人のオシャレな服や下着の売り場の中をエスカレーターで下っていくと雰囲気が一変。

オープニング・セレモニーが行なわれる日で、ごった返していた。セクシーすぎるきれいどころがうろちょろし、目移りするばかり。各ドアの奥のアトラクションを楽しみ、バイキング料理に舌鼓を打ち、シャンパンやワインをしこたま飲んだ。それから憧れの女優、田口ゆかりさんに遭遇、サインをいただく。感激に浸る間もなく彼女を「おねーさーん」と呼んで慕うモデルが登場、一目惚れ。豹柄のビキニがバッチグーなグラマラス・ボディ、ラテン系のきりっとした美貌。名を舵川まり子といった。「だっこしてる写真撮らせてもらえますか？」酔った勢いで申し出ると、快諾してくれた。近くのソファにすぐさま腰かけた俺の上にまり子さまが横向きに乗った。首筋の甘ったるい匂い、くびれたウエストの感触が未だに忘れられません。蛇足ながらその写真を撮ったのは取材の同行者、後にOZディスクより『無芸術大王』(OZd-74)を発表することになるミュージシャン、浜田俊一その人であります。

心ここにあらずで押し黙っていた俺が何気なく横を向くと、10メートルほど先のベンチをつなぎの作業着姿の二人の青年がペンキ塗り。手際よくローラーとハケをすべらせ、完了すると消えた。ややあって、60代半ばくらいの老夫婦が現われた。帽子、ヤッケ、ズボン、靴と色ちがいのペアルック、軽装の登山スタイルで決め、微笑ましい。小柄のせいかかわいらしい。

「あ、坐っちゃった」

俺は口走った。

「え？ 何？ どうしたの？」

妻が聞く。

「あそこ、あの夫婦、ペンキ塗りたてのベンチに坐っちゃったよ」

「ほんと？」

「うん、今の今までペンキ塗ってたもん。あーあ、べったりべとべと、大変だー」

事の成り行きを見守る我々。アジョシが気づき、慌ててとびのく。そこへさっきのペンキ職人コンビが戻ってきた。即座に謝るのかと思いきや、さにあらず。予想外の展開へ。アジョシに文句を言われてもとりあわない。Aは天を仰いで両腕を広げ、Bは頭をかかえる。連れ合いを並んで立たせて背面の被害跡をダブルで示す、ピタッと息が合った見返り指差しのポーズ。それでも無視をきめこむペインターズのあんちゃんたち。アジョシは業をにやし、身ぶり手ぶり交えて食ってかかる。おろおろするばかりのアジュマ。胸ぐらをつかまれ振り払うB、威嚇するA。さながら出し物、古典的なドタバタ喜劇はまだまだ続く、こんな具合に。

夫「なんだお前らのその態度は！ わしらは大事は服を汚されたんだぞ！ 弁償しろ！」

A「なに寝ぼけたこと言ってんだよ、オッサン。こっちこそ損害だ、いい迷惑だぜ。せっかくきれいに仕上げたベンチをどうしてくれるんだよ」

B「ったく、二度手間だ」

A「予定が狂っちまったぜ。ペンキだってタダじゃないんだからな。わかってんのか？」

夫「馬鹿野郎！ てめえらの大ボカを棚に上げて、その言い草はなんだ！ このヘッポコ職人！ ペンキ塗ったらペンキ塗りたての紙貼るのは常識だろが！」

B「そんなもん貼らなくたって見りゃわかるだろ。ボケてんのか？ 目も鼻も頭もイカレてんのか？」

夫「日帝36年、こんな侮辱を受けたのは初めてだ。お前らなんて名だ、なんて会社だ、訴えてやる！」

A「こっちこそ残業代請求するぞ」

時折のんびり響き渡る「クァ～クァ～」とか「キエッキエッキエ～」とかの動物の鳴き声は間の手か冷やかしか。

高みの見物の我々は口を手で押さえ、肩をゆすって笑う。俺は周囲を見やった。ドッキリカメラを捜したわけじゃない。意外な脇役に一枚噛んでほしくなったのだ。エテ公がバナナの皮を投げつければスッテーンと四人のうちの誰かがすべってころぶだろうし、ゾウがリンゴを吹けばポッカーンと誰かの脳天に命中するはず、そんな味な仲裁、マヌケな幕引きがつとまるケダモノはいそうにない、残念ながら近くには小動物館しかなかった。

男どもの声とボディ・アクションはいよいよでかく、荒々しくなっていく。揉み合いになり、蚊帳の外の者が割って入った。

妻「もうやめて、お願い、あなた、もうやめて」

夫「お前は黙ってろ！」

妻「気がつかなかった私たちも悪いんだから、もう行きましょう、帰りましょう」

夫「バカ言え！ 悪いのはこいつらに決まってんだろう！ お前は引っ込んでろ！」

妻「やめて！」

夫「うるさい!!」

突き飛ばされたアジュマは失敗したバック転みたいに半回転して後頭部から落ち、大の字にのびてしまった。一転加害者になったアジョシだが、まったく意に介さず二人組に挑み続ける。ようやく立ち上がり、改めて止めんとした二重被害者は肩を押され、またしてもひっくり返る始末。

腹の皮がよじれ、足をバタつかせ涙を流し、咳き込む俺。やっとこさ呼吸を整えて言った。

「あいつらどうしようもねぇー、処置なしだー」

「そんなにおもしろい？」

冷めきった表情と口調に、降りかかってきた火の粉にドッキリ！ 軽蔑と怒りの色を濃くしていく瞳はとても直視できない、背筋が寒くなる。こっちのベンチでもドンパチが勃発したらシャレにならない。どうにかこうにかとりなし、レストランで甘味でもとろうということに。

『まさか……』

俺はベンチを撫で、ほっとした。ペンキ塗りたてじゃなかった。動物園も危険だ、トラブルの種が多すぎます。

元祖ディープ・コリア
～本家観光鯨狩りガイド

2013年2月20日　初版第1刷発行

著者　根本 敬、湯浅 学、船橋英雄

装幀　apollo studio

本文組版　菊池 修

発行者　河村季里

発行所　株式会社K&Bパブリッシャーズ

〒101-0054　東京都千代田区神田錦町2-7戸田ビル3F

電話 03-3294-2771　FAX03-3294-2772

印刷・製本　中央精版印刷株式会社

落丁本・乱丁本はお取り替えいたします。

※P575～P600のノンブルに整合性が無いのは、著者の意向によるもので落丁ではありません。

Printed in Japan.

ISBN 978-4-902800-38-8

人間はハサミ・ショーギのようにはいかない。逆に……
ハネツケ・ショーギというのがあってもよいだ